Otium

Studien zur Theorie und Kulturgeschichte der Muße

Herausgegeben von

Elisabeth Cheauré, Gregor Dobler,
Monika Fludernik, Hans W. Hubert
und Peter Philipp Riedl

9

Georg Feitscher

Kontemplation und Konfrontation

Die Topik autobiographischer Erzählungen der Gegenwart

Mohr Siebeck

Georg Feitscher, geboren 1985; Studium der Germanistik und Kommunikationswissenschaft in Greifswald, Freiburg i. Br. und Paris. 2013–2016 Wissenschaftlicher Mitarbeiter im SFB 1015 „Muße". Promotion zum Dr. phil. an der Albert-Ludwigs-Universität Freiburg i. Br. (2017). Seit 2016 Wissenschaftlicher Mitarbeiter im SFB 948 „Helden".
orcid.org/0000-0001-6777-2943

Diese Publikation entstand im Rahmen des Sonderforschungsbereichs 1015 „Muße" (Teilprojekt C2: Stillgestellte Zeit und Rückzugsräume des Erzählens) und wurde durch die Deutsche Forschungsgemeinschaft (DFG) gefördert. Sie wurde im Sommersemester 2016 unter dem Titel „Reflexive Muße. Die Topik autobiographischer Erzählungen der Gegenwart" als Dissertation an der Philologischen Fakultät der Albert-Ludwigs-Universität Freiburg i. Br. eingereicht.

ISBN 978-3-16-156369-0 / eISBN 978-3-16-156370-6
DOI 10.1628/978-3-16-156370-6

ISSN 2367-2072 / eISSN 2568-7298 (Otium)

Die Deutsche Nationalbibliothek verzeichnet diese Publikation in der Deutschen Nationalbibliographie; detaillierte bibliographische Daten sind im Internet über *http://dnb.dnb.de* abrufbar.

Das Buch wurde von epline in Böblingen aus der Minion gesetzt und von Hubert & Co. in Göttingen auf alterungsbeständiges Werkdruckpapier gedruckt und gebunden.

Umschlagabbildung: Käthe Kollwitz, „Selbstbildnis mit der Hand an der Stirn", 1910, Kaltnadelradierung, New York City, The Metropolitan Museum of Art, Inv.-Nr. 42.30.17.

Printed in Germany.

Inhalt

Einleitung

Die Reflexion und das Erzählen des eigenen Lebens gehören zu den Fähigkeiten, mit denen der Mensch sich zu definieren und von anderen Lebewesen zu unterscheiden versucht. Gemäß seiner anthropologischen Bestimmung als *zoon logikon* und als *homo narrans* ist es dem Menschen möglich, eine individuelle Geschichte zu entwerfen, die seine Identität verbürgt. Das autobiographische Erzählen ist das Feld, in dem sich das reflexive und das narrative Potential des Menschen gemeinsam realisieren.

Den kognitiven und kulturellen Voraussetzungen, die für das autobiographische Erzählen notwendig sind, wird in literarischen, philosophischen und psychologischen Studien viel Aufmerksamkeit geschenkt. Wenig Beachtung findet hingegen die Tatsache, dass auch die konkrete räumliche und zeitliche Situation, in der sich ein Subjekt befindet, einen unmittelbaren Einfluss darauf hat, ob und wie es sich reflektierend und erzählend als Person bestimmen kann. Diese fundamentale Annahme ist zahlreichen Werken der abendländischen Literaturgeschichte zwar implizit eingeschrieben, wird jedoch nur selten ausdrücklich verhandelt. An diesem Punkt setzt die vorliegende Arbeit an. Ihr Ziel ist es, die raumzeitlichen Bedingungen des autobiographischen Erzählens historisch und systematisch zu beschreiben und auf diesem Wege typische Modelle der autobiographischen Narration zu bestimmen.

Heute erscheint es selbstevident, dass erst die Freiheit von den Zwängen des Alltags einer Person erlaubt, sich selbst zu verwirklichen, oder dass die Reflexion des eigenen Lebens in der abgeschiedenen und ungestörten Ruhe der Natur besser gelingt als im geschäftigen Großraumbüro. Solche Überzeugungen sind das Resultat eines bis in die Antike zurückreichenden Diskurses über den idealen *modus vivendi*. Moderne Vorstellungen, unter welchen Voraussetzungen die narrative Selbstkonstitution eines Subjekts gelingen kann, schöpfen aus tradierten Modellen der Kontemplation, die als Vorläufer eines aktuellen Sehnsuchtsbegriffs gelten können: der Muße.

Der zentrale Stellenwert der Muße sowohl für die philosophische als auch für die religiöse Reflexion, wie er in den Begriffen der *scholé*, der *theoría*, der *vita contemplativa* und des *otium* zum Ausdruck kommt, ist von zahlreichen Autoren verschiedener Epochen beschrieben worden. Auch die Bedeutung der Muße für die literarische Kreativität wird seit Beginn der Neuzeit verstärkt von Schriftstellern thematisiert, doch hat dieses poetologische Paradigma bislang nur am Rande die Aufmerksamkeit der Forschung auf sich gezogen. Das autobiographische Erzählen ist ein Phänomen, das Selbstreflexion und Narration in sich vereint, und daher in doppelter Hinsicht durch Muße ermöglicht wird.

Eine Studie über Muße und autobiographisches Erzählen hat es mit zwei Gegenständen zu tun, die über eine je eigene, jahrtausendealte Begriffs- und Kulturgeschichte verfügen. Wenngleich die vorliegende Untersuchung vor allem den Zusammenhang von Muße und literarischer Selbstreflexion nach 1945 in den Blick nimmt, ist zu Beginn ein Rückblick auf die jeweilige Tradition schon deswegen geboten, weil gegenwärtige Autoren selbstverständlich nicht im geschichtslosen Raum schreiben, sondern explizit oder implizit aus etablierten Gattungskonventionen und weit zurückreichenden Diskursen schöpfen. Zu zeigen ist also zunächst aus diachroner Perspektive, wie Muße zur beinahe unerlässlichen Bedingung für das autobiographische Erzählen avancierte, weil sie mit einem Zustand identifiziert wurde, in dem sich die Reflexion und Narration des Selbst vollziehen können. Es liegt nahe, diesen Rückblick anhand kanonischer Werke aus der Literatur- und Philosophiegeschichte vorzunehmen, die den theoretischen und poetologischen Debatten neue Impulse gaben. Anhand der prominenten Beispiele wird deutlich, wie das Nachdenken über Muße die literarische Praxis der Autobiographie beeinflusste und wie – vice versa – autobiographische Werke den Muße-Diskurs maßgeblich prägten (Kapitel 1.1).

Dass Muße indes nicht nur eine Voraussetzung für die Produktion literarischer Werke darstellt, sondern sich in den Texten auf selbstreflexive Weise manifestieren kann, hat jüngst Thomas Klinkert in seiner grundlegenden Studie über *Muße und Erzählen* gezeigt.[1] Im Anschluss an diese Überlegungen soll Muße hier als ein heuristisches und analytisches Instrument für die Textinterpretation fruchtbar gemacht werden. Dafür ist es notwendig, aus einer systematischen Perspektive jene Strukturmerkmale herauszuarbeiten, die über Epochen hinweg den Muße-Begriff definierten und damit einer Analyse autobiographischer Texte zugrunde gelegt werden können (Kapitel 1.2).

Auf dieser Basis lässt sich ein methodisches und terminologisches Instrumentarium entwickeln, um zu beschreiben, ob und auf welche Weise die Untersuchungstexte Situationen der Selbstreflexion und des Erzählens modellieren. Die ‚narratologische Operationalisierung' der Muße lenkt die Aufmerksamkeit vor allem auf die raumzeitlichen Konstellationen, die in autobiogaphischen Erzählungen inszeniert werden. Ein solcher Ansatz macht es sich zunutze, dass die räumliche und zeitliche Phänomenologie der Muße erhebliche Korrespondenzen zur Erzählstruktur der klassischen Autobiographik aufweist. So zeigen sich autobiographische Erzähler z. B. häufig in Situationen der Abgeschiedenheit, bei der ruhigen Betrachtung der Landschaft oder an topischen Orten des Rück-

[1] Thomas Klinkert, *Muße und Erzählen: ein poetologischer Zusammenhang. Vom Roman de la Rose bis Jorge Semprún*, Tübingen 2016.

zugs, die zugleich als Orte der mußevollen Kontemplation charakterisiert werden können. Notwendig ist der methodologische Zwischenschritt auch deshalb, weil die etablierten narratologischen Begriffe den spezifischen Strukturen autobiographischer Erzählungen in vieler Hinsicht nicht gerecht werden. Die vorliegende Untersuchung will daher auch einen Beitrag dazu leisten, narratologische Terminologien und Konzepte kritisch zu überprüfen, zu korrigieren und zu ergänzen (Kapitel 1.3).

Im Hauptteil der Arbeit sollen auf Grundlage einer breiten Textbasis Erkenntnisse darüber gewonnen werden, inwiefern der Zusammenhang von Muße und autobiographischem Erzählen auch in der Literatur nach 1945 seine Gültigkeit bewahrt. Das Untersuchungskorpus ist entsprechend weit zu wählen: Es umfasst hier hauptsächlich ‚literarische' Autobiographien, daneben aber auch einige eher ‚populäre' Lebensdarstellungen. Damit soll der enormen Formenvielfalt der Gattung Rechnung getragen werden. Wie zu zeigen sein wird, ist die raumzeitliche Inszenierungen eines kontemplativen Lebensrückblicks kein Alleinstellungsmerkmal hochliterarischer Texte. Zudem ist die Aufnahme und Verarbeitung der kontemplativen Topik in populär- und trivialliterarischen Lebensdarstellungen hier von eigenem Interesse, lässt sich daran doch aufzeigen, wie tief Konzepte der Muße ins gesellschaftliche Bewusstsein gedrungen und in alle Bereiche der Kultur proliferiert sind.

Sind im Korpus folglich autobiographische Texte mit verschiedenen Graden der Literarizität repräsentiert, so weisen diese Werke – auf einer zweiten Achse – zugleich verschiedene Stufen der Faktualität bzw. Fiktionalität auf.[2] Zwar ist die Autobiographie im Kern als faktuale Gattung anzusehen, die sich mit dem tatsächlichen Leben realer Autoren befasst. Doch autobiographische Romane und andere fiktionale Erzählungen, die sich am autobiographischen Strukturmuster orientieren, sollen hier ebenso thematisiert werden. Entscheidendes Kriterium ist nicht der ontologische Status der Texte, d. h. ihre Faktualität oder Fiktionalität, sondern allein ihre narrative Gestaltung: Alle besprochenen Werke weisen eine autobiographische Erzählstruktur auf oder sind, indem sie die Struktur modifizieren und verfremden, direkt auf sie bezogen.

Drittens ist das Textkorpus durch eine komparatistische Perspektive bestimmt: Zwar widmet sich die Arbeit hauptsächlich deutschsprachigen autobiographischen Erzählungen, doch soll daneben auch die autobiographische Tradition der französischen Literatur schlaglichtartig berücksichtigt werden. Diese Erweiterung der Perspektive ist schon dadurch geboten, dass zentrale Gattungsmerkmale und kontemplative Topoi der modernen (auch deutschsprachigen)

---

2 Leider weden in der literaturwissenschaftlichen Praxis die Kategorien der Literarizität und der Fiktionalität/Faktualität zu häufig miteinander vermischt. Daher sei hier noch einmal ausdrücklich darauf hingewiesen, dass es sich dabei um zwei voneinander unabhängige Texteigenschaften handelt: Sowohl fiktionale als auch faktuale Texte können jeweils einen hohen oder niedrigen Grad an Literarizität aufweisen. Vgl. dazu auch Kapitel 1.3.1.

Autobiographik seit der Frühen Neuzeit von französischen Autoren entwickelt und etabliert wurden – allen voran von Montaigne und Jean-Jacques Rousseau, deren einflussreiche Beiträge zur Gattung daher am Beginn der Untersuchung thematisiert werden sollen. Um diese komparatistische Perspektive bei der Analyse autobiographischer Erzählformen der Gegenwart nicht aus dem Blick zu verlieren, soll später anhand eines französischen Romans von Georges Perec aus den 1960er-Jahren zumindest exemplarisch verdeutlicht werden, dass die formale Innovativität der französischen Autobiographik in der Moderne nicht abreißt, ja dass es vielmehr zur Entstehung neuer Erzähltechniken kommt, die in der deutschsprachigen Autobiographik jener Zeit kein Pendant haben und dort erst einige Jahre später Einzug halten.

Im Zentrum der Textanalysen steht sodann die Frage, welche Räume und Zeiten der Muße in neueren und neuesten autobiographischen Erzählungen gestaltet werden. Welche klassischen Topoi der Kontemplation aktualisieren Autoren und welche neuen Muster bilden sich heraus? Werden tradierte Vorstellungen der mußevollen Selbstreflexion umgewertet oder ganz aufgegeben? Der Begriff des Topos bietet sich an, um die in gegenwärtigen Texten häufig anzufindenden, in der Regel aber implizit bleibenden Referenzen auf klassische (zum Teil auch klischierte) Muster des autobiographischen Erinnerns und Erzählens herauszustellen. Zudem unterstreicht der Terminus, dass die Selbstreflexion in vielen Fällen an bestimmte Typen von Orten und räumlichen Erfahrungen gebunden scheint.

Zunächst kann anhand einschlägiger Beispiele demonstriert werden, auf welche Weise gegenwärtige Autoren zentrale Topoi der autobiographischen Reflexion wie den Rückzug, die Abgeschiedenheit, die Landschaftserfahrung und den Spaziergang fortschreiben. In vielen Fällen lassen sich für die untersuchten Werke kanonische Vorbilder identifizieren, an denen sich die Inszenierung des Erinnerungs- und Erzählaktes bewusst oder unbewusst orientiert. Die direkte Gegenüberstellung der ‚topischen' Erzählungen mit ihren Prätexten kann daher wertvolle Erkenntnisse generieren, wie die narrativen Muster der Muße über Epochengrenzen hinweg proliferieren und neu funktionalisiert werden. Darüber hinaus wird zu zeigen sein, dass die Art und Weise, wie in den Erzählungen Topoi der Muße inszeniert werden, eng mit bestimmten Typen von Identitätsentwürfen korreliert. In der ersten Gruppe von Texten rekurrieren die Autoren affirmativ auf die Vorstellung einer mußevollen Retrospektion. Sie inszenieren sich als souveräne Autobiographen, die scheinbar mühelos auf ihr Leben zurückblicken, ihre Geschichte kohärent darstellen und sich so eine konsistente Identität konstruieren (Kapitel 2).

Diesen nach klassischem Vorbild gestalteten Werken gegenüber stehen Erzählungen, in denen die Topik der Muße unter veränderten Vorzeichen aufgerufen wird. Indem sie das Scheitern der kontemplativen Selbstreflexion vorführen, die Gattungskonventionen parodistisch entlarven oder ganz ungewöhnliche

Formen von Muße-Erlebnissen gestalten, legen die Texte offen, dass die klassischen Topoi mit den Bedingungen einer postmodernen Lebens- und Arbeitswelt in vielen Fällen nicht mehr kompatibel sind. So fragil und kontraproduktiv die Situationen der Kontemplation erscheinen, so instabil wirken auch die Selbstentwürfe der Erzähler. In den Werken inszenieren sich prekäre Subjekte, deren Biographien von Brüchen gekennzeichnet sind. In der eigenen Erinnerung erkennen die Autoren weniger ein unverzichtbares Medium der Selbstkonstitution denn ein unvermeidliches Übel. Mit der Dekonstruktion von Identität geht zudem eine formale Transformation der narrativen Struktur zugunsten fragmentarischer und assoziativer Konstruktionsprinzipien einher (Kapitel 3).

Abschließend soll ein drittes autobiographisches Erzählmodell in den Blick genommen werden, das die Vorstellung mußevoller Selbstreflexion und ihre Topoi weitgehend verabschiedet. An die Stelle der kontemplativen Ruhe und Abgeschiedenheit tritt ein Modus der Selbstkonfrontation, der sich als mühsame Erinnerungs- und Erzählarbeit bestimmen lässt. Vor dem Hintergrund von Krieg und Nationalsozialismus streben die Autoren nach Vergangenheitsbewältigung und stemmen sich gegen das eigene Vergessen und Verdrängen. Durch die Rekonstruktion ihrer Geschichte versuchen sie, die Entfremdung zu überwinden, die sie von ihrem jugendlichen Ich trennt. Ein solches Programm hat weitreichende Auswirkungen auf die raumzeitliche Rahmung und die Struktur der autobiographischen Erzählungen: Die Rekonstruktionsarbeit vollzieht sich nicht mehr in Abgeschiedenheit und Ruhe, sondern zumeist in direkter Konfrontation mit den Erinnerungsorten. Die Autobiographen dokumentieren den Verlauf ihrer Recherchen und thematisieren insbesondere die inneren und äußeren Widerstände, die sich ihrem Erinnerungsprojekt in den Weg stellen. Der Erzähl- und Erinnerungsprozess wird extensiv in den Texten verhandelt und damit nicht nur zu einem zentralen Gegenstand der Darstellung, sondern auch zur Grundlage einer selbstreferentiellen Poetik des autobiographischen Erzählens jenseits der topischen Muße (Kapitel 4).

Mein besonderer Dank gilt Prof. Dr. Dieter Martin und Prof. Dr. Thomas Klinkert, die zum einen das Forschungsprojekt, aus dem die vorliegende Arbeit hervorging, konzipierten und leiteten, zum anderen den Schreibprozess mit kritischem Blick und zahllosen produktiven Impulsen begleiteten. Von unschätzbarem Wert war die enge und kontinuierliche Zusammenarbeit mit meiner Kollegin und wunderbaren Freundin Anna Karina Sennefelder.[3] Zu danken ist nachdrücklich dem DFG-geförderten Sonderforschungsbereich 1015 „Muße. Konzepte, Räume Figuren", in dessen Rahmen die vorliegende Arbeit entstand und der die Veröffentlichung in der *Otium*-Reihe bei Mohr Siebeck finanzier-

[3] Hingewiesen sei auf Anna Karina Sennefelders in derselben Reihe erschienene Studie, die einer ganz ähnlichen Fragestellung anhand eines anderen Textkorpus – der französischen Literatur des 19. Jahrhunderts – nachgeht: Anna Karina Sennefelder, *Rückzugsorte des Erzählens. Muße als Modus autobiographischer Selbstreflexion*, Tübingen 2018.

te. Der interdisziplinäre Austausch mit den Mitgliedern des Sonderforschungsbereichs hat die Untersuchung nicht nur enorm bereichert, sondern überhaupt erst ermöglicht. Nicht minder profitiert hat die Studie schließlich von den Anregungen und Korrekturen, die ihr Carolin Gluchowski, Bianca Gebhardt und Johannes Franzen angedeihen ließen.

1. Historische und theoretische Perspektiven

1.1. Muße und autobiographisches Erzählen. Literatur- und begriffsgeschichtliche Stationen

Wie eng Muße und autobiographische Reflexion im abendländischen Denken aufeinander bezogen sind, wird daran ersichtlicht, dass sich ihre Geschichten von der Antike bis in die Moderne über weite Strecken parallel erzählen lassen. Kanonische Werke von Augustinus, Montaigne, Rousseau und anderen haben nicht nur nachhaltig die Entwicklung der Gattung ‚Autobiographie' geprägt, sondern in vielen Fällen auch dem Diskurs über die Muße entscheidende Impulse gegeben. Die Klassiker der autobiographischen Literatur sind damit zugleich als Klassiker der Muße zu bezeichnen. Es liegt daher nahe, an ihnen exemplarisch die Stationen der historischen Konvergenz von Muße und autobiographischer Reflexion aufzuzeigen. So soll die sich über Jahrhunderte entwickelnde Idee nachvollzogen werden, dass die kontemplative Muße eine notwendige Voraussetzung für das autobiographische Reflektieren und Erzählen bildet.

Nach dem viel beschworenen Ende der *grands récits* steht jedes historiographische Vorhaben unter dem Verdacht, mit positivistischer Naivität Entwicklungslinien zu zeichnen und Diskontinuitäten zu kaschieren. Die historische Annäherung folgt in den nächsten Kapiteln zwar einer linearen Chronologie, doch will ich damit nicht versuchen, die Geschichte der Muße als bruchlose oder gar teleologische Entwicklung darzustellen. Vielmehr ist zu zeigen, auf welche unterschiedlichen Weisen in spezifischen historischen Kontexten über Muße nachgedacht und geschrieben wurde. Anhand der diachronen Querverweise, welche die chronologische Abfolge immer wieder durchbrechen, wird deutlich, dass in einigen Fällen durchaus Kontinuitäten bestehen, in anderen jedoch nicht. Das Ziel der folgenden Ausführungen zur Geschichte und Struktur der Muße kann daher nicht eine essentialistische Antwort auf die Frage ‚Was ist Muße?' sein. Die hier gewählte diskursanalytische Perspektive soll vielmehr zeigen, wie Muße zu verschiedenen Zeiten und in unterschiedlichen Gesellschaften konzeptualisiert, mit welchen Funktionen, Begriffen, Merkmalen und Wertungen sie versehen wurde. Das ‚Wesen' der Muße erschöpft sich darin, dass sich einige dieser Diskurslinien beharrlicher gehalten haben als andere.

1.1.1. *theoría* und *scholé*: Aristoteles

Am Beginn des Nachdenkens über die Muße steht in der griechischen Antike die Frage nach einem guten und glücklichen Leben.[1] In der *Nikomachischen Ethik* bezieht Aristoteles seine Überlegungen zur Muße (*scholé*) unmittelbar auf das Ideal einer guten Lebensführung und der „vollendeten Glückseligkeit" (*eudaimonía*) des Menschen: „[D]ie Glückseligkeit scheint in der Muße zu bestehen."[2] Es lohnt, die argumentative Herleitung dieser Behauptung nachzuvollziehen, weil Aristoteles darin auf einige Eigenschaften und Zuschreibungen der Muße verweist, die noch bis in die Moderne fortbestehen.

Zunächst bekräftigt Aristoteles wiederholt, dass die *eudaimonía* des Menschen nur in der *theoría*, also der „Tätigkeit theoretischer oder betrachtender Art", bestehen könne.[3] Denn die theoretische Lebensweise ermögliche es dem Menschen, sich ganz der Reflexion der Welt zu widmen und seine Erkenntnisse über sie zu mehren. Das praktische Handeln dagegen sei selbst in seiner sittlichsten und tugendhaftesten Ausprägung (Aristoteles nennt als Beispiel den Staats- und Kriegsdienst) der *theoría* nachgestellt.[4] Das Primat der *theoría* begründet Aristoteles damit, dass sie die „vornehmste", „anhaltendste" und „genußreichste" Tätigkeit sei.[5] Vor allem aber ist sie diejenige Tätigkeit, „die keines anderen Dinges bedürftig, sondern sich selbst genug" sei.[6] Die theoretische Betrachtung verfolge also im Gegensatz zum praktischen Handeln „keinen anderen Zweck [...] als sich selbst"[7]:

> Und, von [der theoretischen Tätigkeit] allein läßt sich behaupten, daß sie ihrer selbst wegen geliebt wird. Sie bietet uns ja außer dem Denken und Betrachten sonst nichts; vom praktischen Handeln dagegen haben wir noch einen größeren oder kleineren Gewinn außer der Handlung.[8]

Erst im Anschluss an diese Überlegungen zur *theoría* führt Aristoteles die *scholé* als Bedingung der Glückseligkeit ein. Die ungestörte, ruhige *scholé* bezeichnet

---

[1] Einen ausführlicheren Überblick über das antike Ideal einer ‚theoretischen' Lebensweise und seiner Nachwirkung bis in die Gegenwart bieten die Beiträge des Bandes von Thomas Jürgasch/Tobias Keiling (Hg.), *Anthropologie der Theorie*, Tübingen 2017.

[2] Aristoteles, *Nikomachische Ethik*, auf d. Grundl. d. Übers. v. Eugen Rolfes hg. v. Günther Bien, Hamburg 1972, X, 7, 1177b (249). Neben der *Nikomachischen Ethik* entfaltet Aristoteles seine Gedanken zur Lebensform der *theoría* auch in der *Politik*, vgl. dazu Simon Varga, „Antike politische Anthropologie. Lebensform, Muße und Theorie bei Aristoteles", in: Thomas Jürgasch/Tobias Keiling (Hg.), *Anthropologie der Theorie*, Tübingen 2017, 29–47.

[3] Aristoteles, *Nikomachische Ethik*, X, 7, 1177a (248).

[4] Zur Hierarchisierung von *bios theoretikos* und *bios praktikos* vgl. Gerhard Huber, „Bios theoretikos und bios praktikos bei Aristoteles und Platon", in: Brian Vickers (Hg.), *Arbeit, Muße, Meditation. Betrachtungen zur Vita activa und Vita contemplativa*, Zürich 1985, 21–33, 21–26.

[5] Aristoteles, *Nikomachische Ethik*, X, 7, 1177a (248 f.).

[6] Ebd., X, 6, 1176b (246).

[7] Ebd., X, 7, 1177b (250).

[8] Ebd., X, 7, 1177b (249).

jenen Zustand, in dem sich eine betrachtende, von äußeren Zwängen und Zielen befreite Tätigkeit erst vollziehen kann – die *scholé* ist die Voraussetzung der *theoría*.[9] Diese Verbindung stellte zuvor schon Platon her.[10] Er bezeichnet die Philosophen und Wissenschaftler als diejenigen, die es nicht kümmert, „ob sie lang oder kurz reden, wenn sie nur das Rechte treffen"[11], und die folglich „wahrhaft in Freiheit und Muße auferzogen" wurden.[12] Besondere Schärfe gewinnt Platons durchaus elitäre Charakterisierung des in freier Muße diskutierenden Philosophen dadurch, dass er ihn von den pragmatisch handelnden Menschen abgrenzt (wie etwa den „Gerichtsrednern"), die „wie Knechte erzogen" seien.[13]

Bemerkenswert ist, dass sowohl Aristoteles als auch Platon der Muße nicht nur eine epistemische Funktion zusprechen, weil sie der Erkenntnis der Welt diene, sondern sie auch als eine glückbringende Tätigkeit verstehen. Es ist sogar die „eigentümliche Lust und Seligkeit [der *theoría*], die die Tätigkeit steigert"[14], also besonders produktive Kräfte freisetzt. Insbesondere im aristotelischen Begriff der *theoría* verbinden sich Betrachtung, Glück, Tätigkeit und Selbstgenügsamkeit. Auch die heute im kulturellen Wissen fest verankerte Liaison von Muße und Abgeschiedenheit wird bereits von Aristoteles aufgerufen, der bemerkt: „[D]er Weise dagegen kann, auch wenn er für sich ist, betrachten, und je weiser er ist, desto mehr; vielleicht kann er es besser, wenn er Mitarbeiter hat, aber immerhin ist er sich selbst am meisten genug."[15]

Wenngleich Aristoteles die theoretische Tätigkeit als einen privilegierten Lebensentwurf in Abgrenzung zur praktischen ‚Arbeit' charakterisiert, reicht es nicht aus, die beiden Konzepte nur in Opposition zueinander zu verstehen. *Theoría* und *praxis* stehen im aristotelischen Verständnis vielmehr in einem komplexen Verhältnis, das insbesondere in Aristoteles' politischen Thesen zum Ausdruck kommt. In der *Politeia* stellt er fest: „[D]enn es bedarf der Muße, damit die Tugend entstehen und politisch gehandelt werden kann."[16] In einer Gesellschaft, in der persönliche Freiheit notwendige Bedingung für politische Partizipation war, erhält das ultimative Privileg dieser Freiheit – die Muße – eine unmittelbare politische Funktion. Wie Soeffner bemerkt, „galt für Aristoteles Muße als

9 Peter Philipp Riedl, „Die Kunst der Muße. Über ein Ideal in der Literatur um 1800", in: *Publications of the English Goethe Society* 80,1 (2011), 19–37, 20.

10 Vgl. Huber, „Bios theoretikos und bios praktikos bei Aristoteles und Platon", 26–30; sowie Hélder Telo, „The freedom of θεωρία and σχολή in Plato", in: Thomas Jürgasch/Tobias Keiling (Hg.), *Anthropologie der Theorie*, Tübingen 2017, 11–27.

11 Platon, „Theaitetos", in: *Werke*, übers. v. Friedrich D. E. Schleiermacher, Bd. II.1, Berlin 1985, 142–219, 168.

12 Ebd., 172.

13 Ebd., 168.

14 Aristoteles, *Nikomachische Ethik*, X, 7, 1177b (250).

15 Ebd., X, 7, 1177a (249).

16 Aristoteles, *Politik*, eingel., übers. u. komm. v. Olof Gigon, 2. Aufl., Zürich 1971, VII, 9 (297).

Voraussetzung für erfolgreiches, staatspolitisches Handeln: Die von der Praxis zeitlich und räumlich bewusst abgesetzte, aber dennoch auf sie hin orientierte Sphäre der Muße diente dem Entwurf optionaler Szenarien und Strategien vor dem Handeln."[17] Diese Denkfigur ist noch in der Moderne gut bekannt: Der praktischen Handlung muss die theoretische Reflexion vorausgehen, wenn sie erfolgreich sein soll.

Das reflexive Potential der *theoría* war in der griechischen Antike jedoch so gut wie ausschließlich der philosophischen Betrachtung der äußeren Welt vorbehalten und diente weder der Introspektion noch der individuellen Selbstdarstellung. Zu einer Annäherung zwischen den Phänomenen der Muße und der autobiographischen Reflexion sollte es erst in der Spätantike kommen.[18] Die *scholé* konnte schon deswegen keinen Rahmen für die autobiographische Reflexion bieten, weil weder ein entsprechender Begriff der ‚Person' noch eine für die Selbstdarstellung von Individuen geeignete Textsorte existierte. Georg Misch erkennt zwar in seiner monumentalen Studie zur *Geschichte der Autobiographie* schon im alten Griechenland eine erste „Entdeckung der Individualität"[19], die zu einem frühen Höhepunkt der (Auto-)Biographie geführt habe: Misch nennt Platons *Apologie des Sokrates*, darüber hinaus widmet er sich ausführlich dem sogenannten *Siebten Brief*, der von Platons gescheiterten Reformversuchen im tyrannisch regierten Syrakus berichtet, sowie der *Antidosis* des Isokrates.[20] Die neuere Forschung hat diese Einschätzung allerdings relativiert. Selbstdarstellungen waren in der Antike selten statthaft, weil sie mit dem Verdacht der Eitelkeit belegt waren; dagegen galt es als lobenswert, nicht von sich selbst zu reden. Ausnahmen bestanden allenfalls für Greise, die mit ihrem besonders tugendhaften Leben als Vorbild für andere wirken konnten, sowie in Gerichtsreden, in denen der Beschuldigte Unrecht und Verleumdung von sich abzuwenden suchte.[21] Wenn überhaupt, dann erfüllten antike Selbstdarstellungen also entweder didaktische Zwecke, indem sie nach dem Vorbild der antiken Lobrede (*enkomion*)[22] „möglichst ideale[] Charakter*typen*" präsentierten[23], oder sie verfolgten eine

---

17 Hans-Georg Soeffner, „Muße – Absichtsvolle Absichtslosigkeit", in: Burkhard Hasebrink/Peter Philipp Riedl (Hg.), *Muße im kulturellen Wandel. Semantisierungen, Ähnlichkeiten, Umbesetzungen*, Berlin 2014, 34–53, 37f.

18 Vgl. Thomas Böhm, „Facetten eines Theoria-Entwurfes in der Spätantike", in: Burkhard Hasebrink/Peter Philipp Riedl (Hg.), *Muße im kulturellen Wandel. Semantisierungen, Ähnlichkeiten, Umbesetzungen*, Berlin 2014, 15–25, 15f.

19 Georg Misch, *Geschichte der Autobiographie*, Bd. 1: *Das Altertum*, Frankfurt a. M. 1949/1950, 73.

20 Vgl. ebd., 101–180. Vgl. außerdem Michaela Holdenried, *Autobiographie*, Stuttgart 2000, lxxxvii.

21 Vgl. Hugo Friedrich, *Montaigne*, mit einem Nachw. v. Frank-Rutger Hausmann, Tübingen/Basel 1993, 212f.

22 Vgl. zum Enkomion Misch, *Geschichte der Autobiographie*, Bd. 1: *Das Altertum*, 165–169.

23 Peter Alheit/Morten Brandt, *Autobiographie und ästhetische Erfahrung. Entdeckung und Wandel des Selbst in der Moderne*, Frankfurt/New York 2006, 12. (Herv. i. O.)

legitimatorische Funktion und stellten „Identität in den Dienst der Rechtfertigung".[24] Da von Individualität im modernen Sinne noch keine Rede sein konnte, war es folglich auch nicht das Ziel dieser Reden, die Selbstreflexionen eines Individuums zu zeigen. Sie waren vielmehr auf eine äußere und pragmatische, in der Regel öffentliche Situation hin verfasst. In ihnen erfolgte – wie Michail Bachtin es ausdrückt – die „Darstellung des eigenen oder fremden Lebens als staatsbürgerlich-politischer Akt öffentlicher Verherrlichung oder Rechenschaftslegung".[25] Sowohl Isokrates als auch Platon stilisieren ihre Selbstdarstellungen nach dem Typus der Gerichtsrede – und damit eben jener rhetorischen Gattung, die Platon selbst als das Gegenteil der Muße charakterisiert hatte.[26]

1.1.2. *cum dignitate otium*: Cicero und Seneca

Aus heutiger Perspektive erscheint es bemerkenswert, dass sowohl in der griechischen als auch in der römischen Kultur die jeweiligen Bezeichnungen für Muße „die Priorität und Positivität" gegenüber ihren Gegenbegriffen besitzen.[27] „Arbeit [ist] lediglich die Negativbestimmung von Muße, im Griechischen ebenso wie im Lateinischen: *scholē* ist der Begriff, den *ascholia* verneint. Im Lateinischen ist *negotium* der Gegenbegriff zu *otium*. Die Begrifflichkeit läßt keinen Zweifel an der jeweiligen Wertigkeit der Phänomene."[28] Wenn im Lateinischen das Wortpaar *otium/negotium* an die Stelle der aristotelischen Unterscheidung zwischen *theoría* und *praxis* tritt, spiegelt sich darin schon etymologisch die gegensätzliche Bewertung der freien, privilegierten Muße und der – mit Platons Worten – arbeitsamen Tätigkeit des „Knechts".[29] Manfred Fuhrmann hat diesen Zusammenhang erläutert:

> Die Worte *otium* und *negotium* gehören zu den Gegensatzpaaren, deren Negativum mit der Partikel *nec* gebildet ist: [...] Als *negotium* bezeichnete man alle Tätigkeiten, die zur Selbsterhaltung, zur Mehrung des Reichtums oder zur Steigerung des sozialen Prestiges unternommen wurden. Es umfaßte also alles, was seit eh und je den Inhalt des römischen Lebens ausgemacht hatte. Jegliche Beschäftigung dagegen, die nicht unmittelbar einem der genannten Ziele diente, war *otium*. Hierzu gehörte insbesondere, was den Römern durch die Griechen übermittelt wurde: Studium und Bildung, Kunst, Wissenschaft und Literatur, Theorie und Philosophie.[30]

---

[24] Holdenried, *Autobiographie*, 87.

[25] Michail Bachtin, *Chronotopos*, aus d. Russ. v. Michael Dewey, Frankfurt a. M. 2008, 58.

[26] Vgl. Martina Wagner-Egelhaaf, *Autobiographie*, Stuttgart/Weimar 2005, 106–108.

[27] Leonhard Fuest, *Poetik des Nicht(s)tuns. Verweigerungsstrategien in der Literatur seit 1800*, Paderborn 2008, 18.

[28] Riedl, „Die Kunst der Muße", 22.

[29] Vgl. Peter Burke, „The invention of leisure in early modern Europe", in: *Past & Present* 146 (1995), 136–150, 139.

[30] Manfred Fuhrmann, „Cum dignitate otium. Politisches Programm und Staatstheorie

Bezeichnenderweise kommt selbst der Altphilologe Fuhrmann in seiner Begriffsklärung nicht umhin, mit moderner Geisteshaltung zunächst das geschäftige *negotium* zu erklären, um anschließend – und entgegen der noch zuvor von ihm erläuterten Etymologie – das *otium* negativ davon abzugrenzen. Unbeabsichtigt liefert er somit ein Beispiel dafür, dass sich die ursprüngliche Priorität des *otium* im gegenwärtigen Begriff der Muße nicht erhalten hat, dass vielmehr die Arbeit als Normalzustand konzeptualisiert wird.

Trotz der Überschneidungen zwischen hellenischer und römischer Tradition ist mit dem Übergang in die lateinische Kultur eine wesentliche Veränderung des Muße-Diskurses festzustellen.[31] Noch in vor-ciceronischer Zeit geht im Begriff des *otium* der Aspekt der theoretischen Reflexion und der guten Lebensführung, der noch bei Aristoteles im Mittelpunkt gestanden hatte, verloren:

> Für die römische Aristokratie, deren Lebensinhalt in politischer Wirksamkeit bestand, bedeutete *otium* die private Sphäre. Welchen Tätigkeiten oder Beschäftigungen man sich dort hingab, war gleichgültig; ob z. B. Scipio am Meeresstrande Muscheln sammelte oder sich mit seinen Freunden über die Grundlagen des römischen Staates unterhielt, machte keinen Unterschied. Es kam fernerhin nicht darauf an, für welche Zeit und aus welchen Anlässen jemand dem Forum und der Kurie fernblieb: Mußestunden, Feiertage und Altersruhe waren in gleicher Weise *otium*.[32]

Auf diese Weise ‚entleert' und vom griechischen Konzept der *scholé* entkoppelt, konnte der Begriff des *otium* neue Bedeutungen annehmen und an die Gegebenheiten der römischen Kultur adaptiert werden. Zu Zeiten Ciceros hatte sich die Verwendung von *otium* schon weit über die private Dimension hinaus ins Politische ausgedehnt.[33] Zwar stellte bereits Aristoteles die Bedeutung der Muße für das politische Geschehen heraus, doch blieb dieses Argument nachrangig gegenüber dem Ziel einer gelungenen Lebensführung und der philosophischen Funktionalisierung der Muße.[34] In den römischen Texten des 1. Jahrhunderts v. Chr. dagegen erlangte der politisch-moralische Diskurs über die Muße zunehmend die Dominanz. Muße wurde nun vor allem aufgrund ihrer Bedeutung für die Gemeinschaft und den Staat anerkannt und eingefordert.

Ciceros Formel des *cum dignitate otium* ist die vielleicht bekannteste Manifestation dieses neuen politischen Ideals der Muße.[35] In seiner *Sestiana* bekräftigt Cicero, dass das *cum dignitate otium* das höchste Ziel der *res publica* darstelle. In diesem Sinne wird *otium* fortan „in der Sprache der Politik als Bezeichnung für

---

bei Cicero", in: *Gymnasium* 67 (1960), 481–500, 488; vgl. auch Jean-Marie André, *L'otium dans la vie morale et intellectuelle romaine des origines à l'époque augustéenne*, Paris 1966, 119 f.

[31] Eine ausführliche und umfassende Begriffsgeschichte von *otium* von seinen Ursprüngen im Hellenismus bis in die Spätantike bietet André, *L'otium*.

[32] Fuhrmann, „Cum dignitate otium", 488.

[33] Zu Begriff und Praxis des *otium* in ciceronischer Zeit vgl. André, *L'otium*, 205–334.

[34] Vgl. Aristoteles, *Politik*, VII, 9 (297).

[35] Kritisch zum Begriff *otium cum dignitate* vgl. André, *L'otium*, 295–306.

einen Zustand der öffentlichen Verhältnisse angewandt [...] und meinte das ungestörte Funktionieren einer bestimmten staatsrechtlich-politischen Grundordnung".[36] Die *dignitas* als zweiter Teil der Formel bezieht sich auf die Distinktion und Hoheitlichkeit des römischen Staates sowie seiner politischen Repräsentanten gegenüber anderen Staaten, aber auch gegenüber den einfachen römischen Bürgern; die *dignitas* „hatte statischen Charakter und bezeichnete einen gesellschaftlichen Rang, der über das einzelne Verdienst, über die Bewährungsprobe des einzelnen Jahresamtes hinausreichte".[37] Cicero weist ausdrücklich darauf hin, dass die beiden Komponenten der Formel in einem ausgewogenen Verhältnis zueinander stehen müssten, „[d]enn in der Politik darf man sich weder durch die *dignitas* so sehr hinreißen lassen, daß man sich nicht um das *otium* kümmert, noch darf man sich an ein *otium* klammern, das der *dignitas* widerstreitet".[38]

Offensichtlich ist das ursprüngliche, politische Konzept des *cum dignitate otium* nicht anschlussfähig an einen gegenwärtigen Begriff der Muße, entspricht es doch kaum dem heute gängigen Verständnis der ciceronischen Formel, dass nämlich eine würdevolle Muße vor allem als Ausdruck der biographischen Situation eines Menschen und seiner persönlichen Leistungen gelten könne. Um diesem modernen Begriffsverständnis näherzukommen, musste das *otium* folglich aus der politischen Sphäre in den Bereich des Privaten zurückkehren. Wiederum war es Cicero, der den Grundstein für diesen Bedeutungswandel legte. Fuhrmann hat dargestellt, „daß Cicero seine Formel *cum dignitate otium* in doppeltem Sinne, und zwar ebenso auf den Staat wie auf politisch führende Persönlichkeiten, anwendet." Der Grund dafür sei, „daß Cicero die beiden Sphären, und zwar offenbar, weil es sich für ihn von selbst verstand, beständig miteinander identifiziert hat".[39] Eine persönliche Ebene war im Begriff des *cum dignitate otium* folglich bereits angelegt.

Als Cicero am Ende seines Lebens das *otium* wieder ganz in den Bereich des individuellen Lebens verlagerte, hatte dies seine Ursache in der autobiographischen Erfahrung einer konkreten Notsituation. Nach dem Tode Caesars und im Zuge des daraufhin ausbrechenden Machtkampfes fand Cicero sich auf der Proskriptionsliste des Antonius und war gezwungen, aus Rom auf seinen Landsitz in Tusculum zu flüchten. Auf diese Weise seiner Ämter entledigt, musste der Rhetor sein Ideal einer politischen Betätigung aufgeben, weshalb er auch nicht mehr „in einem erfüllten *negotium* die Rechtfertigung für ein ebenso erfülltes *otium*

---

[36] Fuhrmann, „Cum dignitate otium", 489.

[37] Ebd., 488.

[38] Zitiert wird die Übersetzung von Fuhrmann in ebd., 484. Im lateinischen Original heißt es: „[...] neque enim rerum gerendarum dignitate homines ecferri ita convenit ut otio non prospiciant, neque ullum amplexari otium quod abhorreat a dignitate" – Marcus Tullius Cicero, „Rede für P. Sestius [Pro P. Sestio]", in: *Die politischen Reden*, hg., übers. u. erl. v. Manfred Fuhrmann, Bd. 2, Darmstadt 1993, 110–285, 224.

[39] Fuhrmann, „Cum dignitate otium", 483.

zu erblicken vermochte".[40] Da er seiner eigenen politischen Forderung nach dem *cum dignitate otium* nicht länger gerecht werden konnte, sah sich Cicero zu einer ganz neuen Auseinandersetzung mit den positiven und negativen Formen des *otium* gezwungen.

Dieser Begriffswandel manifestiert sich insbesondere in der Einleitung zum dritten Buch von *De officiis*, einer Tugendlehre Ciceros für seinen Sohn, die er im ländlichen Exil verfasste. Dass Cicero zunächst noch an der Vorstellung eines erstrebenswerten politischen *otium* festhält, wird daran erkenntlich, dass er Scipio Africanus zum Vorbild erklärt, also jenen römischen Feldherrn und Politiker, der nach eigener Aussage selbst seine privaten Mußestunden für das Wohl der *res publica* nutzte, denn „er sei niemals weniger untätig gewesen als in Untätigkeit und nie weniger allein als allein".[41] Eine derart erfüllte Muße im Dienst des öffentlichen Amtes und der Gemeinschaft stellt für Cicero den Idealfall dar, den jedoch längst nicht jede Form des *otium* einlöse: „So hielten zwei Umstände, die andere Menschen erschlaffen lassen, [Scipio Africanus'] Geist wach: Untätigkeit und Alleinsein."[42] Deutlich unterscheidet Cicero im Folgenden zwischen der positiven und legitimen Muße des öffentlich wirkenden Staatsmannes und einer unerfüllten, unproduktiven und privaten Muße, die ihn auf seiner Flucht nun selbst zu ereilen droht:

> Denn seitdem wir an der politischen Arbeit und den Geschäften auf dem Forum mit gottloser Waffengewalt gehindert werden, geben wir uns der Untätigkeit hin, und seitdem wir aus diesem Grund die Stadt verlassen haben, halten wir uns nur noch auf dem Lande auf und sind oft allein. Aber weder ist diese Untätigkeit mit der Untätigkeit des Africanus noch dieses Alleinsein mit seinem Alleinsein vergleichbar. Denn er ruhte sich von den schönsten Leistungen für den Staat aus und nahm sich dann und wann Urlaub und zog sich von Zeit zu Zeit aus dem Menschengewühl in die Einsamkeit wie in einen Hafen zurück; unsere Untätigkeit aber hat ihren Grund in einem fehlenden Tätigkeitsfeld und nicht in dem Wunsch nach Erholung.[43]

Mit seiner eigenen Untätigkeit konfrontiert, entwickelt Cicero eine Strategie, um sein ‚leeres' *otium* auf selbstbestimmte Weise zu füllen und produktiv zu ma-

---

[40] Eckard Lefèvre, „Otium Catullianum (c. 51) und Otium Horatianum (c. 2, 16)", in: Ernst Sigot (Hg.), *Otium – Negotium. Beiträge des interdisziplinären Symposions der Sodalitas zum Thema Zeit, Carnuntum 28.–30. 8. 1998*, Wien 2000, 198–213, 211.

[41] Marcus Tullius Cicero, *De officiis / Vom pflichtgemäßen Handeln*, hg. u. übers. v. Rainer Nickel, Düsseldorf 2008, III, 1 (211). Im lateinischen Original: „[...] numquam se minus otiosum esse, quam cum otiosus, nec minus solum, quam cum solus esset."

[42] Ebd., III, 1 (211). Im Original: „Ita duae res, quae languorem adferunt ceteris, illum acuebant, otium et solitudo."

[43] Ebd., III, 1–2 (211). Im Original: „Nam et a re publica forensibusque negotiis armis impiis vique prohibiti otium persequimur et ob eam causam urbe relicta rura peragrantes saepe soli sumus. Sed nec hoc otium cum Africani otio nec haec solitudo cum illa comparanda est. Ille enim requiescens a rei publicae pulcherrimis muneribus otium sibi sumebat aliquando et coetu hominum frequentiaque interdum tamquam in portum se in solitudinem recipiebat, nostrum autem otium negotii inopia, non requiescendi studio constitutum est."

chen. Statt in der Langeweile zu verharren, wendet Cicero sich dem Verfassen literarischer und philosophischer Texte zu. So entsteht unter anderem *De officiis* selbst, dessen Genese aus dem politischen Rückzug und der erzwungenen Muße heraus in der Einleitung dargelegt wird:

Aber weil wir es so von den Philosophen gehört haben, dass man nicht nur aus den Übeln die kleinsten auswählen, sondern aus ihnen selbst noch herauspflücken müsse, was an ihnen Gutes sei, genieße ich die Untätigkeit, [...] und ich lasse es auch nicht zu, in der Abgeschiedenheit zu erschlaffen, die mir der Zwang und nicht der freie Wille auferlegt hat. [...] Wir aber, die wir nicht so viel Kraft haben, dass wir durch wortloses Denken von der Einsamkeit abgelenkt werden, haben unseren ganzen Eifer und alle unsere Sorge für diese schriftstellerische Tätigkeit eingesetzt. Deshalb haben wir in der kurzen Zeit nach dem Untergang der Republik mehr geschrieben als in den vielen Jahren, solange die Republik noch existierte.[44]

Wie Lefèvre bemerkt hat, „fühlt [Cicero] sich auf sich selbst zurückgeworfen und wendet sich der Philosophie als einem Surrogat zu".[45] In den Schriften aus dieser Zeit werde deutlich, dass die literarische Betätigung für ihn durchaus der „Lebensbewältigung" diene. Eine bemerkenswerte Folge dieser Entwicklung ist die (Re-)Privatisierung des Muße-Begriffs, eben weil Cicero sein „*otium* in *De officiis* nicht als einen Zustand der öffentlichen Verhältnisse versteht, sondern auf die private Sphäre bezieht".[46]

Cicero kann daher gleich in mehrfacher Hinsicht als Vorreiter eines neuen Paradigmas im Muße-Diskurs gesehen werden. Seine Unterscheidung zwischen einer erfüllten und legitimen Muße einerseits sowie einer unerfüllten und verwerflichen Muße andererseits nimmt das Individuum in die Verantwortung, sich entstehende Freiräume der Muße anzueignen und zu nutzen. Für Cicero bedarf das *otium* grundsätzlich einer moralischen Legitimation – und je stärker die in Muße vollzogene Tätigkeit am Gemeinwohl ausgerichtet ist, desto höher ist sie nach Cicero zu bewerten. Auch eine philosophische und literarische Tätigkeit kann diesem Nutzenkriterium genügen. Mit seinem einsamen (wenn auch unfreiwilligen) Rückzug aus der Öffentlichkeit begründet Cicero einen besonders wirkmächtigen Topos, an dem sich spätere Autoren orientierten. So berief sich Montaigne in seinen *Essais* auf das Vorbild Ciceros, „qui dict vouloir employer sa solitude et sejour des affaires publiques à s'en acquerir par ses escris une vie immortelle".[47]

---

[44] Ebd., III, 3–4 (211–213). Im Original: „Sed quia sic ab hominibus doctis accepimus, non solum ex malis eligere minima oportere, sed etiam excerpere ex his ipsis, si quid inesset boni, propterea et otio fruor, [...] nec eam solitudinem languere patior, quam mihi adfert necessitas, non voluntas. [...] nos autem, qui non tantum roboris habemus, ut cogitatione tacita a solitudine abstrahamur, ad hanc scribendi operam omne studium curamque convertimus. Itaque plura brevi tempore eversa quam multis annis stante re publica scripsimus."

[45] Lefèvre, „Otium Catullianum (c. 51) und Otium Horatianum (c. 2, 16)", 198 f.

[46] Ebd.

[47] Michel Eyquem de Montaigne, „De la solitude", in: *Essais*, ed. conforme au texte de

Bezeichnenderweise geht Ciceros Neubewertung des *otium* von einer autobiographischen Krise aus, die ihn zwingt, sich selbst ein neues, sinnvolles Betätigungsfeld zu suchen. Damit treffen in Ciceros Werk erstmals der Muße-Diskurs und die autobiographische Reflexion in signifikanter Weise aufeinander. Diese Konvergenz beider Phänomene setzt sich in seinen anderen Schriften fort. Insbesondere in Ciceros Privatbriefen sieht die Autobiographieforschung das Dokument einer bis dato ungekannten Orientierung des autobiographischen Schreibens an der individuellen Persönlichkeit.[48] Der öffentlich-pragmatische Rahmen, der im antiken Griechenland eine Selbstdarstellung überhaupt erst ermöglicht hatte, entfällt für die römische Briefliteratur. In Ciceros *Atticus-Briefen* treten neben die politischen Reflexionen immer wieder Selbstkommentare über das persönliche Ergehen und Empfinden des Rhetors. In politisch unruhigen Zeiten war das Briefeschreiben für Cicero nicht nur Mittel zum Gedankenaustausch, es eröffnete ihm zudem einen Freiraum der Selbstreflexion und der gelassenen, zurückgezogenen Ruhe (*quieta*), wie er seinem Freund und Briefpartner Atticus gesteht: „So mache ich mich denn daran, Dir zu schreiben, ohne recht zu wissen, was; dann habe ich das Gefühl, mit Dir zu plaudern, das einzige, was mich ein wenig beruhigt."[49] In Ciceros Bemerkungen wird deutlich, dass das Lesen und Schreiben für ihn eine kontemplative und selbstzweckhafte Tätigkeit darstellt: „Eines habe ich mit diesem Schreiben doch erreicht: ich habe Deine Briefe alle noch einmal gelesen und bin dabei zur Ruhe gekommen."[50]

Ciceros Briefe haben ihren Ursprung nicht mehr allein in einem quasi-juristischen Bemühen um Rechtfertigung, sie sind Ausdruck seines privaten *otium* und einer Befreiung von der Politik. Doch mehr als das: „In Ciceros Privatbriefen schließlich wird über die Anerkennung der ‚varietates', der Mannigfaltigkeit von Persönlichkeit, die nicht mehr wie bislang als Fehler getadelt wird, die Wendung zur individuellen Realität vollzogen."[51] Diese Einschätzung Holdenrieds kann um die Feststellung ergänzt werden, dass Cicero sein Denken gleich auf zweifache Weise an der Individualität des Menschen orientiert: Erstens führt

l'exempl. de Bordeaux avec les additions de l'éd. posthume, les principales variantes, une introduction, des notes et un index, hg. v. Maurice Rat, Paris 1962, 267–279, 275f. Zu deutsch: „[...] der erklärt hat, er wolle seinen Rückzug aus den öffentlichen Angelegenheiten in die Einsamkeit darauf verwenden, sich durch seine Schriften Unsterblichkeit zu erwerben." Übersetzung nach Michel Eyquem de Montaigne, *Essais. Erste moderne Gesamtübersetzung von Hans Stilett*, Frankfurt a. M. 1998, 127. Zur Cicero-Rezeption bei Montaigne vgl. auch Kapitel 1.1.4.

48 Vgl. Holdenried, *Autobiographie*, 89.

49 Marcus Tullius Cicero, *Atticus-Briefe*, hg. u. übers. v. Helmut Kasten, München 1990, IX, 11 (567). Im lateinischen Original: „[...] tecum ut quasi loquerer, in quo uno acquiesco, hoc nescio quid nullo argumento proposito scribere instituti."

50 Ebd., IX, 11 (575). Im Original: „Ego his litteris hoc tamen profeci: perlegi omnes tuas et in eo acquievi."

51 Holdenried, *Autobiographie*, 89.

er am Ende seines Lebens den Begriff des *otium* aus der Politik zurück in die persönliche Sphäre des Menschen, der sich die Muße durch seine individuellen Leistungen verdienen müsse. Zweitens nutzt er den eigenen Freiraum von der Politik, um in Briefen über sein Leben zu reflektieren. So tritt bei Cicero erstmals die Vorstellung einer abgeschiedenen Altersmuße zutage, die den idealen Rahmen für die autobiographische Reflexion bildet.

Hatte Cicero die Grundlage für einen moralischen Begriff der Muße gelegt, der den Einzelnen in die Pflicht nimmt, sein *otium* für das Wohlergehen der Gemeinschaft zu verwenden, so wird dieser Diskurs in der Folge von Seneca programmatisch ausgestaltet. In seiner philosophischen Schrift *De otio* betont der Stoiker auf ähnliche Weise wie Cicero, dass Muße nur legitim sei, wenn sie dem allgemeinen Wohl nutze. Der Einzelne könne und müsse in seiner Muße dem Staatswesen dienen („rei publicae et in Otio deseruire possumus"), indem er wichtige Probleme überdenke – Seneca nennt als Beispiele die Frage der sittlichen Vollkommenheit, der Beschaffenheit und Einzigartigkeit der Welt und der Materie, den Platz Gottes und anderes mehr.[52] Zugleich greift Seneca die aristotelische Frage nach der guten Lebensführung wieder auf. Während Aristoteles allein die *theoría* als höchste Lebensform anerkennt, nimmt Seneca eine dialektische Position ein, die zwischen der *vita contemplativa* (die *contemplatio* ist eine der lateinischen Entsprechungen zur *theoría*) und der *vita activa* vermittelt[53]: „[D]ie Natur hat uns zu beidem geschaffen, zum Betrachten der Dinge *und* zum Handeln."[54] Und weiter: „Also lebe ich entsprechend der Natur, wenn ich ganz mich an sie hingebe, wenn ich ihr Bewunderer und Verehrer bin. Die Natur wollte, daß ich jedes von beidem tue, tätig sein und für Nachdenken Zeit haben: beides tue ich, da nicht einmal das Nachdenken ohne Tätigkeit auskommt."[55]

Das *ego* in Senecas Ausführungen ist durchaus autobiographisch zu verstehen. In seinen *Moralischen Briefen* erläutert Seneca am eigenen Beispiel, wie eine legitime Muße zu leben und zu gestalten sei, und schafft so eines der frühesten Beispiele für die autobiographisch-literarische Thematisierung von Muße-Praktiken. Im 68. Brief über die „Zurückgezogenheit" ermahnt Seneca seinen Adressaten Lucilius, „[d]aß nämlich Deine Muße unbemerkt bleibe. Du brauchst sie nicht mit ‚philosophische Interessen' und ‚Ruhebedürfnis' zu etikettieren; nimm für Deine Absicht einen anderen Vorwand. […] Sich seiner Muße zu rühmen, ist

---

[52] Lucius Annaeus Seneca, „De otio", in: *Philosophische Schriften*, Bd. 2, hg. v. Manfred Rosenbach, Darmstadt 1999, 79–99, 86 f.

[53] Vgl. Riedl, „Die Kunst der Muße", 30.

[54] Seneca, „De otio", 88 f. Im lateinischen Original: „[N]atura nos ad utrumque genuit, et contemplationi rerum et actioni."

[55] Ebd., 92 f. Im Original: „Ergo secundum naturam vivo si totum me illi dedi, si illius admirator cultorque sum. Natura autem utrumque facere me voluit, et agere et contemplationi vacare: utrumque facio, quoniam ne contemplatio quidem sine actione est."

nutzloser Ehrgeiz."[56] Seneca hält sich zumindest in seinen Briefen kaum an den eigenen Rat. Im achten Brief über die „rastlose Muße" legt er dar, wie er selbst seine Mußestunden verbringe, und stilisiert sein Leben ganz gemäß dem Ideal einer erfüllten, arbeitsamen Muße im Dienst der Allgemeinheit:

> Nur deshalb habe ich mich zurückgezogen und die Tür versperrt, um noch mehr Menschen nützen zu können. Kein Tag verstreicht mir im Müßiggang; einen Teil der Nächte nehme ich mir für meine Forschungen. Ich habe keine Zeit für Schlaf, sondern erliege ihm, und wenn meine Augen vom Wachen erschöpft sind und zufallen wollen, richte ich sie auf meine Arbeit. [...] Ich befasse mich mit den Problemen der Nachwelt. Für sie schreibe ich allerlei auf, was ihr vielleicht zugute kommen kann.[57]

Der von Seneca propagierte ‚Mittelweg' zwischen *vita activa* und *vita contemplativa* ist auch Ausdruck der vermittelnden Haltung, die Seneca gegenüber der stoischen Philosophie und der epikureischen Tradition einnimmt. Seneca verbindet den gesellschaftlichen und moralischen Aspekt der mußevollen Lebensweise, den Cicero diskutiert hatte, mit der Dimension der guten Lebenspraxis und der Erkenntnisfunktion, für die Aristoteles programmatisch einstand. Damit gibt er der Debatte einen entscheidenden Impuls, der in der Spätantike den christlichen Denker Augustinus beschäftigen wird.

Die Idee einer verdienten, wohlverwendeten Altersmuße, die im Begriff des *cum dignitate otium* zum Ausdruck kommt, wirkt indes weit über das Mittelalter hinaus. Im 14. Jahrhundert kann sich Petrarca in seiner Schrift *De vita solitaria*, in welcher er die „beiden für Philosophen so angenehmen Zufluchtsmöglichkeiten, nämlich die Abgeschiedenheit und die Muße" preist, auf Cicero und Seneca als Gewährsmänner berufen: „Über die Muße sagt Cicero bekanntermaßen: ‚Was ist angenehmer als eine gebildete Muße ...?' Nicht weniger berühmt ist auch der Satz Senecas: ‚Ruhestand ohne wissenschaftliches Streben ist geistiger Tod, ist die Ruhestatt eines lebendig Begrabenen.'"[58] Und noch in den Auto-

---

[56] Epistula LXVIII in Lucius Annaeus Seneca, *Epistulae morales ad Lucilium. Briefe an Lucilius*, Bd. 1, hg. u. übers. v. Gerhard Fink, Düsseldorf 2007, 396f. Im lateinischen Original: „Nunc ad illud revertor quod suadere tibi coeperam, ut otium tuum ignotum sit. Non est quod inscribas tibi philosophiam ac quietem: aliud proposito tuo nomen impone [...]. Gloriari otio iners ambitio est."

[57] Epistula VIII in ebd., 35. Im Original: „In hoc me recondidi et fores clusi, ut prodesse pluribus possem. Nullus mihi per otium dies exit; partem noctium studiis vindico; non vaco somno sed succumbo, et oculos vigilia fatigatos cadentesque in opere detineo. [...] [P]osterorum negotium ago. Illis aliqua quae possint prodesse conscribo."

[58] Francesco Petrarca, *Das einsame Leben*, aus d. Lateinischen übers. v. Friederike Hausmann, hg. v. Franz Josef Wetz, Stuttgart 2004, 80f. Im lateinischen Original: „Nam de otio quidem illud Ciceronis notum: ‚Quid dulcius otio literato?' Contraque, non minus illud Senece vulgatum: ‚Otium sine literis mors est, et hominis vivi sepultura.' Et, si plane norim duo ista tam dulcia philosophorum diverticula, solitudinem atque otium [...]" – Francesco Petrarca, *De vita solitaria*, a cura di Guido Martellotti, traduzione italiana di Antoniette Bufano, Turin 1977 [1346–1356], 46. Die von Petrarca zitierten Stellen finden sich in Cicero, *Tusculanae disputationes*, V, 36, 105 sowie Seneca, *Epistulae morales ad Lucilium*, 82, 4.

biographien der Gegenwart, so wird zu zeigen sein, hallt das Ideal des *cum dignitate otium* in der Vorstellung nach, erst die erbrachte Lebensleistung gestatte einem Autobiographen, in Ruhe und Würde auf die eigene Geschichte zurückzublicken.[59]

1.1.3. Von der *vita activa* zur *vita contemplativa*: Augustinus' *Confessiones*

Die *Confessiones* des Augustinus gelten weithin als „die erste moderne Autobiographie".[60] Schon frühe Forscher wie Dilthey und Misch stellten Augustins Werk an den Anfang einer Tradition, die mit Rousseaus *Confessions* und Goethes *Dichtung und Wahrheit* ihre prominentesten und einflussreichsten Fortsetzungen fand.[61] Wenngleich die gegenwärtige Autobiographietheorie diese Einschätzung unter Verweis auf die spezifischen historischen Entstehungsbedingungen und Wirkungsabsichten des Textes relativiert hat[62], erkennt auch sie in den *Confessiones* doch ein „Leitparadigma der Autobiographiegeschichte", das Autoren späterer Epochen ein „Strukturschema" bot.[63] Im Kontext ihrer Entstehungszeit allerdings stellten die *Confessiones* wohl ein singuläres Werk dar[64], das sich – schon Misch macht darauf aufmerksam – in vielen Punkten von den Formen antiker Autobiographik abhebt.[65] Als epochale Neuerung erscheint vor allem die konsequent vollzogene Selbstreflexion und Darstellung der Innerlichkeit des schreibenden Ich, durch die der Kirchenvater einen „historischen Beitrag zur psychologischen Selbsterfassung im engeren Sinn geleistet" habe.[66] Unabdingbar für die Rekonstruktion der eigenen Geschichte sei für Augustinus das Gedächtnis, denn es bilde „das zentrale Forum für das autobiographische Bemühen, sich selbst zu erkennen". Augustinus demonstriere ein ausgeprägtes Bewusstsein für die Problematik der Erinnerung ebenso wie für die „Ambivalenz der Sprache" und bringe so „grundsätzliche systematische Probleme der autobiographischen Selbstvergegenwärtigung in die Reflexion" ein.[67]

---

59 Vgl. das Kapitel 1.3.5 „Stillgestellte Zeit und Rückzugsorte des Erzählens", sowie für konkrete Beispiele die Kapitel 2.1 und 2.4.

60 Bernd Neumann, *Identität und Rollenzwang. Zur Theorie der Autobiographie*, Frankfurt a. M. 1970, 33.

61 Vgl. Wilhelm Dilthey, *Der Aufbau der geschichtlichen Welt in den Geisteswissenschaften*, Gesammelte Schriften, Bd. 7, hg. v. Bernhard Groethuysen, Leipzig/Berlin 1942, 198 f.; Misch, *Geschichte der Autobiographie*, Bd. 1: *Das Altertum*, 637–678.

62 Vgl. Holdenried, *Autobiographie*, 90.

63 Wagner-Egelhaaf, *Autobiographie*, 112 f.

64 Vgl. Holdenried, *Autobiographie*, 93.

65 Zur Stellung und Rezeption der Confessiones im zeitgeschichtlichen Kontext vgl. Misch, *Geschichte der Autobiographie*, Bd. 1: *Das Altertum*, 679–681. Vgl. außerdem Holdenried, *Autobiographie*, 89.

66 Ebd., 92 f.

67 Wagner-Egelhaaf, *Autobiographie*, 116–118.

Augustinus gibt seinen Bekenntnissen die Form eines Zwiegespräches mit Gott, den er in der Du-Form adressiert.[68] Auch darüber hinaus bedient sich Augustinus einer innovativen Darstellungstechnik, denn er schildert sein Leben als eine kontinuierliche Entwicklung, die in der religiösen Bekehrung mündet und damit seiner persönlichen Geschichte „den Rahmen einer überindividuellen Lesbarkeit" verleiht.[69] Die Geschichte von der Läuterung des Rhetors, der seinen Beruf aufgibt, um sich christlich taufen zu lassen, findet ihre formale Entsprechung in einer Abwendung vom rhetorischen Ornat und einer Hinwendung zur Narration. So bereiten die *Confessiones* – anders als etwa die Verteidigungsreden von Platon und Isokrates – „den neu anzubauenden Boden für eine erzählende, nicht bloß epigrammatische oder rhetorisch-erfinderische Prosagattung".[70] Die Erzählung setzt eine Distanz zwischen erzählendem und erzähltem Ich voraus, weil der Bekehrte sich selbst objektiviert, indem er auf sein vergangenes, sündhaft lebendes Selbst kritisch zurückblickt.[71] Augustins *Confessiones* stehen somit nicht mehr im Zeichen der rhetorischen Selbststilisierung als vorbildhafter Typus, sie sind vielmehr Dokument der narrativ vollzogenen Selbstreflexion eines psychologischen Individuums. Insofern kommt den *Bekenntnissen* tatsächlich eine paradigmatische Rolle zu, an der sich noch die klassischen Autobiographien des 18. und 19. Jahrhunderts orientierten.

Den Moment der Konversion modelliert Augustinus nicht nur als entscheidenden Wendepunkt seines Lebens, sondern auch als strukturellen Umschlagpunkt des autobiographischen Textes. In den ersten acht Büchern fasst der Kirchenvater sein Leben von der Kindheit bis ins Erwachsenenalter zusammen, beschreibt also einen langen Entwicklungsbogen, der von seiner Zeit als Anhänger des Neoplatonismus und des Manichäismus über seine Ausbildung in der Rhetorik bis zur Tätigkeit als Lehrer in Mailand reicht. Das erzählende Ich empfindet sein Leben jedoch als unerfüllt und ‚sündhaft', und aus der Unzufriedenheit wird bald eine veritable Krise. Diese erreicht am Ende des achten Buchs ihren Höhepunkt und wird erst durch Augustins Bekehrung zum Christentum gelöst. In den folgenden zwei Büchern berichtet Augustinus noch vom positiven Wandel seines neuen Lebens, obgleich sein Bekenntnis zum christlichen Gott ein fortwährendes Ankämpfen gegen sinnliche Versuchungen erfordert. Die drei letzten Bücher wechseln dann endgültig aus dem Modus des autobiographischen Erzählens in die theoretische und theologische Reflexion.

---

[68] Vgl. dazu Wagner-Egelhaaf, *Autobiographie*, 112; vgl. außerdem Jean Starobinski, „Le style de l'autobiographie", in: *Poétique* 1,3 (1970), 257–265, 260f.

[69] Wagner-Egelhaaf, *Autobiographie*, 117.

[70] Misch, *Geschichte der Autobiographie*, Bd. 1: *Das Altertum*, 554.

[71] Vgl. Klaus-Detlef Müller, *Autobiographie und Roman. Studien zur literarischen Autobiographie der Goethezeit*, Tübingen 1976, 66f.

Sie sind der Exegese der Heiligen Schrift und der Erörterung abstrakter Phänomene wie der Zeit und dem Gedächtnis gewidmet.[72]

Berühmt ist die sich in einem Mailänder Garten ereignende Bekehrungsszene vor allem, weil sie den Beginn des religiösen Wirkens des späteren Kirchenvaters und Bischofs von Hippo markiert. Doch ist dieser Moment der Selbstbesinnung eben nicht nur von herausragender Bedeutung für Augustins Leben, er bildet zugleich den narrativen Fixpunkt der *Confessiones*, denn das Bekehrungserlebnis motiviert die autobiographische Erzählung und bildet ihre inhaltliche sowie erzählerische Klimax. Augustinus schildert mit bis dahin ungekannter Intensität eine Situation des Innehaltens und Bilanzierens, d. h. der autobiographischen Reflexion. Der Moment der Selbstkontemplation und -konfrontation ist selbst schon wieder Teil der erzählten Vergangenheit, da Augustinus die *Confessiones* erst um das Jahr 400 und damit zwölf Jahre nach dem Mailänder Bekehrungserlebnis verfasste. Eine selbstreflexive Problematisierung der autobiographischen Schreibgegenwart, wie sie zuweilen in (post-)modernen Autobiographien zu finden ist, bieten die *Confessiones* folglich noch nicht. Gleichwohl erscheint die schmerzhafte und zugleich erlösende Selbstkonfrontation insofern als Voraussetzung für die spätere Lebenserzählung, als sie jenen Bruch im Lebenslauf verursacht, den der Autobiograph Jahre später in den Mittelpunkt seines Werkes rücken und so zum entscheidenden Wendepunkt seiner Biographie stilisieren kann.

Die Unterscheidung zwischen der Situation des retrospektiven Reflektierens auf der einen sowie der Situation des Erzählens auf der anderen Seite wird auch im Hinblick auf die im Folgenden untersuchten Texte wichtig werden.[73] Jede Selbstdarstellung setzt geradezu zwangsläufig einen Moment der autobiographischen Reflexion voraus, doch entwickelt sich im Laufe der Gattungsgeschichte eine große Bandbreite von Möglichkeiten, den Erinnerungs- und den Erzählprozess zu relationieren. Wie später präziser zu erörtern sein wird, gehört die Suggestion, die Selbstreflexion und das Schreiben vollzögen sich synchron und bildeten eine unmittelbare Einheit, zu den modernen Gattungskonventionen der Autobiographie. Gerade in den historischen Klassikern der Autobiographie ist dies jedoch vielfach noch nicht der Fall. Dort kommt es nur selten zur Repräsentation des eigentlichen Erzählaktes, impliziert eine solche Darstellung doch eine Vorstellung von literarischer Selbstreferentialität, die sich erst in der Moderne voll entfaltet. Von umso größerer Bedeutung sind dagegen die Situationen der

---

[72] Martina Wagner-Egelhaaf hat darauf hingewiesen, dass die *Confessiones* mit ihrem Aufbau ein wirkmächtiges Vorbild für nachfolgende Autobiographien geliefert haben, nämlich „die Erzählung einer Lebensgeschichte, die ihr Ziel, ihre Bestimmung noch nicht erreicht hat, sondern auf den Wendepunkt der Bekehrung hinsteuert und dann abbricht, weil das Leben des oder der Betroffenen damit sozusagen seine Erfüllung gefunden hat. […] [D]as an sein Ziel gekommene Leben scheint nicht mehr autobiographiefähig zu sein." – Wagner-Egelhaaf, *Autobiographie*, 113 f.

[73] Vgl. das Kapitel 1.3.2 „Erzählgeschichte und Erinnerungsgeschichte".

‚bloßen' Selbstreflexion und Lebensrückschau, die etwa in den Werken kanonischer Autoren wie Augustinus, Petrarca oder Rousseau gestaltet werden und von dort aus in die Literatur- und Kulturgeschichte hineinwirken.

So weist die Gartenszene weit über den Kontext von Augustinus' eigenem Leben und Werk hinaus; sie steht am Anfang einer Idee, die das autobiographische Erzählen der folgenden Jahrhunderte auf fundamentale Weise prägt. Im Kern nämlich besteht Augustinus' Innovation darin, dass er das reflexive Potential der Kontemplation, das in der griechischen *theoría* noch allein der Betrachtung der äußeren Welt vorbehalten war, nun programmatisch auf das Innere des reflektierenden Menschen richtet. Der Rückzug aus dem Alltag und die idyllische Einsamkeit dienen bei ihm erstmals in profilierter und expliziter Weise der selbstreflexiven Lebensrückschau eines Individuums. Viel weitgehender als in den Briefen Ciceros, in denen die Ansätze zur Selbstdarstellung noch auf die gegenwärtige Situation des Autors beschränkt bleiben, inszeniert Augustinus seinen Rückzug in die Einsamkeit als eine biographische Zäsur, die es ihm erlaubt, kritisch auf sein gesamtes Leben zurückzublicken. Und anders als in griechischen und römischen Zeiten muss Augustinus diesen Moment der Selbstbesinnung nicht mehr moralisch rechtfertigen oder gar entschuldigen; sein Rückzug ist vielmehr selbst Ausdruck eines moralischen Verhaltens, weil er auf diesem Wege die Lebenskrise überwinden und den christlichen Gott finden kann.

Doch sind Augustinus' *Confessiones* nicht nur als ein Vorstoß zu einem neuen Begriff von Subjektivität und Introspektion zu verstehen. Auch die konkrete Ausgestaltung der Episode im Mailänder Garten hat in der Literaturgeschichte eine enorme Vorbildwirkung entfaltet, sodass Augustinus' Entwurf dieser Szene heute beinahe als Prototyp einer kontemplativen Situation gelten kann. Besondere Aufmerksamkeit verdient die Bekehrungsszene, weil in ihr bereits topische Elemente der autobiographischen Reflexion angelegt sind, die noch vielfach von Autobiographen späterer Epochen aufgerufen werden. Augustinus erzählt:

> Ein kleiner Garten gehörte zu unserer Herberge, den wir wie das ganze Haus zu benutzen pflegten, denn unser Wirt und Hausbesitzer wohnte nicht da. Dorthin trug mich der Sturm in meiner Brust. [...] So ging ich in den Garten, und Alypius folgte mit auf dem Fuße. Denn seine Gegenwart konnte mein Alleinsein nicht hindern, und wie hätte er mich in solcher Gemütsverfassung verlassen können? Wir setzten uns soweit wie möglich abseits vom Hause.[74]

Augustinus gibt seiner Krise eine bemerkenswerte räumliche Rahmung. Dass der Ort des reflektierenden Subjekts von besonderer Bedeutung für die Selbst-

---

[74] Aurelius Augustinus, *Confessiones / Bekenntnisse*, übers. v. Wilhelm Thimme, mit einer Einf. v. Norbert Fischer, Düsseldorf/Zürich 2004 [397–401 n. Chr.], VIII, 8 (347). Im lateinischen Original: „hortulus quidam erat hospitii nostri, quo nos utebamur sicut tota domo: nam hospes ibi non habitabat, dominus domus. illuc me abstulerat tumultus pectoris [...]. abscessi ergo in hortum, et Alypius pedem post pedem. neque enim secretum meum non erat, ubi ille aderat. aut quando me sic affectum desereret? sedimus quantum potuimus remoti ab aedibus."

reflexion ist, ja dass die räumliche Konstellation das autobiographische Erzählen in vielen Fällen erst ermöglicht oder erzwingt, dafür bietet schon Ciceros Flucht nach Tusculum ein eindrückliches Beispiel. Auf die Vorstellung eines Ausbruchs aus der Gesellschaft und der Flucht an einen einsamen, idyllischen Ort rekurriert auch Augustinus. Seine Krise treibt ihn vom häuslich-alltäglichen Stammplatz der „Herberge" in den Garten, der „abseits vom Hause" liegt. Während Augustinus zu Beginn noch von seinem Freund Alypius begleitet wird, kommt es erst zur kathartischen Erlösung, als Augustinus ihn zurücklässt und nun völlig allein ist:

> [Ich erhob] mich von Alypius – denn der Weinende ist, deuchte mich, am besten allein – und entfernte mich so weit von ihm, daß seine Nähe nicht mehr stören konnte. [...] Ich aber warf mich, weiß nicht wie, unter einen Feigenbaum zur Erde und ließ den Tränen freien Lauf. [...] Und siehe, da höre ich vom Nachbarhause her in singendem Tonfall, ich weiß nicht, ob eines Knaben oder eines Mädchens Stimme, die immer wieder sagt: ‚Nimm und lies, nimm und lies!' [...] Da ward der Tränen Fluß zurückgedrängt, ich stand auf und konnte mir's nicht anders erklären, als daß ich den göttlichen Befehl empfangen habe, die Schrift aufzuschlagen und die erste Stelle zu lesen, auf die meine Blicke träfen.[75]

Augustinus folgt der göttlichen Aufforderung des „Tolle lege, tolle lege"[76], greift zur Bibel und schlägt ‚zufällig' einen Abschnitt im Römerbrief auf. Die Lektüre überzeugt ihn sofort, sich ganz dem Christentum zuzuwenden: „Denn kaum hatte ich den Satz beendet, durchströmte mein Herz das Licht der Gewißheit, und alle Schatten des Zweifels waren verschwunden."[77] Das Subjekt vernimmt die Stimme Gottes erst im einsamen Rückzug, fernab von allen alltäglichen Zusammenhängen. Die Abgeschiedenheit erscheint in Augustinus' Schilderung als notwendige Voraussetzung für die gelingende Selbstreflexion, welche zur Erkenntnis des eigenen Schicksals und schließlich zur Bekehrung führt. Zudem verweist der einsame Mailänder Garten nicht zufällig auf den Garten Eden – der Feigenbaum, unter den Augustinus sich legt, ist im Alten Testament die einzige namentlich erwähnte Pflanze des Paradieses.[78] Augustinus erschließt somit für das autobiographische Erzählen gleich zwei einflussreiche *topoi*: erstens den räumlichen und sozialen Rückzug, zweitens die paradiesische Enklave, in der

---

[75] Ebd., VIII, 12 (361–363). Im Original: „[...] surrexi ab Alypio (solitudo mihi ad negotium flendi aptior suggerebatur) et secessi remotius quam ut posset mihi onerosa esse etiam eius praesentia. [...] ego sub quadam fici arbore stravi me nescio quomodo, et dimisi habenas lacrimis [...]. et ecce audio vocem de vicina domo cum cantu dicentis et crebro repetentis, quasi pueri an puellae, nescio: ‚tolle lege, tolle lege.' [...] nec occurrebat omnino audisse me uspiam, repressoque impetu lacrimarum surrexi, nihil aliud interpretans divinitus mihi iuberi, nisi ut aperirem codicem et legerem quod primum caput invenissem."

[76] Ebd., VIII, 12 (360).

[77] Ebd., VIII, 12 (363). Im Original: „statim quippe cum fine huiusce sententiae quasi luce securitatis infusa cordi meoomnes dubitationis tenebrae diffugerunt."

[78] In Gen. 3, 7 ist von „Feigenblättern" die Rede, die Adam und Eva zusammenheften, um ihre Scham damit zu bedecken.

das Subjekt eine ungestörte Ruhe findet. Die Flucht des reflektierenden Ich an einen naturnahen, idyllischen Ort gehört noch Jahrhunderte später zum festen Repertoire autobiographischer Selbstinszenierungen und kann als säkularisiertes Substrat des paradiesischen Topos verstanden werden.[79]

Doch nicht nur die räumliche Ausgestaltung der Bekehrungsszene, auch ihre zeitliche Struktur hat über Augustinus hinaus eine gattungsprägende Wirkung entfaltet. Mathias Mayer erkennt in den *Bekenntnissen* den Beginn einer autobiographischen Tradition, bei der die persönliche Krisenerfahrung zum Anlass eines zeitlichen ‚Innehaltens' wird:

> Das Innehalten des autobiographischen Zeit*punktes*, der sich selbst zu einer Linie in und durch die (Schreib- und damit Lebens-) Zeit dehnt, verdankt sich jenen Impulsen meditativen Stillstands, die oftmals im Umkreis der Lebenskrise, der äußeren oder inneren Anfechtung beobachtet werden können: Der Entschluss zum Überblick, zur Zwischenbilanz ergibt sich in den seltensten Fällen von selbst, oft stellt er die Reaktion auf eine Irritation dar, als Moment einer herausgehobenen Orientierung, so dass die Autobiographie vielfach einem Bekehrungserlebnis entspringt, einer Revision des Bisherigen, einer Reflexion des Erlebten.[80]

Das autobiographische Erzählen ist schon bei Augustinus gleichermaßen an einen zeitlichen wie an einen räumlichen Rahmen gebunden. Die enge Verschränkung des Rückzugsortes und der retardierten Zeiterfahrung erhebt Augustins Bekehrungserlebnis zu einem der ersten einschlägigen Beispiele für die spezifische Raumzeitlichkeit der autobiographischen Reflexion. Den enormen Einfluss der *Confessiones* im Allgemeinen und der Gartenszene im Besonderen verdeutlicht nicht zuletzt der Umstand, dass Augustinus' Werk einen entscheidenden Referenztext für kanonische Autoren wie Petrarca oder Rousseau darstellt. Die intertextuellen Bezugnahmen auf seine *Bekenntnisse* werden daher in den folgenden Untersuchungen noch von Bedeutung sein.

Dass Augustinus in seiner Autobiographie die gelingende Selbstreflexion so eng an eine kontemplative Situation knüpft, mag vor dem Hintergrund seines theologischen Werkes nicht überraschen. Denn in den *Confessiones* geht es nicht einfach um Augustinus' Abkehr von neuplatonischer Philosophie und Rhetorik und seine Bekehrung zum christlichen Gott, sondern damit verbunden auch um die sukzessive Ablösung von der *vita activa* zugunsten einer kontemplativen Lebensweise – eine Entwicklung, die der Text mit seiner Zweiteilung in einen biographischen und einen theoretischen Teil widerspiegelt. Augustinus greift damit in seiner Autobiographie ein Thema auf, welches in seinem übrigen Werk eine zentrale Stellung einnimmt: jenes Gleichgewicht zwischen der *vita activa* und der *vita contemplativa* zu finden, das eine gute Lebensweise aus-

---

[79] Vgl. Kapitel 2.4.

[80] Mathias Mayer, *Stillstand. Entrückte Perspektive. Zur Praxis literarischer Entschleunigung*, Göttingen 2014, 72.

zeichnet. Bereits Aristoteles hatte die Entscheidung für ein theoretisches oder ein praktisches Dasein zum wichtigsten Kriterium eines glücklichen Lebens erhoben. Diesen Faden nimmt Augustinus in seinen Schriften wieder auf, indem er, ebenso wie Aristoteles, die Kontemplation gegenüber der Aktivität privilegiert. Auf die Kontinuitäten zwischen der griechischen *scholé* (und der durch sie ermöglichten *theoría*) und der christlichen Tradition der *vita contemplativa* hat Hannah Arendt hingewiesen. Beide Kulturen räumten der Ruhe der *scholé* bzw. der *contemplatio* einen Vorrang gegenüber einer politisch engagierten *vita activa* ein, die dagegen im antiken Rom das höhere Ansehen genoss: „Der christliche Glaube an ein Leben nach dem Tode, dessen künftige Wonne sich in den Freuden der Kontemplation ankündigt, besiegelte die Degradierung der Vita activa [...].“[81]

Augustinus' eigene Biographie lässt sich als vorbildliches Beispiel für eine christlich gelebte *vita contemplativa* verstehen: Nach der Bekehrung gibt er Beruf und Ehe auf, widmet sich fortan ganz der Exegese und dem Verfassen eigener Texte. In den zu dieser Zeit entstandenen Schriften erläutert Augustinus den Begriff des *otium*, der für ihn nicht mehr einen politischen Idealzustand bezeichnet, sondern gemäß dem Vorbild der griechischen *scholé* in den Dienst einer politikfernen *vita contemplativa* gestellt wird: Muße solle nicht aus Trägheit und erholsamem Nichtstun bestehen, sondern habe dem Erforschen und Auffinden der Wahrheit zu dienen (*in otio non iners vacatio delectare debet, sed aut inquisito aut inventio veritatis*).[82]

Die in Muße erreichte kontemplative Haltung ist für Augustinus ebenso wie für Aristoteles Voraussetzung von Erkenntnis, doch ist die von Augustinus gesuchte Wahrheit nun eine dezidiert christliche: Der Weg der Kontemplation verspricht Einsicht in die göttliche Ordnung (die *Gottesschau*) und damit letztlich Selbsterkenntnis. Im ersten nach seiner Bekehrung verfassten Werk, den *Soliloquia*, bringt Augustinus diese Intention auf den Punkt: *Deum et animam scire cupio* – Gott und die Seele will ich erkennen.[83] Das Streben hin zu Gott wird zum Motiv und zur Legitimation der *vita contemplativa*, es nimmt damit strukturell jene Position ein, die im antiken Muße-Diskurs die philosophische Leistung der *theoría* innehatte. Noch für Thomas von Aquin bleibt die Anschauung Gottes das höchste Ziel und gleicht „einer Art von ewigem Mußezustand der Kontemplation“.[84] Auch für die spätmittelalterlichen Mystiker ist die Erfahrung

[81] Hannah Arendt, *Vita activa oder Vom tätigen Leben*, München/Zürich 2008, 26.

[82] Aurelius Augustinus, *Der Gottesstaat / De civitate Dei*, Bd. 2, übers. v. Carl Johann Perl, Paderborn 1979 [413–426 n. Chr.], XIX, 19, 490.

[83] Aurelius Augustinus, *Selbstgespräche. Von der Unsterblichkeit der Seele*, Gestaltung d. lat. Textes v. Harald Fuchs. Einf., Übertr., Erl. u. Anm. v. Hanspeter Müller, München 1986, 18 f.

[84] Wolfgang Reinhard, „Die frühneuzeitliche Wende. Von der ‚Vita contemplativa' zur ‚Vita activa'“, in: Christoph Wulf/Jörg Zirfas (Hg.), *Muße*, Berlin 2007, 15–25, 16.

Gottes eng an eine spezifische raumzeitliche Struktur geknüpft, die der Muße nahesteht.[85] So liegt die doppelte Leistung des Augustinus darin, dass er, indem er den Diskurs über die Muße unauflöslich an das Ideal der (Selbst-)Reflexion knüpfte, sowohl der Entwicklung der Autobiographie als auch dem christlichen Denken richtungsweisende Impulse gab.

1.1.4. Ästhetik und Kreativität: Montaignes *Essais*

Auch Montaignes ab 1580 veröffentlichte *Essais* gehören zu jenen Werken, in denen sich autobiographische Gestaltung und die Reflexion der Muße auf bemerkenswerte Weise verbinden.[86] Die Form der *Essais* ebenso wie die Umstände ihres Entstehens erwiesen sich für spätere Generationen von Lesern, Forschern und Schriftstellern als gleichermaßen faszinierend wie irritierend: „Niedergeschrieben zwischen seinem vierzigsten und sechzigsten Lebensjahr, von ihm selber ausgegeben als Zeitvertreib in der Muße seines zurückgezogenen Alters", forderten sie durch ihre „verworrene Zufälligkeit" und ihre „kurvenreiche Grundströmung" heraus, befand Hugo Friedrich in seiner einflussreichen Montaigne-Monographie Ende der 1940er-Jahre.[87]

In der Autobiographieforschung herrscht Uneinigkeit über den Status von Montaignes *Essais* als autobiographisches Werk, unter anderem weil Montaigne eher die Gegenwart seines Schreibens als seine Erinnerungen in den Mittelpunkt rückt und weil er in geradezu provozierender Weise auf eine ganzheitliche narrative Struktur verzichtet. Andererseits hat die Forschung Montaigne eine neue Qualität der auktorialen Selbsterkundung attestiert und im „Schweifen eines dezentrierten Bewusstseins [...] seinen wesentlichsten Beitrag zur Entstehung moderner Autobiographik" erkannt.[88] Sicher artikuliert sich in den *Essais* noch kein Individuum im modernen Sinne, vielmehr befindet sich das autobiographische Subjekt Montaignes in einer komplexen Übergangssituation zwischen „mittel-

---

85 Vgl. Alois M. Haas, „Die Beurteilung der Vita contemplativa und activa in der Dominikanermystik des 14. Jahrhunderts", in: Brian Vickers (Hg.), *Arbeit, Muße, Meditation. Betrachtungen zur Vita activa und Vita contemplativa*, Zürich 1985, 109–131; sowie Burkhard Hasebrink, „*Otium contemplationis.* Zu einer Begründungsfigur von Autorschaft im *Legatus divinae pietatis* Gertruds von Helfta", in: Gregor Dobler/Peter Philipp Riedl (Hg.), *Muße und Gesellschaft*, Tübingen 2017, 291–316. Noch im Humanismus wirkt die Diskussion über das richtige Verhältnis von vita activa und vita comtemplativa nach, vgl. Linus Möllenbrink, „‚inter negocia literas et cum literis negocia in usu habere'. Die Verbindung von *vita activa* und *vita contemplativa* im Pirckheimer-Brief Ulrichs von Hutten (1518)", in: Gregor Dobler/Peter Philipp Riedl (Hg.), *Muße und Gesellschaft*, Tübingen 2017, 101–139.

86 Michel Eyquem de Montaigne, *Essais*, ed. conforme au texte de l'exempl. de Bordeaux avec les additions de l'éd. posthume, les principales variantes, une introduction, des notes et un index, hg. v. Maurice Rat, Paris 1962. (Im Folgenden zitiert mit der Sigle *Es.*)

87 Friedrich, *Montaigne*, 9.

88 Holdenried, *Autobiographie*, 106 f.

alterlichem Lager" und moderner „Ichautonomie".[89] Gleichwohl bezeichnete Hugo Friedrich die *Essais* als „das persönlichste Buch [...], das bis dahin in der Weltliteratur entstanden war", weil Montaigne „seine menschlichsten Intimitäten mit methodischer Redlichkeit" ausbreite.[90]

Ganz vom Gestus der authentischen Selbstrepräsentation geprägt ist insbesondere die Ansprache *Au Lecteur*, die Montaigne seinen *Essais* vorausschickt. (*Es*, 1) Er lege ein Buch vor, das „redlich Rechenschaft" gebe („un livre de bonne foy"), und in welchem der Leser Montaigne in seiner „einfachen, natürlichen und alltäglichen Daseinsweise" kennenlernen solle, das heißt „ohne Beschönigung und Künstelei" („en ma façon simple, naturelle et ordinaire, sans contantion et artifice") und unter Einschluss aller individuellen Fehler.[91] Er hätte sich im Buch sogar ganz nackt („tout nud") abbilden lassen, behauptet der Autor, wenn es denn nur die guten Sitten zulassen würden. Das programmatische Bekenntnis zur uneingeschränkten Selbstentblößung begründet er mit der einfachen Feststellung: „Ich selber, Leser, bin also der Inhalt meines Buchs" („car c'est moy que je peins"). (*Es*, 1) Zweihundert Jahre vor Rousseau reklamiert Montaigne für sich nicht nur das Recht zur Selbstdarstellung, sondern bindet es zugleich an die Pflicht zu schonungsloser Wahrhaftigkeit. Sein Vorwort *Au Lecteur* wird zu einem wirkmächtigen Präzedenzfall, der die autobiographische Formel der (behaupteten) faktualen Authentizität entscheidend mitprägt und noch von Autobiographen wie Max Frisch und Thomas Bernhard zitiert wird.[92]

---

[89] Karin Westerwelle, *Montaigne. Die Imagination und die Kunst des Essays*, München 2002, 29f.

[90] Friedrich, *Montaigne*, 197.

[91] Da die *Essais* in Mittelfranzösisch verfasst sind, ist den Zitaten eine deutsche Übersetzung beigegeben. Diese folgt Michel Eyquem de Montaigne, *Essais. Erste moderne Gesamtübersetzung von Hans Stilett*, Frankfurt a. M. 1998, hier 5.

[92] Max Frisch stellt seiner autobiographischen Erzählung *Montauk* eine gekürzte Übersetzung von Montaignes Au *Lecteur* voran, relativiert aber in seiner Erzählung den Anspruch absoluter Authentizität. Vgl. Max Frisch, *Montauk. Eine Erzählung*, Frankfurt a. M. 1975, 5 u. 197; vgl. außerdem das Kapitel 2.2 dieser Arbeit. – Auch Thomas Bernhard rückt seine autobiographische Erzählung *Die Ursache* explizit in die Nachfolge Montaignes, den er durch seinen geliebten Großvater kennengelernt habe: „Montaigne schreibt, [...] es gibt nichts Schwierigeres, aber auch nichts Nützlicheres, als die Selbstbeschreibung. Man muß sich prüfen, muß sich selbst befehlen und an den richtigen Platz stellen. Dazu bin ich immer bereit, denn ich beschreibe mich immer und ich beschreibe nicht meine Taten, sondern mein Wesen. Und weiter: manche Angelegenheit, die Schicklichkeit und Vernunft aufzudecken verbieten, habe ich zur Belehrung der Mitwelt bekanntgegeben. Und weiter: ich habe mir zum Gesetz gemacht alles zu sagen, was Ich zu tun wage, und ich enthülle sogar Gedanken, die man eigentlich nicht veröffentlichen kann. Und weiter: wenn ich mich kennenlernen will, so deshalb, damit ich mich kennenlerne, wie ich wirklich bin, ich mache eine Bestandsaufnahme von mir. Diese und andere Sätze habe ich oft, ohne sie zu verstehen, von meinem Großvater, dem Schriftsteller, gehört, wenn ich ihn auf seinen Spaziergängen begleitet habe, Montaigne hat er geliebt, diese Liebe teile ich mit meinem Großvater. [...] Alle meine Kenntnisse sind zurückzuführen auf diesen für mich in allem lebens- und existenzentscheidenden Menschen, der selbst durch die Schule Montaignes gegangen war, wie ich durch seine Schule gegangen bin." – Thomas Bern-

Doch auch für die literarische Inszenierung autobiographischer Reflexionen werden Montaignes *Essais* zu einer wichtigen Folie, knüpft er doch das Projekt der Selbsterforschung eng an seine sowohl soziale als auch räumliche Abgeschiedenheit. Enttäuscht von seiner juristischen Karriere in Bordeaux hatte Montaigne sich in das von ihm geerbte Schloss zurückgezogen, und obwohl erst 38 Jahre alt, vergleicht Montaigne seine Situation mit derjenigen eines alten Mannes: „Dernierement que je me retiray chez moy, deliberé autant que je pourroy, ne me mesler d'autre chose que de passer en repos et à part ce peu qui me reste de vie […].“[93] (*Es*, 29 f.) In Wirklichkeit brach Montaigne nach einigen Jahren zu einer Italienreise auf und kehrte anschließend wieder in die Politik zurück. Doch zwischen 1570 und 1580 verbrachte er immer wieder Phasen des Rückzugs im runden Turm seines Schlosses, umgeben von einer für damalige Verhältnisse umfangreichen Bibliothek von etwa eintausend Bänden – es ist eben jene Zeit, in denen die *Essais* entstehen.[94]

Ausführlich erklärt der Humanist die Umstände und Ziele seines Rückzuges in einem Essay mit dem programmatischen Titel *De la solitude* (*Es*, 267–279). Montaigne, der ein hervorragender Kenner der antiken Literatur war[95], lehnt darin ausdrücklich Ciceros moralische Forderung ab, der Rückzug solle dafür genutzt werden, das eigene Wissen in didaktischen und philosophischen Schriften für nachfolgende Generationen verfügbar zu machen und auf diese Weise noch den eigenen Ruhm zu mehren. Ein Gegenmodell erkennt Montaigne in Seneca und Epikur, auf die er sich beruft. In ganz ähnlichen Worten wie Seneca warnt Montaigne zunächst vor einem missverstandenen und auf falsche Weise erfüllten Rückzug, der letztlich wieder auf gesellschaftliche Anerkennung abziele: „C'est une lasche ambition de vouloir tirer gloire de son oysiveté et de sa cachette. Il faut faire comme les animaux qui effacent la trace à la porte de leur taniere.“[96] (*Es*, 279) Verborgen und unbemerkt von der Öffentlichkeit gebe der Rückzug dem Subjekt einen Freiraum – wenn nicht sogar die Pflicht – sich selbst

hard, *Die Ursache. Eine Andeutung*, Werke, Bd. 10, hg. v. Martin Huber, Frankfurt a. M. 2004 [1975], 7–109, 87–89.

[93] „Als ich mich kürzlich nach Hause zurückzog, entschlossen, mich künftig soweit wie möglich mit nichts anderem abzugeben, als das Wenige, was mir noch an Leben bleibt, in Ruhe und für mich zu verbringen […].“ – Montaigne, *Essais*, 20.

[94] Zu dieser Episode in Montaignes Leben, aus der die *Essais* hervorgingen, vgl. Angelika Corbineau-Hoffmann, „Die Frucht der Muße oder Montaigne im Turm. Zur Genese der *Essais* als Auto(r)entwurf“, in: Günter Figal/Hans W. Hubert/Thomas Klinkert (Hg.), *Die Raumzeitlichkeit der Muße*, Tübingen 2016, 177–206. Vgl. auch die biographische Zeittafel in Friedrich, *Montaigne*, 395 f.

[95] Karin Westerwelle hat Montaignes Rezeption älterer Autoren, die sich in seinem Begriff der *oisiveté* niederschlägt, *en detail* nachvollzogen und aufgeschlüsselt. Vgl. Karin Westerwelle, *Montaigne. Die Imagination und die Kunst des Essays*, München 2002, 373–382.

[96] „Es ist ein ehrloser Ehrgeiz, aus seiner Muße und Abgeschiedenheit im Schlupfwinkel noch Ruhm schlagen zu wollen. Man muß es wie die Tiere machen, die vor dem Eingang ihrer Höhle die Spuren verwischen.“ – Montaigne, *Essais*, 129.

zu reflektieren: „Ce n'est plus ce qu'il faut chercher, que le monde parle de vous, mais comme il faut que vouz parliez à vous mesmes. Retirez vous en vous, mais preparez vous premierement de vous y recevoir; ce seroit folie de vous fier à vous mesmes, si vous ne vous sçavez gouverner."[97] (*Es*, 279) Montaigne hebt damit hervor, dass der Rückzug *von* der politischen Tätigkeit für ihn gleichbedeutend mit dem Rückzug *in* sich selbst ist. Er könne jedoch nur gelingen, sofern das Subjekt über die nötige Selbstdisziplin verfüge und sich „selber zu gebieten" wisse.

Diese Einschränkung ist von entscheidender Bedeutung für Montaignes Verständnis der *oisiveté*, das er an anderer Stelle eingehend erläutert hat. Im Essay *De l'oysiveté* (*Es*, 28–30), der zu den bekanntesten literarischen Reflexionen über die Muße zählt, beschreibt Montaigne die Tätigkeit des menschlichen Geistes zunächst mit einer agrarischen Allegorie. Der Geist sei wie die „brachliegenden Acker" („des terres oysives"), die nur nützlich gemacht werden könnten, indem man sie mit einem „bestimmten Samen" bestelle: „[P]our les tenir en office, il faut les assubjectir et les employer à certaines semences, pour nostre service."[98] (*Es*, 28) Um es ohne landwirtschaftliche Metaphorik zu sagen: Nur unter angemessenen und kontrollierten Bedingungen bringe der Geist schöne und nützliche Ideen oder Erkenntnisse hervor. Die chaotische Natur der menschlichen Gedanken benötige einen disziplinierenden Rahmen, denn „[s]i on ne les occupe à certain sujet, qui les bride et contreigne, ils se jettent desreiglez, par-cy par-là, dans le vague champ des imaginations".[99] Verzichte man jedoch auf die Reglementierung des Geistes, so wirke sich dies auch entsprechend auf seine Schöpfungen aus: „Et n'est folie ny réverie, qu'ils ne produisent en cette agitation."[100] (*Es*, 29)

In der zweiten Hälfte seines Essays illustriert Montaigne diese Überlegungen am eigenen Beispiel. Der Rückzug in den Turm seines Schlosses gebe ihm die Gelegenheit, seinem Geist freien Lauf zu lassen:

> [...] il me sembloit ne pouvoir faire plus grande faveur à mon esprit, que de le laisser en pleine oysiveté, s'entretenir soy mesmes, et s'arrester et rasseoir en soy: ce que j'esperois

---

[97] „Worauf ihr zu sinnen habt, ist nicht mehr, daß die Welt von euch spreche, sondern wie ihr mit euch selbst sprechen solltet. Zieht euch in euer Inneres zurück, vorher aber macht alles bereit, euch dort empfangen zu können – wäre es doch Torheit, euch nun euch selber anzuvertrauen, wenn Ihr euch nicht selber zu gebieten wißt." – Ebd.

[98] „Wie wir auf brachliegenden Ackern, wenn sie fett und fruchtbar sind, tausenderlei Unkraut wuchern sehen und wir sie deshalb, um sie urbar zu erhalten, für bestimmte Samen aufnahmebereit und so uns dienstbar machen müssen – so verhält es sich auch mit dem Geist." – Ebd., 19.

[99] „[...] beschäftigt man [den Geist] nicht mit einer bestimmten Aufgabe, die ihn zügelt und an die Kandare nimmt, jagt er im weiten Feld der Phantasie bald diesem nach, bald jenem." – Ebd.

[100] „Kein Hirngespinst gibt es, kein Wahngebilde, das er in diesem Zustand der Erregung nicht hervorbrächte." – Ebd.

qu'il peut meshuy faire plus aisément, devenu avec le temps plus poisant, er plus meur.[101] (*Es*, 29)

Doch Montaignes Hoffnung auf eine durch Muße und Rückzug begünstigte, „gleichmütige" Selbstreflexion erfüllt sich nicht. Die ‚Reife des Alters' bewahrt Montaignes schöpferischen Geist nicht davor, in jenen chaotischen Modus zu verfallen, den ein unkontrollierter Müßiggang nach sich ziehe:

[...] faisant le cheval eschappé, il se donne cent fois plus d'affaire à soy mesmes, qu'il n'en prenoit pour autruy; et m'enfante tant de chimeres et monstres fantasques les uns sur les autres, sans ordre et sans proopos, que pour en contempler à mon aise l'ineptie et l'estrangeté, j'ay commancé de les mettre en rolle, esperant avec le temps luy en faire honte à luy mesmes.[102] (*Es*, 29 f.)

Am Ende des *Essais* deutet das erzählende Ich eine mögliche Lösung des Problems an: Um seine „Gelassenheit" wiederzuerlangen und die wilde Produktion des Geistes zu bändigen, beginnt Montaigne, über die „phantastischen Ungeheuer" Buch zu führen und sich mit ihnen auseinanderzusetzen. Die Forschung hat daher vielfach darauf hingewiesen, dass *De l'oysiveté* als hochgradig autopoetologischer Kommentar zu lesen ist. Das Verfahren, auf das Montaigne in seinen *Essais* setzt, ist die Aufzeichnung (*mettre en rolle*) des „Ausschüssige[n]"[103], das der ungezähmte Geist produziert.[104]

Die horazische Formel des *prodesse et delectare* rückte seit der Renaissance wieder in den Mittelpunkt dichtungstheoretischer Überlegungen. Zu Beginn der *Ars poetica* warnt Horaz davor, der Dichter solle nicht denselben Fehler wie ein Maler begehen, der „zum Kopf eines Menschen [...] den Hals eines Pferdes fügen und Gliedmaßen, von überallher zusammengelesen, mit buntem Gefieder bekleiden" wolle.[105] Statt eine solche Schimäre zu erschaffen, müsse die Dichtung „geschlossen und einheitlich sein".[106] Möglicherweise hatte Montaigne diese Stelle bei Horaz im Sinn, als er die Produkte seines ungezügelten Geistes mit Schimären und phantastischen Ungeheuern verglich. Mit welchem Argu-

101 „[Es] schien mir, ich könnte meinem Geist keinen größeren Gefallen tun, als ihn in voller Muße bei sich Einkehr halten und gleichmütig mit sich selbst beschäftigen zu lassen – hoffte ich doch, daß ihm das nunmehr, da er mit der Zeit gesetzter und reifer geworden ist, leichter fallen werde." – Ebd., 20.

102 „[W]ie ein durchgegangnes Pferd macht er sich selber heute hundertmal mehr zu schaffen als zuvor, da er für andre tätig war; und er gebiert mir soviel Schimären und phantastische Ungeheuer, immer neue, ohne Sinn und Verstand, daß ich, um ihre Abwegigkeit und Rätselhaftigkeit mir mit Gelassenheit betrachten zu können, über sie Buch zu führen begonnen habe. So hoffe ich, ihn mit der Zeit dahin zu bringen, daß er selbst sich ihrer schämt." – Ebd.

103 Westerwelle, *Montaigne*, 369.

104 Ausführlich zum Aufschreibverfahren des *mettre en rolle* vgl. ebd., 259–274.

105 Horaz, *Ars poetica / Die Dichtkunst*, übers. u. mit einem Nachw. hg. v. Eckart Schäfer, Stuttgart 1997, 5. Im lateinischen Original: „Humano capiti cervicem pictor equinam / iungere si velit et varias inducere plumas / undique conlatis membris [...]." (V. 1–3)

106 Ebd.; im Original: „simplex [...] et unum". (V. 23)

ment also rechtfertigt Montaigne nun die Aufzeichnung eben dieser Gedanken, wenn sie doch im Sinne der klassischen Poetik zu einem völlig misslungenen Werk führen müssen, das weder besonders nützlich noch besonders erfreulich sein könne? Der Nutzen des Aufschreibens liege in der Selbstdisziplinierung, so Montaigne, denn er wolle die Gedanken aufzeichnen, bis der Geist „selbst sich ihrer schämt". Doch ist dies ein vorgeschobenes Argument, das nicht über die eigentliche Bedeutung des *mettre en rolle* hinwegtäuschen kann: Montaigne stellt sich gegen die klassische Dichtungslehre, wertet die ‚wilde Produktivität' seiner Gedanken und damit die ihm eigene Kreativität auf, eben indem er ihre Erzeugnisse zu Papier bringt.

So ist *De l'oysiveté* ein poetologischer Subtext eingeschrieben, der die zügellose Kreativität gegen jene Ablehnung verteidigt, die ihr in zeitgenössischen Poetiken noch entgegenschlägt. Montaigne artikuliert programmatisch die Ambivalenz der Muße bzw. des Müßiggangs und ihrer Funktion für das schreibende Subjekt. Zwar erklärt er den Müßiggang zur Gefahr, weil die Disziplinlosigkeit nur Leere und Unordnung hervorbringe. In einem geradezu performativen Selbstwiderspruch allerdings macht Montaigne eben diese Unordnung als dichterisches Verfahren produktiv, um aus ihr eine neue Ordnung entstehen zu lassen – die *Essais* selbst. Oder wie eine Interpretin es formuliert: „Der *oisiveté*-Essay stellt dem Leser eine Falle."[107] Denn erst die Befreiung von Disziplin und Reglementierung setzt die kreativen Kräfte des Autors frei, erst die *oisiveté dangereuse* ermöglicht einen produktiven Schreibprozess.

Die Radikalität der sich bei Montaigne abzeichnenden Neukonzeption von Kontemplation und Kreativität wird jedoch erst im historischen Kontext deutlich. Seit der Antike war Kreativität immer an die kontemplative Praxis gekoppelt; die menschliche Schöpfung konnte nur gelingen, wenn sie auf der Einsicht in die göttliche Ordnung beruhte und diese imitierte. Eine selbständige *creatio* war in diesem Sinne gar nicht möglich, sie war schon immer *imitatio*:

> Diese Kosmologie [...] bindet das menschliche Handeln – auch das künstlerische Handeln – an die Einsicht in eine Ordnung. Die Kreativität wird als unselbständig vorgestellt und an eine Sphäre gebunden, die der Wahrnehmung zugänglich wird. [...] [Der Mensch] wird als ‚kleiner' oder ‚zweiter' Gott positioniert, der in der *contemplatio* Gottes Werk zu schauen und angemessen zu würdigen vermag. Die Aktivierung ergibt sich aus der Anlehnung an die göttliche *creatio*, die vom Menschen zu „spiegeln" oder zu imitieren ist.[108]

Im Übergang zur Renaissance beginnt sich die enge Verflechtung von Kreativität und Gottesschau zunehmend zu lösen. Cassirer hat anhand zeitgenössischer Bearbeitungen des Prometheus-Motivs gezeigt, dass in der Renaissance neben

---

[107] Westerwelle, *Montaigne*, 368.

[108] Dieter Thomä, „Ästhetische Freiheit zwischen Kreativität und Ekstase. Überlegungen zum Spannungsverhältnis zwischen Ästhetik und Ökonomik", in: Christoph Menke/Juliane Rebentisch (Hg.), *Kreation und Depression. Freiheit im gegenwärtigen Kapitalismus*, Berlin 2010, 149–171, 153.

den mittelalterlichen ‚Menschen der Natur' nun ein ‚Mensch der Kunst' trete, der „sein eigener Schöpfer und Meister" und „zu seinem eigenen freien Bildner" werde. Das menschliche Handeln werde zunehmend unter einem „Ideal der Autonomie" betrachtet, das religiöse Deutungsmuster sprenge.[109] Exemplarisch erläutert Cassirer diese Gedanken am neuzeitlichen Verständnis der (bildenden) Kunst, die er der mittelalterlichen Imitation einer von Gott geschaffenen Natur gegenüberstellt. Erst diese Kontrastierung macht die Tragweite des neuzeitlichen Denkmusters sichtbar, im künstlerischen Schaffen den vielleicht bedeutendsten Ausdruck individueller Autonomie zu erkennen, eben weil „das von der Natur Geschaffene durch das vom Menschen Gestaltbare überboten werden kann".[110]

Montaignes *Essais* können als ein wesentlicher Beitrag zu dieser Entwicklung verstanden werden. Westerwelle hat darauf hingewiesen, dass Montaigne seine *Essais* „häufig und insistierend" als „imaginations" und „fantasies" bezeichnet.[111] Diese Begriffe stellten tragende Konzepte seines Werkes dar: „Sie vermitteln erstens als Modalitäten der Deutung von Welt und Ich die erkenntniskritische Position Montaignes; zweitens konzeptualisieren sie das essayistische Stilprinzip als offene Form sprachlicher Darstellung."[112] Die programmatische Bedeutung der Imagination sei auch Beleg dafür, dass Montaigne bei der Deutung von Welt und Ich keinen religiösen Maßstab mehr anlege. Zwar entspricht er mit dem Rückzug in seinen Turm den etablierten Mustern kontemplativer Praxis, doch richte sich die *contemplatio* nicht länger auf die Ordnung der göttlichen Schöpfung. Vielmehr ist der Rückzug die Voraussetzung zur Erkundung des eigenen Geistes und seiner produktiven Kräfte. Vor allem im *oisiveté*-Essay thematisiert Montaigne dieses neue Modell einer introspektiven bzw. reflexiven Kontemplation:

> Montaigne spricht über den Beginn seiner Autorschaft, er legt den Anfangspunkt seines Schreibens und seiner literarischen Kreativität dar. Der selbstgewollte Rückzug aus dem öffentlichen Leben in die Einsamkeit des Geistes mit sich selbst hat nicht die erwartete Meeresstille des Gemüts, sondern eine zügellose Geistesaktivität hervorgerufen. Ihr will Montaigne in einem Rollentausch Herr werden: Eine unbeteiligte, lediglich im genießenden Blick berührte Beobachterinstanz soll an die Stelle des leidenschaftlichen Subjekts treten.[113]

Montaigne löst die kontemplative Praxis aus ihrem religiösen Kontext und funktionalisiert sie neu, nämlich im Hinblick auf die Selbstreflexion des Subjekts. Doch damit verändert sich notwendigerweise auch der Begriff der *creatio*, der nun nicht mehr im Sinne einer einfachen *imitatio* der göttlichen Schöpfung ver-

[109] Ernst Cassirer, *Individuum und Kosmos in der Philosophie der Renaissance*, Text u. Anm. bearb. v. Friederike Plaga u. Claus Rosenkranz, Hamburg 2013, 113f.

[110] Westerwelle, *Montaigne*, 16.

[111] Ebd., 29.

[112] Ebd., 9.

[113] Ebd., 36.

standen werden kann. Vielmehr entwirft Montaigne „ein Modell künstlerischer Kreativität", das einer neuen Form von Muße entspricht[114]:

Der Autor erkundet in allgemeiner Weise, was im kontemplativen Zustand, wenn der Geist bei sich ist, geschieht. Er zeigt, wie die Imagination als bildschaffendes, groteske Ähnlichkeiten herstellendes Vermögen funktioniert. Im *otium*-Essay geht es um den Geist (die „espris") als kreatives Vermögen, als erfindende Imagination. [...] Der innere Bereich flüchtiger Phänomene, die sich ereignen, wenn das Ich sich im Zustand der Muße befindet, entzieht sich der Sprache.[115]

Vor diesem Hintergrund stellen sich die *Essais* als ein formal äußerst innovativer Versuch dar, eine Sprache und Ästhetik zu entwickeln, die sich die ‚wilden Aktivitäten eines unregulierten Geistes' zunutze machen kann. Die neuzeitliche Aneignung der Konzepte Kontemplation und Kreativität, für die Montaigne eines der frühesten und herausragenden Beispiele bildet, hat unmittelbare Auswirkungen auf die Möglichkeiten künstlerischer und literarischer Repräsentation. Als „Quelle und kreativitätspsychologische Voraussetzung für die Entfaltung der Phantasie" findet die Muße ihr literarisches Medium zum einen in der Arabeske.[116] Denn weil die Arabeske es ermöglicht, „den Gang und die Gesetze der vernünftig denkenden Vernunft aufzuheben und uns wieder in die schöne Verwirrung der Fantasie, in das ursprüngliche Chaos der menschlichen Natur zu versetzen" (so Friedrich Schlegel im *Gespräch über die Poesie*)[117], ist sie in besonderer Weise geeignet, den ungeordneten, kreativ-imaginativen Prozess des Dichtens abzubilden. Zum anderen weisen die *Essais* eine starke Affinität zur Groteske auf.[118] Die mit diesem Begriff ursprünglich bezeichneten römischen Grottenmalereien wimmeln von eben jenen Monstern und Ungeheuern, mit de-

114 Vgl. ausführlicher zum Zusammenhang von Imagination und Kreativität bei Montaigne in ebd., 17: „In der Literatur und in den Poetiken des 15. und 16. Jahrhunderts verstärkt sich mit der betonten Kreativität (in den Begriffen von *inventio* und *ingenium*) zugleich die Auseinandersetzung mit der Imagination als einem bildschaffenden Vermögen. [...] Die Imagination oder die Phantasie erscheint dann als eine Potenz, die die Erfahrungsbilder der Welt neu kombiniert, Entferntes zusammenbringt und Niedagewesenes erzeugen kann. Sie schafft, was sich den vorgängigen Weltbildern nicht einordnen läßt; in den Innenentwürfen, die sich nach außen wenden, ist sie gefährlich. Die bloß abbildende, passive Funktion der Phantasie, die an das Material der durch die *memoria* vermittelten Bilder gebunden ist, wird speziell in der aktiven Potenz, das Nichtvorhandene zu erzeugen, überboten. In der kritischen Formel des 16. Jahrhunderts erfaßt, handelt es sich beim Phantasiegebilde um einen Gegenstand, der nie war, nicht ist und niemals sein wird."

115 Ebd., 372.

116 Riedl, „Die Kunst der Muße", 25.

117 Schlegel, der den Begriff von der bildenden Kunst auf die Literatur übertrug, bezeichnete die Arabeske auch als „älteste und ursprüngliche Form der menschlichen Fantasie" – Friedrich von Schlegel, „Gespräch über die Poesie", in: *Athenaeum. Eine Zeitschrift von August Wilhelm Schlegel und Friedrich Schlegel*, Bd. 3, Berlin 1800, 58–128 u. 169–187, 102 f. Vgl. ausführlich zum Begriff der Arabeske und seine Prägung durch Friedrich Schlegel: Karl Konrad Polheim, *Die Arabeske. Ansichten und Ideen aus Friedrich Schlegels Poetik*, München 1966.

118 Vgl. Westerwelle, *Montaigne*, 17.

nen Montaigne die Aktivitäten seines Geistes vergleicht.[119] In der Literatur entsteht der Effekt des Grotesken oft aus einem „clash between the ‚virtuous' limitations of form and a rebellious content that refuses to be constrained"[120], infolgedessen sich die literarische Darstellung von Realismus- und Wahrhaftigkeitsverpflichtungen löst. Mit anderen Worten: Digression und verfremdete Wahrnehmung sowohl auf formaler als auch inhaltlicher Ebene sind ästhetische Verfahren, die dem deregulierten Prinzip der *oisiveté* am ehesten entsprechen. In der literarischen Form der Arabeske und der Groteske manifestieren sie sich am prominentesten.

Doch die Annäherung zwischen ästhetischem Diskurs und Muße-Diskurs vollzieht sich wechselseitig: Auch die Muße erschließt sich im Übergang zur Neuzeit mit der Kunst ein neues Feld. Beginnend mit der Renaissance und bis in die Gegenwart hinein gilt Muße als entscheidende Voraussetzung für künstlerisches Schaffen schlechthin. Im Zuge der Aufwertung und Anerkennung einer autonomen und individuellen menschlichen Kreativität erfährt die Muße eine neue Form der ästhetischen Legitimation, die über die bestehenden Muster einer erkenntnisgeleiteten, moralischen oder theologischen Rechtfertigung weit hinausgeht. Montaigne begründet seinen kontemplativen Rückzug – wenngleich versteckt unter dem doppelten Boden des *Oisiveté*-Essay – zum vielleicht ersten Mal in dieser Radikalität: Erst in der ungestörten Abgeschiedenheit findet das Subjekt die nötige geistige Freiheit, um aus sich selbst heraus literarisch produktiv zu werden.

Die ästhetische Legitimation prägt bis heute in entscheidender Weise den Diskurs über die Muße und manifestiert sich in einer Vielzahl populärer wie wissenschaftlicher Texte, die in mehr oder weniger reflektierter Weise auf der Prämisse beruhen, Muße sei „die Voraussetzung alles Denkens und künstlerischen Schaffens" und daher Bedingung eines „ästhetischen Zustandes".[121] Doch muss der Erfolg dieses ästhetischen Diskurses als Ergebnis eines dialektischen Prozesses verstanden werden. Die ästhetische Legitimation der Muße rückt im Laufe der Neuzeit gerade deswegen ins Zentrum kultureller und sozialer Debatten, weil ihr ein anderer Prozess direkt entgegenläuft: Protestantische Arbeitsethik, Aufklärung, klassische Ökonomie, Militarismus und Industrialisierung

119 Vgl. Hans W. Hubert, „Grot(t)eske Thesen? Gedanken über den Zusammenhang von Muße und frühneuzeitlicher Kunstbetrachtung", in: Günter Figal/Hans W. Hubert/Thomas Klinkert (Hg.), *Die Raumzeitlichkeit der Muße*, Tübingen 2016, 137–175; vgl. außerdem die grundlegenden Studien von Wolfgang Kayser, *Das Groteske. Seine Gestaltung in Malerei und Dichtung*, Oldenburg/Hamburg 1957, bes. 20–25; Geoffrey Galt Harpham, *On the Grotesque. Strategies of Contradiction in Art and Literature*, Princeton 1982.

120 Harpham, *On the Grotesque*, 7.

121 Gisela Dischner, „Melancholie und Müßiggang. Eine Zustandsbeschreibung", in: Mirko Gemmel/Claudia Löschner (Hg.), *Ökonomie des Glücks. Muße, Müßiggang und Faulheit in der Literatur*, Berlin 2014, 7–15, 9.

unterstellen die Produktionssysteme vieler europäischer Gesellschaften der Logik der Rationalisierung und Ökonomisierung.

Die Diskurse über dichterische Tätigkeit und Autorschaft sind von dieser Entwicklung nicht ausgenommen: Auch sie unterstehen zunächst dem Primat der *vita activa*.[122] Bis sich dagegen die Vorstellung eines kreativen, aus sich selbst heraus schöpfenden Dichters durchsetzt, vergeht daher – insbesondere im deutschsprachigen Raum – noch eine beträchtliche Zeit. Dieter Martin hat für die deutschsprachige Literatur gezeigt, wie erst im 18. Jahrhundert die allmähliche Herausbildung der Autonomie- und Genieästhetik mit einer Neuverortung des Dichtens im Spannungsgeld von Arbeit und Müßiggang einhergeht: In dieser Zeit verändere sich das Nachdenken über „dichterische Kreativität" und es komme zu einem Paradigmenwechsel „vom Dichter als arbeitsscheuem Müßiggänger zum Dichter, der sein Werk in Muße erarbeitet".[123]

In der ersten Hälfte des 18. Jahrhunderts wird in poetologischen Schriften noch vielfach davor gewarnt, das Dichten als hauptberufliche Einkommensquelle zu verstehen. Dichterische Tätigkeit gilt als dilettantischer und müßiggängerischer Zeitvertreib jener, die ansonsten einer bürgerlichen Arbeit nachgehen oder sich aus anderen Gründen keine finanziellen Sorgen machen müssen: „Arbeit und müßiges Dichten werden als grundsätzlich getrennte Lebensformen erachtet, die höchstens unverbunden nebeneinander bestehen können: Nur wer gut arbeitet, der darf auch – nebenbei – schön dichten."[124] Insbesondere für die deutschsprachige Literatur bildet ab der Mitte des 18. Jahrhunderts jedoch die aufkommende Genie- und Autonomieästhetik die Grundlage für eine grundsätzliche sozioökonomische Neupositionierung des Dichters.[125] In seinem *Sendschreiben an einen jungen Dichter* (1782) wertet Christoph Martin Wieland das Dichten zu einem schicksalhaften „entschiedenen Naturberuf" und einer „ernsthaften Leidenschaft" auf und widerspricht so programmatisch der frühaufklärerischen Forderung nach einem dilettantischen Verständnis des Dichtens als „Nebenwerk neben einem einträglichen Amte".[126] Der italienische Dichter

---

[122] Zum Primat der *vita activa* in der Neuzeit vgl. allgemein Arendt, *Vita activa oder Vom tätigen Leben.*

[123] Dieter Martin, „Muße, Autonomie und Kreativität in der deutschen Dichtung des 18. Jahrhunderts", in: Burkhard Hasebrink/Peter Philipp Riedl (Hg.), *Muße im kulturellen Wandel. Semantisierungen, Ähnlichkeiten, Umbesetzungen*, Berlin 2014, 167–179, 171.

[124] Ebd., 172.

[125] Vgl. Kapitel II und III in Rolf Selbmann, *Dichterberuf. Zum Selbstverständnis des Schriftstellers von der Aufklärung bis zur Gegenwart*, Darmstadt 1994, 24–70; vgl. außerdem die Standardwerke von Jochen Schmidt, *Die Geschichte des Genie-Gedankens in der deutschen Literatur, Philosophie und Politik, 1750 – 1945*, Bd. 3: *Von der Aufklärung bis zum Idealismus*, Heidelberg 2004; sowie Günter Blamberger, *Das Geheimnis des Schöpferischen oder: Ingenium est ineffabile? Studien zur Literaturgeschichte der Kreativität zwischen Goethezeit und Moderne*, Stuttgart 1991.

[126] Christoph Martin Wieland, „Sendschreiben an einen jungen Dichter", in: *Sämtliche Werke*, Bd. 24 (Reprint Hamburg 1984, Bd. 8), hg. v. Hamburger Stiftung zur Förderung von

Torquato Tasso, der in den Regelpoetiken noch als Negativbeispiel für eine gescheiterte Dichterexistenz galt, avanciert nicht nur bei Wieland, sondern auch in Goethes eponymem Drama zum Vorbild eines neuen, kompromisslosen Künstlerideals.[127] „Als erste Bedingung seines Schaffens" erachtet Goethes Tasso „die Freiheit von äußeren Sorgen, die Loslösung aus widrigen Verhältnissen, kurz die Muße in einem zunächst durchaus traditionellen Sinne."[128]

Einen besonderen Stellenwert erhält die ästhetisch erfüllte Muße in Friedrich Schillers Briefen *Ueber die ästhetische Erziehung des Menschen*. Vor dem zeitgeschichtlichen Hintergrund historischer Krisen und blutiger Revolutionen formuliert Schiller im sechsten Brief die utopische Hoffnung, dass ein „spätere[s] Geschlecht in einem seligen Müßiggange seiner moralischen Gesundheit warten, und den freyen Wuchs seiner Menschheit entwickeln" könne.[129] Peter Riedl hat angemerkt, dass das zweckfreie, ästhetische Spiel ein entscheidendes Element dieser von Muße erfüllten Utopie ist:

> Das Reich des Spiels, in dem der Mensch zu sich selbst findet, ist der utopische ästhetische Staat, in dessen Konstitution implizit auch elementare Konditionen der Muße eingeschrieben sind: die Konfiguration eines ästhetischen Spielraums ebenso wie die Aufhebung der Zeit in der Zeit als Akt der Freiheit. [...] Das zweckfreie Spiel kann sich nur in Muße, das heißt: frei von äußeren Zwängen, insbesondere im Simulationsraum von Kunst und ästhetischer Erfahrung, entfalten.[130]

Was Montaigne noch verborgen im Subtext anklingen lässt, kann Schiller nun mit Pathos proklamieren. Für ihn ist „die ästhetische Erfahrung in Muße" eine „universelle Bildungsidee"; sie zeugt von einem „ethisch-ästhetischen Kunstenthusiasmus, der sich gegenüber allen gesellschaftlichen und politischen Zwangsmechanismen der Moderne emanzipatorisch Freiräume zu erkämpfen sucht".[131] Indem Schiller die freiheitlichen und utopischen Qualitäten der Muße heraushebt, verankert er die ästhetische Legitimation der Muße fest in den literarischen und populären Vorstellungen von der Autonomie der Kunst und der Genialität des Autors. Dass diese Diskurslinie bis in die Gegenwart starken Einfluss ausübt, belegen nicht zuletzt jüngere wissenschaftliche Texte, die die Muße

---

Wissenschaft und Kultur, Leipzig 1796, 1–38, 10–13. Vgl. dazu Martin, „Muße, Autonomie und Kreativität in der deutschen Dichtung des 18. Jahrhunderts", 173 f. sowie Selbmann, *Dichterberuf*, 37–42. Vgl. außerdem das Kapitel „Zur Poetik der ‚Nebenstunden'" in Wulf Segebrecht, *Das Gelegenheitsgedicht. Ein Beitrag zur Geschichte und Poetik der deutschen Lyrik*, Stuttgart 1977, 212–224.

127 Vgl. Martin, „Muße, Autonomie und Kreativität in der deutschen Dichtung des 18. Jahrhunderts", 173–179.

128 Ebd., 177.

129 Friedrich Schiller, „Über die ästhetische Erziehung des Menschen in einer Reihe von Briefen", in: *Schillers Werke. Nationalausgabe*, Bd. 20, hg. v. Benno von Wiese, Weimar 1962, 309–412, 328.

130 Riedl, „Die Kunst der Muße", 26.

131 Ebd.

als eine „ästhetische Lebensform“ definieren und zu ihrer phänomenologischen Beschreibung die Kantsche Formel der Autonomieästhetik heranziehen[132]: „Sie geht einher [...] mit einem interesselosen Wohlgefallen, das uns die Welt und uns selbst im neuen Licht erscheinen lässt.“[133]

1.1.5. Die Zentrierung des Subjekts in Muße: Rousseaus *Confessions* und *Les rêveries du promeneur solitaire*

Jean-Jacques Rousseaus von 1782 bis 1789 erschienenen *Confessions* wurde in der Autobiographieforschung von Anfang an eine herausragende Stellung eingeräumt.[134] Rousseau selbst proklamiert – ganz unter Verzicht auf jeden rhetorischen Bescheidenheitsgestus – in den ersten Sätzen die singuläre Bedeutung seines Werks: „Je forme une entreprise qui n’eut jamais d’éxemple et dont l’exécution n’aura point d’imitateur.“ (*LC*, 5) Selbstverständlich ist Rousseaus hyperbolische Behauptung, seine *Bekenntnisse* seien beispiellos gegenüber allen vorherigen Lebensberichten und würden es auch im Hinblick auf künftige Selbstdarstellungen bleiben, aus heutiger Sicht nur eingeschränkt zu bestätigen. Während einige Historiographen die epochale Bedeutung der *Confessions* betonen und sie zur „naissance de l’autobiographie“ erklären, weist ein bedeutender Teil der Forschung hingegen auf die Kontinuitäten im autobiographischen Werk Rousseaus hin, das an einem Schnittpunkt zwischen vormoderner Memoiren-Literatur und moderner Selbstdarstellung verortet werden kann.[135] Für spätere Autobiographen liegt die Bedeutung von Rousseaus Schriften gerade in ihrer Funktion als entwicklungsgeschichtliches Bindeglied, da Rousseau sich etablierte Muster autobiographischen Schreibens aneignet und auf eine für die Moderne spezifische Weise modifiziert. Wenn Rousseaus *Confessions* daher heute als „Paradigma moderner Autobiographik“ gelten, die einen „nicht zu überschätzenden

---

[132] Allerdings schließt die Kontinuität der Vorstellung einer ‚ästhetischen Muße‘ einige historische Varianten und Modifikationen nicht aus. Insbesondere gegen Ende des 19. Jahrhunderts erlebt die ästhetische Legitimation eine Renaissance unter anderen Vorzeichen: Muße figuriert nicht mehr im Schillerschen Sinn als alle Menschen einschließendes, utopisches Ideal, sondern als exklusives Privileg einiger weniger, künstlerisch begabter Menschen, die bereit sind, sich dem Arbeitsdiktat der industrialisierten Gesellschaften zu widersetzen. Ihre extreme Ausprägung erreicht die Figur des ‚müßigen Künstlers‘ in der ästhetizistischen Selbstinszenierung des Dandys. Vgl. Anne Kristin Tietenberg, „Muße und Müßiggang als Inszenierung des Dandys. Charles Baudelaire, Thomas Mann und Sebastian Horsley“, in: Mirko Gemmel/Claudia Löschner (Hg.), *Ökonomie des Glücks. Muße, Müßiggang und Faulheit in der Literatur*, Berlin 2014, 185–201.

[133] Christoph Wulf/Jörg Zirfas, „Die Muße. Vergessene Zusammenhänge einer idealen Lebensform“, in: Christoph Wulf/Jörg Zirfas (Hg.), *Muße*, Berlin 2007, 9–11, 9f.

[134] Jean-Jacques Rousseau, „Les confessions“, in: *Œuvres complètes*, Bd. 1, hg. v. Bernard Gagnebin, Paris 1959 [1782–1789], 5–656. (Im Folgenden zitiert mit der Sigle *LC*.)

[135] Jacques Lecarme/Éliane Lecarme-Tabone, *L’autobiographie*, Paris 1997, 51, 148f.

Einfluss auf die weitere Entwicklung" der Gattung ausübten[136] – Rousseau also entgegen seiner koketten Voraussage eben doch viele Nachahmer fand –, dann hat dies seine Ursache gerade in der Radikalität, mit der er sein autobiographisches Projekt angeht. Und wiederum gehört es zum rhetorischen Spiel Rousseaus, dass er die Schonungslosigkeit seiner Selbstentblößung von vornherein programmatisch bekundet: „c'est l'histoire la plus secrète de mon âme, ce sont mes confessions à toute rigueur".[137]

Für die vorliegende Untersuchung sind vor allem zwei Entwicklungslinien relevant, die Rousseau aufgreift und zu einem ersten modernen Höhepunkt führt: Zunächst die Praxis und Inszenierung einer zurückgezogenen, naturnahen Kontemplation und zweitens die schonungslose literarische Reflexion und Darstellung seines Selbst.

Schon mit dem Titel seiner Autobiographie sucht Rousseau direkten Anschluss an die Tradition der augustinischen Selbstreflexion. Darüber hinaus bestehen bemerkenswerte strukturelle Parallelen zwischen Rousseaus *Confessions* und Augustinus' *Confessiones*, wobei deren wichtigste Gemeinsamkeit wohl in der programmatischen Bedeutung von Geständnis und Rechenschaft liegt.[138] Doch wenngleich Rousseau auf das Strukturmuster der Beichte zurückgreift, steht sie bei ihm doch unter völlig anderen Vorzeichen. Während Augustinus' *Bekenntnisse* im doppelten Sinne sowohl ein Sünden- als auch ein Glaubensbekenntnis darstellen, verzichtet Rousseau auf den metaphysischen Bezugsrahmen. Gestaltet Augustinus seinen Lebensbericht formal als ein Gespräch mit Gott, richtet Rousseau seine Bekenntnisse direkt an die Leser, vor denen er sich als Mensch unter Menschen wahrheitsgemäß offenbaren will: „Je veux montrer à mes semblables un homme dans toute la vérité de la nature; et cet homme, ce sera moi." (*LC*, 5) Rousseaus Absichten sind daher nicht völlig idiosynkratisch: Jenseits der bloßen Selbstdarstellung stilisiert Rousseau sich zum exemplarischen Fall, gewissermaßen „als der beispielhafte *menschliche Mensch*"[139]:

---

[136] Holdenried, *Autobiographie*, 148.

[137] Jean-Jacques Rousseau, „Les confessions – Préambule du manuscrit de Neuchâtel", in: *Œuvres complètes*, Bd. 1, hg. v. Bernard Gagnebin, Paris 1959 [zu Lebzeiten Rousseaus unveröffentlicht, vermutlich 1764 entstanden], 1149–1155, 1155.

[138] Vgl. Lecarme/Lecarme-Tabone, *L'autobiographie*, 141, die folgende Gemeinsamkeiten zwischen Augustinus' und Rousseaus Bekenntnissen aufführen: „[...] treize livres chez Augustin, douze chez Jean-Jacques; une conversion qui est le centre de gravité du premier ouvrage au livre VIII, une réforme qui est le grand tournant du second au même stade; un récit d'enfance allant jusqu'à la seizième année dans un livre I de contenu assez analogue; une image sainte de la Mère régnant sur une vie, ici Monique, là Louise de Warens, mère adoptive et non naturelle. Une même obstination à avouer ses fautes et à s'en repentir: on sourit de voir Augustin déplorer un vol collectif de poires, et Jean-Jacques une tentative de vol portant sur deux ou trois pommes. Si un même mouvement de conversion, triomphant chez l'un douloureux chez l'autre, anime les deux livres, la dynamique de la rupture et même de l'apostasie soulève les deux récits."

[139] Helmut Heißenbüttel, „Anmerkungen zu einer Literatur der Selbstentblößer", in: *Zur*

„Le paradoxe de Rousseau est sans doute de représenter dans une vie singulière, d'apparence atypique, une image de la condition humaine dans laquelle chacun est susceptible de se reconnaître".[140] Der Anspruch auf eine überindividuelle Lesbarkeit der individuellen autobiographischen Erzählung ist eine weitere wichtige Gemeinsamkeit, die den *Bekenntnissen* von Rousseau und Augustinus attestiert wurde.[141]

Mit seiner Selbstreflexion verfolgt Rousseau ein Erkenntnisprojekt, das sich nicht auf eine göttliche Wahrheit richtet, sondern auf die eigene Individualität.[142] Die autobiographische Erzählung bedarf nach seiner Auffassung keiner weltlichen Privilegien oder religiösen Rechtfertigung mehr. Rousseau, der sich selbst (zu Recht oder auch nicht) als Repräsentant jener Bevölkerungsgruppen ansah, denen literarische Ich-Erzählungen bis dato nicht zustanden, legitimiert seine Autobiographie einzig mit dem Interesse am eigenen Charakter und dem ästhetischen Anspruch, eine geeignete literarische Form – einen „style nouveau" – für seine Selbstdarstellung zu finden.[143] In einem später verworfenen Entwurf zu einem Vorwort der *Confessions* benennt Rousseau die ästhetische Herausforderung:

> Il faudroit pour ce que j'ai à dire inventer un langage aussi nouveau que mon projet: car quel ton, quel style prendre pour débrouiller ce cahos immense de sentimens si divers, si contradictoires, souvent si vils et quelquefois si sublimes dont je fus sans cesse agité? [...] Je prends donc mon parti sur le style comme sur les choses. Je ne m'attacherai point à le rendre uniforme; j'aurai toujours celui qui me viendra, j'en changerai selon mon humeur sans scrupule, je dirai chaque chose comme je la sens, comme je la vois, sans recherche, sans gêne, sans m'embarrasser de la bigarrure.[144]

Ganz nach den eigenen Empfindungen und der eigenen Ansicht will Rousseau die Dinge schildern („je dirai chaque chose comme je la sens, comme je la vois") – ein emphatisches Bekenntnis zur unbedingten Subjektivität. Wie schon am Beispiel Montaignes zu sehen war, eröffnete die neuzeitliche ‚Entdeckung des Individuums' Autoren zwar die Möglichkeit, sich selbst zum einzigen Gegenstand ihrer Texte zu machen, stellte sie aber zugleich vor das Problem, eine geeignete literarische Form dafür zu finden. Rousseaus wirkmächtige Antwort auf diese Herausforderung ist eine subjektivistische Ästhetik, die im Kern auf einem

---

Tradition der Moderne. Aufsätze und Anmerkungen 1964–1971, Neuwied, Berlin 1972, 80–94, 80. (Herv. i. O.)

140 Lecarme/Lecarme-Tabone, *L'autobiographie*, 149.

141 Vgl. Wagner-Egelhaaf, *Autobiographie*, 117.

142 Vgl. ebd., 164.

143 Vgl. Lecarme/Lecarme-Tabone, *L'autobiographie*, 51 f. Zwei distinkte Stile in den *Confessions*, nämlich den pikaresken Ton und den elegischen Ton, die paradigmatisch für die moderne Autobiographie werden, erkennt Starobinski, „Le style de l'autobiographie", 263–265. Vgl. dazu auch Kapitel 1.3.5.

144 Rousseau, „Les confessions – Préambule du manuscrit de Neuchâtel", 1153 f.

starken Begriff von Autorschaft und, wie zu zeigen sein wird, auf einer herausgehobenen Position des Erzählers basiert.

Als weitgehend unbestritten gilt in der Forschung, dass Rousseau sich in einer selbstentblößenden Radikalität ins Zentrum rückt, wie dies bisher kein autobiographischer Erzähler vor ihm getan hatte. Dieses Programm der Selbstentblößung hat allerdings identitätstheoretische und narrative Voraussetzung: Das „Ich als Mittelpunktsheld" muss seine Identität im Laufe des Erzählprozesses (re-)konstruieren, und die Herausforderung besteht gerade darin, das retrospektiv gewonnene Verständnis des eigenen Lebens gegen äußere Anfeindungen durchzusetzen.[145] Rousseaus Bemühen um Selbstbehauptung prägt somit alle Erzählebenen der *Confessions*: Nicht allein die erzählte Lebensgeschichte berichtet von Rousseaus Ringen mit gesellschaftlichen Konventionen, religiösen und moralischen Normen, auch das erzählende Ich verteidigt seine Lebensgeschichte gegen jede externen Deutungsversuch. Ausführlich thematisiert Rousseau zu diesem Zweck die Diskrepanzen zwischen Selbstwahrnehmung und Fremdwahrnehmung.[146] Der unbedingte Anspruch auf Deutungshoheit schlägt sich zudem in der narrativen Faktur des Textes nieder: Die Selbstdarstellung erfolgt bei Rousseau „toujours justifiée[] par la position dominante ou régnante du narrateur".[147] Das erzählende Ich strebt nach einer souveränen Erzählposition; es konstituiert sich als autobiographisches Subjekt, indem es auf die ihm verfügbaren Erinnerungen zurückgreift und sie auf die Entwicklung der eigenen, bruchlosen Identität hin interpretiert.

Es überrascht nicht, dass die Literaturgeschichtsschreibung einen engen Zusammenhang zwischen Rousseaus Verteidigung des Selbst und den sozioökomischen Umwälzungen erkannte, welche die Emanzipation des Bürgertums und die bereits einsetzende Industrialisierung im 18. Jahrhundert mit sich brachten. Einerseits ist der Individualismus Voraussetzung eines auf der Konkurrenz freier Individuen fußenden Gesellschafts- und Wirtschaftssystems; andererseits spannt diese Gesellschaft breite Teile der Bevölkerung zunehmend in eine Logik der entfremdenden Arbeitsteilung ein, in der selbstbestimmtes Handeln nicht möglich ist.[148] Rousseaus ostentativer Individualismus gilt auch als Ausdruck dieses ambivalenten Verhältnisses: „Die Identitätskrise des bürgerlichen Individuums wird hier schon öffentlich verhandelt. Jedes Versagen wird sofort kompensiert, Rechtfertigung erfolgt durch Übersteigerung des Ich-Gefühls".[149] In

[145] Günter Waldmann, *Autobiografisches als literarisches Schreiben. Kritische Theorie, moderne Erzählformen und -modelle, literarische Möglichkeiten eigenen autobiografischen Schreibens*, Baltmannsweiler 2000, 39–43.

[146] Vgl. Wagner-Egelhaaf, *Autobiographie*, 165 f.

[147] Lecarme/Lecarme-Tabone, *L'autobiographie*, 51 f.

[148] Vgl. Müller, *Autobiographie und Roman*, 339.

[149] Ralph-Rainer Wuthenow, *Das erinnerte Ich. Europäische Autobiographie und Selbstdarstellung im 18. Jahrhundert*, München 1974, 213.

dieser Umbruchphase des Subjektkonzeptes trifft Rousseau mit seiner radikalen Introspektion und der schonungslosen Darstellung des Ich einen wunden Punkt. Dies zeigt sich nicht zuletzt an den Irritationen und den widersprüchlichen Reaktionen, die die *Bekenntnisse* bei Rousseaus Zeitgenossen auslösten. Während etwa Christoph Martin Wieland, Georg Christoph Lichtenberg und Karl Philipp Moritz die berühmte ‚Bändchen-Affäre'[150] Rousseaus zum Anlass für eine Verteidigung der literarischen Selbstentblößung des Menschen nahmen[151], lehnten Johann Gottfried Herder und Theodor Gottlieb von Hippel sie als eitle und heuchlerische Grenzüberschreitung ab.[152] Damit ist zugleich eine Linie der Kritik an Rousseau und dem literarischen Subjektivismus etabliert, die noch bei Dilthey anklingt, ja bis ins 20. Jahrhundert hinein wirkt.[153]

Mit Blick auf die gegenwärtige Autobiographik erweist es sich als erhellend, die spezifischen Bedingungen zu fokussieren, an die Rousseau seine literarische Selbstreflexion knüpft. Wie werden in seinen Texten die räumlichen und zeitlichen Umstände als Voraussetzung seiner Ich-Erkundung inszeniert, die anschließend in einen literarischen Erzähl- bzw. Schreibakt mündet? In den *Confessions* beschreibt Rousseau einen engen Zusammenhang zwischen dem Ort, an dem er sich befindet, und seiner literarischen Produktivität. Rousseau hatte sich 1756 aus Genf zurückgezogen, um bis 1762 in der Nähe des kleinen Örtchens Montmorency nördlich von Paris zu leben:

> Après quelques jours livrés à mon délire champêtre je songeai à ranger mes paperasses et à régler mes occupations. [...] J'avois plusieurs Ecrits commencés; j'en fis la revue. J'étois assez magnifique en projets; mais dans les tracas de la ville l'execution jusqu'alors avoit marché lentement. J'y comptois mettre un peu plus de diligence quand j'aurois moins de distraction. (*LC*, 404)

Die erste Zeit in Montmorency beschreibt Rousseau als ein „délire champêtre", eine Phase der wahnhaften Begeisterung für das Landleben, und erinnert damit sowohl an Montaignes Metaphorik des Ackerbaus als auch an die phantastischen Ungeheuer, mit denen der Humanist seine ungezügelte Geistestätigkeit verglich.[154] Ebenso wie Montaigne beschließt Rousseau, den chaotischen Zu-

---

150 Vgl. Rousseau, „Les confessions – Préambule du manuscrit de Neuchâtel", 84 ff.

151 Vgl. insbesondere Christoph Martin Wieland, „Über eine Anekdote von J. J. Rousseau (an einen Freund.)", in: *Werke. Historisch-kritische Ausgabe*, Bd. 15.1 (März 1780 – Januar 1781), hg. v. Klaus Manger u. Jan Philipp Reemtsma, Berlin 2012 [1780], 247–278. Wieland entrüstet sich zwar zunächst moralisch darüber, dass Rousseau den Diebstahl des Haarbandes dem unschuldigen Dienstmädchen Marion in die Schuhe schob, und bezeichnet ihn als einen „Bösewicht"; dann aber verteidigt er die „Menschlichkeit" von Rousseaus Handeln und die Ehrlichkeit seiner Selbstanklage.

152 Vgl. Helmut Pfotenhauer, *Literarische Anthropologie. Selbstbiographien und ihre Geschichte – am Leitfaden des Leibes*, Stuttgart 1987, 29–34.

153 Vgl. Kap. 1.1.6, 53 ff.

154 Semerau übersetzt „délire champêtre" als „Begeisterung für das Landleben", vgl. Jean-Jacques Rousseau, *Die Bekenntnisse*, übers. v. Alfred Semerau, durchges. v. Dietrich Leube,

stand durch das Schreiben zu überwinden. Dafür erscheint ihm die ländliche Umgebung besonders geeignet, denn während er im „Trubel der Stadt“[155] („dans les tracas de la ville“) nicht zur Arbeit an seinen literarischen Projekten gekommen sei, verspreche der Wald von Montmorency ihm weniger Ablenkung. Voraussetzung für die erhoffte Produktivität ist jedoch eine umfassende Ordnung, und zwar nicht nur seines Schreibmaterials („ranger mes paperasses“), sondern des gesamten Alltags („régler mes occupations“). Die selbstgegebene Ordnung ist zunächst vom zeitlichen Rhythmus bestimmt, in dem Rousseau seinen Tätigkeiten nachgeht: Während er vormittags für den Lebensunterhalt Noten kopiert, verbringt er die Nachmittage mit Spaziergängen durch den Wald, auf denen er sein Notizbuch mitführt. Zur Zeitstruktur tritt so ein spezifischer Naturraum (der Wald) und eine bestimmte Tätigkeit (der Spaziergang). Die Strategie eines räumlich und zeitlich strukturierten Rückzugs, der auch als Wiedergewinnung oder zumindest Annäherung an eine natürliche Ursprünglichkeit verstanden werden kann, geht für das erzählende Ich völlig auf:

> Je crois avoir assez bien rempli cette attente, [...] si l'on compte et mesure les écrits que j'ai faits dans les six ans que j'ai passés tant à l'Hermitage qu'à Montmorency, l'on trouvera, je m'assure, que si j'ai perdu mon tems (sic) durant cet intervalle, ce n'a pas été du moins dans l'oisiveté. (*LC*, 404)

Zähle und bewerte man die Schriften, die er in den sechs Jahren in der „Einsiedelei“ von Montmorency und Umgebung verfasst habe, so Rousseau rückblickend, werde man gewiss finden, dass er seine Zeit nicht im Müßiggang vergeudet habe. Die explizite Distanzierung von einer faulen, unergiebigen *oisiveté* verdeutlicht auf besonders eindrückliche Weise, dass Rousseau seinen Rückzug nach Montmorency als eine Phase der erfüllten und selbstbestimmten Arbeit an seinen literarischen Projekten verstanden wissen will, d. h. als eine produktive und glückliche Zeit der Muße.

Eine noch prominentere Rolle erhält der Rückzug in die Natur für das erzählende Subjekt in *Les rêveries du promeneur solitaire*, an denen Rousseau von 1776–78 arbeitete und die 1782 postum erschienen.[156] Schon der Titel dieses letzten Werks, über dem Rousseau verstarb, verweist auf die programmatische

---

Einf. v. Jean Starobinski u. Anm. v. Christoph Kunze, München 1978, 398. Mit deutlich negativer Konnotation übersetzt hingegen Stefan Zweifel das „délire champêtre“ als „ländlichen Irrwahn“, vgl. die Einführung zu Jean-Jacques Rousseau, *Träumereien eines einsam Schweifenden*, nach d. Manuskript und d. Spielkarten neu übers., komm. u. mit einem Nachw. versehen v. Stefan Zweifel, Berlin 2012, 8. Anhand dieser sehr unterschiedlichen Übertragungen wird die Ambivalenz des Ausdrucks bei Rousseau deutlich.

[155] So die Übersetzung von Semerau in Rousseau, *Die Bekenntnisse*, 399.

[156] Jean-Jacques Rousseau, „Les rêveries du promeneur solitaire“, in: *Œuvres complètes*, Bd. 1, hg. v. Bernard Gagnebin, Paris 1959 [1782], 993–1097. (Im Folgenden zitiert mit der Sigle *LR*)

Bedeutung des einsamen Spazierganges für die Selbstreflexion des Subjekts – eine Idee, die Rousseau in der ersten Promenade ausführt:

> Ces feuilles ne seront proprement qu'un informe journal de mes rêveries. Il y sera beaucoup question de moi parce qu'un solitaire qui réflechit s'occupe necessairement beaucoup de lui-même. Du reste toutes les idées étrangéres qui me passent par la tête en me promenant y trouveront également leur place. [...] Ces feuilles peuvent donc être regardées comme un appendice de mes *Confessions*, mais je ne leur en donne plus le titre, ne sentant plus rien à dire qui puisse le mériter. (*LR*, 1000)

Rousseau erklärt, die *Rêveries* stellten eine Fortführung der *Confessions* dar, und da er tatsächlich an einige dort geschilderte Episoden anknüpft, hat die Forschung die *Rêveries* auch als „para-autobiographique" eingeordnet.[157] Doch so aufregende Bekenntnisse wie im Vorgängerwerk seien nicht zu erwarten, dämpft der Autor die Erwartungen, vielmehr wolle er lediglich die Gedanken festhalten, die ihm beim Spazieren durch den Kopf gingen. Rousseau folgt nun nicht mehr einem linear-chronologischen Ablauf, wie er die *Confessions* prägt, sondern setzt auf ein fragmentarisches Prinzip und eine assoziative Verkettung von ‚Gedankengängen'. In den zehn *promenades* geht der autodiegetische Erzähler in einer Art Selbstgespräch seinen philosophischen Reflexionen nach, und so entsteht eben jenes „informe journal de [...] rêveries", das strukturell in mancher Hinsicht an die *Essais* Montaignes erinnert.

Die moderne Idee, dass Muße eine Voraussetzung für die individuelle Subjektkonstitution darstelle, manifestiert sich insbesondere in der berühmten fünften Promenade. Biographischer Hintergrund der Episode, die auch im 12. Buch der *Confessions* dokumentiert wird[158], ist die Flucht Rousseaus aus seinem Wohnort Môtiers, die er antreten muss, weil seine Schriften den Unwillen der politischen und religiösen Autoritäten in Frankreich und der Schweiz erregt hatten. Von September bis Oktober 1765 findet er für sechs Wochen Zuflucht auf der St. Petersinsel im Bielersee, bevor er durch einen Beschluss der Stadt Bern wieder von ihr vertrieben wird. In der fünften Promenade schildert das erzählende Ich diesen Aufenthalt auf der Île de Saint-Pierre und hebt das Glückgefühl hervor, das es durch den plötzlichen Wegfall der alltäglichen Aufgaben und Pflichten empfindet:

> Le précieux *far niente* fut la première et la principale de ces jouissances que je voulus savourer dans toute sa douceur, et tout ce que je fis durant mon séjour ne fut en effet que l'occupation délicieuse et nécessaire d'un homme qui s'est dévoué à l'oisiveté. (*LR*, 1042)

Das erzählende Ich erlebt auf der Insel eine positive Muße, die es mit ausgedehnten Spaziergängen und dem Anlegen eines Herbariums füllt. Zugleich aber gibt ihm das „kostbare *far niente*" die Möglichkeit, sich selbst zu reflektieren und zu

---

[157] Lecarme/Lecarme-Tabone, *L'autobiographie*, 155.

[158] Vgl. Rousseau, „Les confessions", 634–646.

konstituieren: „Mais s'il est un état où l'ame trouve une assiette assez solide pour s'y reposer tout entiére et rassembler là tout son être [...]; tant que cet état dure celui qui s'y trouve peut s'appeler heureux [...].“ (*LR*, 1046) Die Abgeschiedenheit der Insel und die positive *oisiveté*, die Rousseau dort erfährt, lösen ein intensives Glücksgefühl aus, in dem die aristotelische Idee der *eudaimonía* nachhallt. Doch im Unterschied zur Lehre des Aristoteles findet Rousseau sein Glück nicht in der Betrachtung der äußeren Welt, und anders als sein Vorbild Augustinus sucht Rousseau in der Kontemplation auch nicht die Annäherung an Gott. Ganz im Gegenteil: Rousseaus Glückserfahrung resultiert allein aus der Möglichkeit, den Blick nach innen zu wenden und seinen bis bis dahin prekären Selbstentwurf durch die Erkenntnis und Erfahrung des Ichs zu ersetzen. In der kontemplativen Ruhe der Île Saint-Pierre kann sich Rousseaus Erzähler als starkes und einheitliches Subjekt neu entwerfen: „De quoi jouit-on dans une pareille situation? De rien d'extérieur à soi, de rien sinon de soi-même et de sa propre existence, tant que cet état dure on se suffit à soi-même comme Dieu.“ (*LR*, 1047)

Die Muße eröffnet einen Freiraum, in dem das autobiographische Subjekt sich selbst in den Mittelpunkt seiner Betrachtung rücken kann, in dem es „sich selbst genügt wie Gott“. In der Erfahrung der eigenen Identität und Individualität findet Rousseau den Stoff für das literarische Projekt der *Rêveries*. Poetologisch gewendet: An die Stelle der göttlichen Eingebung tritt die Inspiration, die der Autor aus seinem eigenen Leben gewinnt; der *poeta vates* wird durch das Genie abgelöst, das seine literarischen Werke autobiographisch verbürgt. Die zitierten Textstellen verdeutlichen, dass dieses ästhetische Prinzip in Rousseaus Schriften auf der engen Verschränkung von drei Elementen beruht: das souveräne autobiographische Subjekt (1) findet in der raumzeitlichen Struktur der Muße (2) die notwendige Bedingung, um sich selbst zum Gegenstand seiner literarischen Projekte zu machen (3). Bemerkenswert ist, in welch kurzer Zeit dieses Modell in den europäischen Literaturen rezipiert und normalisiert wird. Heute zählt Rousseau zu den Begründern einer autobiographischen Tradition, die als normative Folie in populäre wie literarische Autobiographien gleichermaßen hineinwirkt.[159]

Im Hinblick auf Rousseaus Wirkungsgeschichte soll hier abschließend ein einzelnes, aber doch entscheidendes Element seiner subjektivistischen Ästhetik fokussiert werden. Bei Rousseau nämlich figuriert der Rückzug aus dem städtischen Kontext in eine naturnahe Umgebung als wesentliche Bedingung für Selbstreflexion und Inspiration. Die *retraite* in die Natur ist natürlich nicht ohne Präzedenzfall, wie Augustinus' Mailänder Garten, Ciceros Rückzug nach Tusculum oder andere hier noch zu besprechende Beispiele zeigen. Doch misst Rousseau der Natur und der Landschaft eine programmatische Bedeutung bei, wie es

[159] Vgl. beispielsweise die Rezeption des Rousseauschen Modells in Max Frischs *Montauk*, besprochen in Kapitel 2.2 der vorliegenden Arbeit.

in den Prätexten kaum der Fall ist. In der achten Promenade der *Rêveries* charakterisiert das erzählende Ich seinen Wohnort Paris als einen Raum, der erfüllt sei von böswilligen Menschen („malveillants") und giftigen Worten („mots evénimés"). Anschließend rückt er die Stadt in Opposition zu seiner Zufluchtsstätte („asyle") in der ländlichen Einsamkeit, die allein ihm Glück verspreche:

Je loge au milieu de Paris. En sortant de chez moi je soupire après la campagne et la solitude mais il faut l'aller chercher si loin qu'avant de pouvoir respirer à mon aise je trouve en mon chemin mille objets qui me serrent le cœur, et la moitié de la journée se passe en angoisses avant que j'aye atteint l'asyle que je vais chercher. Heureux du moins quand on me laisse achever ma route. Le moment où j'échape au cortège des méchans est délicieux et sitôt que je me vois sous les arbres au milieu de la verdure je crois me voir dans le paradis terrestre et je goûte un plaisir interne aussi vif que si j'étois le plus heureux des mortels. (*LR*, 1082 f.)

Rousseau entwirft die Natureinsamkeit als Ausbruch aus dem alltäglichen, großstädtischen Leben und greift so eine konstitutive Struktur der Idylle und des *locus amoenus* auf.[160] Rainer Warning hat darauf hingewiesen, bei Rousseau würden auch über die Opposition Stadt/Land hinaus „die wichtigsten Grundmerkmale der Idylle eingelöst: Raumfokalisierung, Naturschönheit, Sujetlosigkeit, Geborgenheit, Konfliktfreiheit, einfache Lebensformen, Muße für kreativ-lustvolle Betätigungen, insgesamt also eine euphorisch gestimmte Phantasiewelt, die ihren Gegenpart, die zivilisatorische Realität, nur am Horizont aufscheinen oder allenfalls zitathaft in sich eindringen lässt".[161] So bekräftigt Rousseau die „seit der Antike nahezu exklusiv vorherrschende Korrelation von Idylle und Muße" – eine Verbindung, die so topisch ist, dass ihre beiden Terme heute kaum noch voneinander getrennt gedacht werden können.[162] Rousseaus besondere Leistung besteht jedoch darin, den Topos der Idylle für die Moderne zu adaptieren, eben indem er ihn an den Individualitätsdiskurs bindet.

Im deutschen Sprachraum wurde Rousseaus mußevoller Rückzug in die Natur vor allem von den Romantikern emphatisch aufgenommen. Um 1800 kam es in Deutschland als Gegenreaktion auf den Rationalismus, die Fremdbestimmtheit und Zeitstruktur der Moderne zu einer Aufwertung der Idyllendichtung: „Die literarische Idylle suspendiert insbesondere den determinierenden Faktor der Temporalität und kreiert einen fiktionalen Raum, in dem die Muße zur Bedingung von Kreativität, Bildung und ästhetischer Erziehung aufgewertet wird."[163] Das Fortwirken des Topos von Muße und Idylle unter den Vorzeichen einer romantischen Genieästhetik kann anhand einer der wohl thematisch einschlägigsten Stellen der deutschen Literatur illustriert werden: Friedrich Schle-

---

160 Zum Topos des *locus amoenus* vgl. Ernst Robert Curtius, *Europäische Literatur und lateinisches Mittelalter*, Tübingen 1993 [1948], 199–206.

161 Rainer Warning, *Heterotopien als Räume ästhetischer Erfahrung*, München 2009, 43 f.

162 Riedl, „Die Kunst der Muße", 26.

163 Ebd.

gels „Idylle über den Müßiggang“ aus seinem experimentellen Roman *Lucinde* (1799) wird von der Forschung als autopoetologischer Kommentar zum Entstehungsprozess des Werkes gelesen.[164] Die Episode wird von einem erzählenden Ich wiedergegeben, das im Wald an einem Bach verweilt, sich also an einem recht typischen *locus amoenus* befindet. Zunächst hebt der autodiegetische Erzähler emphatisch das Glücksgefühl hervor, das ihm die „gottähnliche Kunst der Faulheit“ einflößt:

> Mit wem sollte ich also lieber über den Müßiggang denken und reden als mit mir selbst? Und so sprach ich denn auch in jener unsterblichen Stunde, da mir der Genius eingab, das hohe Evangelium der echten Lust und Liebe zu verkündigen, zu mir selbst: „O Müßiggang, Müßiggang! du bist die Lebensluft der Unschuld und der Begeisterung; dich atmen die Seligen, und selig ist wer dich hat und hegt, du heiliges Kleinod! einziges Fragment von Gottähnlichkeit, das uns noch aus dem Paradiese blieb.“[165]

Schlegel gestaltet die Erzählung als ein Selbstgespräch und unterstreicht so die Reflexivität der Szene. Der Erzähler beruft sich auf die religiöse Tradition der kontemplativen Selbsterkundung ebenso wie auf die Tradition des *poeta vates*, der seine dichterische Tätigkeit der Inspiration Gottes verdankt – doch bleibt diese Referenz vordergründig. Letztlich ist der göttliche Ursprung der Dichtung unverfügbar, nur der Dichter als autonomes und kreatives Subjekt vermag es, „der Dichtung im individuell verfügbaren schöpferischen Schaffensakt Gestalt zu geben“.[166] So wird Schlegels Erzähler nicht von Gott, sondern vom „Genius“ dazu berufen, „das hohe Evangelium der echten Lust und Liebe zu verkündigen“. Der Müßiggang erscheint als ein säkulares Residuum eines himmlischen Friedens, als „einziges Fragment von Gottähnlichkeit, das uns noch aus dem Paradiese blieb“.[167]

Für dieses poetologische Programm sind sowohl die Selbstbetrachtung als auch der spezifische Raum, in dem sie stattfindet, von entscheidender Bedeutung – und zwar umso mehr, als der äußere Raum die erfolgreiche Introspektion bedingt. Schlegel funktionalisiert die Topographie des idyllischen Ortes für das

164 Zur Rezeption der *Lucinde* und insbesondere der „Idylle über den Müßiggang“ vgl. Gisela Dischner, *Friedrich Schlegels Lucinde und Materialien zu einer Theorie des Müßiggangs*, Hildesheim 1980.

165 Friedrich von Schlegel, „Lucinde“, hg. u. eingel. v. Hans Eichner, in: *Kritische Friedrich-Schlegel-Ausgabe*, Bd. 5, Paderborn 1962 [1799], 1–92, 25.

166 Riedl, „Die Kunst der Muße“, 23. Es ist auffällig, dass Schlegel sich nicht auf die positiv konnotierte Begriffstradition der Muße beruft, sondern explizit auf ihr abgewertetes Korrelat, den Müßiggang. Riedl erläutert dazu weiter, der Müßiggang bilde „als Lebens- und Denkform die Conditio sine qua non künstlerischer Phantasie“. Er erkennt darin nicht einfach nur eine sprachliche Ungenauigkeit, sondern ein dichterisches Programm, denn Schlegel hebe so „den traditionellen Gegensatz von auratisierter Muße und pejorisiertem Müßiggang [...] auf der Metaebene poetologischer Selbstreflexion auf. [...] Die kreative Passivität des Müßiggangs ermöglicht Transgressionen, die wiederum die Autonomie des denkenden und dichtenden Ichs konstituieren und transzendieren.“ – Ebd.

167 Schlegel, „Lucinde“, 25.

autoreflexive Spiel seines Erzählers: „die Wellen flohen und flossen so gelassen, ruhig und sentimental, als sollte sich ein Narcissus in der klaren Fläche bespiegeln und sich in schönem Egoismus berauschen".[168] Wie für das mythische Vorbild wird der Bach auch für Schlegels müßiggängerischen Erzähler zur Reflexionsfläche. Nur kurzzeitig kann er der Verlockung widerstehen, sich ganz der Selbstspiegelung auf der Wasserfläche hinzugeben und – gerufen von „unwiderstehliche[n] Sirenen in meiner eignen Brust" – sich „immer tiefer in die innere Perspektive meines Geistes zu verlieren".[169] Das Negativbeispiel des Narziss, der am Ende an seiner Selbstverliebtheit zugrunde geht, wird von Schlegel jedoch positiv umgedeutet. Ebenso wie Rousseau markiert Schlegel den idyllischen Naturraum als jenen Ort, an dem das Subjekt sich selbst in den Mittelpunkt seiner Wahrnehmung rücken kann. Der Spiegel, der spätestens in der Moderne zu einer der prominentesten Metaphern autobiographischer Selbsterkundung avanciert[170], erscheint bei ihm in der natürlichen Gestalt des Gewässers, das wiederum ein konstitutives Ausstattungsmerkmal jedes *locus amoenus* ist.[171]

Findet Rousseau in seinen müßigen *promenades* auf der Petersinsel gleichermaßen ein thematisches Motiv als auch ein narratives Strukturprinzip für seine *Rêveries*, so sublimiert auf ganz ähnliche Weise auch Schlegels Erzähler seine eitle Selbstbetrachtung zum literarischen Text. Der Erzähler bekundet seinen Vorsatz, aus dem „Strom der Gedanken" und seiner „Fantasie" heraus ein „Gedicht der Wahrheit zu beginnen", und beschreibt dieses Vorhaben mithilfe einer botanischen Allegorie:

> So erzeugte sich der erste Keim zu dem wundersamen Gewächs von Willkür und Liebe. Und frei wie es entsprossen ist, dacht' ich, soll es auch üppig wachsen und verwildern, und nie will ich aus niedriger Ordnungsliebe und Sparsamkeit die lebendige Fülle von überflüssigen Blättern und Ranken beschneiden.[172]

Der Vergleich des Gedankenprozesses mit dem wilden Wuchs von „Blättern und Ranken" steht wohl nicht zufällig in der Nachfolge der arabesken und grotesken Poetologie Montaignes, war es doch Schlegel selbst, der den Begriff der Arabeske für die Literatur erschloss.[173] Doch anders als Montaigne kann Schlegel die Vorstellung einer aus Muße entstehenden Kreativität nun ganz affirmativ an die Selbsterfahrung des erzählenden Subjekts koppeln. Und diese Zentrierung des

---

[168] Ebd.

[169] Ebd., 25 f.

[170] Vgl. etwa Oliver Sill, *Zerbrochene Spiegel. Studien zur Theorie und Praxis modernen autobiographischen Erzählens*, Berlin/New York 1991.

[171] Curtius definiert den *locus amoenus* als „ein schöner, beschatteter Naturausschnitt. Sein Minimum an Ausstattung besteht aus einem Baum (oder mehreren Bäumen), einer Wiese und einem Quell oder Bach. Hinzutreten können Vogelgesang und Blumen." – Vgl. Curtius, *Europäische Literatur und lateinisches Mittelalter*, 202.

[172] Schlegel, „Lucinde", 26.

[173] Vgl. dazu Kapitel 1.1.4.

Subjekts wiederum ist – ganz nach dem Muster Rousseaus – auf den idyllischen Naturort als unabdingbare Voraussetzung angewiesen.

1.1.6. Bildung in Muße: Goethes *Aus meinem Leben*

Zu Beginn des 19. Jahrhunderts sind die poetologischen und subjekttheoretischen Grundlagen gelegt, aus denen die moderne Künstler-Autobiographie entstehen kann. Dieses autobiographische Modell wurde später von Dilthey und seinen Nachfolgern zum entwicklungsgeschichtlichen Höhepunkt der Gattung erklärt, vor allem aber prägte es sich so nachhaltig in das kulturelle Gedächtnis ein, dass es als normative Folie bis heute wie selbstverständlich das Denken über Autorschaft beeinflusst und insbesondere populäre Rezeptionserwartungen an die Gattung „Autobiographie" bestimmt. Ihre paradigmatische Verkörperung fand die Künstler-Autobiographie in den Werken Johann Wolfgang Goethes, die unter dem Titel *Aus meinem Leben* zusammengefasst werden: *Dichtung und Wahrheit* (4 Bde., 1811–1833), die *Kampagne in Frankreich* (1822) und die *Italienische Reise* (2 Bde., 1816–1817). Insbesondere *Dichtung und Wahrheit* hat nicht nur einen ähnlichen Einfluss auf die Gattung entfaltet wie die Werke Rousseaus, sondern gilt der Forschung auch als Fortführung des von ihm eingeschlagenen Wegs. Dilthey selbst fasste Goethes *Dichtung und Wahrheit* sowie die jeweiligen *Bekenntnisse* von Augustinus und Rousseau zur Trias der großen abendländischen Autobiographien zusammen.[174] Doch wenn Goethe in vieler Hinsicht an die Rousseausche Konzeption eines nach Souveränität und Autonomie strebenden Autorsubjekts anknüpft, so erweitert er dieses Modell doch auch um weitere entscheidende Aspekte, die hier skizziert werden sollen.

Im Vorwort zu *Dichtung und Wahrheit* stellt Goethe einige konzeptionelle und poetologische Überlegungen zur Gattung der Autobiographie an:

> Denn dieses scheint die Hauptaufgabe der Biographie zu sein, den Menschen in seinen Zeitverhältnissen darzustellen, und zu zeigen, inwiefern ihm das Ganze widerstrebt, inwiefern es ihn begünstigt, wie er sich eine Welt- und Menschenansicht daraus gebildet, und wie er sie, wenn er Künstler, Dichter, Schriftsteller ist, wieder nach außen abgespiegelt. Hiezu wird aber ein kaum Erreichbares gefordert, daß nämlich das Individuum sich und sein Jahrhundert kenne, sich, inwiefern es unter allen Umständen dasselbe geblieben, das Jahrhundert, als welches sowohl den Willigen als Unwilligen mit sich fortreißt, bestimmt und bildet, dergestalt, daß man wohl sagen kann, ein jeder, nur zehn Jahre früher oder später geboren, dürfte, was seine eigene Bildung und die Wirkung nach außen betrifft, ein ganz anderer geworden sein.[175]

[174] Vgl. Wilhelm Dilthey, *Der Aufbau der geschichtlichen Welt in den Geisteswissenschaften*, Gesammelte Schriften, Bd. 7, hg. v. Bernhard Groethuysen, Leipzig/Berlin 1942, 198 f.

[175] Johann Wolfgang von Goethe, *Aus meinem Leben. Dichtung und Wahrheit*, Sämtliche Werke, Briefe, Tagebücher und Gespräche, Bd. 14, hg. v. Klaus-Detlef Müller, Frankfurt a. M. 1986 [1811–1833], 13 f.

In diesem *locus classicus* der Gattungspoetik stechen zwei Elemente hervor, die über das Prinzip der egozentrischen Selbstdarstellung nach Rousseauschem Muster hinausgehen. Erstens betont Goethe nachdrücklicher das Wechselverhältnis zwischen dem autobiographischen Subjekt und seiner Umwelt. Das „Individuum" werde in eine geschichtliche „Welt", eine spezifische historische Realität hineingeboren. Aufgabe einer (auto-)biographischen Reflexion sei es, so Goethes Forderung, diese „Zeitverhältnisse" zu erkennen, zu verstehen und in die autobiographische Darstellung mit einzubeziehen. Goethe schöpft damit indirekt aus der epistemischen Tradition der *theoría* und *contemplatio*, richtet sein Erkenntnisinteresse jedoch nicht auf eine metaphysische Ordnung, sondern ganz auf die historische Realität.

Zweitens sei die Darstellung der „Zeitverhältnisse" nur ein Zwischenschritt hin auf das eigentliche Ziel: In der Auseinandersetzung mit der Welt bilde sich das Individuum heraus. Goethe versteht das künstlerische Subjekt, das sich durch seine besonderen individuellen Qualitäten auszeichnet, als das Produkt eines Wechselspiels aus innerer Anlage und äußerer Wirklichkeit. Diesen Vorgang, an dessen Ende das mit sich selbst identische Subjekt steht, bezeichnet Goethe mit dem Begriff der „Bildung" des Individuums. Gegenüber gewöhnlichen Menschen zeichne sich das künstlerische Subjekt dadurch aus, dass es seine „Welt- und Menschenansicht [...] nach außen abspiegelt" und so eine „Wirkung nach außen" erzielen könne. Mit anderen Worten: Das ausgebildete Selbst ermöglicht dem Künstler eine aktive Einflussnahme auf die Welt. Damit tritt die rekursive und paradoxe Struktur in Goethes „hermeneutische[m] Individualitäts- und Autobiographieverständnis" deutlich hervor: „in einem unabschließbaren wechselseitigen Konstitutions- und Verstehensprozess" mit einer *dynamischen* Welt bildet sich das Individuum als *identisches* aus.[176] Diesen Prozess nachzuvollziehen, ist für Goethe die Hauptaufgabe der Autobiographie.

Dass Goethe die kontinuierliche Darstellung eines mit sich selbst identischen Individuums in den Mittelpunkt seiner autobiographischen Poetik rückt, dass also der Bildungsweg dem Leser in Form einer kohärenten Erzählung nachvollziehbar gemacht werden soll, dieses literarische Prinzip kann nicht überraschen. In dem wohl bekanntesten ‚Bildungsroman' deutscher Sprache, *Wilhelm Meisters Lehrjahren*, hat Goethe an einem fiktionalen Beispiel die Möglichkeiten einer individuellen Entwicklungsgeschichte durchdekliniert – und dabei zumindest indirekt der Muße eine bedeutende Rolle zugesprochen.[177] Die Forschung hat in den *Lehrjahren* das Wirken einer „Poetik freier Zeiten" festgestellt, die auf „die

[176] Martina Wagner-Egelhaaf, „Autofiktion oder: Autobiographie nach der Autobiographie. Goethe – Barthes – Özdamar", in: Ulrich Breuer/Beatrice Sandberg (Hg.), *Autobiographisches Schreiben in der deutschsprachigen Gegenwartsliteratur*, Bd. 1: *Grenzen der Identität und der Fiktionalität*, München 2006, 353–368, 354.

[177] Johann Wolfgang von Goethe, *Wilhem Meisters Lehrjahre*, Sämtliche Werke, Briefe, Tagebücher und Gespräche, Bd. 9, 1, hg. v. Wilhelm Voßkamp, Frankfurt a. M. 1992, 355–992.

Imagination einer utopischen Subjektbildung" abziele.[178] Allerdings, so Riedl, zeige Goethe das Ideal einer sich in Muße vollziehenden Bildung und Individuation gewissermaßen *ex negativo*, indem er in den Lehrjahren zwei defizitäre Gegenmodelle vorführe. Auf der einen Seite repräsentiere Wilhelm als Theaterliebhaber den Typus eines ästhetischen Müßiggängers, der eben nicht zwischen dilettantischem Ästhetizismus und tiefem Kunstverständnis unterscheiden könne und der zudem wegen seiner Überidentifikation mit Shakespeares *Hamlet* Gefahr laufe, zu einem lebensuntauglichen Melancholiker zu degenerieren. Auf der anderen Seite stehe die Turmgesellschaft für bürgerliche Ordnung, Arbeitsethos und Zeitökonomie und versuche durch ihr Erziehungsprogramm, Wilhelm aus seinem unproduktiven Müßiggang zu reißen. Die Dialektik des Romans liege darin, dass diese didaktische Kur ausgerechnet in einer verordneten Muße im Sinne eines konzentrierten *otium* besteht: Jarno überzeugt Wilhelm, die Werke Shakespeares intensiv zu studieren, um ihn so von seinem oberflächlichen Ästhetizismus abzubringen. Dieses Vorhaben gelingt und führt schließlich zu Wilhelms Integration in die bürgerliche Ordnung. Doch die zweckbestimmte Instrumentalisierung einer verordneten Muße läuft dem selbstbestimmten Wesen des *otium* zuwider. Gefangen zwischen den Polen des Müßiggangs und der bürgerlichen Lohnarbeit bleibt das Ideal einer mußevollen Bildung und Selbstvervollkommnung in den *Lehrjahren* eine unerfüllte Utopie.[179]

Um dem Bedingungszusammenhang von Muße und autobiographischem Erzählen auf die Spur zu kommen, ist ein näherer Blick auf die Tradition des Bildungsromans hilfreich: Erstens verhandelt der klassische Bildungsroman (und ganz besonders der Untertypus des Künstlerromans[180]) die prekäre Möglichkeit einer vom Individuum als selbstbestimmt und als sinnhaft erfahrenen Tätigkeit, und zwar insbesondere als Gegenentwurf zu jenen Formen der entfremdeten Erwerbstätigkeit, welche die Arbeitsteilung einer industrialisierten Gesellschaft hervorbringt. Der Bildungsroman, dies zeigt nicht zuletzt das Beispiel des Wilhelm Meister, „lotete folglich die anthropologische Vorbedingung erfüllender Arbeit in deren Anderem, der freien Zeit, aus. Und seine Protagonisten gehören nicht nur der Gattung der zumindest temporären Müßiggänger an, sie sind Präfigurationen des glücklichen Arbeiters."[181] Zudem verdient der Umstand Er-

[178] Peter C. Pohl, „Die Gattung der Müßiggänger. Freie Zeiten um 1800 und immaterielle Arbeit der Gegenwart", in: Mirko Gemmel/Claudia Löschner (Hg.), *Ökonomie des Glücks. Muße, Müßiggang und Faulheit in der Literatur*, Berlin 2014, 279–305, 300. Grundlegend zur „Zeitutopie" im Bildungsroman im Allgemeinen und speziell den Wilhelm Meister-Romanen vgl. Wilhelm Voßkamp, *Der Roman des Lebens. Die Aktualität der Bildung und ihre Geschichte im Bildungsroman*, Berlin 2009, 83–89.

[179] Vgl. Riedl, „Die Kunst der Muße", 32–35.

[180] Vgl. allgemein Peter V. Zima, *Der europäische Künstlerroman. Von der romantischen Utopie zur postmodernen Parodie*, Tübingen/Basel 2008, zum Verhältnis von Bildungs- und Künstlerroman bes. 18–22, 58–64.

[181] Pohl, „Die Gattung der Müßiggänger", 302f.

wähnung, dass „die Verheißungen von Muße und Bildung" bald nicht mehr nur die Literatur[182], sondern auch die schulischen und akademischen Institutionen prägen: Freiheit – nicht zuletzt im Sinne einer von Zwängen befreiten Zeit – gilt Wilhelm von Humboldt als „unerlassliche Bedingung" für die Bildung.[183]

Zweitens steht gerade die ‚traditionelle' Autobiographie gattungsgeschichtlich in einem engen Verhältnis zum Bildungsroman. Der Bildungsroman bietet ein narratives Muster noch für zeitgenössische Autobiographien, in denen Schriftsteller und Künstler ihre Entwicklung darstellen und gegen die bürgerliche Arbeitswelt profilieren.[184] Diese Annäherung beider Gattungen lässt sich auf die Poetik Christian Friedrich von Blanckenburgs zurückführen, der im *Versuch über den Roman* (1774) das biographische Erzählen zum konstitutiven Strukturmerkmal des Romans erhob. Blanckenburg fordert, der Roman solle die Entwicklung der „Eigentümlichkeit" einer Figur aus ihren kausalen Verbindungen mit der „wirklichen Welt" heraus erklären[185]:

> Der Dichter muß bey jeder Person seines Werks gewisse *Verbindungen* voraussetzen, unter welchen sie in der wirklichen Welt das geworden ist, was sie ist. [...] Durch diese Verbindungen nun, das heißt, mit andern Worten, durch die Erziehung, die sie erhalten, durch den Stand, den sie bekleidet, durch die Personen, mit denen sie gelebt, durch die Geschäfte, welchen sie vorgestanden, wird sie gewisse Eigenthümlichkeiten erhalten; und diese Eigenthümlichkeiten in ihren Sitten, in ihrem ganzen Betragen werden einen Einfluß auf ihre Art zu denken, und ihre Art zu handeln, auf die *Aeußerung* ihrer Leidenschaften u. s. w. haben; so daß all' diese kleinen Züge aus ihrem Leben und aus ihrem ganzen Seyn, mit dem Ganzen dieser Person, in der genauesten Verbindung als *Wirkung* und *Ursache* stehen [...].[186]

Goethe macht sich Blanckenburgs auf den Roman gemünzte Forderung zu eigen, das „Ganze" einer Person aus ihrer sozialen Geschichte zu erklären, und überträgt sie auf die faktuale Gattung der (Auto-)Biographie. Im Vorwort zu *Dichtung und Wahrheit* findet „Goethes auf sich selbst angewandte Entwicklungs-

---

182 Riedl, „Die Kunst der Muße", 35.

183 Wilhelm von Humboldt, „Ideen zu einem Versuch, die Gränzen der Wirksamkeit des Staats zu bestimmen", in: *Werke*, Bd. 1, hg. v. Andreas Flitner u. Klaus Giel, Darmstadt 1960 [1792], 56–233, 64; vgl. auch Pohl, „Die Gattung der Müßiggänger", 291–293; sowie Riedl, „Die Kunst der Muße", 33 f.

184 Vgl. Voßkamp, *Der Roman des Lebens*, 29 f.: „Die künstlerische Ausprägung des biographischen Schreibens wird in Deutschland hauptsächlich durch jene Form des Romans dominiert, die im Zeichen eines Modells des ‚inneren Werdens' (Friedrich von Blanckenburg) seit Karl Morgenstern (1820/21) den Gattungsnamen ‚Bildungsroman' erhält. Biographie und Roman stehen im letzten Drittel des 18. Jahrhunderts zunächst im Zeichen des – beiden gemeinsamen – pragmatischen Erzählens, das auf Kausalität und Finalität gerichtet ist. [...] ‚Bildungsroman' konnte die Biographie in Deutschland um 1800 nur werden, weil neben dem Gebot der kausal-psychologischen Genauigkeit (Kausalnexus) auf Vervollkommnung bestanden wird (Idealnexus)."

185 Vgl. Sill, *Zerbrochene Spiegel*, 52 f.

186 Friedrich von Blanckenburg, *Versuch über den Roman*, Faksimiledruck der Originalausgabe, mit einem Nachw. v. Eberhard Lämmert, Stuttgart 1965 [1774], 207 f. (Herv. i. O.)

vorstellung“ ihren poetologischen Niederschlag und avanciert in der Folge zu einem bedeutenden gattungstypologischen Strukturmuster.[187] Die „traditionelle Autobiographie“, wie Greiner das Goethesche Modell im Hinblick auf seine andauernde Wirkmächtigkeit nennt,

> folgt dem Schema des Bildungsromans, ihr Feld ist entsprechend die Wechselbestimmung von Ich und Welt, ihr Anspruch, den Lebenszusammenhang eines Individuums als Bildungszusammenhang nicht nur dieses Einzelschicksals, sondern ebenso der großen geschichtlichen und gesellschaftlichen Bewegungen zu zeigen, mit denen das Einzelschicksal verflochten ist. *Dichtung und Wahrheit* ist hierfür Paradigma [...].[188]

Die Übernahme der romanpoetologischen Prämissen hat zur Folge, dass die Autobiographie auch wesentliche narrative Verfahren des Entwicklungsromans assimiliert. So hat das autobiographische Erzählen spätestens seit Goethe ein Fundament in der linearchronologischen Darstellung der Lebensgeschichte, denn diese Zeitstruktur ermöglicht es, „das Werden der Person in lückenlos kausalpsychologischer Verknüpfung“ zu zeigen.[189] Anstatt die Person als prädeterminiert durch Schicksal oder Stand zu konzipieren und die Lebensgeschichte an biographischen Brüchen festzumachen – gerade letzteres ist bei Rousseau noch der Fall –, wird die Individuation fortan als eine kontinuierliche und kausale Entwicklung begriffen. Entsprechend ist auch das Erzählen dieser Individuation der Vollständigkeit, Nachvollziehbarkeit und chronologischen Linearität verpflichtet. So ist Sills These zuzustimmen, „daß die von Blanckenburg paradigmatisch erfaßte Entwicklungstendenz des Romans jener Zeit zugleich der Autobiographie die Möglichkeit eröffnete, sich von den traditionell vorgegebenen unkünstlerischen Mustern der pietistischen beziehungsweise der Gelehrtenautobiographie zu lösen und, in gleichfalls extensiver Gestaltung eines individuellen Werdegangs, sich dem Roman formal und thematisch anzunähern“.[190]

Das Resultat dieser Entwicklung ist ein dem Stand der zeitgenössischen Identitätskonzeptionen entsprechendes Modell des autobiographischen Erzählens, das die Konstruktion von Identität narrativ darstellen und dem Leser nachvollziehbar machen will. Den Fluchtpunkt der autobiographischen Erzählung bildet die Herausbildung eines mit sich selbst identischen Ich, das in Auseinandersetzung mit seiner Umwelt zu seinem eigenen, wahren Wesen findet. Insofern dieses Modell die Selbstkonstitution des Ich als einen Entwicklungsprozess begreift, liegt ihm ein konstruktivistischer Begriff von Identität zugrunde; da es aber als *telos* dieses Konstruktionsprozesses die Darstellung des ‚eigentlichen‘ und ‚wah-

---

[187] Pfotenhauer, *Literarische Anthropologie*, 152.

[188] Bernhard Greiner, „Autobiographie im Horizont der Psychoanalyse. Stephan Hermlins *Abendlicht*“, in: *Poetica* 14,1 (1982), 213–249, 214.

[189] Sill, *Zerbrochene Spiegel*, 52 f.

[190] Ebd.

ren' Wesens anstrebt, kann man dieses Identitätskonzept zugleich als essentialistisch bezeichnen.

Unter welchen Bedingungen findet die Bildung des Subjekts in Auseinandersetzung mit der Welt idealtypisch statt? Die *Lehrjahre* lassen bereits erkennen, dass Goethe der Muße um 1800 eine distinkte Funktion für die Entwicklung eines individuellen Charakters zuerkennt. In einem autobiographischen Text jedoch hat er diesen Zusammenhang auch am eigenen Beispiel demonstriert. In der *Italienischen Reise* beschreibt Goethe seine Flucht aus dem Weimarer Alltag in den klassischen Mußeraum Italien, wo er die ungewohnten Freiheiten nutzt, um sein Wissen über Kunst, Kultur und Geschichte zu erweitern, seinen künstlerischen Geschmack auszubilden und neue literarische Schaffenskräfte zu entwickeln.[191] Damit schreibt sich Goethe nicht nur in die Tradition der Italienreise ein, für die Winckelmann und andere einstehen, sondern beabsichtigt auch, „sein individuelles Italienerlebnis in ein allgemeines Bildungsmodell zu transformieren".[192] So schafft er ein wirkmächtiges Vorbild, auf das noch heute Autoren intensiv Bezug nehmen.[193]

Goethes Konzeption einer in Muße ausgebildeten und narrativ beglaubigten Identität wirkt fort bis in die gegenwärtige autobiographische Literatur, und zwar in populäre wie literarische Texte gleichermaßen. Wie anhand des Untersuchungskorpus zu zeigen sein wird, affirmieren noch in der zweiten Hälfte des 20. Jahrhunderts autobiographische Texte diese normative Folie oder versuchen, sich gegen sie zu profilieren. Die Durchsetzung des Modells als Gattungsnorm, an der sich jüngere Autobiographien messen lassen müssen, wurde von der literaturwissenschaftlichen Kanonbildung im Allgemeinen und der Autobiographieforschung im Speziellen entschieden befördert. Eben weil der wissenschaftliche Diskurs über die Autobiographie in die literarische Praxis zurückwirkt, lohnt es sich, abschließend einige Bemerkungen zum Stand und Verlauf der Autobiographieforschung anzufügen.

Bis in die 1980er-Jahre hinein galt in der Forschung die am Bildungsroman orientierte Autobiographie als Gattungsmuster. Greiner misst die Qualität einer Autobiographie noch 1981 vor allem an der integrativen Fähigkeit des autobiographischen „Ich", die eigenen Leistungen „zu einer Lebensgeschichte [zu verknüpfen], die Identität verbürgt".[194] Damit steht Greiner in einer etablierten Forschungstradition. Deren Anfang (ebenso wie den der modernen Autobio-

[191] Johann Wolfgang von Goethe, *Italienische Reise*, Teil 1, Sämtliche Werke, Briefe, Tagebücher und Gespräche, Bd. 15,1, hg. v. Klaus-Detlef Müller, Frankfurt a. M. 1986 [1816/17]. (Im Folgenden zitiert mit der Sigle *IR*.)

[192] Achim Aurnhammer, „Goethes ‚Italienische Reise' im Kontext der deutschen Italienreisen", in: *Goethe-Jahrbuch* 120 (2003), 72–86, 72.

[193] Ein einschlägiges Beispiel für die Rezeption von Goethes *Italienischer Reise* in der jüngeren autobiographischen Literatur bietet Robert Gernhardts Roman *Ich Ich Ich*, der hier in Kapitel 3.2 besprochen wird.

[194] Greiner, „Autobiographie im Horizont der Psychoanalyse", 214.

graphieforschung überhaupt) markieren Wilhelm Diltheys Ausführungen zur „Selbstbiographie" in *Der Aufbau der geschichtlichen Welt in den Geisteswissenschaften* (1906–1911).[195] Dilthey beschreibt darin den Lebensverlauf als „ein[en] erlebbar[en] Zusammenhang, der die Glieder des Lebensverlaufs von der Geburt bis zum Tode verbindet".[196] Die „Bedeutung" eines Lebens liegt für Dilthey daher im Zusammenspiel zwischen seinen Teilen, die auf ein gemeinsames Ziel zulaufen, in dem sich die Identität des Subjekts manifestiert: „Wir deuten das Leben als die Realisierung eines obersten Zweckes, dem sich alle Einzelzwecke unterordnen, als die Verwirklichung eines höchsten Gutes".[197] Diltheys Ausführungen zur literarischen Gattung der „Selbstbiographie" kreisen – wie im übrigen Werk dieses bedeutenden Vertreters der Hermeneutik auch – um das *Verstehen* des Lebensverlaufs. Die Selbstbiographie sei „die höchste und am meisten instruktive Form, in welcher uns das Verstehen des Lebens entgegentritt. Hier ist ein Lebenslauf das Äußere, sinnlich Erscheinende, von welchem aus das Verstehen zu dem vorandringt, was diesen Lebenslauf innerhalb eines bestimmten Milieus hervorgebracht hat".[198] Dilthey begreift das Individuum also ganz in der Art Goethes und Blanckenburgs als ein Produkt des Wechselspiels von einzigartiger Anlage und den äußeren Einflüssen des jeweiligen „Milieus", dem es entstammt. Allerdings betrachtet er nicht alle Erlebnisse des autobiographischen Subjekts als gleichrangig, vielmehr werde die Autobiographie den hermeneutischen Anforderungen gerade dadurch gerecht, dass sie nur diejenigen Lebensereignisse selektiv zur Darstellung bringe, die sich in Hinblick auf den „obersten Zweck" des Lebens integrieren ließen. Genau dies sei die Aufgabe des Autobiographen:

> Er hat in der Erinnerung die Momente seines Lebens, die er als bedeutsam erfuhr, herausgehoben und akzentuiert und die anderen in Vergessenheit versinken lassen. […] Die Einheiten sind in den Konzeptionen von Erlebnissen gebildet, in denen Gegenwärtiges und Vergangenes durch eine gemeinsame Bedeutung zusammengehalten ist. […] Einheiten sind als Erlebnisse geformt; aus der endlosen, wahllosen Vielheit ist eine Auswahl dessen vorbereitet, was darstellungswürdig ist. Und zwischen diesen Gliedern ist ein Zusammenhang gesehen, der freilich nicht ein einfaches Abbild des realen Lebensverlaufs so vieler Jahre sein kann, der es auch nicht sein will, weil es sich eben um ein Verstehen handelt, der aber doch das ausspricht, was ein individuelles Leben selber von dem Zusammenhang in ihm weiß.[199]

---

[195] Vgl. Wilhelm Dilthey, *Der Aufbau der geschichtlichen Welt in den Geisteswissenschaften*, Gesammelte Schriften, Bd. 7, hg. v. Bernhard Groethuysen, Leipzig/Berlin 1942, bes. 70–75, 196–204. Zur herausgehobenen Bedeutung der Autobiographie für das hermeneutische Geschichtsmodell Diltheys vgl. Michael Jaeger, *Autobiographie und Geschichte. Wilhelm Dilthey, Georg Misch, Karl Löwith, Gottfried Benn, Alfred Döblin*, Stuttgart 1995, 51–59.

[196] Wilhelm Dilthey, *Der Aufbau der geschichtlichen Welt in den Geisteswissenschaften*, Gesammelte Schriften, Bd. 7, hg. v. Bernhard Groethuysen, Leipzig/Berlin 1942, 71.

[197] Ebd., 201.

[198] Ebd., 199 f.

[199] Ebd., 200.

Autobiographisches Erzählen ist also schon für Dilthey ein durchaus konstruktiver Vorgang, weil der Autobiograph seine Identität insofern erst hervorbringt, als er die ‚verschiedenen Teile seines Lebens' entlang eines ‚roten Fadens' homogenisiert. Diesen Anspruch sieht Dilthey in den Autobiographien von Augustinus, Rousseau und Goethe so vorbildlich erfüllt, dass er sie (als einzige literarische Textbeispiele) zum Beleg seiner theoretischen Überlegungen heranzieht. Doch nuanciert Dilthey dabei: Während Rousseau „vor allem das Recht seiner individuellen Existenz zur Anerkennung bringen" wolle und so letztlich die Subjektivität frei walten lasse, verhalte sich Goethe „universal-historisch zu seiner eigenen Existenz" und schildere sein Leben als Entwicklung „durchaus im Zusammenhang mit der literarischen Bewegung seiner Epoche".[200]

Die Sonderstellung Goethes tritt noch deutlicher in der monumentalen *Geschichte der Autobiographie* von Diltheys Schüler und Schwiegersohn Georg Misch hervor.[201] In den einleitenden Bemerkungen zu Goethes *Dichtung und Wahrheit* entschuldigt Misch sich geradezu dafür, dieses „Geschenk [...] zergliedern" zu müssen, welches uns „ein wunderbarer weiser Mensch, an dem unser eigenes Dasein wuchs", übergab.[202] Misch hebt die singuläre Verbindung von Individualität und Zeitverhältnissen hervor, die Goethes Autobiographie gestalte: „[D]ie Geschichte, die als Begleitung und Hintergrund von Goethes Jugendschaffen uns teuer ist, stellt sich als das große in sich ruhende Kunstwerk dar, in dem zum ersten Mal die ganze Wirklichkeit eines Individualdaseins als Selbstzweck wahrhaft geschichtlich aufgefaßt ist."[203] Goethe gelinge so eine „Objektivierung der Individualität", die sich nicht nur inhaltlich, sondern auch formal „in der Gliederung des Kunstwerks" niederschlage.[204]

Ebenso wie Dilthey erkannte Marianne Beyer-Fröhlich (1930) in Goethes Bezugnahme auf seine Umwelt den entscheidenden Unterschied zur idiosynkratischen Selbstbezüglichkeit Rousseaus: „Goethe stellt sich in ‚Dichtung und Wahrheit' in seiner Umwelt dar, er spiegelt sich nicht in seinen Gefühlen", weshalb er „sich selbst, im Gegensatz zu Rousseau, nicht bejammert".[205] Auf solchen (Stereo-)Typisierungen, welche die Komplexität und Ambivalenz autobiographischer Werke um 1800 unterschlagen, basiert Beyer-Fröhlichs gattungsgeschicht-

---

200 Ebd., 199. Zur Goethe-Rezeption Diltheys vgl. Jaeger, *Autobiographie und Geschichte*, 59–68.

201 Zu Mischs Goethe-Lektüre und den entsprechenden Passagen in der *Geschichte der Autobiographie* vgl. ebd., 76–92.

202 Georg Misch, *Geschichte der Autobiographie*, Bd. 4: *Von der Renaissance bis zu den Hauptwerken des 18. und 19. Jahrhunderts*, Frankfurt a. M. 1969, 917.

203 Ebd.

204 Ebd., 946–955.

205 Marianne Beyer-Fröhlich, *Die Entwicklung der deutschen Selbstzeugnisse*, Leipzig 1930, 230.

liche These: „Ein reines Kunstwerk in Form autobiographischer Bekenntnisse aber bringt erst Dichtung und Wahrheit."[206]

Auch nach dem Zweiten Weltkrieg und über die Grenzen des deutschen Sprachraums hinaus knüpft die Autobiographieforschung an solche normativen Positionierungen an. In seiner 1960 veröffentlichten und in der Folgezeit äußerst einflussreichen Studie über die Autobiographie definiert Roy Pascal: „[A]utobiography is a shaping of the past. It imposes a pattern on a life, constructs out of it a coherent story."[207] Problematischer als die Wiederaufnahme von Diltheys Forderung nach einer kohärenten Konstruktion der Lebensgeschichte muss es heute jedoch erscheinen, dass Pascal prinzipiell nur bestimmten Autoren die Möglichkeit zu einer solchen Leistung zuspricht. Die besten Autobiographien würden nämlich von „men and women of outstanding achievement in life" verfasst. Das eigene Leben im Rückblick souverän schildern zu können, ist für Pascal Privileg, das die Autoren erst verdienen müssen – es ist „the indubitable result of their life's work".[208]

Ähnlich wie Roy Pascal sieht auch Bernd Neumann den Gegenstand der „eigentlichen Autobiographie" in der geordneten, auf der Grundlage einer ‚kontinuierlichen Psychologie' sich entfaltenden Schilderung der Entwicklung eines Individuums bis zur „endlich errungenen, festumrissenen Identität des Autobiographen".[209] Die teleologische, auf eine gelingende Identitätskonstruktion ausgerichtete Autobiographie erklärt Neumann zum Gipfelpunkt und zum Ideal der Gattung, ungeachtet der sich zu Beginn der 1970er-Jahre längst vollziehenden psychoanalytischen und poststrukturalistischen Dekonstruktionen des zentrierten Ichs:

> [S]o beschreibt die Autobiographie das Leben des noch nicht sozialisierten Menschen, die Geschichte seines Werdens und seiner Bildung, seines Hineinwachsens in die Gesellschaft. [...] Dies gilt zumindest für die deutsche hochbürgerliche, für unser heutiges Verständnis typische, „klassische" Autobiographie.[210]

Auch Neumann lässt keinen Zweifel daran, dass die Anforderungen der „klassischen, hochbürgerlichen Autobiographie" paradigmatisch bei Goethe eingelöst werden. In ihrer Normativität übertroffen werden diese Äußerungen von Ingrid Aichinger, die 1977 unumwunden erklärt, Goethes *Dichtung und Wahrheit* sei die „reine Ausprägung der Gattung" und „historische Ausformung des Idealtypischen".[211]

---

[206] Ebd., 223.

[207] Roy Pascal, *Design and Truth in Autobiography*, London 1960, 9.

[208] Ebd., 10.

[209] Neumann, *Identität und Rollenzwang*, 94; vgl. kritisch dazu Sill, *Zerbrochene Spiegel*, 16f.

[210] Neumann, *Identität und Rollenzwang*, 25.

[211] Ingrid Aichinger, *Künstlerische Selbstdarstellung. Goethes Dichtung und Wahrheit und die Autobiographie der Folgezeit*, Bern 1977, 10.

In der Autobiographieforschung wurde die Idealisierung von Goethes Modell des autobiographischen Erzählens ab den 1960er-Jahren zunehmend infrage gestellt. Abgesehen von mehr oder weniger radikalen, poststrukturalistischen Neuentwürfen wie Paul de Mans *Autobiography as De-facement*[212] und Doubrovskys Konzept der ‚autofiction'[213], unterzogen in Deutschland insbesondere Hans Mayer (1973)[214], Klaus-Detlef Müller (1976)[215] sowie Oliver Sill (1991)[216] und Elisabeth Vollers-Sauer (1993)[217] die bisherige Theoriebildung einer kritischen historischen Einordnung.[218] In den neueren Überblicksdarstellungen zur Autobiographie von Holdenried (2000) und Wagner-Egelhaaf (2005) dominiert folglich eine eher historisierende Perspektive sowohl auf Goethe als auch auf die Autobiographieforschung selbst.[219]

1.1.7. Zwischenfazit

Die Parallel- und Zusammenführung der historischen Diskurse über die Muße und über das autobiographische Erzählen muss auf einige besonders zentrale Stationen beschränkt bleiben. Dennoch kristallisieren sich wesentliche Entwicklungslinien heraus. So wurde erstens deutlich, dass im Laufe der Jahrhunderte das Phänomen der Muße auf unterschiedliche Weise bewertet und mit divergierenden Strategien begründet wurde. Während jede historische Gesellschaft ihre eigene Antwort finden musste, warum Muße ein legitimer und notwendiger Bestandteil ihrer Kultur sein sollte, ist jedoch – zweitens – eine Tendenz nicht zu übersehen: In dem Maße, wie sich die Konzepte der Individualität und des Subjekts schrittweise ausformen, wird auch die Muße immer näher an das In-

---

212 Paul de Man, „Autobiography as De-facement", in: *Modern Language Notes* 94,5 (1979), 919–930. (In deutscher Übersetzung: Paul de Man, „Autobiographie als Maskenspiel", in: *Die Ideologie des Ästhetischen*, hg. v. Christoph Menke, aus d. Amerikan. v. Jürgen Blasius, Frankfurt a. M. 1997, 131–146.)

213 Der Begriff erschien erstmals auf dem Umschlag von Serge Doubrovsky, *Fils. Roman*, Paris 1977. Vgl. ausführlicher Kap. 1.3.1, 95 f.

214 Hans Mayer, *Goethe. Ein Versuch über den Erfolg*, Frankfurt a. M. 1973.

215 Klaus-Detlef Müller, *Autobiographie und Roman. Studien zur literarischen Autobiographie der Goethezeit*, Tübingen 1976.

216 Oliver Sill, *Zerbrochene Spiegel. Studien zur Theorie und Praxis modernen autobiographischen Erzählens*, Berlin/New York 1991.

217 Vollers-Sauer hinterfragt die dominante Orientierung der Forschung am Goetheschen Modell, indem sie die Rezeption von *Dichtung und Wahrheit* mit jener der sehr viel weniger einflussreichen *Geständnisse* Heinrich Heines vergleicht, vgl. Elisabeth Vollers-Sauer, *Prosa des Lebensweges. Literarische Konfigurationen selbstbiographischen Erzählens am Ende des 18. und 19. Jahrhunderts*, Stuttgart 1993, 124–131.

218 Vgl. ausführlicher die kritische Perspektivierung der Autobiographieforschung in Sill, *Zerbrochene Spiegel*, 13–42.

219 Vgl. Holdenried, *Autobiographie*, 160–169; sowie Wagner-Egelhaaf, *Autobiographie*, 166–174.

dividuum gerückt und für die Reflexion und Verwirklichung des Selbst funktionalisiert.

Die literarische Gattung, in der sich die Konvergenz von Muße und Selbstkonstitution auf prominente Weise manifestiert, ist die Autobiographie.

In der griechischen Antike und insbesondere bei Aristoteles gilt die *theoría*, d. h. die Betrachtung und Erkenntnis der Welt, als höchste und glücksbringende Lebensform. Voraussetzung der *theoría* ist die Ruhe der *scholé*, die der freie männliche Bürger der Polis abseits einer politischen Tätigkeit genießen kann. Von (auto-)biographischem Erzählen im engeren Sinne kann in dieser Epoche jedoch noch nicht die Rede sein, da Selbstdarstellungen als lasterhaft gelten und nur in Ausnahmefällen erlaubt sind.

Der lateinische Begriff des *otium* übernimmt die epistemologische Dimension der *theoría* nicht; stattdessen avanciert das *otium* zunächst zum staatspolitischen Ideal der römischen Republik. Damit setzt sich ein moralischer Legitimationszwang durch: Das *otium* ist nur dann akzeptabel, wenn es sinnvoll erfüllt ist, indem die Muße des Einzelnen dem Gemeinwesen der *res publica* dient. Der Rhetor und Staatsmann Cicero steht exemplarisch für diesen öffentlichen Anspruch, zugleich aber auch für seine langsame Ablösung. Als die römische Republik in politischen Machtkämpfen zerbricht, verlagert sich auch das *otium* wieder ins Private. Cicero nutzt die Zeit im ländlichen Exil zum Verfassen didaktischer Werke, ganz so, wie es später auch Seneca einfordert. Zugleich erscheint die Muße des zurückgezogenen Lebens nun erstmals als ein Freiraum, der das autobiographische Erzählen begünstigt. In den von ihm im Exil verfassten Schriften und Privatbriefen reflektiert Cicero nicht nur sein erzwungenes *otium*, sondern integriert stellenweise auch Alltags- und Lebensberichte, die nicht unmittelbar auf öffentliche Wirkung zielen.

Die augustinischen *Confessiones* gelten als Beginn des autobiographischen Erzählens im engeren Sinne, weil der Kirchenvater seinen Lebensbericht in Form einer durchgängigen Erzählung von der Geburt bis zum Bekehrungserlebnis und darüber hinaus gestaltet. Anhand seiner eigenen Geschichte demonstriert Augustinus, wie der Rückzug aus dem geschäftigen Dasein den Menschen zur Einsicht in die göttliche Ordnung und damit zu sich selbst führen kann. So bildet das abgeschiedene *otium* im frühen Christentum die Grundlage einer *vita contemplativa*, die wieder an die griechische Vorstellung einer erkenntnisorientierten *theoría* anschließt, aber nun einen theologischen Überbau erhält. Die auf Gott ausgerichtete Kontemplation des Mönches oder des Eremiten, später die spirituellen Erlebnisse der Mystiker bilden das Paradigma einer christlich funktionalisierten Muße. Erneut wird das *otium* zu einem Modus der Reflexion erhoben, die nicht dem Einzelnen, sondern der (religiösen) Gemeinschaft zugutekommen soll.

Bis die augustinischen *Confessiones* literarische Nachahmer fanden und sich die Autobiographie als eine eigene Gattung etablierte, mussten jedoch etliche

Jahrhunderte vergehen. Eine wesentliche Zwischenstation auf diesem Weg bilden Montaignes *Essais*, die zwar keine ganzheitliche autobiographische Erzählung darstellen, dafür aber von der Emanzipation des Individuums und seinem Streben nach Selbstverwirklichung künden. Wenngleich Montaigne noch vor den gefährlichen und chaotischen Kräften der *oisiveté* warnen muss, geht auf ihn die Idee zurück, dass die undisziplinierte Muße dem schöpferischen menschlichen Geist erst die Freiheit verschaffe, die er zur Produktion künstlerischer Werke benötigt. In den *Essais* legitimiert Montaigne so am eigenen Beispiel die Muße als einen ästhetischen Zustand, der seitdem als Voraussetzung für die kontemplative Selbstreflexion und die künstlerische Selbstrepräsentation eines begabten Individuums gilt.

Die ästhetische Legitimation der Muße wirkt durch die gesamte Neuzeit hindurch. Während einerseits die protestantische Arbeitsethik immer mehr an Einfluss gewinnt und Muße und Müßiggang beinahe unterschiedslos abwertet, etabliert sich andererseits das Ideal einer kreativen Muße. So begründet Montaigne auch ein poetologisches Gegenmodell zu den Ökonomiesierungstendenzen der Moderne. Dieses kann sich allerdings erst im Übergang von der Früh- zur Spätaufklärung wirklich durchsetzen: Das Dichterbild erfährt „seit etwa 1750 eine Neukonzeption, die Muße zum unabdingbaren Fundament erklärt für die Entfaltung einer als Selbstzweck erachteten dichterischen Kreativität".[220] Unter den Vorzeichen der modernen Genie- und Autonomieästhetik fühlt sich der Künstler bzw. Schriftsteller in der Muße von allen äußeren Interessen entbunden, um sein Werk ganz aus sich selbst und seiner Geschichte heraus zu schöpfen.

Zum ästhetischen Paradigma der Muße tritt in der Neuzeit eine zweite epochale Idee. Während sich allmählich die moderne Vorstellung vom menschlichen Individuum herausbildet, richtet sich entsprechend auch das reflexive Potential der Muße auf das in ihr befindliche Subjekt. Erst durch diese Entwicklung wird Muße als ein privilegierter Freiraum verstanden, der nicht mehr einer sozialen, moralischen oder religiösen Legitimation bedarf, sondern die Offenheit für eine ganz subjektive Funktionalisierung bietet. Statt Gott und die göttliche Ordnung zu kontemplieren, rückt sich das moderne Individuum selbst in den Mittelpunkt seiner Wahrnehmung, es erlebt – in Rousseaus Worten – „rien d'extérieur à soi, de rien sinon de soi-même et de sa propre existence". (*LR*, 1047) In den *Confessions* ebenso wie in den *Rêveries du promeneur solitaire* inszeniert Rousseau sich als ein nach Identität und Autonomie strebendes Subjekt, das sich auch gegen äußere Widerstände (oder gerade aufgrund dieser Widerstände) ausbildet und behauptet. Spätestens seit der subjektivistischen Wende Rousseaus sind kontemplative Muße und autobiographisches Erzählen nahezu untrennbar miteinander verflochten.

---

220 Martin, „Muße, Autonomie und Kreativität in der deutschen Dichtung des 18. Jahrhunderts", 179.

Neben Rousseaus autobiographischen Entwürfen wird eine zweite Gattungstradition maßgeblich für die moderne Poetik der Autobiographie: Der Bildungsroman bietet sowohl ein inhaltliches als auch ein formales Strukturmuster, das paradigmatisch von Goethe in *Dichtung und Wahrheit* für das autobiographische Erzählen übernommen und adaptiert wird. Im Zentrum seiner autobiographischen Darstellung steht die Entwicklung eines individuellen Charakters, der sich in Auseinandersetzung mit der äußeren Welt zu immer größerer Souveränität herausbildet. Für die Bildung und Vervollkommnung dieses Charakters kommt den selbstbestimmten Mußestunden des Studiums, der Kunstrezeption und des Reisens besondere Bedeutung zu. Indem der Autobiograph solche prägenden Stationen seines Lebens zu einer weitgehend chronologischen und kausalpsychologischen Erzählung verknüpft, konturiert und konstituiert er im Erzählakt seine Identität und behauptet sie zugleich öffentlich.

Damit sind in groben Zügen die historischen Linien nachgezeichnet, die zur Herausbildung eines autobiographischen Erzählmodells führen, das der Muße eine privilegierte Funktion für die narrative Selbstkonstitution zuerkennt. Wenngleich im Verlauf der Moderne essentialistische Identitätsmodelle und die Vorstellung eines sich autonom entfaltenden Subjekts aus verschiedenen Richtungen hinterfragt und kritisiert werden, so bestimmen sie doch bis heute in vielen Bereichen die (populär-)kulturellen Vorstellungen von menschlicher Individualität. Wie zu zeigen sein wird, bildet dieses Modell auch für die Literatur nach 1945 eine normative Folie, die moderne und postmoderne Autoren auf ihre eigene Weise produktiv machen.

1.2. Ansätze zu einer Deskription der Muße

Ein Wechsel von der historischen zur systematischen Perspektive ermöglicht es, strukturelle Merkmale der Muße herauszuarbeiten, die über einen spezifischen Epochenkontext hinaus Gültigkeit bewahrt haben. Zu zeigen ist, wie sich bei allen historisch variablen Erscheinungsformen der Muße dennoch ein dauerhaftes Set an Zuschreibungen und Vorstellungen etabliert hat, mit denen Muße-Erlebnisse verbunden sind. Insbesondere soll in den Blick genommen werden, aus welchen Gründen Muße heute als wesentliche Voraussetzung für die individuelle Selbstverwirklichung gilt und aufgrund welcher Eigenschaften sie zur ‚Bedingung der Möglichkeit' des autobiographischen Reflektierens und Erzählens avancieren konnte. Auch im Hinblick auf die spätere narratologische Operationalisierung des Muße-Begriffs gilt es also, den funktionalen Zusammenhang zwischen dem modernen Subjektbegriff, der Muße sowie ihren räumlichen und zeitlichen Realisationsformen präzise zu erfassen.

In der einschlägigen Literatur lassen sich zwei Ansätze unterscheiden, Muße systematisch zu beschreiben. Der erste, häufig phänomenologisch geprägte Ansatz ist dadurch gekennzeichnet, dass Muße als ein „zentrale[r] Bereich menschlichen Lebens" gesehen wird[221], der – wenn auch unter wechselnden Begriffen – über die Zeiten hinweg den gleichen äußeren und inneren Strukturmustern folgt. Die *theoría* des Aristoteles, das *otium* Senecas und die *oisiveté* Rousseaus werden dann als historisch variable Artikulationsformen derselben fundamental-anthropologischen Erfahrung begriffen. Diese Annahme berechtigt dazu, die Schriften von historisch disparaten Autoren gleichermaßen zur Erhellung der Frage heranzuziehen, was das ‚Wesen' der Muße ausmache. Eine spezielle Facette dieses Ansatzes bilden jene Untersuchungen, die ahistorisch ein spezifisches Modell von Muße verallgemeinern, indem sie es zum ‚eigentlichen' Bedeutungskern des Begriffs erklären oder gar normativ als erstrebenswertes Ziel deklarieren.[222] Insbesondere – aber nicht ausschließlich – in der populären Ratgeberliteratur münden solche Beschreibungen in essentialistischen Bestimmungen der Form „Muße ist …", an die sich ebenso ausgedehnte wie emphatische Aufzählungen anschließen: „… die Zustimmung zur Welt, sie ist die Zustimmung zum Leben und die Zustimmung zu mir selbst".[223] Die Schriften dieses Typus sind häufig kulturkritisch gegen die ‚Konsum- und Leistungsgesellschaft' gerichtet, vor allem aber fehlt ihnen jeder systematische Anspruch. Die mangelnde Systematik kompensieren sie nicht selten durch anekdotische Erzählungen ganz idiosynkratischer Muße-Erlebnisse: „Da lege ich eine CD mit einer Bachkantate auf und lasse die Musik in mich eindringen. […] Und manchmal öffnet sich dann der Himmel über mir. Und die Zeit steht still".[224]

Die vorliegende Arbeit begreift Muße nicht als ein anthropologisch konstantes Phänomen, das sich unabhängig von historischen und soziokulturellen Kontexten beschreiben ließe. Damit ist keinesfalls gesagt, dass die hier referierten Texte aus unterschiedlichen Epochen keinen Wert für eine systematische Beschreibung der Muße hätten. Ganz im Gegenteil: Als Beiträge zum Diskurs über die Muße haben sie die Reflexion (wenn nicht gar das Empfinden) der Muße über Epochengrenzen hinweg beeinflusst und sind daher ein wichtiger Schlüs-

221 Wulf/Zirfas, „Die Muße", 9.

222 Pieper idealisiert die Muße mit beschwörerischem Raunen: „Muße ist eine Gestalt jenes Schweigens, das eine Voraussetzung ist für das Vernehmen von Wirklichkeit: nur der Schweigende hört; und wer nicht schweigt, hört nicht […] In der Muße ist überdies etwas von der Heiterkeit des Nichtbegreifenkönnens, von der Anerkennung des Geheimnischarakters der Welt, von der blinden Starkherzigkeit des Vertrauens, das den Dingen ihren Lauf zu lassen vermag […]." – Josef Pieper, *Muße und Kult*, mit einer Einf. v. Kardinal Karl Lehmann, München 2007 [1948], 86 f. Brühweiler versucht, das altgriechische Konzept der *scholé* für die Pädagogik im 20. Jahrhundert fruchtbar zu machen, und zwar erklärtermaßen als eine Rückbesinnung der modernen „Schule" auf ihre etymologische Wurzel, vgl. Hans Brühweiler, *Musse (scholé). Ein Beitrag zur Klärung eines ursprünglich pädagogischen Begriffs*, Zürich 1971.

223 Anselm Grün, *Vom Zauber der Muße*, Stuttgart 2008, 4.

224 Ebd., 54.

sel zum historischen Begriffsverständnis. Gleichwohl ist davon auszugehen, dass Konzepte wie *scholé*, *otium*, *oisiveté*, *Muße* etc. das zugrundeliegende Phänomen immer auf eine bestimmte Weise in den Blick nehmen, darstellen und inszenieren – und daher zeit- und gesellschaftsgebundenen Zwecken dienen. Das heißt im Umkehrschluss: Wenn sich Zeitumstände und gesellschaftliche Wirklichkeit ändern, wandeln sich auch die Vorstellungen davon, was Muße bedeutet und welcher Status ihr zuzuerkennen ist.[225]

Ein solches Verständnis von Muße schlägt folglich eine Brücke von der phänomenologischen zur diskurs- und begriffsgeschichtlichen Methodik. Auch ein großer Teil der wissenschaftlichen Literatur lässt sich diesem Ansatz zurechnen. So hat Soeffner den Versuch unternommen, aus verschiedenen historischen Einzelerscheinungen einen „historisch-genetischen Idealtypus" der Muße im Sinne Max Webers zu abstrahieren.[226] In dem Versuch, zwischen Historisierung und anthropologischer Generalisierung zu vermitteln, betont Soeffner den „Abstand" der realen Erscheinungen zum Idealtypus. Erst die moderne Umwertung der Muße vom Standesprivileg zum allgemeinen „Menschenrecht" führe zur „Einsicht in die anthropologische Verankerung einer spezifischen Möglichkeit des Menschen, eine außeralltägliche und dennoch innerweltlich fundierte Haltung gegenüber sich selbst, seiner Welt und seiner Mitwelt zu gewinnen".[227]

Richtungsweisend für die vorliegende Untersuchung ist insbesondere Thomas Klinkerts Monographie über *Muße und Erzählen*.[228] Klinkert demonstriert, dass sich die poetologische Vorstellung, Muße bilde eine wichtige Voraussetzung für das Erzählen, in zahlreichen Werken der europäischen Literatur manifestiert, und zwar epochenübergreifend vom mittelalterlichen *Roman de la Rose* über kanonische Werke von Boccaccio, Montaigne und anderen bis hin zu gegenwärtigen Autoren wie Jorge Semprún. Es zeige sich, dass

---

[225] Man vergegenwärtige sich beispielsweise, welch gegensätzliche moralische Bewertungen die Muße im Laufe der Neuzeit erfahren hat – von der „gefährlichen" Sünde, die der tugendhaften Arbeit entgegensteht, hin zur Sehnsucht und „Heilsbringer" in einer von Burnout gezeichneten Ökonomie.

[226] Soeffner, „Muße – Absichtsvolle Absichtslosigkeit", 35.

[227] Ebd., 37.

[228] Thomas Klinkert, *Muße und Erzählen: ein poetologischer Zusammenhang. Vom Roman de la Rose bis Jorge Semprún*, Tübingen 2016. Ausgangspunkt für Klinkerts Untersuchung ist die von Karl Eibl in *Animal Poeta* (2004) formulierte These, das Erzählen bilde ein anthropologisches Grundbedürfnis. Eibl zufolge ist das Erzählen zum häufig spielerischen ‚Organisations-' bzw. ‚Lustmodus' des menschlichen Verhaltens zu rechnen, der vom utilitaristischen ‚Funktionsmodus' abgegrenzt werden kann. Klinkert zeigt, dass das Konzept des ‚Lustmodus' erhebliche Korrespondenzen zum Begriff der Muße aufweist. Daraus folgt unmittelbar, dass das literarische Erzählen mit der Muße in einem engen Bedingungszusammenhang steht. Theoretisch lässt sich dieser Nexus begründen, indem man die konstitutive Selbstbezüglichkeit der Muße als eine Gemeinsamkeit mit der ebenso durch ihre Selbstbezüglichkeit definierten ‚poetischen Funktion' (Roman Jakobson) der Literatur auffasst. Vgl. ebd., 1–17.

[...] der Rekurs auf die Muße, der in diesen Texten stattfindet, nicht nur ein thematisches, sondern auch ein strukturelles Element [ist], insofern in der Thematisierung von Mußesituationen eine wichtige Ermöglichungsbedingung des Erzählens dargestellt wird. Muße erweist sich als eine Art Keimzelle, als Ursprung oder Rahmen für das Erzählen.[229]

Von Klinkerts grundlegender Arbeit abgesehen, bietet die Literaturwissenschaft vor allem Studien zu spezifischen historischen Figurationen der Muße. Dieter Martin hat die ästhetischen und poetologischen Implikationen der Muße in der Literatur des 18. Jahrhunderts[230] sowie in der klassischen Moderne untersucht[231], während sich Peter Philipp Riedl in seiner einschlägigen Studie der Zeit um 1800 widmet.[232] Pohl untersucht die Figur des Müßiggängers im selben Zeitraum[233], während Stumpps *Müßige Helden* die Betrachtung ins späte 19. Jahrhundert ausdehnt.[234] Tietenberg beschreibt „Muße und Müßiggang als Inszenierung des Dandys“ im späten 19. und frühen 20. Jahrhundert.[235] Leonhard Fuest schließlich schlägt mit seiner *Poetik des Nicht(s)tuns* einen etwas weiteren Bogen von 1800 bis in die Gegenwart, interessiert sich aber eher für Formen negativer Verweigerung als für eine positiv begriffene Muße.[236] Diese und weitere Einzelstudien geben zusammengenommen ein mosaikartiges Bild der Literatur- und Kulturgeschichte der Muße. Hervorzuheben sind schließlich die Publikationen des Sonderforschungsbereichs 1015 „Muße“ an der Albert-Ludwigs-Universität Freiburg, darunter der von Hasebrink und Riedl herausgegebene Sammelband *Muße im kulturellen Wandel*[237], der von Figal, Hubert und Klinkert herausgegebene Band zur *Raumzeitlichkeit der Muße*[238] und der von Dobler und Riedl he-

[229] Ebd., 12.

[230] Dieter Martin, „Muße, Autonomie und Kreativität in der deutschen Dichtung des 18. Jahrhunderts“, in: Burkhard Hasebrink/Peter Philipp Riedl (Hg.), *Muße im kulturellen Wandel. Semantisierungen, Ähnlichkeiten, Umbesetzungen*, Berlin 2014, 167–179.

[231] Dieter Martin, „‚Le systeme de la Caisse d'épargne du moi'. *Otium* et construction autobiographique du sujet chez Robert Musil“, in: *Recherches & Travaux* 88 (2016), 141–155.

[232] Peter Philipp Riedl, „Die Kunst der Muße. Über ein Ideal in der Literatur um 1800“, in: *Publications of the English Goethe Society* 80,1 (2011), 19–37.

[233] Peter C. Pohl, „Die Gattung der Müßiggänger. Freie Zeiten um 1800 und immaterielle Arbeit der Gegenwart“, in: Mirko Gemmel/Claudia Löschner (Hg.), *Ökonomie des Glücks. Muße, Müßiggang und Faulheit in der Literatur*, Berlin 2014, 279–305.

[234] Gabriele Stumpp, *Müßige Helden. Studien zum Müßiggang in Tiecks „William Lovell“, Goethes „Wilhelm Meisters Lehrjahre“, Kellers „Grünem Heinrich“, und Stifters „Nachsommer“*, Stuttgart 1992.

[235] Anne Kristin Tietenberg, „Muße und Müßiggang als Inszenierung des Dandys. Charles Baudelaire, Thomas Mann und Sebastian Horsley“, in: Mirko Gemmel/Claudia Löschner (Hg.), *Ökonomie des Glücks. Muße, Müßiggang und Faulheit in der Literatur*, Berlin 2014, 185–201.

[236] Leonhard Fuest, *Poetik des Nicht(s)tuns. Verweigerungsstrategien in der Literatur seit 1800*, Paderborn 2008.

[237] Burkhard Hasebrink/Peter Philipp Riedl (Hg.), *Muße im kulturellen Wandel. Semantisierungen, Ähnlichkeiten, Umbesetzungen*, Berlin 2014.

[238] Günter Figal/Hans W. Hubert/Thomas Klinkert (Hg.), *Die Raumzeitlichkeit der Muße*, Tübingen 2016.

rausgegebene Band *Muße und Gesellschaft*[239], denen etliche der hier zitierten Aufsätze entstammen und die dankenswerte historische und systematische Zugriffe auf die Muße eröffnen.

1.2.1. Autonomie und Selbstkonstitution

Eine der Konstanten in der theoretischen Reflexion der Muße ist ihre Abgrenzung gegenüber allen Modi funktionalen Handelns. In programmatischen und wissenschaftlichen Texten wird erklärt, die Muße ermögliche ein „Abstandnehmen von den Sorgen des Alltags", d. h. insbesondere von regelmäßig ausgeübten Erwerbs- und Geschäftstätigkeiten (*negotium*).[240] Im Gegensatz zu diesen Aktivitäten bildeten Praktiken der Muße einen „besonders reinen zweckentbundenen Genuß".[241] Vor allem seien sie dadurch charakterisiert, dass ihnen eine Finalität außerhalb ihrer selbst fehle: „Muße ist kein zielgerichtetes, zweckrationales Handeln"[242], ja sie könne „keinesfalls in die Zweckhaftigkeit einer Zukunftsausrichtung eingespannt werden".[243] Damit ist aber keinesfalls gemeint, dass die Muße ein grundloses oder überflüssiges Phänomen sei. Sie beziehe vielmehr ihren Sinn ganz autonom aus sich selbst heraus; die Selbstzweckhaftigkeit sei ihr vielleicht wichtigstes Merkmal: „Le temps de l'otium a sa finalité en soi-même."[244]

Diese neuzeitlichen Charakterisierungen der Muße lassen sich bis zu Aristoteles zurückverfolgen (vgl. Kapitel 1.1.1). Er grenzte Tätigkeiten „im Dienst des Gemeinwesens" wie den Staats- und Kriegsdienst von der *theoría* ab, die „keinen anderen Zweck hat, als sich selbst".[245] Für Aristoteles ist die Selbstbezogenheit der *theoría* eine wesentliche Voraussetzung für eine glückliche Lebensführung (*eudaimonía*)[246]:

> So ist die Glückseligkeit offenbar für eine von den Tätigkeiten zu erklären, die an sich, und nicht für eine von denen, die bloß als Mittel begehrenswert sind. Sie ist ja keines anderen Dinges bedürftig, sondern sich selbst genug. An sich begehrenswert aber sind die Tätigkeiten, bei denen man nichts weiter sucht als die Tätigkeit selbst.[247]

239 Gregor Dobler/Peter Philipp Riedl (Hg.), *Muße und Gesellschaft*, Tübingen 2017.

240 Wulf/Zirfas, „Die Muße", 9.

241 Franz Hessel, „Von der schwierigen Kunst spazieren zu gehen", in: *Die Horen* 45,4 (2000) [1932], 46–49, 46.

242 Wulf/Zirfas, „Die Muße", 11.

243 Brühweiler, *Musse (scholé)*, 10 f.

244 Maël Renouard, „*L'otium* entre politique et rêverie", in: Marc Fumaroli/Dominique Simon/Jean-Charles Darmon u. a. (Hg.), *L'otium dans la République des lettres*, sous la direction de Marc Fumaroli, Paris 2011, 73–89, 73.

245 Aristoteles, *Nikomachische Ethik*, X, 7, 1177b (249 f.).

246 Vgl. Varga, „Antike politische Anthropologie".

247 Aristoteles, *Nikomachische Ethik*, 10.

In dieser Tradition wird der Begriff der Muße (und seine Korrelate in anderen Sprachen) mit großer historischer Kontinuität dafür benutzt, eine vom dominanten Funktionsmodus einer Gesellschaft abweichende Haltung und Lebensweise zu kennzeichnen. Die Muße steht damit in Opposition zu jenen unmittelbar notwendigen und alltäglichen Tätigkeiten, die für das Überleben und den Fortbestand der Gemeinschaft verrichtet werden müssen. Gleichwohl sind solche Definitionen mit Vorsicht zu genießen. Zwar gehört das Attribut der Selbstzweckhaftigkeit zum klassischen Repertoire theoretischer Beschreibungen der Muße. Die konsequente Entkopplung von äußeren, vorgegebenen Funktionen und die alleinige Ausrichtung der Muße auf eine innere und selbstgewählte Logik – dieses Ideal jedoch wird von den einschlägigen programmatischen Texten in der Regel selbst unterlaufen. Denn gäbe es keine kulturellen oder sozialen Erwartungen an die Muße, wären die zahlreichen programmatischen Schriften und Plädoyers obsolet, welche die Muße als generelle Lebensnorm zu etablieren versuchen, und damit ihrem ausschließlich privaten und individuellen Charakter nicht gerecht würden.[248] So ist bereits die Existenz einer breit gefächerten Literatur zur Muße durch alle Epochen ein Indiz dafür, dass die reine Selbstbezüglichkeit der Muße eher als Desiderat und rhetorische Trope zu verstehen ist denn als historische Realität.

Diese Behauptung bedarf indes einer ausführlicheren Begründung. Weiter oben wurde die Diskursgeschichte der Muße als eine Geschichte ihrer Legitimation erzählt, weil sie in beinahe allen historischen Kontexten ein begründungspflichtiges Privileg darstellt. Die Tatsache aber, dass die Muße begründet wird und auch begründet werden kann, zeigt an, dass ihr sehr wohl eine Funktion für die jeweilige Gesellschaft zugesprochen wird. Die Erkenntnis, dass die Legitimation der Muße sie unweigerlich auch in eine funktionale Beziehung zur Gesellschaft setzt, hat erneut zur reflexhaften Forderung geführt, sie von diesem Legitimationsdruck zu befreien – so z. B. bei Gert Mattenklott:

> Die Muße kommt von diesem Prinzip [der rationalen Nutzung] nicht wirklich los, wenn ihr abverlangt wird, Rechenschaft über die leere Zeit abzulegen, wenn sie dem Anspruch unterstellt bleibt, ihren Sinn im Rahmen der innerkulturellen Rationalität auszuweisen.[249]

Doch diese Befreiung der Muße vom Rechtfertigungsdruck bleibt ein utopisches Ideal, das zwar wesentlich zur Anziehungskraft der Muße beiträgt, letztlich aber am realen Diskurs vorbeigeht. Zudem ist die Idee einer zweckbefreiten Muße

---

[248] Wie eng Vorstellungen von Muße an ihren jeweiligen sozialen Kontext gebunden sind und dass Muße andersherum einen „Ort der Verhandlung gesellschaftlicher Grundfragen" darstellt, erläutern eindrücklich Gregor Dobler/Peter Philipp Riedl, „Einleitung", in: Gregor Dobler/Peter Philipp Riedl (Hg.), *Muße und Gesellschaft*, Tübingen 2017, 1–17, 6–8. Vgl. auch die weiteren Beiträge des Bandes.

[249] Gert Mattenklott, „Faulheit", in: *Blindgänger. Physiognomische Essais*, Frankfurt a. M. 1986, 43–71, 69.

häufig einseitig gegen das soziale ‚Zwangssystem' der Arbeit und des Wirtschaftens gerichtet. Diese Argumentation ignoriert, dass Muße außerhalb des Systems der Arbeit ihren Platz haben mag, gleichzeitig aber ganz anderen Zwecken dienen kann. Thesenartig zugespitzt ließe sich daher Folgendes formulieren: Gerade weil die Muße nicht in einer Finalbeziehung zum primären (heute: ökonomischen) Funktionsmodus einer Gesellschaft steht, bietet sie sich für Funktionalisierungen anderer Art an. Dass die Funktionen der Muße in Abhängigkeit vom soziohistorischen Kontext recht unterschiedlich ausfallen können, hat die historische Rückschau gezeigt. Ob als Voraussetzung philosophischer Weltbetrachtung (Aristoteles), politischer Würde (Cicero), didaktischer Wissenstradierung (Seneca), christlicher Gottesschau (Augustinus), kreativer Autorschaft (Montaigne) oder für die Ausbildung des individuellen Charakters (Goethe) – Muße diente vielen Zwecken und stand oft im Zentrum einschneidender sozial- und geistesgeschichtlicher Veränderungen.

In der Neuzeit und Moderne richtet sich die Funktionalisierung der Muße zunehmend auf die Selbstreflexion und Selbstverwirklichung des Menschen. Statt Gott oder die Beschaffenheit der Welt zu kontemplieren, rückt das moderne Individuum sich selbst in den Mittelpunkt seiner Wahrnehmung. Muße wird so zur Bezeichnung für jenen außeralltäglichen Zustand, in dem das Individuum sich auf sich selbst besinnt und ‚bei sich selbst ist' – „le temps où l'on est auprès de soi".[250] Daher sei, so Arthur Schopenhauer Mitte des 19. Jahrhunderts, die „*freie Muße* eines jeden, in dem sie ihm den freien Genuß seines Bewußtseins und seiner Individualität gibt, die Frucht und der Ertrag seines gesamten Daseins".[251] In der Metapher von ‚Frucht und Ertrag' artikuliert sich die mit der Muße verbundene Hoffnung auf ein bestimmtes Resultat, einen produktiven Vorteil – eine Erwartung, in der die moralische Diskriminierung zwischen ‚erfüllter' und ‚unerfüllter' Muße, zwischen *otium* und *otiositas*, zwischen Muße und Müßiggang nachhallt. Schopenhauer formuliert in den *Aphorismen zur Lebensweiseheit* dieses Nutzenkriterium ganz unverhohlen:

> Was nun aber wirft die freie Muße der meisten Menschen ab? Langeweile und Dumpfheit, so oft nicht sinnlicher Genüsse, oder Albernheiten da sind, sie auszufüllen. Wie völlig wertlos sie ist, zeigt die Art, wie sie solche zubringen; sie ist eben: die langweilige Muße der Toren. Die gewöhnlichen Leute sind bloß darauf bedacht, die Zeit *zuzubringen*; wer irgend ein Talent hat, – sie *zu benutzen*.[252]

Schopenhauers Unterscheidung zwischen der sinnvoll ‚benutzten' Muße einiger herausragender Individuen und der lediglich ‚zugebrachten', „langweilige[n] Muße der Toren" verdeutlicht einmal mehr, dass der öffentliche Dis-

[250] Renouard, „L'*otium* entre politique et rêverie", 74 f.

[251] Arthur Schopenhauer, *Aphorismen zur Lebensweisheit*, vollst. Ausg. mit Erl. u. Übers. d. fremdsprachigen Zitate, Frankfurt a. M. 1976 [1851], 29 f. (Herv. i. O.)

[252] Ebd.

kurs nur bestimmte Funktionalisierungen einer ansonsten recht unbestimmten Muße anerkennt. Für Schopenhauer ist diese Funktion die Umsetzung des eigenen „Talent[s]" – mit anderen Worten: die Selbstverwirklichung. Ob sich ein Individuum die Muße zunutze machen kann und zu einem ‚lohnenden Ergebnis' kommt, wird im 19. Jahrhundert sogar zum Distinktionskriterium der intellektuellen und künstlerischen Elite – die mit Veblen als *leisure class*[253] bezeichnet werden kann – gegenüber dem Proletariat.[254] Auch hierfür steht Schopenhauer beispielhaft ein, denn eine in Muße vollzogene und gelingende Selbstkonstitution versteht er nicht als eine allgemeine menschliche Kapazität, sondern als Privileg einer kleinen Elite:

Weil also, wie gesagt, die freie Muße die Blüte, oder vielmehr die Frucht des Daseins eines jeden ist, indem nur sie ihn in den Besitz seines eignen Selbst einsetzt, so sind die glücklich zu preisen, welche dann auch etwas rechtes an sich selber erhalten; während den allermeisten die freie Muße nichts abwirft, als einen Kerl, mit dem nichts anzufangen ist, der sich schrecklich langweilt, sich selber zur Last.[255]

Schopenhauers Aufzeichnungen in den *Aphorismen zur Lebensweisheit* sind Beleg für die moderne Neuausrichtung der Muße auf das Subjekt. Die Selbstkonstitution des Individuums avanciert zur bedeutendsten Funktion der modernen Muße – und zu ihrer wichtigsten Technik wird das Erzählen.[256] Im Medium der Narration kann der Mensch seinem Leben Bedeutung verleihen, sich selbst eine *identité narrative* konstruieren[257]. Diese Idee manifestiert sich nicht zuletzt in der literarischen Gattung der Autobiographie, die seit dem späten 18. Jahrhundert eine enorme Konjunktur erfährt. Der ‚klassische' Autobiograph zeichnet sich dadurch aus, die heterogenen Ereignisse seines Lebens in einer ganzheitlichen Erzählung integrieren und entlang eines roten Fadens gestalten zu können. Im Erzählen erschafft der Erzählende sich selbst, und dieses zweckgerichtete Moment autobiographischen Erzählens war schon den frühen Theoretikern der Autobiographie bewusst, wie Wilhelm Diltheys Bemerkungen beweisen:

Indem wir zurückblicken in der Erinnerung, erfassen wir den Zusammenhang der abgelaufenen Glieder des Lebensverlaufs unter der Kategorie ihrer Bedeutung. Wenn wir in der Gegenwart leben, die von Realitäten erfüllt ist, erfahren wir im Gefühl ihren positiven oder negativen Wert, und wie wir uns der Zukunft entgegenstrecken, entsteht aus diesem Verhalten die Kategorie des Zweckes. Wir deuten das Leben als die Realisierung

[253] Vgl. Thorstein Veblen, *The Theory of the leisure class. An economic study of institutions*, New York 1934.

[254] Vgl. dazu ausführlicher und mit einschlägigen Beispielen aus dem englischsprachigen Raum Monika Fludernik, „Muße als soziale Distinktion", in: Gregor Dobler/Peter Philipp Riedl (Hg.), *Muße und Gesellschaft*, Tübingen 2017, 163–177.

[255] Schopenhauer, *Aphorismen zur Lebensweisheit*, 31.

[256] Vgl. Klinkert, *Muße und Erzählen.*

[257] Vgl. Paul Ricœur, „L'identité narrative", in: *Esprit* 12,7–12 (1988), 295–304.

eines obersten Zweckes, den sich alle Einzelzwecke unterordnen, als die Verwirklichung eines höchsten Gutes.[258]

So wird die Muße zur Voraussetzung des autobiographischen Reflektierens und Erzählens und folglich zur Voraussetzung für die gelingende Selbstkonstitution des Individuums erhoben. Wie sehr diese Annahme mittlerweile auch zum Inventar der Alltagskultur gehört, ist an der stetig wiederholten Forderung abzulesen, der Mensch brauche mehr Muße, ‚um sich selbst zu finden und entfalten zu können'. Von der Zweckfreiheit der Muße lässt sich also auch in der Moderne nicht sprechen, wenn man den Subjektivitätsdiskurs und seine Vereinnahmung der Muße in Rechnung stellt: Funktionslos erscheint die Muße nach außen, d. h. für die soziale Umwelt, während sie nach innen, für das in Muße befindliche Subjekt, durchaus einen herausragenden Zweck erfüllt. Überspitzt ließe sich daher behaupten, dass der zeitgenössische Muße-Diskurs vor allem Rückschlüsse auf den modernen Subjektbegriff gewährt. Denn das individualistische Paradigma impliziert, dass es einen Ort bzw. eine Zeit geben müsse, die es dem Individuum erlaubten, ganz es selbst zu sein und sich selbst zu ‚verwirklichen'. Der Begriff der Muße dient heute dazu, eben jene utopische raumzeitliche Struktur zu benennen, die durch moderne Konzeptionen von autonomer Individualität und der Sehnsucht nach Selbstverwirklichung gewissermaßen erst notwendig wird. In diesem Sinne schreibt etwa Mattenklott:

> Der Müßiggang ist Teil eines Lebensprogramms, und er ist […] sogar von den höchsten Ansprüchen umstellt: eine Zeit der Besinnung auf den metaphysischen Lebenssinn für die einen, Zeit der unentstellten geistig-körperlichen Persönlichkeitsentfaltung für die anderen […].[259]

Mattenklotts Beobachtung, der Muße als „Teil eines Lebensprogramms" kämen zwei wesentliche Funktionen zu, nämlich Sinngebung und „unentstellte geistig-körperliche Persönlichkeitsentfaltung", deckt sich mit den hier angestellten Überlegungen. Bei Mattenklott jedoch erscheint diese Funktionalisierung als anthropologische Konstante, obwohl sie tatsächlich einen neuzeitlichen Begriff des Individuums voraussetzt. Erst die moderne ‚Person' benötigt die Muße, um sich selbst zu reflektieren und zu entfalten – und löst so die aristotelische Bestimmung, die Muße zeichne sich durch ihre Selbstbezüglichkeit aus, auf ganz neue Weise ein.

Doch auch die selbstreflexive Funktionalisierung der Muße bildet nicht den Endpunkt der Entwicklung, vielmehr scheint sich dieses Paradigma in der Gegenwart bereits wieder zu relativieren. Speziell in den letzten Jahrzehnten kommt es zu Versuchen, die Muße erneut für soziale und ökonomische Zwecke nutz-

---

[258] Wilhelm Dilthey, *Der Aufbau der geschichtlichen Welt in den Geisteswissenschaften*, Gesammelte Schriften, Bd. 7, hg. v. Bernhard Groethuysen, Leipzig/Berlin 1942, 201.

[259] Mattenklott, „Faulheit", 44. Mattenklott differenziert nicht zwischen positiv bewerteter Muße und negativem Müßiggang – *Muße* wäre hier sicher der passendere Begriff.

bar zu machen. Die soziologische Diagnose, in der gegenwärtigen Gesellschaft herrsche eine „systematische Korrespondenz von Kunstautonomie und Wettbewerbsstruktur“[260], beschreibt diese postfordistische Realität: In dem Maße, wie die Kreativindustrie zu einem signifikanten Wirtschaftsfaktor aufsteigt, wächst auch das Bemühen, die kreativen Potentiale der Muße für unternehmerische Ziele zu erschließen und die Selbstverwirklichung des Geistesarbeiters mit den Interessen des Unternehmens in Einklang zu bringen – häufig sogar in einer Person. Kulturkritische Warnungen vor den vielfältigen Formen der Selbstvermarktung erscheinen indes historisch kurzsichtig, wenn man bedenkt, dass beispielsweise (auto-)biographische Narrative schon seit dem späten 18. Jahrhundert zu einem wichtigen Faktor im Kampf um Erfolg auf dem Buchmarkt wurden.[261] Völlig autonom war die Muße wohl noch nicht einmal in Zeiten ihrer größten poetologischen und programmatischen Konjunktur.

1.2.2. Die Zeitlichkeit der Muße

Im populären Diskurs wird der Begriff ‚Muße‘ häufig mit dem der ‚Entschleunigung‘ assoziiert, wenn nicht gar synonym verwendet. Die Ratgeberliteratur erklärt, dass Muße „das Gegenteil“ zur Hektik des Alltags darstelle, und daher erlangt werden könne, indem man „den Tag bewusst langsamer“ angeht.[262] Kulturkritische Schriften profilieren schon im Titel „Schnelligkeit und Entschleunigung, Stress und Muße“ gegeneinander.[263] Damit positionieren sie die ‚entschleunigte‘ Muße als Gegenentwurf zu einer ebenso charakteristischen wie beklagten Zeiterfahrung der Moderne: der Beschleunigung. Auch Literaten haben sich – und zwar schon seit Jahrhunderten – immer wieder kritisch mit den Beschleunigungstendenzen beschäftigt, wie Goethes Bemerkungen über das ‚Veloziferische‘[264] oder Musils spöttische Bemerkungen über den „Akzeleris-

260 Michael Makropoulos, „Kunstautonomie und Wettbewerbsgesellschaft. Nachtrag zur ‚Ökonomisierung des Sozialen‘“, in: Christoph Menke/Juliane Rebentisch (Hg.), *Kreation und Depression. Freiheit im gegenwärtigen Kapitalismus*, Berlin 2010, 208–225, 215.

261 Vgl. dazu Kerstin Stüssel, „Autorschaft und Autobiographik im kultur- und mediengeschichtlichen Wandel“, in: Ulrich Breuer/Beatrice Sandberg (Hg.), *Autobiographisches Schreiben in der deutschsprachigen Gegenwartsliteratur*, Bd. 1: *Grenzen der Identität und der Fiktionalität*, München 2006, 19–33. Stüssel argumentiert, die Konjunktur (auto-)biographischer Schreib- und Lesarten seit 1800 hätte eine wichtige Rolle bei der Erschließung neuer Leserschichten gespielt, welche durch die zunehmende Literarisierung entstanden. Die dadurch erreichte Verbreiterung der Rezipientenbasis sei wiederum von herausragender ökonomischer Bedeutung für die Autoren gewesen, die nach dem Rückgang des Mäzenatentums auf neue Einnahmequellen angewiesen waren.

262 Grün, *Vom Zauber der Muße*, 34.

263 Fridrich Popp, *Die kreative Kunst der Gelassenheit. Anmerkungen zu linearer und zirkulärer Zeit, geometrischen und organischen Formen, Schnelligkeit und Entschleunigung, Stress und Muße*, Leipzig 2010.

264 Vgl. Johann Wolfgang von Goethe, „Brief an G. H. L. Nicolovius, November 1825“, in:

mus" belegen.[265] Von besonderer Bedeutung ist aber eine Erkenntnis, die Heinrich Heine 1843 angesichts der Eröffnung der ersten Eisenbahnstrecken formulierte: „[D]ie Elementarbegriffe von Zeit und Raum sind schwankend geworden. Durch die Eisenbahn wird der Raum getötet, und es bleibt uns nur noch die Zeit übrig."[266] Weil durch die technische Beschleunigung geographische Distanzen schneller überwunden werden können, verschiebt sich das Verhältnis von Raum und Zeit zugunsten der letzteren. Es kommt, mit anderen Worten, in der Moderne zu einer ‚Enträumlichung' und einer ‚Verzeitlichung'.[267] Für die Leidtragenden der modernen Beschleunigung stellt sich hingegen die Muße als eine Option dar, dieser Entwicklung zu entfliehen oder sie zumindest momentan zu suspendieren. Denn die Muße erscheint doppelt bestimmt durch eine ‚Entzeitlichung' einerseits und – wie im nächsten Kapitel zu ergänzen ist – eine Tendenz zur ‚Verräumlichung' andererseits.

Dass allerdings der verbreiteten Klage über eine allgemeine Beschleunigung des Lebens häufig eine zu undifferenzierte Wahrnehmung technischer und sozialer Entwicklungen zugrunde liegt, hat Hartmut Rosa in einer Vielzahl von Schriften herausgearbeitet.[268] Rosa zufolge bewirke der technische Fortschritt zunächst eine Beschleunigung von Produktion, Transport und Kommunikation, verringere also die jeweils benötigte Zeit pro Mengeneinheit. Damit setze die technische Beschleunigung Zeitressourcen frei und biete so potentiell eine Chance zur Entschleunigung des menschlichen Lebens. Wenn wir dennoch eine Beschleunigung des sozialen Lebenstempos erfahren, liege dies schlicht an der Tatsache, dass die gewonnenen Zeitressourcen durch ein sich exponentiell steigerndes Wachstum – also eine sich ständig erhöhende Menge von Produktion, Transport und Kommunikation – überkompensiert werde. Paradoxerweise ist daher „das einzigartige Kennzeichen moderner Gesellschaften: Ihre Zeitressourcen verknappen sich trotz permanenter technischer Zeiteinsparungen."[269]

Sämtliche Werke, Briefe, Tagebücher und Gespräche, Bd. 10 (37): *Die letzten Jahre. 1823–1828*, hg. v. Horst Fleig, Frankfurt a. M. 1993, 332–334, 334.

[265] Robert Musil, *Der Mann ohne Eigenschaften. Roman*, hg. v. Adolf Frisé, Reinbek bei Hamburg 1970, 402.

[266] Heinrich Heine, „Lutetia. Berichte über Politik, Kunst und Volksleben", in: *Sämtliche Schriften*, Bd. 5, hg. v. Klaus Briegleb, München 1975, 217–570, 449.

[267] Vgl. Markus Schroer, „Raum, Zeit und soziale Ordnung", in: Petra Ernst/Alexandra Strohmaier (Hg.), *Raum. Konzepte in den Künsten, Kultur- und Naturwissenschaften*, Baden-Baden 2013, 11–23, 14 f.

[268] Vgl. Hartmut Rosa, *Beschleunigung. Die Veränderung der Zeitstrukturen in der Moderne*, Frankfurt a. M. 2005; Hartmut Rosa, *Beschleunigung und Entfremdung. Entwurf einer kritischen Theorie spätmoderner Zeitlichkeit*, Berlin 2013; Hartmut Rosa, „Bewegung und Beharrung in modernen Gesellschaften. Eine beschleunigungstheoretische Zeitdiagnose", in: Klaus-Michael Kodalle/Hartmut Rosa (Hg.), *Rasender Stillstand. Beschleunigung des Wirklichkeitswandels: Konsequenzen und Grenzen*, Würzburg 2008, 3–21.

[269] Rosa, „Bewegung und Beharrung in modernen Gesellschaften", 13 f.

Aus Rosas Ausführungen wird auch ersichtlich, dass Entschleunigung nicht das prägende zeitliche Prinzip der Muße sein kann. Andernfalls ließe sich Muße auf einen Zustand reduzieren, in dem für eine vorgegebene Tätigkeit schlicht mehr Zeit zur Verfügung steht oder in einer gegebenen Zeitspanne weniger zu tun ist. Nicht absolute Produktivität jedoch ist das entscheidende Kriterium der Muße – man kann in ihr sehr produktiv und ebenso gut sehr unproduktiv sein –, sondern die Perspektive des erlebenden Individuums auf dieses (Nicht-)Tun. Wenn also nicht die Zeitspanne, in der etwas getan wird, sondern der Modus des Tuns selbst die Muße kennzeichnet, bietet sich *Entzeitlichung* als ein vielversprechender Begriff zur temporalen Beschreibung der Muße an. Eine solche Charakterisierung deckt sich zudem mit theoretischen Positionen, die Muße als „Zeitentrücktheit", als eine „Sphäre unbeschwerter Zeitlosigkeit"[270] oder einer „befristeten Zeitlosigkeit" definieren.[271]

Für ein genaueres Verständnis davon, worin die ‚Entzeitlichung' der Muße bestehen kann und wie sie sich auswirkt, bedarf es jedoch einiger basaler zeittheoretischer Überlegungen. Zu unterscheiden ist zunächst zwischen zwei gegensätzlichen Vorstellungen von Temporalität, die in der europäischen Kulturgeschichte tief verankert sind. Henri Bergson stellte fest, dass Zeit „meistenteils [als] ein homogenes Medium" gedacht wird[272], d. h. als eine objektive physikalische Gegebenheit, die von den Gesetzen der Linearität, Uniformität und Unidirektionalität bestimmt ist. Diese *kosmologische Zeit* schreitet kontinuierlich und gleichbleibend voran und lässt dabei unwiderruflich die Zukunft zur Vergangenheit werden. Ihr gegenüber steht die Vorstellung einer *phänomenologischen Zeit*, die erst im Erleben des Individuums selbst entsteht. Eine solche subjektive Form der Zeit ist durch das „Merkmal der Einzigartigkeit für den Erfahrenden und der Eigenschaft der Dauer" gekennzeichnet.[273]

Die Philosophie kennt verschiedene Begriffe für diese beiden Formen der Temporalität. Die Unterscheidung von ‚kosmologischer' und ‚phänomenologischer' Zeit geht auf die Erzähltheorie Paul Ricœurs zurück und ist weitgehend gleichbedeutend mit der gebräuchlichen Unterscheidung von ‚objektiver' und ‚subjektiver' Zeit in anderen zeittheoretischen Ansätzen.[274] Abgesehen von die-

---

[270] Brühweiler, *Musse (scholé)*, 11.

[271] Soeffner, „Muße – Absichtsvolle Absichtslosigkeit", 45.

[272] Henri Bergson, *Zeit und Freiheit*, Hamburg 1994, 70 f.

[273] Donald E. Polkinghorne, „Narrative Psychologie und Geschichtsbewußtsein. Beziehungen und Perspektiven", in: Jürgen Straub (Hg.), *Erzählung, Identität und historisches Bewußtsein. Die psychologische Konstruktion von Zeit und Geschichte*, Frankfurt a. M. 1998, 12–45, 35.

[274] Vgl. insbesondere die Ausführungen zur „ersten Aporie der Zeitlichkeit", nämlich der „gegenseitigen Verbergung der phänomenologischen und der kosmologischen Perspektive", in: Paul Ricœur, *Zeit und Erzählung*, München 1991, 390 f.; vgl. außerdem Inga Römer, *Das Zeitdenken bei Husserl, Heidegger und Ricœur*, Dordrecht 2010, 254–275.

sen terminologischen Differenzen haben dichotome Konzeptionen der Zeit jedoch einen gemeinsamen Ursprung in der Theologie des Augustinus, der seine Theorie der Zeit im elften Buch der *Confessiones* darlegt. Augustinus betrachtet Zeit nicht mehr nur als äußerliche Gegebenheit, sondern erkennt erstmals systematisch die Existenz einer ‚inneren' Dauer an: Während die äußere Zeit ständig vergehe und sich dabei messen und vergleichen lasse, erreiche ihre innere, geistige Wahrnehmung eine ganz andere Qualität. Allein die menschliche Seele, so Augustinus, kenne nämlich neben der „Gegenwart des Gegenwärtigen" auch die „Gegenwart des Vergangenen" (die Erinnerung) sowie die „Gegenwart des Zukünftigen" (die Erwartung): „Denn diese drei sind in der Seele, und anderswo sehe ich sie nicht."[275] Mit der Fähigkeit des Menschen, sich über das Erleben der Gegenwart hinaus auch mit der eigenen Vergangenheit und Zukunft zu befassen, begründet Augustinus zudem, dass die geistige Zeit die objektiv-physikalische Zeit transzendiert. Die so vollzogene Aufwertung der subjektiven Zeit bei Augustinus ist selbstverständlich religiös motiviert und steht in einem engen Zusammenhang mit seinem Interesse an der Kontemplation: Während Gott als Schöpfer der Zeit selbst außerhalb der Zeit stehe (d. h. in der Ewigkeit), sieht Augustinus sich selbst als endlichen Menschen „zerflossen in den Zeiten". Doch erscheint Augustinus die Gleichzeitigkeit von Vergangenheit, Gegenwart und Zukunft im menschlichen Geist zumindest als ein schwaches Abbild der ewigen göttlichen Einheit, in die er durch Kontemplation „einmünde[n]" will.[276] Während also die innere Zeit den Menschen mit Gott verbindet, muss Augustinus demgegenüber die äußere Zeit als unbedeutend erachten.

Wie lässt sich nun das Verhältnis zwischen objektiver und subjektiver Zeit für eine theoretische Annäherung an die Muße produktiv machen? Während Augustinus die innere Zeit privilegiert, weil sie eng mit seiner Vorstellung von Kontemplation, göttlicher Ewigkeit und Zeitlosigkeit korreliert, ist die moderne Alltagspraxis häufig ganz an der objektiven Zeit ausgerichtet. Der Grund dafür erscheint so einfach wie pragmatisch: Indem Zeit durch Messen objektiviert wird, gewährleistet sie eben jene Vergleichbarkeit und Planbarkeit, wie sie die Verrichtung alltäglicher Aufgaben erfordert. Im Alltag wird objektive Zeit zum nutzbaren Gut, das ‚verbraucht' wird, um zu handeln und bestimmte Ziele zu erreichen. Da Zeit als Ressource jedoch nicht unbegrenzt verfügbar ist, es sich bei ihr vielmehr um ein knappes Gut handelt, wird sie zum Objekt ökonomischer Abwägungen.[277] Deswegen wird Zeit für bestimmte Zwecke alloziert, in Kalen-

---

[275] Augustinus, *Confessiones / Bekenntnisse*, XI, 26 (565). Im Original: „[...] tempora sunt trira, praesens de praeteritis, praesens de praesentibus, praesens de futuris. sunt enim haec in anima tria quaedam et alibi ea non video [...]."

[276] Ebd., XI, 39 (587). Im Original: „[...] donec in te confluam purgatus et liquidus igne amoris tui."

[277] Vgl. das Kapitel „Bewirtschaftete Zeit" in Rüdiger Safranski, *Zeit. Was sie mit uns macht und was wir aus ihr machen*, München 2015, 106–130. Safranski geht allerdings davon

dern verwaltet und so verplant, dass ein möglichst großer Nutzen aus ihr gezogen werden kann. Auch die sogenannte Freizeit ist von solchen Nutzenerwägungen nicht im eigentlichen Sinne befreit, wird doch vom Arbeiter erwartet, sie für die Regeneration seiner Arbeitskraft zu verwenden.

Die subjektive Zeitwahrnehmung ist im Alltag natürlich nicht aufgehoben. Doch ist – so die erste These – die alltägliche oder ‚normale' Temporalität gerade dadurch gekennzeichnet, dass die subjektive Zeit keine unabhängige Größe darstellt. Vielmehr erscheint sie an die dominierende objektive Zeit gekoppelt und erlangt häufig erst als Vergleichsobjekt Bedeutung: Dann nämlich, wenn man im Vergleich zum subjektiven Empfinden über zu wenig objektive Zeit für eine Aufgabe verfügt (Zeitdruck), oder aber wenn die objektivierende Uhr gegenüber dem subjektiven Empfinden zu langsam läuft und die Zeit einfach nicht vergehen will (Langeweile).

Die Zeit der Muße stellt – zweitens – eine Abweichung von der alltäglichen ‚Normalzeit' dar, weil temporale Nutzenkalkulationen in ihr keine Rolle spielen. Für das in Muße befindliche Individuum ist die kosmologische Zeit zwar nicht aufgehoben, doch wird sie nicht mehr als knappe und daher ständig zu messende Ressource erlebt und ist daher auch nicht länger Gegenstand permanenter Reflexion. Hans Blumenberg hat die utilitaristische „Mußzeit" (nicht zu verwechseln mit der Muß*e*zeit), die den „durch die Erfordernisse der Selbsterhaltung okkupierten Anteil" der individuellen Lebenszeit bezeichnet, von der „Kannzeit" unterschieden, die er als einen „freigesetzten Zeitspielraum unbestimmter Erfüllungen" bestimmt.[278] In der Mußzeit reagiere ein Lebewesen auf seine existentiellen Bedürfnisse, während die Kannzeit von solchen Zwängen befreit sei und so die individuelle „Ausstattung der Lebenszeit mit Sinnhaltigem" ermögliche. Mit Blumenberg lassen sich die hier angestellten Überlegungen folglich dahingehend ergänzen, dass der Alltag von einer Mußzeit dominiert erscheint, während die in der Kannzeit angelegte Potentialität eine notwendige Voraussetzung für die Muße darstellt.

Die spezifische Zeitlichkeit der Muße kann übrigens als Resultat ihres selbstbezogenen Charakters verstanden werden: Während die Alltags- bzw. Mußzeit dem Vollzug bestimmter, notwendiger und zweckhafter Verrichtungen dient, ist in der Kannzeit der Muße eine Aufteilung der verfügbaren Zeitressourcen auf verschiedene, aus äußeren Zwängen erwachsende Aufgaben nicht notwendig – weil es diese Zwänge eben *per definitionem* nicht gibt. Stattdessen kann sich das moderne Individuum in Muße selbst in den Mittelpunkt seines Nachdenkens und seines selbstbestimmten Handelns stellen. In Bezug auf die autobiographische Reflexion und ihre literarische Repräsentation ist daher zu erwarten,

---

aus, dass Zeitknappheit kein existentielles Datum ist, sondern erst in gesellschaftlichen Handlungssystemen produziert wird – ein Umstand, den er mit dem Schlagwort der „gesellschaftlich bedingte[n] Verknappung der Zeit" bezeichnet. (Ebd., 108.)

278 Hans Blumenberg, *Lebenszeit und Weltzeit*, Frankfurt a. M. 1986, 291.

dass die idealtypische Situation eines reflektierenden Ichs durch eine subjektive, nicht-quantifizierbare Zeitwahrnehmung geprägt ist, sodass der Autobiograph unbehelligt von den Zwängen der kosmologischen Zeit auf sein Leben zurückblicken kann. Tatsächlich werden in autobiographischen Erzählerkommentaren nicht selten Präsenzerfahrungen und Phänomene der ‚Entzeitlichung' beschrieben, in denen die Sukzession der äußeren Zeit an Bedeutung verliert.

Natürlich ist ein solcher ‚zeitenthobener' Zustand in den meisten Fällen nur vorübergehend, bis die existentiellen Erfordernisse des Lebens wieder ihr Recht reklamieren. Muße basiert folglich auf einem „Ausnahmezustand der Zeit", der erst vor der normalen Folie einer Alltagszeit eine (temporäre) Bedeutung erlangen kann.[279] In diesem Sinne lässt sich die Mußezeit unter Anschluss an ein populäres Konzept der Kulturwissenschaft auch als eine *Heterochronie* beschreiben. Michel Foucault versteht darunter eine bestimmte Form der Heterotopie[280], nämlich „l'hétérotopie [qui] se met à fonctionner à plein lorsque les hommes se trouvent dans une sorte de rupture absolue avec leur temps traditionnel".[281] Als Beispiele für Heterochronien, die mit der traditionellen bzw. alltäglichen Strukturierung der Zeit brechen, nennt Foucault Museen und Bibliotheken – und damit klassische Orte der Muße: In ihnen würde vergangene Zeit aufbewahrt, während sie selbst zeitlichen Zwängen enthoben schienen und gewissermaßen ‚außerhalb der Zeit' stünden. Eine zweite Form der Zeitheterotopie stellt nach Foucault die „hétérotopie chronique" dar, die er am Beispiel von Jahrmärkten und Feriendörfern erläutert. An diesen Orten werde Zeit gerade nicht akkumuliert, sondern als etwas Flüchtiges – „de plus futile, de plus passager, de plus précaire" – gefeiert.[282] Trotz der konzeptuellen Gegensätzlichkeit von Ewigkeit und Flüchtigkeit sind sich beide Formen der Zeitheterotopie darin ähnlich, dass in ihnen Zeit nicht als eine Ressource verfügbar wird, sondern dass sie als ein eigenständiges Phänomen zelebriert wird.

Die Lösung von der notorisch knappen Alltagszeit allein schafft jedoch noch keinen Moment der Muße. Der bloße Umstand ‚Zeit zu haben' ist kein hinreichendes Kriterium für die Muße, steht doch – wie Günter Figal zutreffend bemerkt hat – die noch ‚unverbrauchte' Zeit weiterhin als Ressource für zukünftiges zweckbezogenes Handeln zur Verfügung und kann damit Gegenstand zeitökonomischer Überlegungen werden.[283] Auch Blumenberg stellt fest, der „zeit-

---

[279] Günter Figal, „Die Räumlichkeit der Muße", in: Burkhard Hasebrink/Peter Philipp Riedl (Hg.), *Muße im kulturellen Wandel. Semantisierungen, Ähnlichkeiten, Umbesetzungen*, Berlin 2014, 26–33, 32.

[280] Auf eine Explikation des Heterotopie-Konzeptes wird an dieser Stelle verzichtet, da ich im folgenden Kapitel über „Die Räumlichkeit der Muße" darauf zurückkomme – vgl. 83 f.

[281] Michel Foucault, „Des espaces autres", in: *Dits et écrits*, Bd. 4: 1954–1988, hg. v. Daniel Defert u. François Ewald, Paris 1994, 752–762, 759.

[282] Ebd., 760.

[283] Vgl. Günter Figal, „Muße als Forschungsgegenstand", in: *Muße. Ein Magazin* 1,1 (2015), 19.

lich[e] Spielraum der Kannzeit“ genüge „allein noch nicht“, um eine „erfüllte Zeit zu haben“.[284] Welche systematische Differenz trennt dann die Alltagszeit von der Mußezeit? Die Freiheit von äußerem Zeitdruck ist zwar eine notwendige Bedingung der Muße, entscheidend ist aber, wie das Individuum diesen gewonnenen ‚Freiraum in der Zeit‘ wahrnimmt. Die Mußezeit ist daher bestimmt durch ihre phänomenologische Qualität. Muße, so ließe sich als dritte und zentrale These formulieren, liegt nur dann vor, wenn das erlebende Subjekt sich nicht mehr dazu veranlasst fühlt, seine eigene Zeitwahrnehmung mit der äußeren Zeit abzugleichen und ihre Differenz zu beklagen. Stattdessen handelt es sich bei Muße um eine „Eigenzeit“ im wörtlichen Sinne: In Muße hat nur die subjektive Zeit Bedeutung, während die objektive Zeit keinerlei Relevanz besitzt.[285]

Damit lässt sich nun auch konkreter fassen, worin der Effekt der ‚Entzeitlichung‘ gründet, der die ‚heterochrone‘ Abweichung der Mußezeit von der Alltagszeit ausmacht: In der Entkoppelung von subjektiver und objektiver, von phänomenologischer und kosmologischer Zeit. Eben diese Entkoppelung bestimmt „die im Erleben ruhende, nicht messbare Mußezeit“.[286] Anders als im lebensweltlichen Normalfall fungiert in Muße die objektive Zeit nicht mehr als Vergleichsmaßstab der subjektiven Zeitempfindung. Zwar kann man auch in Muße das Verstreichen der Zeit spüren, es kümmert einen nur nicht mehr. Statt Zeitspannen zu vergleichen, zu verplanen und zu nutzen, kann sich das Individuum auf seine gegenwärtige, selbstgewählte Tätigkeit konzentrieren. Wenn jedoch die phänomenologische Zeit nicht mehr mit der kosmologischen Zeit abgeglichen wird, kann es dazu kommen, dass die Zeit völlig in Vergessenheit gerät: „Sobald man Muße hat, etwas zu tun, spielt die Zeit keine Rolle mehr. Gewiss hört die Zeit nicht auf, aber sie ist in eigentümlicher Weise außer Kraft gesetzt“.[287] Das eigentümliche ‚Außerkraftsetzen‘ der Zeit, das Figal beschreibt, kann für den Muße-Erlebenden den Anschein erwecken, die (phänomenologische) Zeit stehe völlig still, während die (kosmologische) Zeit unbemerkt weiterläuft.

Der kontemplative Effekt einer scheinbar ‚stillgestellten Zeit‘ bietet einen Ansatzpunkt, die Muße mit narratologischen Konzepten wie der ‚Erzählzeit‘ zu relationieren und auf diese Weise für die Textanalyse fruchtbar zu machen. Wie zu zeigen sein wird, lassen sich Momente der stillgestellten Zeit nicht nur in klassischen, muße-affinen autobiographischen Erzählungen nachweisen. Vielmehr bildet die Suggestion, dass der autobiographische Erzähler sich an einem mehr oder weniger zeitenthobenen Ort befinde, eine zentrale gattungspoetologische Prämisse. Damit lässt sich der Rekurs auf Topoi der Kontemplation in autobiographischen Erzählungen als Heuristik nutzen, um die verschiedenen Inszenie-

---

284 Blumenberg, *Lebenszeit und Weltzeit*, 291.

285 Soeffner, „Muße – Absichtsvolle Absichtslosigkeit“, 40 f.

286 Ebd., 45.

287 Figal, „Muße als Forschungsgegenstand“, 19.

rungen von Zeitlichkeit zu beschreiben und daraus Rückschlüsse auf die Subjektkonzeption eines Autors zu ziehen.[288]

Zunächst sei jedoch auf einige philosophische Konzepte und Begriffe hingewiesen, mit denen eine individuelle Zeitwahrnehmung jenseits kosmologischer Objektivität bezeichnet werden kann. Auf die Muße-Zeit als Sonderfall der subjektiven Zeiterfahrung lässt sich insbesondere der Begriff der ‚Weile' übertragen. Figal beschreibt die zeitliche Dimension der Muße als „sich einstellende Weile"[289], und noch gebräuchlicher zeigt sich die aktive Verbform des ‚Verweilens': „Musse ist Verweilen-Können", definiert Brühweiler[290]; „Muße verwirklicht sich in einem freien und sinnvollen Verweilen in der Zeit", meint Riedl.[291] Ertragreich für eine Beschreibung der Muße sind vor allem die Ausführungen des Philosophen Michael Theunissen über das Verweilen, der darunter die „Sammlung auf das je Gegenwärtige" versteht.[292] Verweilen könne nur derjenige, „welcher sich um Zukünftiges nicht kümmert und auch seiner vergangenen Leiden nicht gedenkt". In seiner Konzentration auf das Gegenwärtige spüre der Verweilende daher eine „Entlastetheit".[293] Mehr noch: Verweilen bedeute „eine bestimmte Art von Glück", mit dem Theunissen an das aristotelische Konzept der *theoría* und die dadurch erlangte *eudaimonía* anschließt: „Es handelt sich da um jenes Glück, das Aristoteles dem theoretischen Weltverhalten zusprechen kann, weil er *theoria* als Schauen begreift und insofern auf der gleichen Ebene ansiedelt, auf der das ästhetische Anschauen liegt".[294] Theunissen bestreitet zwar die gleichwertige und voneinander unabhängige Existenz einer subjektiven und einer objektiven Zeit, denn „[w]as man zur Ichzeit verselbständigt hat, ist in Wahrheit nichts als ein Vollzug der Zeit durch menschliche Subjekte, der Vollzug einer selbst nicht subjektiven Weltzeit".[295] Doch auch für ihn ist das glückliche Verweilen abhängig von einem Modus der Wahrnehmung, der der „homogen fortschreitenden Zeit" keine Beachtung mehr schenkt: „Demgegenüber eignet dem Augenblick die Abgerissenheit des Plötzlichen. Verweilen gewährt Glück, weil sein Gegenstand, herausgelöst aus meinem im Ausgriff auf Zukunft geleisteten Weltentwurf, plötzlich in einem neuen, ungewohnten Licht erscheint."[296]

Als Gegenstück zum gegenwartsorientierten Verweilen versteht Theunissen „das praktische Glück", das aus der „Synthetisierung der Zeiten" resultiert. Das erlebende Subjekt geht in diesem Fall nicht in der Gegenwart auf, sondern vermit-

288 Vgl. Kapitel 1.3.5 „Stillgestellte Zeit und Rückzugsorte des Erzählens".
289 Figal, „Die Räumlichkeit der Muße", 32.
290 Brühweiler, *Musse (scholé)*, 11.
291 Riedl, „Die Kunst der Muße", 20.
292 Michael Theunissen, *Negative Theologie der Zeit*, Frankfurt a. M. 1991, 291.
293 Ebd.
294 Ebd.
295 Ebd., 303 f.
296 Ebd., 292.

telt seine Vergangenheit, Gegenwart und Zukunft zu einer „Erfahrung von Kontinuität", die ihm die Konstruktion einer überzeitlichen Identität – Theunissen spricht von der „praktische[n] Selbstverwirklichung" – ermöglicht.[297] Anknüpfend an diese Gedanken lässt sich die Zeitstruktur des autobiographischen Erzählens als eine doppelte Glückserfahrung beschreiben, welche die von Theunissen vorgeschlagene strikte Trennung zwischen dem „ästhetisch-theoretische[n] Glück" des Verweilens und dem praktischen Glück der Selbstverwirklichung transgrediert.[298] Denn im autobiographischen Erzählen stellt das Subjekt seine Vergangenheit, seine Gegenwart und seine (erwartete) Zukunft in einen kontinuierlichen Zusammenhang – oder narratologisch ausgedrückt: im Erzählakt konstituiert sich das erzählende Ich als identisch mit seinem erinnerten und erzählten Ich. Der Erzählakt vollzieht sich jedoch gemäß der Topik der autobiographischen Literatur aus einer Situation mußevollen Verweilens heraus. Daher befindet sich der Autobiograph in einer paradoxen Situation: Seine Wahrnehmung ist zugleich auf die Gegenwart fixiert und auf die Vergangenheit gerichtet, so dass Präsenzerfahrung und das Eintauchen in die Erinnerung nebeneinander existieren.

Die „Simultaneität" des mußevollen Verweilens steht indes keineswegs in einem Widerspruch zur Retrospektion des Erzählens.[299] Zahlreiche autobiographische Texte inszenieren ein enges Wechselspiel zwischen Gegenwarts- und Vergangenheitsperspektive, etwa indem Dinge, die dem Autobiographen vor Augen stehen, assoziative Erinnerungen hervorrufen – Prousts *mémoire involontaire* ist wohl die bekannteste Variante einer solchen Mnemopoetik, welche die Erinnerung der Vergangenheit unmittelbar an die Gegenwart des Erzählers knüpft.[300] Ein weiterer Topos der modernen Autobiographik, der auf der Überblendung beider Zeitebenen basiert, ist die Rückkehr des Autobiographen an einen bedeutenden Erinnerungsort. So demonstrieren Autoren, dass gerade die Konfrontation mit der Gegenwart ein Tor zur Vergangenheit öffnen kann.

Jenseits der Literatur ist ein solcher Zusammenhang auch theoretisch zu begründen. Mit Maurice Halbwachs' bahnbrechenden Studien lässt sich das Gedächtnis als eine „Rekonstruktion" der Vergangenheit „von der Gegenwart" aus begreifen.[301] Die Erinnerung an Geschehenes ist Halbwachs zufolge immer an die gegenwärtige Situation und den sozialen Kontext des Erinnernden gebunden.[302] Diese sozialphilosophische Einsicht ist in der Narratologie ebenso wie in der Psychologie auf einen fruchtbaren Boden gefallen.[303] So beschreibt etwa

[297] Ebd., 291 f.

[298] Ebd., 291.

[299] Figal, „Die Räumlichkeit der Muße", 30 f.

[300] Vgl. die Ausführungen zur *mémoire involontaire* in Kapitel 3.3.

[301] Maurice Halbwachs, *Das Gedächtnis und seine sozialen Bedingungen*, Frankfurt a. M. 1985, 63–65.

[302] Vgl. ebd., 201.

[303] Vgl. bspw. Ricœur, *Zeit und Erzählung.*

der Neuropsychologe Daniel Schacter Erinnerungen als „die hinfälligen, aber machtvollen Produkte dessen, was wir aus der Vergangenheit behalten, über die Gegenwart glauben und von der Zukunft erwarten".[304] Aus Schacters Bemerkungen wird deutlich, dass sein konstruktivistisches Verständnis der Erinnerung nicht nur auf Halbwachs zurückgeht, sondern gar die augustininische Formulierung von der Erinnerung als „Gegenwart des Vergangenen" aktualisiert.

Das Heraustreten aus der Alltagszeit in eine rein subjektive „Heterochronie" und das Verweilen des Subjekts im gegenwärtigen Augenblick sind damit nur die ersten Schritte auf dem Weg der Selbstreflexion, die den Autobiographen in die eigene Vergangenheit zurückführen kann. Es wird die Aufgabe folgender Kapitel sein, diesen hier thesenhaft formulierten temporalen *double-bind* des autobiographischen Erzählens an das Verweilen und die Retrospektion narratologisch zu fundieren und an Textbeispielen zu demonstrieren.

1.2.3. Die Räumlichkeit der Muße

Die Geschichte kennt seit der Antike eine Vielzahl von Orten, räumlichen Arrangements und Praktiken, die dem Individuum den Eintritt in die Muße ermöglichen sollen oder Ausdruck einer individuellen Disposition zur Muße sind. Während sich etwa die römischen Aristokraten auf ihre Landgüter zurückzogen, inszenierten die neuzeitlichen Fürsten ihre Muße in aufwendig gestalteten Residenzen oder in weitläufigen Gärten. Letztere weisen als Orte der Kontemplation eine erstaunliche historische Kontinuität auf, welche die Klostergärten der Mönche ebenso umfasst wie die Stadtparks, in denen die bürgerlichen Flaneure seit dem 19. Jahrhundert Ruhe vor dem Lärm der Gassen suchten – sofern sie nicht gleich in den Wald oder in die arkadischen Landschaften Italiens flüchteten. Die ‚schöne' Landschaft wiederum ist ein Beispiel dafür, dass nicht jeder Muße-Ort als solcher gebaut sein muss. Vielmehr können bestimmte raumzeitliche Praktiken wie der Spaziergang oder die Wanderung im performativen Vollzug einen Ort erst zum Muße-Ort machen. Die ausgeprägte ‚Raumkultur' der Muße ist daher weder zu übersehen, noch ist sie einfach zu erfassen. Sie manifestiert sich in vielen Varianten, und auch in der autobiographischen Literatur ist sie an zahlreichen Stellen präsent: Augustins Garten, Montaignes Bibliothek, Rousseaus Insel und Goethes Italien zählen zu den bekanntesten *topoi* der Muße.

Die Theoretiker der Muße haben sich intensiv mit ihren räumlichen Bedingungen und Manifestationen beschäftigt. Dies mag zum einen im kulturwissenschaftlichen *spatial turn* begründet sein, der in der Muße ein dankbares Untersuchungsobjekt findet. Zum anderen hat dies mit einer Präferenz der Phänomenologie für die Räumlichkeit zu tun. In besonderer Weise gilt das für den

[304] Daniel L. Schacter, *Wir sind Erinnerung. Gedächtnis und Persönlichkeit*, übers. v. Hainer Kober, Reinbek bei Hamburg 1999, 496.

Philosophen Günter Figal, der in seinen Arbeiten über die Muße programmatisch ein ‚Primat des Raumes' erklärt hat.[305] Doch lassen sich in der Forschung diverse Herangehensweisen an die Räumlichkeit der Muße unterscheiden, die von den Autoren an ganz unterschiedlichen Aspekten festgemacht und folglich auf ganz verschiedenen Beschreibungsebenen angesiedelt wird.

So widmen sich einige Studien der detaillierten Beschreibung konkreter Räume der Muße, d. h. insbesondere architektonischer oder natürlicher Arrangements, die aufgrund ihrer Merkmale besonders geeignet scheinen, dem Individuum Situationen der Muße zu ermöglichen.[306] Diesem Ansatz liegt die Annahme zugrunde, auf eine bestimmte Weise konstruierte oder hervorgebrachte Räume könnten zwar die Muße nicht in einem deterministischen Sinne herstellen, sie könnten sie aber begünstigen. Auf eine solche Affinität der Muße zu bestimmten Lokalitäten zielt etwa Figal mit seiner Bemerkung: „Die Muße sucht und findet ihre Orte und Räume".[307] Diese Feststellung wirft Fragen auf, etwa danach, welche Eigenschaften einen Raum für die Muße prädestinieren, ob diese Eigenschaften über verschiedene Zeiten und verschiedene Kontexte hinweg eine gewissermaßen anthropologische Kontinuität aufweisen oder ob jede Epoche ihre spezifischen Mußeräume hervorbringt. Die Tatsache allerdings, dass die absichtsvolle Konstruktion von Gärten, Bädern, Museen und anderen Muße-Orten sich durch die europäische Kulturgeschichte zieht, ist zumindest ein Indiz dafür, dass ein epochenübergreifendes Bewusstseins für die begünstigende Wirkung bestimmter räumlicher ‚Rahmungen' der Muße existiert.[308]

Ein zweiter theoretischer Ansatz besteht darin, nicht bestimmte Räume der Muße zu untersuchen, sondern die Muße selbst metaphorisch als einen Raum zu beschreiben. Fumaroli beispielsweise bestimmt die Muße als einen Ermöglichungsraum für die Reflexion: „Le recueillement promis par l'*otium* concerne les conditions de la pensée. Il est l'espace où elle est possible."[309] Der argumentative Vorteil einer solchen Bezeichnungspraxis liegt auf der Hand: Fasst man die Muße als eine räumliche Einheit, kann man sie gegen andere soziale ‚Räume' abgrenzen, wie z. B. gegen den Raum der Arbeit, der Ökonomie, der Politik. Die strukturelle Dichotomie von Muße und Alltagswelt lässt sich als räumliche Opposition leichter konzeptualisieren – Muße wird beschreibbar als das „Jenseits

---

305 Vgl. Günter Figal, „Muße als räumliche Freiheit. Phänomenologie von Raum und Muße (Heidegger und Nietzsche)", in: Burkhard Hasebrink/Thomas Klinkert (Hg.), *Muße. Konzepte, Räume, Figuren. Der Freiburger Sonderforschungsbereich 1015 im Überblick*, Freiburg i. Br. 2014, 12 f.

306 Zahlreiche Fallstudien solcher Räume der Muße bietet der Sammelband von Günter Figal/Hans W. Hubert/Thomas Klinkert (Hg.), *Die Raumzeitlichkeit der Muße*.

307 Figal, „Die Räumlichkeit der Muße", 26.

308 Den nützlichen Begriff der „Rahmung" übernehme ich von Soeffner, „Muße – Absichtsvolle Absichtslosigkeit", 44.

309 Renouard, „L'*otium* entre politique et rêverie", 73.

von Arbeit und [J]enseits von Freizeit".[310] Ganz in diesem Sinne identifiziert etwa Riedl die Muße mit „Freiräumen", die Abstand von „allen gesellschaftlichen und politischen Zwangsmechanismen der Moderne" ermöglichen.[311]

Muße wird damit als ein Bereich des menschlichen Lebens verstanden, der Voraussetzung für bestimmte kognitive oder praktische Prozesse ist: ‚In' der Muße kann der Mensch über sich nachdenken, sich selbst verwirklichen. Eine Grundlage für die raummetaphorische Beschreibung der Muße bietet nicht zuletzt die Etymologie des Begriffs. Das Deutsche Wörterbuch nennt unter dem Lemma *musze* „die örtliche bedeutung des gegebenen raumes, spielraums", die sich im (damaligen) Bairischen noch erhalten habe.[312] Eine der historischen Bedeutungsdimensionen des zugehörigen Adjektivs *müszig* ist folglich „spielraum habend, los, frei, ledig, locker, ungedrängt".[313] Im Alemannischen bedeutet *musz* oder *muesz* sogar ganz direkt „raum, spatium".[314] Obgleich sich diese Bedeutungsvarianten im heutigen Sprachgebrauch weitgehend verloren haben, deuten sie doch auf eine ursprüngliche Assoziation von Muße und Raum hin: „[N]ur das Wort ist verblasst; die Sache ist dieselbe geblieben, und also darf man sagen, dass die Raumaffinität der Muße wesentlich ist".[315]

Schließlich wird von der Forschung ein dritter Aspekt der Muße unter dem Schlagwort der Räumlichkeit diskutiert: Das Muße-Erlebnis eines Subjekts sei, so die Prämisse, geprägt von der verstärkten Wahrnehmung des umgebendes Raumes. In diesem Sinne argumentiert Figal aus phänomenologischer Perspektive, Muße sei fundamental charakterisiert durch das „räumliche Dasein, das inmitten der Welt und zugleich der Welt gegenüber ist".[316] Indem das in Muße befindliche Individuum seinen Blick auf die Umgebung richte – hier werden wiederum alte Konzepte einer ‚betrachtenden' *theoría* und *contemplatio* aufgerufen –, rücke der Muße-Raum ganz in den Fokus seiner Aufmerksamkeit und mache die Muße so zu einem räumlichen Erlebnis. Die besondere Eigenschaft des mußevollen Blicks liege, so Figal, gerade in der Abstraktion von zeitlichen Abläufen und in der Integration verschiedener Eindrücke zu einem räumlichen Ganzen:

Die mußevolle Betrachtung des städtischen Platzes sieht weniger das Kommen und Gehen als vielmehr das Gesamtbild und das Kommen und Gehen in ihm. Sie sieht, wie jede mußevolle Betrachtung, alles im Raum – im Spiel von Ferne und Nähe, im Zusammengehören dessen, was einander äußerlich ist, im Freiraum des „großen Horizonts", in dem

310 Wulf/Zirfas, „Die Muße", 9.

311 Riedl, „Die Kunst der Muße", 26.

312 Jacob Grimm/Wilhelm Grimm, „Musze", in: *Deutsches Wörterbuch*, Bd. 12, Leipzig 1854–1961, 2771–2773, 2771.

313 Jacob Grimm/Wilhelm Grimm, „Müszig", in: *Deutsches Wörterbuch*, Bd. 12, Leipzig 1854–1961, 2773–2778, 2773.

314 Grimm/Grimm, „Musze", 2771.

315 Figal, „Die Räumlichkeit der Muße", 26.

316 Ebd., 32.

etwas sich zeigen kann. Dieser Freiraum lässt alles, was in ihm da ist oder in ihn eintritt, simultan sein.[317]

Der Aspekt der Raumwahrnehmung ist neben den konkreten, in literarischen Texten inszenierten Räumen der Muße für die vorliegende Untersuchung von besonderer Bedeutung. Denn die Art und Weise, wie bestimmte Orte und räumliche Konfigurationen vom autobiographischen Erzähler perspektiviert und attribuiert werden, kann Indizien dafür liefern, welche Bedeutung der kontemplativen Bewegung, dem Schauen und dem Verweilen an einem Ort für die Selbstreflexion zugesprochen wird.

Wie also lassen sich die konkreten *Räume der Muße* und die charakteristische *Raumwahrnehmung in Muße* in einem Modell integrieren? Zunächst können einige der in Bezug auf die Zeitlichkeit angestellten Überlegungen auch auf die Räumlichkeit übertragen werden, denn es besteht eine Strukturanalogie zwischen der räumlichen und der zeitlichen Dimension der Muße. Diese betrifft vor allem das Verhältnis zum sozialen ‚Normalfall', d. h. zur mußefernen Alltagsfolie. Ist Muße charakterisiert durch einen ‚Ausnahmezustand der Zeit', der mit der alltäglichen Verwaltung und Messung der Zeit als einer knappen ökonomischen Ressource bricht, so lässt sich Muße ebenso als eine Ausnahme oder Abweichung von der üblichen Perzeption des Raumes verstehen. Eine Muße erlebende Person, so die phänomenologische Prämisse, nimmt einen begrenzten Raum nicht mehr als bloßen Container wahr, der nutzbar gemacht und mit Objekten angefüllt werden kann. Gleichermaßen erscheint der unbegrenzte Raum zwischen zwei Orten nicht mehr als lästige, zu überwindende Distanz. Stattdessen treten die Qualitäten des Raumes selbst hervor, zu dem sich das Subjekt in eine individuelle Beziehung setzt. In der Kulturgeschichte finden sich zahlreiche Beispiele für eine solche mußevolle Aneignung von Räumen: Statt den leeren Wald zu fürchten, ihn als Gefahrenquelle zu meiden oder ihn auf dem schnellsten Wege zu durchqueren, beginnt das Bürgertum im 18. Jahrhundert, den Wald bewusst für ziellose Spaziergänge aufzusuchen.[318] Ähnliches lässt sich über die Gebirge konstatieren, die in dieser Zeit von der *terra incognita* zu einem Ort der Selbstbegegnung werden.[319] Offensichtlich verändert sich in diesen Fällen kaum der Raum selbst, sondern vor allem die Wahrnehmung des Raumes, der nun für Praktiken der mußevolle Bewegung und Kontemplation geeignet erscheint. Aufgesucht wird er nicht aus ökonomischen oder sozialen Erwägungen heraus, sondern als eigenständiger Erlebnis- und Erfahrungsraum. Ließ sich die temporale Dimension der Muße mit dem Schlagwort der ‚Entzeitlichung' fassen, bietet sich nun ‚Verräumlichung' als ein Begriff an, um die Verschiebung der Wahrnehmung auf die Qualitäten des Raumes zu beschreiben.

[317] Ebd., 30 f.
[318] Vgl. Kapitel 2.2.
[319] Vgl. Kapitel 2.3.

Die mußevolle Wahrnehmung des Raumes beruht daher auf einem semantischen Prozess. In Muße wird der Raum von einer physischen bzw. geographischen Gegebenheit zu einem bedeutungsvollen Ort. Die Semantisierung kann dabei sowohl auf kollektiven Prozessen als auch auf individueller Sinnstiftung beruhen, und in vielen Fällen vermengt sich beides miteinander. Indem ein unbestimmter Raum mit Bedeutung ‚aufgeladen' wird, kann das Individuum sich diesen ‚objektiven' Raum aneignen, ihn subjektivieren und ihn so zu einem *Ort* (der Muße) werden lassen.

Die Begriffe ‚Raum' und ‚Ort', über deren Bedeutung und Verhältnis in der Raumtheorie bislang kein Konsens herrscht[320], sollen in der vorliegenden Arbeit eben diese Differenz bezeichnen: Während der Raum eine gewissermaßen apriorische Struktur und Anordnung darstellt, entstehen Orte erst durch die Unterscheidung verschiedener Räume, durch das Festlegen von Grenzen und vor allem durch die Attribution von Sinn an eine bestimmte topographische, topologische oder auch soziale Struktur.[321] Der in Muße vollzogene Schritt vom Raum zum Ort ist zwar nicht völlig analog zum Schritt von der objektiven zur subjektiven Zeitwahrnehmung, doch ähnelt sich das Verhältnis zumindest strukturell: Während der Raum mehr oder weniger objektiv „teilbar und meßbar" erscheint, ist dagegen „die Verbindung des Ortes mit einem Selbst, das sich hier befindet und dieses Hiersein auch bezeichnet" von „herausragender Bedeutung".[322] Mit Jacques Derrida lässt sich der Ort als ein „besetzter/belehnter/ausgestatteter Ort (*lieu investi*), im Gegensatz zum abstrakten Raum" fassen.[323] Eben diese Unterscheidung macht sich die vorliegende Arbeit zu eigen.

Die Quelle im Wald wird also erst dadurch zum Ort, dass sie vom umgebenden Raum begrifflich unterschieden und – z. B. als *locus amoenus* in der Literatur – zum kulturellen Bedeutungsträger avanciert. Dagegen ist ein architektonischer Raum als eine von Menschen geschaffene, bedeutungsvolle Konstruktion immer schon ein Ort. Natürlich ist nicht jeder Ort automatisch auch ein Muße-Ort, zudem ist die Semantik eines Ortes keineswegs für alle Individuen einer Gemeinschaft verbindlich und unabhängig vom Kontext gültig. Während etwa die Geschäftigkeit (*negotium*) eines belebten städtischen Platzes eine Person völlig absorbieren kann, ist nicht ausgeschlossen, dass derselbe Platz zeitgleich von einem Flaneur mußevoll begangen und beschaut wird. Auch in diesem Fall ent-

[320] Zu den Begriffen ‚Raum' und ‚Ort' sowie ihren unterschiedlichen Relationierungen im Verlauf der Philosophiegeschichte vgl. Bernhard Waldenfels, *Ortsverschiebungen, Zeitverschiebungen. Modi leibhaftiger Erfahrung*, Frankfurt a. M. 2009, 31; vgl. außerdem Stephan Günzel, „Raumkehren", in: Stephan Günzel (Hg.), *Raum. Ein interdisziplinäres Handbuch*, Stuttgart/Weimar 2010, 77–120.

[321] Zum Begriff des ‚sozialen Raumes' und des ‚Raumes als soziale Praxis' vgl. näher Schroer, „Raum, Zeit und soziale Ordnung".

[322] Waldenfels, *Ortsverschiebungen, Zeitverschiebungen*, 32 f.

[323] Jacques Derrida, *Chōra*, Wien 1990, 42.

scheidet nicht die apriorische Gestalt des Raumes, sondern vielmehr die Einstellung des Subjektes zu ihm.

In Muße, so lässt sich als Zwischenfazit formulieren, tritt das Erleben der individuellen Qualitäten eines Ortes ganz in den Vordergrund, während das Subjekt den abstrakten, ‚messbaren' Raum kaum mehr wahrnimmt. Eine solche Wahrnehmung stellt offensichtlich eine Ausnahme oder Abweichung gegenüber der alltäglichen Perzeption des Raumes dar, die häufig an Größen, Distanzen und anderen ‚objektiven' Daten ausgerichtet ist. Analog zum Begriff der ‚Heterochronie' lässt sich folglich die Räumlichkeit der Muße als eine ‚Heterotopie' fassen. Dieser Begriff hat im Zuge des *spatial turn* eine enorme Konjunktur erfahren und zählt heute zu den im kulturwissenschaftlichen Diskurs überstrapazierten Termini. Doch birgt er, auf die Muße angewendet, bedeutende theoretische Anschlussmöglichkeiten und ein erhebliches analytisches Potenzial.

Als „hétérotopies" bezeichnet Michel Foucault einen bestimmten Typus von Orten, die jeder Kultur eingeschrieben seien. Auf ähnliche Weise wie in ‚Utopien' würden in Heterotopien die regulären Ordnungsmechanismen einer Gesellschaft zugleich repräsentiert, infrage gestellt und invertiert („à la fois représentés, contestés et inversés"). Doch anders als fiktionale Utopien seien Heterotopien an reale Orte („lieux réels") gebunden. Als „utopies effectivement réalisées" hätten sie einen paradoxen Status: Sie seien „des sortes de lieux qui sont hors de tous les lieux, bien que pourtant ils soient effectivement localisables". Heterotopien bilden, mit anderen Worten, eine Art von ‚Gegen-Orten', an denen die Regeln und Prozesse einer Gesellschaft ausgesetzt oder umgekehrt sind. Eben dies ist ihre hervorstechende Eigenschaft: Sie sind „absolument autres que tous les emplacements qu'ils reflètent".[324]

Diese Eigenschaft prädestiniert den Begriff der Heterotopie für die Beschreibung des räumlichen (und zeitlichen) Abweichungscharakters der Muße. Einige von Foucault exemplarisch erläuterte Heterotopien – Gärten, Bibliotheken, Museen – korrepondieren auf eindrückliche Weise mit ‚klassischen' Orten der Muße. Doch über die konkreten Realisationsformen hinaus können Muße und Müßiggang *per se* als heterotopische Strukturen gelten, wenn man sie als Abweichungen vom ‚normalen' Funktionsmodus einer Gesellschaft versteht. Explizit nennt Foucault die „oisiveté" als ein Beispiel für eine solche Heterotopie der Abweichung („hétérotopie de déviation"), denn „dans notre société où le loisir est la règle, l'oisiveté forme une sorte de déviation".[325]

Doch kann der Begriff der Heterotopie die Untersuchung nicht allein deshalb informieren, weil er den Abweichungscharakter der Muße terminologisch erfasst. Auch für die zweite hier vorgestellte Beobachtung – dass nämlich die ‚Andersartigkeit' der Muße vor allem in einer veränderten, ganz subjektiven

324 Foucault, „Des espaces autres", 755 f.

325 Ebd., 757.

Wahrnehmung von Orten und Zeiten besteht – bietet das Konzept relevante Anknüpfungspunkte. Der Romanist Rainer Warning hat in einer umfangreichen Studie „Heterotopien als Räume ästhetischer Erfahrung" beschrieben und damit eine Möglichkeit aufgezeigt, den spezifischen Wahrnehmungsmodus einer literarischen Muße-Heterotopie zu bestimmen.[326] Warning zufolge entstehen „[l]iterarische Heterotopien" aus einer

> [...] Konvergenz des schreibenden Subjekts mit einem realen Raum, den es aufgrund bestimmter Merkmale imaginativ als einen ‚anderen Raum' erfahren und festhalten kann, wobei bereits gegebene Besetzungen dieses Raums durch das sozial Imaginäre einer solchen Korrespondenz entgegenkommen können, wie das für die meisten Beispiele des Foucaultschen Katalogs gilt, von derartigen Vorgaben aber nicht abhängig ist.[327]

Ganz im Sinne Foucaults meint Warning also, dass nicht der Raum selbst über seinen Status als Homotopie (d. h. als ‚regulärer' Ort) oder als Heterotopie entscheidet, sondern erst die Einstellung des Autors bzw. Erzählers zu diesem Raum. Allerdings könne der „Raum Merkmale aufweisen, die ihn so auszeichnen, dass sie das Subjekt zu einer heterotopen Interpretation einladen".[328] Unter diesen Merkmalen des Raumes versteht Warning bestimmte „Stimuli des Imaginären", die das Subjekt dazu bewegen, von der Konzentration auf die Realität in den Modus der Imagination zu wechseln. Dafür nennt Warning einige Beispiele, die auch als Muße-Situationen konzipiert sein könnten:

> Das kann Einsamkeit, Naturschönheit und Zivilisationsferne sein, von der sich ein zivilisationsgeschädigtes Subjekt angezogen fühlt. [...] Das kann aber auch einfach eine geschützte Bank sein, die im Großstadttrubel zum Verweilen einlädt, oder auch nur ein Bretterverschlag, der eine potentielle Baustelle eingrenzt, einen „terrain vague", [...]. Literarische Heterotopien konstituieren sich in solchen Begegnungen von Stimuli des Imaginären mit einem Subjekt, das sich von ihnen affizieren lässt.[329]

Letztlich entscheide also die – ggf. durch die Stimuli des Raumes hervorgerufene – „imaginative Kraft" des Subjekts über die Transformation einer Homotopie in eine Heterotopie. Überträgt man diese Vorstellung auf den speziellen Fall autobiographischer Erzählungen, besteht Anlass zu der Vermutung, dass die Erzähler durchaus eine Präferenz für topische, zur Muße anregende Orte zeigen. Grundsätzlich jedoch kann das Subjekt an jedem beliebigen Ort aus den Alltagszwängen heraustreten und in einen Modus kontemplativer Selbstreflexion und Selbsterzählung wechseln. Die Voraussetzung dafür ist nach Warning schon gegeben, „wenn räumliche Vorgabe und affektive Disposition des Subjekts sich zu einer solchen Interpretation zusammenschließen".[330]

[326] Warning, *Heterotopien als Räume ästhetischer Erfahrung.*
[327] Ebd., 21.
[328] Ebd.
[329] Ebd., 29.
[330] Ebd.

Nicht zufällig erläutert Warning seine Thesen anhand von Textbeispielen, die für das moderne Verständnis von Muße und Autobiographie zentral sind, darunter Rousseaus fünfter *promenade*. Mit der Episode auf der Île Saint-Pierre löse Rousseau die „wichtigsten Grundmerkmale der Idylle" ein, allen voran „Raumfokalisierung, Naturschönheit, Sujetlosigkeit, Geborgeneit, Konfliktfreiheit". Das autobiographische Subjekt könne daher eintauchen in „einfache Lebensformen, Muße für kreativ-lustvolle Betätigungen, insgesamt also eine euphorisch gestimmte Phantasiewelt, die ihren Gegenpart, die zivilisatorische Realität, nur am Horizont aufscheinen oder allenfalls zitathaft in sich eindringen lässt".[331] Rousseau kontrastiere die mußevolle Heterotopie der Petersinsel gegen die hektische Normalität der Metropole Paris. So kommt Warning zu einem Befund, der die hier vorgebrachte These über die ‚Verräumlichung' und ‚Entzeitlichung' der mußevollen Wahrnehmung bestätigt: „Der räumlichen Intensität von Stille und Einsamkeit in Rousseaus fünfter *Rêverie* entspricht eine Rücknahme zeitlicher Intensität bis hin zur Illusion eines zeitenthobenen nunc stans [...]".[332]

Allerdings wirft die Übertragung von Warnings ästhetischem Heterotopiebegriff auf autobiographische Texte durchaus Probleme auf. Denn wenn Warning literarische Heterotopien vor allem als Freiräume des ‚Imaginären' fasst, so scheint er damit im Grunde auf fiktionale Erzählungen zu zielen. Will man seine Gedanken auf eine faktuale Textsorte wie die Autobiographie anwenden, ist daher eine Modifikation und Erweiterung seiner These notwendig: In autobiographischen Erzählungen bietet ein heterotoper Muße-Ort dem Erzähler nicht so sehr Stimuli der Imagination als vielmehr Stimuli der Reflexion und Retrospektion. Die Realisationsformen dieser Stimuli können sich allerdings überschneiden – Natureinsamkeit und Idylle werden ebenso von fiktionalen wie von autobiographischen Erzählern aufgesucht. Solche örtlichen Korrespondenzen sind naheliegend, denn sowohl die Imagination als auch die autobiographische Retrospektion distanzieren das Subjekt vom regulären Alltag.

Doch gibt es auch Stimuli, die in besonderer Weise die autobiographische Retrospektion betreffen. Der vielleicht wichtigste Impuls, der die Wahrnehmung des autobiographischen Subjektes auf den Raum lenkt und es zum mußevollen Innehalten veranlasst, ist die Assoziation eines Ortes mit persönlichen Erinnerungen. Im kulturwissenschaftlichen Diskurs werden solche Orte, denen eine spezifische sinn- und identitätsstiftende Funktion zukommt, auch als ‚Erinnerungsorte' bezeichnet. Sie stellen den vielleicht bedeutendsten Typus der autobiographischen Heterotopie dar.

Der Begriff der „lieux de mémoire" geht auf den Historiker Pierre Nora zurück, der unter diesem Titel zu Beginn der 1980er-Jahre eine umfangreiche Dar-

---

[331] Ebd., 43 f.

[332] Ebd., 37.

stellung bedeutender Erinnerungsorte der französischen Republik herausgab.[333] Erinnerungsorte seien immer zugleich materiell, symbolisch und funktional ausgerichtet auf die „cristallisation du souvenir et sa transmission". In ihnen interagierten und überschnitten sich zwei Formen des Gedächtnisses, die Nora als sonst getrennte und sogar gegensätzliche Phänomene begreift, nämlich das lebendige und identitätsstiftende kollektive Gedächtnis („mémoire") einerseits und die konstruierte, akademische Geschichte („histoire") andererseits: „Ce qui les constitue est un jeu de la mémoire et de l'histoire, une interaction des deux facteurs qui aboutit à leur surdétermination réciproque."[334]

Während Nora den Begriff ausschließlich in einem nationalen Bezugsrahmen verwendete, haben Aleida und Jan Assmann das Konzept des Erinnerungsortes seit Ende der 1980er-Jahre erheblich ausgeweitet und es auf andere Formen kollektiver Gedächtnisprozesse übertragen. Sie unterscheiden zunächst „zwischen dem *kulturellen*, epochenübergreifenden Gedächtnis, das durch normative Texte gestützt ist, und dem *kommunikativen*, in der Regel drei Generationen verbindenden Gedächtnis der mündlich weitergegebenen Erinnerungen".[335] Das kulturelle Gedächtnis könne nicht nur an Texte gebunden sein, sondern auch an andere „kulturelle Objektivationen" wie Trachten, Bräuche oder Gebäude, die „ein kulturelles Gedächtnis [...] stabilisieren, u. U. über Jahrtausende hinweg".[336] Im Zentrum des Interesses von Jan und Aleida Assmann stehen vor allem das kulturelle Gedächtnis und die „Erinnerungsräume", an die es gebunden ist. Mit dem recht weit gefassten Begriff des Erinnerungsraumes bezeichnet Aleida Assmann neben topographischen Orten oder Gebäuden auch Schriften, Bilder und andere Medien. Dagegen bilden Erinnerungs*orte* als konkrete „Schauplätze" einen besonderen Fall solcher „externalisierten Gedächtnismedien".[337] Die Orte seien „für die Konstruktion kultureller Erinnerungsräume von hervorragender Bedeutung", denn „[n]icht nur, daß sie die Erinnerung festigen und beglaubigen, indem sie sie lokal im Boden verankern, sie verkörpern auch eine Kontinuität der Dauer".[338] Erinnerungsorte könnten „ein Gedächtnis auch über Phasen kollektiven Vergessens hinweg beglaubigen oder bewahren". Durch die Rückkehr der Menschen an die „bedeutsamen Orte" könne es zu einer „‚Re-

333 Pierre Nora (Hg.), *Les lieux de mémoire*, 3 Bde., Paris 1984–1992.

334 Pierre Nora, „Entre mémoire et histoire. La problematique des lieux", in: Pierre Nora (Hg.), *Les lieux de mémoire*, Bd. 1, Paris 1984–1992, XV–XLII, XXXIV f. Eine derartige Unterscheidung von *mémoire* und *histoire* geht allerdings schon auf Maurice Halbwachs zurück, der die „mémoire autobiographique" von der „mémoire historique" abgrenzt, vgl. Maurice Halbwachs, *La mémoire collective*, nouv. éd., revue et augm. par Gérard Namer, Paris 1997, 99.

335 Aleida Assmann, *Erinnerungsräume. Formen und Wandlungen des kulturellen Gedächtnisses*, München 2009, 13. (Herv. i. O.)

336 Jan Assmann, „Kollektives Gedächtnis und kulturelle Identität", in: Jan Assmann (Hg.), *Kultur und Gedächtnis*, Frankfurt a. M. 1988, 9–19, 12.

337 Assmann, *Erinnerungsräume*, 21.

338 Ebd., 299.

animation'" kommen, „wobei der Ort die Erinnerung ebenso reaktiviert wie die Erinnerung den Ort".[339]

Einige dieser Erinnerungsorte, wie beispielsweise Museen, Park- und Schlossanlagen, sind unmittelbar auch als topische Orte der Muße zu erkennen. Allerdings schränkt der Fokus auf gesellschaftliche oder gemeinschaftliche Erinnerungsorte den Nutzen des Konzeptes für die Analyse autobiographischer Texte ein, sind die Orte des Erinnerns und Erzählens doch in der Regel von einer ganz subjektiven Aneignung und Bedeutungszuweisung abhängig. Kollektivistische Vorstellungen des Erinnerungsraumes, wie sie bei Nora und den Assmanns dominieren, sind folglich auf individuelle Erinnerungsorte zu übertragen. Diese Unterscheidung ermöglicht es zudem, jene autobiographischen Sonderfälle in den Blick zu nehmen, in denen kollektive und individuelle Erinnerungsorte sich überschneiden, wie es etwa im Falle von Kriegs- und Holocaust-Autobiographien der Fall ist.[340]

Das Konzept des Erinnerungsortes verdeutlicht, dass die enge Beziehung zwischen dem autobiographischen Erzählen und der Muße, deren Evidenz hier bislang vor allem aus der Literaturgeschichte abgeleitet wurde, auch aus raumtheoretischer Sicht sehr plausibel erscheint. Eine der prominentesten Funktionen des Autobiographischen besteht schließlich darin, sich ganz in die Betrachtung eines Ortes zu versenken, um den mit ihm verbundenen Erinnerungen und Bedeutungen nachzuspüren. Am Erinnerungsort treffen kontemplative Raumfokussierung und biographische Erinnerung aufeinander und formen ein wirkmächtiges autobiographisches Paradigma. In der Moderne inszenieren nicht wenige Autobiographen die Rückkehr des erinnernden Ich an einen persönlichen Erinnerungsort als einen kontemplativen Moment, in dem es zur gegenseitigen ‚Reanimation' von Ort und Erinnerung kommt.

Abschließend ist noch einmal kritisch auf das zu Beginn angesprochene ‚Primat des Raumes' in der Mußeforschung zurückzukommen. Wenngleich die Bedeutung bestimmter Raumkonzeptionen für die Muße und das autobiographische Erzählen nicht zu leugnen ist, so ist doch insgesamt ersichtlich, dass eine alleinige Vorrangstellung des Raumes dem Gegenstand nicht gerecht wird. Zu sehr sind räumliche und zeitliche Aspekte der Muße miteinander verwoben und voneinander strukturell abhängig, als dass es sinnvoll wäre, sie gegeneinander auszuspielen. Zwar lassen sich Zeitaspekt und Raumaspekt durchaus analytisch differenzieren und anhand ihrer spezifischen Merkmale beschreiben, doch trägt letztlich die Wechselwirkung beider Aspekte wesentlich zur Struktur und zum phänomenologischen Erleben der Muße bei.

---

339 Ebd., 21.

340 Vgl. die Beispiele Thomas Bernhard (Kapitel 1.3.4), Marcel Reich-Ranicki (Kap. 2.1) und Peter Härtling (Kap. 4.1).

Die moderne, relativistische Physik hat sich seit Einstein von einer konzeptuellen Trennung von Raum und Zeit verabschiedet und arbeitet seither mit dem Begriff der ‚Raumzeit'. Die Vorstellung, dass Räumlichkeit und Zeitlichkeit nur Aspekte eines einzigen zugrundeliegenden Phänomens seien, hat auch Eingang in die Literaturwissenschaft gefunden. Den vielleicht einflussreichsten, wenngleich nur skizzenhaft ausgearbeiteten Versuch einer solchen Versöhnung von Raum und Zeit stellt Michail Bachtins Begriff des *Chronotopos* dar, den er nach eigener Aussage direkt aus eben jener „mathematischen Naturwissenschaft" entlehnt.[341] Als Chronotopos bezeichnet Bachtin den „grundlegenden wechselseitigen Zusammenhang der in der Literatur künstlerisch erfaßten Zeit-und-Raum-Beziehungen". Dieser „untrennbare" Zusammenhang führe dazu, dass im „künstlerisch-literarischen Chronotopos [...] räumliche und zeitliche Merkmale zu einem sinnvollen und konkreten Ganzen" verschmelzen. Bachtin versteht den Chronotopos nicht nur als narratives Prinzip, sondern auch als einen ästhetischen Effekt. Dies wird deutlich, wenn er Kategorien der Wahrnehmung heranzieht, um die Wirkung des Chronotopos zu umschreiben: „Die Zeit verdichtet sich hierbei, sie zieht sich zusammen und wird auf künstlerische Weise sichtbar; der Raum gewinnt Intensität, er wird in die Bewegung der Zeit, des Sujets, der Geschichte hineingezogen. Die Merkmale der Zeit offenbaren sich im Raum, und der Raum wird von der Zeit mit Sinn erfüllt und dimensioniert".[342]

Schon um die phänomenologische Wechselwirkung von Raum und Zeit in der Muße terminologisch prägnant zu erfassen, bietet es sich an, mit Bachtin vom ‚Chronotopos der Muße' oder schlicht von der ‚Raumzeitlichkeit der Muße' zu sprechen. Literaturwissenschaftliche Produktivität entfaltet der Begriff jedoch umso mehr, als Bachtin in der Literatur verschiedene Darstellungs- und Realisationsformen „des realen historischen Chronotopos" des Menschen unterscheidet. Aus der selektiven „Aneignung" bestimmter „Aspekte des Chronotopos" seien die verschiedenen „Genre" der Literatur hervorgegangen. Auf diese Weise werde jedes literarische Genre von einem bestimmten Chronotopos „determiniert". Einen bedeutenden und charakteristischen Chronotopos erkennt Bachtin in der Gattung der (antiken) Autobiographie, der er daher ein ganzes Kapitel seines Essays widmet. Dieser autobiographische Chronotopos nehme im Laufe der Antike eine Entwicklung von öffentlich-rhetorischer Selbstrepräsentation hin zu „soliloquischer" Privatheit, welche die Selbstreflexion des Subjektes immer mehr an die Muße bindet: „In Form malerischer Ausschnitte findet die Natur in der Zeit der Spaziergänge, der Mußestunden oder in Momenten, da der Blick zufällig auf eine sich eröffnende Ansicht fällt, in die intime Welt

[341] Bachtin, *Chronotopos*, 7. Die Publikation beruht auf Bachtins Aufsatz „Formen der Zeit und des Chronotopos im Roman", der bereits in den Jahren 1937–1938 entstand, jedoch erst 1975 veröffentlicht wurde.

[342] Ebd.

des privaten Menschen Eingang".[343] Einen weiteren wirkmächtigen Chronotopos erkennt Bachtin in der Idylle. Diese sei gekennzeichnet durch die „Einheit" und Abgegrenztheit des Ortes sowie die daraus „resultierende Abschwächung aller Zeitgrenzen", die wiederum „wesentlich zur Entstehung des für die Idylle charakteristischen zyklischen Zeitrhythmus" beitrage.[344] Anders als das urbane Dasein der Moderne bleibe die dörfliche und ländliche Idylle auf „einige wenige grundlegende Realitäten des Lebens beschränkt". Daher weist der idyllische Chronotopos Züge einer Heterotopie auf: „Strenggenommen kennt die Idylle keinen Alltag. Alles, was sich gegenüber den grundlegenden und unwiederholbaren biographischen und historischen Ereignissen als Alltag darstellt, ist hier ja gerade das Allerwesentlichste des Lebens".[345]

Es ist nicht notwendig, sich Bachtins strukturalistische Entwürfe bestimmter genregebundener Chronotopoi bis ins Letzte anzueignen, um die Nützlichkeit seiner Konzeption anzuerkennen. Ebenso wie die literarischen bzw. autobiographischen Erzählformen lassen sich auch die mit ihnen korrespondierenden historischen Ausprägungen der Muße anhand ihrer je charakteristischen Raumzeitlichkeit differenziert beschreiben. Denn in verschiedenen gesellschaftlichen und geschichtlichen Kontexten werden die raumzeitlichen Bedingungen der Muße auf unterschiedliche Weise gestaltet – und in Form von Praktiken, sozialen Reglements, architektonischen oder künstlerischen Artefakten sowie in literarischen Poetiken institutionalisiert. Mit Soeffner lassen sich solche ‚institutionalisierten' Chrontopoi auch als „gegenalltägliche Rahmung" der Muße bezeichnen, deren Ziel es ist, Situationen der Muße erlebbar zu machen. In Bezug auf ihre Struktur und Wirkungsweise weisen diese raumzeitlichen Rahmungen einige überhistorische Gemeinsamkeiten auf, die Soeffner folgendermaßen zusammenfasst und damit wesentliche Punkte der hier vorgestellten Überlegungen berührt:

> (1) Alle Mußereglements zielen auf die Schaffung eigengesetzlicher kleiner Welten in der Welt. Darin stellen sie (2) erlebte gegen gemessene Zeit, indem sie versuchen, die Normal- und Standardzeit der Arbeits- und Alltagsabläufe anzuhalten und eine eigene ‚Logik' gegen die ‚Chronologik' zu setzen. (3) Öffnen die Mußeräume und -zeiten menschliche Wahrnehmung und Empfindung für das Zusammenspiel aller Sinne: Muße schafft die Chance für erlebbare, ‚befreite' Synästhesie.[346]

Diese Aufzählung lässt sich anhand der hier gemachten Überlegungen ergänzen und konkretisieren: Das zugrundeliegende Prinzip der verschiedenen chronotopischen Rahmungen der Muße ist es, dem Individuum ein Erlebnis von ‚Entzeitlichung' und ‚Verräumlichung' zu ermöglichen. Damit liegt ein terminologisches

[343] Ebd., 71.
[344] Ebd., 160 f.
[345] Ebd., 161.
[346] Soeffner, „Muße – Absichtsvolle Absichtslosigkeit", 44.

Instrumentarium vor, um die literarische Gestaltung der autobiographischen Muße und ihre konkreten raumzeitlichen Realisationsformen zu erfassen.

1.3. Kontemplatives Erzählen: Ein narratologisches Modell autobiographisch strukturierter Erzählungen

Die Affinität autobiographischer Erzählungen zu Situationen kontemplativer Muße mag historisch und systematisch gut zu begründen sein, doch stellt sich mit Blick auf die jüngere Literatur eine neue Herausforderung: Die Idee der selbstreflexiven Muße ist so tief ins kulturelle Bewusstsein gedrungen und gilt heute als so selbstevident, dass sie in autobiographischen Werken häufig gar nicht mehr explizit artikuliert wird, sondern nur noch im Subtext poetologischer und literarischer Diskurse wahrzunehmen ist. Während sich die kanonischen Texte der Gattung gerade durch die Benennung und Zurschaustellung von Mußesituationen auszeichnen, ist dies in der jüngeren Autobiographik nicht mehr der Fall.

Es gilt daher, ein generalisiertes Beschreibungsmodell zu entwickeln, das ganz verschiedene Varianten des autobiographischen Erzählens erfassen und zudem differenzieren kann, auf welche Weise in Erzählungen Situationen der Muße inszeniert werden – oder gerade nicht. Ein solches Modell darf sich nicht allein auf die thematische Verhandlung von Muße beschränken, vielmehr muss es auch narrative Textstrukturen abbilden können, die indirekt oder implizit die Vorstellung einer kontemplativen Lebensrückschau zur Geltung bringen. Insbesondere die Erkenntnisse zur Räumlichkeit und Zeitlichkeit der Muße erweisen sich als hilfreich, um autobiographische Erzählsituationen zu charakterisieren und zu bennen, ohne dass die Texte selbst wörtlich auf die Muße verweisen. Ein konzeptuelles Verständnis von Muße kann so als Heuristik dienen, um literarische Muster der Selbstinszenierung zu erkennen und die Bedingungen offenzulegen, an die Autobiographen ihre gelingende oder scheiternde Selbstkonstitution knüpfen. Muße wird damit zu einer Analysekategorie, mit der sich Identitätsentwürfe in autobiographischen Erzählungen typisieren und in Beziehung zur narrativen Gestaltung der Texte setzen lassen.

1.3.1. Autobiographisch strukturiertes Erzählen

Autobiographisches Erzählen ist nicht auf die literarische Gattung der Autobiographie beschränkt. Es ist zunächst, bevor es in der Literatur und anderen narrativen Medien eine kulturelle Formung erfährt, eine fundamentale und vertraute Form menschlicher Kommunikation. Im Modus des autobiographischen Erzählens teilen wir anderen Menschen unser vergangenes Leben mit, in der Regel beschränkt auf jene Tatsachen und Zusammenhänge, die wir selbst in Hinblick auf die gegenwärtige Situation als relevant und situationsadäquat empfinden – eben darin liegt die konstruktive Leistung des autobiographischen Erzählens. Eine besondere Konjunktur erfahren autobiographische Narrative jedoch in der Moderne und Postmoderne. Autobiographische Erzählverfahren sind längst nicht mehr auf die faktuale Textsorte der Autobiographie beschränkt, sondern manifestieren sich auch in vollständig fiktionalen Texten sowie in hybriden Gattungsformen, die unter Bezeichnungen wie „autobiographischer Roman" und „Autofiktion" im Fokus der Forschung stehen.[347]

Um ein differenziertes Verständnis des Begriffs der autobiographischen Erzählung zu erlangen, ist ein Blick auf die – nicht unumstrittene – Definition von Philippe Lejeune hilfreich.[348] Als Autobiographie bezeichnet Lejeune einen *„[r]écit rétrospectif en prose qu'une personne réelle fait de sa propre existence, lorsqu'elle met l'accent sur sa vie individuelle, en particulier sur l'histoire de sa personnalité"*.[349] Wenngleich Lejeune seine Ausführungen auf eine spezifische Gattung und einen begrenzten historischen Zeitraum (nämlich die literarische Autobiographie nach 1770) bezieht, so lassen sich aus ihr doch grundlegende Prinzipien ableiten, um das autobiographische Erzählen als ein allgemeines narratives Prinzip zu beschreiben.

Die Gattungsbezeichnung ‚Autobiographie' verfügt in Lejeunes Definition über zwei wesentliche Bedeutungsaspekte: einen ontologischen (*„personne réelle"*, *„sa propre existence"*) und einen narratologischen (*„récit rétrospectif en prose"*, *„l'histoire de sa personnalité"*). In seiner ontologischen Dimension meint der Begriff, dass es sich um eine faktuale Erzählung handelt, die Referenzen auf das wirkliche Leben des Autors vornimmt. Wie Lejeune erstmals herausgearbeitet hat, signalisieren literarische Autobiographien ihren Anspruch auf Faktualität in der Regel durch eine Kombination von intratextuellen und paratextuellen Merkmalen. Zu den wichtigsten dieser Signale zählt neben konventionalisierten Titelformeln (etwa „Meine Lebenserinnerungen") vor allem die Identität des Autornamens (auf dem Titelblatt) mit den Namen des Erzählers und des Protagonisten.[350] Auf diese Weise bieten Autobiographien ihren Lesern einen „autobiographischen Pakt" an, fordern also eine Rezeptionshaltung ein, welche die

---

[347] Davon abgesehen proliferieren autobiographische Narrative selbstverständlich auch in andere Medien, so z. B. in den Film und in die Popmusik. Diese liegen jedoch jenseits des Horizonts dieser Arbeit.

[348] Zur Kritik an Lejeunes Definition der Autobiographie und seines Konzepts des autobiographischen Paktes vgl. Man, „Autobiographie als Maskenspiel", 135; Alfonso de Toro, „La ‚nouvelle autobiographie' postmoderne ou l'impossibilité d'une histoire à la première personne. Robbe-Grillet *Le miroir qui revient* et Doubrovsky *Le Livre brisé* ", in: Alfonso de Toro (Hg.), *Autobiographie revisited. Theorie und Praxis neuer autobiographischer Diskurse in der französischen, spanischen und lateinamerikanischen Literatur*, Hildesheim/Zürich, New York 2004, 79–113, 80 f.

[349] Philippe Lejeune, *Le pacte autobiographique*, Paris 1975, 14. (Herv. i. O.)

[350] Vgl. ebd., 23 f.

Faktualität des Textes unterstellt. Natürlich können Autoren solche Paktangebote auch fingieren; und ebenso steht es den Lesern frei, das Paktangebot zu ignorieren. Zudem darf die Faktualität der Erzählung nicht mit ihrer Objektivität verwechselt werden: Es wäre verfehlt, eine Autobiographie bzw. eine autobiographische Erzählung als unbezweifelbare Darstellung einer historischen Realität zu verstehen. Ein autobiographischer Erzähler bietet lediglich (subjektive) Aussagen und Einschätzungen seiner eigenen Vergangenheit, ohne diese bewusst durch Erfindungen zu ‚verfälschen'. Die jüngere Autobiographieforschung hat daher betont, dass nicht *Wahrheit*, sondern *Wahrhaftigkeit* das ontologische Kriterium einer Autobiographie bildet.[351]

In seiner zweiten Bedeutungsdimension bezeichnet der Begriff der Autobiographie ein bestimmtes narratives Strukturmuster. Dieses Muster, das hier mit dem Begriff ‚autobiographisch strukturierte Erzählung' bezeichnet werden soll[352], weist einige zentrale Merkmale auf: Der autobiographisch Erzählende, Sprechende oder Schreibende verknüpft retrospektiv, d. h. aus der Gegenwart in die Vergangenheit zurückblickend, ausgewählte Episoden seines eigenen Lebens zu einer zusammenhängenden Geschichte. Der Erzähler und der Protagonist der Erzählung sind daher identisch. Zudem besteht zwischen der erzählten Vergangenheit und der Erzählgegenwart ein zeitliches Kontinuum, und der Abstand zwischen diesen beiden Zeitpunkten verringert sich im Verlauf des Erzählens – die autobiographische Erzählung konvergiert mit dem Erzählakt. Darüber hinaus hat die Struktur des autobiographischen Erzählens weitere narrative Implikationen, die insbesondere in literarischen Erzählungen zum Tragen kommen können – sie betreffen etwa das Verhältnis der verschiedenen diegetischen Ebenen einer autobiographischen Erzählung, ihre jeweilige Räumlichkeit und Zeitlichkeit. Es sind insbesondere diese narrativen Strukturmerkmale, welche die Affinität von Muße und autobiographischen Erzählungen begründen.

Die Konjunktur autobiographischer Narrative in der Moderne betrifft sowohl den ontologischen als auch den narratologischen Aspekt des Phänomens. Sie äußert sich jedoch jeweils auf verschiedene Weise. So scheint erstens auf Seiten des Lesepublikums die Tendenz zu bestehen, häufig auch jene literarischen Texte, die sich über Gattungszugehörigkeiten oder paratextuelle Signale eindeutig als fiktional ausweisen, vor dem Hintergrund der Biographie ihres Autors zu lesen. Fiktionale Texte werden so als Werke mit einem – mindestens versteck-

---

[351] Vgl. Wagner-Egelhaaf, *Autobiographie*, 3.

[352] Das „autobiographisch strukturierte Erzählen" ist, wie unten erläutert wird, nicht an die Gattung der Autobiographie gebunden, sondern kann auch in anderen und insbesondere fiktionalen Textsorten realisiert werden. Der Begriff ist angelehnt an Ursula Link-Heers Studie über *À la Recherche du temps perdu*, in der sie Prousts Roman mit der „ästhetischen Struktur der Autobiographie" vergleicht und die „Anwesenheit und Abwesenheit autobiogaphischer strukturkonstitutiver Merkmale" untersucht – vgl. Ursula Link-Heer, *Prousts „A la recherche du temps perdu" und die Form der Autobiographie. Zum Verhältnis fiktionaler und pragmatischer Erzähltexte*, Amsterdam 1988, 18.

ten – autobiographisch-faktualen Gehalt betrachtet. Der Verdacht, es könne sich insgeheim um eine autobiographische Erzählung handeln, trifft vor allem Erzähltexte, deren Handlung oder Figuren bestimmte Korrespondenzen zum Leben des Autors aufweisen. Er kann aber auch auf Texte übergreifen, die nicht das narrative Strukturmuster der Autobiographie realisieren, sondern sich ganz andere Erzählverfahren zu eigen machen oder gar nicht narrativ gestaltet sind (wie bedeutende Teile der Lyrik).

Autobiographische Interpretationen genießen ein „hermeneutisches Privileg", seitdem sich, so Kerstin Stüssel, am Ende des 18. Jahrhunderts ein moderner Literaturmarkt herausbildete. Schriftsteller standen „nach dem Ende der Anweisungs- und Regelpoetiken und nach dem Beginn der sozialen Autonomisierung der Literatur" vor der Herausforderung, dass „Autorschaft tendenziell nicht mehr an Herkunft und Bildungsgang, sondern an Durchsetzung und Erfolg bei einem neuen, inhomogenen Publikum auf dem freien Markt gebunden" war.[353] Dieses neue Publikum, das durch die zunehmende Literalität entstand, interessierte sich mehr für menschliche Geschichten als für die Kunstfertigkeit der ‚gelehrten Dichter'. Um auf dem kompetitiven Literaturmarkt zu bestehen, hoben Autoren daher den persönlichen Hintergrund ihrer Werke hervor, inszenierten ihre Individualität und nährten den Geniegedanken. Diese Entwicklung hatte nachhaltige Konsequenzen für das moderne Verständnis von Autorschaft, nämlich dass sich im „autobiographischen Akt [...] der auktoriale Anspruch auf Werkherrschaft und auf die Deutungshoheit über die ‚Werke'" vollzieht, ja dass „nur noch im autobiographischen Narrativ [...] die Genese von Autorschaft beschrieben und expliziert werden" kann.[354] Das Autorsubjekt rückt folglich seit Beginn der Sattelzeit um 1750 sowohl aus produktionsästhetischer als auch aus rezeptionsästhetischer Perspektive in den Mittelpunkt. Die Literaturwissenschaft hat sich in der zweiten Hälfte des 20. Jahrhunderts zwar deutlich von der ‚biographistischen' Reduktion eines Textes auf seinen Autor distanziert, doch spielt das Interesse an der Person des Autors für die Wissenschaft, den Literaturbetrieb und insbesondere für das nicht-professionelle Lesepublikum weiterhin eine bedeutende Rolle. Die Literatur folgt damit einer allgemeinen Entwicklung der heraufziehenden Moderne, wie Oliver Sill unter Verweis auf Georg Lukács bemerkt: „Der Verlust des übergreifenden Sinnzusammenhangs beding[t] die Ratlosigkeit der Individuen, die nunmehr, auf sich selbst zurückgeworfen, in sich ‚die allein wahre Substanz' finden" müssen.[355]

---

353 Stüssel, „Autorschaft und Autobiographik im kultur- und mediengeschichtlichen Wandel", 21–23.

354 Ebd., 20.

355 Sill, *Zerbrochene Spiegel*, 65. Das Zitat im Zitat stammt aus Georg Lukács, *Die Theorie des Romans. Ein geschichtsphilosophischer Versuch über die Formen der großen Epik*, Darmstadt 1986, 27.

Die Popularität der Autobiographie schlägt sich zweitens darin nieder, dass das autobiographische strukturierte Erzählen zunehmend in andere Textsorten und literarische Gattungen proliferiert. Selbstreflexive, das eigene Leben retrospektiv schildernde Erzähler finden sich längst nicht mehr nur in klassischen Autobiographien. Auch fiktionale Gattungen wie der Roman haben autobiographische Erzählverfahren in ihr Repertoire übernommen. So hat insbesondere die formale Annäherung von Roman und Autobiographie und die „wohl unstrittige[] Tatsache, daß die Geschichte der Autobiographie eng verknüpft ist mit der Entwicklung des bürgerlichen Romans", in der Forschung viel Aufmerksamkeit erhalten.[356] Die gängige Annahme ist, dass sich die formalen Korrespondenzen zwischen den Gattungen in einem wechselseitigen Transferprozess herausbildeten. Klaus-Detlef Müller argumentiert, der Roman habe anfangs „für die neu entstehende Form der literarischen Autobiographie" als ein „Bezugs- und Orientierungsrahmen" fungiert. Insbesondere die von Romanautoren perfektionierten „epischen Darstellungstechniken" seien geeignet gewesen, „der Autobiographie neue Erzählmöglichkeiten [...] zu eröffnen".[357] Aber auch die literarische Autobiographie kam den „Erfordernissen und Bedürfnissen des zeitgenössischen Romans" entgegen, indem sie dazu beitrug, den „Lebenslauf[] als Grundlage epischer Konsistenzbildung" zu etablieren – und so beispielsweise dem Bildungsroman den Weg ebnete.[358]

Die Übernahme autobiographischer Erzählverfahren in den Roman bringt schließlich den ‚autobiographischen Roman' als eine Textgattung hervor, die im 20. Jahrhundert mit Werken wie Marcel Prousts *À la recherche du temps perdu*, James Joyces *A portrait of the Artist as a Young Man* und Günter Grass' *Die Blechtrommel* einen Höhepunkt erreicht.[359] Aus fiktionstheoretischer Perspektive ist der autobiographische Roman durch das „spannungsvolle Gegeneinander zweier konträrer Textstrategien" – nämlich die gleichzeitige Suggestion von autobiographischem Pakt und romaneskem Pakt – gekennzeichet.[360] Formal von der konventionellen Autobiographie kaum zu unterscheiden, schafft die Koexistenz der widersprüchlichen Paktangebote eine paradoxe Situation, denn der Leser „peut avoir des raisons de soupçonner, à partir des ressemblances qu'il croit deviner, qu'il y a identité de l'auteur et du *personnage*, alors que l'auteur, lui, a choisi de nier cette identité, ou du moins de ne pas l'affirmer".[361] Die Verwischung der Gattungsgrenzen hat manche Theoretiker davon überzeugt, dass die „weithin unangetastete Differenzierung zwischen literarischer Form der Autobiographie

---

[356] Sill, *Zerbrochene Spiegel*, 45.

[357] Müller, *Autobiographie und Roman*, 2f.

[358] Ebd., 354; speziell zum Bildungsroman als Schnittpunkt biographischen und romanesken Erzählens vgl. die umfassende Untersuchung von Voßkamp, *Der Roman des Lebens*.

[359] Vgl. Holdenried, *Autobiographie*, 210–212.

[360] Ebd., 42.

[361] Lejeune, *Le pacte autobiographique*, 25. (Herv. i. O.)

und autobiographischem Roman hinfällig geworden" sei.[362] Philippe Lejeune und Frank Zipfel argumentieren dagegen, trotz aller formalen Korrespondenzen von Autobiographie und Roman lasse sich der Fiktionsstatus eines Textes in der Regel eindeutig bestimmen und biete damit auch weiterhin ein klares Unterscheidungskriterium zwischen beiden Gattungen.[363]

Einen weiteren Sonderfall des autobiographischen Erzählens bildet die sogenannte ‚Autofiktion'. Ursprünglich prägte Serge Doubrovsky den Begriff *autofiction* als Gattungsbezeichnung im Zusammenhang mit seinem 1977 erschienen Text *Fils*, der – obwohl im Grunde autobiographisch – für sich den Status der Fiktionalität reklamierte.[364] In der Folge stieß das Konzept auf ein großes Interesse der Forschung, die in ihm nicht nur eine fiktionstheoretische Herausforderung erkannte, sondern es als eine Art Gattungsbezeichnung auf eine Vielzahl weiterer literarischer Texte übertrug. Den zahlreichen Publikationen liegen jedoch sehr disparate Verständnisse des Autofiktionskonzeptes zugrunde, sodass von terminologischer Konsistenz kaum die Rede sein kann.[365] Am sinnvollsten erscheint es, mit Frank Zipfel und Marie Darrieussecq unter ‚Autofiktion' einen Texttypus zu verstehen, der gleichzeitig einen autobiographischen/referentiellen/faktualen und einen fiktionalen Pakt anbietet, wobei „der Text weder nach den Leseinstruktionen des Referenz-Paktes noch nach denen des Fiktions-Paktes eindeutig aufzulösen ist". Statt ein Werk ganzheitlich und durchgängig als autobiographisch oder fiktional zu klassifizieren, bestehe „das vom autofiktionalen Text inszenierte Spiel darin [...], dass der Leser von einem Pakt zum andern wechselt und dies mehrmals im Laufe der Lektüre".[366]

All diese Transferprozesse zwischen Gattungen führen im Ergebnis zu einem Begriff des autobiographisch strukturierten Erzählens, der nicht mehr nur die spezifische narrative Struktur der Autobiographie bezeichnet, sondern sehr unterschiedliche Typen literarischer Texte charakterisieren kann. Neben den ‚klassischen' bzw. ‚echten' Autobiographien (sowohl im ontologischen als auch im narratologischen Sinne) zählen zu den autobiographisch strukturierten Erzählungen fortan auch Werke, die sich lediglich das narrative Verfahren einer retrospektiven, autodiegetischen Lebensdarstellung zu eigen machen, inhaltlich aber nicht als autobiographisch zu klassifizieren sind, weil sie nicht bzw. nicht durchgängig das reale Leben des Autors darstellen. Der autobiographische Roman und

---

362 Sill, *Zerbrochene Spiegel*, 42.

363 Vgl. Lejeune, *Le pacte autobiographique*, 25; Frank Zipfel, „Autofiktion. Zwischen den Grenzen von Faktualität, Fiktionalität und Literarität?", in: Simone Winko/Fotis Jannidis/Gerhard Lauer (Hg.), *Grenzen der Literatur. Zu Begriff und Phänomen des Literarischen*, Berlin/New York 2009, 285–314, 298.

364 Vgl. den Umschlag von Doubrovsky, *Fils*.

365 Einen Überblick über die verschiedenen Verwendungsweisen des Begriffs ‚Autofiktion' bietet Zipfel, „Autofiktion", 298–311.

366 Zipfel, „Autofiktion", 306; vgl. auch Marie Darrieussecq, „L'autofiction, un genre pas sérieux", in: *Poétique* 27,107 (1996), 369–380.

die Autofiktion sind zwei besonders populäre Varianten solcher Texte, die sich formal als autobiographische Erzählung präsentieren, ihre Faktualität aber nur fingieren oder offen leugnen.

Die moderne ‚Konjunktur der Autobiographie' stellt die Autobiographieforschung also sowohl vor narratologische als auch fiktionstheoretische Herausforderungen. Die Forschung hat sich seit den 1990er-Jahren vor allem den letzteren gewidmet – dies belegen die zahlreichen Publikationen zum Phänomen der (Auto-)Fiktionalität.[367] Im deutschsprachigen Raum drehten sich die Debatten der Autobiographieforschung schon seit den 1970er-Jahren um die Frage, inwiefern die Subjektivität autobiographischer Erzählungen Auswirkungen auf ihren ontologischen Status hat, und ob die Fiktionalität oder Faktualität eines Textes wiederum seine Zugehörigkeit zur Gattung determiniert. Große Wirkung entfaltete zunächst die These Klaus-Detlefs Müllers, derzufolge die autobiographische Gattung als „Zweckform" prinzipiell einem „geschichtlichen Wahrheitsgehalt" verpflichtet sei, dass die objektive Geschichte in der Autobiographie aber immer – und noch verstärkt durch ‚Literarisierung' und Übernahme romanesker Erzähltechniken – einer „subjektiven Vermittlung" aus der Perspektive des Autobiographen unterworfen sei.[368] Dieser Meinung widersprechen jedoch Theoretiker und Historiographen der Autographie, die angesichts der prinzipiellen Unüberprüfbarkeit subjektiver Textaussagen in der Autobiographie von vornherein eine fiktionale Gattung erkennen wollen.[369] Beide Positionen begehen indes häufig den Fehler, in der bloßen Verwendung literarischer Erzählverfahren, d. h. in der Literarizität des Erzählens, einen Hinweis auf die Fiktionalität einer Autobiographie zu sehen oder zumindest eine Tendenz der zunehmenden Fiktionalisierung des autobiographischen Erzählens zu diagnostizieren.[370]

Über die fiktionstheoretischen Debatten geriet bis auf wenige Ausnahmen die Untersuchung der erzählerischen Voraussetzungen und Strukturen autobiographischer Selbstentwürfe ins Hintertreffen. Einen der wichtigen Schritte in diese Richtung leistete neben Klaus-Detlef Müller vor allem Oliver Sill in seiner 1992

---

[367] Vgl. Martina Wagner-Egelhaaf (Hg.), *Auto(r)fiktion. Literarische Verfahren der Selbstkonstruktion*, Bielefeld 2013; Elio Pellin/Ulrich Weber (Hg.), *„...all diese fingierten, notierten, in meinem Kopf ungefähr wieder zusammengesetzten Ichs". Autobiographie und Autofiktion*, Göttingen 2012; Christoph Parry/Edgar Platen (Hg.), *Autobiographisches Schreiben in der deutschsprachigen Gegenwartsliteratur*, Bd. 2: *Grenzen der Fiktionalität und der Erinnerung*, München 2007; Ulrich Breuer/Beatrice Sandberg (Hg.), *Autobiographisches Schreiben in der deutschsprachigen Gegenwartsliteratur*, Bd. 1: *Grenzen der Identität und der Fiktionalität*, München 2006; Martin Löschnigg, *Die englische fiktionale Autobiographie. Erzähltheoretische Grundlagen und historische Prägnanzformen von den Anfängen bis zur Mitte des neunzehnten Jahrhunderts*, Trier 2006; Michaela Holdenried, *Im Spiegel ein anderer. Erfahrungskrise und Subjektdiskurs im modernen autobiographischen Roman*, Heidelberg 1991.

[368] Müller, *Autobiographie und Roman*, 68.

[369] So z. B. Mark Philip Freeman, *Rewriting the self. History memory narrative*, London 1993, 12.

[370] Vgl. Zipfel, „Autofiktion", 296 f.

erschienen Dissertation.[371] Sill beschreibt das autobiographische Erzählen als einen historischen Prozess der Ausbildung und Ablösung bestimmter narrativer Muster, und misst insbesondere den wechselseitigen Impulsen von Autobiographietheorie und Romantheorie große Bedeutung zu. Demgegenüber kritisiert Sill das Beharren der Forschung, die autobiographische Gattung allein über den ontologischen Status und nicht über die narrative Struktur zu definieren. Leider tut er dies aus den falschen Gründen: Ausgehend von der zweifelhaften Prämisse, dass „sich kein objektiver Maßstab finden [lässt], der eine exakte Trennung von ‚Fiktionalem' und ‚historisch Wahrem' erlauben würde", kommt Sill zu der Schlussfolgerung „den fiktionalen Charakter auch der autobiographischen Literatur anzuerkennen".[372]

Im Unterschied zu solchen Positionen geht die vorliegende Arbeit von der Überzeugung aus, dass eine ontologische Differenz zwischen fiktionalen und faktualen Erzähltexten nicht geleugnet werden muss, um autobiographisches Erzählen als ein Strukturprinzip zu untersuchen, das unabhängig von fiktionstheoretischen Überlegungen wertvolle Erkenntnisse über die Bedingungen literarischer Selbstkonstitution vermitteln kann. Für eine Analyse der subjekt-, raum- und zeittheoretischen Voraussetzungen des autobiographischen Erzählens ist die Frage nach der Fiktionalität oder Faktualität eines Textes insofern irrelevant, als es keinen guten Grund zu der Annahme gibt, die kulturellen Muster und Konventionen der Selbstreflexion manifestierten sich nur in jenen Erzählungen, in denen der Erzähler identisch mit dem Autor ist. Die Übernahme narrativer Muster der Autobiographie in fiktionale Erzähltexte ist im Gegenteil ein Indiz dafür, dass die Prinzipien moderner Subjektkonzeption nicht allein in faktualen Erzählungen verhandelt werden können, sondern ebenso die Lebensbeschreibung fiktiver Subjekte informieren können.

Aus diesen Gründen soll hier wieder ein dezidiert narratologischer Zugang zum Phänomen des autobiographischen Erzählens gesucht werden, der fiktionstheoretische und gattungstypologische Fragestellungen hintanstellt (ohne ihnen ihre prinzipielle Berechtigung abzusprechen). Das zur Verfügung stehende theoretische und terminologische Instrumentarium für ein solches Vorhaben ist indes spärlich. Um der Gattungsgrenzen überschreitenden Pluralität autobiographischer Erzählformen gerecht zu werden, haben Breuer und Sandberg den Begriff des ‚autobiographischen Schreibens' vorgeschlagen. Sie positionieren „das autobiographische Schreiben als Begriff mittlerer Extension zwischen dem umfassenden Begriff der Ego-Dokumente und dem engeren Begriff der Autobiographie".[373] Informativ für die vorliegende Studie sind vor allem drei Merk-

[371] Vgl. Sill, *Zerbrochene Spiegel.*

[372] Ebd., 41.

[373] Ulrich Breuer/Beatrice Sandberg, „Einleitung", in: Ulrich Breuer/Beatrice Sandberg (Hg.), *Autobiographisches Schreiben in der deutschsprachigen Gegenwartsliteratur*, Bd. 1: *Grenzen der Identität und der Fiktionalität*, München 2006, 9–16, 9.

male, die Breuer/Sandberg als wesentlich für das ‚autobiographische Schreiben' herausstellen. So weise der Begriff erstens eine Offenheit gegenüber der Textgattung aus, denn er umfasse „nicht nur Autobiographien, sondern auch Briefe, Tagebücher, Reiseberichte, Gedichte, Dramen und Romane". Er setzt zweitens „eine feste Grenze zwischen Fiktion und Realität oder zwischen Literatur und Nicht-Literatur nicht länger voraus, sondern rechnet ausdrücklich mit Grenzüberschreitungen". Drittens gehen Breuer/Sandberg „nicht länger von festen Identitäten aus", welche die autobiographisch Schreibenden literarisch zur Darstellungen bringen, „sondern allenfalls von identitätskonstituierenden Leistungen des Schreibens und Lesens".[374]

Dass sich das Konzept des ‚autobiographischen Schreibens' letztlich doch nicht für die hier durchgeführte Untersuchung eignet, liegt daran, dass Breuer/Sandberg es als ein zeitgenössisches Gegenmodell zur traditionellen Autobiographie begreifen. Während „[t]raditionelle Autobiographien, die auf die Einheit eines gelebten Lebens zurückblicken", sich „bevorzugt bei Autorinnen und Autoren der älteren Generation" fänden, sei „das autobiographische Schreiben vornehmlich bei Schriftstellerinnen und Schriftstellern der jüngeren Generation verbreitet".[375] Es erscheint jedoch kontraproduktiv, das Verhältnis von traditioneller Autobiographie und ‚autobiographischem Schreiben' als einen entwicklungsgeschichtlichen Bruch zu begreifen, da solche Überlegungen in eben jene gattungstypologische Debatte zurückführen, die durch eine Trennung von narrativem Prinzip und textsortenspezifischer Umsetzung gerade vermieden werden sollte. Die konzeptuelle Stärke eines Begriffes wie des ‚autobiographischen Schreibens' könnte gerade darin liegen, die traditionelle Autobiographie als die spezifische historische Ausprägung eines allgemeinen Prinzips begreifen zu können, ohne beide eineindeutig aneinander binden zu müssen.

Zweitens soll hier nicht auf den Begriff des autobiographischen Schreibens zurückgegriffen werden, weil er allein den Schreibakt als Moment autobiographischer Narration fokussiert, dafür aber seine Varianten und Vorstufen – wie die Selbstreflexion und Selbstimagination – vernachlässigt. Während der Schreibakt zwar selbstreflexiv im Text thematisiert werden kann, finden sich in der Praxis populärer und literarischer Autobiographien doch sehr viel häufiger Passagen ‚einfacher' Selbstreflexion. Diese sind im Hinblick auf Subjektkonzeptionen und die Bindung an *topoi* der Muße jedoch nicht weniger aufschlussreich.

Der Begriff des ‚autobiographisch strukturierten Erzählens' bietet einen heuristischen Rahmen, der unabhängig von Gattungszugehörigkeiten all jene Texte erfassen kann, die den Prozess narrativer Selbstkonstitution darstellen und – im analytischen Idealfall – seine Bedingungen reflektieren. Er betont die zunehmende Emanzipation der narrativen Struktur des autobiographischen Erzählens

374 Ebd., 10.
375 Ebd., 16.

von der Gattung der Autobiographie. Diese Entkopplung von Struktur und Gattung wird vom verwandten und zunächst einfacher erscheinenden Begriff des ‚autobiographischen Erzählens' nicht in diesem Maße transportiert; wer vom ‚autobiographischen Erzählen' spricht und damit lediglich das narrative Prinzip meint, kann sich aufgrund der gattungstheoretischen Tradition das Problem einhandeln, dennoch ontologisch verstanden zu werden. Die Rede vom ‚autobiographisch strukturierten Erzählen' ist demgegenüber weniger ambivalent und unmittelbar als beschränkte Aussage über die narratologische Struktur eines Textes zu verstehen.

1.3.2. Erzählgeschichte und Erinnerungsgeschichte

Lässt sich mit dem Begriff des ‚autobiographisch strukturierten Erzählens' das Textkorpus nach außen abgrenzen, stellt doch die Heterogenität autobiographischer Reflexionen *innerhalb* des Korpus eine weitere methodische Hürde dar. Prozesse des autobiographischen Erinnerns und Erzählens können von Autorinnen und Autoren auf sehr unterschiedliche Weise und auf ganz verschiedenen Textebenen gestaltet werden. In zahlreichen Autobiographien schildert der Erzähler schlicht das vergangene Leben, ohne näher auf die Bedingungen und Umstände seines Erinnerns und Erzählens einzugehen, legt also nicht offen, aus welchem Anlass und aus welchem Kontext heraus es zum Rückblick auf das Leben kommt, ob dem autobiographischen Subjekt die Erinnerung frei verfügbar ist oder ob sie erst mühsam rekonstruiert werden muss. Einige Texte gehen dagegen am Rande auf diese Umstände ein, während andere sogar den Prozess des Erinnerns und Erzählens ganz in den Mittelpunkt der Darstellung rücken und damit selbstreflexiv ihre eigene Genese vorführen. Im Folgenden soll daher ein narratologischer Ansatz entwickelt werden, der die verschiedenen Varianten des autobiographisch strukturierten Erzählens erfasst und einen Vergleich ermöglicht.

Die autobiographische Strukturiertheit eines Textes hängt von der Existenz verschiedener narrativer Instanzen und diegetischer Ebenen ab, die in einem spezifischen Verhältnis zueinander stehen. Indem nämlich der Erzähler auf sein eigenes Leben zurückblickt, ist er zugleich Subjekt und Objekt der Erzählung.[376] Dementsprechend unterscheidet die Literaturwissenschaft üblicherweise zwischen zwei Instanzen des autobiographischen ‚Ich': Einerseits das ‚erzählende Ich' als hervorbringendes Subjekt der autobiographischen Erzählung, andererseits das ‚erzählte Ich' als Objekt der autobiographischen Betrachtung. Diese Terminologie geht auf Leo Spitzer zurück und wurde von Gérard Genette im

---

[376] Holdenried bezeichnet es sogar als das „‚autobiographische Paradoxon', dass der/die ein Leben Beschreibende (Autor/-in) zugleich der/die Beschriebene (Zentralfigur/Protagonist/-in) und damit der Erzählgegenstand ist." – Holdenried, *Autobiographie*, 44.

Französischen als ‚je narrant' und ‚je narré' popularisiert.[377] Zuweilen werden in Forschungsarbeiten zur Autobiographie auch die Begriffe des ‚erinnernden Ich' und des ‚erinnerten Ich' verwendet. Damit steht prinzipiell ein terminologisches Instrument zur Verfügung, um zwischen dem Erinnerungsakt und dem Erzählakt als zwei gleichermaßen notwendigen und dennoch funktional verschiedenen Prozessen des autobiographischen Erzählens zu unterscheiden. In der literaturwissenschaftlichen Praxis werden die Begriffe jedoch nur selten in dieser differenzierten Weise verwendet, vielmehr erscheinen sie häufig als Synonyme.[378]

Die Unterscheidung zwischen Subjekt und Objekt des autobiographischen Erzählens betrifft jedoch nicht nur die Instanzen des autobiographischen Ichs, sondern auch die verschiedenen Handlungsebenen des Textes und deren spezifische Raumzeitlichkeit. Das einfachste und in der Forschung wohl am weitesten verbreitete Beschreibungsmodell geht lediglich von zwei narrativen Ebenen in autobiographischen Erzählungen aus: Das erzählte Leben liegt in der Vergangenheit und steht als ‚eigentliche' oder ‚primäre' Diegese in der Regel im Zentrum des Textes. Das erinnernde bzw. erzählende Ich dagegen blickt aus seiner Gegenwart auf sein Leben zurück, es steht daher außerhalb der primären Diegese. Dieses dichotome Modell impliziert, dass zwischen Erinnerungsakt und Erzählakt kein prinzipieller Unterschied besteht, weil sich beides simultan und gewissermaßen ‚Hand in Hand' vollzieht. Daher ist die Reichweite des Modells von vornherein beschränkt. Es erfasst nur Texte, in denen Erinnerungsakt und Erzählakt tatsächlich ununterscheidbar zusammenfallen – oder aber überhaupt nicht dargestellt werden, die Erinnerungs- und Erzählsituation also textextern bleibt.

Insbesondere literarisch avancierte Erzählungen weisen jedoch häufig eine narrative Komplexität auf, die sich mit diesem basalen Modell nicht mehr erfassen lässt. So bemerkt etwa Dorrit Cohn in Bezug auf Marcel Prousts *À la Recherche du temps perdu*, dass der autobiographische Roman eigentlich eine „double retrospective" präsentiere: Der Erzähler Marcel berichtet nicht nur von seinem vergangenen Leben, er berichtet auch von den Umständen und den Möglichkeiten der Erinnerung an dieses vergangene Leben. Der Erinnerungsakt und der Erzählakt fallen in Prousts *Recherche* zeitlich und räumlich auseinander.[379]

---

[377] Vgl. Leo Spitzer, „Zum Stil Marcel Proust's", in: *Stilstudien. II. Stilsprachen*, München 1928, 365–497, 447–449; Gérard Genette, *Figures III*, Paris 1972, 259; vgl. außerdem Holdenried, *Autobiographie*, 44–46.

[378] Die Differenz zwischen Erzähl- und Erinnerungsakt betont bereits – ohne jedoch terminologische Konsequenzen zu ziehen – Wagner-Egelhaaf, *Autobiographie*, 10–15.

[379] Dorrit Cohn, *Transparent minds. Narrative modes for presenting consciousness in fiction*, Princeton 1978, 186. Für eine detailliertere Darstellung der Erinnerungssituation in Prousts *Recherche* vgl. Kapitel 3.1, 218 ff. in der vorliegenden Arbeit.

Das konventionelle autobiographische Erzählmodell bedarf daher einer terminologischen Präzisierung und Ergänzung. Zu unterscheiden sind mindestens drei narrative Ebenen, die eine autobiographisch strukturierte Erzählung potentiell besetzen kann:

1) Die Ebene des *Erlebens*, also die narrative Darstellung des Werdegangs und der Entwicklung des Protagonisten. Ein eher traditioneller Erzähler wird darauf abzielen, die heterogenen Ereignisse seines Lebens in einer möglichst ganzheitlichen, umfassenden und kohärenten Geschichte zu integrieren. Der Erzähler kann aber ebenso gut einzelne Episoden seines Lebens auswählen und unverbunden nebeneinander stellen. In der Regel steht die Ebene des Erlebens jedoch im Zentrum autobiographischer Texte und besitzt den größten Textumfang.
2) Die Ebene des *Erinnerns* umfasst den räumlichen und zeitlichen Kontext, aus dem das Subjekt auf sein bislang gelebtes Leben zurückblickt. Der Erinnerungsakt kann bewusst initiiert werden und willkürlich auf bestimmte Episoden aus dem früheren Leben zurückgreifen. Er kann sich aber auch unwillkürlich einstellen, etwa durch assoziative Verkettung von Sinneseindrücken, wofür Prousts *mémoire involontaire* sicher das berühmteste Beispiel ist.[380] Es ist jedoch auch möglich, dass der Erinnerungsprozess so problematisch und mühsam verläuft, dass er zur ‚Erinnerungsarbeit' wird.[381]
3) Die Ebene des *Erzählens*, auf der sich der Erzähl- oder Schreibakt vollzieht, welcher den Lesern die Geschichten des Erlebens und des Erinnerns überhaupt erst zugänglich macht. Auch der Erzählakt kann sich, sofern er selbstreflexiv in der Erzählung dargestellt wird, souverän und mühelos vollziehen, oder aber das autobiographische Subjekt vor erhebliche Schwierigkeiten stellen.[382]

Entsprechend dieser drei Ebenen lassen sich die Instanzen des autobiographischen Subjekts differenzieren, nämlich als *erlebendes Ich*, als *erinnerndes Ich* und als *erzählendes Ich*.

Nur die erste Ebene autobiographischer Erzählungen ist mehr oder weniger obligatorisch, während die Situation(en) des Erinnerns bzw. Erzählens, aus denen der autobiographische Text hervorgegangen ist, im Werk keinesfalls dargestellt werden müssen. Gerade populäre Autobiographien beschränken sich in der Regel auf die bloße Lebensgeschichte. Die Erinnerungs- und Erzählakte bleiben in diesem Fall implizit und sind nur durch ihr Resultat – die präsentierte Lebenserzählung – überhaupt als solche zu erkennen.

---

380 Marcel Proust, *À la recherche du temps perdu*, Bd. 4: *Le Temps retrouvé*, hg. v. Jean-Yves Tadié, Paris 1987 [1927], 275–625, 277.

381 Vgl. exemplarisch Kapitel 4.1.

382 Vgl. exemplarisch Kapitel 4.2.

Allerdings steht es autobiographischen Erzählern frei, den räumlichen und zeitlichen Kontext sowie die sonstigen Umstände ihres Erinnerns und Erzählens auch explizit zu thematisieren. Die literarische Intention hinter einer solchen Darstellung kann zum Beispiel sein, den autobiographischen Text selbstreflexiv seine eigene Genese erzählen zu lassen oder das Verhältnis von damaligem und jetzigem Ich ins Zentrum der Überlegungen zu rücken. Aus narratologischer Perspektive haben Autorinnen und Autoren bei der expliziten Repräsentation des Erinnerungs- und Erzählprozesses grundsätzlich zwei Möglichkeiten: Sie können die Ebenen des Erinnerns und Erzählens unabhängig voneinander, d. h. als je eigenständige narrative Ebenen realisieren; sie können die Erinnerungs- und Erzählsituation aber auch als identisch begreifen und auf einer einzigen narrativen Ebene zusammenfallen lassen.

Im Hinblick auf die Frage, ob und inwiefern Muße eine Voraussetzung autobiographisch-literarischer Reflexionen bildet, sind jene Texte von besonderem Interesse, welche die zugrundliegenden Prozesse des Erinnerns und/oder Erzählens explizit darstellen, denn sie explizieren damit auch mehr oder weniger ausführlich die Bedingungen, an die sie die Lebensrückschau knüpfen. Daher lohnt ein Blick auf narratologische Ansätze, mit denen sich die Ebenen des Erinnerns und des Erzählens systematisch erfassen lassen. Häufig wird zur Beschreibung verschiedener Textebenen auf Gérard Genettes Unterscheidung zwischen den diegetischen, metadiegetischen und extradiegetischen Erzählniveaus zurückgegriffen. Grundsätzlich ordnet Genette die Erzählebenen in einem hierarchischen Verhältnis:

> Nous définirons cette différence de niveau en disant que *tout événement raconté par un récit est à un niveau diégétique immédiatement supérieur à celui où se situe l'acte narratif producteur de ce récit.* L'instance narrative d'un récit premier est donc par définition extradiégetique, comme l'instance narrative d'un récit second (métadiegetique) est par définition diégétique, etc.[383]

Die erzählte Lebensgeschichte eines autobiographischen Textes, die i. d. R. die erste bzw. primäre Erzählebene bildet, müsste folglich mit Genette als ‚diegetisch' bezeichnet werden. Unter der Diegese versteht Genette das „univers spatio-temporel désigné par le récit" und erläutert den Begriff mit einer Gleichung: „diégétique = ‚qui se rapporte ou appartient à l'histoire'".[384] Diese Terminologie ist auf breite Akzeptanz gestoßen. Neuere literaturwissenschaftliche Nachschlagewerke definieren Diegese als „die in einer Erzählung narrativ vermittelten Vorgänge und die durch diese konstituierte räumlich-zeitliche Welt"[385] oder

---

[383] Genette, *Figures III*, 238 f. (Herv. i. O.)

[384] Ebd., 280.

[385] Heinz Antor, „Diegese", in: Ansgar Nünning (Hg.), *Metzler-Lexikon Literatur- und Kulturtheorie. Ansätze – Personen – Grundbegriffe*, 3., akt. u. erw. Aufl., Stuttgart/Weimar 2004, 115 f., 115.

auch als „spatiotemporal universe within which a story takes place" in expliziter Abgrenzung vom „act of narration".[386]

Der ‚hervorbringende narrative Akt' des autobiographischen Erzählers ist Genette zufolge auf der Ebene des Extradiegetischen zu verorten, die in jedem Erzähltext stets die äußerste Erzählebene bilde. Das *Extra*diegetische bezeichnet das, was jenseits der Diegese liegt, sich also außerhalb der in der Erzählung konstituierten räumlich-zeitlichen Welt befindet. Der Begriff der Extradiegese impliziert mithin einen ontologischen Bruch zwischen dem Erzählten und dem hervorbringenden Erzählakt. Für ein breites Spektrum von Erzähltypen ist diese Unterscheidung zwischen Diegese und Extradiegese in der Tat sinnvoll. So kann vom allwissenden heterodiegetischen Erzähler eines Romans zurecht angenommen werden, dass ihm ein anderer ontologischer Status zukommt als den Figuren der Diegese, weil er sich ‚in einer anderen Welt' befindet und dort seine Geschichte erzählt.

In vielen autobiographischen Erzählungen ist eine solche ontologische Trennung der Erzählebenen jedoch nicht sinnvoll, wie ein literarisches Beispiel illustrieren kann. In ihrer 1992 erschienenen Autobiographie *weiter leben. Eine Jugend* berichtet Ruth Klüger von ihrer Deportation in das Konzentrationslager Theresienstadt und anschließend nach Auschwitz-Birkenau, das sie mit knapper Not überlebt. Nach der Befreiung emigriert sie nach Kalifornien, wird dort Professorin für Deutsche Literatur und kehrt Ende der 1980er-Jahre für einen Gastaufenthalt an der Universität Göttingen zurück nach Deutschland. Dort erleidet sie einen schweren Verkehrsunfall, der für sie zum Anlass wird, ihre Autobiographie zu schreiben. Auf den letzten Seiten des Textes springt Ruth Klüger in die Gegenwart ihres Schreibens und berichtet über die Arbeit an ihrer Autobiographie:

> Seit ich mit meinen kalifornischen Studenten nach Göttingen kam, ist Zeit vergangen, Jahre, in denen in Deutschland wieder Geschichte und nicht nur Geld gemacht wurde, Zeit, in der sich etwas zutrug. Und für mich die Zeit, in der ich einen Bericht zu schreiben begann, weil ich auf den Kopf gefallen war.
>
> Inzwischen bin ich wieder zu Hause, in Südkalifornien, in Orange County. [...] Ich schreib ein paar unzusammenhängende Zeilen, etwa über das, was mir in der Dämmerung gekommen ist, [...] schreibe sie noch einmal, lese sie, sie gefallen mir nicht, denn die Sprache liefert ihre Klischees gratis, die abgedroschenen Phrasen und verbrauchten Wörter fallen einem zu wie Vogeldreck auf den Scheibenwischer [...]. Also aussortieren, löschen, mühseliges Tagewortefinden für unausgegorene Halbdunkelgedanken.[387]

Klüger entscheidet sich dazu, in ihrer Autobiographie ganz explizit die Schwierigkeiten darzustellen, mit denen sie der autobiographische Schreibakt konfron-

---

[386] John Pier, „Narrative Levels", in: *The Living Handbook of Narratology* (23.04.2014), http://www.lhn.uni-hamburg.de/article/narrative-levels-revised-version-uploaded-23-april-2014 (abgerufen am 19.11.2015), Abs. 1.

[387] Ruth Klüger, *weiter leben. Eine Jugend*, Göttingen 1992, 279–283.

tiert – den Mühen des Formulierens, dem Überarbeiten des bereits Geschriebenen, der Unzufriedenheit, die vor allem in ihrem Misstrauen gegenüber der Sprache gründet.[388] Das erzählende Ich schildert den Erzählakt, darüber hinaus charakterisiert es die Erzählsituationen aber auch räumlich und zeitlich: Klüger befindet sich im kalifornischen Orange County etwa zur Zeit der deutschen Wiedervereinigung. Der Wechsel vom historischen Präteritum ins Präsens markiert ebenfalls den Bruch mit der erzählten Lebensgeschichte: Das erzählende Ich berichtet nun nicht mehr retrospektiv sein Leben, sondern schildert seine gegenwärtige Verfassung. Kurz: Es handelt sich hier um einen „sichtbar gemachten Erzählzeitpunkt, der zugleich das (vorläufige) Ende des Lebens bezeichnet".[389] Solche Autothematisierungen des erzählenden Ich sind nach Genette der Extradiegese zuzuordnen.

Doch präsentiert das erzählende Ich nicht einfach eine Zustandsdeskription, vielmehr verknüpft es verschiedene Geschehensmomente (das Schreiben, das Lesen, das Löschen) zu einer Handlung. Die Darstellung des Erzählaktes gewinnt damit diegetische Qualitäten und eine narrative Form. Diese Behauptung lässt sich auch quantitativ stützen: In *weiter leben* beansprucht die Geschichte des Erzählaktes etliche Seiten, umfasst verschiedene Handlungsstränge und geht über sporadische und knappe Erzählerkommentare, wie sie in Erzähltexten sonst häufig zu finden sind, weit hinaus.

Hinzu tritt ein weiterer Aspekt, der für das konventionelle autobiographische Erzählmodell charakteristisch ist. Genette selbst hat festgestellt, die autobiographische Narration führe ihren Helden „jusqu'au point où l'attend le narrateur, pour que ces deux hypostases se rejoignent et se confondent enfin".[390] Gemäß dem klassischen autobiographischen Erzählmodell konvergiert der Lebensbericht mit der Gegenwart des Autobiographen, weil das erzählende Ich sich im Lauf seiner Rückschau progressiv seiner gegenwärtigen Situation annähert, bis schließlich die autobiographische Narration im ‚Erzählen des Erzählaktes' mündet.[391] Klüger präsentiert diese zeitliche und räumliche Annäherung an die

[388] Klügers „Vogeldreck auf dem Scheibenwischer" gemahnt an die „modrigen Pilze", die Hugo von Hofmannsthal Lord Chandos in den Mund legte. Wie zu zeigen sein wird, ist das Zuschaustellen einer modernetypischen Sprachskepsis in zeitgenössischen Autobiographien durchaus keine Seltenheit. – Hugo von Hofmannsthal, „Ein Brief", in: *Sämtliche Werke*, Bd. 31: Erfundene Gespräche und Briefe, hg. v. Ellen Ritter, Frankfurt a. M. 1991 [1902], 45–55, 49.

[389] Müller, *Autobiographie und Roman*, 56.

[390] Genette, *Figures III*, 236.

[391] Vgl. Müller, *Autobiographie und Roman*, 56: „Die innere Form der Autobiographie ist also gleichsam zirkelhaft: vom sichtbar gemachten Erzählzeitpunkt, der zugleich das (vorläufige) Ende des Lebens bezeichnet, wird erinnernd auf die Anfänge des eigenen Daseins zurückgegriffen und dann fortlaufend zu dem im existentiellen und erzähltechnischen Sinne vorgegebenen Ende hin erzählt, wobei sich im Erzählvorgang, der eine kontinuierliche Reduktion des Zeitabstandes bedeutet, fortlaufend die Identität von erzählendem und erzähltem Ich herstellt, indem sie aus den Inhalten des Lebens gewonnen wird."

Gegenwart als einen graduellen Prozess, indem sie sich entsprechender Temporal- und Lokaladverbien bedient und das Vergehen der Zeit explizit thematisiert: „Seit ich mit meinen kalifornischen Studenten nach Göttingen kam, ist Zeit vergangen […]. Inzwischen bin ich wieder zu Hause […].“ Die Konvergenz von Lebensgeschichte und Erzählsituation setzt also ein zeitliches und räumliches Kontinuum zwischen der erzählten Geschichte und der Erzählsituation voraus. Der Erzählakt findet nicht außerhalb des ‚raumzeitlichen Universums‘ der Diegese statt, er ist vielmehr von Anfang an Teil dieser Welt.

Man sieht: Die explizite Darstellung des autobiographischen Erzählprozesses kann qualitativ und quantitativ einen narrativen Charakter haben. Die Erzählhandlung hat ihren Platz in demselben diegetischen Universum wie die erzählte Lebensgeschichte – dies folgt notwendig aus der Tatsache, dass in autobiographischen Erzählungen der Erzähler *sein eigenes Leben* schildert. Damit aber verliert die Unterscheidung zwischen dem Diegetischen und dem Extradiegetischen ihren Sinn, beruht sie doch gerade auf der Annahme, der Erzählakt sei selbst nicht Teil der Welt. Aufgrund dieser terminologischen und konzeptuellen Aporien ist Genettes Modell der Erzählebenen nicht geeignet, die narrative Struktur autobiographischer Texte zu beschreiben.

Produktiver für die vorliegende Untersuchung ist ein Vorschlag des Narratologen Wolf Schmid. Er ergänzt die ontologischen Kategorien der Diegesis und der Exegesis um eine genetische Unterscheidung, und zwar zwischen ‚erzählter Geschichte‘ und ‚Erzählgeschichte‘. Der erste Begriff ist geläufig, denn in jedem narrativen Text liegt eine erzählte Geschichte vor. Sie ist das Resultat eines Selektions- und Kombinationsprozesses, bei dem der Erzähler aus einem potentiell endlosen Geschehen auswählt und die vorher isolierten Ereignisse in Beziehung zueinander setzt. Erst die temporale oder auch kausale Verknüpfung einzelner Geschehensmomente bringt die erzählte Geschichte hervor. Die Erzählgeschichte dagegen definiert Wolf Schmid folgendermaßen:

> Der Erzähltext enthält nicht nur die Präsentation der Erzählung, sondern auch die Gesamtheit der expliziten Wertungen, Kommentare, Generalisierungen, Reflexionen und Autothematisierungen des Erzählers. […] Sie sind nicht einfach Amplifikationen der Erzählung, sondern denotieren oder implizieren die Erzählgeschichte, d. h. die Geschichte des Erzählakts, in deren Verlauf die Präsentation der Erzählung hervorgebracht wird. Die dargestellte Welt des Erzählwerks vereinigt also zwei ganz unterschiedliche Geschichten:
> 1. Die präsentierte Erzählung mit der in ihr enthaltenen erzählten Geschichte.
> 2. Die Präsentation selbst, d. h. die sie fundierende Erzählgeschichte.[392]

Wie die erzählte Geschichte geht auch die Erzählgeschichte aus einem Selektions- und Kombinationsprozesses hervor. So geht Wolf Schmid davon aus, dass es in jeder Erzählung ein ‚Erzählgeschehen‘ gibt, also eine potentiell unendliche Zahl von Ereignissen, die den Erzähler und den Erzählakt betreffen. Die-

392 Wolf Schmid, *Elemente der Narratologie*, Berlin/New York 2008, 280.

ses amorphe Erzählgeschehen ist dem Leser nicht direkt zugänglich. Wenn aber eine ordnende Instanz aus den Ereignissen des Erzählgeschehens auswählt, sie sinnstiftend miteinander kombiniert und so auch auf der Ebene des Erzählers Zustandsveränderungen dargestellt werden, dann liegt im Sinne Schmids eine Erzählgeschichte vor.[393] Der Begriff der Erzählgeschichte ist in Bezug auf autobiographische Erzählungen deshalb so leistungsfähig, weil er zwei narrative Systeme in einer einzigen Welt zulässt, d. h. keinen ontologischen Bruch zwischen diesen Systemen voraussetzt.

Da in autobiographisch strukturierten Erzählungen jedoch unabhängig vom Erzählprozess auch der Erinnerungsprozess dargestellt werden kann, bietet sich eine Erweiterung von Schmids Modell an. Analog zur Erzählgeschichte ließe sich die ‚Erinnerungsgeschichte' als jene narrative Ebene definieren, auf der der Erinnerungsprozess präsentiert wird. Auch die Erinnerungsgeschichte ist Teil der diegetischen Welt. Sie ist zeitlich zwischen erzählter Geschichte und Erzählgeschichte angesiedelt, kann im Grenzfall aber auch identisch mit der Erzählgeschichte sein, wenn Erzähl- und Erinnerungsakt vom Autor als simultane Prozesse inszeniert werden.

Mit diesen terminologischen Präzisierungen lässt sich der Gegenstand der folgenden Analysen näher spezifizieren. Erkenntnisse über die Bedeutung der Muße für die Selbstreflexion sind vor allem in jenen autobiographischen Texten zu erwarten, in denen das Erzählen und Erinnern nicht im unzugänglichen Bereich des Erzähl- bzw. Erinnerungsgeschehens verborgen bleiben, sondern das erzählende und erinnernde Ich sein Handeln in Form einer mehr oder weniger ausgearbeiteten Erzähl- bzw. Erinnerungsgeschichte explizit zur Darstellung bringt.

1.3.3. Erzählzeit und Erzählraum

Weil das Phänomen der Muße von einer spezifischen Raum- und Zeitwahrnehmung bestimmt wird, ist es hilfreich, die chronotopische Struktur von Erzähl- oder Erinnerungsgeschichten zu beschreiben, um auf dieser Grundlage Korrespondenzen zum Mußeerleben herauszuarbeiten. Diesem Vorhaben kommt zupass, dass die Narratologie sowohl zur Räumlichkeit als auch zur Zeitlichkeit des Erzählens vielfältige Konzepte entwickelt hat.

Eine terminologische Anschlussfähigkeit an die von Wolf Schmid entlehnten Begriffe der ‚erzählten Geschichte' und der ‚Erzählgeschichte' suggeriert etwa

---

393 „Fehlen explizite Erzählerkommentare und Autothematisierungen des Erzählers, so haben wir keine Erzählgeschichte, müssen aber grundsätzlich ein (natürlich auch fiktives) *Erzählgeschehen* ansetzen, ohne das es keine Erzählgeschichte gäbe. Aus dem Erzählgeschehen ist dann kein Element für die Gestaltung einer Erzählgeschichte ausgewählt worden. Der Leser muss in diesen Fällen das Erzählgeschehen aus den Indizes, die in den narrativen Verfahren enthalten sind, rekonstruieren." – Ebd.

die geläufige Unterscheidung von ‚erzählter Zeit' und ‚Erzählzeit'. Während die erzählte Zeit schlicht „die Dauer der erzählten Geschichte" bezeichnet[394], ist die Erzählzeit wesentlich schwieriger zu fassen. Günther Müller, der mit seiner 1947 erschienenen Schrift *Die Bedeutung der Zeit in der Erzählkunst* maßgeblich zur Verbreitung dieser Begriffe beitrug, definierte etwa die Erzählzeit als „eine bestimmte Spanne der physikalischen Zeit", die der Erzähler „zum Erzählen seiner Geschichte braucht". Eine Schwierigkeit ergibt sich jedoch daraus, dass diese Zeitspanne in den allermeisten Texten nicht explizit benannt wird. Müller versucht dieses Problem zu umgehen, indem er festlegt, die Erzählzeit bemesse sich „nach der Zahl der Druckseiten eines Werks".[395] Ganz in diesem Sinne vertreten auch gegenwärtige Narratologen noch die Position, „im Fall eines Erzähltextes, der keine konkreten Angaben über die Dauer des Erzählens enthält" bemesse sich die Erzählzeit „einfach nach dem Seitenumfang der Erzählung" – wenngleich Martínez/Scheffel kurz darauf konzedieren, dass „das Bemessen von Erzählzeit in Druckseiten nicht sonderlich überzeugend erscheint".[396] Tatsächlich stellt die Zahl der Druckseiten ein textexternes Phänomen dar, das – wenn überhaupt – lediglich ungefähre Anhaltspunkte auf die physikalische Zeitspanne zulässt, die ein Leser für die Lektüre der Erzählung aufwenden muss. Was die Narratologie traditionell unter der Erzählzeit versteht, könnte daher treffender ‚Lektürezeit' oder ‚Rezeptionszeit' genannt werden.

Damit stünde der Begriff der ‚Erzählzeit' wieder zur Verfügung, um sein eigentliches Phänomen präzise zu bezeichnen, nämlich die zeitliche Dimension der Erzählgeschichte. Da die Erzählgeschichte eine fakultative Ebene einer Erzählung ist, kann auch die Erzählzeit zwei mögliche Ausprägungen haben, die bereits Martínez/Scheffel unterscheiden: Sie kann, sofern ein Text eine Erzählgeschichte aufweist, über „konkrete Angaben" markiert werden.[397] Liegt in einem Text jedoch keine Erzählgeschichte vor, bleibt auch die Erzählzeit implizit und kann nicht über Hilfsgrößen wie die Seitenzahl rekonstruiert werden.

Erzählgeschichte und Erzählzeit stehen folglich in einem wechselseitigen Bedingungsverhältnis. Aussagen über die Erzählzeit sind nur möglich, wenn im Text überhaupt eine Erzählgeschichte vorliegt. Umgekehrt zieht das Vorhandensein einer Erzählgeschichte notwendigerweise auch die Existenz einer Erzählzeit nach sich. Dieser Zusammenhang folgt unmittelbar aus dem narrativen Status der Erzählgeschichte. Die Erzählgeschichte ist nichts anderes als eine ‚Erzählung des Erzählaktes', und wie jede Erzählung basiert auch die Erzählgeschichte auf einer Verzeitlichung des Dargestellten. Wolf Schmid hat erläutert, dass Temporalität das Minimalkriterium jeder Narration ist, denn „[n]arrativ ist ein Text

---

394 Matías Martínez/Michael Scheffel, *Einführung in die Erzähltheorie*, München 2012, 33.

395 Günther Müller, *Die Bedeutung der Zeit in der Erzählkunst. Bonner Antrittsvorlesung 1946*, Bonn 1947, 15.

396 Martínez/Scheffel, *Einführung in die Erzähltheorie*, 33.

397 Ebd.

schon dann, wenn er nur temporale Verbindungen enthält".[398] Zeitlichkeit, so Schmid, ist die Voraussetzung für jede Veränderung, und Veränderung wiederum ist das Unterscheidungskriterium zwischen Narration und Deskription. Ein Text, der keine Veränderungen darstellt, kann möglicherweise deskriptiv einen Zustand präsentieren, niemals aber eine Geschichte erzählen.

Besitzt also jede Erzählgeschichte *per definitionem* eine zeitliche Dimension, so stehen den Autoren und Autorinnen doch unabhängig davon ganz verschiedene Möglichkeiten zur Verfügung, die Zeitlichkeit ihres Erzählens hervorzuheben oder zu negieren. Sie können sich beispielsweise dazu entscheiden, die Erzählzeit durch Datierungen und Zeitangaben zu markieren, um so den prozessualen Charakter des Erzählens zu betonen. Ganz im Gegensatz dazu besteht eine traditionelle Erzählstrategie darin, auf alle Markierungen der Erzählzeit zu verzichten, um die Illusion eines ‚zeitenthobenen' Erzählens zu erzeugen. Welche literarischen Funktionen mit bestimmten Darstellungsweisen der Erzählzeit verbunden sein können, wird eine der Leitfragen bei der Untersuchung konkreter Textbeispiele sein.

Im Sinne terminologischer Konsistenz bietet es sich an, im Hinblick auf die räumliche Dimension autobiographischer Erzählungen zwischen dem ‚erzählten Raum' und dem ‚Erzählraum' zu differenzieren. Während die Literaturwissenschaft im Zuge des *spatial turn* einige Ansätze zur narratologischen Beschreibung und Typisierung des erzählten Raumes hevorgebracht hat, fehlen vergleichbare Ansätze aber weitestgehend für jene Räume in der Literatur, in denen die Erzählakte stattfinden.[399] Anders als im Falle der ‚Erzählzeit' handelt es sich beim ‚Erzählraum' also um einen Begriff, der nicht für sich beanspruchen kann, zum konventionellen literaturwissenschaftlichen Instrumentarium zu zählen. Die vergleichsweise wenigen Studien, die überhaupt den Erzählraum thematisieren, bezeichnen damit in der Regel – und analog zum oben kritisierten Konzept der Erzählzeit – die materielle Ausdehnung des Textes. So erklärt Ursula Reidel-Schrewe in ihrer Studie über *Die Raumstruktur des narrativen Textes*: „Letztlich ist der Erzählraum nichts anderes als der Buchband auf dem

[398] Schmid, *Elemente der Narratologie*, 6.

[399] Bähr et. al. differenzieren in Bezug auf die „Räume des Selbst" zwischen „Räume[n] der schreibenden und Räume[n] der beschriebenen Person". Erstere decken sich ungefähr mit dem hier verwendeten Begriff des „Erzählraumes", verstehen sie darunter doch „die sozialen, kommunikativen und intellektuellen Räume [...], an denen die schreibende Person in der Gegenwart ihrer Schreibsituationen teilhat". Warum sie die physischen Räume nicht einbeziehen, bleibt offen. Sehr vage und deutlich abweichend vom verbreiteten Verständnis des erzählten Raumes definieren sie dagegen die „Räume der beschriebenen Person". Diese seien „nicht direkt als reale, praktizierte, im Moment des Handelns gelebte und erfahrene Räume zugänglich. Sie werden es vielmehr nur indirekt im Blick der schreibenden Person, und sie sind als nicht unmittelbar gelebte Räume auf andere Weise konstituiert und konstruiert als die Räume der Gegenwart der schreibenden Person." – Andreas Bähr/Peter Burschel/Gabriele Jancke, „Räume des Selbst. Eine Einleitung", in: Andreas Bähr/Peter Burschel/Gabriele Jancke (Hg.), *Räume des Selbst. Selbstzeugnisforschung transkulturell*, Köln/Weimar/Wien 2007, 1–12, 2.

Bücherbrett […] und die Erzählzeit nichts anderes als die Zeit, die es brauchen würde, alle Zeilen auf seinen Seiten zu lesen".[400]

Ausführlicher definiert Frank Maatje in seiner Mitte der 1960er-Jahre erschienenen Arbeit über den *Doppelroman*: „Als ‚Erzählraum', als der Raum, aus dem heraus erzählt wird, wäre allenfalls die Welt des wirklichen Erzählers, des Autors also, zu bezeichnen." Maatje vermengt in seiner Argumentation die Person des Autors mit der Textfunktion des Erzählers, was sich insofern rächt, als Maatje daraufhin den aporetischen Charakter jeder Untersuchung des Erzählraumes konstatieren muss: „Dieser ‚Erzählraum' liegt aber außerhalb des Werkes und deswegen außerhalb des Blickfeldes des Strukturforschers. Eine Spannung zwischen diesen beiden Räumen kann innerhalb des Werkes nicht vorhanden sein, weil sie eine ganz verschiedene Seinsweise haben."[401] Maatje steht folglich vor jener ontologischen Schwierigkeit, die bereits am Begriff des Extradiegetischen diskutiert wurde: Die Welt des Erzählers kann sich zwar von der von ihm erzählten Welt unterscheiden, beide können jedoch auch – wie im Falle der Autobiographie – identisch sein. Sind Erzählerwelt und erzählte Welt identisch, partizipieren beide auch an ein und demselben Raum. In keinem Fall jedoch ist der Erzählraum, wie Maatje meint, ein textexternes Phänomen, ist er doch immer auf den textinternen Erzähler bezogen.[402]

Anders als die Erzählzeit ist der Erzählraum keine obligatorische Komponente einer Erzählgeschichte. Schon Genette stellte fest: „[J]e peux fort bien raconter une histoire sans préciser le lieu où elle se passe, et si ce lieu est plus ou moins éloigné du lieu d'où je la raconte, tandis qu'il m'est impossible de ne pas la situer dans le temps par rapport à mon acte narratif."[403] Wenngleich eine Narration keiner konkreten Lokalisation bedarf, entscheiden sich autobiographische Erzähler häufig dafür, die räumlichen Bedingungen ihres Erzählens literarisch auszugestalten. Dabei bedienen sie sich nicht selten etablierter, topischer Muster wie

---

400 Ursula Reidel-Schrewe, *Die Raumstruktur des narrativen Textes. Thomas Mann, Der Zauberberg*, Würzburg 1992, 13.

401 Frank C. Maatje, *Der Doppelroman. Eine literatursystematische Studie über duplikative Erzählstrukturen*, Groningen 1964, 30 f.

402 Maatjes löst sein konzeptuelles Problem, indem er eine dritte Art von Raum einführt, den er als „Erzähl*er*raum" bezeichnet. (Ebd., 32. Herv. v. Verf.) Dieser Raum komme nur in jenen (von ihm als „Doppelroman" bezeichneten) Romanen vor, in denen gewissermaßen zwei erzählte Räume vorlägen, wobei „der eine ‚erzählte Raum' aus dem anderen heraus erzählt" wird. Das Verhältnis beider Räume verdeutlicht Maatje am verbreiteten Fall einer Erzählstruktur aus Rahmen- und Binnenerzählung: „Der im Rahmen geschilderte Raum, in dem der fiktive Ich-Erzähler erscheint, ist der ‚Erzählerraum'; der in der Binnenhandlung dargestellte Raum der ‚erzählte Raum'." (Ebd., 31 f.) Der hier vorgeschlagene Begriff des ‚Erzählraumes' korrespondiert folglich mit Maatjes ‚Erzählerraum', ohne sich jedoch wie bei Maatje auf fiktionale Erzählungen zu beschränken und unter ausdrücklichem Einschluss der Möglichkeit, dass ‚erzählter Raum' und ‚Erzählraum' identisch sind bzw. in einem kontinuierlichen Verhältnis zueinander stehen.

403 Genette, *Figures III*, 228.

etwa des ‚Rückzugsortes' oder des ‚Spazierganges durch die Natur', die in vielen Fällen den Räumen der Muße entsprechen.

Ein berühmtes Beispiel für einen ausgestalteten Erzählraum findet sich in Günter Grass' 1959 erschienenem Roman *Die Blechtrommel.*[404] Der Lebensbericht des Protagonisten Oskar Matzerath ist selbstverständlich – trotz etlicher Parallelen zu Grass' Biographie – eine fiktionale Erzählung, die jedoch das klassische autobiographische Strukturmuster realisiert, so dass *Die Blechtrommel* als einer der bekanntesten autobiographisch strukturierten Romane des 20. Jahrhunderts gelten kann. Oskar erzählt darin nicht nur seine Geschichte von ‚den Röcken seiner Großmutter' an, er berichtet auch in einer expliziten Erzählgeschichte von den Umständen seines autobiographischen Schreibens. „Zugegeben: ich bin Insasse einer Heil- und Pflegeanstalt [...]" (*Bt*, 9) – schon im ersten Satz fällt der autodiegetische Erzähler Oskar in den Gestus des Bekenntnisses, den er aus der augustinischen und rousseauschen Autobiographie übernimmt. Oskar verortet seine Erzählsituation präzise: In einer Nervenklinik ist er auf doppelte Weise abgeschieden von der ‚normalen' Welt. Zum einen wird er von ihr getrennt durch die Tür seiner Zelle, in der ein „Guckloch" ist, durch das der Pfleger ihn beobachtet und „kaum aus dem Auge" lässt. (*Bt*, 9) Zum anderen achtet Oskar selbst darauf, seine Distanz zu den Menschen zu wahren. Sein „weißlackiertes metallenes Anstaltsbett" bildet seinen persönlichen Rückzugort, das Bettgitter die nicht zu verletzende Grenze zwischen ihm und der Umwelt: „Mir ist es sogar mehr: mein Bett ist das endlich erreichte Ziel, mein Trost ist es und könnte mein Glaube werden, wenn mir die Anstaltsleitung erlaubte, einige Änderungen vorzunehmen: Das Bettgitter möchte ich erhöhen lassen, damit mir niemand mehr zu nahe tritt." (*Bt*, 9 f.) Diese doppelte räumliche Abgeschiedenheit wird für Oskar, so ließe sich argumentieren, zu einer Situation der ‚erzwungenen Muße'. Aus seiner gleichermaßen verordneten wie selbstgewählten „Einsamkeit" (*Bt*, 12), Ruhe und Immobilität heraus blickt Oskar auf seine bewegte Geschichte zurück. Er erzählt dem Pfleger „Begebenheiten aus meinem Leben" (*Bt*, 9) und schreibt schließlich auf „fünfhundert Blatt Schreibpapier" – dessen „unschuldiges" Weiß mit dem weißen Lack des Bettes korrespondiert – seine Lebensbeichte nieder. (*Bt*, 10 f.)

Wie sehr Oskars autobiographisches Erzählen an das Anstaltsbett als persönlichen Erzählraum gebunden ist, wird im Schlusskapitel ersichtlich, als das Ende seiner Lebensrückschau mit der „unvermeidlichen Entlassung aus der Heil- und Pflegeanstalt" (*Bt*, 777) zusammenfällt. Anlässlich seiner anstehenden Entlassung benennt Oskar auch die Zeit, die er insgesamt in der Anstalt verbrachte, und markiert so die Temporalität seines Erzählens explizit. Zählte Oskar zum Zeitpunkt seiner Flucht und Verhaftung „achtundzwanzig Jahre" (*Bt*, 766), so

[404] Günter Grass, *Die Blechtrommel. Roman*, München 1997 [1959]. (Im Folgenden zitiert mit der Sigle *Bt*.)

fällt das Schlusskapitel der *Blechtrommel* exakt auf seinen dreißigsten Geburtstag. Maximal zwei Jahre also umfasst Oskars Erzählakt. Der runde Geburtstag wird für ihn zu einer doppelten Zäsur, denn er bildet zugleich den Endpunkt von Oskars autobiographischer Erzählung wie auch den Beginn eines neuen Lebensabschnitts außerhalb der Anstalt.

Am Beispiel der *Blechtrommel* lassen sich einige typische Strukturelemente des autobiographischen Erzählens demonstrieren. Die von Oskar erzählte Lebensgeschichte ist als Binnennarration in eine sie rahmende Erzählgeschichte eingelassen, die das erzählende Ich zu einer eigenständigen Erzählebene ausgestaltet, indem es die Umstände sowie den räumlichen und zeitlichen Kontext seiner Selbstreflexion thematisiert. Diese ausführliche Erzählgeschichte erfüllt mehrere Funktionen. Zunächst verweist insbesondere der Erzählraum symbolisch auf die topische, bekenntnishafte Anlage des autobiographischen Projektes, kann als intertextuelle Reverenz an die Klausur Montaignes, die Abgeschiedenheit Rousseaus oder die Krisenerfahrung des Augustinus gelesen werden. Die Explikation der Erzählzeit wiederum plausibilisiert den Erzählakt und verleiht ihm Relevanz, denn Oskar erzählt zwar nicht vom Ende seines Lebens aus, aber doch am Ende eines signifikanten Lebensabschnitts. Schließlich nutzt Oskar seine Erzählgeschichte, um den Akt der literarischen Narration selbst zu reflektieren, sei es durch metaphorische Allusionen wie die von seinem Pfleger gebastelten „Knotengebilde [...] aus ordinären Bindfäden", deren schlichte und gefällige Machart nur Oskars Spott provoziert (*Bt*, 9), oder durch autopoetologische Abwägungen über den Aufbau des modernen Romans und den Charakter seiner Helden. (*Bt*, 12) Erzählraum und Erzählzeit sind daher in der *Blechtrommel* nicht nur notwendiges Beiwerk der Rahmenhandlung, sondern von unmittelbarer Bedeutung für das autobiographische Erzählvorhaben.

1.3.4. Erinnerungszeit und Erinnerungsraum

Nicht alle autobiographisch strukturierten Erzählungen präsentieren die Lebensrückschau so ausdrücklich als einen Akt des Erzählens und/oder Schreibens, wie es in der *Blechtrommel* der Fall ist. Alternativ können sie auch ‚lediglich' die Selbstreflexion und den Erinnerungsprozess des Protagonisten thematisieren. Für die Räumlichkeit und Zeitlichkeit des Erinnerns gelten dieselben Prinzipien wie auch für den Erzählraum und die Erzählzeit: Verfügt eine autobiographisch strukturierte Erzählung über eine explizite Erinnerungsgeschichte, zeigt sich also das erinnernde Ich als handelndes Subjekt auf einer eigenständigen narrativen Ebene, hat diese notwendigerweise eine zeitliche Dimension (denn Temporalität ist die Minimalbedingung der Narration). In der Narratologie hat sich für dieses Phänomen bislang kein Begriff etabliert. Hier soll daher in Analogie zur ‚Erzählzeit' der Begriff der ‚Erinnerungszeit' vorgeschlagen werden. Er bezeichnet den Zeitabschnitt, in dem das autobiographische Ich seine Vergangenheit reflektiert, und gibt damit der Erinnerungsgeschichte einen temporalen Rahmen.

Die räumlichen Aspekte der Erinnerungsgeschichte und ihre Repräsentation im Text können entsprechend unter dem Terminus des ‚Erinnerungsraumes' zusammengefasst werden. Da Räumlichkeit keine obligatorische Voraussetzung einer narrativen Handlung ist, ist folglich auch der Erinnerungsraum keine notwendige Komponente einer Erinnerungsgeschichte. Gleichwohl messen Autobiographen den Räumen und Orten des Erinnerns häufig sogar noch größere Bedeutung bei als dem Erzählraum.

Eine besondere methodische Herausforderung besteht jedoch darin, dass der Begriff des ‚Erinnerungsraumes' in der Kulturwissenschaft durch die Arbeiten von Aleida und Jan Assmann besetzt ist, die ihn wiederum von Pierre Noras „lieux de mémoire" ableiteten.[405] Aleida Assmann bezeichnet als Erinnerungsräume die Medien, Speicher und Orte des kulturellen Gedächtnisses, welche die Identitätskonstruktion sozialer Gruppen ermöglichen.[406] Erinnerungsräume und -orte sind diesem Verständnis zufolge materielle Manifestationen einer geschichtlichen Identität, an der alle Mitglieder einer Gemeinschaft partizipieren können. Solche kulturellen Erinnerungsräume können auch in autobiographischen Erzählungen eine Rolle spielen – häufiger jedoch zeigen Autobiographen ihre ganz persönlichen *loci memoriae* und die mit ihnen verbundenen Assoziationen. Der Umstand, dass ein und derselbe Ort zugleich eine individuelle und eine (davon abweichende) kollektive Bedeutung tragen kann, ist schon aus theoretischer Perspektive ein bedenkenswertes Phänomen. In autobiographischen Erzählungen kann die Interferenz von individuellen und kollektiven Erinnerungsräumen jedoch zu einem zentralen Aspekt der Selbstreflexion werden, etwa wenn das erinnernde Ich in seiner Erinnerungsgeschichte historische Orte aufsucht.

Sind die Begriffe der ‚Erinnerungszeit' und des ‚Erinnerungsraumes' analog zu denen der ‚Erzählzeit' und des ‚Erzählraumes' gebildet, so erstrecken sich ihre Gemeinsamkeiten auch auf die Möglichkeiten der Thematisierung im Text: Autobiographen können die Räume und/oder Zeiten ihres Erinnerns explizit präsentieren, sie können aber auch darauf verzichten und sie so lediglich als implizite Bedingungen ihres Erinnerns behandeln. Angesichts solcher Parallelen mag man fragen, worin der Zweck einer Unterscheidung von Erinnerungs- und Erzählensebene besteht, zumal in der literarischen Praxis Erinnern und Erzählen häufig zusammenfallen, sodass beide Prozesse ihre Räume und Zeiten miteinander teilen. Eine differenzierte Konzeption der Raumzeitlichkeit des Erinnerns und des Erzählens schafft jedoch eine Sensibilität für eben jene Texte, welche die beiden Funktionen des Autobiographischen nicht miteinander identifizieren, sondern sie als distinkte Schritte im Prozess des autobiographischen Erzählens inszenie-

[405] Vgl. Kapitel 1.2.3, 85 f.
[406] Vgl. Assmann, *Erinnerungsräume.*

ren und ihre je eigenen Herausforderungen exponieren. Wenngleich es vielfach zu Überschneidungen kommt, kennt die literarische Topik des Erinnerns andere Orte und Praktiken als die des Erzählens. Gleichermaßen sieht sich das erinnernde Ich mit anderen Problemen konfrontiert als das erzählende Ich.

Auch diese theoretischen Ausführungen über Raum und Zeit der Erinnerungsgeschichte können durch ein literarisches Beispiel anschaulicher werden. In der 1975 erschienenen Erzählung *Die Ursache*[407], dem ersten Buch seiner fünfteiligen Autobiographie, benennt Thomas Bernhard wiederholt den negativen Einfluss, den seine Heimatstadt Salzburg auf sein Leben hatte. Die Stadt, so erklärt Bernhard in seinem markanten hyperbolisch-hypotaktischen Stil, habe „sein ganzes Wesen durchsetzt und seinen Verstand bestimmt [...]“ und sei „ihm immer und vor allem in Kindheit und Jugend [...] eine mehr den Geist und das Gemüt verletzende, ja immer nur Geist und Gemüt mißhandelnde gewesen“. (*Ur*, 10) Salzburg ist für Bernhard jedoch nicht nur der Ort des kindlichen Erlebens, sondern auch ein Erinnerungsort, an dem das erinnernde Ich seine Vergangenheit ‚reanimieren‘ kann – darunter Bilder von der Bombardierung im Zweiten Weltkrieg:

> Heute steht ein Kino auf dem Platz, das einmal ein Gasthaus gewesen war, in welchem mich die Dame aus Hannover in Englisch unterrichtet hatte, und kein Mensch weiß, wovon ich rede, wenn ich davon rede, wie überhaupt alle, wie es scheint, ihr Gedächtnis verloren haben, die vielen zerstörten Häuser und getöteten Menschen von damals betreffend, alles vergessen haben oder nichts mehr davon wissen wollen, wenn man sie darauf anspricht, [...] (*Ur*, 36)

In einer präsentisch erzählten Erinnerungsgeschichte vergleicht das erinnernde Ich die Erscheinung Salzburgs im „Heute“, also in der Gegenwart seiner Erinnerung, mit der Stadt kurz nach der Bombardierung. Bernhard zeigt sich schockiert, dass die Bewohner keine Erinnerungen an die Zerstörungen mehr haben oder sie bewusst verdrängen. Nicht nur einmal kehrt Bernhard an seinen persönlichen Erinnerungsort Salzburg zurück, um seine Erinnerungen wachzurufen und die heutigen Bewohner geradezu obsessiv mit der Vergangenheit zu konfrontieren:

> [...] und komme ich heute in die Stadt, rede ich doch immer wieder die Leute nach dieser fürchterlichen Zeit an, aber sie reagieren kopfschüttelnd. In mir selbst sind diese furchtbaren Erlebnisse immer noch so gegenwärtig, wie wenn sie gestern gewesen wären, Geräusche und Gerüche sind augenblicklich da, wenn ich in die Stadt komme, die ihre Erinnerung ausgelöscht hat, wie es scheint, ich spreche, wenn ich hier mit Menschen spreche, die tatsächlich alte Einwohner dieser Stadt sind und die dasselbe erlebt haben müssen wie ich, mit den Irritiertesten, Unwissendsten, Vergeßlichsten, es ist, als redete ich mit einer einzigen verletzenden, und zwar geistesverletzenden Ignoration. (*Ur*, 36)

---

[407] Thomas Bernhard, *Die Ursache. Eine Andeutung*, Werke, Bd. 10, hg. v. Martin Huber, Frankfurt a. M. 2004 [1975], 7–109. (Im Folgenden zitiert mit der Sigle *Ur*.)

Die Rückkehr an einen signifikanten Schauplatz der eignen Kindheit ist ein fest etablierter Topos der jüngeren autobiographischen Literatur. Es erscheint intuitiv nachvollziehbar, dass kaum ein Ort sich so sehr als ‚Erinnerungsraum' anbietet wie der Ort des Erlebten selbst. Bei Bernhards Rückkehr nach Salzburg kommt in besonderem Maße die Diskrepanz zwischen dem persönlichen Erinnerungsort und dem kollektiven Gedächtnisort zum Tragen. In einer interessanten Wendung ist es gerade das Fehlen eines kollektiven Gedächtnisses, das Bernhards Erzähler als verletzend empfindet. Nicht allein, dass seine eigenen Erinnerungen nicht mit denen der Stadtbewohner zur Deckung zu bringen sind – diese scheinen gar nicht vorhanden zu sein. Durch seine Rückkehr an den Erinnerungsort sieht sich Bernhard mit einer ‚Unkultur des Vergessens' konfrontiert: Wenn das erinnernde Ich sich selbst als einzigen Träger des kollektiven Gedächtnisses darstellt, mag dies Bernhards demonstrativer Hybris geschuldet sein, vor allem aber drückt sich darin seine Distanz zur Stadt Salzburg und ihrer Bewohner aus, die er gleichwohl nicht loslassen kann.

1.3.5. Stillgestellte Zeit und Rückzugsorte des Erzählens

Aus phänomenologischer Perspektive ist Muße durch eine ‚Verräumlichung' und ‚Entzeitlichung' der Wahrnehmung charakterisiert.[408] Mit den Begriffen des ‚Erzählraumes' und der ‚Erzählzeit' – und ihren Äquivalenten im Bereich des Erinnerungsprozesses – lässt sich bestimmen, ob die chronotopische Struktur der Muße in autobiographischen Erzählungen als eine Bedingung für die Selbstreflexion und Selbstkonstitution erscheint. Insofern nämlich in den Erzähl- und Erinnerungsgeschichten der Fokus der Darstellung auf spezifische Räume gelenkt wird, während die Temporalität der autobiographischen Reflexion in den Hintergrund rückt, ist dies als ein starkes Indiz zu deuten, dass einer Erzählung die Struktur des mußevollen Lebensrückblicks zugrunde liegt. Richtet sich umgekehrt das Augenmerk auf die Erzähl- bzw. Erinnerungszeit, kann dies ein Hinweise darauf sein, dass ein Text klassische Vorstellungen der Selbstkontemplation verabschiedet und ggf. ein alternatives Modell entwirft. Der Vorteil einer solchen narratologischen Operationalisierung der Muße liegt darin, dass kontemplative Situationen in Texten auch dann erkannt und beschrieben werden können, wenn sie nicht explizit vom Erzähler als solche benannt werden.

Wie sehr die Räume des Erinnerns und Erzählens die autobiographische Reflexion prägen, zeigt bereits ein Blick auf die traditionelle Gattungstheorie. Hatten spätestens seit Wilhelm Dilthey die Autobiographien Augustins, Rousseaus und Goethes geradezu klassischen Rang, so begann die Literaturwissenschaft im 20. Jahrhundert, die dort präsentierte narrative Struktur des autobiographischen Erzählens als Norm zu begreifen und spätere Autobiographien an ihnen

[408] Vgl. zur Zeitlichkeit und Räumlichkeit der Muße die Kapitel 1.2.2 und 1.2.3.

zu messen. So versteht beispielsweise Roy Pascal in seiner Monographie *Design and Truth in Autobiography* (1960) die Autobiographie ganz im Sinne Diltheys als „shaping of the past. It imposes a pattern on a life, constructs out of it a coherent story."[409] Die Konstruktion einer kohärenten Geschichte sei allerdings an Voraussetzungen gebunden, die Pascal mit einer räumlichen Metapher beschreibt: „This coherence implies that the writer takes a particular standpoint, the standpoint of the moment at which he reviews his life, and interprets his life from it."[410] Der autobiographische Erzähler bedürfe einer interpretatorischen Grundhaltung, eines *standpoint*, von der seine Entscheidungen ausgehen, ob und wie bestimmte Ereignisse seines Lebens dargestellt werden. Dieser *standpoint* ist durchaus räumlich zu begreifen: Der Autobiograph müsse am Ende seines Lebens einen ruhigen, sicheren Ort erreicht haben, der gleichermaßen den Rückblick auf das eigene Leben sowie den Überblick über die historischen Zusammenhänge gestattet. Von diesem Ort hänge daher Erfolg oder Misserfolg der Autobiographie ab. Auf keinen Fall dürfe er beliebig sein, denn „the more arbitrary the standpoint, the greater is the likelihood that the autobiography will be one-sided, blinkered, or downright false".[411] Das Erreichen des richtigen *standpoint* stelle einen ebenso individuellen wie mühsam zu erringenden Erfolg dar, schließlich sei er das Resultat und der Endpunkt des eigenen Lebensweges:

> This is the reason, I believe, why the best autobiographies are by men and women of outstanding achievement in life. Their standpoint is not as it were chosen by them, it is not at all a question for them to decide [...]: it is there, the indubitable result of their life's work, often acknowledged publicly, but at any rate for them the concrete reality of the meaning of their life.[412]

Nicht alle Menschen, so Pascal, verfügten am Ende ihres Lebens über die Voraussetzungen, eine ‚gelingende' Autobiographie zu verfassen. Vielmehr sei die Fähigkeit zur konsistenten Selbstdeutung ein exklusives Vorrecht herausragender Individuen. Deren Lebenserinnerungen sind demnach einerseits Ausdruck ihres außergewöhnlichen Charakters, andererseits aber das Ergebnis ihrer Lebensleistungen – ihres „outstanding achievement in life". Bedeutende Autobiographen hätten sich ihren *standpoint* im Laufe ihres Werdegangs erarbeitet, indem sie – trotz oder gerade wegen schmerzvoller Brüche im Lebenslauf und oft gegen erhebliche äußere Widerstände – ein besonderes Werk schufen. Diese Autoren müssten ihrem Leben nicht nachträglich einen kohärenten Sinn verleihen, da dieser sich unmittelbar aus ihrer Lebensleistung ergibt. Nun, am Ende ihres Lebens, könnten sie die Früchte ihrer Anstrengungen ernten, indem sie aus der Ruhe des Alters auf das Erreichte zurückblicken und es erzählen. Auch

---

409 Pascal, *Design and Truth in Autobiography*, 9.
410 Ebd.
411 Ebd., 10.
412 Ebd.

für Pascal ist dieser Idealfall des autobiographischen Erzählens zwar mit interpretatorischer Arbeit verbunden, die im Vergleich zum eigentlichen Lebenswerk jedoch so wenig ins Gewicht fällt, dass sie nicht selbstreflexiver Bestandteil der Erzählung zu sein braucht.

Pascal rekurriert mit seinen Ausführungen implizit auf die ciceronische Norm eines *cum dignitate otium*, derzufolge bedeutende Persönlichkeiten ihre verdiente Altersruhe dafür nutzen sollten, schreibend an ihrem Nachruhm zu arbeiten. Der Begriff des *standpoint*, mit dem Roy Pascal das klassische Ideal der Altersmuße neu einkleidet, lässt sich aus narratologischer Perspektive fruchtbar machen, um die narrativen Ebenen der traditionellen Autobiographie gegeneinander zu profilieren und ihre jeweilige Dynamik herauszustellen. Während nämlich die erzählte Lebensgeschichte der ereignisreichen und bewegten *vita activa* des Protagonisten folgt, bewegt sich der gealterte Erzähler nicht mehr – er befindet sich an einem festen Punkt und in einem Zustand ruhiger Kontemplation. Der zeitlichen und räumlichen Dynamik der erzählten Geschichte steht die raumzeitliche Stabilität der Erzählsituation gegenüber. Besonders deutlich hat Wayne Shumaker in seiner Studie über die *English Autobiography* (1954) die Position des Erzählers in dieser Weise charakterisiert: „As a rule, [...] autobiographical composition is undertaken at some moment of apparently permanent elevation above passion and ambition.“[413] Ähnlich wie für Pascal bildet auch für Shumaker eine erhöhte, außeralltägliche Position die Voraussetzung für den autobiographischen Rückblick. Zudem grenzt Shumaker explizit die Welt des autobiographischen Erzählers von der Welt der Arbeit ab: „The career is over; no further advancement is hoped for, no further retrogression feared. Life has been lived, and is now to be recorded in tranquility, with a serenity and honesty that would have been impossible in the thick of the struggle.“[414] Was ihm in den anstrengenden Kämpfen des Lebens verwehrt geblieben sei, erreiche der ideale Autobiograph nun in der Gegenwart seines Erzählens, nämlich „a stability appropriate to the subject“. Shumaker findet dafür ein recht klischiertes Bild der Muße: „Autobiography [...] closes with the chair tilted against a sunny wall“.[415] Ein sonniger, mußevoller Sonntagnachmittag – das ist in Shumakers Vorstellung der Endpunkt großer Autobiographien, von dem aus sich die Erzählung entfalten lässt.

Ohne den normativen Anspruch von Pascal und Shumaker hat der Schweizer Literaturwissenschaftler Jean Starobinski zwei verschiedene Modi des autobiographischen Erzählens unterschieden, die durch ein je spezifisches Verhältnis von Erzählgegenwart und erzählter Lebensgeschichte bestimmt sind. Eine stabile und ruhige Position des Erzählers ist für Starobinski das Merkmal eines autobiographischen Modells, das er als den „ton picaresque“ – den pikares-

413 Wayne Shumaker, *English Autobiography. Its Emergence, Materials and Form*, Berkeley 1954, 128.

414 Ebd.

415 Ebd., 130.

ken Ton – bezeichnet. Während der Erzähler die Vergangenheit als eine Zeit der Schwächen, Fehler, Erniedrigungen, aber auch der Abenteuer schildert, inszeniert er sich in der Gegenwart seines Erzählens als eine gefestigte Person, die ihren Platz im Leben und der Gesellschaft eingenommen und mit einigem Erfolg ausgefüllt hat:

> Traditionnellement, le récit picaresque est attribué à un personnage parvenu à un certain degré d'aisance et de „respectabilité", qui se retourne vers un passé aventureux et vers des origines marginales. [...] Il parlera donc de son passé avec ironie, condescendance, apitoiement, amusement.[416]

Ihre Legitimität bezieht diese Erzählhaltung daraus, dass der Erzähler seinen Standort im Laufe seines Lebens verdient hat, sich als „personnage parvenu" auf den Respekt seiner Zeitgenossen verlassen kann. Die amüsante, häufig ironische Schilderung der eigenen Vergangenheit erfordert eine gefestigte, selbstsichere Position des Erzählers in der Gegenwart; sie ist die Voraussetzung für die humorvolle Distanzierung von der eigenen Vergangenheit. Die Ruhe, die das autobiographische Subjekt am Lebensende genießen kann, steht ganz im Gegensatz zum arbeitsamen oder abenteuerlichen Leben. Daher weist der ‚pikareske Ton' Affinität zum klassischen autobiographischen Erzählmodell auf, bei dem sich das erzählende Ich aus den Alltagsgeschäften zurückzieht und die ihm zustehende Altersmuße genießt: „Pour le narrateur picaresque, le présent est le temps du repos enfin mérité."[417]

Den zweiten autobiographischen Stil und das genaue Gegenteil zum „ton picaresque" stellt nach Starobinski der „ton élégiaque" – der elegische Ton – dar. Gekennzeichnet sei er durch die positive Bewertung der Vergangenheit als „paradis perdu", wohingegen die Gegenwart als unglücklich und schändlich bedauert wird; angesichts dieser Diskrepanz „l'écrivain se réfugie dans le souvenir des jours heureux".[418] Die nostalgische Grundhaltung des *ton élégiaque* und die souveräne Selbstpositionierung in der Gegenwart des *ton picaresque* schließen sich in der literarischen Praxis jedoch keinesfalls gegenseitig aus. Sie sind zuweilen in ein und demselben Werk anzutreffen und steigern in diesem Fall noch die Suggestion eines selbstbewusst und stolz zurückblickenden Erzähler-Ichs. In einigen der hier untersuchten Texte (etwa bei Botho Strauß und Peter Scholl-Latour) wird dieser Effekt sichtbar.

Ganz offenbar spielt der Rückzugsort als mußevoller Erzähl- und Erinnerungsraum im gattungstheoretischen und -poetologischen Diskurs der Autobiographie von der Antike bis weit ins 20. Jahrhundert eine prominente Rolle. Das Ideal einer ruhigen und erhöhten Erzählerposition hat jedoch auch Implikationen in Bezug auf die Zeitlichkeit des Erinnerns und Erzählens. Mathias Mayer

---

416 Starobinski, „Le style de l'autobiographie", 264.
417 Ebd.
418 Ebd.

hat prägnant die Entschleunigung der Erzählzeit mit der Entrücktheit des Erzählraumes in Zusammenhang gesetzt:

> Zur Eigenheit des sogenannten „autobiographischen Paktes" gehört ja, dass der Rück- und Überblick über ein sich dynamisch veränderndes Leben von einem bestimmten, sich dazu (zunächst) statisch verhaltenden Zeitpunkt aus überblickt und erzählt wird, dass aber gleichwohl dieser Zeit*punkt* eben nicht als unverrückbare Turm- oder Säulenperspektive anzusehen ist, sondern sich *im* gleichzeitig beschriebenen Leben befindet und sich *im* Schreiben noch *mit* dem Lebensgang weiter entwickelt. [...] Die Autobiographie erlaubt daher als ebenso grundständige Form des Literarischen (in seiner anthropologischen Elementarkraft) wie auch als Randphänomen des Fiktionalen jene entrückte Perspektive auf das Geschehen, die das Dynamische nicht um den Preis völliger Erstarrung fixiert, sondern aus einer in sich „entschleunigten" Vogelperspektive erfasst.[419]

Die (relative) Statik und Handlungsarmut der autobiographischen Erinnerungs- und Erzählsituation lässt die Temporalität des Reflexionsprozesses in den Hintergrund treten. Da der Autobiograph aus den Alltagszusammenhängen herausgetreten ist, spielt auch die Sukzession der objektiven Zeit als Organisationseinheit des Alltags keine Rolle mehr. Erinnerungszeit und Erzählzeit erscheinen in klassischen Autobiographien nicht selten von der objektiven Zeit entkoppelt. In vielen Fällen erlangt die Reflexionssituation solch statischen Charakter, dass die Zeit nicht nur entschleunigt wirkt, wie Mayer meint, sondern ganz stillzustehen scheint.

Aus narratologischer Sicht ist ein solcher Effekt kaum überraschend. Gérard Genette hat bemerkt, das Phänomen einer scheinbar stillstehenden Erzählzeit präge literarische Narrationen jeder Art und nicht nur autobiographische Erzählungen:

> [...] une des fictions de la narration littéraire, la plus puissante peut-être, parce qu'elle passe pour ainsi dire inaperçue, est qu'il s'agit là d'un acte instantané, sans dimension temporelle. On le date parfois, mais on ne le mesure jamais [...]. Contrairement à la narration simultanée ou intercalée, qui vit de sa durée et des relations entre cette durée et celle de l'histoire, la narration ultérieure vit de ce paradoxe, qu'elle possède à la fois une situation temporelle (par rapport à l'histoire passée) et une essence intemporelle, puisque sans durée propre.[420]

Im Anschluss an Genette ist zu formulieren: Gibt ein Erzähler retrospektiv seine Geschichte wieder, dann vergeht zwar Zeit auf der Ebene der Diegese, und auch der Erzählakt muss in der Realität selbstverständlich Zeit verbraucht haben. Dennoch kann gemäß einer paradoxen narrativen Konvention für den Erzähler die Zeit zu einem einzigen Punkt zusammenschrumpfen – er verändert sich nicht und ist am Ende der Geschichte noch genau derselbe, der er am Anfang war. Dieses verbreitete Phänomen soll im Folgenden als die ‚Illusion der stillgestellten Zeit' bezeichnet werden.

---

[419] Mayer, *Stillstand*, 71 f.

[420] Genette, *Figures III*, 234.

Im Falle traditioneller autobiographischer Narrationen lässt sich die Illusion der stillgestellten Zeit jedoch besser aus der narrativen Struktur selbst heraus begründen, als dies bei anderen Erzähltypen der Fall ist. In autobiographisch strukturierten Erzählungen konvergiert die erzählte Geschichte notwendigerweise mit der Erzählgeschichte. Damit sich aber die Erzählung auf den Moment des Erzählens hinbewegen und diesen schließlich einholen kann, darf dieser selbst nicht (oder nur bedingt) dem Zwang zeitlicher Sukzession unterworfen sein, sich also nicht ständig weiter in die Zukunft verschieben. Er muss vielmehr in einer andauernden Gegenwart ‚warten', bis die Erzählung ihn erreicht hat. Würde dagegen auch die Erzählzeit immer weiter voranschreiten, könnte der autobiographische Bericht niemals sein Ziel in der Erzählgegenwart erreichen, denn auf das Erzählen des Erzählaktes würden weitere Ereignisse folgen, die zu erzählen wären. Eine völlige Konvergenz der erzählten Geschichte mit der Erzählgeschichte ist daher im Grunde unmöglich. Erzählern stehen jedoch Techniken der Raffung und Dehnung, der Pro- und der Analepse zur Verfügung, die den homogen-linearen Charakter der Zeit außer Kraft setzen. Auch die Illusion der stillgestellten Zeit kann als eine narrative Strategie begriffen werden, dieses Problem zu umgehen.

Es lassen sich verschiedene Varianten unterscheiden, wie Erzähler die Illusion einer stillgestellten Zeit hervorrufen können. Ihre wohl am weitesten verbreitete aber implizite Variante besteht schlicht im Verzicht auf eine Erzähl- bzw. Erinnerungsgeschichte, denn wo keine Handlung ist, fehlt auch Veränderung und damit jede Form der Temporalität. Sofern aber eine Erzähl- oder Erinnerungsgeschichte vorliegt, steht das erinnernde bzw. erzählende Ich vor der Herausforderung, die inhärente Zeitlichkeit dieser narrativen Ebene zu kaschieren. Eine erste, konsequente Möglichkeit besteht darin, die eigene Reflexionssituation nicht im Modus der Narration, sondern der Deskription zu schildern. In der literarischen Praxis ist eine solche ‚starke' Form der stillgestellten Zeit eher selten anzutreffen, verlangt sie doch, dass der Erzähler auf sämtliche Zustandsveränderungen und Handlungen verzichtet. Dazu gehört auch, dass das erinnernde Subjekt seine initiale räumliche Position über den ganzen Erzählvorgang beibehält, dass es keine neuen Erkenntnisse über seine Vergangenheit gewinnt und dass es seine Einstellung gegenüber der Vergangenheit im Erzählfortgang nicht überdenkt oder ändert. Damit beschränken sich die Möglichkeiten des erinnernden und erzählenden Ich darauf, sich wie Heinrich Jung-Stilling im letzten Band seiner *Lebensgeschichte* in einer absoluten Gegenwart zu zeigen: „Da sitze ich auf dem bequemen Großvaterstuhl vor meinem viel gebrauchten Pult, und an den Wänden um mich her hängen Pfänder zur Erinnerung an meine nahen und fernen Freunde."[421]

---

[421] Johann Heinrich Jung-Stilling, „Heinrich Stillings Alter", in: *Lebensgeschichte*, hg. v. Gustav Adolf Benrath, Darmstadt 1976 [1817], 629–646, 630.

Eine ‚schwächere' aber häufiger anzutreffende Form der stillgestellten Zeit besteht darin, durchaus Elemente einer narrativen Handlung in der Erzählgeschichte zu gestalten, doch jeden Bezug auf eine objektive und lineare Sukzession der Zeit zu vermeiden. Das erinnernde und erzählende Ich kann etwa darauf verzichten, die Dauer der sich in der Erzählgeschichte vollziehenden Ereignisse anzugeben. Noch stärker ist der Effekt, wenn die Handlung zu keiner ersichtlichen Veränderung der Situation führt, der Erzähler z. B. im Erzählprozess nicht altert. In diesem Fall handelt es sich um eine „leere Zeit", wie Michail Bachtin sie ursprünglich als Chronotopos der antiken „griechischen Romane" beschrieben hat:

> In dieser Zeit verändert sich nichts: Die Welt bleibt so, wie sie war; auch biographisch wandelt sich das Leben der Helden nicht, und ihre Gefühle bleiben die gleichen, die Menschen altern in dieser Zeit nicht einmal. Diese leere Zeit hinterläßt nirgends die geringsten Spuren; keine Merkmale ihres Verlaufs bleiben erhalten.[422]

Eine andere Form einer gewissermaßen ereignis- und konsequenzlosen Zeit in der erzählenden Literatur erkennt Bachtin in den Provinzidyllen, die ein beliebter Schauplatz der Romane des 19. Jahrhunderts sind. Diese „spießige[n] Provinzstädtchen" bezeichnet Bachtin als „Stätten der zyklischen Alltagszeit" und führt aus:

> Die Zeit ist hier ereignislos, so daß es scheint, sie sei fast gänzlich stehengeblieben. [...] Dies ist eine zähe, klebrige Zeit, die im Raum langsam dahinkriecht. Deshalb kann sie nicht die hauptsächliche Zeit des Romans sein. Die Romanautoren benützen sie als eine Nebenzeit, die mit anderen, nichtzyklischen Zeitreihen verwoben oder von diesen unterbrochen wird, als eine Zeit, die häufig als kontrastierender Hintergrund der ereignisreichen und energiegeladenen Zeitreihen dient.[423]

Obwohl Bachtins Bemerkungen sich auf die chronotopische Struktur des Romans und nicht auf Autobiographien richten, korrespondieren seine Beobachtungen doch in bemerkenswerter Weise mit der dichotomen Struktur des autobiographischen Erzählens, die durch das Spannungsverhältnis zwischen der mußevollen (ggf. idyllischen) Erzählgeschichte und der bewegten Lebensgeschichte gekennzeichnet ist. Auch die Erzählzeit der klassischen Autobiographie kann daher mit Bachtin als eine ‚stehengebliebene Nebenzeit' verstanden werden.

Exemplifizieren lassen sich diese Überlegungen an einem Beispiel aus der populären Autobiographik, die tendenziell eine größere Affinität zu traditionellen Konzepten des autobiographischen Erzählens aufweist als ‚literarische' Autobiographien. Der Entertainer Thomas Gottschalk stellt seiner Autobiographie

[422] Bachtin, *Chronotopos*, 14. Diese von Bachtin auch als „Abenteuerzeit" bezeichnete Zeitstruktur sei, so Bachtin, kein exklusives Merkmal antiker Epen, sie sei auch in einigen neuzeitlichen Abenteuerromanen noch zu erkennen. Vgl. ebd., 19.

[423] Ebd., 185f.

Herbstblond von 2015 ein Kapitel voran, in dem er die autobiographische Erzählsituation problematisiert und zu einer persönlichen Herausforderung erklärt.[424] In dieser knappen Erzählgeschichte verfällt Gottschalk schließlich auf die Fernsehshow als Metapher für sein Erzählprojekt. Indem er sich an sein Lesepublikum wendet, stellt der Erzähler fest:

> Was wir brauchen, ist ein Warm-up. Vor meinen Sendungen gibt es das auch immer: Dabei habe ich noch zwei Kleenex oben im Hemd stecken wie ein Lätzchen, damit das Make-up den Kragen nicht schon verschmiert, bevor es losgeht [...]. Das Warm-up brauche ich, um die Zuschauer im Saal auf meine Seite zu ziehen. Sie sollen mich ja durch die ganze Show begleiten, so wie Sie mich durch dieses Buch. (*Hb*, 10)

Dient das Warm-up vor der Fernsehshow erklärtermaßen der *captatio benevolentiae* der Zuschauer, so erfüllt für Gottschalk die selbstreflexive Erzählgeschichte einen ganz ähnlichen Zweck. Das Fernsehstudio erscheint bei Gottschalk als metaphorischer Erzählraum und gleichzeitig als modernisierte Version des ‚Lebenstheaters'. In diesem Raum kann der Erzähler zunächst einen persönlichen Kontakt zum Publikum aufbauen, bevor er mit der eigentlichen autobiographischen Erzählung beginnt: „Wenn Sie Lust haben, dann stehe ich jetzt mit zwei Kleenex im Kragen und ohne Glitzerjacke vor Ihnen, und Sie folgen mir hinter die Kulissen meines Lebens." (*Hb*, 12)

Wie das Warm-up vor einer Fernsehshow verbraucht auch Gottschalks Publikumsansprache in der Erzählgeschichte natürlich Zeit, und wie die Führung durch die Showkulissen stellt auch das Erzählen der Lebensgeschichte eine zeitliche Handlung dar. Wenngleich also Gottschalks Erzählgeschichte durchaus diegetische Qualitäten hat, bleibt doch die Erzählzeit nahezu unbestimmt. Hier versagt die Metapher der Fernsehshow: Dauerte eine Ausgabe von *Wetten, dass ...?* inklusive Warm-up etliche Stunden, so muss man annehmen, dass Gottschalk für das Erzählen der beinahe vierhundert Seiten umfassenden Autobiographie erheblich mehr Zeit verbraucht. Auf jegliche Markierung der zeitlichen Dimension seines Erzählens verzichtet Gottschalk indes nicht. Am Ende seiner Autobiographie nimmt Gottschalk noch einmal das direkte ‚Publikumsgespäch' auf, um so den Rahmen um die erzählte Geschichte zu schließen. Der Entertainer reflektiert sein Verhältnis zu den Zuschauern, thematisiert aber nicht mehr die Erzählsituation, deren Raumzeitlichkeit daher abstrakt bleibt. Allein das Präsens markiert, dass Gottschalk am Schluss wieder in die Gegenwart seines Erzählens zurückkehrt:

> Über die Jahrzehnte ist daraus eine gegenseitige Beziehung [zu den Zuschauern] geworden, und ich habe langsam das Gefühl, jedem Einzelnen meiner Zuschauer schon irgendwann einmal persönlich begegnet zu sein. Die meisten davon haben keinen Zweifel daran

---

[424] Thomas Gottschalk, *Herbstblond. Die Autobiographie*, München 2015. (Im Folgenden zitiert mit der Sigle *Hb*.)

gelassen, dass sie mich auch gerne in den Arm nehmen würden. Viele haben es getan, und ich habe es zugelassen. Ich finde, das geht in Ordnung. (*Hb*, 366)

Am Ende seines autobiographischen Blickes ‚hinter die Kulissen' ist der Showmaster noch derselbe, der er vorher war. Es hat Gottschalk keine Mühe bereitet, die Vergangenheit aus der Erinnerung heraus zu schildern und die Identität zwischen erzählendem, erinnerndem und erlebendem Ich zu behaupten. Insofern Gottschalk der Erzählzeit keine Bedeutung zumisst und seine Situation am Ende dieselbe ist wie zu Beginn, handelt es sich um eine ereignislose Zeit, die nicht völlig stillsteht, aber doch im Verhältnis zur Lebensgeschichte auf einen kleinen Punkt – in Gottschalks Allegorie: die Dauer einer Fernsehsendung – zusammenschrumpft.

1.3.6. Die Topik des autobiographischen Erzählens

Die Illusion der stillgestellten Zeit und der Rückzug des reflektierenden Erzählers sind *topoi*, die in zahlreichen autobiographisch strukturierten Erzählungen aufgerufen, allerdings häufig an konkrete Situationen gebunden werden: Die Klausur Montaignes, die Spaziergänge Rousseaus und die Flucht Goethes haben sich zu literarischen Bildern verfestigt, die von Autobiographen der jüngeren Vergangenheit angeeignet und für ihre Zwecke funktionalisiert werden. So traditionsreich der Begriff des Topos einerseits ist, so viele Bedeutungswandel hat er andererseits im Laufe seiner langen Geschichte erfahren.[425] Es ist daher unerlässlich, kurz zu umreißen, in welchem Sinne das Konzept hier gebraucht wird und warum es trotz seiner historischen Veränderlichkeit ein wichtiges literaturwissenschaftliches Werkzeug darstellt.

Seinen Ursprung hat der griechische Begriff des *topos* in den rhetorischen Lehrwerken der Antike, wo er „Gemeinplätze oder fertige Versatzstücke der Rede" bezeichnete, die „man etwa zum Lob oder Tadel oder zur Erregung von Mitleid benutzen konnte".[426] Solche vorformulierten und zum Auswendiglernen gedachten Textbrocken zogen indes Aristoteles' Spott auf sich, der in seiner Schrift *Topik* das Konzept neu durchdachte und auf eine universelle Ebene hob. Bei Aristoteles meint *topos* ganz allgemein „eine Anleitung zur Konstruktion dialektischer Argumente eines bestimmen Typs", die unabhängig vom debattierten Gegenstand zu logisch schlüssigen Syllogismen führen.[427] Außerhalb der Philosophie jedoch konnte sich die Lehre der Topik, mit der Aristoteles die

[425] Einen guten Überblick über die Entwicklung des Topik-Begriffs durch die Epochen und seine problematischen Verwendungsweisen in der Gegenwart bietet Sascha Löwenstein, „Literatur und Topik. Anmerkungen zu einer nicht selbstverständlichen Beziehung", in: Andreas Dörpinghaus/Karl Helmer (Hg.), *Topik und Argumentation*, Würzburg 2004, 187–209.

[426] Einleitung zu Aristoteles, *Topik*, übers. u. komm. v. Tim Wagner u. Christof Rapp, Stuttgart 2004, 30.

[427] Ebd., 29.

vorgestanzten Argumente durch ein formales Deduktionsprinzip ersetzen wollte, nicht recht gegen die ältere rhetorische Tradition durchsetzen. Die Vorstellung konventionalisierter und reproduzierbarer *topoi* fand im abendländischen Kulturraum Verbreitung, und noch die in späteren Jahrhunderten auftauchenden Bezeichnungen wie „loci communes", „commonplaces" oder „Gemeinplätze" weisen auf das griechische Ursprungswort zurück.[428]

Vor allem Ernst Robert Curtius ist es zu verdanken, dass der Topos in der modernen Literaturwissenschaft eine Renaissance als analytischer Begriff erlebte. In seinem Hauptwerk *Europäische Literatur und lateinisches Mittelalter* untersucht der Romanist und Mediävist den Einfluss der antiken Rhetorik auf die mittelalterliche und frühneuzeitliche Literatur. Seinen Versuch, das Topos-Konzept nicht nur für die Analyse antiker Werke der Rhetorik und Philosophie, sondern auch für die jüngere Literatur fruchtbar zu machen, begründet Curtius mit den historischen Kontinuitäten: Am Ende der Antike habe zwar „die Rhetorik ihren ursprünglichen Sinn und Daseinszweck" verloren, dafür jedoch „drang sie in alle Literaturgattungen ein", mit der Folge, „daß auch die Poesie rhetorisiert wurde".[429] Während die Techniken der antiken Redekunst in die Dichtung diffundierten, kam es Curtius zufolge auch zu einer Neufunktionalisierung der *topoi*: „Sie werden Klischees, die literarisch allgemein verwendbar sind, sie breiten sich über alle Gebiete des literarisch erfaßten und geformten Lebens aus."[430] Die Topik habe auch in der Literatur ihre Produktivität bewahrt, denn aus dem rhetorischen Repertoire sei im Laufe des Mittelalters eine neue „poetische Topik" hervorgegangen. Unter den zahlreichen von Curtius genannten Beispielen finden sich bezeichnenderweise auch etliche Szenerien mußevoller Kontemplation wie die „Naturschönheit", das „Elysium" und „das irdische Paradies".[431]

In seiner Studie analysiert Curtius eingehend eine ganze Reihe wirkmächtiger *topoi*, die das Thema eines Werkes („Topik der Trostrede") ebenso betreffen können wie die Textstruktur („Schlußtopik"), die Wirkungsabsicht („Affektierte Bescheidenheit") oder gar das behandelte Personal („Knabe und Greis").[432] Die fehlende Einheitlichkeit der Untersuchungsgegenstände ist Symptom eines fundamentalen Problems, das Curtius' Verständnis der Topik letztlich kompromittiert. Den gravierenden Unterschied zwischen einem traditionellen und einem aristotelisch-formalen Begriff des Topos scheint Curtius nämlich nicht wahrzunehmen oder bewusst zu ignorieren. Er beschreibt die Topik in undifferenzierter Weise als ein „Vorratsmagazin" für praktisch alle Elemente und Ebenen eines Textes.[433] Diese Vermischung der Kategorien wurde von späteren Forschern zwar

428 Vgl. Curtius, *Europäische Literatur und lateinisches Mittelalter*, 79.
429 Ebd.
430 Ebd., 79 f.
431 Ebd., 92.
432 Vgl. ebd., 89–115.
433 Ebd., 89.

wiederholt kritisiert[434], doch konnten solche Interventionen nicht verhindern, dass der Begriff des Topos heute in der literaturwissenschaftlichen Praxis auf so uneinheitliche und unscharfe Weise verwendet wird, dass er seine Substanz zu verlieren droht: „Literaturwissenschaftliche Toposforschung ist inzwischen vielfach nicht mehr als Motiv- oder Stoffgeschichte; in zahlreichen literaturwissenschaftlichen Untersuchungen aber auch in bedeutenden Lexika finden die Begriffe ‚Topos', ‚Stoff', ‚Motiv' und ‚Thema' einen annähernd synonymen Gebrauch."[435] In der Praxis können inzwischen beinahe alle repetitiv auftretenden Muster in der Literatur als „topos" charakterisiert werden, ganz gleich, ob es sich um Motive wie den *locus amoenus*, um selbstreflexive Erzählformeln (‚Unsagbarkeitstopos') oder um bestimmte Figurentypen (‚damsel in distress') handelt.

So steht die Literaturwissenschaft heute vor dem Paradox, dass sich der Begriff des Topos in der Forschung als wichtiges heuristisches Instrument bewährt hat, andererseits jedoch kaum Einigkeit über seine Bedeutung oder Verwendung besteht. In Reaktion auf Curtius kam es daher zu verschiedenen Versuchen, das methodische Defizit zu adressieren und den Begriff zu schärfen. Auch wenn es keinem dieser Ansätze gelang, Curtius' Konzept der Topik zu ersetzen, stellen sie doch eine wichtige Ergänzung und ein Korrektiv zu seinem unsystematischen Entwurf dar.

Als pragmatisch und produktiv erweisen sich vor allem die Ausführungen Manfred Bellers, die daher einen wesentlichen Impuls für die folgenden Untersuchungen bilden. In Anerkennung der Tatsache, dass schon in der Antike heterogene Definitionen der Topik miteinander konkurrierten[436], lässt sich mit Beller für ein eigenes, speziell auf literaturwissenschaftliche Bedürfnisse zugeschnittenes Konzept der Topik plädieren. Dieses müsse sich schon deshalb nicht mit einem rhetorischen und philosophischen Verständnis decken, da „ein ins Philosophische gewendeter Toposbegriff [...] für die literaturwissenschaftliche Methodologie ein ungeeignetes, weil viel zu allgemeines und abstraktes Handwerkszeug" sei.[437] Ein spezifisch „literarischer Toposbegriff" hingegen könne verwandte Konzepte wie Motiv und Stoff komplementieren, d. h. spezifische analytische Funktionen erfüllen, die in den anderen Begriffen nicht enthalten sind: „Diese Art von ‚Topos' ist an keine spezielle Fabel gebunden wie ‚Stoff', also versetzbar; sie ist auch nicht so allgemein und dehnbar wie ‚Motiv', vielmehr ästhetisch greifbarer Inhalt einer allgemeinen Denkform."[438]

---

[434] Die Kritik an Curtius' Topos-Begriff fasst zusammen Löwenstein, „Literatur und Topik", 201–204.

[435] Ebd., 204.

[436] Vgl. Berthold Emrich, „Topik und Topoi", in: *Der Deutschunterricht* 18,6 (1966), 15–46, 46.

[437] Manfred Beller, „Von der Stoffgeschichte zur Thematologie. Ein Beitrag zur komparatistischen Methodenlehre", in: *Arcadia. Zeitschrift für Allgemeine und Vergleichende Literaturwissenschaft* 5,1 (1970), 1–38, 27.

[438] Ebd., 28.

Eine gewisse konzeptuelle Offenheit des Topos-Begriffs ist folglich für seine Produktivität unerlässlich und verhilft ihm zu seiner gegenwärtigen Konjunktur. Eben weil die literarische Topik weniger an der strikten Methode der aristotelischen Lehre orientiert ist als an den heterogenen Versatzstücken der präaristotelischen Rhetorik, kann sie den Blick auf die vielfältigen, von Autoren häufig nur implizit oder unbewusst aktualisierten Muster, Stereotypen und Klischees lenken. So leistet die Untersuchung literarischer *topoi* trotz ihrer methodologischen Schwächen einen wichtigen Beitrag zur Rezeptions- und Intertextualitätsforschung. Vor allem aber ermöglicht sie es, in konkreten textuellen Phänomenen den Widerhall fundamentaler geistesgeschichtlicher Entwicklungen zu erkennen: „Die Toposforschung ist vielleicht das geeignetste Instrument, die Konstanz des Geistes in der Variation der Erscheinungen zu begründen.“[439]

Die literarischen *topoi* resultieren, mit anderen Worten, aus den Wechselwirkungen zwischen der Kulturgeschichte (Makroebene), der Gattungsgeschichte (Mesoebene) und dem einzelnen Werk (Mikroebene). Sie bilden ein historisch persistentes Repertoire der Literatur, aus dem sich Autoren bewusst oder unbewusst bedienen können und zu dem sie selbst mit ihren Texten beitragen. Diese vermittelnde Funktion macht den Begriff für die vorliegende Untersuchung so instruktiv. Mit seiner Hilfe lässt sich beschreiben, wie Vorstellungen von Muße und Kontemplation, welche das abendländische Denken über Jahrtausende in entscheidender Weise prägten, sich sowohl inhaltlich als auch formal in autobiographischen Werken manifestieren – und wie diese Werke selbst wiederum selbst auf die Geistesgeschichte zurückwirken.

Darüber hinaus erweist sich das Konzept der Topik auch aufgrund seiner räumlichen Implikationen als produktiv. Wenn *topos* heute in den Geisteswissenschaften meist vereinfachend mit ‚Ort‘ übersetzt wird, so hat dies seine Ursache vor allem in der metaphorischen Verwendung des Begriffs innerhalb der antiken Rhetorik, insbesondere in Bezug auf die Phasen der *inventio* und der *memoria*. Im Sinne der aristotelischen Rhetorik nämlich kann der Topos als „die eingenommene Position in einem argumentationsstrategischen Stellungsspiel“ betrachtet werden, welche die Entwicklung der Rede entscheidend beeinflusst.[440] Wohl ohne direkten Bezug zur aristotelischen Lehre der Topik, dafür aber heute noch präsenter, ist die Bedeutung des Topos für die antike Mnemotechnik. Indem auswendig zu lernende Gegenstände in der Vorstellung mit bestimmten Orten assoziiert wurden, ließen sie sich später beim mentalen Durchgehen dieser Orte leichter erinnern.[441]

Diese ‚räumlichen‘ Deutungen des antiken Topos-Begriffs lassen sich für die Untersuchung autobiographischer Erzählmodelle fruchtbar machen. Dass be-

---

439 Ebd.

440 Einleitung Aristoteles, *Topik*, 31.

441 Ebd.

stimmten Orten auch für autobiographische Erinnerungsprozesse eine herausragende Bedeutung zukommt, ist eine intuitiv nachvollziehbare Prämisse, die in den folgenden Textanalysen vielfach Bestätigung findet. Aber auch das aristotelische Verständnis des Topos als dem vom Rhetor bzw. Autor gewählten Ort, von dem aus er seine Darlegung entfaltet, resoniert Jahrhunderte später in einer Gattungspoetik der Autobiographie, die dem historischen und topographischen ‚Standpunkt' des Autobiographen große Bedeutung zumisst.

Der Begriff der ‚Muße-Topik' hat in der vorliegenden Untersuchung folglich eine doppelte Bedeutung, denn er bezeichnet sowohl die sich wiederholende Musterhaftigkeit als auch die spezifische Ortsgebundenheit der in den Texten inszenierten Muße-Situationen. So eröffnet das Konzept zugleich eine historische als auch eine systematische Perspektive auf die autobiographische Literatur. Die autobiographische Topik erfasst die impliziten Muster, Regeln und Strukturen, denen die Texte der Gattung oft über Epochengrenzen hinweg treu bleiben. Damit werden selbst zwischen historisch oder stilistisch enorm disparaten Werken erstaunliche Verbindungslinien sichtbar.

Ziel dieses ersten Kapitels war es, den intrinsischen Zusammenhang von Muße und autobiographisch strukturiertem Erzählen aus der narrativen Gestaltung der Texte heraus zu begründen. Als entscheidendes Verbindungselement traten die Räume und Zeiten des Erinnerns und Erzählens hervor, die in bemerkenswerter Weise mit der raumzeitlichen Phänomenologie der Muße korrespondieren. Hergeleitet wurde diese Beziehung am klassischen oder traditionellen Modell der Autobiographie, wo sie sich in topischen Textstrukturen wie dem Rückzugsraum und der Illusion der stillgestellten Zeit manifestiert. Es wäre jedoch falsch, diese Vorstellungen lediglich als historisch zu begreifen, denn sie beinflussen die literarische Praxis und den gattungstheoretischen Diskurs noch bis weit hinein ins 20. Jahrhundert. Vielmehr sind nun die theoretischen und historischen Grundlagen gelegt, auf denen sich eine detaillierte Analyse von autobiographischen Erzählungen seit 1945 aufbauen lässt. Es wird jedoch zu prüfen sein, inwiefern das Ideal mußevoller Selbstreflexion in jüngeren Erzählungen seine uneingeschränkte Gültigkeit bewahrt, oder ob es – parallel zur Entwicklung neuer autobiographischer Erzählverfahren – nicht doch an Strahlkraft verliert.

2. Selbstkonstitution in Muße. Topische Autobiographien

Die sich im Laufe der europäischen Kultur- und Literaturgeschichte entwickelnde Idee, die Muße stelle einen privilegierten Zustand für die autobiographische Reflexion und die Selbstkonstitution des modernen Subjekts dar, brachte zugleich eine Vielzahl von Vorstellungen hervor, unter welchen konkreten räumlichen, zeitlichen und praktischen Bedingungen eine Person überhaupt Muße erleben kann. Heute sind diese Vorstellungen so tief im kulturellen Gedächtnis verankert und teilweise zu Klischees geronnen, dass sie als selbstevident gelten können. Dem war jedoch nicht immer so, wie der Rückblick auf einige den Diskurs besonders prägende Texte zeigte: Mit Skepsis beschrieb Montaigne die kreativen Kräfte, die der Rückzug aus der Politik in die Privatheit seines Schlossturmes in ihm freisetzte. Und als Rousseau emphatisch beschwor, wie er auf seinen Spaziergängen durch die Landschaft nicht Gott, sondern allein sich selbst fand, musste dies von einigen Zeitgenossen noch als Ausdruck seiner egomanen Hybris empfunden werden. Die klassischen Autobiographen und Denker der Muße benötigten daher eine Legitimation für ihr Vorhaben. Sie fanden sie in älteren Texten, auf die sie als autoritative Vorbilder verweisen konnten – Montaigne berief sich auf Cicero, der sich ebenfalls aus der Politik auf seinen Landsitz zurückgezogen hatte, und Rousseau machte sich den ostentativen Bekenntnisgestus der augustinischen *Confessiones* zu eigen. Die Selbstreflexionen der klassischen Autoren trugen damit wesentlich zur Proliferation der kontemplativen Topik bei: Einerseits eigneten sie sich bestehende literarische Muster der Muße an, um sie für ihre autobiographischen Erzählungen zu funktionalisieren. Indem sie die Vorlagen andererseits dem geistesgeschichtlichen Horizont der aufziehenden Moderne gemäß modifizierten, erweiterten sie das literarische Repertoire um neue Orte, Zeiten und Praktiken der Selbstreflexion, schufen also neue wirkmächtige Topoi, auf die nachfolgende Autobiographen bis heute zurückgreifen.

Eben um die fortgesetzte Rezeption dieser klassischen Topoi in den Autobiographien der Spät- und Postmoderne soll es in den folgenden Textanalysen gehen. Wie deutlich werden wird, sind in der jüngeren Literatur neben traditionellen Motiven wie der Suche nach Abgeschiedenheit vor allem Bewegungshandlungen wie das Spazieren, Flanieren, Wandern und Bergsteigen, aber auch das Reisen durch fremde Länder populär.[1] Speziell in der autobiographischen Literatur kann die raumzeitliche Realisation der Muße zudem an persönliche Erinnerungsorte gebunden sein – die Reise in die Stadt der Kindheit und der Spaziergang durch die vertrauten Viertel gehören zum festen Inventar des modernen autobiographischen Schreibens.[2] Den Bewegungspraktiken stehen jedoch Varianten des Nicht-Handelns und des Stillstandes gegenüber, die ebenso dem kulturellen Archiv der Muße eingeschrieben sind. Zu ihnen zählen der Rückzug in das eigene Haus, das stille Verweilen an einem idyllischen Ort, das Lesen oder Schreiben eines Textes, das Betrachten von Erinnerungsobjekten. An die Stelle der äußeren Bewegung tritt in diesen Fällen nicht selten eine innere Bewegung, die auf ganz verschiedene Ziele gerichtet sein kann – hin zu Gott, hin zu sich selbst, in die eigene Vergangenheit. Insbesondere das erinnernde ‚Durchgehen' der eigenen Vergangenheit wird für die Untersuchung autobiographischer Texte eine bedeutende Rolle spielen.

Vier Fragen bzw. Erkenntnisziele leiten die Untersuchung: Erstens ist nachzuzeichnen, wie in den zeitgenössischen Lebensberichten der Position des reflektierenden, des erinnernden oder erzählenden Ich eine besondere Bedeutung eingeräumt wird. Denn grundsätzlich zählt die Überzeugung, ein legitimer und erfolgversprechender Rückblick auf das eigene Leben bedürfe bestimmter Rahmenbedingungen, auch weiterhin zu den Gattungskonventionen der Autobiographie. Zweitens ist zu fragen, inwiefern die Untersuchungstexte diese Rahmensituation als einen Zustand der Kontemplation modellieren, auf welche Weise dieser Zustand gegen die Alltagsrealität profiliert wird und unter welchen Bedingungen das erinnernde und/oder erzählende Subjekt Muße erleben kann.

Mit dem oben entwickelten narratologischen Instrumentarium lassen sich – drittens – die narrativen Strategien und insbesondere die chronotopische Struktur der Erzähl- und Erinnerungssituation mit jenen einflussreichen Prätexten vergleichen, welche die Topik der Muße programmatisch entfalteten. Anders als historische Vorreiter der Subjektivität wie Augustinus, Petrarca, Montaigne und Rousseau finden sich heutige Autobiographen in der vorteilhaften Situation, ihre ostentative Selbstdarstellung nicht mehr durch den Verweis auf autoritative Texte oder Personen legitimieren zu müssen. Wenn sie sich zuweilen dennoch direkter intertextueller Verweise bedienen, dann nicht selten zu dem Zweck, kanonische Gattungsprobleme (wie z. B. die Grenzen der Erinnerung, der Wahrhaftigkeit, der Repräsentation) innerhalb eines literaturgeschichtlichen Horizonts zu reflektieren. Meist aber beschränkt sich der Bezug zur muße-affinen autobiographischen Tradition auf die undeklarierte, geradezu selbstverständliche Übernahme bestimmter narrativer Techniken und Repräsentationsstrategien, mit an-

[1] Zum Zusammenhang von Muße und Bewegung vgl. Figal, „Die Räumlichkeit der Muße", 30 f.

[2] Zum Topos der Rückkehr vgl. etwa Kapitel 2.5.

deren Worten: auf die Verwendung jener *topoi*, die in den klassischen Werken der Gattung entwickelt worden waren.

Zu fragen ist viertens, welche Konzeptionen von Identität und Subjektivität sich mit dem topischen Status eines Textes verbinden. Aufgrund der engen historischen Korrelation von Muße und Subjektivität ist zu erwarten, dass autobiographische Erzählungen, die sich intensiv der Topik der Muße bedienen, mit hoher Wahrscheinlichkeit von einer stabilen, kontinuierlichen Identitätskonzeption zeugen. Um der Untersuchung vorauszugreifen: Eine entscheidende Gemeinsamkeit der Untersuchungstexte dieses Kapitels besteht darin, dass sich der jeweilige Autobiograph – mal in stärkerer, mal in schwächerer Ausprägung – als souveräne Deutungsinstanz des eigenen Lebens präsentiert. Alle Erzähler sind bemüht, die Kontinuitäten in ihrer Lebensgeschichte hervorzuheben und den Lesern die eigene Lebensleistung verständlich zu machen. Diese Tendenz besteht über Texte mit verschiedenen Graden von Literarizität hinweg, d. h. sie ist in literarischen Autobiographien ebenso zu konstatieren wie in populären Lebensdarstellungen, deren Autoren keine hauptberuflichen Schriftsteller sind.

In der ersten Fallstudie dieses Kapitels – nämlich in Marcel Reich-Ranickis *Mein Leben* – wird das Modell souveräner Autorschaft ganz besonders sichtbar. Die darauffolgenden autobiographischen Erzählungen bieten sich dagegen zur Untersuchung an, weil in ihnen jeweils spezifische Topoi der Muße zur Geltung kommt. In Max Frischs *Montauk* veranlasst ein Ausflug in die Natur, der bemerkenswerte Parallelen zu den Promenaden Rousseaus aufweist, den Erzähler zu einer kritischen Bestandsaufnahme seines Lebens und Schreibens. Der Bergsteiger Reinhold Messner schildert eine ähnliche Naturerfahrung in einer viel exponierteren Situation – nämlich auf einem über achttausend Meter hohen Gipfel – und greift dabei auf Erzählmuster zurück, derer sich schon der Frühhumanist Petrarca bediente. Eine Disposition zur abenteuerlichen *vita activa* besaß auch Peter Scholl-Latour. Die Erzählsituation seiner Autobiographie *Mein Leben* ist daher geprägt von der Spannung zwischen jugendlichem Tatendrang und dem Rückzug des gealterten Menschen in die ruhige Häuslichkeit. Einen erst in der Moderne aufkommenden, dafür aber umso wirkmächtigeren Topos der Erinnerung gestalten Botho Strauß in *Herkunft* und Peter Weiss in *Abschied von den Eltern*. Für beide bildet das Elternhaus den zentralen Erinnerungsort, an den das erinnernde Ich zurückkehrt, wenn auch unter entgegengesetzten Vorzeichen: Während Weiss kindliche Traumata zu bewältigen versucht, zielt Strauß auf die nostalgische Affirmation der Vergangenheit. Stellvertretend bietet sich schließlich der Blick auf Günter Grass' Skandal-Autobiographie *Beim Häuten der Zwiebel* an, in der der Nobelpreisträger gleich ein ganzes Bündel mußevoller *topoi* in einer Erinnerungsgeschichte präsentiert.

2.1. Souveräne Lebensrückschau. Marcel Reich-Ranicki: *Mein Leben*

Marcel Reich-Ranickis Autobiographie *Mein Leben*[3] bezeugt wie kaum ein anderer Lebensbericht der letzten Jahrzehnte, dass die ‚klassische' Konzeption des autobiographischen Erzählens in vielen Fällen noch immer die Textproduktion sowie die Rezeptionserwartungen des Publikums bestimmt. Diese Feststellung gilt ganz besonders für den Bereich populärer Autobiographik, die für eine breite Leserschaft verfasst ist. Und eine solche kann Reich-Ranicki ohne Frage vorweisen: Mit einer Auflage von mehr als eineinhalb Millionen Exemplaren[4] und einer recht aufwändigen Verfilmung[5] aus dem Jahr 2009 zählt *Mein Leben* zu den erfolgreichsten Autobiographien der Nachkriegsliteratur. Gleichwohl nimmt Reich-Ranickis Autobiographie – und darin entspricht der Text in der Tat dem Leben des Autors – eine bemerkenswerte Zwischenposition und Vermittlerrolle zwischen ‚hoher' und populärer Literatur ein.[6] Reich-Ranicki huldigt in seiner Lebensrückschau ausführlich den kanonischen Werken und Autoren der deutschsprachigen Literatur, hebt ihren prägenden Einfluss auf sein Leben hervor, verschweigt auch nicht seine eigene Rolle als wohl einflussreichster Literaturkritiker des deutschsprachigen Raumes, als Förderer, Freund und Feind vieler zeitgenössischer Schriftsteller. Die selbstreflexive, anspielungsreiche und häufig ironische Erzählweise ist eine Demonstration Reich-Ranickis eigener literarischer Qualitäten. Und doch legt er seiner Autobiographie eine weitgehend ungebrochene, stabile Subjektkonzeption und ein Modell souveräner Autorschaft zugrunde, die im literarischen Umfeld der letzten Jahrzehnte merkwürdig deplatziert wirken können, weil sie häufig ein Merkmal ‚trivialer' Autobiographien bilden. Es ist daher nicht nur zu fragen, auf welche Weise Reich-Ranicki traditio-

---

[3] Marcel Reich-Ranicki, *Mein Leben*, Stuttgart 1999. (Im Folgenden zitiert mit der Sigle *ML*.)

[4] Vgl. Uwe Wittstock, *Marcel Reich-Ranicki. Geschichte eines Lebens*, München 2005, 235.

[5] Zur Verfilmung und den Umständen ihres Entstehens vgl. Uwe Wittstock, *Marcel Reich-Ranicki. Die Biografie*, München 2015, 356–367.

[6] Dieser Nähe zum Populären mag es geschuldet sein, dass die Rezeption des Textes in der Literaturwissenschaft bislang noch recht überschaubar ausfällt. Ein Kapitel über *Mein Leben* findet sich bei Walter Hinck, *Selbstannäherungen. Autobiographien im 20. Jahrhundert von Elias Canetti bis Marcel Reich-Ranicki*, Düsseldorf 2004, 175–185; vgl. außerdem Frederick Lubich, „Surviving to Excel. German Jewish Autobiographies of Holocaust Survivors Ruth Klüger, Marcel Reich-Ranicki and Paul Spiegel", in: *Modern Judaism* 25,2 (2005), 189–210; Françoise Meltzer, „Writing from Disaster. Two Autobiographies", in: *Jewish Quarterly Review* 95,1 (2005), 107–117; Monika Mysakowska, „Narrative Identität. Identitätskonstruktion in der Autobiographie *Mein Leben* von Marcel Reich-Ranicki als translatorisches Problem", in: Beate Sommerfeld (Hg.), *Identitätskonstruktionen in fiktionalen und nicht-fiktionalen Texten. Übersetzung und Rezeption*, Frankfurt a. M./Berlin/Bern/Wien 2010, 229–241.

nelle Muster des autobiographischen Erzählens aktualisiert, sondern auch, wie der Autor selbst diesen Rückgriff begründet.

Wenn die Entwicklung der eigenen Individualität und ihre Durchsetzung gegen äußere Widerstände das thematische Zentrum der klassischen Autobiographien bilden, so steht Marcel Reich-Ranickis *Mein Leben* ganz in dieser Linie. Schon mit der Überschrift des Eingangskapitels – „Was sind Sie denn eigentlich?" – rückt Reich-Ranicki das Problem seiner Identität in den Fokus. Zwei Absätze später enthüllt Reich-Ranicki, dass niemand geringerer als Günter Grass diese Frage 1958 anlässlich eines Treffens der Gruppe 47 an ihn richtete: „Er, Günter Grass aus Danzig, wollte nämlich von mir wissen: ‚Was sind Sie denn nun eigentlich – ein Pole, ein Deutscher oder wie?' Die Worte ‚oder wie' deuteten wohl noch auf eine dritte Möglichkeit hin." (*ML*, 11) Grass, dessen Jugend in Danzig eine wichtige Inspirationsquelle für sein eigenes Werk bildet, meint darin eine Verbindung zum deutsch-polnischen Literaturkritiker entdeckt zu haben. Diese Annahme scheint nachvollziehbar, wenngleich Reich-Ranickis Geschichte sicher von einer singulären Dramatik gezeichnet ist: 1920 in Włocławek als Kind jüdisch-deutscher Eltern geboren, zog Reich-Ranicki mit neun Jahren nach Berlin, wo er die deutsche Literatur und das Theater für sich entdeckte, bevor er 1938 nach Warschau deportiert wurde und dort mit viel Glück das Getto überlebte. Erst 1958 kehrte Reich-Ranicki nach Deutschland zurück, um Karriere als Literaturkritiker zu machen.

Die Erzählung seiner bewegten Geschichte bereits antizipierend, lässt sich Reich-Ranicki auf Grass' Identitätsfrage ein und antwortet im Gestus des Selbstbekenntnisses: „‚Ich bin ein halber Pole, ein halber Deutscher und ein ganzer Jude.'" (*ML*, 11) Mit dieser Replik, der er die Form einer dreiteiligen Klimax gibt – eines Trikolon in membris crescentibus –, vermittelt Reich-Ranicki einen ersten Eindruck seiner rhetorischen Gewandtheit. Er greift die von Grass vorgeschlagenen Nationalitäten auf, behandelt sie jedoch nicht als exklusive Kategorien, sondern bekennt sich zur deutschen *und* polnischen Identität. Zudem führt er das Judentum als die dritte kollektive Identität ein, der er sich, mehr noch als allen nationalen Konzepten, „ganz" zugehörig fühle. Stolz bemerkt der Autobiograph das Wohlgefallen, das seine gewitzte Antwort beim späteren Autor der *Blechtrommel* hervorruft: „Grass schien überrascht, doch war er offensichtlich zufrieden, ja beinahe entzückt: ‚Kein Wort mehr, Sie könnten dieses schöne Bonmot nur verderben.'" (*ML*, 11)

Wenn indes der Erzähler Reich-Ranicki sein Gegenüber von einem „schönen Bonmot" reden lässt, entlarvt er damit den spielerischen und uneigentlichen Charakter seines Bekenntnisses: Er scheint sich mit Grass einig zu sein, der Charme der dreifachen Identitätszuschreibung liege nicht in erster Linie in ihrer ungewöhnlich kosmopolitischen Anmutung. Vor allem sind es Reich-Ranickis Schlagfertigkeit und der rhetorische Reiz des pointierten Trikolons, welche Grass' Gefallen finden. Reich-Ranicki, der seine Eloquenz bestätigt findet, beruft sich in seiner Autobiographie nur zu gern auf die Anerkennung durch einen der prominentesten Literaten der jungen Bundesrepublik. Die Wirkung seiner Worte ist für ihn von größerer Bedeutung als die Wahrhaftigkeit seines Bekenntnisses. Und tatsächlich stellt Reich-Ranicki unmittelbar darauf klar, seine Antwort sei „so effektvoll wie unaufrichtig“ gewesen:

> Hier stimmte kein einziges Wort. Nie war ich ein halber Pole, nie ein halber Deutscher – und ich hatte keine Zweifel, daß ich es nie werden würde. Ich war auch nie in meinem Leben ein ganzer Jude, ich bin es auch heute nicht. (*ML*, 12)

Reich-Ranicki zitiert folglich die einst von Grass aufgeworfene Identitätsfrage im Incipit, um zunächst tentativ seine Teilhabe an einer deutschen, polnischen und jüdischen Gemeinschaft zu behaupten, diese Zuordnung jedoch gleich darauf als verfehlt zurückzuweisen. So macht er sich die Anekdote zunutze, um die Möglichkeiten eines kollektiven und individuellen Selbstentwurfes als zentrales Thema seiner Autobiographie zu etablieren. Diese muss nämlich „mit dem Geständnis beginnen, daß ich gar nicht habe, worüber ich reden sollte – ich habe kein eigenes Land, keine Heimat und kein Vaterland“. (*ML*, 12) Schon in der Einleitung formuliert Reich-Ranicki eine klare Absage an nationale oder religiöse Identifikationen – und erkennt genau darin einen Bruch mit der Generation seiner Eltern, die er als Gegenmodell anführt:

> Meinen Eltern bereitete ihre Identität überhaupt keinen Kummer. Darüber haben sie, dessen bin ich ganz sicher, nie nachgedacht, nie nachdenken müssen. [...] Hätte Günter Grass oder ein anderer meinen Vater irgendwann gefragt, was er denn eigentlich sei – er wäre verblüfft gewesen: Er sei doch, hätte er gesagt, natürlich ein Jude und sonst nichts. Ebenso hätte ganz gewiß auch meine Mutter geantwortet. (*ML*, 12–14)

Wenn kollektive Identitäten für Reich-Ranicki keine entscheidende Bedeutung haben, folgt daraus jedoch nicht, dass er in seiner Autobiographie in postmoderner Manier alle essentialistischen Vorstellungen von Subjektivität dekonstruieren wollte. Ganz im Gegenteil: Reich-Ranicki aktualisiert die klassischen narrativen Muster der Autobiographie gerade deshalb, weil sie für die Darstellung starker, selbstbewusster Persönlichkeiten wie geschaffen sind. Selbstbewusstsein demonstriert Reich-Ranicki in seiner Lebenserzählung durchgehend – zu bestimmen ist im Folgenden allerdings, woran er seinen Selbstentwurf knüpft. Eine ‚eigentliche Heimat‘ habe er nämlich an anderer Stelle, deutet der Autobiograph an: „Ein ganz und gar heimatloser Mensch, ein richtiger vaterlandsloser Geselle war und bin ich nun auch wieder nicht. Wie ist das zu verstehen?“ (*ML*, 12) Auf den ersten Blick mag es scheinen, als wolle Reich-Ranicki mit dieser Frage ein Problem evozieren, „das die deutschsprachige jüdische Autobiographie seit ihrer Konstituierung durch Salomon Maimon bis in die Gegenwart hinein kennzeichnet“, nämlich die „Spannung zwischen einer – wie auch immer definierten – jüdischen Identität und der häufig von außen geforderten Auseinandersetzung mit einer überwiegend nichtjüdischen Umwelt".[7] Dem aber widerspricht Reich-Ranicki selbst, wenn er die Teilhabe an einer kollektiven jüdischen Identität als nachrangig für seinen Selbstentwurf erklärt. Reich-Ranickis Frage richtet sich stattdessen auf seine ganz individuelle Positionierung zwischen Kultur und Persönlichkeit, zwischen äußeren Einflüssen und eigenem Wesen. Individualität statt kollektiver Identität: Dieses Thema steht im Mittelpunkt seines autobiographischen Erzählens.

Das spannungsvolle Verhältnis zwischen Individuum und Gesellschaft wird von Reich-Ranicki nicht nur in solchen Metareflexionen des Erzählers verhandelt, es zieht sich wie ein roter Faden durch seine Lebensgeschichte. Der Autobiograph hebt sie als die zwei fundamentalen Prinzipien seines Lebens hervor, die sein Schicksal gleichermaßen bestimmen. Die soziale Umwelt, deren Wirkung der junge Marcel früh zu spüren bekommt, manifestiert sich vor allem als eine chaotische Macht, als Kontingenz. Schon seinen „in Polen damals kaum gebräuchlichen Vornamen" verdankt Reich-Ranicki einem Zufall. Vermutlich „ging die Namensnennung auf den Vorschlag eines katholischen Dienstmädchens oder Kinderfräuleins zurück", welches sich erinnert habe, „daß am 2. Juni, dem Tag meiner Geburt, der katholische Kalender eines Heiligen namens Marcellus gedenkt [...]. Meine Eltern haben von der Existenz dieses Heiligen bestimmt nichts gewußt." (*ML*, 18) Eine vollends destruktive Wirkung entfaltet das Prinzip der Ungewissheit jedoch in Reich-Ranickis Adoleszenz, und zwar in Form der immer willkürlicheren antisemitischen Erlasse der Reichsregierung. Reich-Ranicki fürchtet um seine Zulassung zum Abitur (die ihm gewährt wird) und zum Studium (das ihm nicht gewährt wird), vor allem aber um die Erlaubnis, die von ihm geliebten Konzerte und Theatervorstellungen besuchen zu dürfen. Die nationalsozialistische Verfolgung macht das Leben des Erzählers zunehmend unvorhersehbar. Insbesondere überschattet die sich stets verschlimmernde politische Situation Reich-Ranickis Entwicklung als Jugendlicher und treibt einen Keil zwischen ihn und seine nicht-jüdischen Altersgenossen. Schließlich wird Reich-Ranicki ohne Vorwarnung von der Polizei aus seinem angemieteten Zimmer geholt und von Berlin nach Warschau deportiert. Der Autobiograph hebt die tiefe Verunsicherung hervor, die ihn auf dieser Zugfahrt überfällt:

> Was würde in Polen aus mir werden? Je mehr wir uns dem (vorerst unbekannten) Ziel der Reise näherten, desto mehr irritierte mich die einfache Frage nach meiner Zukunft. Sie schien mir genauso düster genauso undurchschaubar wie die Wälder, durch die wir jetzt langsam fuhren. (*ML*, 160)

In Warschau sind Reich-Ranicki und seine Familie noch stärker der Willkür der deutschen Besatzer ausgesetzt: „Täglich fanden nun Razzien statt, nie wußte

[7] Markus Malo, *Behauptete Subjektivität. Eine Skizze zur deutschsprachigen jüdischen Autobiographie im 20. Jahrhundert*, Tübingen 2009, 55. Malos Studie gibt eine Übersicht über die Entwicklung der jüdischen Autobiographie in Deutschland, spart jedoch Reich-Ranicki aus.

man, welches Viertel gerade an der Reihe war." (*ML*, 179 f.) Ausführlich berichtet der Erzähler von einer großangelegten Geiselnahme und Erschießung, der er nur durch Zufall entgeht. Anschließend reflektiert er die schleichende Erkenntnis, dass die völlige Unberechenbarkeit zu den „Methoden" der deutschen Soldaten gehörte, ja „daß die Deutschen, die unser Geschick in ihren Händen hatten, nahezu alle unberechenbare Wesen waren, fähig zu jeder Gemeinheit, jedem Frevel, jeder Untat. Noch hatten wir nicht begriffen, daß dort, wo sich zur Barbarei und zur Grausamkeit Zufall und Willkür gesellen, die Frage nach Sinn und Logik weltfremd und müßig ist". (*ML*, 188)

Der äußeren, von der feindseligen Gesellschaft verantworteten, letztlich nicht zu beherrschenden Kontingenz des Lebens stellt Reich-Ranicki jedoch – als zweites Grundprinzip – eine innere Kontinuität entgegen, die von seinem eigenen Charakter, seinem musikalischen Geschmack und seinen literarischen Präferenzen ausgeht. Früh entdeckt Reich-Ranicki seine Liebe zur Literatur und erarbeitet sich eine breite Kenntnis bedeutender Werke, auch für Musik und Theater entwickelt er eine Leidenschaft. Sie werden zur großen Konstante seines Lebens. Emphatisch referiert der Erzähler die wichtigsten Werke, die er in seiner Jugend verschlingt, und lässt kaum eine Gelegenheit aus, zu betonen, wie sehr sie ihm noch in der Gegenwart am Herzen liegen. Bereits im polnischen Włocławek erhält Reich-Ranicki Gelegenheit, auf dem Grammophon der Eltern „immer wieder dieselben Arien, Duette und Ouvertüren zu hören". Dazu kommentiert das erzählende Ich: „Aus dieser Zeit stammen meine leise Abneigung gegen Grieg und Rimskij-Korsakow und meine unverwüstliche Liebe zur italienischen Oper, zu Verdi vor allem, aber auch zu Puccini, dem ich bis heute die Treue gehalten habe." (*ML*, 22) Auch der erste Blick in ein „mehrbändiges deutsches Konversationslexikon" findet Erwähnung: „Damals begann meine Vorliebe für Nachschlagebücher jeglicher Art." (*ML*, 21 f.) Solche Kontinuitäten bestehen erst recht auf dem Feld der deutschen Literatur und des Theaters. Der Erzähler bemerkt in einem proleptischen Einschub, „daß Preußisches mich mein ganzes Leben hindurch zwar nicht gerade prägen, aber doch begleiten sollte: Kleist vor allem und Fontane und auch Schinkel" (*ML*, 28 f.). Später wird Friedrich Schinkels Schauspielhaus am Berliner Gendarmenmarkt zu einem der wichtigsten Orte für den jungen Reich-Ranicki, den er häufig besucht, um sein spärliches Taschengeld für Theatervorstellungen auszugeben. Doch habe, so Reich-Ranicki, seine Verbundenheit zur deutschen Kultur ihren Ursprung noch in Polen gehabt, in frühester Kindheit, vor dem Umzug nach Berlin. Bei der Abreise habe ihm seine polnische Lehrerin verkündet: „‚Du fährst, mein Sohn, in das Land der Kultur.'" (*ML*, 25) Und als ob die bloße Reproduktion dieses Satzes seiner emblematischen Bedeutung für Reich-Ranickis Leben nicht gerecht würde, bekräftigt der Erzähler ausdrücklich: Dieses „Wort, das mir meine Lehrerin auf den Weg gab, habe ich nie vergessen". (*ML*, 25)

In Berlin entdeckt Reich-Ranicki die deutsche Literatur nicht nur in Büchern, sondern auch auf der Bühne. Als zwölfjähriger sieht Reich-Ranicki eine Vorstellung von Schillers *Wilhelm Tell* – und lässt keinen Zweifel daran, dass ihn dieses Ereignis bis in die Gegenwart seines Erzählens prägte. Denn

> [a]n diesem Abend [...] begannen einige meiner großen Liebesgeschichten, alle auf einmal: Ich meine die Liebe zur deutschen Literatur, ich meine die Jahrzehnte währende, später freilich nachlassende Liebe zum Theater, ferner die zwar oft gefährdete, doch nie ganz abgestorbene Liebe zu Schiller und schließlich noch die Liebe zu diesem Gebäude, das mir das teuerste in Berlin wurde und bis heute geblieben ist – zu Schinkels Schauspielhaus am Gendarmenmarkt. (*ML*, 82)

Dass die Literatur sein Leben bestimmten wird, steht schon bald fest, nur die genaue Berufswahl ist – da gesellschaftlichen Unwägbarkeiten unterworfen – zunächst unklar. Der Erzähler berichtet, wie er als Jugendlicher davon träumte, „Dozent oder Professor für deutsche Literatur" zu werden oder eine „Tätigkeit in der Dramaturgie" aufzunehmen. Als dritte Option aber kündigt sich schon die später tatsächlich eingeschlagene Karriere an: „Ein Ziel, aufs innigste zu wünschen, das war ein anderer Beruf, einer, der im ‚Dritten Reich' verpönt war: Kritiker." (*ML*, 153 f.) Es ist jene Begegnung mit *Wilhelm Tell*, die Reich-Ranicki zu der Gelegenheit verhilft, sich erstmals mit seinem Talent als Literaturkritiker hervorzutun. Im Deutschunterricht referiert er spontan und ausschweifend über das Drama und macht dabei zwei wichtige Erfahrungen, die noch seine späteren Literaturkritiken beeinflussen, nämlich „erstens, daß man in der Literaturbetrachtung auch etwas riskieren müsse und, zweitens, daß man sich von Klassikern nicht einschüchtern lassen solle". (*ML*, 85) Reich-Ranicki suggeriert einen direkten Zusammenhang zwischen den jugendlichen Anekdoten und seinem späteren Erfolg als Literaturkritiker. Seine Karriere habe nichts mit dem Zufall zu tun, der sonst sein Leben kennzeichnete, denn jede Lektüre war für den angehenden Kritiker eine bleibende Lektion: „Begeistert vom ‚Biberpelz', las ich gleich etwa ein halbes Dutzend der Dramen Hauptmanns. Mehr noch: Ich begriff, daß Literatur unterhaltsam sein darf – und sein sollte. Ich habe es nie vergessen." (*ML*, 50)

Von Kindheit an ist die Literaturkritik für Reich-Ranicki mehr als ein Beruf – sie ist eine Berufung und damit wesentlicher Teil seines Selbstentwurfes: „Die Literatur ist mein Lebensgefühl." (*ML*, 437) Die Konstanz dieses Selbstentwurfes bildet den positiven Gegenpol zum Gefühl permanenter Bedrohung, das sein Leben überschattet. In der deutschen Dramatik und in den Vorstellungen des Berliner Schauspielhauses erkennt der Autobiograph eine „deutsche Gegenwelt" zu jener „feindlichen, bestenfalls frostigen Welt", die ihn „mitten im ‚Dritten Reich'" umgab. (*ML*, 112). Reich-Ranicki rekurriert damit ganz unverblümt auf die Vorstellung einer ‚Kulturnation Deutschland', die er vom NS-Staat kategorisch getrennt wissen will. Gleichwohl hebt er die Paradoxie hervor, dass ausgerechnet die deutsche Literatur und das Theater ihm eine Möglichkeit eröffnen, seine fehlende politisch-nationale Zugehörigkeit mit einer kulturellen Identität zu kompensieren. In diesem Sinne betont Reich-Ranicki an etlichen Stellen, in Literatur und Theater habe er einen wichtigen Halt gefunden, denn sie „boten mir, was ich dringend brauchte, worauf ich in wachsendem Maße angewiesen war: Beistand und Zuflucht". Der Autor reflektiert allerdings auch, dass dieses „Asyl" durchaus eine eskapistische Funktion hatte: „So bewährte sich mitten im ‚Dritten Reich' die deutsche Literatur zusammen mit dem Berliner Theater als der Elfenbeinturm eines halbwüchsigen Juden", der dort „Unterhaltung und Ablenkung" suchte. (*ML*, 107)

Damit lässt sich auch eine vorläufige Antwort auf die eingangs gestellte Frage formulieren, woran ein so von sich überzeugter Autor wie Reich-Ranicki seinen Selbstentwurf knüpfen kann, wenn die traditionellen nationalen und religiösen Identitätsangebote versagen. Behauptet Reich-Ranicki anfangs noch vage, kein „ganz und gar heimatloser Mensch zu sein", so präzisiert er diese Behauptung im weiteren Verlauf seiner Autobiographie: Er zählt sich zu jenen Menschen, „deren einzige Heimat die Literatur ist". (*ML*, 103) Diese Heimat ist nicht an einen geographischen, sondern an einen im wörtlichen Sinne persönlichen Ort gebunden – an den Erzähler selbst. Als er im Oktober 1938 in Berlin plötzlich von einem Polizeibeamten zur Deportation abgeholt wird, nimmt Reich-Ranicki als einzigen materiellen Besitz eine „Aktentasche mit dem Balzac-Roman und dem Reservetaschentuch" mit sich. (*ML*, 160) Weit wichtiger jedoch erscheint dem erzählenden Ich in der Retrospektive ein immaterielles Gepäck:

> Aber ich hatte noch etwas auf die Reise mitgenommen, was freilich unsichtbar war. […] Ich konnte damals nicht ahnen, welche Rolle in meinem künftigen Leben diesem unsichtbaren, diesem, wie ich befürchtete, jetzt unnützen und überflüssigen Gepäck dereinst zufallen würde. Denn ich hatte aus dem Land, aus dem ich nun vertrieben wurde, die Sprache mitgenommen, die deutsche, und die Literatur, die deutsche. (*ML*, 160)

Die Kenntnis der Literatur ist das einzig Wertvolle, das Reich-Ranicki mit nach Warschau nimmt. In einem Interview hat Reich-Ranicki, Heinrich Heines Formulierung vom Tanach als „portatives Vaterland" der Juden aufgreifend[8], die deutschsprachige Kultur als seine immaterielle Heimat bezeichnet: „Mein portatives Vaterland ist Goethe und Thomas Mann, Heine, Fontane und Lessing. Hinzu kommen Mozart, Beethoven, Schubert, Wagner und Brahms."[9] Allein die Werke dieser Autoren und Komponisten sind Gegenstand seiner Identifikation, an ihnen bildete er seinen Charakter aus und entwickelte seinen Geschmack, auf dem sein späterer Erfolg als Kritiker beruht. Vor diesem Hintergrund ist auch

[8] Heinrich Heine, „Geständnisse", in: *Sämtliche Schriften*, Bd. 6,1, hg. v. Klaus Briegleb, München 1975, 443–501, 483.

[9] Herlinde Koelbl, *Jüdische Portraits. Photographien und Interviews*, Frankfurt a. M. 1989, 195.

Reich-Ranickis Absage an kollektive Zugehörigkeiten zu verstehen: Deutschland, Polen oder das Judentum prägen seine Entwicklung nur insofern, als ihm die Lebensstationen, die er als Jugendlicher und junger Erwachsener durchlief, immer wieder Möglichkeiten zur Entdeckung von Literatur, Musik und Theater boten. In Reich-Ranickis Verhältnis zu Deutschland tritt dieser selektive Zugang besonders markant zutage: Indem Reich-Ranicki die Gegensätzlichkeit zwischen der ‚deutschen Kulturnation' und der politischen Entität des Deutschen Reichs hervorhebt, reflektiert er damit auch die Spannung zwischen seiner eigenen kulturellen Identifikation sowie den nationalen und rassischen Kategorisierungen, denen er nicht entgehen kann. Auf diese Weise zeichnet Reich-Ranicki sein persönliches Dilemma als Konsequenz und Manifestation der historischen Katastrophe.

Reich-Ranicki präsentiert, mit anderen Worten, in seiner Autobiographie ein radikal subjektivistisches Identitätsmodell, das dem Kollektiv nur wenig formierende Macht über eine Person einräumt. Gesellschaftliche Zwänge fungieren darin lediglich als Prüfstein für das Individuum. Nicht die destruktiven Kräfte der Gesellschaft, die nationalsozialistische Verfolgung oder später die kommunistische Repression bringen das Subjekt Reich-Ranicki hervor, sie konfrontieren es lediglich mit Situationen, in denen es sich und seinen Charakter immer wieder beweisen muss. Die Kindheit in Włocławek und Berlin oder das Leben im Warschauer Getto sind für Reich-Ranicki nicht aufgrund ihrer nationalen, religiösen oder antisemitischen Denotationen bedeutend; sie sind nur mehr oder weniger zufällige Ereignisse, die ihn zwingen, seine Identität (und das heißt vor allem: seine Liebe zur Literatur) gegen äußere Widerstände durchzusetzen. Seinem Selbstverständnis als Literaturkritiker, seinen kritischen, häufig polemischen Werturteilen bleibt Reich-Ranicki in allen Situationen treu.

Es ist, mit anderen Worten, ein bedingungsloser Individualismus und Glaube an sich selbst, der Reich-Ranickis Lebensschilderung prägt. Der Kritiker attestiert sich eine „lebenslängliche Neigung zum Trotz" (*ML*, 19), er begreift sich als Einzelgänger und Außenseiter – und erkennt auch darin eine Invariante seines Lebens: „Von Anfang an fiel ich aus dem Rahmen, ich war ein Außenseiter. Daß es so bleiben würde, konnte ich schwerlich wissen: In welcher Schule ich auch war, in welcher Institution ich auch gearbeitet habe, ich paßte nie ganz zu meiner Umgebung." (*ML*, 21) Der Erzähler bemüht sich wiederum, diesen Individualismus aus seiner Abneigung gegenüber sozialen Verpflichtungen und gesellschaftlicher Einflussnahme zu motivieren, die für ihn stets negativ konnotiert sind:

> Als Halbwüchsiger sah ich sehr genau die Abhängigkeit meiner Eltern von jenen Verwandten, die ihnen halfen. Die Furcht, ich selber könnte je in eine solche demütigende Abhängigkeit geraten, hat noch viele Jahre lang auf manche meiner Lebensentscheidungen einen starken Einfluß gehabt. (*ML*, 24)

Das Bedürfnis nach Unabhängigkeit und der daraus resultierende Hang zum Außenseiterdasein sind wiederum literarisch inspiriert. Als Vorbild für diesen

Charakterzug nennt der Erzähler Thomas Manns Erzählung *Tonio Kröger*, welcher er selbstverständlich sein ganzes Leben „treu geblieben“ sei:

> Als mir 1987 der Thomas-Mann-Preis verliehen wurde, war es für mich selbstverständlich, worüber ich in der Dankesrede sprechen würde – über dieses poetische Kompendium aller, die mit ihrer Unzugehörigkeit nicht zu Rande kommen, über diese Bibel jener, deren einzige Heimat die Literatur ist. (*ML*, 103)

Mit seiner demonstrativen Treue zu den literarischen Vorbildern rekurriert der Literaturkritiker auf ein Modell des autobiographischen Erzählens, das seit den Studien Wilhelm Diltheys und Georg Mischs als ‚klassisches‘ Muster gilt: Reich-Ranickis Autobiographie präsentiert das „Individualdasein als Selbstzweck“[10] und macht es sich zur „Aufgabe, [...] das Beharrende im Wechsel zu erfassen“, also die Beständigkeit von Reich-Ranickis Wesen vor dem Verlauf der Geschichte hervorzuheben.[11] Es wäre ein Fehlschluss, wollte man Reich-Ranickis Rückbesinnung auf solche etablierten narrativen Muster und auf ein in der Postmoderne fragwürdig gewordenes, ganzheitliches Identitätsmodell lediglich als Naivität eines Autors abtun, der eher der populären als der ‚hohen‘ Literatur zuzurechnen sei. (Daran ändert auch der enorme Publikumserfolg von *Mein Leben* nichts.) Dafür nämlich reflektiert Reich-Ranicki seinen Selbstentwurf zu differenziert. Und viel zu nachdrücklich betont er, wie sein Selbstbewusstsein für ihn zur Überlebensstrategie wurde angesichts der antisemitischen Hetze, die Juden „nicht sosehr einschüchtern als vor allem demütigen“ (*ML*, 156) sollte. Besonders in Warschau versuchen deutsche Soldaten, Reich-Ranicki und andere jüdische Bürger zu entmenschlichen, ihnen ihre Individualität zu nehmen und durch einen erniedrigenden Kollektivsingular zu ersetzen: „Schließlich befahlen sie uns – und dieser Einfall schien ihnen sehr zu gefallen –, im Chor zu brüllen: ‚Wir sind jüdische Schweine. Wir sind dreckige Juden. Wir sind Untermenschen‘ – und dergleichen mehr.“ (*ML*, 184 f.) Gegen solche Objektivierungen erweist sich – sogar noch für den retrospektiven Erzähler Reich-Ranicki – das selbstbewusste Festhalten an der eigenen Subjektivität geradezu als Notwendigkeit.

Welche Konsequenzen hat das identitätstheoretische Programm aber für die narrative Faktur des Textes? Spiegelt sich der von Reich-Ranicki vertretene, traditionelle Subjektbegriff in einer ebenso klassisch anmutenden Erzählstrategie wider? Die Lebensrückschau beginnt mit einem Sprung *medias in res*:

> Es war Ende Oktober 1958 auf einer Tagung der „Gruppe 47“ in der Ortschaft Großholzleute im Allgäu. Von den hier versammelten Schriftstellern kannte ich nur wenige – kein Wunder, denn ich lebte erst seit drei Monaten wieder in dem Land, aus dem mich die deutschen Behörden im Herbst 1938 deportiert hatten. (*ML*, 11)

---

[10] Misch, *Geschichte der Autobiographie*, Bd. 4, 917.

[11] Misch, *Geschichte der Autobiographie*, Bd. 1, 7.

Ohne einen initialen Hinweis darauf, aus welchem Anlass und aus welcher Situation heraus das Erinnerungsprojekt zustande kommt, fokussiert der Erzähler einen der Schlüsselmomente seines Lebens: sein erstes Zusammentreffen mit der Gruppe 47. Die Daten und Umstände dieser Begegnung referiert er im Gestus historiographischer Gewissheit („Ende Oktober 1958" in „Großholzleute im Allgäu"). Doch nicht nur an solche vergleichsweise einfach zu verifizierenden Fakten erinnert sich der Erzähler sicher, auch sein subjektives Erleben dieses entscheidenden Moments seiner Karriere kann er sich ohne den Anschein eines Zweifels vergegenwärtigen („Von den hier versammelten Schriftstellern kannte ich nur wenige").

Im zitierten Abschnitt können zwei Erzählinstanzen unterschieden werden, die jeweils eine der basalen autobiographischen Funktionen realisieren: Das ‚erinnernde Ich' zeichnet für den souveränen Rückgriff auf die zurückliegenden Ereignisse verantwortlich und lässt keine Zweifel aufkommen, dass es sicher über die Vergangenheit verfügt und seine Angaben jeder kritischen Überprüfung standhalten können. Das ‚erzählende Ich' verknüpft und bewertet die Erinnerungen, verleiht der Lebensgeschichte auf diese Weise nachträglich Ordnung und Kohärenz. Am Beginn von Reich-Ranickis *Mein Leben* wird die Arbeit des erzählenden Ich vor allem anhand der eingestreuten Kommentare und der Verknüpfung von Geschehensmomenten sichtbar. So kommentiert das erzählende Ich die Erinnerung an das erste Treffen mit der Gruppe 47 im Jahr 1958 – ‚kein Wunder, dass ich nur wenige Schriftsteller kannte' – und begründet diese Bemerkung, indem es sie mit einer weiteren, noch einmal zwanzig Jahre zurückliegenden Erinnerung verbindet: Die Deportation Reich-Ranickis aus Deutschland im Jahr 1938. Auf diese Weise gelingt es Reich-Ranicki schon in den ersten Zeilen, einen ‚roten Faden' entlang der prägenden Themen und Motive seines Lebenslaufs zu spannen: seine Verfolgung als Jude durch die Nationalsozialisten, die jedoch seiner Hingabe an die deutsche Literatur nichts anhaben konnte. Zugleich skizziert der Erzähler damit den zentralen Entwicklungsbogen des autobiographischen Werks, der von seiner Deportation aus der deutschen Vorkriegsgesellschaft (1938) bis zu seiner (Re-)Integration in die deutsche Nachkriegsgesellschaft (1958) reicht. Der Erzähler präsentiert zu Beginn gewissermaßen seine Autobiographie *in nuce*, die dann auf den folgenden 550 Seiten ausführlich entfaltet wird.

Schon dieser kleine Ausschnitt kann illustrieren, dass es Reich-Ranicki darauf ankommt, sein Erinnern und Erzählen vollständig miteinander in Einklang zu bringen. Sein Erzähler übt beide Funktionen des Autobiographischen souverän und simultan aus: Was das erinnernde Ich problemlos aus der Vergangenheit zutage fördert, wird vom erzählenden Ich zu einer Lebensgeschichte verknüpft, deren Teile häufig in einer unmittelbaren, manchmal auch symbolischen Beziehung zueinander stehen. Das autobiographische Ich verfügt sicher über die Erinnerungen *und* über den Erzählakt, es bringt sich selbst zum Ausdruck, indem es auf die ihm stets zugänglichen Erinnerungen zurückgreift und sie im Medium des Erzählens auf die Entwicklung der eigenen, konsistenten Identität hin interpretiert. Die narrative Struktur des Textes zeugt daher von jener „Simultanpräsenz der erinnerten Situation und der Situation des Erinnerns", die Rainer Warning als Charakteristikum der Rousseauschen *Rêveries* ausgemacht hat[12]: Im Erzählten und Erinnerten selbst tritt bereits die ordnende und gestaltende Tätigkeit des Erzählers zutage, ohne dass diese in selbstreflexiven Kommentaren auf einer Metaebene expliziert werden müsste. Vorbildlich wirken Rousseaus autobiographische Schriften für Reich-Ranicki nicht nur im Hinblick auf den Subjektentwurf – das sich gegen die Gesellschaft behauptende Individuum –, sondern auch in Bezug auf die souveräne Position des Erzählers. Reich-Ranicki reiht sich so in die Tradition der selbstbewussten Erzähler ein, die retrospektiv ihr Leben als eine kohärente, teleologische Geschichte konstruieren.

In einem wesentlichen Punkt jedoch geht Reich-Ranicki noch über die klassische Autobiographik hinaus. Augustinus, Montaigne und Rousseau unterstellten ihre Lebensberichte programmatisch dem Gestus des Bekenntnisses, der Wahrhaftigkeit, auch der Entblößung. Für Reich-Ranicki dagegen gehört es zum Privileg eines souveränen autobiographischen Erzählers, sich nicht entblößen zu müssen, die Erwartung von Wahrhaftigkeit zumindest stellenweise zu ignorieren und sich selbst seinen eigenen Vorstellungen gemäß darstellen zu dürfen. „Denn im Grunde", kommentiert Reich-Ranicki an anderer Stelle,

> ist die Autobiographie eine literarische Form, die dem Wesen des Menschen widerspricht. Man kann es von dem Menschen nicht erwarten, daß er die volle Wahrheit über seine Person sagt, jeder stilisiert, ob nun bewußt oder unbewußt, sein Bild und seinen Weg. In der Regel strebt der Autor kein Denkmal an, nur möchte er keine Karikatur zeichnen. Gewiß, er hätte schon gern die Wahrheit gesagt, aber er muß allerlei weglassen, verschweigen, retuschieren.[13]

Gerade in den auktorialen Eingriffen manifestiert sich die Macht des souveränen Erzählers. Von großem Selbstbewusstsein zeugt Reich-Ranickis Selbstdarstellung folglich nicht nur inhaltlich, sondern bereits durch die gewählte Erzählposition. So reflektiert die narrative Struktur des Textes Reich-Ranickis glücklichen Triumph über die von ihm durch- und überlebten Gefahren: Als Autobiograph behauptet er von Beginn an seinen Selbstentwurf gegenüber einem antisemitischen Wahn, der ihm seine Identität zu nehmen versuchte.

Bemerkenswert ist allerdings, dass Reich-Ranicki kaum die Umstände und die Bedingungen seines Erinnerns und Erzählens erwähnt. Weder geht er auf Aufzeichnungen oder Dokumente ein, die seinen Erinnerungen zugrunde liegen, noch thematisiert er den räumlichen und zeitlichen Kontext, aus dem heraus seine Autobiographie entsteht. Die Gegenwart seines Erzählens bleibt zu-

---

[12] Warning, *Heterotopien als Räume ästhetischer Erfahrung*, 49.
[13] Marcel Reich-Ranicki, *Über Hilde Spiel*, München 1998, 59.

meist abstrakt. Doch ganz verzichten kann Reich-Ranicki auf sie nicht, denn der beste Beleg für die behauptete Kontinuität seines Selbstentwurfes ist die Identifikation seines früheren Ich mit seinem gegenwärtigen, erzählenden Ich. Daher durchziehen vage Anspielungen auf die Erzählsituation den Text, in denen der gealterte Erzähler als Vergleichsobjekt für die Charaktereigenschaften und literarischen Vorlieben des jugendlichen Protagonisten fungiert. Über seine im Alter von zwölf Jahren entwickelte Begeisterung für Schillers *Räuber* beispielsweise bemerkt das erzählende Ich: „Daran hat sich bis heute nichts geändert." (*ML*, 84) Durch Verweise auf ein unbestimmtes „heute" hebt der Erzähler die Bedeutung nicht nur der Literatur, sondern auch anderer einschneidender Erlebnisse hervor, nach dem Muster: „[E]s war ein Ereignis, das ich, wie man sieht, bis heute nicht vergessen kann." (*ML*, 54) Je prägender die Wirkung dieser Ereignisse, desto expliziter betont der Erzähler die Kontinuität zwischen dem erzählten Moment und der Gegenwart seines Erzählens, d. h. zwischen erzählter Zeit und Erzählzeit. Sein ambivalentes Verhältnis zu Deutschland, nämlich einerseits die „Angst [...] vor dem deutschen Rohrstock, dem deutschen Konzentrationslager, der deutschen Gaskammer", andererseits das „Glück" der „deutschen Literatur, der deutschen Musik", kennzeichnet Reich-Ranicki als das vielleicht zentrale Motiv, welches ihn von „meinem ersten Schultag in Deutschland" an „ein Leben lang begleitete". Daraufhin setzt er gezielt und ausdrücklich das Tempus des Präsens ein, um auf die Gegenwart seines Erzählens zu referieren und seine Aussage zu bekräftigen: „Zu der Angst kam also das Glück hinzu – zur Angst vor dem Deutschen das Glück, das ich dem Deutschen verdankte. Auch hier ist das Präsens durchaus angebracht, also: verdanke, immer noch verdanke." (*ML*, 31)

Die einzige Ausnahme zu diesen unspezifischen Allusionen auf die Erzählsituation bildet das kurze Schlusskapitel. Am Ende seiner Lebensdarstellung angekommen, verlässt Reich-Ranicki den Bereich der retrospektiven Erzählung und springt in die Gegenwart des erzählenden Ich. So erweitert er die Autobiographie um eine Erzählgeschichte als distinkte Textebene, die über eine eigene Räumlichkeit und Zeitlichkeit verfügt. Am „12. März 1999", dem 79. Geburtstag seiner Frau Tosia, befindet sich Reich-Ranicki mit ihr im gemeinsamen Haus. „Wir sind allein, es ist sehr still, ein später Nachmittag", umreißt der Erzähler die Situation. (*ML*, 552) Die Privatheit und Ruhe des Moments stehen in einem starken Kontrast zur bewegten Karriere Reich-Ranickis im Scheinwerferlicht der Öffentlichkeit – noch im vorherigen Kapitel hatte er seine Begegnungen mit Willy Brandt geschildert. Doch Reich-Ranicki ist, wie sich zeigt, nicht völlig allein mit seiner Frau; denn diese sitzt, „wie immer, auf dem schwarzen Sofa vor einer unserer Bilderwände, hinter ihr die Porträts von Goethe, Kleist, Heine und Fontane, von Thomas Mann, Kafka und Brecht". (*ML*, 552) Die literarische Tradition ist in der Szene durch Abbildungen ihrer kanonischen Vertreter anwesend. Die berühmten Autoren erscheinen jedoch nicht als Repräsentanten einer deutschen Literatur und Kultur, die es öffentlich zu bewahren und zu verteidigen gelte. Reich-Ranicki behandelt sie, denen er im Laufe seiner Erzählung mehrfach seine „Liebe" attestiert hatte, auch am Lebensende noch wie Angehörige seines engsten Bekannten- und Familienkreises. Das räumliche Arrangement verstärkt den Eindruck der Intimität, denn der Erzähler nennt die Bildergalerie der Autoren im gleichen Atemzug mit „einige[n] Fotos" seines Sohnes und seiner Enkelin, die „[a]uf dem Schränkchen neben dem Sofa stehen". Auch Reich-Ranickis eigene Position in der Szene ist herausgehoben: Er sitzt „Tosia gegenüber" und damit auch den Familien- und Autorenporträts, die er gut im Blick hat. (*ML*, 552)

Der ruhige Rückzug ins Private, die familiäre Stabilität und die kulturelle Selbstvergewisserung erscheinen bei Reich-Ranicki als ideale Voraussetzungen für den Abschluss der Autobiographie. Der Erzähler tritt auf den Balkon, auf dem der Sonnenuntergang „ein etwas zu schönes, ein gar zu feierliches Schauspiel" veranstaltet. (*ML*, 552) Der kokette Exzessiv kann nicht darüber hinwegtäuschen, dass Reich-Ranicki gezielt die harmonische Übereinstimmung zwischen der Innenwelt des erzählenden Ich und seiner Umgebung herausstellt. Tatsächlich kommt dem Erzähler in diesem Moment die ersehnte Idee, die ihm zur Vollendung seines Lebensberichtes noch fehlte. Zurück im Zimmer – „Es ist immer noch ganz still, man hört kaum einen Hauch" – erklärt er seiner Frau: „‚Weißt du, jetzt, auf unserem Balkon, als die Sonne unterging, da ist mir eingefallen, womit ich das Buch abschließen werde.' ‚Ja', sagt sie erfreut und will wissen: ‚Womit?' ‚Mit einem Zitat.'" (*ML*, 553) Es ist ein Vers aus Hugo von Hofmannsthals Libretto zum *Rosenkavalier*, das Reich-Ranicki nun ans Ende seiner Autobiographie setzt: „Ist ein Traum, kann nicht wirklich sein, / daß wir zwei beieinander sein."[14] (*ML*, 553) Im Schlussduett besingen Sophie und Octavian mit diesen Worten ihre Liebe, die sie erst ausleben dürfen, nachdem der Baron Ochs, der um Sophies Hand angehalten hatte, als Heiratsschwindler überführt und davongejagt ist. Im Glück der beiden Figuren findet Reich-Ranicki ein Vorbild für seine eigene Ehe, zugleich hebt er mit dem Zitat die Unwahrscheinlichkeit und schicksalhafte Notwendigkeit seiner Liebe zu Tosia hervor.[15] Der Effekt wird noch dadurch gesteigert, dass Reich-Ranicki mit diesem Zitat bereits eine andere entscheidende Wendung seines Lebensweges literarisch aufgeladen hatte – nämlich die noch frische Liebe zu Tosia, die er im Warschauer Ghetto

[14] Hugo von Hofmannsthal, „Der Rosenkavalier. Komödie für Musik", in: *Sämtliche Werke*, Bd. 23, hg. v. Dirk O. Hoffmann u. Willi Schuh, Frankfurt a. M. 1986, 1–101, 101.

[15] Dagegen wäre allerdings einzuwenden, dass Hofmannsthal und Strauss mit dem *Rosenkavalier* keine ernste Darstellung einer tragisch verhinderten Liebesgeschichte intendierten. Vielmehr schufen sie eine „Komödie mit Musik" (so der Untertitel) in der Tradition der Opera buffa, welche die moralische Verkommenheit der Wiener Gesellschaft aufs Korn nimmt. Dieser Aspekt des Werkes scheint für Reich-Ranicki jedoch keine Rolle zu spielen, er konzentriert sich allein auf das Liebespathos des Schlussduetts. Vgl. Christian Beck-Mannagetta, *Der Ochs von Lerchenau. Eine historische Betrachtung zum Rosenkavalier*, Wien 2003, 16–18.

kennenlernte. Der Erzähler schildert, wie er Tosia dort nachmittags regelmäßig besuchte, um mit ihr Bücher zu lesen und intime Stunden zu verbringen:

> Als ich nachher von ihr ging, als ich mich beeilte, um noch vor der Polizeistunde zu Hause zu sein, da konnte ich, von Not und Elend umgeben, nur daran denken, was ich gerade erlebt hatte. „Ist ein Traum, kann nicht wirklich sein" – diese Worte, die Sophie ganz am Ende des „Rosenkavalier" singt, gingen mir durch den Kopf, ich wiederholte sie immer wieder, ich rief sie mir stumm zu, ohne recht wahrzunehmen, was sich um mich herum abspielte. (*ML*, 219)

Bot für Reich-Ranicki bislang die Literatur eine verlässliche Gegenwelt zu Angst und Verfolgung, so tritt nun die Liebe zu Tosia hinzu, denn sie „war das Narkotikum, mit dem wir unsere Furcht betäubten – die Furcht vor den Deutschen". (*ML*, 219) Neben der Literatur wird Tosia zur zweiten Konstante in Reich-Ranickis Leben. Diesem kontinuierlichen Glück räumt Reich-Ranicki ganz am Ende seiner Autobiographie eine herausgehobene Stellung ein, „ein wenig Philemon-und-Baucis-Stimmung liegt über dem Ausgang der Autobiographie", wie Walter Hinck bemerkt.[16] Indem Reich-Ranicki abschließend ein zweites Mal Hofmannsthal zitiert, schlägt er einen Bogen von seiner prekären Lage im Warschauer Ghetto hin zum stabilen, ungefährdeten Altersort. Die Botschaft ist klar: Die Zeiten haben sich zum Besseren gewendet, die Liebe zu Tosia und zur Literatur aber ist noch die gleiche wie zu Beginn.

Doch ist der Umstand bedeutend, dass Reich-Ranicki den Vers aus dem *Rosenkavalier* nicht einfach ans Ende des Textes seiner Autobiographie setzt, sondern explizit darstellt, wie es zu der Entscheidung für das Zitat kommt. Mithilfe dieses erzählerischen Tricks löst Reich-Ranicki im letzten Kapitel in geradezu prototypischer Weise das gattungstypische Erzählmodell ein. Genette bemerkt über die autobiographische Narration: „[L]e récit condui[t] son héros jusqu'au point où l'attend le narrateur, pour que ces deux hypostases se rejoignent et se confondent enfin."[17] Zum finalen Zusammentreffen und Verschmelzen von erzähltem Ich und erzählendem Ich kommt es auch im Schlusskapitel von *Mein Leben*. Bei konsequenter Auslegung des Modells käme ein hypothetischer Autobiograph praktisch nicht umhin, ganz am Ende seiner Erzählung auch das Entstehen des autobiographischen Textes selbst zu thematisieren, ist doch die Arbeit daran der (bislang) letzte Akt im Leben des Autors. Reich-Ranicki folgt diesem Modell tatsächlich mit großer Konsequenz. Sein autobiographischer Bericht umfasst nicht allein sein Leben bis zu jenem Moment, in dem er sich zurückzieht, um seine Erinnerungen niederzuschreiben. Er enthält – zumindest im kleinen Schlusskapitel – auch die Genese der Autobiographie und schreitet fort bis zu exakt jenem Zeitpunkt, an dem der Autor den letzten Buchstaben des Textes setzt. Die autobiographische Retrospektive konvergiert mit der Gegenwart

[16] Hinck, *Selbstannäherungen*, 180.
[17] Genette, *Figures III*, 236; vgl. auch ebd., 232–234.

des Erzählens, bis die Ebenen der erzählten Geschichte und der Erzählsituation am Ende in eins fallen.

Reich-Ranicki inszeniert sich in *Mein Leben* nicht nur als ordnender Chronist, sondern als aktiv gestaltender Autor seines eigenen Lebens. Sein souveräner Erzähler demonstriert jenes „vollendete[] Bewußtsein der Individuen über sich“[18], das Georg Misch zum Gattungsideal erklärt hatte: „Er selbst weiß um diese Bedeutung seiner Erlebnisse, gleichviel, ob er es hervorhebt oder nicht. Er versteht sein Leben allein durch die Bedeutung, die er ihnen beimißt.“ Auch verfügt er über das „Wissen, das ihn instand setzt, sein Leben als ein einheitliches Ganzes zu verstehen“.[19] Schon zu Beginn präsentiert sich Reich-Ranicki als selbstgewisser Herrscher über die Erinnerung und ihre Darstellung. Ganz am Ende aber zeigt er sich an einem gleichermaßen zurückgezogenen wie herausgehobenen Altersort, den er sich im Laufe seines ereignisreichen Lebens erarbeitet hat. Dieser Endpunkt der Konvergenz von Leben und Erzählen, die Gegenwart des Erzählers Reich-Ranicki, entspricht dem von Stabilität und Harmonie, von Rückzug, Ruhe und Muße gekennzeichneten *standpoint*, den Gattungstheoretiker wie Shumaker und Pascal zur Voraussetzung gelungener Autobiographien erklärten. Im *otium cum dignitate* verfasst Reich-Ranicki einen scheinbar mühelosen Lebensbericht – einzig die Entscheidung für ein passendes Schlusszitat lässt ihn zögern, doch ist auch dieses letztlich schnell gefunden, ergibt sich organisch aus der Lebensbeschreibung. Der weitgehende Verzicht auf die selbstreflexive Problematisierung seines Erinnerungsprojektes in Form einer Erinnerungs- bzw. Erzählgeschichte trägt zum Eindruck von Reich-Ranickis Souveränität bei.

2.2. Spaziergänge in der Landschaft. Max Frisch: *Montauk*

Die mußevolle Lebensrückschau ist nicht zwangsläufig an den häuslichen Rückzug des erzählenden Ich gebunden. Das Spazieren, Laufen, Reisen – kurz: die Bewegung durch die Landschaft – stellt in der autobiographischen Gattungstradition einen zweiten, nicht minder bedeutenden Topos der Selbstreflexion dar. Mit Vorstellungen von Muße ist diese Praxis auf mehreren Ebenen verbunden: Wälder, Berge, Inseln und fremde Länder werden für den modernen Städter zum Sehnsuchts- und Fluchtort vor den alltäglichen Lebens- und Arbeitszusammenhängen, sie regen das Subjekt zur ästhetischen Wahrnehmung seiner Umgebung an und zwingen es, sich in kontemplativ-repetitive Bewegungsmuster zu fügen. Die Opposition von städtischem Alltag und dem (Selbst-)Erfahrungsraum Landschaft ist in vieler Hinsicht an die Bedingungen der Moderne geknüpft. Vor

[18] Misch, *Geschichte der Autobiographie*, Bd. 1, 14.
[19] Ebd., 10.

Jean-Jacques Rousseau waren Natur und Landschaft nur selten Gegenstand ästhetischer Anschauung, vielmehr wurden sie gerade von Reisenden „als der zeitraubende Zwischenraum erachtet, der lohnende Ziele voneinander trennt".[20] Das autobiographische Erzählen scheint diesbezüglich jedoch eine Ausnahme darzustellen. Michail Bachtin hat darauf hingewiesen, dass die ‚Entdeckung der Landschaft' schon die (Auto-)Biographien der Antike prägte, weil sie die Möglichkeit einer Relationierung von äußerer Natur und innerer Subjektivität eröffnete:

> Es entsteht die ‚Landschaft', d. h. die Natur als Blickfeld (als Gegenstand des Sehens) und Umgebung (als Hintergrund, Rahmen) des gänzlich privaten und einsam-untätigen Menschen. [...] In Form malerischer Ausschnitte findet die Natur in der Zeit der Spaziergänge, der Mußestunden oder in Momenten, da der Blick zufällig auf eine sich eröffnende Ansicht fällt, in die intime Welt des privaten Menschen Eingang.[21]

Das Spazierengehen als langsame, äußerlich zweckfreie Bewegung stellt eine spezifisch moderne Form der Begegnung von Mensch und Landschaft dar. Spätestens seit dem Ende des 18. Jahrhunderts gehört der Spaziergang zu jenen besonders populären und verfügbaren Praktiken der Muße, die den Angehörigen beinahe aller sozialen Gruppen eine Möglichkeit eröffnen, nicht nur die Natur außerhalb der schnell wachsenden Großstädte zu betrachten, sondern auch in sich selbst ‚hineinzuschauen'. Die intrinsische Motivation ist dem Spazieren und der Muße gemein, und folgende Charakterisierung der *promenade* ließe sich auf die *oisiveté* übertragen: „Elle n'a en apparence aucune finalité, elle reste dans une sphère limitée, [...]. Elle n'est pas un moyen pour atteindre un but, elle est ce but elle-même".[22] In diesem Sinne ist wohl auch die gegenwärtige Konjunktur von Wanderungen und Spaziergängen in literarischen Berichten mit „der Sehnsucht nach Dispens" – und damit der Sehnsucht nach Muße – zu erklären.[23] Insbesondere die Literatur greift immer wieder auf die Figur des mußevollen Spaziergängers zurück, weil der Spaziergang wie kaum eine andere Praktik mit dem literarischen Schreiben verbunden ist. Er hat daher einen prominenten Platz in den Selbstreflexionen und Poetologien von Autoren gefunden. Im Kern beruht der Topos auf der „stylisation imaginaire de la promenade, où les chemins de terre deviennent des pages de carnet, et où l'on écrit, non pas en marchant – ce qui est peu pratique – mais après avoir marché, la dynamique des pensées relayant celle des pas en avant".[24]

---

[20] Petra Raymond, *Von der Landschaft im Kopf zur Landschaft aus Sprache. Die Romantisierung der Alpen in den Reiseschilderungen und die Literarisierung des Gebirges in der Erzählprosa der Goethezeit*, Berlin 1993, 61.

[21] Bachtin, *Chronotopos*, 71.

[22] Alain Montandon, *Sociopoétique de la promenade*, Clermont-Ferrand 2000, 7.

[23] Frank Schäfer, „Ich bleib dann mal hier. Die Wiederkehr des Flaneurs", in: *Rolling Stone* 46,3 (2012), 56 f., 57.

[24] Lecarme/Lecarme-Tabone, *L'autobiographie*, 155.

Diese Beobachtung von Lecarme/Lecarme-Tabone ist speziell auf die autobiographischen Schriften Jean-Jacques Rousseaus gemünzt. Rousseau kommt das Verdienst zu, die topische Verbindung von mußevollem Spazieren und selbstreflexivem Schreiben mit großer Wirkmacht für die europäische Literatur hergestellt zu haben. Anders als die großstädtischen Flaneure späterer Epochen, die nicht nur als Beobachter der urbanen Massenkultur auftraten, sondern sich auch selbst den Blicken der Menschen aussetzten, entwirft Rousseau das Bild des einsamen Spaziergängers, der seinen Blick nach innen wendet. „Jamais je n'ai tant pensé, tant existé, tant vécu, tant été moi, si j'ose ainsi dire, que dans [les voyages] que j'ai faits seul et à pied." (*LC*, 162) Mit dieser Feststellung im vierten Buch seiner *Confessions* unterstreicht Rousseau die essentielle Bedeutung des Gehens für seine Selbstkonstitution. An anderer Stelle erklärt er die Spaziergänge durch den Wald von Montmorency zu einer Praxis, die seine literarische Produktivität befeuere: „Je destinai, comme j'avois toujours fait mes matinées à la copie, et mes après-dinées à la promenade, muni de mon petit livret blanc et de mon crayon [...]." Der nachmittägliche Spaziergang befördert Rousseaus Schreibvorhaben derart, dass er den Wald von Montmorency gar als sein ‚Arbeitszimmer' bezeichnet: „[J]e comptois bien que la forest de Montmorency qui étoit presque à ma porte, seroit désormais mon cabinet de travail." (*LC*, 404)

In den *Rêveries d'un promeneur solitaire* bietet sich Rousseau anstelle des Waldes ein anderer Rückzugsort für fußläufige Erkundungen an. In einem bekannten autopoetologischen Kommentar in der ersten *promenade* erklärt Rousseau, dass er mit dem von ihm geführten „informe journal de mes rêveries" zwei Ziele verfolge: „Il y sera beaucoup question de moi parce qu'un solitaire qui réfléchit s'occupe nécessairement beaucoup de lui-même." (*LR*, 1000) Rousseau will sich mit seinem Journal erstens einen textuellen Raum der Selbstreflexion verschaffen und damit „une nouvelle connaissance de mon naturel et de mon humeur" erlangen. Zweitens stilisiert er den Spaziergang auch hier zu einer Praxis geistiger Kreativität und Produktivität: „Du reste toutes les idées étrangères qui me passent par la tête en me promenant y trouveront également leur place." (*LR*, 1000) In seinen mußevollen Ausflügen auf der Île Saint-Pierre findet er nicht nur ein inhaltliches Motiv, sondern gleichermaßen eine Metapher für das von ihm verwendete narrative Verfahren: „La promenade ne sera donc pas un sujet, encore moins un objet, mais l'auto-réflexion de la vie sur elle-même dans et par l'écriture-promenade."[25] Die Unterteilung seines Werkes in zehn *promenades* ist der offensichtliche Versuch, den Reflexionen eine angemessene textuelle Struktur zu geben: Bilden die fragmentarisch-assoziativen Gedankengänge das epistemologische Prinzip der autobiographischen Schriften Rousseaus, so entspricht ihnen

[25] Jean-Pierre Dubost, „Rêverie et localité. Rousseau, Goethe, Heidegger", in: Alain Montandon (Hg.), *Promenades et écriture*, Clermont-Ferrand 1996, 55–74, 56.

auf formaler Ebene der „Spaziergang als Erzählmodell", das Rousseau in die Literatur einführt.[26]

Ausführlich begründet Rousseau in der fünften Promenade, warum gerade die Insel einen geeigneten Rückzugsort für Spaziergänge biete: „Mais il faut avouer que cela se faisait bien mieux et plus agréablement dans une île fertile et solitaire, naturellement circonscrite et séparée du reste du monde, [...] où je pouvais enfin me livrer tout le jour sans obstacle et sans soins aux occupation de mon goût, ou à la plus molle oisiveté." (*LR*, 1047 f.) Noch aus einem weiteren Grund ist die Insel prädestiniert als ein Ort der Muße und der Selbstreflexion:

> Quand le soir approchait [...] j'allais volontiers m'asseoir au bord du lac dans quelque asile caché; là le bruit des vagues et l'agitation de l'eau fixant mes sens et chassant de mon âme toute autre agitation la plongeaient dans une rêverie délicieuse où la nuit me surprenait souvent sans que je m'en fusse aperçu. Le flux et le reflux de cette eau, son bruit continu mais renflé par intervalles frappant sans relâche mon oreille et mes yeux suppléaient aux mouvements internes que la rêverie éteignait en moi et suffisaient pour me faire sentir avec plaisir mon existence, sans prendre la peine de penser. (*LR*, 1045)

Auf allen Seiten vom See umgeben, bietet das Ufer dem erzählenden Subjekt unbegrenzte Möglichkeiten, sich im Wasser zu betrachten und zu ‚reflektieren': „[...] laissant errer mes yeux au loin sur les romanesques rivages qui bordaient une vaste étendue d'eau claire et cristalline [...] et me trouvant enfin ramené par degrés à moi-même et à ce qui m'entourait [...]." (*LR*, 1048 f.)

Zahlreiche Beispiele belegen, dass Rousseaus *promenades* sich zu einer Figur der kontemplativen Innenschau entwickelt haben, die bis heute fest zum kulturellen Inventar gehört und auf die Autoren weiterhin zurückgreifen. In der 1975 erschienenen autobiographischen Erzählung *Montauk* von Max Frisch spielen Spaziergänge am Wasser eine entscheidende Rolle für das Erinnerungsprojekt des Autors.[27] Auslöser der autobiographischen Reflexion ist eine Lesereise Frischs durch die USA, die ihn abschließend nach New York City führt. Dort beginnt der Autor – zu diesem Zeitpunkt dreiundsechzig Jahre alt – ein Verhältnis mit einer mehrere Jahrzehnte jüngeren Verlagsangestellten namens Lynn. In der fragmentarisch gestalteten Erzählung zeigt sich der autobiographische Erzähler als Flaneur in New York, vor allem aber als Spaziergänger auf der östlich davon liegenden Halbinsel Long Island. Denn dorthin unternimmt er am Wochenende des 11./12. Mai 1974 einen Ausflug mit seiner jungen Geliebten.

Schon seinen Aufenthalt in New York beschreibt der Erzähler als eine Phase des Müßiggangs. Zumindest temporär tritt Max Frisch hier aus seiner Rolle als Literat und Intellektueller heraus: Statt sich im Museum of Modern Art die aktuelle Ausstellung anzuschauen, sitzt er nur „im Gartenhof einen ganzen Vor-

[26] Vgl. Claudia Albes, *Der Spaziergang als Erzählmodell. Studien zu Jean-Jacques Rousseau, Adalbert Stifter, Robert Walser und Thomas Bernhard*, Tübingen/Basel 1999.

[27] Frisch, *Montauk*. (Im Folgenden zitiert mit der Sigle *Mo*.)

mittag". (*Mo*, 15) Bei seinen Flanerien durch die Stadt entdeckt er „[e]in paar Leute auf der Mole, Müßiggänger wie ich. [...] Ein Alter mit Hund. Ein anderer Hund ohne Herr." (*Mo*, 14) Frischs indifferenter Blick trifft Personen und Objekte, stellt sie unverbunden nebeneinander. Gleichwohl stehen die beobachteten Objekte in symbolischer Beziehung zum Erzähler: Sie sind alt wie er, einsam wie er. Selbst eine „Bierdose, die im Wind zu rollen beginnt" (*Mo*, 14), kann als selbstreflexiver Kommentar auf den Protagonisten gelesen werden, der sich bald ebenso schicksalsergeben durch die Dünen von Long Island wird treiben lassen.

Der von einer melancholischen Ruhe geprägte Wochenendausflug bringt einen vollkommenen Bruch mit den Alltagsroutinen des Autors. Anfangs noch mit dem Auto unterwegs, folgen Max und Lynn einem Schild „OVERLOOK", das ihnen einen Punkt mit guter Aussicht über die Halbinsel verspricht. Doch bald müssen sie den Wagen stehen lassen und sich zu Fuß einen Weg durch die Natur bahnen: „Büsche und Gestrüpp um den leeren Parkplatz; keine Aussicht also, aber es gibt einen Pfad, der durch das Gestrüpp führt, und sie haben nicht lang beraten: der Pfad wird sie zur großen Aussicht führen." (*Mo*, 7) Natürlich ist Frisch nicht einfach auf der Suche nach einem schönen Aussichtspunkt, der ihm einen weiten Blick über die Landschaft gestattet. Die Konstruktion ist höchst symbolisch: Der Lebenspfad führt erst durch undurchsichtiges Gestrüpp, bevor Frisch schließlich einen Punkt findet, der ihm den Rück- und Überblick auf das eigene Leben ermöglicht. Long Island wird für ihn zum Ort der biographischen Kontemplation, zum Teil auch einer unwillkommenen Selbstreflexion, denn es ist die Affäre mit der jungen Lynn, die Max sein eigenes Alter empfinden und Bilanz ziehen lässt.

Die Erzählung des Montauk-Wochenendes wird daher immer wieder von kürzeren oder längeren Episoden der Lebenserinnerung durchbrochen. Es ergibt sich eine Struktur aus Rahmung und Binnenerzählungen: Die Erlebnisse auf Long Island schildert der Erzähler im Präsens, spricht allerdings vorwiegend (wenn auch nicht durchgehend) in der distanzierenden dritten Person von sich, als würde er sich selbst von außen beobachten. Dazwischen schaltet er Erinnerungen an bedeutende Ereignisse seines Lebens, die zumeist in der ersten Person Präteritum stehen – der klassischen Grammatik der Autobiographie.[28] Für die hier angestellten Überlegungen zur Topik des autobiographischen Erzählens ist die Rahmenerzählung – das Wochenende auf Long Island – aufschlussreich, denn darin artikulieren sich besonders deutlich Frischs Vorstellungen darüber, an welche raumzeitlichen und praktischen Umstände seine Reflexion gebunden ist.

[28] Einen ganz „unsystematisch[en]" Gebrauch der Personalpronomen, die allenfalls „verschiedene Grade von Rollenhaftigkeit" ausdrücken, erkennt dagegen Anton Krättli, „‚Leben im Zitat'. Max Frisch *Montauk*", in: Walter Schmitz (Hg.), *Über Max Frisch*, Frankfurt a. M. 1976, 428–434, 431 f.

Es ist „ein langer leichter Nachmittag", als Max und Lynn den Ort Montauk am äußersten östlichen Ende von Long Island erreichen:

Ein meilenlanger Strand, ein Ende des Strandes nicht zu sehen, er verliert sich nach beiden Seiten im milchigen Lila-Licht der Verdampfung. Trotz Wind ist es fast heiß. Zwei Liegesessel mit verblichenen Kissen stehen im Sand, keine andern weit und breit; wem gehören sie? Kein Mensch weit und breit. (*Mo*, 95)

Nur hundert Meilen von der geschäftigen Weltstadt finden Max und Lynn sich in einer menschenleeren Einsamkeit wieder. Das Angebot der zufällig am Strand stehenden Liegesessel, die zum Verweilen einladen, nehmen Max und Lynn gern an.[29] Am Morgen des nächsten Tages spaziert der Erzähler allein am Atlantik – „Es ist besser, die Schuhe auszuziehen und barfuß im Sand zu gehen, die Schuhe in den Händen" – und beschreibt die ihn umgebende, einsame Landschaft: „das Morgenmeer perlmuttergrau unter tiefem Gewölk, die Brandung flau, keine Sonne. [...] Wieder kein Mensch weit und breit." (*Mo*, 137) Hier nun eröffnet sich dem Erzähler der ersehnte Blick. Sein einziges Bedürfnis sei „jetzt ins Weite [zu] schauen [...] damit er sich dabei vergißt: ein zu schwerer Mann, [...] das Haar grau bis weiß ... " (*Mo*, 55) Die Weite des Meeres ermöglicht es Frisch, sein Augenmerk weg von sich selbst auf das Wasser zu richten, mit dem Ziel, die eigene Gegenwart als gealterter Mann zumindest temporär vergessen zu können. Schon im nächsten Moment aber kehrt die Aufmerksamkeit des Erzählers wieder zurück auf ihn selbst – im Fokus steht jedoch nicht länger seine gegenwärtige Disposition, sondern seine Vergangenheit: „Es fällt ihm ein, wann er zuletzt im Meer geschwommen ist." (*Mo*, 55)

Eine isolierte Betrachtung dieses Abschnitts mag zu der Vermutung führen, Frisch bediene sich eines nostalgischen Modells des autobiographischen Erzählens, eines *ton élégiaque*, in dem der Rückblick auf das Erreichte eine Art Fluchtmöglichkeit vor der defizitären Gegenwart bietet.[30] Doch im Kontext wird deutlich, dass Frischs Inszenierung der naturnahen Komtemplation einen ambivalenten Charakter hat. Zwar ist das Verweilen in der Gegenwart für den Erzähler schmerzhaft, weil ihm dabei sein fortgeschrittenes Alter zu Bewusstsein kommt. Doch genießt er ebenso die Ablösung von Alltagsroutinen und die Möglichkeit zur autobiographischen Reflexion, die sich während seiner Wanderungen über Long Island einstellen. Immer wieder artikuliert der Erzähler das Bedürfnis, vollständig in der Gegenwart aufzugehen, und versucht sich an verschiedenen ritualisierten Praktiken, um eben jene Erfahrung der Präsenz und des Verweilens herzustellen – so z. B. das Stopfen seiner Pfeife:

Er hat die Pfeife ausgeklopft, er denkt: [...] stopfe die Pfeife mit dem rechten Daumen und mit Bedacht, der Augenblicke ausfüllt, Augenblicke ohne Gedächtnis, [...] ziehe mit Be-

[29] Zum Zusammenhang von Verweilen und Selbstverwirklichung vgl. Theunissen, *Negative Theologie der Zeit*, 291 f.

[30] Zu Starobinskis Begriff des *ton élégiaque* vgl. ausführlicher Kapitel 1.3.5.

dacht den ersten Zug, einen kurzen, dann einen zweiten, einen langen, bis du da bist ganz und gar. Im Augenblick gibt es nur sie beide in den beiden Sesseln [...] (*Mo*, 98)

Leitmotivisch beschwört der Erzähler den gegenwärtigen „Augenblick", der ihn von jeder in die Zukunft gerichteten Finalität löst: „die Welt entrückt in ihre Zukunft ohne mich, und so die Verengung auf das Ich, das sich von der Gemeinsamkeit der Zukunft ausgeschlossen weiß." (*Mo*, 140) Abgeschirmt von Vergangenheit und Zukunft erfährt der Erzähler umso intensiver die Gegenwart.[31] Diese erweitert sich in seiner subjektiven Zeiterfahrung zu einer enormen Dauer, wird zu einem „Vakuum: wenn eine Viertelstunde, die nächste, länger erscheint als das vergangene Jahr". (*Mo*, 140)

Doch erweist sich die Präsenzerfahrung schnell als brüchig, der Zustand der mußevollen Entkopplung von Zeit und Alltag als vergänglich: „Er vergißt nicht seine Rolle, nicht die nächsten Verpflichtungen, die sich ergeben aus dieser Rolle; Termine, er vergißt nicht einmal die Weltlage. Es ist allerlei, was er nicht vergißt in dieser dünnen Gegenwart." (*Mo*, 103) Frisch betont an dieser Stelle nicht zum ersten Mal sein Selbstverständnis als politisch engagierter Autor. Zu sehr sieht er sich an die „Rolle" des gesellschaftlichen Beobachters und Kommentators gebunden, um sie nun einfach abstreifen zu können. Idiosynkratische Reflexionen, wie Frisch sie in Montauk vollzieht, entsprechen im Grunde nicht seiner Auffassung von Literatur: „Die Literatur hat die andere Zeit, ferner ein Thema, das alle angeht oder viele – was man von ihren zwei Schuhen im Sand nicht sagen kann." (*Mo*, 103) Und so ist es gerade die Literatur, die Frisch aus der ‚dünnen Gegenwart' des Augenblicks herauszureißen und sein Nachdenken auf eine überindividuelle Ebene zu lenken droht: „Literatur hebt den Augenblick auf, dazu gibt es sie." (*Mo*, 103)

Dieses hier beinahe schon zum ironischen Selbstzitat geronnene Bekenntnis zur politischen Literatur steht in einem performativen Selbstwiderspruch zur Erzählung *Montauk*, welche fraglos zu Frischs persönlichsten und ostentativ autoreflexiven Werken zählt. In der Tat kann man *Montauk* im Rahmen von Frischs Spätwerk als eine poetologische Wende betrachten – eine Wende, die Frisch in der Erzählung selbst thematisiert. Der Möglichkeit des autobiographischen Erzählens war Frisch in seinen früheren Werken wie *Stiller* (1954) und *Mein Name sei Gantenbein* (1964) mit großer Skepsis begegnet.[32] Zudem hatte er in poetologischen Bemerkungen betont, dass „das Erzähler-Ich nie mein

[31] Zur Erfahrung von Präsenz und Gegenwart bei Frisch vgl. auch Rudolf Hartung, „‚Schreibend unter Kunstzwang'. Zu der autobiographischen Erzählung *Montauk* von Max Frisch", in: Walter Schmitz (Hg.), *Über Max Frisch*, Frankfurt a. M. 1976, 435–442, 438 f.

[32] Vgl. Max Schiendorfer, „Dichtung und Wahrheit. Zur Literarisierung biographischer Wendepunkte: Max Frisch – Felix Fabri – Heinrich Seuse – Augustinus", in: Brigitte Boothe/Pierre Bühler/Paul Michel u. a. (Hg.), *Textwelt – Lebenswelt*, Würzburg 2012, 303–320, 304–307.

privates Ich" sei, „daß jedes Ich, das sich ausspricht, eine Rolle ist".[33] Eine authentische Repräsentation seines Selbst erschien ihm vor diesem Hintergrund ausgeschlossen: „Jede Geschichte, die sich erzählen läßt, ist eine Fiktion."[34] Im Vorwort zu seiner Erzählung *Montauk* zitiert Frisch jedoch das berühmte Proömium Montaignes zu den *Essais*, in dem dieser sich auf eine wahrhaftige Selbstdarstellung verpflichtet: „Dies ist ein aufrichtiges Buch, Leser [...] Denn ich bin es, den ich darstelle." (*Mo*, 5) Auch im weiteren Verlauf der Erzählung fungiert Montaigne als intertextueller Gewährsmann. Wie um sich zu ermahnen, ruft Frisch später erneut die *Préface* zu den *Essais* auf – „Dies ist ein aufrichtiges Buch, Leser" – und fragt gleich darauf selbstkritisch: „und was verschweigt es und warum?" (*Mo*, 197)

Frisch verschweigt nicht, wie sehr seine Verpflichtung zur Wahrhaftigkeit im Widerspruch zu seiner bisherigen Poetik steht, profiliert diese Haltung sogar explizit gegen seine früheren Werke, aus denen er zu diesem Zweck zitiert. Emblematischen Rang hat vor allem ein Satz aus seiner Erzählung *Mein Name sei Gantenbein*, der Frischs subjekt- und authentizitätskritische Überzeugungen auf den Punkt gebracht hatte, und den er nun in *Montauk* reproduziert: „Ich probiere Geschichten an wie Kleider." (*Mo*, 156) Unmittelbar im Anschluss weist Frisch jedoch dieses Selbstzitat, welches das Ich als bloßen Träger verschiedener Rollen ausweist, nachdrücklich zurück. Dagegen proklamiert er ein neues Verständnis des subjektiven Schreibens, das auch aus einem veränderten Verhältnis zum Lesepublikum resultiert. Hatte Frisch einst in einer Rede die *Öffentlichkeit als Partner des Autors* beschworen[35], so sieht er in *Montauk* die Beziehung von Schriftsteller und Gesellschaft in einem problematischen Licht. Frisch klagt, er „habe irgendeine Öffentlichkeit bedient mit Geschichten. Ich habe mich in diesen Geschichten entblößt, ich weiß, bis zur Unkenntlichkeit." Grundlage seiner Werke sei zwar sein eigenes Erleben gewesen, doch interessierten ihn nur jene „Teile[] davon, die ich habe literarisieren können". (*Mo*, 156) Diesem spät empfundenen Verrat an sich selbst stellt der Erzähler Frisch nun eine Rückbesinnung auf Innerlichkeit und Selbsterforschung entgegen. Er erklärt, er wolle „nichts erfinden", sondern „wissen, was ich wahrnehme und denke, wenn ich nicht an mögliche Leser denke. Schreibe ich denn, um Leser zu befriedigen, um Kritiker zu beliefern!" (*Mo*, 137 f.) Die Erzählung des Montauk-Wochenendes bietet Frisch den willkommenen Anlass zur Selbstreflexion, aber auch zur Erkundung eines neuen, subjektiven Schreibens: Der Erzähler nimmt sich vor, die Erzählung „autobiographisch, ja, autobiographisch" (*Mo*, 155) zu gestalten. Diese Wende zur Innerlichkeit setzt ein neues erzählerisches Programm voraus, das Frisch

---

33 Horst Bienek, *Werkstattgespräche mit Schriftstellern*, München 1976, 27.

34 Ebd., 28.

35 So das Thema der Rede, die Frisch zur Eröffnung der Frankfurter Buchmesse 1958 hielt; veröffentlicht als Max Frisch, „Öffentlichkeit als Partner", in: *Öffentlichkeit als Partner*, Frankfurt a. M. 1967, 56–67.

selbstreflexiv skizziert: „Ich möchte diesen Tag beschreiben, nichts als diesen Tag, unser Wochenende und wie's dazu gekommen ist, wie es weiter verläuft. Ich möchte erzählen können, ohne irgendetwas dabei zu erfinden. Eine einfältige Erzähler-Position." (*Mo*, 82)

Dem Impuls, nun einmal ‚für sich selbst' und ‚über sich selbst' zu schreiben, kann der Autor unverzüglich nachgeben, denn noch in New York hatte er sich das nötige Material besorgt – eine „OLIVETTI LETTERA": „ich kann's nicht lassen, ich habe eine kleine Schreibmaschine gekauft ohne literarische Absicht. [...] Diese Obsession, Sätze zu tippen." (*Mo*, 21) Frisch beginnt, sein Wochenende zu beschreiben, und das Resultat dieses autobiographischen Vorhabens ist die Erzählung *Montauk* selbst. Mit ihr bekennt sich Frisch nicht nur zu einem neuen literarischen Programm, er löst es zugleich ein. Im Rückblick hat Frisch die mit *Montauk* vollzogene Wende vom fiktional-exemplarischen zum faktual-autobiographischen Schreiben als einen späten, aber umso bedeutenderen Einschnitt seiner schriftstellerischen Karriere gekennzeichnet. Während einer 1981 – also sieben Jahre nach den Ereignissen in *Montauk* – am New Yorker City College gehaltenen Poetikvorlesung bemerkte Frisch, er halte nun seinen früheren Glauben an eine „direkt-politische Literatur für ein Missverständnis [...], eine Fehlleistung meines politischen Commitments".[36] Dagegen hob er eine andere Erkenntnis hervor: „[Die Literatur] vermag mehr, wenn sie nicht direkt-politisch ist."[37] Aus diesem Grund habe er „in den letzten Büchern (seit zehn Jahren etwa) keines von den Themen behand[elt], die mich in politischen Reden und politischen Artikeln beschäftigen [...]".[38] Unverkennbar spielt Frisch mit dieser Bemerkung auf *Montauk* an, und benennt sogar an einer anderen Stelle der Vorlesung den spontanen Ausflug auf Long Island als den Moment seiner ‚autobiographischen Wende'. Rückblickend charakterisiert er die Situation am Atlantikstrand als einen Ausbruch aus dem Alltag des alternden Schriftstellers, als ein reflektierendes Verweilen in der Landschaft:

> Eines Tages, 1974, genau zwanzig Jahre nach der Behauptung, dass er nicht Stiller sei, mietet der Schriftsteller einen Wagen in Manhattan und macht ein Journey nach Long Island, Montauk, genau gesagt, und dort bleibt er plötzlich stehen im Wind, die Hände in den Hosentaschen, mit wenig Haaren im Wind und nachdenklich [...][39]

Und so mag das Bekenntnis zur Introspektion, das Interesse an der eigenen Geschichte für Frisch eine Neuorientierung seines Schreibens sein – im Hinblick auf die literarische Inszenierung handelt es sich indes um eine Rückkehr zur autobiographischen Topik der Muße. Frisch aktualisiert Rousseausche Muster wie

---

[36] Max Frisch, *Schwarzes Quadrat. Zwei Poetikvorlesungen*, hg. v. Daniel de Vin, Frankfurt a. M. 2008, 64.

[37] Ebd., 63.

[38] Ebd., 69.

[39] Ebd., 31.

den Rückzug aus der Stadt in die Natur, den Spaziergang und das kontemplative Betrachten des Wassers.

Eine perfekte *imitatio* der Rousseauschen Spaziergänge stellt Frischs Erzählung sicher trotzdem nicht dar, finden sich die klassischen Topoi hier doch in modernisierter und modifizierter Form: Der autobiographische Erzähler Max ist nur zeitweise ein einsamer Spaziergänger, vielmehr genießt er während der Strandspaziergänge die Begleitung Lynns. Anders als die Île Saint-Pierre ist Long Island lediglich eine Halbinsel.[40] Rousseau benutzte während seiner Waldspaziergänge gewöhnliche Spielkarten als eine Art portables Notizsystem. Auf ihnen hielt er seine Gedanken fest, um daraus seine *Rêveries du promeneur solitaire* zu kompilieren.[41] Frischs Schreibobsession dagegen verführt ihn zum Kauf einer Reiseschreibmaschine – ein weniger handliches, weniger spielerisches Instrument, das vermutlich im New Yorker Hotelzimmer verblieb. (Montauk mag also nicht der eigentliche Ort des autobiographischen Erzählens sein, wohl aber der inszenierte Ort der autobiographischen Reflexion.) Der bedeutendste Unterschied zum traditionellen Modell des autobiographischen Erzählens besteht aber sicher darin, dass der gealterte Frisch nicht aus einem selbstbewussten Zustand der Stabilität heraus auf sein Leben zurückblickt, sondern aus einer Situation der Verunsicherung. Diese Verunsicherung ist eine doppelte: Die Diskrepanz zur jungen Lynn vergegenwärtigt ihm sein eigenes Alter, zudem kommen ihm poetologische Zweifel an der literarischen Verwertung seines Lebens. In eher augustinischer Tradition betont Frisch das krisenhafte Moment, das seiner Selbstreflexion innewohnt. Gleichwohl entfalten die Praktiken der Muße auch bei Frisch ihre Wirkung und setzen seine literarische Produktivität frei. Spazierend am Strand von Montauk kann sich der alternde Autor zumindest temporär aus den Alltagszusammenhängen lösen, in der Gegenwart aufgehen und schließlich den Blick zurück auf das eigene Leben wagen. In der Retrospektive findet Frischs Erzählung nicht nur grammatikalisch vom „Er" zum „Ich". So gelingt Frischs Aneignung der autobiographischen Topik vielleicht gerade deshalb so musterhaft, weil sie einen Bruch mit seinen bisherigen literarischen Prinzipien bedeutet.

---

[40] Heutzutage ist die Île Saint-Pierre zwar auch eine Halbinsel, sie wurde es aber erst am Ende des 19. Jahrhunderts durch umfangreiche Kanalbauarbeiten im Rahmen der ersten ‚Juragewässerkorrektion', bei welcher der Pegel des Bielersees um zwei Meter abgesenkt wurde.

[41] Die ursprünglich von Rousseau auf siebenundzwanzig Spielkarten gekritzelten, durchnummerierten Fragmente sind in der Pléiade-Ausgabe abgedruckt als *Ébauches des Rêveries* (*OC*, 1165–1172). Vgl. dazu auch die Anmerkungen der Herausgeber M. Raymond und B. Gagnebin (*OC*, 1860).

2.3. Entdeckung des Ich. Reinhold Messner auf den Spuren Petrarcas

Eine große Faszination für Entdeckerfiguren und Abenteurer herrscht nicht nur in der Populärkultur, sondern reicht bis in ‚hochkulturelle' und akademische Gebiete hinein. Dieses Interesse ist nicht zuletzt motiviert durch eine implizite anthropologische Annahme: Der Mensch, der zur Erkundung der Welt aufbricht, erweitert nicht nur den geographischen Horizont, er entdeckt auf diesem Wege auch immer sich selbst. Verlässt er die schützende Gemeinschaft und steht er allein der Natur gegenüber, ist er zurückgeworfen auf sich selbst und – gegebenenfalls – Gott. Entdeckernarrative und -biographien erleben daher auch in der Literatur eine große Konjunktur[42], mit Pathos werden schon in den Titeln der entsprechenden Werke die „großen Entdeckungsreisen"[43] der ebenso „großen Entdecker"[44] beschworen, die den „Aufbruch ins Unbekannte"[45] wagen und eine existentielle Erfahrung „zwischen Freiheit und Naturgewalt"[46] suchen. Das Paradigma der Selbsterfahrung in der Natur ist in der modernen europäischen Kultur tief verwurzelt, kennt dabei viele Varianten und Abstufungen. Es liegt – in einer gewissermaßen domestizierten Ausprägung – dem spontanen Wochenendausflug zum Strand ebenso zugrunde wie – in einer heroischen Überhöhung – den Expeditionen in ferne Länder und auf hohe Berge, um die es im Folgenden gehen wird.

Die Bücher Reinhold Messners sind ein herausragendes Beispiel dafür, wie Entdeckernarrative in der Gegenwart für die autobiographische Selbstdarstellung funktionalisiert werden und eine erstaunliche Affinität zu klassischen Topoi der Muße entwickeln können. Doch ist es aufschlussreich, zuvor bedeutende historische Referenztexte für Messners Bergsteigergeschichten in den Blick zu nehmen. Denn die Vorstellung vom Berg als Ort der Selbst- und Welterfahrung ist keinesfalls nur ein Nebenprodukt moderner Outdoor-Phantasien. Einerseits als unzugängliche und lebensgefährliche *terra incognita* gemieden, andererseits als Orte der Kontemplation und Meditation verehrt, stehen Berge in der europäischen Kulturgeschichte seit jeher in einem Spannungsfeld von Furcht und

[42] Die anglistische Literaturwissenschaft hat diesem Phänomen bereits einige Aufmerksamkeit geschenkt, während dies in der Germanistik bisher noch nicht der Fall zu sein scheint. Vgl. etwa Peter Knox-Shaw, *The Explorer in English Fiction*, Basingstoke 1987; Bruce Greenfield, *Narrating discovery. The romantic explorer in American literature 1790–1855*, New York 1992.

[43] Vgl. Jürgen Sarnowsky, *Die Erkundung der Welt. Die großen Entdeckungsreisen von Marco Polo bis Humboldt*, München 2015.

[44] Vgl. Ulli Kulke, *Die großen Entdecker. Abenteuerliche Reisen ins Unbekannte*, Darmstadt 2006; Dierk Suhr, *Kleine Geschichte der großen Entdecker*, Ostfildern 2006.

[45] Vgl. Imre Josef Demhardt, *Aufbruch ins Unbekannte. Legendäre Forschungsreisen von Humboldt bis Hedin*, Darmstadt 2011.

[46] Vgl. Jürgen Goldstein, *Georg Forster. Zwischen Freiheit und Naturgewalt*, Berlin 2015.

Sehnsucht.[47] So auch beim wohl bedeutendsten frühneuzeitlichen Bergsteiger, Francesco Petrarca. Für die Geschichte der Kontemplation ist Petrarca schon deswegen entscheidend, weil er mit seiner zwischen 1346 und 1356 entstandenen Schrift *De vita solitaria* die wohl wichtigste frühneuzeitliche Apologie eines zurückgezogenen Lebens in Muße formulierte. Im Stile einer moralischen Handlungsanleitung wirbt Petrarca darin für ein Leben im *otium* und stellt dessen Vorteile gegenüber einem Leben des *negotium* heraus. Auch nennt er bereits einige Beispiele für Berge als Orte der Kontemplation und Kommunikation mit Gott: den Berg Sinai, auf dem Moses die Gesetzestafeln überreicht werden, und der Berg Karmel, auf dem Elija dem Volk die Macht Gottes demonstriert.[48] Aus heutiger Perspektive zu ergänzen wäre sicher der La Verna im Apennin, auf dem Franz von Assisi eine Einsiedelei bewohnte, in welcher er der Legende zufolge seine Stigmata empfing.[49]

Doch begnügte sich Petrarca nicht damit, anhand von Bibelzitaten den Berg als Ort der Gotteserfahrung zu bestimmen, sondern er schlüpfte auch selbst in die Rolle des Bergsteigers. In einem berühmten, auf den 26. April 1336 datierten Brief, welchen er an den Pariser Theologieprofessor und persönlichen Freund Franceso Dionigi von Borgo San Sepolcro schickte, berichtet Petrarca von seiner *Besteigung des Mont Ventoux*, dem höchsten Gipfel der Provence. Auch hier nennt er ein Vorbild, nämlich die von Livius beschriebene Besteigung des Haemus durch Philipp V. von Makedonien.[50] Doch was Petrarcas Brief von allen Prätexten unterscheidet, ist die Qualität des geschilderten Erlebnisses: *Die Besteigung des Mont Ventoux*[51] gilt als die „erste große neuzeitliche Landschaftserfahrung", denn Petrarca thematisiert darin die äußere Zwecklosigkeit seines Unternehmens sowie die „zukunftsweisende Erfahrung eines interesselosen, rein ästhetischen Blicks auf die sich als ‚spectaculum' [...] erschließende Landschaft".[52] Petrarcas Brief wurde daher zu einer der einflussreichsten Erzählun-

---

[47] Vgl. Raymond, *Von der Landschaft im Kopf zur Landschaft aus Sprache*, 61–66.

[48] Vgl. Petrarca, *De vita solitaria*, 138–143; vgl. dazu auch Franz Josef Wetz, „Vorwort", in: *Das einsame Leben*, aus d. Lateinischen übers. v. Friederike Hausmann, hg. v. Franz Josef Wetz, Stuttgart 2004, 5–50, insbes. 20–25.

[49] Vgl. Barbara Vinken, „Erfüllung auf dem Berg. Der heilige Franziskus und der La Verna", in: Susanne Goumegou/Brigitte Heymann/Dagmar Stöferle u. a. (Hg.), *Über Berge. Topographien der Überschreitung*, Berlin 2012, 63–67. Mit den ‚sakralen Bergen' im Alten und Neuen Testament beschäftigt sich Alois Hahn, „Berge als lieux de mémoire", in: Susanne Goumegou/Brigitte Heymann/Dagmar Stöferle u. a. (Hg.), *Über Berge. Topographien der Überschreitung*, Berlin 2012, 17–31.

[50] Vgl. dazu Karlheinz Stierle, „Zwei Bergsteiger. Philipp V. von Makedonien und Petrarca", in: Susanne Goumegou/Brigitte Heymann/Dagmar Stöferle u. a. (Hg.), *Über Berge. Topographien der Überschreitung*, Berlin 2012, 274–280, 274.

[51] Alle deutschen und lateinischen Zitate folgen der Ausgabe Francesco Petrarca, *Die Besteigung des Mont Ventoux*, Lateinisch/Deutsch, übers. u. hg. v. Kurt Steinmann, Stuttgart 1996 [1336]. (Im Folgenden zitiert mit der Sigle *MV*.)

[52] Stierle, „Zwei Bergsteiger", 279.

gen einer Bergbesteigung überhaupt, ja er markiert gewissermaßen den Beginn der modernen Bergsteigerliteratur. Doch für die hier angestellten Überlegungen ist noch bedeutender, dass Petrarca wie *en passant* einen Topos der Muße begründet, der bis in heutige autobiographische Erzählungen hineinwirkt. Wodurch ist dieser Topos gekennzeichnet?

Am Morgen eines nicht näher genannten Tages bricht Petrarca zusammen mit seinem Bruder und zwei Dienern auf, um auf den höchsten Punkt des Mont Ventoux zu gelangen. Der 1912 Meter hohe Berg ist heute gut erschlossen und sicher keine besonders anspruchsvolle alpine Herausforderung, selbst die Tour de France führt häufig über seinen Gipfel. Für Petrarca aber präsentierte sich der Mont Ventoux noch als „schroffe und beinahe unzugängliche Felsmasse“ (*MV*, 9). Das Vorhaben, ihn zu erklettern, ist daher ungewöhnlich und – so betont Petrarca umgehend – sogar gefährlich:

> Einen uralten Hirten trafen wir an den Hängen des Berges, der uns wortreich von der Besteigung abzuhalten suchte, indem er sagte, er habe vor fünfzig Jahren mit demselben Ungestüm jugendlichen Feuers den höchsten Gipfel erstiegen, habe aber nichts von dort zurückgebracht außer Reue und Mühsal und einen von Felszacken und Dornsträuchern zerfetzten Leib und Mantel, und weder jemals vor jener Zeit noch nachher habe man bei ihnen davon gehört, daß irgendwer Ähnliches gewagt habe.[53] (*MV*, 9)

Geschickt stilisiert sich der Erzähler als unerschrockener Abenteurer, indem er einen alten Hirten in seine Erzählung einführt, der ihn vor den kommenden Schwierigkeiten warnt und so Petrarcas Wagemut bezeugt. Die Geschichte des Hirten wird zum Präzedenzfall für Petrarcas eigene Besteigung, erst vor dieser Folie kann seine Erzählung ihre intendierte Wirkung entfalten. Aufschlussreich ist daher, wie der Hirte die Umstände seiner Besteigung beschreibt: Außer den durch die unwirtliche Umgebung verursachten körperlichen Leiden („einen von Felszacken und Dornsträuchern zerfetzten Leib und Mantel“) habe er „nichts von dort zurückgebracht außer Reue und Mühsal“, erklärt der Hirte. Im Rückblick bedauert er seine Besteigung, weil sie sinn- und zwecklos war, das heißt: weil die Mühen des Weges nicht durch einen materiellen Gewinn oder zumindest eine positive Erfahrung aufgewogen wurden.

Unter dem Eindruck des Hirtenberichtes erscheint Petrarcas eigene Besteigung zwar nicht aussichtslos, aber aus einer Kosten-Nutzen-Perspektive doch reichlich fragwürdig. Doch eben darum geht es dem Briefschreiber: Seine Bergbesteigung ist keinen äußeren Interessen geschuldet, läuft ihnen sogar zuwider. Angetrieben wird er allein durch seinen „zwecklosen jugendlichen Drang nach

[53] „Pastorem exace etatis inter convexa montis invenimus, qui nos ab ascensu retrahere multis verbis enisus est, dicens se ante annos quinquaginta dem iuvenilis ardoris impetu supremum in verticem ascendisse, nichilque inde retulisse preter penitentiam et laborem, corpusque et amictum lacerum saxis ac vepribus, nec unquam aut ante illud tempus aut postea auditum apud eos quenquam ausum esse similia.“ (*MV*, 8)

Welterkenntnis", der „eine große Geste der Selbstermächtigung" braucht.[54] Das Bergsteigen ist Ausdruck seiner persönlichen Freiheit, die auch beinhaltet, sich über jedes rationale Kalkül hinwegzusetzen. Und so lässt sich der Ich-Erzähler von der Erzählung des Hirten nur noch mehr anspornen: „Während jener dies uns zurief, wuchs uns, ungläubig wie eben jugendliche Herzen Warners gegenüber sind, am Verbot das Verlangen."[55] (*MV*, 9)

Die Warnung des Hirten erweist sich als begründet, denn die Bergsteiger müssen viele Mühen und Umwege auf sich nehmen, gelangen an den Rand ihrer Kräfte. Der beschwerliche Weg erscheint Petrarca nun als Allegorie für seinen Weg zu Gott; er spricht sich Mut zu, den Berg zu besteigen, als wolle er „unter der Last der unselig aufgeschobenen Strapaze zum Gipfel des seligen Lebens selbst emporsteigen".[56] (*MV*, 15) Damit verbindet er auch die Vorstellung einer Progression vom Körperlichen zum Seelischen, denn statt der Qualen des Aufstiegs empfindet er zunehmend spirituelle Erbauung. Am Mont Ventoux, so bemerkt Petrarca rückblickend, „schwang ich mich auf den Flügen des Geistes vom Körperlichen zum Unkörperlichen hinüber".[57] (*MV*, 13)

Schließlich erreicht er gemeinsam mit seinem Bruder das Gipfelplateau. Hatte der Erzähler während des Aufstiegs seine innere Verfassung und religiöse Sehnsucht in den Mittelpunkt der Schilderung gestellt, wendet er sich nun ganz seiner Umgebung zu, beschreibt die Beschaffenheit der Natur und die Topographie der Landschaft. Den Begriff *otium* benutzt Petrarca an keiner Stelle, doch entspricht die Schilderung seiner Raum- und Zeitwahrnehmung auf bemerkenswerte Weise der chronotopischen Struktur der Muße. Zunächst charakterisiert er den ihn umgebenden Raum und dessen affektive Wirkung: „Der Berg ist von allen der höchste"[58], er gewährt daher einen weiten Blick in alle Richtungen. Petrarca steht „durch den ungewohnten Hauch der Luft und die ganz freie Rundsicht bewegt, einem Betäubten gleich" (*MV*, 17) da, als berauschend empfindet er die Aussicht.[59] Die Zeitlichkeit der Gipfelerfahrung spielt hingegen in Petrarcas Beschreibung anfangs keine Rolle – sein *je narrant* scheint zunächst ganz in der Gegenwart aufgehoben und aus temporalen Zwängen und Strukturen herausgetreten zu sein. Die Zeitlichkeit tritt erst hervor, als Petrarca beginnt, Bezüge zu historisch und mythologisch bedeutsamen Bergen herzustellen: „Ich schaue zurück nach unten: Wolken lagen zu meinen Füßen, schon wurden mir der Athos und der Olymp weniger sagenhaft, wenn ich schon das, was ich über sie gehört

[54] Stierle, „Zwei Bergsteiger", 279.

[55] „Hec illo vociferante, nobis, ut sunt animi iuvenum monitoribus increduli, crescebat ex prohibitione cupiditas." (*MV*, 8)

[56] „[...] sub pondere male dilati laboris ad ipsius te beate vite culmen oportet ascendere [...]." (*MV*, 14)

[57] „Illic a corporeis ad incorporea volucri cogitatione transiliens [...]." (*MV*, 12)

[58] „Collis est omnium supremus [...]." (*MV*, 16)

[59] „Primum omnium spiritu quodam aeris insolito et spectaculo liberiore permotus, stupenti similis steti." (*MV*, 16)

und gelesen, auf einem Berg von geringerem Ruf zu sehen bekomme."[60] (*MV*, 17) Petrarca vergleicht den Ventoux mit jenen griechischen Bergen, die für das orthodoxe Christentum bzw. für die antike Mythologie von großer Bedeutung sind, und spannt so den Bogen von seiner gegenwärtigen Situation bis zurück zu den Wurzeln der europäischen Kulturgeschichte. Eine weitere Vergegenwärtigung der Historie evoziert der Blick auf die Alpen, die sich „eisstarrend und schneebedeckt" in der Ferne erheben, und die Petrarca dennoch als „ganz nah" empfindet. Die Alpen erinnern Petrarca an Hannibal, weil „jener wilde Feind des römischen Volkes sich bekanntlich seinen Weg durch das Gebirge brach".[61] (*MV*, 17) Mithilfe dieser wohlgesetzten Referenzen bemüht sich Petrarca, seinen persönlichen Erfahrungsort mit einer kollektiven Bedeutung aufzuladen, ihn zu einem kulturellen Gedächtnisort aufzuwerten. Der Berg wird zum *lieu de mémoire* und ermöglicht dem Subjekt einen Blick bis weit hinein in die Überlieferung. Petrarca demonstriert, wie sehr die Präfiguration des Berges in Religion und Geschichte sein eigenes Erleben prägt.[62]

Indem er seine Erzählung vom unmittelbaren Erleben des Ortes hin zur Reflexion des historischen Topos lenkt, vollzieht Petrarca – wie er selbst feststellt – den ersten Schritt „von der Betrachtung des Raumes hin zu der der Zeit".[63] (*MV*, 19) Doch geht er noch einen Schritt weiter in Richtung Zeitlichkeit:

> Ich sagte nämlich zu mir selbst: „Heute erfüllt sich das zehnte Jahr, seit du nach Abschluß der jugendlichen Studien Bologna verlassen hast, und – o unsterblicher Gott! o unwandelbare Weisheit! – wie viele und wie große Änderungen deiner Sitten hat doch die Zwischenzeit gesehen! Dabei übergehe ich, was noch nicht endgültig ist. Denn noch bin ich nicht im Hafen, daß ich sorglos mich vergangener Stürme erinnern dürfte. [...]" So durchging ich in Gedanken das vollendete Jahrzehnt.[64] (*MV*, 19–21)

Petrarcas kontemplativer Blick findet nun ein neues Objekt – sein eigenes Leben, seine Biographie: „Der Blick ins Offene richtet sich jedoch zugleich in die Innenwelt des Schauenden und gibt der Reflexion Raum."[65] Doch kann dieser

---

[60] „Respicio: nubes erant sub pedibus; iamque michi minus incredibiles facti sunt Athos et Olimpus, dum quod de illis audieram et legeram, in minoris fame monte conspicio." (*MV*, 16)

[61] „Alpes ipse rigentes ac nivose, per quas ferus ille quondam hostis romani nominis transivit, aceto, si fame credimus, saxa perrumpens, iuxta michi vise sunt, cum tamen magno distent intervallo." (*MV*, 16)

[62] Zum Berg als heiligem Erinnerungsort vgl. Assmann, *Erinnerungsräume*, 303–305.

[63] „Occupavit inde animum nova cogitatio atque a locis traduxit ad tempora." (*MV*, 18)

[64] „Dicebam enim ad me ipsum: ‚Hodie decimus annus completur, ex quo, puerilibus studiis dimissis, Bononia excessisti; et, o Deus immortalis, o immutabilis Sapientia, quot et quantas morum tuorum mutationes hoc medium tempus vidit! Infinita pretereo; nondum enim in portu sum, ut securus preteritarum meminerim procellarum. [...]' Sic per exactum decennium cogitatione volvebar." (*MV*, 18–20)

[65] Patricia Oster, „‚L'air immense ouvre et referme mon livre'. Valérys ‚Cimetière marin' und Petrarcas Mont Ventoux", in: Susanne Goumegou/Brigitte Heymann/Dagmar Stöferle u. a. (Hg.), *Über Berge. Topographien der Überschreitung*, Berlin 2012, 73–79, 73.

Wechsel von der Kontemplation des äußeren Raumes hin zur inneren Zeitlichkeit eben nicht unmittelbar erfolgen. Er bedarf des von Petrarca sorgfältig inszenierten Zwischenschrittes, nämlich eben jenes Bezuges auf einen allgemeinen Erinnerungsort, auf den Berg als kulturmnemonischen Topos. Er ist das notwendige Glied in Petrarcas ‚subjektivistischem' Dreischritt: konkreter Ort – topischer Gedächtnisort – individuelle Erinnerung.

Bemerkenswert ist zudem, mit welchem Argument Petrarca die Legitimität seines autobiographischen Exkurses einzuschränken versucht – und so implizit die Voraussetzungen artikuliert, an die er das autobiographische Erzählen geknüpft sieht. Petrarca konzediert, er befinde sich noch nicht im „Hafen", wo er sich „sorglos [...] vergangener Stürme erinnern dürfte". Der ‚Hafen' steht in Petrarcas Allegorie für jenen letzten Rückzugsort, an den sich das gealterte Subjekt am Ende des Lebens begibt. Nur dort sei die erinnernde Tätigkeit eigentlich legitim. Zudem ist der Hafen konnotiert als ein geschützter und ruhiger Raum, der vom Seefahrer nur um den Preis erreicht werden kann, dass er auf dem ‚Meer des Lebens' Entbehrungen und Gefahren übersteht. In diesem Sinne müsse also, so ist Petrarca zu verstehen, auch das Recht auf den autobiographischen Rückblick erst im Laufe seiner ereignisreichen Vita verdient werden.

Auch bei Petrarca artikuliert sich bereits das Ideal eines autobiographischen Erzählens, das auf einem komplementären Verhältnis zwischen der ruhigen und stabilen Position des autobiographischen Erzählers und seinem abenteuerlich-bewegten Lebensbericht basiert. In Petrarcas Bild des ‚sicheren Hafens' als einem mühsam errungenen Rückzugsraum klingt in der Tat eine ganz ähnliche Metaphorik an, wie sie Jahrhunderte später Roy Pascal mit der Rede vom stabilen ‚standpoint' aktualisiert, den der Autobiograph durch seine herausragende Lebensleistung erkämpft haben müsse.[66] Zudem teilen der Frühhumanist und der moderne Theoretiker die Vorstellung einer fundamentalen Dynamik, welche die autobiographische Reflexion präge: Während das zurückliegende Leben bewegt und gefahrvoll sei, müsse der Autobiograph aus den alltäglichen Zwängen herausgetreten und – im Sinne des modernen Muße-Begriffs – ‚ganz bei sich' sein. Obwohl Petrarca noch lange nicht am Ende seines Lebens steht – er ist zu diesem Zeitpunkt gerade Anfang dreißig – stellt sich am Gipfel des Ventoux doch ein Moment des Innehaltens und der temporären Ruhe ein. Es ist ein unerwarteter, ein flüchtiger Augenblick der Muße, der ihm einen zumindest provisorischen Rückblick und eine Zwischenbilanz seines bisherigen Lebens gestattet. So steht das Gipfelerlebnis gewissermaßen als Ausnahme gegen die Norm, die er zuvor aufstellte.

Diese plötzliche Wendung zur Subjektivität bedarf einer Begründung, und Petrarca liefert sie unter Zuhilfenahme eines bedeutenden religiösen Prätextes. Petrarca macht sich die Mühe, die *Confessiones* des Augustinus in seinem Wan-

---

[66] Vgl. Kapitel 1.3.5.

dergepäck mitzuführen, und damit eben jenes Buch, dessen Bedeutung sowohl für das Verständnis der *vita contemplativa* als auch für die Praxis des autobiographischen Erzählens gar nicht überschätzt werden kann.[67] Am Gipfel des Ventoux holt Petrarca die *Bekenntnisse* hervor, „um zu lesen, was mir gerade vor die Augen treten würde". (*MV*, 23) ‚Zufällig' schlägt Petrarca das zehnte Buch der Confessiones auf und beteuert, „daß an der Stelle, auf die ich zuerst die Augen heftete, geschrieben stand: *Und es gehen die Menschen hin, zu bewundern die Höhen der Berge und die gewaltigen Fluten des Meeres und das Fließen der breitesten Ströme und des Ozeans Umlauf und die Kreisbahnen der Gestirne – und verlassen dabei sich selbst*".[68] (*MV*, 23–25. Herv. i. O.) Petrarca stößt auf exakt jene Stelle in Augustins Werk, die auf seine gegenwärtige Situation am Berggipfel wie zugeschnitten wirkt, weil sie den Zusammenhang von Naturerlebnis, göttlichem Kosmos und menschlicher Selbsterfahrung thematisiert. Natürlich ist davon auszugehen, dass Petrarca diesen Zufall bei der Redaktion seiner Briefe mit großem rhetorischen Kalkül inszeniert hat.[69] In Augustinus findet er einen Präzedenzfall für die topische Verbindung von Natur und Kontemplation: die Weite der Berge, des Meeres und des Alls führen den Betrachter zu einer gesteigerten Aufmerksamkeit und in einen neuen Modus der Wahrnehmung, der das unmittelbar Sichtbare transzendiert. Und diese Wahrnehmung ist – zumindest teilweise – autobiographisch. Augustinus gilt als Wegbereiter der Autobiographie, weil er sein kontemplatives Schauen nicht allein auf die göttliche Schöpfung richtete, sondern auch auf sich selbst als Teil dieser Ordnung. Entsprechend gelangt Petrarca bei seiner Augustinus-Lektüre zu der Erkenntnis, dass „nichts bewundernswert ist außer der Seele" (*MV*, 25), während die Natur vor ihm – und sei es auch der Ausblick auf die schneebedeckten Alpen – demgegenüber von nachrangiger Bedeutung bleibt.[70]

Diesem Gedanken lässt Petrarca nun unmittelbar Taten folgen: „[Ich] schloß das Buch, zornig auf mich selber, daß ich jetzt noch Irdisches bewunderte [...]. Dann aber wandte ich, zufrieden, vom Berg genug gesehen zu haben, die inneren Augen auf mich selbst [...]."[71] (*MV*, 25) Erneut lenkt Petrarca seinen Blick

---

67 Zu Petrarcas Verhältnis zu Augustinus vgl. Wetz, „Vorwort", 29f.

68 „Aperio, lecturus quicquid occurreret; quid enim nisi pium et devotum posset occurrere? [...] Forte auten decimus illius operis liber oblatus est. [...] Deum testor ipsumque qui aderat, quod ubi primum defixi oculos, scriptum erat: ‚Et eunt homines admirari alta montium et ingentes fluctus maris et latissimos lapsus fluminum et occeani ambitum et giros siderum, et relinquunt se ipsos'." (*MV*, 22–24)

69 Dies hat dazu beigetragen, dass in der Forschung der 1960er-Jahre die von Giuseppe Billanovich verbreitete Legende populär wurde, Petrarca habe den Mont Ventoux gar nicht bestiegen, sondern lediglich aus den *Confessiones* des Augustinus und aus Livius' *Ab urbe condita* einen neuen Text kompiliert. Für eine Darstellung und Widerlegung dieser These vgl. Stierle, „Zwei Bergsteiger".

70 „[...] nichil preter animum esse mirabile, cui magno nichil est magnum." (*MV*, 24)

71 „[...] librum clausi, iratus michimet quod nun etiam terrestria mirarer [...]. Tunc vero montem satis videsse contentus, in me ipsum interiores oculos reflexi [...]." (*MV*, 24)

von der äußeren Welt auf seine innere Konstitution und der Zweck seiner raffinierten intertextuellen Konstruktion wird erkennbar: Petrarca markiert sein eigene kontemplativ-autobiographische Situation auf dem Berggipfel als eine *imitatio* des augustinischen Topos. Denn der Kirchenvater wird für Petrarca zum Garanten und zur Autorität dafür, dass er auf dem Gipfel des Berges und im Anblick der göttlichen Schöpfung sich selbst in den Mittelpunkt seiner Betrachtung rücken darf. Eben diese kontemplative Bewegung vollzieht Petrarca in seinem Brief über *Die Besteigung des Mont Ventoux*, denn der Text löst performativ das eigene subjektivistische Postulat ein. Dies geschieht zwar noch unter einem heilsgeschichtlichen Überbau, aber doch schon mit einer selbstreflexiven und autobiographischen Intention, die auf die Moderne vorausweist.[72] Die Legitimation für dieses Unterfangen bezieht Petrarca zum einen aus seinem kontemplativen Dreischritt (Betrachtung der Landschaft – Betrachtung der Landschaft als Gedächtnisort – Betrachtung der eigenen Erinnerung), zum anderen aber aus den *Bekenntnissen* des Augustinus, die Petrarcas Selbstreflexion mustergültig präfiguriert haben.

Als ein Bindeglied zwischen der theologischen Tradition der *Confessiones* und der neuzeitlichen Repräsentation des Subjektes ist Petrarcas Brief selbst zum Prätext für moderne Naturerfahrungen geworden. Im deutschsprachigen Raum ist seine anhaltende Rezeption nicht zuletzt Jacob Burckhardt zu verdanken, der ihn in *Die Kultur der Renaissance in Italien* zusammenfasste und würdigte.[73] Alexander von Humboldt äußerte sich in seinem Mammutwerk *Kosmos* hingegen abschätzig: „Mit Verwunderung vermisse ich dagegen allen Ausdruck von Naturgefühl in den Briefen des Petrarca […].“[74] Humboldt, der sich selbst als Bergsteiger hervortat und mit seiner Expedition am Chimborazo (1802) für dreißig Jahre den Höhenweltrekord hielt, verkannte wohl, dass Petrarca vor allem eine Selbst-Erkundung unternahm, für die die Landschaft des Mont Ventoux nur als Kulisse diente. Im Übergang zum 20. Jahrhundert jedoch setzte sich die Vorstellung vom Bergsteigen, für die Petrarca einsteht, auch im historischen Diskurs durch und manifestierte sich in „ideologischen Urteilen […], denenzufolge die ‚Gebirgsfahrten als Selbstzweck‘, das Berggehen ‚um des Steigens willen‘, ‚das Aufsuchen des Hochgebirges um seiner selbst willen‘ den ‚eigentlichen‘ Alpinismus ausmachen“.[75]

---

72 „Obwohl zwischen mittelalterlicher Frömmigkeit und neuzeitlicher Weltfreude hin- und hergerissen, gilt Petrarca als erster moderner Mensch, der einerseits das auf sich selbst gestellte Individuum und die reflektierende Innerlichkeit, andererseits die schöne Natur und freie Landschaft entdeckte.“ – Wetz, „Vorwort“, 42.

73 Jacob Burckhardt, *Die Kultur der Renaissance in Italien*, hg. v. Horst Günther, Frankfurt a. M./Leipzig 1989, 295–297.

74 Alexander von Humboldt, *Kosmos. Entwurf einer physischen Weltbeschreibung*, ed. u. mit einem Nachw. versehen v. Ottmar Ette u. Oliver Lubrich, Frankfurt a. M. 2004, 214.

75 Dieser Blick wurde neben Petrarca auch von der Malerei entscheidend vorbereitet, denn „ab den ersten Jahrzehnten des 16. Jahrhunderts begannen die Maler, den Blick von der

Der Topos des Berggipfels als Ort der Begegnung von Ich und Welt setzt jenen ‚doppelten Blick' des modernen Subjekts voraus, der gleichzeitig auf die Natur und das Subjekt selbst gerichtet ist. Dieser Wahrnehmungsmodus proliferiert bis in gegenwärtige Entdecker- und Abenteurernarrative aller Art. Im speziellen Fall der Bergsteigererzählung artikuliert er sich jedoch in besonders prägnanter Weise. Dies mag neben der symbolischen Funktion des ‚Gipfels' und seiner diversen religiösen, kulturellen und geographischen Konnotationen auch mit der Vorstellung zu tun haben, dass der Bergsteiger, sofern er eine gewisse Höhe überschreitet, auf sich selbst zurückgeworfen und allein den Kräften der Natur auf geradezu existentielle Weise ausgesetzt ist. Es ist daher kein Zufall, wenn das Bergsteigen in Europa gerade in jener Zeit in Mode kommt, als sich der moderne Individualismus endgültig etabliert. Denn bis weit in die Neuzeit hinein hatten die „Unzugänglichkeit und Unwirtlichkeit der Berge sowie das noch am Ideal einer arkadischen Landschaft erzogene Naturgefühl der früheren Reisenden [...] keine Anziehungskraft der Alpen entstehen" lassen. Erst im späten 18. und im 19. Jahrhundert verändert sich die Wahrnehmung des Hochgebirges, und dies schlagartig. Das Bergsteigen erlebt ein erstes ‚Goldenes Zeitalter' mit den ersten dokumentierten Besteigungen vieler hoher Alpengipfel.[76] In den letzten Jahrzehnten hat der Alpinismus erneut an Popularität gewonnen, wie nicht nur die Mitgliedszahlen der Alpenvereine, sondern auch die Konjunktur von Bergsteiger-Autobiographien und anderer Bücher zum Thema zeigen. Das Interesse dieser Publikationen gilt nicht selten der Wirkung des Gebirges auf den Menschen, der beim Klettern einen besonderen Zustand „[z]wischen Flow und Narzissmus" erlebe oder „Achtsamkeit" erlernen könne – Muße und Selbsterfahrung sind vom Alpinismus ganz offenbar nicht zu trennen.[77] Natürlich ist der globale Alpinismus seit Petrarca durch die Erstbegehungen selbst der schwierigsten Nordwände und die Gipfelerfolge an sämtlichen Achttausendern in gänzlich neue Dimensionen vorgedrungen. Dennoch lässt sich zeigen, dass in der Beschreibung und Semantisierung des Bergsteigens enorme Kontinuitäten existieren zwischen dem Frühhumanisten und einem heutigen Bergsteiger-Popstar wie Reinhold Messner.

Messner ist für diesen Vergleich zum einen wegen seiner vielen herausragenden Leistungen am Berg prädestiniert, war er doch der erste, der jeweils ohne

---

Berghöhe hinunter in die Tiefe zu malen" – Martin Scharfe, *Berg-Sucht. Eine Kulturgeschichte des frühen Alpinismus 1750–1850*, Wien/Köln/Weimar 2007, 22. Vgl. zur Geschichte der Wahrnehmung und Darstellung von Berggipfeln auch das Kapitel „Auf dem Gipfel: Blicke, Gefühle, Szenen" in ebd., 231–275.

[76] Vgl. Peter Grupp, *Faszination Berg. Die Geschichte des Alpinismus*, Köln/Weimar/Wien 2008, 58–66. Kritisch zur historiographischen Verherrlichung des Alpinismus Mitte des 19. Jahrhunderts vgl. Scharfe, *Berg-Sucht*, 22.

[77] Vgl. die Kapitel „Bergsteigen als Flow-Erlebnis", „Bergsteigen und Achtsamkeit", „Bergsteigen und Narzissmus" in Manfred Ruoß, *Zwischen Flow und Narzissmus. Die Psychologie des Bergsteigens*, Bern 2014.

Zuhilfenahme von Flaschensauerstoff alle vierzehn Achttausender bestieg und seit den 1970er-Jahren das Extrembergsteigen um völlig neue Techniken bereicherte. Zum anderen ist Messner der Autor zahlreicher auflagenstarker Publikationen über das Bergsteigen, die sich häufig aus seinen autobiographischen Erfahrungen speisen. Zu diesem publizistischen Erfolg mag beitragen, dass Messner in seinen Büchern eine ‚Philosophie des Bergsteigens' propagiert, die implizit auf Topoi der Muße rekurriert. Das können Passagen aus einem seiner Bücher illustrieren:

> So bewege ich mich aufwärts. Ohne damit einen besonderen Zweck zu verfolgen. Und ich liebe es allein zu gehen, mit mir allein zu sein. Ich mag es nicht, wenn jemand hinter oder vor mir herläuft. Beim Gehen spreche ich gern mit mir selbst, finde instinktiv meinen Weg und kann so zu denken aufhören. Dabei das Bedürfnis, mit ausgestreckten Armen durch diese karge Welt zu laufen. Diese Ruhe![78]

Bergsteigen ist für Messner gekennzeichnet durch Zweckfreiheit, einsames Gehen, Selbstgespräch – ein Programm, das auch Rousseau nicht anders formuliert hätte. Rousseau erklärte seine Spaziergänge (in weitaus weniger gefährlichem Terrain) zu einer idealen Praxis, in der sich das menschliche Subjekt an nichts erfreue als an sich selbst, „[où] l'on se suffit à soi-même comme Dieu". (*LR*, 1047) Selbstgenügsamkeit und Selbstzweckhaftigkeit sind auch für Messner die herausragenden Merkmale des Bergsteigens, wie seine Äußerungen verdeutlichen. Als Alpinist verfolge er den „Wunsch, mein eigenes Ziel zu verwirklichen" (*WE*, 115) und wolle „nur als der akzeptiert werden, der ich bin". (*WE*, 114) Das Laufen am Berg ermögliche ihm, etwas zu erlangen, „was allen fehlt: Selbstverständnis". (*WE*, 116) Dagegen sei das Bergsteigen von allen externen Nutzenerwartungen befreit: „Nein, es bringt der Menschheit gar nichts: Ohne Sauerstoffgerät auf den Mount Everest und allein auf den Nanga Parbat. Aber wer sagt, daß all unser Tun etwas bringen muß?" (*WE*, 114)

Der Alpinismus dient allein dem Alpinisten, das Bergsteigen verkörpert für Messner eine Möglichkeit zur Selbstkonstitution und Verwirklichung seiner Pläne. Mit anderen Worten: Messner stilisiert das Bergsteigen zu einer Praxis des autonomen Subjekts. Messner benennt den privilegierten Zustand, in dem die Tätigkeit sich vollzieht, nicht wörtlich als ‚Muße' oder ‚Kontemplation', doch sprechen die Parallelen für sich. Schon Aristoteles hatte die *scholé* als einen Zustand der Selbstgenügsamkeit charakterisiert; Rousseau und seine Zeitgenossen aktualisierten diesen Gedanken in der Neuzeit unter den Vorzeichen einer modernen Autonomieästhetik: Der Künstler bzw. Schriftsteller finde in der Muße den Freiraum, um sein Werk ganz autonom zu schaffen und ohne äußeren Interessen verhaftet zu sein. Das Bergsteigen ist ein Sport und keine künstlerische Tätigkeit im herkömmlichen Sinne, und dennoch lassen sich Messners Aus-

[78] Reinhold Messner, *Die weiße Einsamkeit. Mein langer Weg zum Nanga Parbat*, München 2003. (Im Folgenden zitiert mit Sigle *WE*.)

führungen an diesen Diskurs anschließen: „Ich lehne technische Hilfsmittel am Berg nicht nur als Krücke ab, ich strebe nach einem höheren Maß an Autonomie. Mir geht es um Unabhängigkeit. Wenigstens für kurze Zeit da oben sich selbst genügen und alles selbst machen." (*WE*, 142) Schließlich erkennt Messner im Bergsteigen auch eine Tätigkeit, die von einer ‚bestimmten Unbestimmtheit' gekennzeichnet ist, wie sie für Situationen der Muße charakteristisch ist[79]: „Ich weiß, was auf mich zukommt, und trotzdem ist alles offen. Das Unvorhersehbare auf ein Minimum reduzieren und doch mit dem Geheimnisvollen leben – darin besteht die Kunst." (*WE*, 142)

Messner beschreibt das Klettern als eine Kunst der Offenheit, als eine geradezu romantisch zu nennende Auslieferung an die geheimnisvoll-mystische Welt, die vom Vertrauen in die eigenen genialen Fähigkeiten getragen wird. Wenngleich Messner den Begriff der Muße nicht explizit verwendet, rechtfertigen doch die systematischen Analogien eine solche Identifikation. Zudem ist die Affinität zu Konzepten der Muße kein exklusives Merkmal von Messners autobiographischen Büchern. Gerlinde Kaltenbrunner, die wie Messner alle vierzehn Achttausender ohne die Hilfe von zusätzlichem Sauerstoff bestieg, erklärt in ihrer unter dem programmatischen Titel *Ganz bei mir*[80] erschienenen Autobiographie die Bedeutung, die das Höhenbergsteigen für sie hat: „Bergsteigen ist kein Sport für mich. Es ist mein Weg, ein erfülltes Dasein zu leben." (*GBM*, 312) Worin diese Erfüllung besteht, konkretisiert sie mit emphatischen Worten: „Hier oben fühle ich mich frei, ich kann alle Verpflichtungen hinter mir lassen. Ich muss niemandem außer mir selbst gerecht werden." (*GBM*, 8) Ein Gefühl von Freiheit und Selbstgenügsamkeit ist auch für Kaltenbrunner das Privileg des Bergsteigers, der unter Lebensgefahr in enorme Höhen vordringt. Die räumliche Trennung von Berg und Alltagswelt ermögliche eine veränderte Selbstwahrnehmung. In der Höhe, „bin [ich] fern von den Dingen ‚da unten' und kann ganz bei mir, ganz ich selbst sein. Wenn ich in die Welt der hohen Gipfel eintauche, bin ich zufrieden, ausgeglichen, zuversichtlich und voller Freude". (*GBM*, 8 f.) Der Berg erscheint bei Kaltenbrunner als ein Gegen-Ort zum Alltag, der das Subjekt zum selbstverantwortlichen Handeln zwingt und gerade dadurch ein Gefühl des Glücks hervorruft: „Beim Bergsteigen bin ich entschlossen, ich erlebe mich eigenständig und selbstbestimmt, fühle mich kompetent. Ich treffe für mich selbst klare Entscheidungen. Am Berg habe ich ein anderes Lebensgefühl als im Tal. Ich bin in meinem Element." (*GBM*, 9)

Kaltenbrunner thematisiert das Bergsteigen als eine Praxis der Muße. Sie reflektiert aber den Berg als einen Ort der Selbsterforschung, der Erinnerung und des Erzählens nicht in dem Maße, wie Messner es in seinen Werken tut. Einen

79 Vgl. Soeffner, „Muße – Absichtsvolle Absichtslosigkeit", 46.

80 Gerlinde Kaltenbrunner/Karin Steinbach, *Ganz bei mir. Leidenschaft Achttausender*, München 2009. (Im Folgenden zitiert mit der Sigle *GBM*.)

beinahe schon transzendentalen Überbau gibt Messner seiner autobiographischen Reflexion im Buch *Die weiße Einsamkeit. Mein langer Weg zum Nanga Parbat* aus dem Jahr 2003, aus dem auch die obigen Zitate stammen. *Die weiße Einsamkeit* ist zur Hälfte ein Sachbuch über die Besteigungsgeschichte des Nanga Parbat und zur Hälfte eine autobiographische Erzählung. Neben allgemeinen Ausführungen zur Besteigungsgeschichte schildert Messner darin seine eigenen Erlebnisse an dem 8125 Meter hohen Berg, der zu seinem ersten bestiegenen Achttausender und zudem zu seinem persönlichen ‚Schicksalsberg' wurde. Reinhold Messner hatte den Nanga Parbat erstmals 1970 gemeinsam mit seinem Bruder Günther bestiegen – zumindest eine anekdotische Parallele zu Petrarca, der ebenfalls mit seinem Bruder unterwegs war. Doch anders als am vergleichsweise ungefährlichen Mont Ventoux verketteten sich am Nanga Parbat die Ereignisse so unglücklich, dass Günther Messner beim Abstieg ums Leben kam. Konkurrenten und insbesondere der Expeditionsleiter Karl Herrligkoffer machten Reinhold Messner für die tödlichen Fehler verantwortlich. Dieser reagierte auf die Schuldzuweisung, indem er in diversen Büchern immer wieder von seinem Erleben der Expedition erzählte. Im Bemühen um Rechtfertigung, aber auch um Verarbeitung seines persönlichen Traumas erklärte Messner die Besteigung des Nanga Parbat zum wichtigsten Narrativ seines Lebens.

Vor diesem Hintergrund schildert *Die weiße Einsamkeit* Messners zweite Besteigung des Nanga, die ihm 1978 nach mehreren fehlgeschlagenen Versuchen gelang. (Dieser Gipfelerfolg ging in die Alpinhistorie als die erste vollständige Solobesteigung eines Achttausenders ein.) Messner, der sich zuvor mehrere Tage lang allein durch die ‚weiße Einsamkeit' den Berg hinauf gekämpft hatte, beschreibt die Ereignisse am Gipfel zunächst im präzisen Stil des Protokolls:

> Es ist 16.30 Uhr. Ich hole eine Aluminiumhülse aus dem Anorak, schlage den einen Haken in die erste Ritze, die ich von meinem Sitzplatz aus erreichen kann und befestige die Hülse mit einer Schnur daran. Dann fingere ich ein Pergament aus einer der Taschen und kritzle Route, Datum und meinen Namen darauf. Es ist wie ein Ritual. Wie ich es tausendmal auf irgendeinem Alpengipfel auch gemacht habe. (*WE*, 174)

Bei jenem Pergament, das Messner in der Aluminiumhülle auf dem Gipfel zurücklässt, handelt es sich, wie eine Abbildung in seinem Buch zeigt, um eine Reproduktion der ersten Seite aus einer Gutenberg-Bibel. Ebenso wie Petrarca bringt Messner mit der Genesis einen religiösen Text auf den Gipfel. Doch statt darin zu lesen, beschreibt Messner das Pergament mit den Daten seiner Expedition. Dass es sich dabei offenbar um eine routinierte und ritualisierte Tätigkeit handelt, ändert freilich nichts an der brachialen Selbstinszenierung: Messner degradiert die Genesis zum Palimpsest, indem er den göttlichen Schöpfungsakt mit seiner eigenen Meisterleistung überschreibt. Doch zugleich ist dieses Überschreiben auch als Einschreibung in eine textuelle Tradition zu verstehen. Messner ist am Berg nicht völlig auf sich gestellt, sondern trägt ganz nach dem Vorbild

Petrarcas ein Dokument mit sich, das den transzendentalen Charakter seines Gipfelerlebnisses verbürgt. Indirekt gibt sich Messner somit als Erbe einer weit zurückreichenden Linie von Bergsteigern zu erkennen, die auf dem Gipfel die gewaltige Schöpfung konfrontierten und in der Begegnung von Ich und Welt vor allem sich selbst zu finden hofften.

Obwohl ihm nur eine kurze Zeit bleibt, da er vor Einbruch der Dunkelheit wieder im Lager sein muss, charakterisiert Messner die Minuten am Gipfel als einen Augenblick des Verweilens: „Die Welt steht still." (*WE*, 174) Selbst der wachsende Zeitdruck, sich aus der lebensgefährlichen Situation zu retten, kann den Moment des Innehaltens nicht stören. Und so findet der Bergsteiger ausgerechnet in der sauerstoffarmen ‚Todeszone' jenseits der achttausend Höhenmeter einen ‚sicheren Hafen'. Der unwahrscheinliche Rückzugsort ist charakterisiert durch jene topische Stabilität, Bewegungs- und Zeitlosigkeit, die Messner eine transzendentale Erfahrung seines Selbst ermöglichen: „Ich kann mich nicht vom Gipfel losreißen. [...] hinausgestiegen aus einem Meer von Einsamkeit in die Geborgenheit des Weltalls, fühle ich mich am Gipfel wohl." (*WE*, 176 f.)

Tatsächlich mündet der Augenblick des stillen Verweilens in ein Bewusstsein von Identität, das auf recht klischierte Weise dem Ideal der klassischen Autobiographien entspricht: „Meine Idee und ich sind eine Einheit", bemerkt Messner mit nun sehr poetischen Worten. (*WE*, 174) Seine „starken Empfindungen" am Gipfel bleiben letztlich jedoch unsagbar: „[D]as alles ist jenseits der Sprache." Ein einziges Wort findet Messner in dieser Situation, um seine Sprachlosigkeit zu durchbrechen: „‚Ich', sage ich; aber schon dieser einzige Laut aus meiner Mitte droht mich zu zerreißen." (*WE*, 177) Was zuvor nur in theoretischen Bemerkungen behauptet wurde, löst Messners Erzählung nun ein: Das wahre Ziel der Expedition in extreme Höhen ist die Begegnung mit sich selbst. Diese Begegnung ist für ihn im doppelten Sinne schmerzhaft. Denn in der dünnen Luft brennt die Lunge beim Versuch, das Wort „ich" zu artikulieren. Ebenso quälend ist für Messner aber die Konfrontation mit der eigenen Geschichte, die vom Tod des Bruders überschattet ist. Messner deutet an, dass die endlich geschaffte Rückkehr auf den Gipfel des Berges, der den Bruder das Leben kostete, vor allem der Verarbeitung des Traumas dient. Erst durch die Akzeptanz der Vergangenheit findet der Erzähler eine Art Erlösung. Die kathartische Wirkung seiner Selbstkonfrontation fasst Messner in eine pathetische Formulierung: „Mein Ich, meine persönliche Geschichte, breitet sich vor mir aus wie der Wind." (*WE*, 177) Das erzählende Ich zeichnet ein Bild der Erleichterung und drückt damit aus, wie sehr sich sein Verhältnis zur eigenen Geschichte gewandelt hat. Die Vergangenheit erscheint nun nicht mehr als belastendes Gepäck, sondern als zugänglich und beinahe schwerelos, als könnte der Wind (der allerdings in dieser Höhe große Kräfte entfalten kann) sie davontragen.

Die chronotopische Struktur von Messners Gipfelerlebnis weist viele Übereinstimmungen mit demjenigen Petrarcas auf. Ähnlich wie der Frühhumanist inszeniert auch Messner seine autobiographische Reflexion als eine progressive Perspektivverschiebung vom äußeren Raum hin zur eigenen Zeitlichkeit. Und nicht weniger als im Falle Petrarcas muss in Rechnung gestellt werden, dass Messner den Lesern eine nachträgliche, hochgradig stilisierte und häufig dramaturgisch überformte Darstellung seiner Bergbesteigung präsentiert. Es ist dabei unerheblich, ob Messner Petrarcas Prätext selbst gelesen hat. Die Kontinuitäten der literarischen Inszenierung sind ersichtlich und belegen die dahinterstehenden Prozesse kultureller Rezeption und Postfiguration. So bedienen sich Petrarca und Messner, obwohl über sechs Jahrhunderte zwischen ihnen liegen, im Kern desselben Topos: In der extremen Ausgesetztheit gegenüber der Natur stellt sich ein Moment des Innehaltens ein, in dem autobiographische Reflexion und Selbstkonstitution gelingen können.

2.4. Rückzug.
Peter Scholl-Latour: *Mein Leben*

Peter Scholl-Latour zählt als Autor etlicher Sachbücher, Kriegs- und Reiseberichte sowie zahlloser journalistischer Texte zu den bekanntesten deutschen Publizisten des späten 20. Jahrhunderts, jedoch nicht zu den literarischen Autoren im engeren Sinne. Seine 2015 postum veröffentlichte Autobiographie *Mein Leben*[81] zeichnet sich dementsprechend nicht durch selbstreferentielle Reflexionen über die Möglichkeiten sprachlicher Repräsentation, narrativer Identitätskonstruktion oder über die Verlässlichkeit der Erinnerung aus. Stattdessen berichtet Scholl-Latour in recht traditioneller Weise sein Leben beginnend bei der „Kindheit in Bochum", dem „Internat in Fribourg" und dem „Abitur in Kassel" (so die nüchternen Titel der ersten Kapitel) über seine Erlebnisse im Indochina- und im Algerienkrieg bis hin zu seiner Zeit als ARD-Studioleiter im unruhigen Paris der 1960er-Jahre. Ein zweiter Teil der Autobiographie, so informiert ein von der Lektorin Claudia Laque verfasster Epilog, war zwar geplant und sollte abschließend die Zeit vom Vietnam- bis zum jüngsten Afghanistankrieg umfassen, konnte jedoch von Scholl-Latour vor seinem Tod im August 2014 nicht mehr angegangen werden.

Im Kontext der bislang untersuchten literarischen und populären Lebensberichte deuten diese Indizien bereits darauf hin, dass Scholl-Latour seinen Lebensbericht an den traditionellen Gattungskonventionen der Autobiographie orientiert. Vom Lebensende aus entfaltet Scholl-Latour rückblickend eine zwar unvollendet gebliebene aber auf Ganzheitlichkeit angelegte Erzählung seines ereignisreichen und bewegten Lebens. Schon der Blick in das Inhaltsver-

[81] Peter Scholl-Latour, *Mein Leben*, München 2015. (Im Folgenden zitiert mit der Sigle *SL*.)

zeichnis verdeutlicht, dass der Autobiograph sich an die chronologische Ordnung der Ereignisse hält, denn steckbriefartig stellen die Kapitelüberschriften Scholl-Latours Leben in den Kontext einer Geschichte des 20. Jahrhunderts: „Gestapo-Haft“, „Frankreichs Indochinakrieg“, „Verhör in Bautzen“, „Existentialismus in Paris“, „Krieg in Algerien“, „Afrika“ etc. Im Verlauf der Erzählung verschränkt Scholl-Latour seine persönliche Geschichte immer stärker mit der Weltgeschichte, und es ist daher nur konsequent, wenn seine Autobiographie in den späteren Kapiteln zunehmend den Charakter von Memoiren annimmt: Das autobiographische Subjekt rückt in den Hintergrund und präsentiert sich vor allem als Zeuge der politischen und gesellschaftlichen Entwicklungen. Dieser Gattungswechsel vollzieht sich durchaus nicht akzidentell, sondern ist intendiert, wie Scholl-Latour im Avant-Propos von *Mein Leben* erklärt. Schon „in den Erlebnisberichten meiner zahlreichen Bücher“ habe er längst „mit der Niederschrift meiner ‚Memoiren‘“ begonnen, die nun, so die Implikation, vor ihrem endgültigen Abschluss stünden. Für dieses Vorhaben nennt Scholl-Latour prominente Vorbilder: Chateaubriand habe mit den *Mémoires d'outre-tombe* einen „monumentalen Rückblick auf die Epoche Napoleons und Ludwigs XVIII.“ vorgelegt, während Charles de Gaulle unter dem Titel *Mémoires d'espoir* eine „Serie von Erinnerungsbänden“ verfasste, die „dem Vorbild Julius Cäsars folgend [...] in der dritten Person abgefaßt sind“. (*SL*, 11) Der von Caesar abgeschaute Gestus der Selbstdistanzierung stellt einen modernen Autobiographen jedoch vor besondere Herausforderungen: Scholl-Latour führt aus, dass er „mit einem Gefühl des Unbehagens“ an die „zwangsläufig egozentrische Aufgabe herangehe“, eine Autobiographie zu verfassen. Im Vorwort verweist er daher „den Leser bereits darauf, daß ich gar nicht daran denke, meine innersten Seelenzustände auszubreiten“ und der „exhibitionistischen Mode“ zu folgen. (*SL*, 14) Ganz im Gegensatz zum koketten Entblößungs- und Bekenntnisgestus eines Rousseau will sich Scholl-Latour nicht auf idiosynkratische Weise in den Mittelpunkt rücken. Zwar prangt der Titel *Mein Leben* auf dem Umschlag, doch ist dem Autor daran gelegen, in seiner Autobiographie eher seine selbsternannte Rolle als „Chronist der Konflikte unseres Säkulums“ (*SL*, 12 f.) hervorzuheben. So stehen Scholl-Latours autopoetologische Behauptungen in einem gewissen Widerspruch zum Text und seiner Präsentation – ein Spannungsverhältnis, das, wie zu zeigen sein wird, auch die Genese des Textes selbst betrifft.

In jenem Avant-Propos, das Scholl-Latour für die Gattungsreflexion und seine Hommage an vorbildliche Prätexte nutzt, thematisiert er auch die sozialen, räumlichen und zeitlichen Umstände seines autobiographischen Schreibens, gestaltet also eine Erzählgeschichte. Präzise bestimmt er Ort und Zeit seiner Arbeit, indem er über der ersten Zeile datiert: „*Tourrettes-sur-Loup, Januar 2012*“. Keineswegs ist die Zeit des Erzählens stillgestellt, vielmehr vollzieht sich das Schreiben als ein Prozess „gemäß dem Prinzip ‚nulla dies sine linea – kein Tag ohne geschriebene Zeile‘“. (*SL*, 10) Dafür stellt der Erzähler einen intensiven

Zusammenhang zwischen seinem Schreiben und dem ihn umgebenden Raum her:

> Während ich diese Einleitung [...] zu Papier bringe, ist der dichte, feuchte Nebel aufgerissen, der das Dorf Tourrettes-sur-Loup seit zwei Wochen in ligurische Trübsal hüllt. Am späten Nachmittag kommt jenseits der Zypressen und Agaven des Gartens eine strahlende Bläue auf, der dieser Landstrich den Namen Côte d'Azur verdankt. Über dem Esterel-Massiv, das im Mittelalter erobernden Sarazenen als Bollwerk diente, verfärbt sich der Horizont zu einem Purpurstreifen. (*SL*, 10)

Der Beginn der autobiographischen Erzählung korrespondiert mit einem Wetterumschwung, durch den sich die Natur plötzlich von ihrer schönsten Seite zeigt. Erzählraum und -zeit entsprechen gleich in mehrerer Hinsicht der Topik der autobiographischen Muße: Der „späte Nachmittag" verweist auf Scholl-Latours fortgeschrittenes Alter, die „Zypressen und Agaven des Gartens" bilden ein irdisches Paradies, das Ruhe und Naturerfahrung verspricht. Das erzählende Ich kann mit seinem Blick die idyllische Situation und die äußere Harmonie erfassen, denn es befindet sich im wahrsten Sinne an einem erhabenen Aussichtspunkt: Das Dorf Tourrettes-sur-Loup liegt oberhalb eines steil abfallenden Felsens, der den Blick auf die Landschaft freigibt:

> Zu Füßen der Terrasse, die Eva ausbauen ließ, damit der Blick sich in ganzer Breite auf das Mittelmeer öffnet, umsäumt eine unberührte Waldlandschaft die steile Felsschlucht des Flüßchens Loup. An der Küste, in vierhundert Meter Tiefe und gebührender Entfernung, täuscht der Hafen Antibes ein makellos weißes Stadtbild vor. (*SL*, 10)

Jenseits des geschlossenen Gartens öffnen sich die weite Landschaft und schließlich das Meer. Das erzählende Ich verlängert seinen Blick vom privaten Nahbereich in die Welt dahinter, doch betrifft diese Verschiebung nicht allein die räumliche Dimension des Erlebens, sondern auch die zeitliche. Hatte der Erzähler zuvor seine Beschreibung der Szenerie durch beiläufige historische Trivia angereichert, so demonstriert er nun ganz explizit sein Bewusstsein für die geschichtliche Bedeutung der Landschaft, die Epochen, Kulturen und topographische Grenzen überspannt:

> Der ursprüngliche Name Antipolis erinnert daran, daß griechische Händler diesen Strand besiedelten, lange bevor er der Provincia Narbonensis des Römischen Reiches einverleibt wurde. Jenseits der Fluten des geschichtsträchtigsten aller Binnenmeere, das mit aufkommender Dämmerung zur grauen Bleiplatte erstarrt, bilde ich mir ein, die Nähe der afrikanischen, der maghrebinischen Gegenpiste zu spüren. Wenn in heißen Sommern der Schirokko aus Süden bläst, übersprüht er die Mauern des Dorfes Tourrettes, dessen verschachtelte Silhouette einer maurischen Kasbah ähnelt, mit einer dünnen Schicht roten Treibsandes, der aus der Sahara herüberweht. (*SL*, 10)

Aus seiner zurückgezogenen Position am idyllischen, privaten Muße-Ort kann der Erzähler seinen Blick nicht nur in die räumliche Weite, sondern auch in die historische Vergangenheit richten. Damit folgt Scholl-Latour dem Muster der assoziativen Verkettung von konkretem Ort und kollektivem *lieu de mémoire*, für die etwa Petrarca mit der *Besteigung des Mont Ventoux* ein wichtiges Vorbild lieferte: Die Rekapitulation der historiographischen Geschichte bildet einen entscheidenden Schritt hin zur Genese eines erinnernden Ich, das sich anschließend auf die eigene Geschichte und den persönlichen Erinnerungsort konzentrieren kann. Scholl-Latour begreift sich selbst als Kosmopolit – daran lässt die Weite seines imaginativen, bis an die Sahara reichenden Blickes keinen Zweifel. Und so wird für ihn die Erde selbst, oder zumindest ein bedeutender Teil von ihr, zum Erinnerungsort.

Um von Beginn an herauszustellen, wie sehr sein Leben im Zeichen gefährlicher Reisen stand, die ihn rund um den Globus führten, vergleicht Scholl-Latour schließlich sein eigenes Schicksal mit dem von Homers umherirrendem Odysseus (wobei er diese Worte seinem Freund Johannes Gross in den Mund legt):

> Mein unentwegtes Vagantentum verglich Johannes allzu schmeichelhaft mit den Irrfahrten des antiken Helden Odysseus. Auf mehr als einer Insel, fügte er schelmisch hinzu, sei dieser nicht nur auf furchterregende Ungeheuer gestoßen, sondern habe sich auch am Charme weiblicher Verführerinnen, zumal der zauberhaften Kalypso, erfreut. Da fühlte ich mich veranlaßt, darauf zu verweisen, daß im Epos Homers der legendäre Ulysses nicht nur als wagemutiger Entdecker und Freund robuster Sinne geschildert wird, sondern als „polytropos", als Mann vieler Listen, und daß auch bei mir zweifellos der vorhandene Hang zum Abenteuer mit einem stark ausgeprägten Selbsterhaltungstrieb gepaart war. (*SL*, 13)

Auch wenn Scholl-Latour Odysseus als einen „Mann vieler Listen" charakterisiert, so scheint ihm doch zu entgehen, dass eine Figur, die für ihre Trugreden und einen freien Umgang mit der Wahrheit bekannt ist, für einen Journalisten und Publizisten ein nicht eben schmeichelhaftes Vorbild darstellt.[82] Unter Verzicht auf jeglichen Bescheidenheitsgestus attestiert sich Scholl-Latour, ein ebenso „wagemutiger Entdecker" mit einem gleichermaßen ausgeprägten „Hang zum Abenteuer" wie Homers Held zu sein. Das Ziel dieser Selbststilisierung in der Erzählgeschichte ist zweifellos, das Interesse und die Erwartungen des Publikums zu wecken, darüber hinaus aber auch, seinem Lebensbericht Legitimität zu verleihen: Sein bewegtes, gefahrvolles Leben am ‚Puls der Geschichte' verdient es, erzählt zu werden. Schon Montaigne meinte, den Rückzug an einen schönen Ort hätten sich jene Menschen besonders verdient, „qui ont donné au monde leur aage plus actif et fleurissant"[83], die also ein besonders aktives Leben führten.

[82] Vgl. Gerhard Blümlein, *Die Trugreden des Odysseus*, Frankfurt a. M. 1970; Peter Grossardt, *Die Trugreden in der Odyssee und ihre Rezeption in der antiken Literatur*, Bern 1998; sowie das Kapitel „Die Lügenerzählungen des Odysseus" in Elfriede Fuchs, *Pseudologia. Formen und Funktionen fiktionaler Trugrede in der griechischen Literatur der Antike*, Heidelberg 1993, 24–38.

[83] Montaigne, „De la solitude", 272 f.

Scholl-Latour zählt zweifellos zu dieser Gruppe von Menschen, und der Standort seines Erzählers ist eben – ganz gemäß der autobiographischen Topik – ein erhöhter, idyllischer Ort des räumlichen und geschichtlichen Überblicks. Steht die Lebensgeschichte ganz im Zeichen dynamischer Entwicklungen und abenteuerlicher Ungewissheiten, ist im Gegensatz dazu die Erzählgeschichte zunächst ganz vom stabilen Chronotopos des Rückzugs- und Altersortes bestimmt.

Entspricht Scholl-Latours Gestaltung der Erzählsituation somit in vieler Hinsicht der autobiographischen Gattungstradition, ist mit gutem Grund zu erwarten, das erinnernde und erzählende Ich könne nun aus einer stabilen Position der Muße heraus problemlos seinen retrospektiven Lebensbericht entfalten. Doch schaltet Scholl-Latour eine bemerkenswerte Überlegung ein, die mit dem Topos des Rückzugs bricht und die dichotome Struktur aus dynamischer Lebensgeschichte und stabiler Erzählgeschichte unterläuft. Statt im Alter stolz auf das Erreichte zurückzublicken, bekundet der Erzähler seine Unlust, überhaupt eine Autobiographie zu schreiben. Schon im ersten Satz fragt Scholl-Latour: „Welcher Dämon mag mich wohl an jenem sonnigen Nachmittag im Münchner Verlagshaus geritten haben, als ich meine Unterschrift unter den Vertrag setzte, der mich zur Niederschrift einer Autobiographie verpflichtete?" (*SL*, 9) Der Vertrag mit dem Verlag als ein faustischer Pakt – der Erzähler scheut starke Bilder nicht, um zu demonstrieren, welch enormen Preis das Privileg der Lebensrückschau für ihn hat: „Die Publikation einer Autobiographie, das verspüre ich auch heute noch, droht einen Schlußstrich zu ziehen unter jede schriftstellerische Kreativität. Im Unterbewußtsein könnte auch die Freude an neuen, originellen Erlebnissen erlöschen, an jenen ‚émotions fortes', die meinem Leben einen Sinn gegeben haben." (*SL*, 9)

Scholl-Latour verkehrt, so ließe sich argumentieren, die konventionelle Logik des verdienten autobiographischen ‚standpoint' in ihr Gegenteil. Das Verfassen einer Autobiographie begreift er nicht als stolzen Ausdruck eines abgeschlossenen Lebenswerkes, auf das er aus dem Alter zurückblicken könnte. Vielmehr behauptet er, dass erst der autobiographische Akt selbst einen „Schlußstrich" unter das Leben ziehe, seinem bewegten Werdegang ein künstliches und erzwungenes Ende setze. Nicht der Rückzug bildet für Scholl-Latour die Voraussetzung für das autobiographische Erzählen, sondern das Erzählen führe den Autobiographen irreversibel in den Rückzug – so ist Scholl-Latours rudimentäre Poetik zusammenzufassen.

Doch „nur ein paar Wochen von meinem achtundachtzigsten Geburtstag" (*SL*, 10) entfernt, fühlt sich Scholl-Latour für den endgültigen Rückzug schlicht nicht bereit. Noch immer, so betont der Erzähler, schmiede er „neue Reisepläne in Zentralasien" und plane „südlich von Kundus an einer Patrouille der Bundeswehr in Richtung auf die afghanische Provinz Baghlan teilzunehmen". (*SL*, 12) Dass ein solches Bekenntnis zur *vita activa* im hohen Alter nicht nur gegen literarische Gattungskonventionen, sondern vor allem gegen soziale Normen und

Erwartungen verstößt, thematisiert Scholl-Latour ganz explizit und mit einem gewissen Stolz. Mancher Gesprächspartner fühle sich zu der Frage verleitet: „Warum tun Sie sich denn in Ihrem greisen Alter diese Strapazen noch an?" (*SL*, 12) Scholl-Latours umgehende Antwort ist so pragmatisch wie sie innerhalb des autobiographischen Gattungsdiskurses ungewöhnlich ist: „Aber warum sollte ich meinem Lebensstil, dem Rausch neuer Erkundungen entsagen, bevor die körperliche Gebrechlichkeit eines nahen Todes ohnehin diesen Verzicht erzwingt?" (*SL*, 12 f.)

Statt nach stillem Rückzug sehnt sich das erzählende Ich auch weiterhin nach jenen „émotions fortes", die der „Rausch neuer Erkundungen" auslöst. Daher begreift Scholl-Latour den Aufenthalt am Rückzugsort Tourrettes-sur-Loup auch nicht als endgültigen Abschied vom aktiven Leben, sondern nur als temporäre Ruhephase, denn „bis zum Abschluß dieser Memoiren, deren Präambel ich zögernd beginne, hoffe ich, meinen weltweiten Peregrinationen, die seit sieben Dekaden andauern, noch die eine oder andere Episode hinzuzufügen". (*SL*, 10) Diese Entschlossenheit zu einer Rückkehr in die *vita activa* wirkt bis in die narrative Gestaltung der Erzählgeschichte hinein und manifestiert sich vor allem in ihrer Zeitstruktur. Scholl-Latour verzichtet in *Mein Leben* auf die gattungstypische Illusion einer stillstehenden Erzählzeit, ist es doch sein erklärtes Ziel, sich nicht vom autobiographischen Erzählen vereinnahmen zu lassen, sondern *mehr* Zeit für seine Abenteuer zu gewinnen. Der Autor erläutert, dieses Anliegen sei ihm so wichtig, dass dahinter sogar seine finanziellen Interessen zurückstehen mussten:

> Ein rivalisierender Verlag, der sich offensichtlich von dieser Lebensbeichte einen sensationellen Auflageerfolg versprach, wollte mir das Doppelte bieten. Aber dann hätte ich mich unverzüglich an das Verfassen dieses Opus machen müssen, während Random House, [...] gar nicht versuchte, mir einen präzisen Erscheinungstermin vorzuschreiben. (*SL*, 9)

Durch die Entscheidung für den Verlag, der dem Autor die größten Spielräume gewährt, kauft Scholl-Latour sich von den üblichen Reglements des Literaturbetriebs frei und gewinnt zusätzliche Zeit für sein Schreibprojekt. Gleichwohl soll die Arbeit an der Autobiographie nicht unbegrenzt fortdauern. Scholl-Latour erklärt seine Absicht – und hierin nähert er sich wiederum der Idealform der klassischen Autobiographie an –, „den Abschluß dieses Buches so lange hinauszuzögern, bis meine Kräfte vollends erlahmen und ‚Freund Hein', wie man früher einmal sagte, seinen Schatten auf mich wirft" (*SL*, 10). In einer ironischen Volte dreht Scholl-Latour erneut den Kausalzusammenhang um: Das Ende der Autobiographie soll mit dem Tod des Autors zusammenfallen – doch je länger der Erzählakt dauert, desto mehr Aufschub vor dem Alterstod verspricht sich der Autor davon.

Der mußevolle Rückzug ist für Scholl-Latour vor allem deswegen so negativ besetzt, weil er körperliches und geistiges Alter und – in letzter Konsequenz –

langsames Sterben bedeutet. Während ein Autobiograph wie Reich-Ranicki seinen Altersort selbstbewusst als harmonischen und stabilen Gipfel eines gefahrvollen Lebensweges inszeniert, erkennt Scholl-Latour darin gerade das Gegenteil, nämlich zunehmenden Verfall und Vergessen. Der Erzähler fürchtet sich vor nichts stärker, als „den Ungewißheiten greisen Dahinsiechens ausgeliefert" zu sein, „das infolge der absehbaren Verlängerung des menschlichen Durchschnittsalters auf rund einhundert Jahre mit entwürdigenden Gebrechen einherzugehen droht". (*SL*, 14)

Dem unrühmlichen Alterstod stellt Scholl-Latour eine andere Variante des Sterbens gegenüber, nämlich den plötzlichen Tod *in actu*. Eine geradezu persönliche Beziehung scheint der Autor zu diesem Tod zu haben, der ihn während seiner vielen Aufenthalte in Kriegsgebieten ständig begleitete. Die unmittelbare Nähe des Todes erfuhr Scholl-Latour bereits in jungen Jahren am eigenen Leib, und zwar in Form einer Scheinhinrichtung:

> So hat die simulierte Erschießungsszene an der Mauer des SD-Gefängnisses von Prag, die sich ein paar sadistische Schergen Himmlers im Februar 1945 ausgedacht hatten, keine posttraumatische Verstörung bei mir hinterlassen, sondern sie erwies sich als psychisches Stahlbad, das mir erlaubte, allen weiteren Prüfungen, die mich erwarteten, mit einer gewissen „aequanimitas" zu begegnen. (*SL*, 14)

Scholl-Latour bettet dieses Erinnerungsfragment bereits in die Erzählgeschichte seines Avant-Propos ein und greift damit der zu erzählenden Geschichte vorweg. So signalisiert er die Bedeutung der Episode für seine Einstellung zu Leben und Tod und damit indirekt auch für sein autobiographisches Schreibprojekt. Als „psychisches Stahlbad" habe ihm die Scheinhinrichtung zu jenem Gleichmut (*aequanimitas*) gegenüber der Todesgefahr verholfen, die ihm eine spätere Karriere als Korrespondent in Krisen- und Kriegsgebieten erst ermöglichte. Mehr noch: Aus Gleichmut wird bei Scholl-Latour nun die Sehnsucht nach dem ‚richtigen' Tod, nämlich „[e]ine romantische Weise, aus dem Leben zu scheiden". (*SL*, 14) Eine ‚Gelegenheit' dazu gab es bereits, wie Scholl-Latour in einem weiteren Erinnerungsfragment erläutert. Doch sie

> wurde mir versagt, als mich vor drei Jahren ein einmotoriges Flugzeug in jene urwäldlichen bizarren Felsformationen entrückte, die aus dem dampfenden Dschungel zwischen Orinoco und Amazonas wie gigantische Spukgestalten herausragen. Der Pilot, ein reiner Indianer, steuerte plötzlich mit seiner zerbrechlichen Cessna-Maschine auf eine gigantische Felswand zu, als wollte er dort zerschellen. Unmittelbar vor dem Zusammenprall kippte er jedoch mit einer akrobatischen Volte seitlich ab. Das jähe Ende, das ich bereits vor Augen hatte, verflüchtigte sich […] (*SL*, 14)

Mit Hilfe dieser Anekdote formuliert Scholl-Latour den in seiner Vorstellung idealen Tod: Er möchte ein „jähe[s] Ende" an einem fernen, exotischen und „bizarren" Ort finden, in einer Fremde, deren Authentizität gar ein „reiner Indianer" verbürgt. Ungewöhnlich bis ins Detail sollen die Todesumstände sein – wie viele Menschen zerschellen schon mit einem Kleinflugzeug an einer Felswand im brasilianischen Dschungel? –, vor allem aber sollen sie von der Abenteuerlust des Weltenbummlers künden. Ein Tod ganz im Zeichen der *vita activa*, als plötzliches Herausreißen aus einem vitalen und welterfüllten Moment, dieses Schicksal erscheint Scholl-Latour ungleich attraktiver als ein kontemplativer Rückzug im Alter.

Die ostentative Selbststilisierung als Abenteurer, der selbst im Alter noch seinem Aktivitätsdrang folgt, entfaltet ihren Effekt jedoch nur, weil Scholl-Latour die Konvention des stillen Altersrückzugs als soziale und literarische Folie voraussetzen kann. Diese Folie ruft er in weiten Teilen einer Erzählgeschichte sogar explizit auf, wenn er etwa den idyllischen Blick von seinem Haus an der französischen Mittelmeerküste beschreibt. Allem Anschein nach ist ein geschützter, kontemplativer Ort auch für den autobiographischen Erzählakt Scholl-Latours unverzichtbar. Jedenfalls könnte, so die Logik der Erzählgeschichte, der Autor dem Rückzugsort nur entsagen, wenn er zugleich das Verfassen seiner Autobiographie aufgeben würde – und dazu ist er ganz offensichtlich nicht bereit. So wird Scholl-Latours autobiographischer Text von einer ambivalenten Selbstreflexion getragen, ist geprägt von einem Spannungsverhältnis zwischen dem erfolgten autobiographischen Erzählakt und seiner diskursiven Abwertung in der Erzählgeschichte. Beide Seiten dieser Medaille rekurrieren jedoch auf ein konventionelles Modell des autobiographischen Erzählens. Denn bei der Schilderung des Erzählortes in Tourrettes-sur-Loup bedient sich Scholl-Latour topischer Bilder des kontemplativen Rückzugs, die der Gegenentwurf eines aktiv gelebten Alters noch *ex negativo* verstärkt.

2.5. Rückkehr. Botho Strauß: *Herkunft* und Peter Weiss: *Abschied von den Eltern*

Neben dem Rückzug an einen stillen, abgeschiedenen Ort bietet sich den Autoren und Autorinnen des 20. Jahrhunderts zunehmend eine andere räumliche Bewegung an, die auf noch viel direktere Weise den Erinnerungsprozess in Gang zu setzen vermag. Die moderne Mobilität ermöglicht den Autoren die Rück*kehr* an prägende Orte ihrer Vergangenheit. Statt sich allein auf die eigene Fähigkeit der *memoria* verlassen zu müssen, suchen moderne Autobiographen die unmittelbare Konfrontation mit persönlichen oder kollektiven Erinnerungsorten. Als ein Beispiel für dieses Phänomen wurde oben bereits *Die Ursache* von Thomas Bernhard diskutiert.[84] Bernhard inszeniert Episoden der Rückkehr in seine Heimatstadt Salzburg, um seine Erinnerungen an furchtbare Kriegsszenen mit der wiederaufgebauten Stadt in der Gegenwart zu kontrastieren und die Geschichts-

[84] Vgl. Kapitel 1.3.4, 113 f.

vergessenheit der Salzburger zu geißeln. Bei Bernhard tritt Salzburg somit nicht nur als Erinnerungsort seiner eigenen Demütigungen in Erscheinung, sondern auch als kollektiver Gedächtnisort (wenn auch in diesem Fall eines verdrängten Gedächtnisses). Die Rückkehr an bedeutsame Kindheitsorte kann, so zeigt das Beispiel, für Autobiographen zu einer dreifachen Herausforderung werden: Häufig werden frühe Konflikte zwischen dem kindlichen Ich und seiner Umwelt wieder wachgerufen, Diskrepanzen zwischen eigener Erinnerung und historischer Realität werden offengelegt, und schließlich kann es der Autobiograph mit konkurrierenden Gedächtniskulturen zu tun bekommen, die sein autobiographisches Projekt infrage stellen.

Einen der prominentesten Rückkehrberichte der jüngsten Zeit hat Botho Strauß mit seiner autobiographischen Erzählung *Herkunft* im Jahr 2014 vorgelegt.[85] Der Begriff der ‚Herkunft' bezeichnet den Ursprung eines Subjekts in doppelter Weise, nämlich sowohl in einem soziokulturellen als auch in einem räumlichen Sinne. Der programmatische Titel der Erzählung verweist auf eben diese zweifache Bedeutung von Strauß' zentralem Erinnerungsort: Die Wohnung der Eltern in Bad Ems steht gleichermaßen für die soziale und die lokale Herkunft des Autobiographen. Und so wird die Rückkehr an diesen prägenden Ort für den gealterten Erzähler zum Anlass einer autobiographischen Reflexion über seine Kindheit und insbesondere das Verhältnis zum Vater.

Noch bevor sich der Erzähler zu dieser Reise aufmacht, markiert ein Jubiläum den Beginn des Erinnerungsprojektes: „Heute, am 9. April 1990, hätte der Vater seinen hundertsten Geburtstag gefeiert. Hundert Jahre ist es nun her, daß mir dies Schicksal entstand. Was hätte ich ihm diesmal geschenkt?" (*Hk*, 14) Präzise datiert Strauß die Gegenwart seines Erinnerns und setzt so den Auftakt zu einer recht umfangreichen Erinnerungsgeschichte. Diese durchzieht den gesamten Text und eröffnet dem erinnernden Ich eine Möglichkeit, die Bedingungen der Lebensrückschau immer wieder zu thematisieren. Die Annäherung an die Vergangenheit, ja das Bekenntnis zu ihr, weist bei Strauß über die übliche autobiographische Rhetorik hinaus. Das Erinnern ist in seinem Fall nicht einfach eine Voraussetzung für die Lebenserzählung, sondern ein integraler Bestandteil seiner Poetologie und seiner in etlichen Essays dargelegten politischen Überzeugungen. Diese standen seit den 1980er-Jahren im Zeichen einer fortschreitenden Distanzierung vom progressiven Künstler- und Theatermilieu, dem Strauß als Redakteur bei *Theater heute* und als Dramaturg an der Berliner Schaubühne selbst viele Jahre angehört hatte. Ihren Höhepunkt erreichte Strauß' politische Neuorientierung 1993 mit dem auch im *Spiegel* veröffentlichten Aufsatz *Anschwellender Bocksgesang*. Darin bekannte sich Strauß, „[r]echts zu sein, nicht aus billiger Überzeugung, aus gemeinen Absichten, sondern von ganzem Wesen".[86]

[85] Botho Strauß, *Herkunft*, München 2014. (Im Folgenden zitiert mit der Sigle *Hk*.)

[86] Botho Strauß, „Anschwellender Bocksgesang", in: *Der Spiegel* 47,6 (1993), 202–207, 204.

Im Zentrum seiner Definition eines politisch-kulturellen Konservatismus steht die Erinnerung: Rechts sein bedeute „die Übermacht einer Erinnerung zu erleben, die den Menschen ergreift". Indem er sich der Erinnerung aussetze, begehe er zugleich einen „Akt der Auflehnung: gegen die Totalherrschaft der Gegenwart, die dem Individuum jede Anwesenheit von unaufgeklärter Vergangenheit, von geschichtlichem Gewordensein, von mythischer Zeit rauben und ausmerzen will". Rechtes Denken suche stattdessen „den Wiederanschluß an die lange Zeit, die unbewegte", und sei „ihrem Wesen nach Tiefenerinnerung".[87] Als kalkulierte Provokation verfehlte *Anschwellender Bocksgesang* sein Ziel nicht, auf den Artikel folgte eine monatelange Kontroverse in den Feuilletons. Botho Strauß zählt seither im Kulturbetrieb zu den prominentesten Vertretern eines neuen Konservatismus und wird auch von der Literaturwissenschaft hauptsächlich in dieser Rolle wahrgenommen.[88] Mit weniger radikalen Worten – doch inhaltlich kaum nachgiebiger – bestärkte Strauß zuletzt im Herbst 2015 seinen Ruf als Hüter der Geschichte und Tradition. In der ebenfalls im *Spiegel* erschienenen Polemik *Der letzte Deutsche* prangerte er die fehlende Selbstbesinnung der Deutschen auf ihre kulturellen Wurzeln an und setzte sich selbst als Gegenbeispiel in Szene: „Ich bin ein Subjekt der Überlieferung, und außerhalb ihrer kann ich nicht existieren."[89]

Auch in *Herkunft* hadert Strauß schon in den einleitenden Absätzen mit der „sozialen Bedeutungslosigkeit von Tradition" (*Hk*, 12 f.), die seiner Ansicht nach in der bundesrepublikanischen Gesellschaft grassiert. Die Ansage ist klar: Mit seiner autobiographischen Erzählung will Strauß der Erinnerung wieder zu ihrem Recht verhelfen und nicht zuletzt einen Gegenentwurf zur öffentlichen Geschichtsvergessenheit vorlegen. Zwar zielt seine kulturkritische Diagnose auf den gesellschaftlichen Traditionsverlust, doch entwickelt er sein Alternativmodell gleichwohl im privaten Bezirk seines ganz persönlichen Erinnerungspro-

[87] Ebd.

[88] Etliche Aufsätze und auch einige umfassende Studien beleuchten Strauß' Werk vor dem Hintergrund des sich darin artikulierenden Traditions- und Geschichtsbewusstseins, das häufig als Fortführung frühromantischer Vergangenheitsorientierung interpretiert wird. So bei Nadja Thomas, *‚Der Aufstand gegen die sekundäre Welt'. Botho Strauss und die ‚Konservative Revolution'*, Würzburg 2004; eine detaillierte Aufarbeitung der Debatte um *Anschwellender Bocksgesang* bietet Harald Zils, *Autonomie und Tradition. Innovativer Konservatismus bei Rudolf Borchardt, Harold Bloom und Botho Strauß*, Würzburg 2009; vgl. außerdem Stefan Willer, *Botho Strauß zur Einführung*, Hamburg 2000, 101–134; Herwig Gottwald, „Aufklärung, Aufklärungkritik und Gegenaufklärung bei Botho Strauß", in: Klaus Müller-Salget/Sigurd Paul Scheichl (Hg.), *Nachklänge der Aufklärung im 19. und 20. Jahrhundert. Für Werner M. Bauer zum 65. Geburtstag*, Innsbruck 2008, 315–328; Herwig Gottwald, „Botho Strauß und die Politik", in: Harald Jele/Elmar Lenhart (Hg.), *Literatur – Politik – Kritik. Beiträge zur österreichischen Literatur des 20. Jahrhunderts. Festschrift für Klaus Amann*, Göttingen 2014, 37–45; Andrzej Denka, „Konservative Denkfiguren in der essayistischen Prosa von Peter Handke und Botho Strauss nach 1989", in: Maike Schmidt (Hg.), *Gegenwart des Konservativismus in Literatur, Literaturwissenschaft und Literaturkritik*, Kiel 2013, 243–269.

[89] Botho Strauß, „Der letzte Deutsche", in: *Der Spiegel* 69,41 (2015), 122–124, 123.

jektes. Im Mittelpunkt der autobiographischen Erzählung steht das Verhältnis von Botho Strauß zu seinem Vater. Der Vater ist – um eine Formulierung von Peter Weiss aufzugreifen – die zentrale ‚Portalfigur', die dem Autobiographen einen Zugang zur Vergangenheit vermittelt: „Du einzige Quelle meiner Erinnerung! Nie hätte ich mich irgendeines Geschehens erinnert ohne deine Schule der Erinnerung. Alles, was war, wurde überhaupt Gewesenes durch dich." (*Hk*, 15) Nicht zufällig wählt Strauß den einhundertsten Geburtstag des Vaters zum Anlass der Erzählung, erklärt er ihn doch kurz darauf zur zentralen Bezugsperson nicht nur seines kindlichen Ich, sondern auch seines gealterten Erzählers: „Ich wundere mich, wie diese frühe Prägung nun, da ich längst selber ins ‚Alter des Vaters' eintrat, langsam, aber unerbittlich ihre Wirksamkeit entfaltet. Die Strenge des Vaters, sogar einzelne seiner Ansichten steigen wie eigner Erfahrungsbestand ins Bewußtsein." (*Hk*, 12) So fungiert der Vater als Vergleichsmaßstab und Fixpunkt, zu dem sich der Erzähler ins Verhältnis setzen kann. Seinen eigenen Reifungsprozess begreift das erinnernde Ich als eine Annäherung an den Vater, dessen Einstellungen und Überzeugungen es zunehmend übernimmt: „Man altert [...] immer noch geradewegs in das hinein, was man einst als rettungslos veraltet empfand." (*Hk*, 12 f.)

So ist der Ton der Erzählung bereits auf den ersten Seiten gesetzt. Strauß geht es um eine wohlwollende Neubewertung der eigenen ‚Herkunft', von der er sich im Laufe seiner Entwicklung erst distanziert hatte, um nun wieder zu ihr zurückzukehren. Die schleichende Erkenntnis, dass diese Herkunft einen bedeutenden Teil seines heutigen Selbst ausmacht, mündet in das Bedürfnis, eine Bestandaufnahme durchzuführen und die „Überlieferung" – ein geradezu programmatischer Begriff in Strauß' Spätwerk – zu bewahren:

> Vielleicht sucht man auch nur die letzten Spuren einer Überlieferung für sich selbst zu sichern, und dann tut sich auf einmal unter dem klapprigen, zugigen Verschlag einer deutschen Nachkriegsherkunft ein festerer Boden auf, als man ihn bei den späteren geistigen Landnahmen je unter die Füße bekam. (*Hk*, 13)

Die Sicherung der flüchtigen Vergangenheit bildet ein zentrales Motiv der Erzählung, das Strauß vor allem anhand der elterlichen Wohnung entfaltet. Die ‚Rückkehr' zum Vater ist daher nicht nur eine metaphorische Umschreibung der mentalen Entwicklung, die Strauß durchmacht. Sie wird vielmehr von Strauß in der Erinnerungsgeschichte als konkrete, räumliche Bewegung hin zu seinem Ursprungsort geschildert. Während der Vater schon seit einigen Jahren tot ist, erreicht die Mutter nun ein Alter, in dem sie die Wohnung nicht mehr alleine führen kann. Daher ist der Erzähler mit der Auflösung der elterlichen Wohnung betraut: „Seit über zweiundvierzig Jahren gab es Ems, Römerstraße achtzehn. Nun soll ich anrufen im ‚Staatsbad', unserem Mietherrn, um die Wohnung zu kündigen. Die Mutter zieht ins Altersheim." Die Wohnungsauflösung ist für das erinnernde Ich der Anlass zu einem vorerst letzten Besuch in der Stadt seiner

Kindheit und im bald gewesenen ‚Elternhaus‘: „Am letzten Abend zuhause erinnerten wir uns an den Einzug im Winter fünfundfünfzig, an unsere Freude über den schönen Ausblick [...].“ (*Hk*, 50)

Schon vor Beginn der Erinnerungsgeschichte hatte der Erzähler die elterliche Wohnung als Ort des Gedächtnisses an den Vater kultiviert und konserviert: „Nach seinem Tod erhielt ich gegen die Wünsche der Mutter sein Zimmer so, wie er es in den sechzehn Jahren in Bad Ems täglich betrat. Es blieb also von jeder anderen Nutzung verschont.“ Die Wohnungsauflösung führt nun jedoch zum unwiederbringlichen Verlust des Erinnerungsortes: „Nun soll die Bücherwand gefleddert und verhökert werden. [...] Die Auflösung der Wohnung zieht aus jedem Winkel, jedem Gegenstand Herkunft hervor.“ (*Hk*, 71 f.) Gerade die Vergänglichkeit des Ortes rückt diesen nun wieder ganz ins Zentrum der Aufmerksamkeit des erinnernden Ich, das eine Inventur der physischen Gegenstände ebenso wie der daran haftenden Erinnerungen vornimmt.

Botho Strauß’ Erzählung hat einen bedeutenden autobiographischen Prätext, der seinen Ausgangspunkt ebenfalls im elterlichen Haushalt nimmt, in den das erinnernde Ich zurückkehrt. Die Parallelen zwischen *Herkunft* und Peter Weiss’ Erzählung *Abschied von den Eltern*[90] sind eindrücklich – und werden durch den Umstand, dass der mit dem Sozialismus liebäugelnde Weiss am entgegengesetzten Ende des politischen Spektrums zu verorten ist, nur interessanter. Seine 1961 erschienene Erzählung zeigt jedoch noch nicht die politische Intention späterer Werke wie *Die Verfolgung und Ermordung Jean Paul Marats* (1964), *Die Ermittlung* (1965) oder *Die Ästhetik des Widerstands* (3 Bde., 1975–81). Vielmehr prägen „[r]adikale Innerlichkeit, extreme Individualisierung und Ablehnung des Politisch-Gesellschaftlichen“ Weiss’ autobiographischen Bericht, in dem er seine

[90] Peter Weiss, *Abschied von den Eltern. Erzählung*, Frankfurt a. M. 2009 [1961]. (Im Folgenden zitiert mit der Sigle *AE*.) Zu Weiss liegt seit den 1990er-Jahren eine breitere Forschungsliteratur vor. Die stärksten Berührungspunkte mit meiner Untersuchung bieten Christof Hamann, „Subjektinszenierung und Ideologiekritik. Schreibprozesse in Peter Weiss’ *Abschied von den Eltern*“, in: Hansjörg Bay (Hg.), *Ideologie nach ihrem ‚Ende‘. Gesellschaftskritik zwischen Marxismus und Postmoderne*, Opladen 1995, 294–315; sowie Jürgen Schutte, „‚Die Kindheit ist nicht mehr vorhanden‘. Anmerkungen zum autobiographischen Diskurs in Peter Weiss’ *Abschied von den Eltern*“, in: Irmela von der Lühe/Anita Runge (Hg.), *Wechsel der Orte. Studien zum Wandel des literarischen Geschichtsbewußtseins. Festschrift für Anke Bennholdt-Thomsen*, Göttingen 1997, 334–345. Eine eher in die Breite als in die Tiefe gehende Generalanalyse des Textes unternimmt Andrea Lamberty, „Peter Weiss: *Abschied von den Eltern*“, in: Herbert Kaiser/Gerhard Köpf (Hg.), *Erzählen, Erinnern. Deutsche Prosa der Gegenwart. Interpretationen*, Frankfurt a. M. 1992, 69–86. Die biographischen Hintergründe der Erzählung entschlüsselt Robert Cohen, *Peter Weiss in seiner Zeit. Leben und Werk*, Stuttgart 1992. Eine psychoanalytisch inspirierte Untersuchung von Peter Weiss’ Poetologie und Motivik vor allem am Beispiel von *Abschied von den Eltern* bietet Karl Heinz Götze, *Poetik des Abgrunds und Kunst des Widerstandes. Grundmuster der Bildwelt von Peter Weiss*, Opladen 1995. Die poetologische und ästhetische Selbstreflexivität der Erzählung thematisiert in einem Kapitel Franz Rieping, *Reflexives Engagement. Studien zum literarischen Selbstbezug bei Peter Weiss*, Frankfurt a. M. 1991, 70–102.

Entwicklung zum Künstler in der Tradition von „Bildungsroman und Lebensbeichte" schildert.[91]

Diese Künstlerwerdung allerdings musste sich Weiss – und hier folgt seine Erzählung dem Muster des Künstlerromans – hart gegen den Widerstand der Eltern erkämpfen. Die Lebensgeschichte ist daher zu großen Teilen dem Verhältnis des erinnernden Ich zu seiner Familie gewidmet; Weiss schildert in ihr die schrittweise Emanzipation von seinen Eltern, von denen er sich seit seiner Jugend „tief entfremdet" (*AE*, 7) fühlt.[92] Weiss' Beziehung zu den Eltern, insbesondere die zum Vater, ist also ungleich problematischer als im Falle von Strauß, wie schon die einleitenden Sätze verdeutlichen: „Ich habe oft versucht, mich mit der Gestalt meiner Mutter der Gestalt meines Vaters auseinanderzusetzen, peilend zwischen Aufruhr und Unterwerfung. Nie habe ich das Wesen dieser beiden Portalfiguren meines Lebens fassen und deuten können." (*AE*, 7) Die Erzählung ist, so gibt Weiss in der Erinnerungsgeschichte zu verstehen, das Resultat eines langen Aufarbeitungsprozesses und keine spontan sich einstellende *mémoire involontaire*.[93] Die raumzeitliche Situation des erzählenden Ich wird im Text an keiner Stelle thematisiert, eine Erzählgeschichte liegt also nicht vor. Doch ist der Erzählkontext ganz offenbar nicht identisch mit der Erinnerungssituation. Verläuft der Erinnerungsprozess bruchstückhaft und assoziativ, so bringt das erzählende Ich nachträglich Ordnung in diese Erinnerungen, stellt thematische Bezüge her und setzt sie in eine weitgehend chronologische Abfolge. Das erzählende Ich bleibt zwar implizit, hat aber eine Position des Überblicks nicht nur über die eigene Lebensgeschichte, sondern auch über den Erinnerungsvorgang inne.[94] Auch das von Weiss durchgehend gewählte Präteritum verstärkt den Eindruck einer zeitlichen und mentalen Distanz zwischen Erinnerungs- und Erzählprozess.[95] Der Narration liegt eine zuvor mühsam errungene Einsicht zugrunde, nämlich die „Erkenntnis eines gänzlich mißglückten Versuchs von Zusammen-

[91] Lamberty, „Peter Weiss: *Abschied von den Eltern*", 69.

[92] Vgl. Cohen, *Peter Weiss in seiner Zeit*, 83–103.

[93] Vgl. Götze, *Poetik des Abgrunds und Kunst des Widerstandes*, 27 f.

[94] Hamann meint sogar, das erzählende Ich in *Abschied von den Eltern* beziehe „durch die Verschriftlichung [des Lebens] Stellung in einer inszenierten Thronposition, von der aus es die Ereignisse zu überblicken und in einer Ordnung zu bringen vermag. Diese Position [...] ist notwendige Voraussetzung von Verschriftlichung überhaupt." – Hamann, „Subjektinszenierung und Ideologiekritik", 296.

[95] Vgl. dazu Lamberty, „Peter Weiss: *Abschied von den Eltern*", 73: „Die Erzählhaltung zeigt sowohl die Distanzlosigkeit des unmittelbaren kindlichen Erlebens, als auch die Distanz des Erwachsenen, der im Moment der Ablösung von der Familie auf sich selbst zurückgeworfen wird." Holdenried betont, Weiss funktionalisiere den Erzählvorgang auf innovative Weise: „Impuls, Funktion und Ziel des autobiographischen Schreibens ist der Akt des ‚Sich-zurücksuchens' in Sprache anhand der (wieder)gefundenen Sprache selbst. Als neu an dieser Schreibweise kann gelten, daß die Suche nicht auf eine bloße Rekonstruktion der Identitätsgenese zielt, sondern gleichgerichtet mir psychoanalytisch motivierten Einsichten in die Geschichte der eigenen Verstörung ist." – Michaela Holdenried, „Mitteilungen eines Fremden. Identität, Sprache und Fiktion in den frühen autobiographischen Schriften *Abschied von den*

leben, in dem die Mitglieder einer Familie ein paar Jahrzehnte lang beieinander ausgeharrt hatten". (*AE*, 7)

In der Einleitung präsentiert sich der Erzähler so als eine reflektierte und ordnende Instanz, die die zentralen Themen seiner Erzählung zusammenfasst und zuspitzt. Doch nimmt Weiss noch auf eine zweite Weise ‚Abschied von den Eltern', er widmet diesem zweiten Abschied sogar eine eigenständige Textebene. In einer Erinnerungsgeschichte, die vor allem die Einleitung des Textes bestimmt und später in unregelmäßigen Abständen wiederkehrt, sind es die Tode der Mutter und des Vaters in den Jahren 1958/59, die den erwachsenen Erzähler zur Fahrt nach Gent in das vor der Auflösung stehende Elternhaus zwingen.[96] Die Konfrontation mit diesem Ort löst erst die durch Assoziation verketteten Erinnerungsepisoden aus, auf denen die Erzählung beruht. Zugleich bildet die Rückkehr ins Elternhaus den unmittelbaren räumlichen und zeitlichen Kontext, in dem das erinnernde Ich sich selbst situiert:

> Als ich, nach der Mitteilung von seinem [des Vaters, GF] Tod in Gent, auf dem Brüsseler Flugplatz gelandet war, durchlebte ich beklommen den langen Weg, den mein Vater mit seinen von Blutstockungen erschlafften Beinen, treppauf, treppab, durch Hallen und Korridore, hatte zurücklegen müssen. Es war Anfang März, ein klarer Himmel, ein scharfes Sonnenlicht, ein kalter Wind über Gent. Ich ging die Straße am Bahndamm entlang, auf das Hospital zu, in dessen Kapelle mein Vater aufgebahrt lag. Auf den Geleisen, hinter den kahlen, gestutzten Bäumen, rangierten die Güterzüge. (*AE*, 7 f.)

Es ist eine langsame Annäherung an den Vater, die den Erzähler durch Räume führt, in denen er den Vater als leidenden, schon todkranken Menschen imaginieren kann, bevor er schließlich den Leichnam erreicht. Auch während der Erzähler den Körper des Vaters betrachtet, bleibt der umgebende Raum präsent. Vor allem der nahegelegene Güterbahnhof trägt zur industriellen Anmutung der Szenerie bei und markiert den transitorischen Charakter des Ortes. Die Eisenbahn ist bei Weiss nicht nur eine allgemeine literarische „Chiffre für Abschied, Aufbruch und Fortschritt", sondern ein wichtiger Ausgangspunkt der Assoziationsketten des Erzählers.[97] Leitmotivisch tauchen die Eisenbahnen und Züge an etlichen Stellen der Erzählung auf (*AE*, 8), spielen vor allem am Schluss der Erzählung eine prominente Rolle, wo ihre „Kesselschläge[]" vom endlich erreichten „Abschied von den Eltern" künden. (*AE*, 146) Die Geräusche der Eisenbahn erfüllen daher eine doppelte narrative Funktion. Sie fungieren als motivische Klammer für die „zirkuläre Struktur des Textes" und sie motivieren inhaltlich

Eltern und *Fluchtpunkt*", in: Gunilla Palmstierna-Weiss/Jürgen Schutte (Hg.), *Peter Weiss. Leben und Werk / Liv och Werk*, Frankfurt a. M. 1991, 155–173, 164.

96 Zum doppelten ‚Abschied von den Eltern' vgl. Rieping, *Reflexives Engagement*, 70 f.

97 Lamberty, „Peter Weiss: *Abschied von den Eltern*", 74. Lamberty macht an gleicher Stelle darauf aufmerksam, dass das Bild des Güterbahnhofs eng mit der Erinnerung an die Judendeportation der Nationalsozialisten verbunden ist und so den Tod von Weiss' jüdischem Vater „durch die Konnotation mit dem Holocaust trübt".

das Erzählprojekt des Autobiographen, denn sie „erinnern ihn daran, wie er nach langen Kämpfen sein Elternhaus verließ, um den eigenen Weg zu suchen".[98]

Die räumliche Umgebung wirkt von Beginn an unmittelbar auf das erinnernde Ich ein. Dessen Aufmerksamkeit oszilliert zwischen der Raumwahrnehmung und der Erinnerung „an meinen Vater, so wie ich ihn zuletzt gesehen hatte":

> Ich stand gefroren, spürte den kalten Wind, hörte Pfiffe und Dampfstöße vom Bahndamm her, und vor mir war ein Leben völlig abgeschlossen, ein ungeheurer Aufwand von Energien zu Nichts zerflossen, vor mir lag der Leichnam eines Mannes in der Fremde, nicht mehr erreichbar, in einem Schuppen am Eisenbahndamm, [...] (*AE*, 8 f.)

Simultan vollzieht sich die Kontemplation des toten Vaters und die Betrachtung der kalten, nüchternen Umgebung, und die parataktische Reihung stellt beides in einen unmittelbaren Zusammenhang. Schließlich laufen die beiden Blicke – und dies ist die Pointe des interessanten narrativen Arrangements – in einem Punkt zusammen. Der Gedankenstrom führt die Aufmerksamkeit des erinnernden Ich weg von der gegenwärtigen Situation hin zu den vergangenen ‚Räumen des Vaters'. Das Zitat fährt fort:

> [...] und im Leben dieses Mannes hat es Kontorräume und Fabriken, viele Reisen und Hotelzimmer gegeben, im Leben dieses Mannes hatte es immer große Wohnungen, große Häuser gegeben, mit vielen Zimmern voller Möbel, es hat im Leben dieses Mannes immer die Frau gegeben, die ihn erwartete im gemeinsamen Heim, [...]. (*AE*, 9)

Auf den folgenden Seiten entfaltet Weiss das „Heim" als alles verbindendes Leitmotiv, und die mäandernde Beschreibung des Vaters und des Raumes dient der Hinführung auf dieses Motiv. Die Verschränkung von konkreter Räumlichkeit und symbolischer Beziehung setzt sich fort: Das „Heim" bezeichnet sowohl im physischen Sinne die verschiedenen Häuser, welche die Familie Weiss bewohnte, als auch in einem allgemeineren Sinne ihr „Zuhause".[99] Das Heim sei, so gibt der Erzähler zu Protokoll, der Lebensinhalt der Eltern gewesen. Vor allem der Vater habe ein „unablässiges Mühen um die Erhaltung von Heim und Familie" an den Tag gelegt, er habe „unter Sorgen und Krankheiten [...], gemeinsam mit seiner Frau, sich am Besitz des Heims festgeklammert, ohne je ein Glück unter diesem Besitz zu erfahren". Die Vorstellung des Heims sei daher in erster Linie ein „Ideal" und keine Wirklichkeit gewesen. Wie prekär und unzuverlässig das Heim trotz aller Bemühung des Vaters blieb, demonstriert nicht zuletzt der Tod des Vaters, denn diesen „hatte er fern von diesem Heim, allein in einem Krankenzimmer, erlitten". (*AE*, 9)

War das Heim der vielleicht wichtigste Lebensinhalt des Vaters, so bleibt es nach dem Tod sein Vermächtnis. Doch weil der Vater seine Idee einer Familie

98 Ebd.

99 Zum „Heim" in *Abschied von den Eltern* vgl. Götze, *Poetik des Abgrunds und Kunst des Widerstandes*, 39–43. Zur Gestaltung und Funktion dieser „Innenräume" vgl. Lamberty, „Peter Weiss: *Abschied von den Eltern*", 75–78.

nie hatte erreichen können, bleibt das Heim reduziert auf das physische, leblose Haus. Der Erzähler bemerkt: „[I]rgendwo stand noch sein letztes großes Haus, über und über mit Teppichen, Möbeln, Topfgewächsen und Bildern gefüllt, ein Heim das nicht mehr atmete [...]". (*AE*, 10) An diesen Ort kehrt der Erzähler am nächsten Tag zurück, denn im „Elternhaus" erwarten ihn seine „Stiefbrüder und deren Frauen, mein Bruder und seine Frau, meine Schwester und ihr Mann zur Beerdigung, Testamentvollstreckung und Verteilung des Inventars". (*AE*, 11) Es kommt zur Auflösung des Haushaltes, doch für den Erzähler handelt es sich um mehr als das; für ihn vollzieht sich „die endgültige Auflösung der Familie". Nicht ohne Bedauern und Enttäuschung beschreibt der Erzähler diesen Prozess als eine „Schändung und Zerstampfung", die „voll von Untertönen des Neids und der Habgier" ist, „obgleich wir nach außen hin einen freundlich überlegenen Ton besten Einvernehmens zu wahren suchten". (*AE*, 11) Mehr als die Fassade eines intakten Heimes, so wird bei diesem beklemmenden Treffen der Familie Weiss noch einmal deutlich, hat der Vater aller Mühe zum Trotz nicht bewahren können.

Allerdings ist es nicht allein die Selbstentlarvung der Familie, die den Erzähler entsetzt, sondern auch die materielle Verteilung und Zerstörung des elterlichen Haushalts. Beinahe überrascht stellt das erinnernde Ich fest, dass „alle diese angesammelten Dinge ihren Wert" besitzen, „und plötzlich war mit jedem Ding eine Fülle von Erinnerungen verbunden". Das Elternhaus ist mehr als ein bloß physischer Überrest seiner gescheiterten Familie, es ist ein mit persönlicher Bedeutung angefüllter Erinnerungsort: „Die Standuhr mit dem Sonnengesicht hatte in meine frühsten Träume hinein getickt, im Spiegel des riesigen Wäscheschranks hatte ich mich bei meinen nächtlichen Streifzügen im Mondlicht erblickt, in den Querleisten des Eßzimmertischs hatte ich Höhlen und Unterstände gebaut [...]." Doch droht der unmittelbare Verlust des Erinnerungsortes, denn durch die Aufteilung des elterlichen Hab und Gutes zwischen den Kindern gleicht das Haus schon nach kurzer Zeit „einem Möbellager", in dem die Gegenstände aus ihrer ursprünglichen „Ordnung" gerissen werden und „in verschiedenen Zimmern zu fünf großen Haufen geschichtet" liegen, „teils um übernommen, teils um verkauft zu werden". (*AE*, 12)

Mit dem Haus verschwindet, so reflektiert das erinnernde Ich ganz explizit, „das letzte Symbol unserer Zusammengehörigkeit". (*AE*, 13) Trotz des äußerst angespannten Verhältnisses, das zwischen Weiss und seinen Eltern geherrscht hatte, lässt der Erzähler keinen Zweifel aufkommen, dass er die Entäußerung dieses Symbols nicht begrüßt, sondern als Verlust bedauert. In dieser Situation verbleiben ihm zwei Optionen: Er könnte einerseits den Verlust des Erinnerungsortes schlicht hinnehmen. Er kann andererseits aus den „Bruchstücken des zerstörten Heims" (*AE*, 12) jene Erinnerungen retten, die für ihn von besonderer Bedeutung sind. So lässt sich *Abschied von den Eltern* als ein Projekt der Bewahrung und Konservierung von Erinnerungen begreifen, oder genauer: als der

Versuch, die bislang an das materielle und symbolische „Heim" gebundenen Erinnerung in eine Erzählung zu transferieren und damit sicherzustellen, dass sie nicht mit dem Heim verloren gehen.

Auf zwei Wegen geht Weiss dieses Ziel an. Zunächst versucht er jene Objekte vor der Verteilung und Vernichtung zu bewahren, die in besonderer Weise auf die Vergangenheit verweisen. Während etwa die Geschwister die „Briefschaften und Dokumente" der Eltern „auf Grund des testamentarischen Wunsches, zum Verbrennen" aufschichten, nimmt der Erzähler „heimlich [...] einige vergilbte Blätter mit der Handschrift meines Vaters an mich, und ein paar Tagebücher mit den Notizen meiner Mutter". (*AE*, 13) Diese Dokumente spielen für den weiteren Verlauf des Erinnerungsprojektes eine Rolle, kann das erinnernde Ich daraus doch bislang unverständliche Zusammenhänge aus der Vergangenheit erschließen: „Aus den Bruchstücken, die ich auf dem Dachboden fand, fügte ich mir eine Familiengeschichte zusammen." (*AE*, 39) Die literarische Funktion der geretteten Dokumente besteht also zunächst darin, die Erinnerung als Prozess der (Re-)Konstruktion zu zeigen. Auch bilden sie zitierbares Material für die Erzählung, auf das Weiss zurückgreifen kann, um entscheidende Ereignisse zu belegen oder zu illustrieren. So gibt er in voller Länge einen Brief wieder, „den mein Vater an meine Mutter schrieb, vor dem Gefecht, in dem er den Bauchschuß erhielt", (*AE*, 39–41) und zitiert aus dem Tagebuch seiner Mutter einen darin von ihr aufgezeichneten Traum. (*AE*, 84) Indem Weiss seinen Recherche- und Aufarbeitungsprozess mithilfe überlieferter Dokumente nicht vor dem Leser verbirgt, sondern explizit im Text schildert, greift er späteren autobiographischen Erzählungen voraus, die diese Form der Erinnerungsarbeit noch viel stärker ins Zentrum ihrer Darstellung rücken.[100]

Eine zweite Strategie der Erinnerung aber ist von noch entscheidenderer Bedeutung für Weiss' Erzählung, und sie ist unmittelbar an das Haus als Erinnerungsort geknüpft. Direkt an die Wiederkehr in das Elternhaus schließt eine Passage an, die man mit Fug und Recht als Weiss' Madeleine-Episode bezeichnen kann. Es ist ein Moment spontaner Erinnerung, die hier nicht durch das in Lindenblütentee getauchte Gebäck, sondern durch eine Betrachtung des Raumes ausgelöst wird:

> In den tiefsten Schichten der Wandlungen, die dieses Heim durchlaufen hatte, lagen Räumlichkeiten, in denen ich aus mythologischem Dunkel zum ersten Bewußtsein erwachte. Ich stand im unteren Flur des Hauses und blickte abwechselnd durch eine der roten und eine der blauen Scheiben der Glastür in den Garten, wobei das Gesträuch, der Birnbaum, der Kiesweg, der Rasenplatz und die Laube einmal in feuriger Glut erschienen und dann wieder in unterseeischer Gedämpftheit. Ich war bei diesem Ausblick in meinen Grundzügen schon fertiggeformt, und nur wenn das Beobachtende und Kontrollieren-

[100] Vgl. die Kapitel 4.1. zu Peter Härtlings Erzählung *Zwettl* und 4.2 über Christa Wolfs autobiographischen Roman *Kindheitsmuster*.

de in mir ermüdet und mein Bewußtsein den Halt verliert, steigen die Impulse aus der frühsten Epoche meines Lebens in mir auf [...] (*AE*, 13f.)

Der Blick durch „eine der roten und eine der blauen Scheiben der Glastür in den Garten" ruft Erinnerungen aus frühester Kindheit wach, die bislang in den tiefsten Schichten im „mythologische[n] Dunkel" des Gedächtnisses lagerten und sich der Beobachtung und Kontrolle durch das Bewusstsein entzogen. Dabei lässt die Erzählung offen, ob die szenische Schilderung dieses Schauens in den Garten dem kindlichen Ich oder doch dem erinnernden Ich zugerechnet werden muss, das bei seiner Rückkehr in das Haus den Blick zufällig oder absichtlich wiederholt. Diese Ambivalenz ist entscheidend, denn sie ermöglicht Weiss, den Wechsel von der Erinnerungsgeschichte in die erinnerte Kindheitsgeschichte als einen fließenden, assoziativen Übergang zu gestalten. In der narrativen Darstellung werden erinnerndes Ich und erinnertes Ich auf eine Weise überblendet, die Identität zwischen beiden Instanzen suggeriert.

Weiss zeigt das elterliche Haus als einen Erinnerungsort, dessen Macht nicht auf einer „musealen" Gegenständlichkeit beruht, indem bestimmte Erinnerungsstücke inszeniert und ausgestellt werden. Das Heim ruft Erinnerungen vielmehr durch die assoziative Verkettung bestimmter Sinneseindrücke wach. Es ist der Ort und seine Wahrnehmung selbst, es ist ein Schauen und Bewegen im Raum, die den Erinnernden in die Vergangenheit zurückführen: „[I]n *Abschied von den Eltern* sind die Kindheitserfahrungen vor allem in der Annäherung an Orte erinnert: das erste Haus, der Garten, die Straßen, der Jahrmarkt".[101] Das erinnernde Ich vollzieht mit seinem Bericht die kindliche Bewegung durch den Raum und die dabei entstehenden Eindrücke nach. Weiss verzichtet darauf, die unzusammenhängenden Erinnerungsbruchstücke nachträglich zu einer kohärenten Geschichte zusammenzufügen. Stattdessen folgt seine Erzählung der „nicht endende[n] Kette assoziierter Erinnerungen" und „vermeidet in der formalen Gestaltung jeden Eindruck von Strukturiertheit".[102] So versucht Weiss, dem diskontinuierlichen Erinnerungsprozess mit vagen Formulierungen und polysyndetischen Satzkonstruktionen zu entsprechen. Zudem setzt er den nun entstehenden Gedankenstrom ins Präsens, betont die erlebnishafte Dimension der Erinnerung:

Das erste Haus weist große blinde Flecken auf, ich kann den Weg durch dieses Haus nicht finden, ahne nur Stufen einer Treppe, ahne den Winkel eines Fußbodens, auf dem ich fettig abgegriffene, rotbraune Holzhäuschen aufbaue und grüne Schanzen, ahne einen kleinen Lastwagen, mit Modellkisten gefüllt, und der Gedanke an diese Kisten verursacht ein dickes, schweres Gefühl im Gaumen, ahne Briefmarken, die ich vor mir ausbreite, rosa und hellgrüne Briefmarken mit dem Gesicht eines Königs mit gezwirbeltem Schnurrbart, und meine älteren Brüder stürzen herbei und schreien, und die Mutter kommt und schreit und fegt die Briefmarken zusammen und wirft sie ins Ofenfeuer. (*AE*, 14)

---

101 Schutte, „‚Die Kindheit ist nicht mehr vorhanden'", 336.

102 Lamberty, „Peter Weiss: *Abschied von den Eltern*", 73.

Die Schilderung des „ersten Hauses“ der Eltern ist ein herausragendes Beispiel für die räumlichen Präsenzeffekte, die sich bei der Rückkehr an Erinnerungsorte (bzw. der literarischen Darstellung dieser Rückkehr) einstellen. Die Forschung hat die enge Verschränkung von Raumwahrnehmung und Vergegenwärtigung der Vergangenheit als besondere Qualität von Weiss’ Erzählen hervorgehoben. So bemerkt Schutte, Weiss’ Erzählung folge dem „Gestus der Vergegenwärtigung, das erzählende Ich tastet sich in die Vergangenheit zurück. Die Beschreibung ist ganz in die Perspektive des erinnernden Ich hineingenommen, Erzählergegenwart und erzählte Vergangenheit gehen ineinander über“.[103] Weiss’ Erinnern basiere auf einer Rekonstruktion der „an den Ort gebundenen Wahrnehmungen und Empfindungen, deren Spur in den auftauchenden Bruchstücken der Erinnerung erhalten ist“.[104]

Am Ende des eben zitierten Abschnitts dringt die Mutter in den Erinnerungsstrom ein und es wird offenbar, dass viele Erinnerungen negativ besetzt sind. Aus den Tiefen des Gedächtnisses steigen bedrohlich-märchenhafte Bilder (das Ofenfeuer) und alptraumhafte Erfahrungen herauf, wie der Erzähler hervorhebt: Dann „erlebe ich wieder die Hilflosigkeit, das Ausgeliefertsein und die blinde Auflehnung aus jener Zeit, in der fremde Hände mich bändigten, kneteten und vergewaltigten“. (*AE*, 14) Doch diese negativen Assoziationen halten das erinnernde Ich nicht von dem Versuch ab, sie im Elternhaus neu zu erleben, sie aufzuschreiben und zu bewahren. Ganz im Gegenteil: Der Akt des Erzählens hebt diese Bilder aus dem Ungewissen des Gedächtnisses, gibt ihnen eine neue Objektivität als Text.

Es handelt sich, auch darauf macht der Erzähler in seiner Erinnerungsgeschichte aufmerksam, nicht um die erste Rückkehr an einen Ort der Kindheit. Schon „[v]or einigen Jahren konfrontierte ich mich mit dem Haus das wir, zur Zeit meines Eintritts in die Schule, bezogen hatten“. (*AE*, 25) Die frühere Begegnung mit der Vergangenheit hatte ebenfalls bedrückende Gefühle hergerufen. Doch diese Erinnerungen schildert der Erzähler nun nicht mehr in Form eines neu durchlebten Gedankenstroms, sondern beschreibt sie mit psychoanalytischem Vokabular („konfrontierte ich mich“) und im Modus einer reflektierten Retrospektive: „Seit Jahrzehnten hatte ich die Allee nicht mehr gesehen, und als ich sie nun wiedersah fühlte ich meine Kindheit wie ein dumpf schmerzendes Geschwür in mir.“ (*AE*, 25 f.) Wieder ist die Aufmerksamkeit des erinnernden Ich ganz auf die Umgebung gerichtet, die es mit dem im Gedächtnis aufbewahrten Bild des Erinnerungsortes vergleicht und daraufhin Veränderungen feststellt. Ein idyllischer, von schöner Natur geprägter Raum öffnet sich hier dem Blick des erinnernden Ich. „Im Teich, am Rand der Allee, schwammen ein paar weiße Schwäne“, bemerkt der Erzähler und hebt die ruhige Entrücktheit des Er-

---

103 Schutte, „‚Die Kindheit ist nicht mehr vorhanden‘“, 339.

104 Ebd., 340.

innerungsortes hervor: „Es herrschte tiefe Stille, alles war versunken in seine lange Vergangenheit [...]“. Ruhe, Raumfokussierung und Zeitenthobenheit charakterisieren diese Szene der Rückkehr. Doch bricht der Erzähler den scheinbar topischen Moment des kontemplativen Zurückblickens und entlarvt die idyllische Szenerie als trügerischen Schein, wenn er erneut kindliche Märchenbilder aufruft: „Wie ein Verzauberter in einem bösen Märchen ging ich auf den Park zu, in den die Allee mündete, und in dem unser Haus noch verborgen lag.“ (*AE*, 26)

Der Schluss der Erzählung ist von einer ganz ähnlichen Raumerfahrung geprägt. Wieder befindet sich das erinnernde Ich an einem auf den ersten Blick idyllischen Ort. Und erneut überlagert sich die Wahrnehmung dieses Raumes mit dem Raum der Erinnerung:

> Ich sah meine Spuren im Ufersand des Sees. Einen Augenblick lang füllte mich die Vision dieser Spuren, die mich von meiner Geburt an bis zu diesem Platz geführt hatte. In einem einzigen Augenblick sah ich das dunkle Muster dieser Spuren. Ich erkannte es und vergaß es gleich wieder, und im Schrecken über meine Vergangenheit lief ich in das Gebüsch hinauf, Vögel flatterten aus den Bäumen, der Himmel färbte sich blutrot von der sinkenden Sonne. (*AE*, 146)

Nicht einmal der Anblick eines Sonnenuntergangs am See ermöglicht dem erinnernden Ich einen Moment des ruhigen Innehaltens. So angenehm die gegenwärtige Situation sich auch gibt, der Erzähler kann sie nicht als unabhängig von einer Vergangenheit begreifen, „die mich von meiner Geburt an bis zu diesem Platz geführt hatte“. Nicht nur das Leben des autobiographischen Subjekts, auch dessen Narration folgt einem „dunkle[n] Muster“: Die Idylle kippt, es tritt ein Erinnerungsort hervor, der vom „Schrecken über meine Vergangenheit“ besetzt ist. Doch anders als in vorherigen Begegnungen mit der Vergangenheit gelangt das erinnernde Ich diesmal zu einem Punkt der Katharsis, zu einer Art von Befreiung, die Weiss' auch programmatisch im Titel der Erzählung referenziert: „Und die Unruhe, die jetzt begonnen hatte, ließ sich nicht mehr eindämmen, nach Wochen und Monaten langsamer innerer Veränderungen, nach Rückfällen in Schwäche und Mutlosigkeit nahm ich Abschied von den Eltern.“ Auf die Rückkehr folgt unweigerlich die Abreise, die letzten Sätze bekräftigen die Aufbruchsstimmung: „Die Räder der Eisenbahn dröhnten unter mir mit unaufhörlichen Kesselschlägen, und die Gewalten des Vorwärtsfliegens schrien und sangen in beschwörerischem Chor. Ich war auf dem Weg, auf der Suche nach einem eigenen Leben.“ (*AE*, 146) Der Erzähler greift ein letztes Mal das Motiv der Eisenbahn auf, deren Geräusche schon zu Beginn den Besuch des erinnernden Ich beim toten Vater untermalt hatten. Doch bleibt nun, am Ende der Erzählung, ambivalent, ob das erinnernde Ich oder das jugendliche Ich sich auf die Reise macht – es handelt sich um einen doppelten Abschied von den Eltern. Die Rückkehr wird bei Weiss zur Voraussetzung für das Erzählen, für das Verarbeiten der Vergangenheit und – darin besteht das erlösende Element – für einen neuen Aufbruch.

Botho Strauß' Begegnung mit dem Erinnerungsort ‚Elternhaus' steht zunächst unter ganz ähnlichen Vorzeichen wie diejenige von Peter Weiss. Dem Rückkehrer Strauß bietet sich eine intakte Provinzidylle dar. In ihr erkennt der Erzähler eine „Anmut", die sich heute oft nur noch „verschämt und verloren, [...] mißachtet" zeige:

Da lag es wieder vor mir, Ems, mein Städtchen. Der Fluß, die Lahn, bog sich zwischen den Anhöhen von Taunus und Westerwald, die drei Brücken sah ich, das Kurhaus mit dem Kuppelvorbau im Promenadengarten. Die Straße, in der ich aufwuchs, Römerstraße, zwischen Fluß, Kuranlagen und Berg, eine enge Durchfahrt, in der sich oft die Autos stauten. [...] (*Hk*, 23)

Das erinnernde Ich erkundet den Ort und vergleicht seine gegenwärtigen Eindrücke mit den im Gedächtnis aufbewahrten. Sein nostalgischer Blick registriert selbst positive Veränderungen mit einer gewissen Wehmut: „Die Schule wurde niedergerissen, ein Thermalbad steht jetzt dort." (*Hk*, 24) Die „Sommervillen" an der Lahn sehen „gepflegter aus als in meinen Kindertagen" (*Hk*, 67) und die Straße durch Bad Ems ist „längst autofrei und verkehrsberuhigt", was den erinnernden Spaziergänger jedoch nicht davon abhält, beim Überqueren trotzig „erst nach links und dann nach rechts zu sehen", denn dieses Verhalten „war [mir] eingefleischt". (*Hk*, 23) Früh macht der Erzähler deutlich, dass sich seine persönliche Wahrnehmung der Stadt von ihrer aktuellen Gestalt entkoppelt hat. Manche Eindrücke scheinen so weitgehend internalisiert, dass es eines erneuten Sehens oder Hörens gar nicht bedarf: Bei einem „Spaziergang" am „Taunusufer der Lahn" blickt das erinnernde Ich „hinüber zu der Stelle, wo einst das große Schulhaus stand, das Goethe-Gymnasium, nahe dem unablässig zum Unterricht das Wehr rauschte. Was heißt: rauscht*e*? Wo es immer rauscht. Denn wie eh und je höre ich es zu allen Stunden meines Lernens." (*Hk*, 24) Strauß hebt die Beständigkeit der Erinnerung gegenüber einer flüchtigen Gegenwart hervor, und gerade die Abwesenheit eines bekannten Sinneseindrucks kann diesen mental wieder präsent machen.

Der Spaziergang durch die Kindheitsstadt gibt dem Autobiographen auch Gelegenheit für grundsätzliche Reflexionen, in denen sich sein regressives, ganz und gar auf Bewahrung ausgerichtetes Erinnerungsverständnis artikuliert. Ohne Andeutung von Ironie fragt sich der Erzähler rhetorisch:

Gibt es etwas Besseres, als dort zu bleiben, wo du geboren, aufgewachsen, zur Schule gegangen bist, dich zum ersten Mal verliebt hast? Wo deine Eltern und Großeltern gelebt haben? Weshalb seinen angestammten Platz verlassen? Und wenn es schon sein muß, weil man ja das ein oder andere draußen in der Fremde lernen und zuwege bringen sollte, warum anschließend nicht wieder heimkehren? Es wäre nur die Hälfte des Vergehens zu spüren, wenn man an seinem Ort bliebe. Wenn man gar nicht anders könnte, als immer an seinem Ort zu bleiben. (*Hk*, 54)

Der Erzähler erklärt das lebenslange Verbleiben am Herkunftsort zum Ideal, während sich ihm alle Lebenswege, die ihn von seinem Ursprung fortleiten, als defizitär darstellen. Umso stärker betont Strauß jedoch die Möglichkeit der ‚Heimkehr', die das Subjekt nicht nur temporär, sondern dauerhaft wieder zu seinen Wurzeln führt. Gemessen an diesem Plädoyer allerdings kann die Rückkehr, die Strauß in *Herkunft* inszeniert und die eben nur eine vorübergehende ist, nicht als Heimkehr im eigentlichen Sinne gelten. Der Erzähler erlebt seine Rückkehr als einen zwar notwendigen Schritt, der jedoch mit dem Makel des Halbherzigen behaftetet ist und das Ideal der Heimkehr verfehlt.

Auf eine andere Weise jedoch gelingt dem erinnernden Ich die nachhaltige Besinnung auf den Ursprung, und zwar in Gestalt der endlich erreichten Annäherung an den Vater. In einer bemerkenswerten Passage spiegelt Strauß seine eigene Erinnerungsgeschichte in einem ganz ähnlichen Erlebnis seines Vaters. Dieser kehrte selbst viele Jahre zuvor („[e]twa um 1960") in Begleitung des noch kindlichen Botho Strauß in sein „Geburtshaus in Merzig an der Saar" zurück. (*Hk*, 37) Die Empfindungen des Vaters blieben dem Erzähler damals unverständlich: „Wenig andächtig sah ich den roten Backsteinbau mit dem dunklen Gartenhang im Hintergrund." Nun aber wird diese Episode für ihn zur Präfiguration seines eigenen Erlebens: „Aber sein Herz, es mir zu zeigen, schlägt mir jetzt! Er sah das Haus, wo er vor gut siebzig Jahren geboren worden war [...]." Strauß projiziert dabei seine Abneigung gegen alle Veränderung des Erinnerungsortes auf den Vater: Dessen Haus „stand noch unverbaut an gleicher Stelle, sah noch genauso aus, war nicht erweitert, nicht verschandelt, keinem Neubau, keiner falschen Begrünung hatte es weichen müssen". Erneuerung als Verfälschung – diese Vorstellung artikuliert Strauß nicht allein im Hinblick auf seinen persönlichen Erinnerungsort, vielmehr erkennt er darin ein gesellschaftliches Prinzip: „Die große zerstörend-erneuernde Geste fuhr erst ein wenig später über Stadt und Land der Bundesrepublik." (*Hk*, 37) Solche kulturkritischen Äußerungen fügen sich nahtlos in Strauß' programmatisches Beharren auf der ‚Überlieferung'. Insbesondere die Ursprünglichkeit von Landschaft und Architektur idealisierte Strauß schließlich nicht nur in seinen Texten, sondern orientierte auch sein eigenes Leben daran, wie Gottwald Herwig bemerkt: „Nach dem Skandal", den die Publikation von *Anschwellender Bocksgesang* auslöste, „und den dadurch erlittenen Verletzungen zog sich Botho Strauß in die Einsamkeit der Uckermarck zurück, in eine ländliche Welt der Schafe, Heiden und Wälder". Aus diesem „(äußeren) Rückzug" heraus bearbeite Strauß weiterhin „politische Fragen, vorsichtiger, aber beharrlich seine Hauptthemen und Anliegen weiterentwickelnd".[105]

Herkunft lässt sich als eine mildere Fortführung von Strauß' konservativem Diskurs begreifen. Der Autor bemüht sich, seine Hinwendung zur Vergangen-

[105] Gottwald, „Botho Strauß und die Politik", 44f.

heit psychologisch zu plausibilisieren und aus dem Erleben eines verunsicherten Subjektes heraus zu motivieren. Während die Veränderungen in Bad Ems, die er als erinnernder Spaziergänger beobachtetet, noch weitgehend als oberflächlich zu bezeichnen sind, so steht doch ein viel bedrohlicherer Einschnitt unmittelbar bevor. Leitmotivisch ruft Strauß immer wieder diesen Anlass seiner Rückkehr auf: „Morgen wird die Wohnung entrümpelt. Morgen wird mein Zuhause aufgelöst." (*Hk*, 78); „Drei Männer kommen und lösen meine Kinderwohnung auf [...]" (*Hk*, 69). Der Autobiograph bereitet sich auf den Verlust seines wichtigsten Erinnerungsortes vor, und wie Peter Weiss verfällt auch Strauß' Erzähler darauf, die Erinnerungen, die sein letzter Besuch an diesem Ort wachruft, erneut zu durchleben, dieses Nacherleben zu erzählen und so als Text zu bewahren. Das erinnernde Ich bewegt sich durch Haus und Wohnung, es entsteht ein Effekt der Überblendung von gegenwärtiger und erinnerter Erfahrung, der durchaus mit dem ‚Eintauchen' in den Erinnerungsort bei Weiss vergleichbar ist:

> Römerstraße achtzehn, dritter Stock. In helles Mittagslicht getaucht noch einmal die flußseitigen Zimmer der Wohnung, bevor ich sie für immer verlassen werde, hell wie an den Tagen der beginnenden Unruhe, da ich hastig durchs Treppenhaus lief, von der Straße hinauf ins Zimmer, die Murmeln oder die Rollschuhe holte und zum Ärger des Vaters immerzu die Türen schlug ... (*Hk*, 82)

Auslöser der Erinnerungsfragmente ist auch hier eine bestimmte Wahrnehmung des Raumes – das helle Mittagslicht in den Zimmern –, die zur Überblendung von Gegenwart und Vergangenheit führt. Die so hervorgerufenen Präsenzerfahrungen, in der Regel im Präsens erzählt, durchziehen den gesamten Text, folgen dabei einer assoziativen und nicht chronologischen Logik: „Musik, von irgendwo aus einem leisen Radio herangeweht, Nachtkonzert, Capriccio italien, und unversehens steh ich im Emser Zimmer, den Taktschlag übend, Partituren lesend [...]." (*Hk*, 70)

Neben dem Haus selbst ist der Vater das wichtigste Motiv dieser Assoziationen (vgl. *Hk*, 7–13, 32–34), denn aus der Erinnerung „kehrt er mir nun immer wieder". (*Hk*, 83) Das erinnernde Ich stilisiert sich beim Gang durch das Haus gar zum passiven Medium der Vergangenheit, durch das der Vater wieder in die Gegenwart eintreten kann: „So bin ich nun sein Pfad. Durch mich kommt er herüber, geht er zurück. Ich bin sein Wandel, den er braucht, um zwischen Dort und Hier, Abwesenheit und Anwesenheit frei zu verkehren." (*Hk*, 41) Schon am Beginn des Textes steht eine Imagination, die gleichermaßen auf den Vater und das Haus bezogen ist und so beide zentralen Motive der Erzählung etabliert: „Der Vater sitzt an seinem Schreibtisch, sieht hinunter auf den Fluß, den Kurgarten, ist immer zuhaus von früh bis spät, unterbricht die Tagesarbeit nur zu den Mahlzeiten und zum Mittagsschlaf." (*Hk*, 7) Dieses Bild greift das erinnernde Ich an späterer Stelle wieder auf und vergegenwärtigt sich den Vater noch unmittelbarer, indem es mit ihm ein Gespräch beginnt: „Da nun mein Vater nach langem postmortalen Aufenthalt zurückgekehrt war und wieder in seinem Arbeitszimmer stand, legte ich den Arm um seine Schulter und zeigte hinunter zur Lahn: ‚Weißt du noch, wie du mich im Winter 1955 über den zugefrorenen Fluß führtest […]'?" (*Hk*, 84)

Zuweilen kombiniert der Erzähler bei der Schilderung einer Episode verschiedene Zeitformen, um die narrativen Niveaus des präsentisch erlebenden und des retrospektiv erinnernden Ich voneinander abzusetzen: „Der Vater bringt, sofern wir uns gut verstanden, den Kaffee nach vorn zu mir ins Zimmer. Ich unterbreche die Schularbeiten oder die Lektüre, und er trinkt, an meinem Fenster sitzend, seine Tasse. Wir sprachen dann miteinander über alles, was uns gerade beschäftigte." (*Hk*, 10) Während das konkret erinnerte Erlebnis mit dem Vater in einem Unmittelbarkeit vermittelnden Präsens geschildert ist, reflektiert das erinnernde Ich in einem distanzierten Präteritum die dahinterstehende Routine und die Umstände, an welche der Moment der Intimität geknüpft ist („sofern wir uns gut verstanden"). Poetologisch begründet Strauß seine narrative Strategie, dem Leser solche präsentisch formulierten Vergangenheitsbruchstücke zu präsentieren, an anderer Stelle: „Wer seine Erinnerungen erzählt, befindet sich nicht im Zustand der Erinnerung. Akute Erinnerung kennt kein ‚Weißt du noch?', sondern nur Damals-Unmittelbarkeit, Damals-Überwältigung." (*Hk*, 62) Daher stelle das Erzählen, so Strauß, immer eine „Zähmung der Erinnerung" dar: „Dressur der Wehmut ist unvermeidlich, wenn man etwa einem jungen und unbekannten Menschen etwas von früher erzählen will. Eigentlich gelangt man ja nur nach Hause in verschwommenen, undisziplinierten Empfindungen." Folglich sei die „Kontinuität der Darstellung, der Erzählung […] dem rohen, unberechenbaren Affekt, dem Anfall oder Ansprung von ‚verlorener Zeit', etwas durchaus Unangemessenes". (*Hk*, 89) Diese Erkenntnis verheißt allerdings nichts Gutes für Strauß' Vorhaben einer ‚Verschriftlichung' der Vergangenheit, um diese auch über den Verlust des Erinnerungsortes hinaus zu erhalten. Der Text *Herkunft* steckt, so ließe sich folgern, in einem poetologischen Dilemma, und Strauß erkennt im fragmentarischen, assoziativen und präsentischen Erzählen die vielleicht einzige Möglichkeit, mit dieser Problematik produktiv umzugehen.

So nutzt Botho Strauß die Erinnerungsgeschichte auch dafür, eine Erinnerungspoetik zu entwickeln, die den theoretischen und selbstreflexiven Überbau seiner Rückkehr formt. Er erklärt das Elternhaus zum wichtigsten Ort seiner Geschichte, zu seiner persönlichen Heimat: „Andere haben Landstriche und Nachbarschaften, Dörfer, Städte, Straßen, Meere zur Heimat. Ich einzig diesen Flur, den mageren engen fensterlosen Gang mit sieben geschlossenen Türen rechts und links." In dieses „Asyl des Kindes" müsse er „von Zeit zu Zeit" zurückkehren, so der Erzähler, denn sonst „besäße ich gar nichts Unverletzliches mehr". (*Hk*, 42) Die Vorstellung der elterlichen Wohnung als ‚unverletzliches Asyl' ist die vielleicht stärkste Verbindung zwischen Strauß' Erinnerungspoetik und der mußeaffinen Tradition des autobiographischen Erzählens, denn sie verbindet den Topos der Rückkehr mit dem des Rückzugs. Die Römerstraße 18 in Bad Ems repräsentiert für Strauß einen geschützten, dem Trubel des Alltags entzogenen Ort und einen stabilen Punkt im Zeitstrom. Doch modifiziert und invertiert Strauß die Logik des traditionellen Rückzugsmodells auf seine Weise: Für ihn ist der Rückzug nicht die Voraussetzung für die Erinnerung, vielmehr bildet die Erinnerung (und der zu ihr gehörende Erinnerungsort) den einzigen abgeschlossenen, unverletzlichen Ort, an dem das Ich zur Ruhe kommen kann. Der Blick in die eigene Vergangenheit, so der Erzähler, sei wie der Blick „in die blaue Kugel des Magiers", die „ein abgetrenntes, umschlossenes Weltlein" bilde. (*Hk*, 59) Die Metapher der Glaskugel nutzt Strauß, um erneut sein nostalgisches Erinnerungsmodell zu evozieren: „Möchtest du wirklich in die Kugel hinein, möchtest du noch einmal im Einst-Weltlein leben?", fragt der Erzähler, um sofort die Antwort nachzuschieben:

> Ja, würde ich rufen, sofort! Aber nur so, daß ich es nie wieder verlassen müßte und mir sämtliche erworbene Erfahrung und Entwicklung gelöscht würde. Also nur, wenn verstummte das Gurgeln des nachfragenden, des wiederkäuenden, des erinnernd eiternden Lebens – wo doch des Menschen ganze Natur danach strebt, wie vordem zu sein, also: frei von Erinnerung! (*Hk*, 59)

Nur auf den ersten Blick handelt es sich um einen paradoxen Gedanken, den Strauß hier formuliert: Der Rückzug in die Erinnerung biete eine Möglichkeit, Freiheit von der Erinnerung zu erlangen. Das erinnernde Ich idealisiert die Vergangenheit, empfindet sie in der Retrospektive als seiner eigenen Gegenwart überlegen. So entsteht der Wunsch, in diese Vergangenheit zurückzukehren und sie – wie damals – als eine von Erinnerungen unbelastete Gegenwart zu erleben.

Ähnlich wie der Begriff der Erinnerung nimmt auch das Konzept der Vergegenwärtigung über *Herkunft* hinaus eine zentrale Rolle in Strauß' literarischem und essayistischem Werk ein. Nadja Thomas hat in ihrer gründlichen Studie darauf aufmerksam gemacht, dass Strauß eine „Ästhetik der Anwesenheit" (so auch der Untertitel seines Essays *Der Aufstand gegen die sekundäre Welt*[106]) praktiziere, in der die „Erfahrung einer ‚realen Gegenwart' als ästhetische und religiöse Kategorie gedacht wird".[107] Diese Vorstellung artikuliere Strauß in seinen Texten immer wieder unter variierenden Bezeichnungen, beispielsweise als „Realpräsenz"[108] oder als die Tätigkeit des „Gewärtigen".[109] In *Herkunft* realisiert Botho Strauß dieses ästhetische Prinzip auf eine besonders persönliche Weise. Damit ist zugleich deutlich, dass Strauß nicht als stolzer und souveräner Auto-

[106] Botho Strauß, *Der Aufstand gegen die sekundäre Welt. Bemerkungen zu einer Ästhetik der Anwesenheit*, München 1999.

[107] Thomas, *‚Der Aufstand gegen die sekundäre Welt'*, 214.

[108] Strauß, *Der Aufstand gegen die sekundäre Welt*, 50.

[109] Botho Strauß, *Beginnlosigkeit. Reflexionen über Fleck und Linie*, München 1992, 128.

biograph von einem überlegenen Standpunkt aus auf seine Entwicklung zurückblickt. Nicht der ‚pikareske Ton', um mit Jean Starobinski zu sprechen, bestimmt die Erinnerungsgeschichte in Strauß' Erzählung. In *Herkunft* herrscht vielmehr ein ‚elegischer Ton': Der Erzähler verklärt die Vergangenheit gegenüber seiner als problematisch empfundenen Gegenwart, er strebt danach, dieses ‚verlorene Paradies' durch sein Schreiben wiederzuerlangen.[110]

Doch bildet die eben zitierte Passage auch eine der wenigen Stellen, in denen Strauß selbst Zweifel an seiner Idealisierung der Vergangenheit formuliert und die Idee der Vergegenwärtigung in ein ambivalentes Licht rückt. Der Erzähler schränkt gleich darauf ein:

Aber nein. Würdest du tatsächlich in die komplette erinnerungslose Realität deiner Frühe versetzt, so ginge es dort gar nicht besonders lieblich zu. Nie warst du tiefer verzweifelt als in den Stunden unschuldigster Verzweiflung. Nie hast du Unglück so hart und pur empfunden wie in der Unruhe und Quere des Aufwachsens. (*Hk*, 59 f.)

Hatte der Erzähler seine Erinnerungen eben noch als einen Zufluchts- und Rückzugsort charakterisiert, spricht er ihr eben diese Qualität nun wieder ab: „Das Subjekt tritt in die Aura seiner Damaligkeit. Was war, überkommt es wie ein Anfall. Es ist ja kein ruhiges Tal, in das man besinnlich hinabschaut." (*Hk*, 47) Der Erinnerungsort enthüllt sich schließlich doch nicht als ein mußevoller Ort friedlicher Selbsterkundung. Diese ernüchternde Erkenntnis bestimmt im Laufe des Textes zunehmend die erinnerungstheoretischen Reflexionen, die folglich immer weniger von naiver Idealisierung geprägt sind. Dabei wird deutlich, dass Strauß jenseits seiner ganz persönlichen Geschichte ein übergeordnetes Thema verfolgt, nämlich das „Älterwerden in einer traditionsfeindlichen Welt". (*Hk*, 55) In einer Gesellschaft, die kaum Möglichkeiten einer authentischen Besinnung auf Herkunft und Überlieferung biete, bleibe den gealterten Menschen gar nichts übrig als die „Produktion einer künstlich synthetisierten Damals-Welt". In einem ungewöhnlich zynischen Kommentar fordert der Erzähler weiter, jeder Gealterte müsse „an seinem Vergehen mit Methode arbeiten", nämlich vor allem an der „Herstellung von *wertvoller* Sentimentalität, die er als günstiges Rauschmittel schätzt". (*Hk*, 55, Herv. i. O.) Strauß formuliert hier eine beißende Kritik an der herrschenden Erinnerungskultur. Das öffentliche Gedächtnis sei geprägt vom mahnenden Begriff der „Vergangenheitsbewältigung", doch suggeriere das Wort ein kontrolliertes Vorgehen. Die „Vergangenheits*über*wältigung" hingegen „wäre eine Katastrophe gewesen" (*Hk*, 47, Herv. i. O.) und hätte daher im öffentlichen Diskurs keinen Platz, bedauert der Erzähler. Ihm erscheint die Vorstellung eines gelenkten Gedenkens suspekt. Aus seiner Ablehnung der öffentlichen Er-

[110] Vgl. Starobinski, „Le style de l'autobiographie", 264. Starobinski erläutert an dieser Stelle den „ton élégiaque" an Passagen der rousseauschen Autobiographie: Rousseau „favorise le passé au détriment du présent. Le temps où va intervenir l'écriture est le temps de la disgrâce; l'époque ancienne, elle, que Rousseau entend récupérer par l'écriture, est un paradis perdu."

innerungskultur zieht er schließlich erneut die Konsequenz, sich ostentativ der *eigenen* Vergangenheit zuzuwenden: „Anders verhält es sich mit der Vergangenheit des einzelnen in seiner Lebenszeit. [...] Ein unbezwingliches Reich, das keine Aufklärung je erobern könnte." (*Hk*, 47) Die individuelle Erinnerung entzieht sich einer rationalen Historiographie, sie ist überwältigend und zwingt das Subjekt, sich ihr auszuliefern – dies ist der Kern von Botho Strauß' Mnemopoetik.

Somit werden von Strauß letztlich Kategorien wiederbelebt, die einst Maurice Halbwachs in den Gedächtnisdiskurs eingeführt hatte. Halbwachs unterscheidet zwischen der „mémoire autobiographique", die er als individuelle Erinnerung an persönlich erlebte Begebenheiten begreift, und der „mémoire historique", womit er das unpersönliche Gedächtnis an Ereignisse bezeichnet, die das Individuum nicht selbst erlebt hat und die ihm lediglich durch institutionell geformte Narrative vermittelt werden.[111] Schon bei Halbwachs erscheint die mémoire historique eigentlich als eine ‚mémoire morte', welche die Vergangenheit lediglich aufbewahrt, ohne dass ihr noch eine Bedeutung für die Gegenwart zukäme. Strauß' *Herkunft* lässt sich in diesem Sinne als ein Plädoyer gegen die historiographische und für die autobiographische Erinnerung verstehen, eben weil sie dem Autor jene vitalen Präsenzerfahrungen ermöglicht, welche die öffentliche Gedächtniskultur schuldig bleibt. Die erinnerungstheoretischen Bemerkungen haben daher in Strauß' Erzählung auch eine legitimierende Funktion, begründen sie doch sein Insistieren auf dem Elternhaus als persönlichem Erinnerungsort und sie plausibilisieren seine assoziativ-vergegenwärtigende Erzählweise. Statt einer kohärenzstiftenden Überblicksperspektive setzt Strauß' auf das „Close-up der Erinnerung" (*Hk*, 32), das den persönlichen Besuch am Erinnerungsort voraussetzt und ihn eben dadurch zum wertvollen ‚Rückzugsort' stilisiert. Die idiosynkratische Nahperspektive stellt in Strauß' Logik die einzige Möglichkeit dar, die Erinnerungen in textueller Form auch über den bevorstehenden Verlust des Erinnerungsortes hinaus zu bewahren. Das erinnernde Ich will der Erinnerung in der Erzählung einen neuen Ort geben.

Folglich ähnelt Botho Strauß' *Herkunft* in seiner strukturellen Anlage Peter Weiss' Erzählung *Abschied von den Eltern*. Beide nehmen die Auflösung des elterlichen Haushaltes zum Anlass für die Rückkehr an den Erinnerungsort, beide bemühen sich um die Rettung der Erinnerungen durch ihren Transfer aus dem (un)bewussten Gedächtnis in einen literarischen Text, und beide setzen bei dieser Narrativierung auf vergleichbare, assoziativ-fragmentarische Erzählstrategien. In ihrer Intention jedoch unterscheiden sich beide Erinnerungsgeschichten erheblich. Peter Weiss gestaltet den letzten Besuch im Elternhaus nach psychoanalytischem Muster als Konfrontation seiner traumatischen Kindheitserlebnisse durch ein wiederholendes ‚Durchgehen' und Neuerleben.[112] Der Er-

---

[111] Halbwachs, *La mémoire collective*, 99.

[112] Beinahe kein Forschungswerk zu Peter Weiss kommt umhin, auf die Nähe von Weiss'

innerungsort ist für ihn daher alles andere als ein stabiler, ruhiger Ort der Selbstreflexion, sondern ein ambivalenter Bereich zwischen Verunsicherung und in existentiellen Konflikten errungenem Selbstbewusstsein. Auch Strauß spricht die vom Erinnerungsort ausgehende Überforderung in einigen Stellen seiner kulturkritisch gefärbten Reflexionen an, insgesamt jedoch spielt die elterliche Wohnung bei ihm eine deutlich positivere Rolle. Für ihn ist sie ein geradezu unverzichtbarer Ort der Selbstvergewisserung in einer sonst als kontingent erlebten Welt, eine Kontaktstelle zur eigenen Geschichte und der seines Vaters. Auf dieser Basis stilisiert er den Erinnerungsort ganz affirmativ zur stabilen, erhaltenswerten Heimat, in die er zwar nicht für immer zurückziehen, aber doch regelmäßig zurückkehren will.

An Peter Weiss' *Abschied von den Eltern* und Botho Strauß' *Herkunft* lässt sich zumindest exemplarisch zeigen, wie sehr die Rückkehr an einen Erinnerungsort zum Topos der autobiographischen Reflexion avanciert, dem in der Moderne große Bedeutung zukommt. Ebenso wie im Falle des Rückzugsmodells prägt die Raumwahrnehmung des autobiographischen Subjekts die autobiographische Narration in entscheidender Weise: Die vertraute Landschaft, die heimische Architektur und andere räumliche Objekte sind als persönliche Erinnerungsorte semantisch aufgeladen. Die Konfrontation mit ihnen induziert willkürliche oder unwillkürliche Assoziationen, die zur Vergegenwärtigung vergangener Erfahrungen führen. Die spezifische Qualität der Texte von Weiss und Strauß besteht darin, diese Präsenzerfahrungen zum zentralen Mittel der narrativen Darstellung zu erheben und die „schlaglichtartig ins Bewußtsein tretenden Erinnerungsbilder" – zumindest im Falle von Strauß – zum Gegenstand poetologischer Reflexion zu machen.[113]

Stärker als im klassischen Modell des Rückzugs ist die Rückkehr an den Kindheitsort jedoch lediglich im übertragenen Sinne ein Moment des Innehaltens. Die Reise an den Ort der Kindheit ist in den meisten Fällen eine Zäsur nicht nur des Alltags, sondern des gesamten Lebens, ein Moment des Bilanzierens und Vergleichens. Doch bildet die Rückkehr in der Regel nicht den Endpunkt des Lebens – sie ist eine zwar bedeutsame, aber gleichwohl temporäre Zwischenstation. Zudem hat die Rückkehr andere Implikationen für den Status des Subjekts. Es ist nicht der selbstgewiss aus seinen Erinnerungen schöpfende Autobiograph, der sich den Mühen einer solchen Reise aussetzt, sondern ein verunsicherter Erzähler, der nach Vergangenheit sucht, Erinnerungen aus „mythologischem Dunkel" heraufbeschwören oder doch zumindest seine vorhandenen Erinnerungen mit der Wirklichkeit abgleichen will. Die Rückkehr ist daher auch nicht in jedem Fall

Erzähltechnik zu psychoanalytischen Verfahren hinzuweisen. Besondere Beachtung schenken diesem Umstand jedoch Götze, *Poetik des Abgrunds und Kunst des Widerstandes*, 27 f.; Hamann, „Subjektinszenierung und Ideologiekritik", 302 f.

[113] Lamberty, „Peter Weiss: *Abschied von den Eltern*", 71.

ein mußevolles Intermezzo, sondern sie kann, wie im Fall von Peter Weiss, eine starke Affinität zur Erinnerungs*arbeit* aufweisen.[114]

2.6. Topoi der Muße. Günter Grass: *Beim Häuten der Zwiebel*

Im Sinne eines Zwischenfazits bietet es sich an, eine Autobiographie in den Blick zu nehmen, die nicht nur sporadisch eines der muße-affinen Muster der klassischen Autobiographik aktualisiert, sondern gleich ein ganzes Bündel von Topoi der Muße vereint. Im Jahr 2006 veröffentlichte der damals 79-jährige Günter Grass seinen Lebensbericht unter dem anspielungsreichen Titel *Beim Häuten der Zwiebel.*[115] Die Autobiographie umfasst allerdings nur die Zeit von seiner Kindheit bis zum Durchbruch mit *Die Blechtrommel* (1959), denn „[a]b dann ist alles aufgezählt und datiert, steht gedruckt und in Zeilen geordnet". (*BH*, 471) Grass verzichtet auf einen Untertitel, der die Gattungszugehörigkeit seines Textes eindeutig markieren würde, doch verkündet ein Text auf der Rückseite der Taschenbuchausgabe, dass es sich um ein „prall gefülltes Erinnerungsbuch" handele. Eine der im Buch geschilderten Episoden löste in der Öffentlichkeit eine besonders kontroverse Debatte aus: Überraschend gestand Grass ein, als junger Soldat Mitglied in der Waffen-SS gewesen zu sein, als Panzerschütze bei der Division „Jörg von Frundsberg" (*BH*, 125–127).[116] Etwas weniger Beachtung fand hingegen der Umstand, dass Grass diese Beichte ebenso wie seinen weiteren Lebensbericht mit einem poetologischen Kommentar flankiert, der die Möglichkeit des faktual-autobiographischen Erzählens und des verlässlichen Erinnerns grundsätzlich in Zweifel zieht.[117] „Wer sich ungenau erinnert, kommt manchmal

---

[114] Vgl. Kapitel 4.

[115] Günter Grass, *Beim Häuten der Zwiebel*, Göttingen 2006. (Im Folgenden zitiert mit der Sigle *BH*.)

[116] Die Forschung hat die Debatte um Grass' SS-Geständnis bereits intensiv und aus mehreren Blickwinkeln aufgearbeitet. Zu den wichtigeren Beiträgen gehört die in Grass' Verlag Steidl erschienene Materialsammlung zur medialen Berichterstattung von Martin Kölbel, *Ein Buch, ein Bekenntnis. Die Debatte um Günter Grass' Beim Häuten der Zwiebel*, Göttingen 2007. Einen recht apologetischen Kommentar zur Debatte bieten die Beiträge in der Publikation des Günter Grass-Haus (Hg.), *Von der Arbeit an der Erinnerung. Zu Günter Grass „Beim Häuten der Zwiebel"*, Lübeck 2007. Vor dem Hintergrund einer neuen deutschen Erinnerungskultur deutet den Skandal Anne Fuchs, „‚Ehrlich, du lügst wie gedruckt'. Günter Grass's Autobiographical Confession and the Changing Territory of Germany's Memory Culture", in: *German Life & Letters* 60,2 (2007), 261–275.

[117] Das selbstreflexive Erzählverfahren und den poetologischen Gehalt der Autobiographie analysieren Carol Anne Costabile-Heming, „Overcoming the Silence. Narrative Strategies in Günter Grass's *Beim Häuten der Zwiebel*", in: *Colloquia Germanica* 41,3 (2008), 247–261; Julia K. Schlichting, „Zweifel und Selbstbehauptung eines ungleichen Paares. Das erinnernde und das erinnerte Ich in *Beim Häuten der Zwiebel* von Günter Grass", in: Jan Cölln/Annegret

dennoch der Wahrheit um Streichholzlänge näher, und sei es auf krummen Wegen" (*BH*, 10), bemerkt der Autobiograph, dessen komplexe Sprachbilder nicht selten zur Katachrese verrutschen.[118] Dass die Autobiographie auf die Darstellung einer ‚höheren Wahrheit' abzielt, die nicht in den historischen Fakten aufgeht, sondern eine „halb poetische, halb historische Behandlung" erfordert, zählt seit Goethes *Dichtung und Wahrheit* zu den wie selbstverständlich akzeptierten Prämissen des autobiographischen Erzählens.[119] Grass indes geht einen Schritt weiter: Er setzt – in gewissermaßen platonischer Tradition und in *Beim Häuten der Zwiebel* durchaus nicht zum ersten Mal – die Dichtung mit der Fiktion und daher mit der Lüge gleich.[120] Wenn aber die Wahrheit mit der Dichtung und wiederum die Dichtung mit der Lüge in einem engen Bedingungszusammenhang steht, dann muss Grass zu dem paradox anmutenden Schluss kommen, dass erfundene „Lügengeschichten" (*BH*, 10) zuweilen am besten geeignet seien, die Wahrheit über sich selbst zu sagen. Sein autobiographisches Ich ist, in des Autors eigenen Worten, ein „behauptetes, doch immer wieder im fiktionalen Gestrüpp verschwindendes Ich". (*BH*, 39)

Ein wohlmeinender Leser der Autobiographie kann in diesen selbstreflexiven Erzählerkommentaren einerseits eine „Warnung vor der Täuschung über die ‚Wahrheit' von Erinnerung" erkennen, wie Christa Wolf es tat.[121] In diesem Fall präsentierte Grass lediglich ein poetologisches Plädoyer, die erinnerte Vergangenheit nicht mit der tatsächlichen Geschichte zu verwechseln, sondern mentale Mechanismen der Konstruktion und Verdrängung in Rechnung zu stellen. Man muss andererseits aber nicht naiv an die absolute Zuverlässigkeit des Gedächtnisses glauben, um hinter den poetologischen Bemerkungen ein anderes Ziel zu erkennen: Grass versucht, den gattungskonstitutiven Anspruch auf Faktualität und Wahrhaftigkeit zu relativieren, um auf diese Weise die Verantwortung

---

Middeke (Hg.), *Dioskuren, Konkurrenten und Zitierende. Paarkonstellationen in Sprache, Kultur und Literatur*, Göttingen 2014, 339–360.

[118] Ätzende Kritik an Grass' problematischem Umgang mit Metaphern äußert beispielsweise Gerhard Henschel, „Beim Zwiebeln des Häuters", in: *Beim Zwiebeln des Häuters. Glossen und Verrisse 1992–2012*, Berlin 2012, 130–137.

[119] Johann Wolfgang von Goethe, *Aus meinem Leben. Dichtung und Wahrheit*, Sämtliche Werke, Briefe, Tagebücher und Gespräche, Bd. 14, hg. v. Klaus-Detlef Müller, Frankfurt a. M. 1986 [1811–1833], 14.

[120] Die für Grass' Werke typische „Lügenstruktur" manifestiere sich etwa in der häufigen Verwendung von unzuverlässigen Erzählern, meint Hans Wißkirchen, „Ein Buch, eine Debatte und ein Haus. Mehr als eine Einleitung", in: Günter Grass-Haus (Hg.), *Von der Arbeit an der Erinnerung. Zu Günter Grass „Beim Häuten der Zwiebel"*, Lübeck 2007, 3–11, 7; zum Phänomen der unzuverlässigen Erzähler bei Grass vgl. auch Beate Schirrmacher, „Die Unzuverlässigkeit des schuldigen Erzählers. Erzählerfiguren bei Günter Grass, ihr Verhältnis zur Schuld und das Häuten einer Zwiebel", in: Marion Gymnich/Ansgar Nünning/Vera Nünning u. a. (Hg.), *Points of Arrival. Travels in Time, Space and Self*, Tübingen 2008, 119–128.

[121] Christa Wolf, „Autobiographisch schreiben. Zu Günter Grass: *Beim Häuten der Zwiebel*", in: Günter Grass-Haus (Hg.), *Von der Arbeit an der Erinnerung. Zu Günter Grass „Beim Häuten der Zwiebel"*, Lübeck 2007, 31–35, 32.

für seine Lebenserzählung ein Stück weit von sich zu schieben. Die Erwartung, er könne souverän über seine Erinnerung und ihre Darstellung verfügen, weist der Erzähler zurück, und stilisiert sich stattdessen zum Opfer seines Gedächtnisses: Die eigene Vergangenheit „verführt zu Lügengeschichten", und „will mal so, mal so erzählt werden". (*BH*, 10) Ein Schriftsteller könne sich dieser Verführung kaum widersetzen, „denn oft gibt die Lüge oder deren kleine Schwester, die Schummelei, den haltbarsten Teil der Erinnerung ab; niedergeschrieben klingt sie glaubhaft und prahlt mit Einzelheiten, die als fotogenau zu gelten haben". (*BH*, 9) Man kann sich nur schwer des Eindrucks erwehren, dass die von Grass skizzierte Erinnerungspoetik auch eine apologetische Funktion erfüllt. Sie suggeriert, sein langes Schweigen über die SS-Mitgliedschaft sei bloß ein Symptom einer allzu menschlichen und literarischen Disposition zum Vergessen, Verdrängen, Lügen und Erfinden.[122]

Der vorliegenden Untersuchung kommt entgegen, dass Grass sich aufgrund dieser Verstrickungen veranlasst sieht, ausführlich die Umstände und Bedingungen seines Erinnerns zu reflektieren. Grass nimmt dem Erinnerungsprozess seine Selbstverständlichkeit, sein Blick zurück auf die eigene Vergangenheit scheint nicht mehr so reibungslos und willkürlich zu funktionieren, wie dies bei selbstgewissen Autobiographen wie etwa Marcel Reich-Ranicki der Fall ist. Das Erinnern wird zu einem Prozess schrittweiser Annäherung und Interpretation, den auch die titelgebende Metapher des ‚Häutens der Zwiebel' evoziert:

> Wenn ihr mit Fragen zugesetzt wird, gleicht die Erinnerung einer Zwiebel, die gehäutet sein möchte, damit freigelegt werden kann, was Buchstab nach Buchstab ablesbar steht: selten eindeutig, oft in Spiegelschrift oder sonstwie verrätselt.
>
> Unter der ersten, noch trocken knisternden Haut findet sich die nächste, die, kaum gelöst, feucht eine dritte freigibt, unter der die vierte, fünfte warten und flüstern. Und jede weitere schwitzt zu lang gemiedene Wörter aus, auch schnörkelige Zeichen, als habe sich ein Geheimniskrämer von jung an, als die Zwiebel noch keimte, verschlüsseln wollen. (*BH*, 9)

Grass konstruiert aus dem prosaischen Vorgang des ‚Zwiebelhäuten' eine mnemotechnische Allegorie: Das erinnernde Ich müsse sich, so der Erzähler, erst durch mehrere Schichten des Gedächtnisses arbeiten, die das Vergangene auf verschiedene Weisen ‚verrätseln' können. Die Erinnerungen liegen in Form von Texten oder Erzählungen vor, die den verschiedenen Gedächtnisschichten (bzw. Zwiebelhäuten) eingeschrieben ist. Die Vergangenheit ist für das autobiographische Subjekt zunächst intransparent, weil sich die diversen Erzählungen überlagern und zudem verschlüsselt sind. Ihre Separierung, Decodierung und Reformulierung ist die Aufgabe des Autobiographen. Des Weiteren besitzt die Zwiebel

---

122 Ein „framework of lying, forgetting and suppressing" attestiert Grass auch Costabile-Heming, „Overcoming the Silence", 248.

keinen festen Kern, sondern besteht im Grunde nur aus Häuten, die wieder in weitere Hautschichten zerlegt werden können. Gleichermaßen wird auch der Autobiograph bei seinem Unternehmen nicht auf einen wahren Kern der Erinnerung stoßen – die Erinnerung *ist* die Menge der sich überlagernden Erzählungen.

Darüber hinaus hat die Allegorie des Zwiebelhäutens poetologische Implikationen: Erstens modelliert Grass Erinnerung nicht als einen sich unmittelbar ereignenden Akt, sondern als einen interpretativen *Prozess*. Das Sprachbild lässt sich somit als poetische Reformulierung von Wilhelm Diltheys hermeneutischer Prämisse verstehen, der zufolge das „Auffassen und Deuten des eigenen Lebens [...] eine lange Reihe von Stufen" durchlaufe, deren „vollkommenste" Form die „Selbstbiographie" sei.[123] Zweitens differenziert Grass zwischen Erinnerungsprozess und Erzählakt als zwei funktional verschiedenen Ebenen der Autobiographie. Beides geschieht, anders als etwa in der souveränen Selbstrepräsentation Marcel Reich-Ranickis, nicht Hand in Hand, vielmehr erhält der Erinnerungsvorgang einen Eigenwert gegenüber dem Erzählen und wird als solcher im Text thematisiert. Auf diese Weise treten die verschiedenen Instanzen des autobiographischen Subjekts hervor: Zunächst muss sich das erinnernde Ich einen Zugang zur Vergangenheit verschaffen, bevor das erzählende Ich das dabei zutage Geförderte zum autobiographischen Text formen kann.

Der Erinnerungsprozess bleibt, mit anderen Worten, in Grass' Autobiographie keine abstrakte Funktion des Textes, sondern wird narrativ gestaltet und damit räumlich und zeitlich konkretisiert. Die resultierende Erinnerungsgeschichte durchbricht immer wieder den chronologischen Lebensrückblick; sie folgt allerdings keiner kontinuierlichen Handlung, vielmehr setzt sie sich aus eher unzusammenhängenden Passagen zusammen, die unterschiedliche Grade narrativer Ausgestaltung aufweisen. Vielfach handelt es sich nur um kurze, selbstreflexive Kommentare, in denen das erinnernde Ich die Unzuverlässigkeit des Gedächtnisses thematisiert: „Ab dann reißt der Film. Sooft ich ihn flicke und wiederanlaufen lasse, bietet er Bildsalat." (*BH*, 138) Einige Teile der Erinnerungsgeschichte baut Grass jedoch zu kurzen Episoden aus, die er raumzeitlich konkret verortet: „Jetzt wärmt mich Junisonne, wie mich im April [1945] die Sonne gewärmt hat." (*BH*, 168) Schlaglichtartig zeigen diese narrativen Vignetten das erinnernde Ich an unterschiedlichen Orten und in verschiedenen Situationen. Eines ist ihnen allerdings häufig gemein: Sie sind gestaltet als Momente des Innehaltens, der Kontemplation und der spielerischen Imagination.

Als eine Praxis der Muße kann schon das eponyme ‚Häuten der Zwiebel' betrachtet werden. Auch wenn es sich nur um eine „imaginierte Zwiebel" (*BH*, 65) handelt, wie der Erzähler sicherheitshalber erklärt, so impliziert die Vorstellung

[123] Wilhelm Dilthey, *Der Aufbau der geschichtlichen Welt in den Geisteswissenschaften*, Gesammelte Schriften, Bd. 7, hg. v. Bernhard Groethuysen, Leipzig/Berlin 1942, 204.

des schrittweisen Entfernens der dünnen Häute eine diffizile Tätigkeit, die vom Ausführenden Konzentration, wenn nicht gar meditative Versenkung erfordert, allerdings den Außenstehenden reichlich zweckfrei erscheinen muss. Grass' Beschreibung des Vorgangs rückt vor allem die sinnliche Qualität der Häute in den Mittelpunkt; sie erinnert entfernt an das mußevolle Motiv des Pfeife-Stopfens in Max Frischs *Montauk*: „Unter der ersten, noch trocken knisternden Haut findet sich die nächste, die, kaum gelöst, feucht eine dritte freigibt, unter der die vierte, fünfte warten und flüstern." (*BH*, 9) Grass hebt den ästhetischen Aspekt des Zwiebelschälens zusätzlich auf einer intermedialen Ebene hervor, indem er den Kapiteln seiner Autobiographie von ihm selbst angefertigte Illustrationen voranstellt, die eine Zwiebel im fortlaufenden Häutungsprozess zeigen. In dem Maße, wie die Erzählung der Lebensgeschichte voranschreitet, wird auch die gezeichnete Zwiebel mit jedem Kapitel einiger ihrer Schichten entledigt, bis am Ende beinahe nur zertrennte Häute übrig bleiben.[124]

Die Zwiebel ist ein Universalmotiv in Grass' Romanen, taucht in prominenter Rolle in der *Blechtrommel* auf (wo sie in einer Kneipe namens „Zwiebelkeller" die Gäste zum Weinen bringt) sowie in *Katz und Maus*, wo Zwiebelgeruch über dem Krieg liegt.[125] In *Beim Häuten der Zwiebel* ist sie zwar die den Titel inspirierende, indes nicht die einzige Metapher für die Erinnerung. Grass führt nämlich ein zweites Ding-Symbol für die Erinnerung ein und erweitert somit seine Mnemopoetik um ein Objekt, das den Erinnernden in noch stärkerer Weise zum kontemplativen Innehalten veranlasst:

> Wann immer mein anderes Hilfsmittel, die imaginierte Zwiebel, nichts ausplaudern will oder ihre Nachrichten mit kaum zu entschlüsselnden Lineaturen auf feuchter Haut verrätselt, greife ich ins Fach überm Stehpult meiner Behlendorfer Werkstatt und wähle unter den dort lagernden Stücken, gleich ob gekauft oder gefundenen.

Die Bernstein-Stücke, die Grass immer griffbereit liegen hat, sind, „gefunden an Ostseestränden" (*BH*, 64), Mitbringsel aus der Heimat. In ihnen finden sich die üblichen prähistorischen Fossilien wie „Tannennadeln" und „moosähnliche Flechten" eingeschlossen, in einem Exemplar „überdauert eine Mücke". (*BH*, 65) In der konservierenden Funktion des erstarrten Harzes erkennt Grass ein *tertium comparationis*, das es ihm erlaubt, den Bernstein zu einer durchsichtigen Me-

---

124 Vgl. Anne Feuchter-Feler, „Grass' Zeichnungen (*Beim Häuten der Zwiebel*, *Dummer August*, *Die Box*) als poetologische Etappen der literarischen Ich-Realisierung", in: Françoise Lartillot/Alfred Pfabigan (Hg.), *Image, Reproduction, Texte*, Bern/Berlin/Frankfurt a. M./Wien 2012, 13–43, 16: „[Die gezeichnete Zwiebel wird] durch das Werk hindurch als gezeichnete Texthermeneutik realisiert, die als Bildmanifestation den texteigenen Prozess der Sinnproduktion als Wechselwirkung von Preisgabe und Verschlüsselung erscheinen lässt und potenziert."

125 Grass selbst weist darauf hin, dass er das Zwiebelmotiv bereits in der *Blechtrommel* wirkungsvoll einsetzte, obgleich sie dort „in anderer Funktion und Bedeutung" auftritt (*BH*, 353 u. 372 f.); vgl. auch Schirrmacher, „Die Unzuverlässigkeit des schuldigen Erzählers", 119.

tapher für das Gedächtnis zu machen. So halten die Harzstücke in seiner Werkstatt nicht nur erdgeschichtliche Zeugnisse, sondern auch Ereignisse aus der persönlichen Vergangenheit des Autors parat. In einer auf intensive Vergegenwärtigung angelegten Passage der Erinnerungsgeschichte versucht der Erzähler, die Funktionsweise des Sprachbildes in Aktion vorzuführen:

> Hier, dieses honiggelbe Stück, das durchsichtig und nur zum krustigen Rand hin milchig eingetrübt ist. Wenn ich es lange genug gegen Licht halte, das ständige Ticktack in meinem Kopf abstelle und auch sonst durch nichts, keinen tagespolitischen oder sonstwie gegenwärtigen Einspruch abzulenken, also ganz und gar bei mir bin, erkenne ich anstelle des eingeschlossenen Insekts, das soeben noch eine Zecke sein wollte, mich in ganzer Figur: vierzehnjährig und nackt. (*BH*, 65)

Grass meint sein früheres Ich im Bernstein zu erkennen, in den er hineinschaut wie in eine Glaskugel. Das Gelingen seines Blicks in die Vergangenheit ist allerdings an Voraussetzungen gebunden. Der Erinnernde müsse seine rastlosen Gedanken zur Ruhe bringen, Abstand von seiner Umgebung und dem Alltag suchen, um nicht von „tagespolitischen oder sonstwie gegenwärtigen" Dingen abgelenkt zu werden. Die abgelegene Behlendorfer Werkstatt stellt einen geeigneten Rückzugsort dar, an dem Grass „ganz und gar bei mir" sein kann. Vor allem aber braucht die Erinnerung Zeit, denn „[n]ur nach längerem Hinsehen gibt Bernstein Geheimnisse preis, die sich gesichert glaubten" (*BH*, 65). Als Sinnbild ruhiger und konzentrierter Versenkung steht der Bernstein für die insgesamt recht klassischen Prämissen, auf denen Grass' autobiographisches Vorhaben aufbaut: Wer geduldig aus der Gegenwart in die Vergangenheit zurückblicke, so suggeriert das Bild, dem könne es gelingen, auch verloren geglaubte Erinnerungen wieder aus den Tiefen des Gedächtnisses hervorzuholen.

Grass bezeichnet die Zwiebel und den Bernstein explizit als „Hilfsmittel" (*BH*, 65), die als Katalysatoren für seine Erinnerung fungieren und daher für die Lebensretrospektive unabdingbar seien. Hinter beiden Metaphern verbirgt sich die Vorstellung, dass sich die eigene Geschichte im Grunde allein aus dem Gedächtnis reproduzieren lasse, dass das Erinnern und Interpretieren der eigenen Geschichte also in erster Linie einen mentalen Prozess darstelle. Typische materielle Gedächtnismedien wie Dokumente, Aufzeichnungen und Photographien, die sich Autobiographen zuweilen als eine verlässlichere Quelle anbieten, spielen für Grass nur eine untergeordnete Rolle. In einem Interview mit Frank Schirrmacher beschreibt der Autor den weitgehenden Verzicht auf materielle Zeugnisse als zwangsläufige Konsequenz des Zweiten Weltkrieges und der Flucht der Familie aus Danzig: „Als Flüchtlingskind [...] hatte ich nichts." Im Gegensatz zu „Kollegen von mir, die am Bodensee oder in Nürnberg aufgewachsen sind" und daher „immer noch ihre Schulzeugnisse und alles mögliche aus ihrer Kindheit greifbar haben", seien ihm solche Erinnerungshilfen nicht verfügbar: „Ich habe nichts mehr. Es ist alles weg. Einige wenige Fotos, die meine Mutter aufbewahren konnte, das war's." Bemerkenswert ist Grass' pointiertes Urteil über das vermeintliche Defizit: „Ich bin also in einer benachteiligten Situation gewesen, die sich dann aber doch beim Erzählen als vorteilhaft erwies."[126] Grass deutet das Fehlen der Gedächtnismedien nicht als Verlust, sondern als Vorteil, weil es zu einer Befreiung seines autobiographischen Erzählens geführt habe. Verständlich wird diese Diskursverschiebung vor dem Hintergrund der Erinnerungspoetik, die Grass in *Beim Häuten der Zwiebel* entfaltet. Die Abwesenheit nachprüfbarer Dokumente begreift der Autor als eine Lizenz, den gattungstypischen Anspruch auf Wahrhaftigkeit zu suspendieren und sich stattdessen auf ein autobiographisches Erzählmodell zu berufen, das auf einer dezidiert subjektiven Interpretation der Erinnerung sowie auf einem unzuverlässigen Erzählstil basiert. Folglich hat Grass auch kein Interesse daran, die Glaubwürdigkeit seiner Erzählung zu steigern, indem er sie durch öffentlich zugängliche Informationen belegt. Schon der Versuch einer solchen externen Verifikation seiner Geschichte erscheint ihm zwecklos, würde er doch noch deutlicher die Diskrepanz zwischen faktenorientierter Historiographie und seinem individuellen Deutungsanspruch hervortreten lassen. Konjunktivisch und einschränkend rechtfertigt sich der Erzähler in *Beim Häuten der Zwiebel*: „Selbst wenn ich, weil hilfreich, vergilbte Kunstkataloge aufschlage oder mich übers Internet mit einigen Exemplaren der Zeitschrift ‚Der Monat' aus der Mitte der fünfziger Jahre schlaumachen wollte, bliebe, was nunmehr als mich prägendes Ereignis behauptet wird, im Ungefähren stecken." (*BH*, 422 f.) Implizit grenzt sich Grass auf diese Weise von zeitgenössischen Poetiken ab, die das autobiographische Erzählen als eine Strategie der Vergangenheitsbewältigung begreifen und es sich zur Aufgabe machen, die historischen Tatsachen akkurat zu rekonstruieren.[127] Als Autor, der mit einem Schelmenroman zu Weltruhm und zu einem Nobelpreis kam, entwirft Grass das Erinnern hingegen als einen gleichermaßen kontemplativen wie kreativen Prozess, der zuweilen die augenzwinkernde Lüge benötigt – wie das Dichten selbst.[128]

So lässt sich Grass' Erzählprinzip auf eine Formel bringen: Autobiographie ist für ihn die poetische Verarbeitung subjektiver (und daher von vornherein der Überprüfung entzogener) Erfahrungen. Dieses Prinzip manifestiert sich in *Beim Häuten der Zwiebel* in Form eines weiteren Leitmotivs, das von einer persönlichen Leidenschaft des Autors inspiriert ist, nämlich von der Gastronomie, dem Kochen und dem Speisen. Zu beinahe jeder Lebensstation präsentiert der

---

[126] Günter Grass/Frank Schirrmacher/Hubert Spiegel, „‚Warum ich nach sechzig Jahren mein Schweigen breche'. Literaturnobelpreisträger Günter Grass spricht zum ersten Mal über sein Erinnerungsbuch ‚Beim Häuten der Zwiebel', seine Mitgliedschaft in der Waffen-SS und seinen ‚Knobelkumpan' im Krieg, Joseph Ratzinger.", in: *Frankfurter Allgemeine Zeitung* 186 (2006), 33.

[127] Vgl. Kapitel 4.1.

[128] Vgl. Rainer Diederichs, *Strukturen des Schelmischen im modernen deutschen Roman. Eine Untersuchung an den Romanen von Thomas Mann „Bekenntnisse des Hochstaplers Felix Krull" und Günter Grass „Die Blechtrommel"*, Düsseldorf 1971.

Erzähler ein kulinarisches Pendant und hebt hervor, welch nachhaltigen Eindruck die jeweils in epischer Breite beschriebenen Gerichte bei ihm hinterließen. In der Kindheit ist es das schlichte „Marmeladenbrot", von dem der in die Lektüre der Weltliteratur versunkene Protagonist gedankenverloren abbeißt und das die Mutter zuweilen scherzhaft „gegen ein Stück Palmoliveseife" austauscht. (*BH*, 56) Auf einer Italienreise bildet Grass seinen Geschmack nicht nur an den Kunstwerken der Renaissance, die er besichtigt, ebenso prägen sich ihm „billige Nudelgerichte, fettäugige Brotsuppen und Trippa auf neapolitanische Art" ein, deren Rezepte er behält: „Dieses Gericht habe ich späterhin immer wieder mit Tomaten, Knoblauch und weißen Bohnen als Eintopf für Gäste getischt [...]." (*BH*, 362). Mit seiner späteren Frau Anna kampiert er unter einem „Maulbeerbaum voller überreifer Früchte", die rote Flecken auf dem Zelt hinterlassen und so symbolisch auf einen unter der Plane erfolgten Keuschheitsbruch hindeuten. (*BH*, 431) Aus dem brieflichen Nachlass seines Onkels sind dem Erzähler vor allem die darin enthaltenen Rezepte erwähnenswert: „[E]r pries in Senfsoße gedünsteten Kabeljau, Steinbeißerfilet auf Fenchel, mit Dill abgeschmeckte Aalsuppe und weitere Fischgerichte, die ich später, im Gedenken an Onkel Alfons, ihm nachgekocht habe." (*BH*, 60) Den Höhepunkt erreicht Grass' kulinarische ‚Grand Tour' jedoch ausgerechnet während seiner Kriegsgefangenschaft in einem oberbayerischen Lager, in dem drückender Hunger herrscht. Linderung erfährt der zukünftige Autor dort allein durch einen „abstrakten Kochkurs", den ein namenloser bessarabischer Koch ohne alle Zutaten und Utensilien, aber anhand umso sprachgewaltigerer Schilderungen veranstaltet. Die vergegenwärtigende Nacherzählung dieses rein theoretischen Kochkurses bildet einen der narrativen Höhepunkte der Autobiographie. Zudem ist sie ein instruktives Beispiel dafür, wie Grass seine kulinarischen Vorlieben nutzt, um Kontinuitäten in der Biographie herauszustellen. So begleitet ihn z. B. das im Lager erlernte Wurst-Rezept noch bis in die Gegenwart seines Erinnerns hinein: „So eindringlich ist mein Geschmack in Richtung Zukunft gefördert worden, daß ich mein Lebtag lang grützige Darmfüllungen mit Heißhunger zu Stampfkartoffeln und Sauerkraut gegessen habe." (*BH*, 206) Solche vom Erzähler wiederholt eingestreuten Prolepsen ähneln in mancher Hinsicht dem Verfahren der Identitätskonstruktion, auf das Marcel Reich-Ranicki in *Mein Leben* zurückgreift. Präsentierte Reich-Ranicki seinen früh erworbenen literarischen und musikalischen Geschmack als Konstante seines Lebens[129], stilisiert Grass ausgerechnet die Gastronomie zum zentralen Thema seines Bildungsweges.

Tatsächlich stehen die Kochkünste für Grass in einer engen Beziehung mit seiner literarischen Berufung, bieten sie dem Autor doch eine weitere Plattform, auf der er seine Kreativität, seine Fähigkeiten zu Imagination und zum Erzählen ausleben kann. Nirgendwo manifestiert sich diese Kopplung von Essen und Er-

---

[129] Vgl. Kapitel 2.1.

zählen stärker als in den Abendgesellschaften, die Grass bei sich zum Essen empfängt. So erinnert sich Grass etwa an den Besuch des Philosophen Ernst Bloch, den der Danziger mit einer Martinsgans bewirtete:

> Bloch bekam außer der halben Brust einen Flügel, zudem das Lügenbein auf den Teller, was ihn sogleich zu längerer Rede ermunterte. Er lobte die Maronenfüllung und erzählte Anna, mir und den vier staunenden Kindern beim Essen mal zeitraffend, dann wieder zeitgedehnt sein nicht enden wollendes Märchen vom unfertigen Menschen, in dessen Verlauf er von Thomas Müntzer auf Karl Marx und abgeleitet von dessen messianischer Botschaft auf Old Shatterhand, mithin auf Karl May kam, nun gleich Moses vom Berg herab donnerte, plötzlich ein Wagnermotiv summte, dann den oralen Ursprung der Literatur in Erinnerung rief, raunend dem aufrechten Gang einige Stolpersteine aus dem Weg räumte und schließlich, nachdem er ein anderes Märchen skelettiert hatte – war es Hänsel und Gretel? –, das abgenagte Lügenbein hob, seinem Prophetenhaupt zu leuchten befahl, nun sein oft zitiertes Prinzip beschwor, um sogleich ein Loblied auf Lügengeschichte im allgemeinen und besonderen anzustimmen. (*BH*, 214 f.)

Das gemeinsame Abendessen eröffnet einen Kommunikationsraum, in dem Bloch seine ausufernde Suada entfalten kann. Der Philosoph streift in einem Rundumschlag Religion, Anthropologie, Musik und Literatur, folgt thematischen Querverbindungen (vom Sozialrevolutionär Müntzer zum Sozialismustheoretiker Marx) ebenso wie phonetischen Assoziationen (von Karl Marx zu Karl May). Sein Diskurs ist weder zielgerichtet noch von einer äußeren Bestimmung determiniert, sondern hangelt sich frei an den sich spontan ergebenden Gedankenketten entlang. Es ist, in dieser Hinsicht, ein mußevolles Sprechen in mußevoller Gesellschaft.

Wenn es in Blochs assoziativer Rede ein durchgängiges Thema gibt, dann das Erzählen selbst. Von hoher Symbolik ist bereits der Beginn seines Gedankenstroms, denn Grass tischt dem Philosophen das „Lügenbein" der Gans auf, welches ihn „sogleich zu längerer Rede ermunterte". In der Anatomie der Gans gibt es allerdings einen solchen Knochen nicht, und so steht mit dem ‚erfundenen Lügenbein' am Anfang von Blochs Vortrag gleichsam eine doppelte Lüge. Auch die Rede selbst ist von selbstreferentiellen Kommentaren durchzogen, die auf die Verwandtschaft von Erzählen und Lügen alludieren. So ruft Bloch „den oralen Ursprung der Literatur in Erinnerung" und liefert damit dem Erzähler eine Steilvorlage, der seinerseits Blochs Rede mehrfach als ein „Märchen" bezeichnet, welches der Philosoph „mal zeitraffend, dann wieder zeitgedehnt" erzähle. Das ‚Märchenerzählen' verweist nicht nur auf eine Mischform aus oraler und literarischer Narration, sondern erscheint hier eindeutig auch als Synonym für das ‚Auftischen' von Lügen. So knüpft Grass im kurzen Bericht von seinem Abendessen mit Bloch ein dichtes semantisches Netz, das weniger dem Zweck dient, die virtuose und proliferierende Rede des Philosophen als unaufrichtigen Schwindel zu desavouieren, als sie vielmehr zu einem eindrucksvollen Beispiel für die befreiende Wirkung und die kreativen Potentiale des Lügens zu stilisieren. Ganz in diesem Sinne schließt sich am Ende von Blochs Ausführungen der Bogen: Nachdem er das Lügenbein „abgenagt[]" hat, stimmt der Philosoph „ein Loblied auf Lügengeschichten im allgemeinen und besonderen" an. Grass nutzt so die Bloch-Episode, um dem Philosophen Bruchstücke seiner eigenen Poetologie in den Mund zu legen. Zur Fiktion und zur dichterischen Lüge hatte sich Grass zuvor schon bekannt; weniger deutlich jedoch hatte er den Zusammenhang zwischen der erzählenden Literatur und der mündlichen, frei assoziierenden Rede herausgestellt. Diese Verbindung bestimmt nun Blochs Rede mit einer selbstevidenten Performanz, dargestellt wird sie allerdings unter dem Vorbehalt einer mehrfachen narrativen Brechung: Nicht der Autor Grass formuliert seine poetischen Prinzipien, vielmehr rekonstruiert sie das erinnernde Ich aus der flüchtigen, mehrere Jahrzehnte zurückliegenden Rede einer anderen Person.

Das gemeinsame Essen bildet eine Zäsur im Alltag, es formiert eine Zeit und einen Raum des Erzählens, in dem sich Geselligkeit, Erfindung und Kreativität begegnen. Die alltäglichen Normen der Kommunikation – Wahrhaftigkeit, Kohärenz, Angemessenheit – sind außer Kraft gesetzt. Das Treffen mit Bloch ist bei weitem nicht das einzige, ja nicht einmal das eindrücklichste Beispiel dafür, wie Grass in seiner Autobiographie das Erzählen an Heterotopien und Heterochronien der Muße bindet. Noch deutlicher tritt Grass' Vorstellung eines dichterischen Fabulierens bei einer anderen Art von Abendgesellschaft zutage: seinen Tischrunden mit imaginierten Gästen. Der Autor bekundet nämlich, er koche nicht nur gern für Gäste, „die mir jeweils die Gegenwart ins Haus bringt, doch auch für ausgedachte oder aus der Geschichte herbeizitierte". (*BH*, 195) Die Eingeladenen sind bedeutende Repräsentanten zurückliegender Epochen, teilweise gehören sie auch zum Personal einflussreicher literarischer Werke. Unter ihnen befinden sich die „Brüder Grimm und der Maler Runge", das „sozialdemokratische Dreigestirn Brandt, Palme, Kreisky" ebenso wie „Andreas Gryphius und Martin Opitz, bevor ihn die Pest holte, aber auch die Courasche nebst Grimmelshausen". (*BH*, 204) Mit ihnen führt der Erzähler – ebenfalls nur vorgestellte – Gespräche, die einen weiten Bereich zwischen trivialem Alltag und einschneidenden historischen Ereignissen abdecken. So gibt Grass beispielsweise zu Protokoll, er habe sich mit Heinrich von Navarra unterhalten, und zwar „über Nieren und Gallensteine, das Gemetzel der Bartholomäusnacht, [...] wiederum über die anhaltende Not der Hugenotten und vergleichsweise über Bordeaux und Lübeck. Beiläufig verlästerten wir Juristen als Landplage, verglichen harten mit weichem Stuhlgang" (*BH*, 195) – und so fort. Wie die Tischrede Ernst Blochs ist auch das Gespräch mit den imaginierten Gästen von Ziellosigkeit, von freier und geradezu organischer Abfolge der Themen bestimmt. Wiederum bildet das Abendessen den zeitlichen und räumlichen Rahmen einer lebhaften Kommunikation – oder besser: einer Reflexion. Denn weil die „mitteilsame Herrenrunde", mit der Grass parliert, eindeutig als fiktionales Gedankenspiel des Erzählers markiert ist, sind die Gespräche genau genommen nur

Soliloquien, bei denen der Danziger Dichter selbst in die Rolle der historischen Figuren schlüpft.

Wenn Grass davon berichtet, wie er seine der Historie entstiegenen Gäste bewirtet und mit ihnen lebhafte Konversationen führt, so demonstriert er damit vor allem seine Fähigkeit zur Imagination und Kreativität, zum ungezwungenen und spielerischen Umgang mit der Vergangenheit. Auf diese Weise gelingt es Grass, das inhaltliche Leitmotiv des Kochens mit seiner poetologischen Prämisse der Imagination zu verschränken. An ihrem Schnittpunkt jedoch liegt die Muße. Als Grass' frühestes und vielleicht wichtigstes Vorbild in dieser Hinsicht kann Montaigne gelten, der in seinen *Essais* mit schillernden Worten die Gefahr beschrieb, dass ihm in der zurückgezogenen Muße die Einbildungskraft durchgehen könne. Hinter Montaignes vordergründigem Entsetzen über die ‚Schimären und phantastischen Ungeheuer', die sein untätiger Geist hervorbringe, versteckt sich indes eine Würdigung der Phantasie und Imagination.[130] (Vgl. *Es*, 29 f.) Dem Autor Grass käme es nicht in den Sinn, seine Kreativität zu verleugnen. Vier Jahrhunderte nach Montaigne kann Grass offen und voller Stolz seine Vorstellungskraft beschwören und die Kraft der Imagination zelebrieren, die die private und gesellige Muße auslöst. Grass liefert in seiner Autobiographie sogar einen Hinweis darauf, dass er bei seinen imaginierten Gesellschaften Montaigne im Sinn gehabt haben mag, denn Montaigne gehört zu den ersten Gästen, die er bei sich empfängt. (*BH*, 195 f.)

In der Aufzählung des Erzählers scheint kaum ein Thema zu belanglos, um es mit Montaigne und den übrigen historischen Gestalten zu besprechen. Grass betont allerdings, dass er die Gelegenheit bei Tisch auch dazu nutzt, Autobiographisches zu erzählen. So legt er seinen imaginierten Gästen – und das heißt eben im Grunde sich selbst – Episoden aus seinem Leben dar. Darunter findet sich auch jener ‚theoretische Kochkurs' in der Kriegsgefangenschaft, der Grass dazu verhalf, seine kulinarischen Kompetenzen ebenso wie seine Vorstellungskraft zu schulen. „Dabei habe ich selten versäumt, der jeweiligen Tischrunde [...] von jenem abstrakten, doch den Hunger übertönenden Kochkurs in dieser und jener Variante zu erzählen." (*BH*, 210) So erscheint *Beim Häuten der Zwiebel* stellenweise als eine *mise en abyme*, da Grass' Erzählkünste nicht nur den autobiographischen Bericht hervorbringen, sondern selbst zu dessen Gegenstand werden.

Mit den privaten Tisch- und Selbstgesprächen sind die Rückgriffe auf Topoi der Muße, derer sich Grass in *Beim Häuten der Zwiebel* bedient, noch nicht er-

130 In seinem Essai *De l'oisiveté* konstatierte Montaigne, der sich für einige Zeit von seinen politischen Geschäften in den Turm seines Schlosses zurückgezogen hatte, wie er unter den Bedingungen der Muße eine ungeahnte Kreativität entwickelte. Über seinen nun ganz auf sich selbst zurückgeworfenen Geist bemerkte der Skeptiker: „[F]aisant le cheval eschappé, il se donne cent fois plus d'affaire à soy mesmes, qu'il n'en prenoit pour autruy; et m'enfante tant de chimeres et monstres fantasques les uns sur les autres, sans ordre et sans propos [...]." (*Es*, 29 f.) Vgl. dazu Kapitel 1.1.4.

schöpft. Eine letzte kontemplative Praxis, die hier Erwähnung finden soll, weil der Erzähler sie zur Rahmung seiner autobiographischen Reflexion einsetzt, ist der in der autobiographischen Literatur beinahe unvermeidliche Spaziergang. Gleich mehrere Ausflüge erwähnt Grass in seiner Autobiographie, auch versieht er sie jeweils mit einer ungefähren Orts- und Zeitangabe und hebt so die Raumzeitlichkeit der Erinnerungsgeschichte hervor. Topischen Charakter hat beispielsweise ein Besuch auf „Hiddensee, meiner Ute autofreie Heimatinsel", den Grass nach der deutschen Wiedervereinigung mit seiner Frau unternimmt. Die Insel ist idyllisch in die Landschaft eingebettet – „[d]er Küste vorgelagert liegt sie lieblich hingestreckt zwischen See und Bodden" – und lädt das Paar zu „längerer Wanderung über Heidewege" ein. Intensiv erlebt das erinnernde Ich die umgebende Natur, und in dieser Hinsicht ähnelt die Szene den Spaziergängen, die Max Frisch auf Long Island unternahm. Wie jene Autobiographen hebt auch der Erzähler Grass die Abgeschiedenheit der Insel hervor, charakterisiert Hiddensee als einen bedrohten Rückzugsort, der „weniger durch Sturmfluten, doch zunehmend vom flächendeckenden Tourismus gefährdet" ist. (*BH*, 20)

Auf Hiddensee trifft Grass durch Zufall einen alten Schulkameraden aus Danzig, den er seit Jahrzehnten nicht gesehen hat und der nun in einem abgelegenen „Haus hinter der Düne" auf der Insel wohnt. (*BH*, 21) Grass rückt seine eigene Biographie für einen Moment in den Hintergrund, um stattdessen den Lebensbericht jenes Klassenkameraden namens Wolfgang Heinrichs wiederzugeben, den dieser ihm anlässlich des Besuches gibt. Die „Leidensgeschichte" Heinrichs', dessen sozialdemokratische Familie von den Nationalsozialisten verfolgt wurde, hatte Grass als Jugendlicher noch verdrängt, „weil ich nicht gefragt, wieder einmal keine Fragen gestellt hatte, auch nicht, als Wolfgang Heinrichs verschwand, plötzlich von der Schule [...] weg war". (*BH*, 22 f.) Nun aber hört Grass der Erzählung Heinrichs' zu und konfrontiert die Schuld, die er mit seinem Wegsehen auf sich geladen hat. Als Heinrichs' Bericht geendet hat, beklagt Grass sein opportunistisches und duldsames Verhalten im Nationalsozialismus: „So beflissen ich im Laub meiner Erinnerungen stochere, nichts findet sich, das mir günstig wäre. Offenbar haben keine Zweifel meine Kinderjahre getrübt." (*BH*, 26) Der Gang zum abgelegenen Haus des einstigen Schulkameraden bietet Grass so die Möglichkeit, Abbitte zu leisten und sein Erinnerungsprojekt in das Licht einer schmerzhaften Aufarbeitung zu stellen. Dass Grass in seiner Autobiographie für einige Seiten seinen eigenen Lebensbericht unterbricht und stattdessen der Geschichte seines Klassenkameraden Raum gibt, kann als Versuch der Kompensation, ja der Versöhnung mit der Vergangenheit verstanden werden.

Einen weiteren Strandspaziergang schildert Grass, den er anlässlich eines Besuchs in seiner Heimatstadt unternimmt. Der Strand bei Danzig ist für den Erzähler ein Erinnerungs- und Sehnsuchtsort, der ihn zum nostalgischen und mit einer emphatischen Interjektion verstärkten Ausruf verleitet: „Ach, könnte ich jetzt zurückrudern und an einem der Ostseestrände landen, wo ich als

Kind mit nassem Sand Burgen kleckerte.“ (*BH*, 331) Die Rückkehr an diesen Ursprungsort, den Grass tatsächlich eines Tages gemeinsam mit seiner Familie aufsucht, bildet eine der zentralen Episoden der Erinnerungsgeschichte, deren Bedeutung schon daran ersichtlich wird, dass Grass sie ausführlich (und teilweise wortgleich) an gleich zwei Stellen der Autobiographie beschreibt und datiert: „Als meine Schwester und ich im Frühjahr dieses gegenwärtig enteilenden Jahres, um Pfingsten herum, mit einem Teil der Großfamilie die Stadt Gdańsk mit Blick auf Danzig und unsere Kindheit besuchten [...]“ (*BH*, 418), „verloren wir uns in einem geschwisterlichen Gespräch, in dem es um dies und das [...] ging“. (*BH*, 270) Grass zeichnet zunächst ein Bild der harmonisch vereinten Generationen. Seinen Enkeln verhilft er „zu großväterlichen Führungen durch die Stadt und den Vorort Wrzeszcz“. (*BH*, 418) Gemeinsam mit seiner Schwester nutzt er dann die Gelegenheit, sich über die Vergangenheit auszutauschen und „wieder einmal Episoden unserer Kindheit aus gegensätzlicher Erinnerung frischzuhalten“. (*BH*, 419) Der Strandspaziergang bietet den beiden gealterten Geschwistern einen idyllischen Anlass und Rahmen für die gemeinsamen Reminiszenzen: „Während wir zwei Alten – sie in ihrer kompakten Leibesfülle, ich mit rundem Rücken und tapsigem Schritt – durch den Seesand zwischen Glettkau und Zopott stampften“ (*BH*, 419), und „die Kinder den Wellensaum der schlapp anschlagenden Ostsee nach klitzekleinem Bernstein absuchten“, (*BH*, 270) erzählt ihm die Schwester, wie sie und die Mutter nach dem Krieg das erste Wiedersehen mit Grass erlebten.

Anders als im Falle des präsentischen Zwiebelmotivs berichtet Grass von den Spaziergängen im Präteritum, und diese Tempuswahl indiziert eine zeitliche Distanz zwischen Erinnerungsgeschichte und Erzählakt. Auf Spaziergänge als Erinnerungspraxis verfällt Grass nicht erst im Zuge der Arbeit an seiner Autobiographie, sie dienen ihm schon im Verlauf seines Alterns als Momente des Innehaltens und der Retrospektion. Erinnerungsprozess und Erzählprozess treten damit deutlich auseinander und werden als distinkte Funktionen des Autobiographischen erkennbar. Ähnlich jedoch wie im Fall der Zwiebel und der Tischgespräche nutzt Grass auch hier die Erinnerungsgeschichte dafür, die konkreten Umstände seiner Reflexion im Hinblick auf seine ‚Poetologie der Lüge‘ zu generalisieren. Als er seiner Schwester von seiner Vermutung berichtet, im Kriegsgefangenenlager den jungen Joseph Ratzinger, den späteren Papst Benedikt VIX., kennengelernt zu haben, hinterfragt die Schwester umgehend seine unwahrscheinlichen Behauptungen, woraufhin der Erzähler kommentiert: „Meine Schwester glaubt meinen Erzählungen grundsätzlich nicht.“ (*BH*, 419) Die Schwester fungiert als kritische Instanz nicht nur gegenüber Grass’ mündlichen Anekdoten, sondern auch gegenüber seinen literarischen Werken, welche die Schwester hinsichtlich ihres Wahrheitsgehaltes auf dieselbe Stufe stellt: „‚Stimmt das? Hört sich übertrieben an, ganz wie eine von deinen Geschichten!‘“ (*BH*, 419) Mit der Feststellung, der Bruder tische ihr nur wieder eine von seinen „typischen Lügengeschichten" (*BH*, 420) auf, erklärt die Schwester das Lügen zum pathologischen Charakterzug des Schriftstellers, und Grass lässt seine Zustimmung zu dieser Einschätzung durchblicken: „Mag sein, daß ich gegenüber meiner mich mit konstantem Mißtrauen liebenden Schwester ein wenig übertrieben habe [...]." (*BH*, 421) So wird deutlich, dass Grass nicht einfach ein beliebiges nostalgisches Gespräch mit seiner Schwester wiedergibt, sondern ein poetologisches Exempel statuiert. Wie ein Leser dem Lebensbericht des Schriftstellers folgt, so lauscht auch die Schwester den autobiographischen Anekdoten ihres Bruders. Grass' Eingeständnis, seine Schwester möglicherweise belogen zu haben, kann daher auch als implizite Warnung an die Leser begriffen werden, seiner Erzählung keinen uneingeschränkten Glauben zu schenken.

Zu Beginn seiner Autobiographie hatte sich Grass zum Opfer von Erinnerung und Verdrängung stilisiert und die für einen Schriftsteller besonders verführerische Möglichkeit betont, die positiven Episoden des Lebens allzu sehr in den Vordergrund zu rücken, während er die unangenehmen Ereignisse durch kleine Fiktionen überschreibt. Doch die Erinnerungspoetik, die Grass im Laufe seiner Autobiographie entfaltet, wirft ein ganz anderes Licht auf den Erzähler, der mit seinen vorgeblichen Schwächen kokettiert. Denn in der Selbstinszenierung des Schriftstellers, der sich das Lügen gestattet, der auf dem Privileg der Imagination besteht und ständig auf die Unzuverlässigkeit seines Erzählens anspielt, wird jene souveräne Erzählerposition erkenntlich, die in der klassischen Autobiographik eines Goethe und Rousseau so stilbildend formuliert worden war. Grass reklamiert die Deutungshoheit über seine Geschichte und benennt klar die Gründe seines autobiographischen Erzählens: „weil ich das letzte Wort haben will". (*BH*, 8) Der Anspruch auf Deutungshoheit manifestiert sich darin, dass der Erzähler letztlich selbst die Vergangenheit ‚verrätselt' – einer Zwiebel bedarf es gar nicht. Damit steht Grass' Autobiographie nicht nur in der klassischen Linie des autobiographischen Erzählens, sie fügt sich auch nahtlos in sein fiktionales Werk, in dem die Erzähler ihre eigene Unzuverlässigkeit zuweilen ostentativ vor sich hertragen.[131] Ebenso wie Grass' Romane, die häufig dem Muster des schelmischen Picaro-Romans folgen[132], macht sich auch seine Autobiographie einen ‚pikaresken Stil' (Jean Starobinski) zu eigen[133]: Zwar ist Grass' Lebensweg

[131] Treffend bemerkt daher Christoph König, *Häme als literarisches Verfahren. Günter Grass, Walter Jens und die Mühen des Erinnerns*, Göttingen 2008, 9: „Der Wille politisch und also öffentlich rechtzuhaben will im Werk [*Beim Häuten der Zwiebel*] die sprachlichen Möglichkeiten, sich zu erinnern, in seinen Dienst nehmen; man wird von hier aus anders auf die Erzählstrategien in den Romanen Grass' und die von ihnen insinuierte kognitive Unsicherheit sehen."

[132] Vgl. Bernhard F. Malkmus, *The German pícaro and modernity. Between underdog and shape-shifter*, New York 2011; Diederichs, *Strukturen des Schelmischen im modernen deutschen Roman*. Grass vergleicht sich zudem mehrmals ausdrücklich mit Grimmelshausens Simplicissimus, vgl. *BH*, 145.

[133] Starobinski, „Le style de l'autobiographie".

vom allgemeinen Chaos des Krieges und seinen persönlichen Fehltritten überschattet, doch liegen diese Ereignisse weit in der Vergangenheit. Der gealterte Autor hat einen sicheren, von großer Ruhe und Stabilität gekennzeichneten Platz gefunden, er verhehlt nicht die Befriedigung, die er aus seinem schriftstellerischen Erfolg und der privaten Harmonie zieht, die ihm seine Frau Ute und die Enkelkinder bescheren. Auf das Gewesene kann er daher gelassen zurückblicken – halb über sich selbst erstaunt, halb mit augenzwinkernder Selbststilisierung. Eine zermürbende ‚Arbeit an der Erinnerung', wie manche Fürsprecher von Grass – darunter auch Christa Wolf – sie erkannt zu haben meinen, präsentiert *Beim Häuten der Zwiebel* also gerade nicht. (Im Falle von Christa Wolf überrascht dieses Missverständnis umso mehr, als gerade sie mit *Kindheitsmuster* einen wirklich schonungslosen und mühsamen Versuch der Erinnerungsarbeit unternahm, der in der Nachkriegsliteratur seinesgleichen sucht.[134])

Zwar reflektiert und problematisiert Grass die Möglichkeiten der Erinnerung, gestaltet den Erinnerungsprozess sogar narrativ auf einer eigenständigen Erzählebene, doch steht dabei nicht die mühsame Suche nach einer historischen Wahrheit im Vordergrund. Ganz im Gegenteil rekurriert die facettenreiche Erinnerungsgeschichte auf eine Vielzahl von Topoi der mußevollen Selbstreflexion. In den zuvor untersuchten Autobiographien manifestierte sich die kontemplative Situation des erzählenden oder erinnernden Ich auf eine je spezifische Weise; Grass dagegen schöpft aus dem breiten kulturellen Repertoire der Muße und kombiniert aus vielen Einzelmotiven ein eindrucksvolles Gesamtbild: Der Rückzug in seine Behlendorfer Werkstatt, das kontemplative Häuten der Zwiebel, das zeitvergessene Betrachten des Bernsteins, die Rückkehr nach Danzig im Kreise der Familie, Spaziergänge über eine einsame Insel und nicht zuletzt die imaginierten Tischgesellschaften tragen wesentlich zum Bild eines Autors und Autobiographen bei, der am Ende seines Lebens selbstgewiss und gelassen auf sein Lebenswerk zurückblicken kann.

Beim Häuten der Zwiebel führt daher auf außergewöhnlich verdichtete Weise eine gattungstypische Tendenz vor: Die chronotopische Struktur der Muße dient – in ihren vielen und variantenreichen Manifestationen – als Rahmen, in dem sich das autobiographische Erzählen entfalten kann. Nicht alle autobiographischen Werke thematisieren selbstreflexiv den Erinnerungs- und Erzählprozess, der dem Lebensbericht zugrunde liegt. Tun sie es aber, so zeigt sich das erinnernde und/oder erzählende Ich häufig an Orten des Rückzugs – sei es im häuslichen Refugium oder mitten in der Natur –, in heterochronen Zeitenklaven, befreit von alltäglichen Geschäften, zuweilen auch als nostalgischer Rückkehrer an einen persönlichen Erinnerungsort. Dieses Modell realisieren insbesondere jene Autoren, die mit Stolz und Souveränität auf ihr Leben zurückblicken, die Deutungshoheit über ihre Vergangenheit beanspruchen und das Leben als

---

[134] Vgl. Kapitel 4.2.

kontinuierliche Entwicklung ihrer individuellen Qualitäten begreifen, kurz: die sich am klassischen Modell der Autobiographik orientieren. In den klassischen Autobiographien finden Autoren wie Max Frisch oder Günter Grass Vorbilder für bestimmte Praktiken der Selbstreflexion, die den Erinnerungs- und Erzählgeschichten Struktur verleihen: Spazieren, kontemplatives Betrachten, ruhiges Ausharren in der Natur. Doch ist diese Topik keinesfalls ein Privileg des literarischen Kanons. Auch populäre Autobiographen wie Reinhold Messner und Peter Scholl-Latour greifen auf literarische Bilder der Selbstkonstitution zurück, inszenieren die Begegnung des Subjekts mit sich selbst entlang etablierter Muster. Daher erscheint die Muße in vielen Fällen als nahezu unabdingbare Voraussetzung für die Selbsterfahrung der Individuen, und ihre topischen Realisationen sind in der autobiographischen Literatur omnipräsent.

3. Prekäre Subjekte – prekäre Muße. Autobiographische Reflexion in der Postmoderne

Das autobiographische Erzählen sieht sich im 20. Jahrhundert vor Herausforderungen gestellt, die sich bereits in der klassischen Moderne abzeichnen und mit dem Übergang zur Postmoderne noch verschärfen: Die Vorstellung einer substantiellen Identität, die von Beginn an im Individuum angelegt sei und im Laufe seines Lebens entwickelt werde, erscheint zunehmend suspekt. Stattdessen rückt der diskursiv-konstruktive Charakter und damit die Veränderlichkeit von Selbstentwürfen ins Blickfeld.[1] Die Destabilisierung des Ich-Bezugs wird noch durch den Umstand verschärft, dass in einer zunehmend komplexen Gesellschaft der einzelne Mensch vielfach nur als ‚entfremdeter' Funktionsträger innerhalb systemischer Prozesse agiert. Das ehemals souveräne Subjekt gerät damit sowohl von innen als auch von außen unter Druck.[2]

Diese Veränderungen wirken zurück auf die autobiographische Literatur, die bis dahin eine Plattform für weitgehend selbstbewusste Ich-Entwürfe bot, nun aber narrative Strategien für die Darstellung prekärer Subjekte entwickeln muss. Dies erfordert auch einen veränderten Umgang mit der traditionellen, kontemplativen Topik der Autobiographie. Beruhte die starke Affinität des klassischen autobiographischen Erzählmodells zur Muße im Kern auf der strukturellen Analogie zwischen der raumzeitlichen Ruhe der Muße und der zu demonstrierenden Selbstgewissheit des Erzählers, so verschieben sich im Zuge der Destabilisierung der autobiographischen Subjekte auch die Vorstellungen, unter welchen Bedingungen ein Lebensbericht entstehen kann. Zudem suchen Autoren nach neuen literarischen Formen der Selbstdarstellung. Aufgrund dieser tektonischen Verschiebungen droht die Muße ihren privilegierten Status für die Selbstreflexion

[1] Vgl. Alheit/Brandt, *Autobiographie und ästhetische Erfahrung*, 277–280.

[2] Prägend für dieses neue Verständnis des Subjekts ist die Psychoanalyse Freuds und Lacans, aus welcher der Begriff der „Dezentrierung des Subjekts" hervorgegangen ist; vgl. Jacques Lacan, *Le séminaire*, Bd. 2: *Le moi dans la théorie de Freud et dans la technique de la psychanalyse*, texte établi par Jacques-Alain Miller, Paris 1978. Auf eine epistemologische Ebene gehoben wurde die Subjektkritik von den Poststrukturalisten und insbesondere von Michel Foucault, vgl. Michel Foucault, *Les mots et les choses. Une archéologie des sciences humaines*, Paris 1966, 398; sowie erläuternd dazu Claus Dahlmanns, *Die Geschichte des modernen Subjekts. Michel Foucault und Norbert Elias im Vergleich*, Münster/New York/München u. a. 2008, 45–50.

zu verlieren, und speziell ihre strukturelle Bedeutung für das autobiographische Erzählmodell steht zur Disposition.

Es wird daher im folgenden Kapitel zu zeigen sein, dass mit der Verunsicherung der autobiographischen Erzähler auch die Topoi der Muße zunehmend prekär erscheinen. Zum Teil experimentieren die Autoren mit gänzlich neuen Formen von Muße-Erlebnissen, in vielen Fällen jedoch bemühen sie sich vergeblich, traditionelle Orte und Praktiken der Kontemplation zu reaktivieren. Latent droht die Gefahr einer scheiternden Muße und des ‚Abgleitens' in den Müßiggang: Was ursprünglich als Projekt der Kontemplation und Selbstreflexion begann, kann – sofern die inneren und äußeren Umstände nicht stimmen – schnell in einen frustrierenden, unerfüllten Müßiggang degenerieren, in dem das Subjekt keine Selbstverwirklichung findet, sondern schlimmstenfalls die Erfahrung eines völligen Selbstverlustes macht. Der Müßiggang als Gegenpart der Muße ist daher in der modernen autobiographischen Literatur häufig dann thematisch, wenn Erfahrungen von Entfremdung beschreiben werden (der Typus des *Bartleby*) oder wenn Autoren über ihr Scheitern an den gesellschaftlichen Anforderungen berichten (der Typus des *Oblomovisten*).[3]

Während sich die bislang besprochenen Autobiographien die klassischen Muster affirmativ aneigneten und auf ihre moderne Lebenswelt projizierten, verweigern sich die im Folgenden thematisierten Texte den traditionellen Gattungsnormen mal auf spielerische, mal auf didaktische Weise. Dieser Bruch wird schon formal evident: Keines der drei hier gewählten Werke erfüllt die engen Kriterien einer autobiographisch strukturierten Erzählung, d. h. einer retrospektiven, auf Ganzheitlichkeit hin orientierten Lebenserzählung eines Autors. Stattdessen fokussieren die Texte jeweils nur bestimmte Episoden im Leben ihrer Verfasser und distanzieren sich zum Teil durch die Verwendung von Pseudonymen und anderen Verfremdungseffekten von einer referentiellen Lektüre. Wie aber deutlich werden soll, erschließen sich alle drei Texte erst vor der Folie des klassischen autobiographischen Erzählens, auf die sie – eben häufig *ex negativo* oder mit parodistischer Intention – intensiv Bezug nehmen. Diese Referenzen auf das autobiographische Erzählmodell betreffen vor allem zwei Aspekte: Zum ersten schreiben sich die Texte in Diskurse über Identität, Autorschaft und Erinnerung ein. Zweitens nehmen sie sich der klassischen, mußevollen Chronotopoi der Selbstreflexion an, um sie auf ihre Gültigkeit hin zu prüfen und ggf. zu verabschieden.

Die im Folgenden untersuchten Werke liefern anschauliche Beispiele dafür, dass parallel zur topischen Autobiographik neue Techniken der Selbsterzählung entstehen, in denen auch die Muße auf eine neue Weise funktionalisiert wird.

---

[3] Vgl. die Kapitel über Melvilles *Bartleby* und Gontscharows *Oblomow* in Fuest, *Poetik des Nicht(s)tuns*, 215–226 u. 177–194; vgl. außerdem Elisabeth Cheauré, „Faulheit. Muße. Kreativität. Überlegungen zur *Oblomowerei*", in: Gregor Dobler/Peter Philipp Riedl (Hg.), *Muße und Gesellschaft*, Tübingen 2017, 267–288.

Eine Krisenerfahrung steht im Zentrum von Georges Perecs *Un homme qui dort* (1967). Der Roman dokumentiert den selbstzerstörerischen Versuch eines jungen Studenten, sich aus seinem entfremdeten Leben zurückzuziehen und sich ganz dem Müßiggang zu überlassen. Einen sehr bekannten Topos der Muße parodiert dagegen Robert Gernhardt in seinem Roman *Ich Ich Ich* (1982). Gernhardts autofiktionaler Protagonist flieht in der Hoffnung auf Ruhe und künstlerische Produktivität nach Italien, doch mitten in der arkadischen Landschaft wird er von traumatischen Erinnerungen überfallen, die ihn zwingen, seine Vergangenheit und damit seinen prekären Selbstentwurf zu konfrontieren. Rainald Goetz schließlich berichtet in der Erzählung *Rave* (1998) vom besonderen Raum einer kollektiven Muße, die in klassischen Ich-Erzählungen keinen Platz hatte. Für seinen autobiographischen Erzähler birgt der ekstatische Rausch des Nachtlebens Momente der Kontemplation und der literarischen Selbstverwirklichung – zumindest solange, bis auch ihm die Muße entgleitet und zum krisenhaften Müßiggang degeneriert.

3.1. Selbstverlust im Müßiggang. Georges Perec: *Un homme qui dort*

Zahlreiche narrative Innovationen, welche die erzählende Literatur in der zweiten Hälfte des 20. Jahrhunderts hervorgebracht hat, sind in Georges Perecs *Un homme qui dort* (1967) auf geradezu mustergültige Weise zu studieren.[4] Und doch ist der Roman weit mehr als die radikale Demonstration eines jungen Autors, der gerade der experimentellen Gruppe *Oulipo* um Raymond Queneau beigetreten war und fortan eine Schlüsselfigur der literarischen Avantgarde sein sollte[5]: Mit *Un homme qui dort* führt Perec eindrücklich vor, wie sich die Dezentrierung des Subjekts und die Destabilisierung der Identitätsmodelle auf die Praxis des autobiographischen Erzählens auswirken, und schlägt so eine Brücke zwischen Tradition und Erneuerung der Gattung. Wie kaum ein zweiter Text exponiert der Roman eine postmoderne Schreibweise, die einerseits Distanz zum konventionellen autobiographischen Erzählmodell sucht, indem sie auf neue formale Ausdrucksmittel und narrative Instrumente zurückgreift, die andererseits jedoch die Vorstellung mußevoller Kontemplation samt ihrer klassischen Topoi weiterhin als Grundlage der literarischen Selbstreflexion behauptet – wenn auch in vielen Fällen wiederum nur als Folie, von der Perec sich absetzen will. Dieser

[4] Georges Perec, *Un homme qui dort. Roman*, Paris 1989 [1967]. (Im Folgenden zitiert mit der Sigle *Hqd.*)

[5] Die Verbindung Perecs zu Oulipo soll hier keine Rolle spielen, weil *Un homme qui dort* vor seinem Beitritt zur Gruppe entstand und daher in der Forschung als „préoulipien" gilt. Dennoch lassen sich Einflüsse von Oulipo im Roman ausmachen, vgl. dazu Jordan Stump, „*Un homme qui dort* et ses doubles", in: *The French Review* 67,4 (1994), 609–618, 610.

Paradigmenwechsel, der bei Perec exemplarisch zutage tritt, wirkt weit über die Autobiographik im engeren Sinne hinaus, er manifestiert sich bezeichnenderweise gerade in jenen Texten, die im unklaren Grenzgebiet zwischen den Gattungen der Autobiographie und des Romans zu verorten sind. Solche hybriden und transgressiven Werke, die unter Bezeichnungen wie ‚autobiographischer Roman' oder ‚autofiktionale Erzählung' als ein unmittelbares Resultat der historischen Konvergenz von Roman und Autobiographie gelten können, werden zum Testgelände, in dem die alten Modelle der Intro- und Retrospektion auf den Prüfstand gestellt und neue Verfahren der Selbsterzählung erprobt werden können. Von diesen Versuchen mit unsicherem Ausgang gibt *Un homme qui dort* ein wichtiges Zeugnis.

Der Roman ist zwar „inspiré par une expérience autobiographique"[6], um eine Autobiographie im Sinne einer stolzen Lebensrückschau handelt es sich jedoch nicht. Eine solche hätte Perec auch nicht auf überzeugende Weise vorlegen können, war er doch zum Zeitpunkt der Publikation von *Un homme qui dort* gerade einmal einunddreißig Jahre alt und übte einen Brotberuf als Archivar einer Klinik aus. Ein Rückgriff auf die dichotome Grundstruktur autobiographischer Erzählungen, die auf der Gegenüberstellung des bewegten Lebens mit der im Alter erreichten Ruhe des Erzählers basiert, wäre in Perecs Fall daher von vornherein implausibel erschienen. Ein retrospektiver Lebensbericht lag jedoch gar nicht in der Intention des jungen Autors. Stattdessen greift Perec in seinem Roman etablierte Muster und Motive der Selbstreflexion auf, um sie im Sinne einer modernen Krisenerfahrung neu zu funktionalisieren. Der Text, so ist sich die Forschung weitgehend einig, verarbeite „the author's own experience during a period of loneliness and depression".[7] Dass an diesem Thema vor ihm schon zahlreiche andere Erzähler – sowohl fiktionaler als auch autobiographischer Art – laborierten, versucht Perec keine Minute zu verbergen. Vielmehr bedient sich Perec ohne große Scheu bei den kanonischen Vorbildern, kleidet seine Geschichte aber in ein formal innovatives Gewand.

Eine unmittelbar zu erkennende Abweichung von den Konventionen des (auto-)biographischen Romans bildet die stark reduzierte Handlung von *Un homme qui dort*. In deren Zentrum steht ein namenloser Protagonist, über den der Text lange Zeit nicht viel mehr preisgibt, als dass er fünfundzwanzig Jahre alt ist, in Paris Soziologie studiert und eine winzige Dachkammer in der Rue Saint Honoré im ersten Arrondissement bewohnt. Am Tag seines Staatsexamens bleibt der Student trotz des Klingelns des Weckers im Bett liegen, verlässt gar über Wochen nicht sein Zimmer und kappt schließlich alle Verbindungen zur Außenwelt. Auf den ersten Blick mag der Student daher als ein pathologischer „Oblomovist"

[6] Isabelle Dangy, „Naissance du personnage dans *Un homme qui dort*", in: *Roman 20–50* 51 (2011), 95–105, 95.

[7] David Gascoigne, *The Games of Fiction. Georges Perec and Modern French Ludic Narrative*, Oxford/Bern/Berlin u. a. 2006, 131.

gelten, denn die Medizin bezeichnete mit diesem Begriff, den sie vom wohl berühmtesten literarischen Faullenzer *Oblomow* ableitete[8], einst „einen vor allem depressiven Menschen, der sich weigert, das Bett zu verlassen".[9] Untätigkeit und Einsamkeit sind die Merkmale des Oblomovisten, und auch Perecs Protagonist unterbricht seine selbstgewählte Isolation nur, um auf das Land zu seinen Eltern zu fahren, wo er still durch die Natur streift, den Kontakt mit seinen Eltern meidend. Zurück in Paris verlässt er sein Zimmer zuweilen, um ziellos durch die Straßen zu laufen und wahllos Restaurants und Kinos zu besuchen.

Theodor Adorno hatte als wichtigstes Merkmal moderner Romane bestimmt, dass sie „die universale Entfremdung und Selbstentfremdung" zu ihrem Thema machten, ja dass sie zur Darstellung dieser Problematik so „qualifiziert wie wenig andere Kunstformen" seien.[10] Diese modernetypische Erfahrung eines Subjekts, das sich von der Gesellschaft und sich selbst zunehmend entfremdet, verarbeitet *Un homme qui dort* auf geradezu prototypische Weise. Adorno forderte zudem normativ, ein moderner Roman müsse, wolle er „seinem realistischen Erbe treu bleiben und sagen, wie es wirklich ist", paradoxerweise auf jeden „Realismus verzichten, der, indem er die Fassade reproduziert, nur dieser bei ihrem Täuschungsgeschäfte hilft".[11] Auch in dieser Hinsicht, d. h. im Verzicht auf eine realistische Darstellung und ihre vorgeblich objektive Perspektive auf das Geschehen, stellt *Un homme qui dort* seine Modernität aus. Das surreal anmutende Experiment des Protagonisten, sich der sozialen Wirklichkeit so weit wie möglich zu verweigern, findet seinen formalen Gegenpart in einer unkonventionellen Erzählweise, die darauf ausgerichtet ist, dem Leser die inneren Konflikte und die zunehmende Dissoziation des Protagonisten direkt erfahrbar zu machen. Der Roman präsentiert keine spannende, vorantreibende Handlung im herkömmlichen Sinne, sondern konzentriert sich auf die lose Abfolge fragmentarischer Geschehensmomente.[12] Daraus entsteht „eine wuchernde Meditation über den Stillstand, eine von Bildern, Beobachtungen, Reflexionen, Zuschreibungen, Feststellungen, Phantasien durchtränkte Meditation über das Resultat einer vollkommenen Verweigerung".[13] Zu diesem Eindruck trägt wesentlich bei, dass der Erzähler das Geschehen nicht in linearer Abfolge präsentiert, sondern in den sechzehn Abschnitten des Romans repetitiv die zentralen Motive aufruft und variiert: die Isolation des Protagonisten, die Verweigerung aller Aktivität, die Flanerie und die Indifferenz gegenüber der Welt. Während sich also die *his-*

[8] Iwan Gontscharow, *Oblomow. Roman in vier Teilen*, hg. u. übers. v. Vera Bischitzky, München 2012 [1859].

[9] Fuest, *Poetik des Nicht(s)tuns*, 178; vgl. auch Cheauré, „Faulheit. Muße. Kreativität."

[10] Theodor W. Adorno, „Form und Gehalt des zeitgenössischen Romans", in: *AKzente* 1 (1954), 410–416, 412.

[11] Ebd.

[12] Zur narrativen Struktur des Romans vgl. Gascoigne, *The Games of Fiction*, 133–137.

[13] Fuest, *Poetik des Nicht(s)tuns*, 244.

toire langsam auf die finale Auflösung der Krise zubewegt, wird sie von einer zirkulären Bewegung des *discours* überlagert.[14] Daraus ergibt sich der komplexe narrative Aufbau des Romans: „Beneath what might seem to be a rather self-indulgently introspective narrative of an existential crisis, there is then a quite consciously organised structure […].“[15]

Geht man von der Erzählperspektive des Romans aus, so mag sich die Frage aufdrängen, mit welchem Recht der Text hier überhaupt im Kreise autobiographisch strukturierter Erzählungen besprochen werden kann. Statt eines gewöhnlichen Ich-Erzählers setzt Perec auf die Darstellung der Handlung in der zweiten Person Singular.[16] Der Erzähler adressiert den Protagonisten konsequent mit dem Pronomen „tu“ und bricht so mit der autobiographischen Norm grammatischer Identität: „Tu n'as envie de voir personne, ni de parler, ni de penser, ni de sortir, ni de bouger.“ (*Hqd*, 24) Ob ungeachtet dieser Bezeichnungspraxis eine personale Identität zwischen dem Erzähler und dem „Du“ der Handlung besteht, bleibt – auch weil Perec keine Namen nennt – ungewiss.[17] Ein Indiz für eine solche Übereinstimmung mag man darin erkennen, dass die Erzählung fast ausschließlich durch die interne Perspektive des Protagonisten fokalisiert ist, der Erzähler sich also stets innerhalb des Wissens- und Wahrnehmungshorizonts der Hauptfigur bewegt. Die Forschung hat daher spekuliert, ob der Protagonist als ein „dédoublement du narrateur“[18] anzusehen sei und ob sich hinter dem „tu“ letztlich ein „je caché“ verberge, das als eigentlicher Urheber der Erzählung gelten könne.[19] Entscheidender ist jedoch, dass Perec in der Du-Narration ein Mittel findet, die gewissermaßen ‚natürliche‘ Identität von Figur und Erzähler in autobiographischen Narrationen zu unterlaufen, ohne aber die üblicherweise mit einer Er-Erzählung verbundene Distanziertheit zu evozieren. Ganz im Gegenteil suggeriert die Erzählung eine große Intimität und Dialogizität zwischen Figur und Erzähler. Es entsteht der Eindruck, der Protagonist führe einen „inneren Dialog“, also ein Gespräch mit sich selbst über sich selbst, das aber anders als die traditionelle Autobiographik die Kongruenz von erzählendem und erlebendem Subjekt nicht zwingend voraussetzt, sondern nur als eine Möglichkeit zulässt.[20]

---

[14] Vgl. dazu auch Dangy, „Naissance du personnage dans *Un homme qui dort*“, 95.

[15] Gascoigne, *The Games of Fiction*, 137.

[16] Mit der von Perec gewählten Erzählperspektive, welche die Grenzen von Gattungstypologien aufzeige, beschäftigt sich ausführlich Roman Kuhn, „Zweite Person Singular Präsens. Überlegungen zu *Ein Mann der schläft* von Georges Perec“, in: Armen Avanessian/Anke Hennig (Hg.), *Der Präsensroman*, Berlin 2013, 210–223, 210–217.

[17] Vgl. Yves Reuter, „Construction/déconstruction du personnage dans Un homme qui dort“, in: Françoise Lioure (Hg.), *Construction/déconstruction du personnage dans la forme narrative au XXe siècle*, Clermont-Ferrand 1993, 101–122, 107.

[18] Reuter, „Construction/déconstruction du personnage dans Un homme qui dort“, 106; vgl. außerdem Stump, „*Un homme qui dort* et ses doubles“.

[19] Dangy, „Naissance du personnage dans *Un homme qui dort*“, 97.

[20] Waldmann, *Autobiografisches als literarisches Schreiben*, 73.

Noch auf eine dritte Weise bricht Perec mit den Grundregeln der autobiographischen Narration: Er lässt seinen Erzähler das Geschehen nicht im Modus der Retrospektion darstellen, sondern konsequent im Präsens berichten.[21] Daraus resultiert zunächst ein Effekt der Unmittelbarkeit, als könnte der Leser direkt an den Erfahrungen und Wahrnehmungen des Protagonisten partizipieren.[22] Vor allem aber korrespondiert das präsentische Erzählverfahren mit der stillgestellten Handlung des Romans. Wo ewige Gegenwart herrscht, schrumpft der Zeitstrahl zu einem Punkt oder doch mindestens zu einer Reihe von Punkten, die isoliert nebeneinanderstehen und sich nicht ohne weiteres zu einer kontinuierlichen Geschichte verbinden lassen. Damit erübrigt sich auch die Idee, der Protagonist könnte im Rückblick auf sein Leben zu einem Verständnis seiner selbst gelangen. Wenn es daher auf den ersten Blick so scheinen mag, als stünde Perecs *Un homme qui dort* nur in einem losen Verhältnis zur autobiographischen Gattung, so wird im Folgenden umso nachdrücklicher zu zeigen sein, wie intensiv sich Perec mit den Prinzipien und Topoi des autobiographischen Erzählens auseinandersetzt, eben indem er *ex negativo* auf sie rekurriert. Sein Roman kann, anders ausgedrückt, als eine Erkundung der Grenzgebiete autobiographischer Narration betrachtet werden. Durch das Kartieren dieser Grenzen werden die Prinzipien des Erzählverfahrens erst deutlich sichtbar.

Einen Bezug zu Topoi der Selbstreflexion stellt Perec schon anhand der elaborierten intertextuellen Konstruktion her, die er seinem Roman zugrunde legt. Dieser nämlich „erweist sich als ein anspielungsreiches und darin extrem verspieltes Unterfangen, das dem Exegeten die Rolle des Suchenden nach Intertexten zuweist, eine Rolle, die er gewinnbringend annehmen kann (oder auch nicht)".[23] Die Forschung hat diese Rolle nur zu gern angenommen und verschiedentlich versucht, das dichte ‚Gewebe von Zitaten' im Roman zu entwirren.[24] Weil die diskursiven und narrativen Strategien, derer sich Perec in *Un homme qui dort* bedient, tatsächlich nur vor dem Hintergrund der Prätexte zu erschließen sind, sollen auch hier einige wichtige Querbezüge zwischen Perecs Werk und der kanonischen Literatur mußevoller Selbstreflexion verdeutlicht werden.

---

21 Die Tempusstruktur des Romans und die Auswirkungen des präsentischen Erzählens untersucht Kuhn, „Zweite Person Singular Präsens", 217–223.

22 Vgl. Kathrin Glosch, *‚Cela m'était égal'. Zu Inszenierung und Funktion von Gleichgültigkeit in der französischen Literatur des 20. Jahrhunderts*, Stuttgart/Weimar 2001, 208.

23 Fuest, *Poetik des Nicht(s)tuns*, 244.

24 Fuest identifiziert in seiner Interpretation von Perecs Roman vor allem Bezüge auf Melvilles *Bartleby*, aber auch die Flanerien Benjamins und Baudelaires als Prätexte – vgl. ebd., 243–254. Reuter erkennt neben *Bartleby* auch Bezüge zu Prousts *Recherche* und Sartres *La nausée*; vgl. Reuter, „Construction/déconstruction du personnage dans Un homme qui dort", 110. Die Einflüsse Kafkas, Melvilles, Prousts, Michel Butors und der Gruppe *Oulipo* thematisiert Gascoigne, *The Games of Fiction*, 137–148.

Ein Anknüpfen an die autobiographische Erzähltradition markiert bereits der Romantitel, der Prousts *À la Recherche du temps perdu* zitiert.[25] Dort heißt es: „Un homme qui dort, tient en cercle autour de lui le fil des heures, l'ordre des années et des mondes. Il les consulte d'instinct en s'éveillant et y lit en une seconde le point de la terre qu'il occupe, le temps qui s'est écoulé jusqu'à son réveil; mais leurs rangs peuvent se mêler, se rompre." (*Rch*, 5) Das Zitat entstammt dem Eingangskapitel des ersten Bandes *Du côté de chez Swann*, in welchem Proust eine Phänomenologie des Schlafens entwirft, die insbesondere die Zeit- und Raumwahrnehmung des wiedererwachenden Subjekts in den Blick nimmt. Weil Perecs Text nicht nur unübersehbare Anleihen bei der *Recherche* nimmt, sondern Prousts bzw. Perecs Phänomenologie des Schlafens auf maßgebliche Weise mit dem Diskurs über Muße und autobiographisches Erinnern interferiert, erscheint es sinnvoll, kurz einige Grundzüge der berühmten Passage aus Prousts monumentalem Roman zu skizzieren.

Es sei eine zugleich alltägliche und außergewöhnliche Erfahrung, so Prousts Ich-Erzähler, im Schlaf die Orientierung in Raum und Zeit zu verlieren, ja manchmal sogar zu vergessen, wer man selber ist: „[Q]uand je m'éveillais au milieu de la nuit, comme j'ignorais où je me trouvais, je ne savais même pas au premier instant qui j'étais [...]." (*Rch*, 5) In der Eröffnungspassage beschreibt Proust die Situation, in der sich sein Ich-Erzähler anfangs befindet, und die gleich in mehrfacher Hinsicht von Liminalität gekennzeichnet ist. Das erinnernde Ich liegt in einem Zustand zwischen Wachen und Schlafen im Bett. In seinem Dahindämmern drängen sich kurze, unzusammenhängende Episoden der Erinnerung in das Bewusstsein. Doch ist es dem Ich noch unmöglich, aus den Vergangenheitsfragmenten eine kohärente Erzählung zu gestalten, denn „[c]es évocations tournoyantes et confuses ne duraient jamais que quelques secondes". (*Rch*, 7)

Narratologisch lässt sich das Eingangskapitel der *Recherche* daher als eine Erinnerungsgeschichte charakterisieren, die dem eigentlichen Erzählakt vorgelagert ist. In ihr artikuliert sich ein unwillkürlich erinnerndes Ich, das zwischen dem erlebenden Ich und dem souverän erzählenden Ich angesiedelt ist; auch in Bezug auf die diegetische Chronologie lässt sich die Wachtraum-Episode zwischen Lebensgeschichte und Erzählgeschichte verorten. Die Forschung hat für diese ungewöhnliche ‚dritte' Erzählinstanz daher den Begriff des „Sujet Intermédiaire" geprägt.[26] Mit der hier vorgeschlagenen Terminologie lässt sich Prousts ‚Sujet Intermédiaire' jedoch schlicht als eine spezifische Ausprägung eines erinnernden Ich begreifen, das sich in den autobiographischen Werken der

[25] Marcel Proust, *À la recherche du temps perdu*, Bd. 1: *Du côté de chez Swann*, hg. v. Jean-Yves Tadié, Paris 1987 [1913], 3–420. (Im Folgenden zitiert mit der Sigle *Rch.*)

[26] Vgl. Marcel Muller, *Les voix narratives dans la „Recherche du temps perdu"*, Genève 1965, 36–44. Den Begriff „je intermédiaire" benutzt Klinkert, *Muße und Erzählen*, 169.

Moderne und Postmoderne zunehmend als distinkte Instanz neben dem erzählenden Ich etabliert.

Die Differenzierung von Erinnerungs- und Erzählprozess, die Proust in der *Recherche* vornimmt, hat jedoch einen Preis. Die Suggestion eines souveränen autobiographischen Erzählens, das auf der scheinbar mühelosen Verschränkung des mnemonischen und des narrativen Aktes basiert, verliert durch die Separierung der beiden Vorgänge ihre Grundlage. So kommt es zu einem fundamentalen Paradigmenwechsel des autobiographischen Erzählens im Kontext der klassischen Moderne, in der die Unzulänglichkeiten und Unberechenbarkeiten des menschlichen Bewusstseins in der Literatur auch sonst verstärkt thematisiert werden. Diesen Wandel führt Prousts *Recherche* mustergültig vor: Weil sich die Erinnerungsfragmente anfangs noch nicht zur kohärenten Erzählung fügen, wirkt der autobiographische Selbstentwurf vorläufig und prekär; das autobiographische Ich befindet sich in einem „Raum der Unbestimmtheit und der Identitätsunsicherheit, aus dem heraus das Ich sich selbst zunächst keine klare narrative Identität zuschreiben kann".[27] Prousts erinnerndes Ich gibt sich nicht mehr den Anschein, souverän über seine Vergangenheit verfügen und darauf seinen Selbstentwurf aufbauen zu können. Daher gilt Proust als der in der klassischen Moderne wohl wirkmächtigste Autor, der die „unangetastete[] Dominanz des selbstbewußten Ichs" in Zweifel zog und „die idealistische Vorstellung von der Konsistenz eines mit dem Bewußtsein gleichgesetzten Ichs" infrage stellte.[28]

Dass es in der *Recherche* schließlich doch noch zu einer zusammenhängenden, sich sogar über dreitausend Seiten erstreckenden autobiographischen Narration kommt, ist allein einigen sinnlichen und emotionalen Assoziationen zu verdanken, die das erinnernde Ich mehr oder weniger zufällig überkommen. Insbesondere (aber nicht ausschließlich) die legendär gewordene Geschmackskombination einer in Lindenblütentee getauchten Madeleine eröffnet dem Erzähler einen Weg in den „Innenraum" seiner Erinnerung.[29] Diese spontane Reminiszenz, die sich der auktorialen Intention entzieht und von Proust selbst mit dem berühmten Begriff der „mémoire involontaire" (*Rch*, 43) gefasst wird, steht im Zentrum der in der *Recherche* entworfenen Mnemopoetik. Erst die unwillkürlich sich einstellende Erinnerung ermöglicht letztlich den autobiographischen Bericht – und dass Proust seinen Roman mit einem derart planlosen, kontingenten Ereignis seinen Ausgang nehmen lässt, verstärkt noch den Eindruck, er suspendiere die Vorstellung eines selbstgewissen Erzähler-Ich. Wenn Proust jedoch mit dem souveränen Gestus der klassischen Autobiographik bricht, so ist dennoch die raumzeitliche Situation seines ‚Sujet Intermédiaire' ganz an der autobiographischen Topik orientiert. In der Eingangsszene befindet sich das er-

[27] Ebd., 169 f.
[28] Sill, *Zerbrochene Spiegel*, 103.
[29] Adorno, „Form und Gehalt des zeitgenössischen Romans", 413.

innernde Ich, wie Thomas Klinkert bemerkt hat, „in einer Situation des Rückzugs, der Einsamkeit, in einem Raum der Ruhe und des Nachdenkens. Mit anderen Worten: Es handelt sich um eine moderne Variante der Mußesituation."[30] Für den modernen Menschen bildet das Schlafzimmer den sakrosankten Raum der Privatheit und Intimität, und hier findet auch Prousts Erzähler die für sein Erinnerungsprojekt notwendige Abgeschiedenheit von der Gesellschaft.

Mit *Un homme qui dort* knüpft Perec unmittelbar an Prousts Vorbild an. Der Roman setzt mit einer Reflexion des Schlafens ein, und die Art und Weise, wie Perec die Raumerfahrung seines Protagonisten beschreibt, suggeriert zunächst, dieser befinde sich in einer ebenso mußevollen Situation wie der Erzähler der *Recherche*:

> Dès que tu fermes les yeux, l'aventure du sommeil commence. A la pénombre connue de la chambre, volume obscur coupé par des détails, où ta mémoire identifie sans peine les chemins que tu as mille fois parcourus [...], succède, au bout d'un certain temps, un espace à deux dimensions, comme un tableau sans limites sûres [...]. (*Hqd*, 13)

Mit geschlossenen Augen imaginiert der Protagonist die kleine Dachkammer, in der er sich befindet, und je weiter sein Bewusstseinsstrom fortschreitet, desto mehr lösen sich die räumlichen Bilder von den konkreten Gegenständen und münden in abstrakte Beschreibungen etwa der Dunkelheit oder der geometrischen Form des Fensters. In der mehrere Seiten umfassenden Darstellung dieses Gedankenganges artikuliert sich ein nahezu phänomenologisches Interesse an der räumlichen und zeitlichen Wahrnehmung im Zwischenreich von Wachen und Schlafen. Auch die beinahe durchgehend präsentische Narration verstärkt die Illusion, der Erzähler protokolliere unmittelbar die Sinneseindrücke und Imaginationen des Protagonisten. Die zwischen Soliloquium und Bewusstseinsstrom oszillierende Erzähltechnik stellt eine Steigerung gegenüber dem ‚einfachen' Gedankenbericht in Prousts *Recherche* dar.[31]

Die kleine Dachkammer bietet einen Rückzugsort, eine Trutzburg gegen alle sozialen und temporalen Zwänge. Metaphorisch beschreibt der Erzähler denn auch seine soziale Isolation: „Ta chambre est la plus belle des îles désertes, et Paris est un désert que nul n'a jamais traversé." (*Hqd*, 58) Die Charakterisierung des Zimmers als ‚schönste Insel in der Wüste Paris' knüpft an die Vorstellungen des einsamen Eremiten an, der in spiritueller und räumlicher Distanz zur Gesellschaft ein Leben im Zeichen der *vita contemplativa* führt. Mit dem räumlichen Rückzug des ‚Du' korrespondiert eine veränderte Zeitwahrnehmung, die ebenfalls zum trügerischen Eindruck beiträgt, Perec zeige seinen Protagonisten in einer topischen Situation der Muße. Denn der Protagonist lebt eine „vie ralentie" (*Hqd*, 33), ein Zeitlupenleben, in dem sich alle Prozesse verlangsamen, bis die

---

[30] Klinkert, *Muße und Erzählen*, 169f.

[31] „The Proust episode is not simply borrowed: it is transformed", meint auch Gascoigne, *The Games of Fiction*, 141.

Zeit schließlich gar nicht mehr als quantifizierbares Kontinuum erfahren werden kann: „sans avenir et sans passé, comme ça, simplement, évidemment, comme une goutte d'eau qui perle au robinet d'un poste d'eau sur un palier". (*Hqd*, 87) Fokussiert Perec in den Eingangskapiteln vor allem das räumliche Sein des Protagonisten, so richtet sich sein phänomenologischer Blick im Verlauf der Erzählung zunehmend auf die Heterochronie der Dachkammer, in der sich die subjektive Zeitwahrnehmung des Protagonisten von der objektiven Zeit entkoppelt:

Dans le silence de ta chambre, le temps ne pénètre plus, il est alentour, bain permanent, encore plus présent, obsédant, que les aiguilles d'un réveil que tu pourrais ne pas regarder, et pourtant légèrement tordu, faussé, un peu suspect. Le temps passe, mais tu ne sais jamais l'heure, [...] il est tard, il est tôt, le jour naît, la nuit tombe, les bruits ne cessent jamais tout à fait, le temps ne s'arrête jamais totalement, même s'il n'est plus qu'imperceptible [...]. (*Hqd*, 57 f.)

Zwar hört die Sukzession der Zeit nicht auf, doch vergeht sie so unmerklich, das sie stillzustehen scheint. Diese Heterochronie erlebt der Protagonist nicht nur passiv, sondern reflektiert explizit, wie er mit dem Überfluss an Zeit umgehen könne, den ihm das Heraustreten aus den Alltagsroutinen verschafft. „Il y a mille manières de tuer le temps et aucune ne ressemble à l'autre, mais elles se valent toutes, mille façons de ne rien attendre [...]", konstatiert der Erzähler und verdeutlicht damit, dass es ihm nicht darum geht, die zur Verfügung stehende Zeit mit sinnvoller Aktivität zu füllen. (*Hqd*, 62) Statt die freie Zeit zu „benutzen", wie Schopenhauer forderte, will er sie lediglich auf eine Weise „zubringen", die ihn ihre Effekte möglichst wenig spüren lässt.[32]

So kommt es gar nicht erst zur euphorischen Erfahrung des selbstgeschaffenen Freiraums, weil die Ziele des Protagonisten sich darin erschöpfen, die eigene Isolation gleichsam stupide und affektlos durchzustehen. Damit ist bereits das Ende jener kurzen Phase zu Beginn des Romans markiert, in welcher der soziale und räumliche Rückzug des Protagonisten noch die Möglichkeit zu bergen scheint, Selbstentfremdung und Unzufriedenheit zu überwinden und nach einem kathartischen Bruch in ein neues Leben zu starten. Zwar führt der vom Protagonisten gefasste Beschluss, sein bisheriges Leben zu suspendieren, ihn in eine Situation, die auf den ersten Blick den chronotopischen Idealbedingungen einer kontemplativen Selbstbesinnung entsprechen könnte. Doch verbindet er mit dem Heraustreten aus den alltäglichen Zusammenhängen und Verpflichtungen ganz andere Erwartungen, als es die Topik der Muße suggeriert. „Tu n'as besoin de rien d'autre que de ce calme, de ce sommeil, que de ce silence, que de cette torpeur" (*Hqd*, 58), fasst der Erzähler die Hoffnung des Protagonisten zusammen, endlich Frieden zu finden. Bezeichnend an dieser Aufzählung ist jedoch, dass die Sehnsüchte des Protagonisten sich nicht in kontemplativem

[32] Schopenhauer, *Aphorismen zur Lebensweisheit*, 29 f.

„calme" (Ruhe) und „silence" (Stille) erschöpfen, sondern auch den Wunsch nach „sommeil" (Schlaf) und „torpeur" (Apathie, Lethargie) umfassen. So markiert der Erzähler, dass der Rückzug in die Dachkammer gerade nicht auf mußevolle Selbstbesinnung und produktive Entfaltung zielt, sondern nichts weiter ist als ein von tiefer Müdigkeit provozierter Akt der Verweigerung.

Statt eines positiven *otium*, wie es das Vorbild der *Recherche* vorgibt, erfährt der Protagonist in seinem Bett also einen negativen Müßiggang, verfällt in die „Oblomowerei", die primär durch den Verzicht auf jegliche Aktivität gekennzeichnet ist.[33] Dass Perec diesen Umschlag von der Muße in den Müßiggang jedoch gerade vor der Folie der Proustschen Reflexion des Schlafes entfaltet, trägt maßgeblich zur effektvollen Wirkung dieser überraschenden Wendung bei: Der Autor unterläuft die Erwartungen, die er durch den Rekurs auf das in der *Recherche* präsentierte Modell der autobiographischen Reflexion geschürt hatte, und entwirft ein alternatives Szenario, in welchem an die Stelle retrospektiver Selbstfindung die Selbstaufgabe des Protagonisten tritt.

Die Anverwandlung und zuweilen auch Inversion klassisch-moderner Vorbilder ist eine der auffälligen Erzählstrategien von *Un homme qui dort*, und die Referenztexte, bei denen Perec sich bedient, erschöpfen sich mit der *Recherche* und mit *Oblomow* noch lange nicht. Exemplarische Erwähnung sollen hier nur Jean-Jacques Rousseau und Walter Benjamin finden, denn die von ihnen jeweils mustergültig reflektierten und inszenierten Praktiken der Muße – das Spazieren in der Landschaft sowie die großstädtische Flanerie – adaptiert Perec auf ganz ähnliche Weise, wie er zu Beginn des Romans die Proustsche Erinnerungssituation im Sinne seines pessimistischen Subjektentwurfs umdeutet.

In der Hoffnung, seine selbstgewählte Einsamkeit noch vertiefen zu können, verlässt der Protagonist nach einigen Wochen seine Pariser Dachkammer, um aufs Land zu fahren. Er besucht seine Eltern in einem Dorf bei Auxerre, wo er selbst einige Jahre seiner Kindheit verbrachte, tritt mit ihnen jedoch kaum in Kontakt. Die Landschaft außerhalb der Stadt zieht ihn an, weil sie ihm neue Möglichkeiten der Abgeschiedenheit verspricht. Der Erzähler benennt einige Sehenswürdigkeiten des Dorfes und ruft dabei abermals das Motiv des Eremiten auf, welches er nun ganz konkret benennt: „Un bienheureux, non loin de là, aurait vécu dans une caverne que l'on peut visiter." (*Hqd*, 41) Statt in einer Höhle Zuflucht zu suchen, besinnt sich der Protagonist auf die einsamen Spaziergänge Rousseaus und begibt sich auf ziellose Streifzüge durch den Wald: „Chaque après-midi, tu pars en promenade. Tu suis la route d'abord, puis, au-delà d'une carrière abandonnée, tu t'enfonces dans la forêt." (*Hqd*, 44) Unverhohlen schöpft Perec aus dem Fundus der kontemplativen Topik, führt seinen Protagonisten sogar an einen erhöhten Punkt des Aus- und Überblicks: „Tu t'assieds au sommet d'une colline d'où tout le village t'apparaît." (*Hqd*, 44) Doch

[33] Gontscharow, *Oblomow*, 271.

einmal mehr aktualisiert Perec die klassische Folie der mußevollen (Selbst-)Betrachtung nur, um gleich darauf ihre Brüchigkeit zu demonstrieren. Anders als Rousseau, der sein Naturerlebnis durch das Herbarisieren und Klassifizieren von Pflanzen intensivierte, bleibt dem ‚Du' in Perecs Roman die Natur fremd: „Tu ne connais pas le nom des arbres, ni celui des fleurs, des plantes, des nuages." (*Hqd*, 44) Im Ohr des Protagonisten klingt der Gesang der Vögel wie heiseres Geschrei, die Kräuter, die er kostet, spuckt er umgehend wieder aus. So muss er sich eingestehen, dass die Landschaft in ihm keine erhabenen Gefühle weckt, sondern nur völlige Indifferenz hervorruft: „[L]e paysage t'inspire peu, la paix des champs ne t'émeut pas, le silence de la campagne ne t'énerve ni ne t'apaise." (*Hqd*, 45)

Eine existentielle Gleichgültigkeit ergreift den Protagonisten auch nach seiner Rückkehr in das großstädtische Treiben von Paris. Statt sich wieder in der Dachkammer einzuschließen, die ihn nun zu ekeln beginnt, rafft er sich auf, um vor allem nachts stundenlang durch Paris flanieren: „Marcheur infatigable, tu traverses Paris de part en part, chaque soir, émergeant du trou noir de ta chambre, de tes escaliers pourris, de ta cour silencieuse; [...]." (*Hqd*, 106) Der Erzähler versieht das ‚Du' mit zahlreichen Attributen, beschreibt den Protagonisten als „Flaneur minutieux", aber auch weniger schmeichelhaft als „nyctobate" (Nachtwandler) und „fantome". (*Hqd*, 106) Walter Benjamin hatte als „die grundlegende Erfahrung des Flaneurs" eine besondere Art der Wahrnehmung bestimmt, die er als das „Kolportagephänomen des Raumes" bezeichnete: „Kraft dieses Phänomens wird simultan was alles nur in diesem Raume potentiell geschehen ist, wahrgenommen. Der Raum blinzelt den Flaneur an: Nun, was mag sich in mir wohl zugetragen haben?"[34] Der Flaneur zeichnet sich für Benjamin dadurch aus, den städtischen Raum nicht nur in seiner gegenwärtigen Erscheinung zu sehen, sondern ihn ebenso als Schauplatz historischer oder imaginierter Ereignisse wahrzunehmen. Dem ‚Du' in Perecs Roman indes wird die Stadt Paris weder in einer ästhetischen noch einer historischen Dimension erfahrbar. Perec beschreibt den Gang des Protagonisten als einen „[m]arche d'aveugle, de somnambule, tu avances d'un pas mécanique, interminablement, jusqu'à oublier que tu marches". (*Hqd*, 106) Blind und mechanisch bewegt sich der Protagonist durch Paris und stellt daher gerade das Gegenteil eines Flaneurs dar, der doch – so Benjamin – in einem „anamnestische[n] Rausch" durch die Stadt ziehe und „seine Nahrung" aus allem sauge, „was ihm da sinnlich vor Augen kommt".[35] Allgemeiner ausgedrückt: Es mangelt dem Protagonisten an jener Offenheit der Wahrnehmung, wie sie für die Muße – und den Flaneur als eine ihrer spezifischen Figuren – konstitutiv ist.

---

[34] Walter Benjamin, *Das Passagen-Werk*, Gesammelte Schriften, Bd. 5, hg. v. Rolf Tiedemann, Frankfurt a. M. 1982, 527.

[35] Ebd., 525.

Als Leitmotiv und verbindendes Element der verschiedenen Episoden des Romans fungiert das Motiv des Wachtraums: Wie ein Schlafwandler verharrt das ‚Du' nicht nur in seinem Zimmer zwischen Wachen und Träumen, sondern wandert gleichermaßen besinnungslos durch den Wald und durch die Stadt. Während die Schlaflosigkeit für Prousts Erzähler noch eine Gelegenheit der Muße und damit einen willkommenen Eintrittspunkt in die Erinnerung bietet[36], rückt Perec ihn explizit in die Nähe eines negativen Müßiggangs: „Tu es un oisif, un somnambule, une huître. Les définitions varient selon les heures, selon les jours, mais le sens reste à peu près clair: tu te sens peu fait pour vivre, pour agir, pour façonner; tu ne veux que durer, tu ne veux que l'attente et l'oubli." (*Hqd*, 28) Perec fasst das Schlafwandeln als eine Form der *oisiveté*, die er als Absage an alle vitale Aktivität, als eine austernhafte Abkapselung von der Welt versteht. Den einzigen Wunsch, den das Subjekt in seinem müßiggängerischen Wachdämmern noch hat, ist das ‚Warten und Vergessen' – also eben das Gegenteil einer erfüllten Gegenwart, die zur stabilen Ausgangsbasis für die Reflexion der Vergangenheit wird.

So inszeniert *Un homme qui dort* verschiedene topische Muße-Situationen – den Rückzug in die Abgeschiedenheit, den Spaziergang durch die Natur, die Flanerie durch die Großstadt –, die jedoch allesamt dem Subjekt nicht zu einem erfüllenden Erlebnis verhelfen. Statt die klassischen Prätexte zu affirmieren, führt Perec das Scheitern der in ihnen behaupteten Modelle der Selbstkonstitution vor: Obwohl sich der Protagonist in ganz ähnlichen sozialen und chronotopischen Konstellationen wiederfindet wie die Figuren bei Proust, Rousseau oder Benjamin, erkennt er darin keine Gelegenheit, sich selbst zu kontemplieren und in einen intensiven Austausch mit der Welt zu treten. Stattdessen fällt er in eine profunde Teilnahmslosigkeit und einen Zustand innerer Leere, der von einer mußevollen Existenz denkbar weit entfernt ist.

Doch darüber hinaus stellt Perec das Prinzip der retrospektiven Lebenserzählung selbst in Frage. Die vom Protagonisten gehegte Sehnsucht nach dem Vergessen rührt aus dem Wunsch, sein Leben hinter sich zu lassen: „Tu n'as pas envie de te souvenir d'autre chose, ni de ta famille, ni de tes études, ni de tes amours, ni de tes amis, ni de tes vacances, ni de tes projets." (*Hqd*, 27) Im Müßiggang erkennt der Erzähler eine Chance, sich seiner persönlichen Geschichte und Identität zu entledigen: „Tu te laisses aller, et cela t'est presque facile. Tu évites les chemins que tu as trop longtemps empruntés. Tu laisses le temps qui passe effacer la mémoire des visages, des numéros de téléphone, des adresses, des sourires, des voix." (*Hqd*, 63) Zuweilen führt der Erzähler präzise die Lebensereignisse auf, die er besonders gern aus dem Gedächtnis streichen möchte, und aufgrund dieses performativen Selbstwiderspruchs finden sich im Text

---

[36] Vgl. etwa zu Beginn des dritten Teils von *Du côté de chez Swann*: „Parmis les chambres dont j'évoquais le plus souvent l'image dans mes nuits d'insomnie [...]." (*Rch*, 376)

gleichwohl Ansätze zu einer autobiographischen Erzählung – etwa einer „histoire tranquille et rassurante d'enfant sage, de bon élève, de franc camarade", deren Stationen und Insignien sich eingebrannt haben: „les traits au crayon sur le chambranle de la porte des cabinets de toilette, les diplômes, les pantalons longs, les premières cigarettes, le feu du rasoir, l'alcool, la clé sous le paillasson pour les sorties du samedi soir, le dépucelage, le baptême de l'air, le baptême du feu [...]." (*Hqd*, 31 f.) Unter anderen Umständen ließe sich eine solche Aufzählung autobiographischer Erinnerungsfragmente als literarischer Kunstgriff verstehen, mit dessen Hilfe der Erzähler den behaupteten Imperativ des Vergessens unterlaufen und die Geschichte des Protagonisten gegen die erklärte Intention des Textes erzählen wollte. Doch bleiben die aufgeführten Lebensstationen so allgemein und austauschbar, dass sie kaum geeignet sind, den Werdegang des Protagonisten als eine individuelle Entwicklung darzustellen.

Das Bedürfnis, die eigenen Erinnerungen auszulöschen, ist nur Teil eines größeren, programmatischen Verlangens nach Selbstauflösung, welches den Protagonisten beherrscht: „Tu dois oublier d'espérer, d'entreprendre, de réussir, de persévérer." (*Hqd*, 63) Vergessen werden soll nicht nur seine eigene Geschichte, sondern auch alles, was den Protagonisten als Menschen auszeichnet und ihn an die Gesellschaft bindet. Hoffnung, Unternehmungslust, Erfolg und Ausdauer erscheinen ihm nur mehr als verfehlte Ideale einer Leistungsgesellschaft, welche die *vita activa* idealisiert und sich einem Prinzip verschrieben hat: „privilégier l'action, les grands projets, l'enthousiasme". Dem Ideal des „homme tendu en avant, homme les yeux fixés sur l'horizon, homme regardant droit devant lui" kann und will der Erzähler nicht mehr entsprechen. (*Hqd*, 28 f.) Sein Ausbrechen aus den Alltagsroutinen gründet auf der Erkenntnis, sich einer Leistungslogik unterworfen zu haben, die ihn seiner Freiheiten sowie seiner Individualität beraubte, indem sie ihm einen „chemin trop limpide d'une vie trop modèle" (*Hqd*, 29) vorzeichnete. Im Grunde greift Perec dem sich Ende der 1960er-Jahre in Frankreich lautstark artikulierenden Protest gegen den aufkommenden Dienstleistungskapitalismus voraus.[37] Dieser habe, so die Kritiker, zwar viele Arbeiter von den industriellen Routinen und den Arbeitsbedingungen der Fabriken erlöst, aber das Prinzip der ‚entfremdeten Arbeit' doch nicht überwinden können, weil alle freiwerdenden Potentiale der Kreativität nun den Wünschen der Kunden unterstellt würden. Ein moderner Lebensstil, der nur aus „Pendeln-Arbeiten-Schlafen (*Metro-Boulot-Dodo*)" zu bestehen verspreche, erscheint dem Erzähler ebenso wenig attraktiv wie den studentischen Demonstranten jener Tage.[38] Sympathie hegt er hingegen für die Geschlagenen und Überforderten, die durch das kompetitive System zwangläufig hervorgebracht würden, „ceux qui

[37] Als Auseinandersetzung mit dem modernen Konsumismus interpretiert den Roman Andrew Leak, „Phago-citations. Barthes, Perec, and the Transformation of Literature", in: *Review of Contemporary Fiction* 29,1 (2009), 124–147.

[38] Ève Chiapello, „Evolution und Kooption. Die ‚Künstlerkritik' und der normative Wan-

sont arrivés trop tard, ceux qui ont posé leur valise sur le trottoir et se sont assis dessus pour s'éponger le front". (*Hqd*, 28 f.)

Die selbstgewählte Isolation eröffnet dem Protagonisten eine Möglichkeit, der kontaminierten *vita activa* zu entgehen und sich allen Formen der Fremdbestimmung zu verweigern. Wie Oblomows Faulenzerei, in der mancher Interpret eine gegen die ‚entfremdete' Arbeitsmoral gerichtete Form der „Arbeitskritik" erkannte, ist auch das Verhalten des Studenten in *Un homme qui dort* von der Ablehnung eines ökonomischen Totalitarismus geprägt.[39] Doch damit enden die Gemeinsamkeiten in diesem Fall. Oblomow verteidigt zumindest anfangs seine Faulheit gegenüber den diversen Besuchern, die ihn zur Rückkehr in das tätige Leben überzeugen wollen, und stellt ihrer sinnlosen Geschäftigkeit ein Lebensmodell entgegen, das ihm Zeit „für seine Gefühle und für seine Phantasie" lässt.[40] Perecs namenloses „Du" hingegen bemüht sich nicht einmal, den eigenen Solipsismus positiv auf die Kategorien der Muße hin zu orientieren. Die Intention hinter seiner Verweigerungshaltung ist eine andere, und eben darin liegt der entscheidende Unterschied zur klassischen Oblomowerei: Perecs Protagonist versucht durch seine Untätigkeit nicht nur eine indifferente Haltung gegenüber der Welt zu gewinnen, sondern einen Zustand der Indolenz zu erreichen. Angetrieben wird die Romanhandlung von der Sehnsucht eines verunsicherten Subjekts, unberührbar und unverwundbar durch die Umgebung zu werden: „L'indifférence n'a ni commencement ni fin: c'est un état immuable, un poids, une inertie que rien ne saurait ébranler." (*Hqd*, 102) Bezeichnend ist, dass Perec die Indolenz des Protagonisten als eine Form der Trägheit („inertie") charakterisiert, schreibt er sich mit dieser Terminologie doch in einen jahrhundertealten Diskurs über den Müßiggang ein. Der Begriff verweist bis zurück auf die mittelalterliche *acedia*, jene auch als „Trägheit des Herzens" bezeichnete Sünde, die vor allem die Mönche in lähmende Melancholie und Untätigkeit zu stürzen drohte und daher einen negativen Gegenpart zum kontemplativen, Gott zugewandten *otium* bildete.[41]

---

del", in: Christoph Menke/Juliane Rebentisch (Hg.), *Kreation und Depression. Freiheit im gegenwärtigen Kapitalismus*, Berlin 2010, 38–51, 49.

[39] Fuest, *Poetik des Nicht(s)tuns*, 180.

[40] Gontscharow, *Oblomow*, 37.

[41] Die Ablehnung einer unnützen und schädlichen Muße findet im Mittelalter Ausdruck in einem neugeprägten Begriff, der von *otium* abgeleitet wird: Die *otiositas* fasst die christlichen Ängste vor einem leeren Nichtstun zusammen und wird „im Sündenschema immer negativ verwendet" – Ksenija Fallend, „Oiseuse zwischen *courtoisie*, Muße und Sünde: eine umstrittene Figur aus dem *Roman de la Rose*", in: *Zeitschrift für romanische Philologie* 126,2 (2010), 226–236, 230. Cassian gilt die *otiositas* als erste Tochtersünde der *acedia*; vgl. das 10. Buch „De spiritu acediae" in Johannes Cassianus, *De institutis coenobiorum / De incarnatione contra Nestorium*, hg. v. Michael Petschenig, Wien 2004, 172–193. Die *acedia* wurde im 7. Jahrhundert von Papst Gregor in seinen Katalog der Sieben Todsünden aufgenommen; vgl. Richard Hauser, „Lasterkatalog", in: Joachim Ritter/Karlfried Gründer (Hg.), *Historisches Wörterbuch der Philosophie*, Bd. 5, Basel 1980, 38 f., 38. *Acedia* wird heute häufig mit „Trägheit" übersetzt,

Perec jedoch stellt die Trägheit seines Protagonisten zunächst in ein positives Licht und knüpft damit an philosophische Schulen an, die weiter zurückreichen als der christliche Sündenkatalog. Speziell im Denken des Epikureismus und der Stoa nahmen die Konzepte der ‚Ataraxie' bzw. der ‚Apathie' eine zentrale Rolle ein, sie bezeichneten einen Zustand der unerschütterlichen Seelenruhe, in dem sich das Subjekt nicht nur gegen äußere Schicksalsschläge, sondern auch gegen seine inneren Begierden immun fühlte.[42] Die vom Protagonisten in *Un homme qui dort* angestrebte Indolenz steht in dieser epikureischen Tradition, und mag sie auch äußerlich der charakteristischen Ruhe und Konzentration der Muße ähneln, könnte sie jedoch tatsächlich nicht weiter von ihr entfernt sein. Denn die Ataraxie hat „eine weitgehende oder gänzliche Abtötung der Leidenschaften und Affekte zur Voraussetzung und setzt ein kühl vernunftsmässiges An-sich-herankommen-lassen der Dinge und Ereignisse an ihre Stelle".[43] Im Gegensatz zur Muße ist also in der unerschütterlichen Indolenz der Rückzug aus der als antagonistisch erlebten Welt nur um den Preis zu erreichen, dass das Subjekt zugleich Abstand von sich selbst nimmt.

Diesen Prozess der parallelen Fremd- und Selbstdistanzierung versucht der Protagonist in Perecs Roman zu beschleunigen, indem er regelrechte Trainingspläne aufstellt, mit deren Hilfe er sich von seinem bisherigen Leben absentieren und eine indifferente Haltung erringen will:

Tu as tout à apprendre, tout ce qui ne s'apprend pas: la solitude, l'indifférence, la patience, le silence. Tu dois te déshabituer de tout: d'aller à la rencontre de ceux que si longtemps tu as côtoyés, de prendre tes repas, tes cafés à la place que chaque jour d'autres ont retenue pour toi, ont parfois défendue pour toi, de traîner dans la complicité fade des amitiés qui n'en finissent pas de se survivre, dans la rancœur opportuniste et lâche des liaisons qui s'effilochent. Tu es seul, et parce que tu es seul, il faut que tu ne regardes jamais l'heure, il

---

bedeutete aber „ursprünglich [...] noch nicht das Unlustigsein zur Arbeit überhaupt, sondern ein *Taedium et Anxietas cordis* (Cassian), eine gewisse Langeweile und Angst des Herzens vor sich selbst" – Fritz Schalk, „*Otium* im Romanischen", in: Anna Granville Hatcher/Leo Spitzer (Hg.), *Studia philologica et litteraria in honorem L. Spitzer*, Bern 1958, 357–377, 362. Die *acedia* gilt vor allem als Sünde der Mönche, die ihre Ursache im Affekt des überdrüssigen Widerwillens gegen das asketische Leben hatte und der Melancholie nahesteht; vgl. Rainer Jehl, *Melancholie und Acedia. Ein Beitrag zu Anthropologie und Ethik Bonaventuras*, Paderborn/München/Wien u. a. 1984. Die *acedia* manifestiert sich daher eher als eine innere Rastlosigkeit, die „in einem denkbar schroffen Gegensatz zu einer Ruhe der Vollendung und einem Gleichgewicht der Kräfte" steht, wie es die kontemplative Hinwendung zu Gott verlangt – Riedl, „Die Kunst der Muße", 27.

[42] Vgl. Malte Hossenfelder, *Antike Glückslehren. Kynismus und Kyrenaismus. Stoa, Epikureismus und Skepsis*, Stuttgart 1996, 164–167; Max-Paul Engelmeier, „Apathie", in: Joachim Ritter (Hg.), *Historisches Wörterbuch der Philosophie. Völlig neubearbeitete Ausgabe des ‚Wörterbuchs der philosophischen Begriffe' von Rudolf Eisler*, Bd. 1, Basel/Stuttgart 1971, 430–434; H. Reiner, „Ataraxie", in: Joachim Ritter (Hg.), *Historisches Wörterbuch der Philosophie*, Bd. 1, Basel/Stuttgart 1971, 594.

[43] Brühweiler, *Musse (scholé)*, 18 f.

faut que tu ne comptes jamais les minutes. Tu ne dois plus ouvrir ton courrier avec fébrilité, tu ne dois plus être déçu si tu n'y trouves qu'un prospectus [...]. (*Hqd*, 62 f.)

Mit beschwörerischem Gestus, der durch die anaphorische Reihung der Sätze noch verstärkt wird („tu as", „tu es", „tu dois"), listet der Erzähler die selbstgesteckten Ziele auf. Bis in kleinste Alltagsgewohnheiten hinein will der Protagonist die vollständige Kontrolle über die eigenen Affekte erlangen, sein Programm richtet sich auf das Einüben von Gelassenheit, auf das Einrichten in der Einsamkeit und eine Entkopplung von der objektiven Zeit. Perec entwirft das trügerische Ideal eines heterotopen und heterochronen Daseinsmodus, welcher wiederum in mancher Hinsicht an den Zustand der Muße erinnert, sich in seiner Intention jedoch grundlegend von ihr unterscheidet. Motiviert wird das ‚Training' des Protagonisten von dem Willen, jeden Bezug zu sich selbst aufzugeben und in einen Zustand seelischer Unberührbarkeit einzutreten, der ihn vor den unvermeidlichen Enttäuschungen und Niederlagen des Alltags bewahren kann.

Un homme qui dort inszeniert, mit anderen Worten, den Versuch einer umfassenden Verweigerung gegenüber der Welt. Erlösung von den Mechanismen des modernen Lebens verspricht allein ein unproduktiver, gleichgültiger Müßiggang, umso mehr, als er im Unterschied zur Muße dem Individuum nicht länger vorgaukelt, ein erfülltes und selbstbestimmtes Leben sei erreichbar und könne vor dem Zugriff der sozialen und ökonomischen Institutionen geschützt werden. Der Müßiggang ermöglicht dem vereinzelten Menschen zwar keine Selbstverwirklichung, kappt aber alle emotionalen Verbindungen zur Welt und weist ihre Ansprüche zurück. Das radikale Verweigerungsprogramm zahlt sich zumindest vorübergehend für den Protagonisten aus, der sich nach erfolgter Abkapselung von seinem bisherigen Leben tatsächlich in einem Zustand distanzierter und unbeschwerter Gleichmut gegenüber allen Dingen wiederfindet: „Au fil des heures, des jours, des semaines, des saisons, tu te déprends de tout, tu te détaches de tout. Tu découvres, avec presque, parfois, une sorte d'ivresse, que tu es libre, que rien ne te pèse, ne te plaît ni déplaît." (*Hqd*, 87) Ein ungekanntes, rauschhaftes Gefühl von Gleichgültigkeit ergreift den Protagonisten. Ganz wie erhofft führt ihn der „repos total" und die „bienheureuse parenthèse", in welcher er nun existiert, nicht in ein erfülltes Dasein, sondern in den Zustand der Leere, „un vide plein de promesses et dont tu n'attends rien. Tu es invisible, limpide, transparent". (*Hqd*, 87)

Doch ist es aufschlussreich, die Praktiken des müßigen Lebens, in denen sich der Protagonist bewusst übt, näher in den Blick zu nehmen. Zu seinen Routinen gehört beispielsweise die tägliche Lektüre von *Le Monde*, und ganz gemäß der teilnahmslosen Haltung, die der Protagonist einnehmen will, durchblättert er die Zeitung nicht interessegeleitet, nach Belieben von Artikel zu Artikel springend, sondern liest sie stattdessen vom ersten bis zum letzten Buchstaben, „ligne à ligne, systématiquement" (*Hqd*, 71). Dies sei, wie der Erzähler bemerkt, „un excellent exercice" (*Hqd*, 71), um sich eine indifferente Einstellung anzuerziehen. Denn das Lesen der Zeitung diene nicht dem Zweck, ein besseres Verständnis der Vorgänge in der Welt zu erlangen, sondern allein dazu, das Gelesene gleich darauf wieder aus dem Gedächtnis zu verlieren: „Cinq cents, mille informations sont passées sous tes yeux si scrupuleux et si attentifs [...]. Mais ta mémoire a pris soin de n'en retenir aucune." (*Hqd*, 73) Erneut rekurriert Perec damit auf das Leitmotiv des ‚absichtsvollen Vergessens', das er nun zu einem der Grundprinzipien eines indolenten Lebens erhebt. Indem nämlich der Protagonist seine Erinnerung an alles Gewesene und Gelesene aus dem Gedächtnis löscht, und indem er auch alle Pläne für die Zukunft aufgibt, kommt er dem Ziel einer hermetischen, rein gegenwärtigen Existenz näher: „Il t'importe seulement que le temps coule et que rien ne t'atteigne: tes yeux lisent les lignes, posément, l'une après l'autre." (*Hqd*, 73 f.)

Perec stilisiert die Massenmedien zum Ausweis postmoderner Lebensverhältnisse, sie stehen stellvertretend für eine beschleunigte, komplexe und vernetzte Welt, die für den Einzelnen kaum noch Orte des Rückzugs oder der Abgeschiedenheit bereithält. Die Lebensbedingungen der Postmoderne erfordern daher eine grundsätzliche Neuverortung der kontemplativen Topik. Diese Prämisse ist kein alleiniges Merkmal von Perecs Text, sondern scheint ebenso in den weiter unten zu besprechenden Erzählungen von Robert Gernhardt und Rainald Goetz auf. Doch wie zu zeigen sein wird, wählen die Autoren sehr unterschiedliche Ansätze, das Motiv der im medialen Dauerbombardement kollabierenden Mußeräume in ihre Texte zu integrieren. Perecs Protagonist macht sich das Überangebot der Nachrichten zu eigen, um seinen Weg in die selbstgewählte Isolation fortzusetzen: Er nimmt sich die Zeitung zum Sparringspartner, mit dem er ringt, um seine seelische Abhärtung voranzutreiben und die Zeit totzuschlagen.

Die *Le Monde*-Passage ist jedoch noch auf andere Weise charakteristisch für *Un homme qui dort* und die darin geführte Auseinandersetzung mit dem Müßiggang. In ihr inszeniert Perec einen performativen Selbstwiderspruch, der Zweifel daran weckt, wie effektiv das vom Protagonisten verfolgte Ziel einer indifferenten Existenz tatsächlich ist. Um nämlich zu illustrieren, mit welcher Gleichgültigkeit sich das „Du" von der ersten bis zur letzten Seite der Zeitung arbeitet, referiert der Erzähler gleich über mehrere Buchseiten hinweg die Themen der gelesenen Artikel. (*Hqd*, 71–73) Dieser Lektürebericht läuft offensichtlich der ostentativen Behauptung zuwider, der Protagonist würde alles Gelesene sofort wieder vergessen – zumindest solange davon auszugehen ist, dass das „Du" der Diegese letztlich mit dem Erzähler identisch ist. Eine Möglichkeit, diesen Selbstwiderspruch aufzulösen, bestünde freilich darin, Perecs Entscheidung für die zweite Person Singular beim Wort zu nehmen, also jede Identität von Erzähler und Hauptfigur abzustreiten und beiden ein durchaus unterschiedliches Wissen sowie divergierende Absichten zu unterstellen. Damit aber wäre die Anmutung des Selbstgespräches, die über weite Strecken den Text prägt und seinen geradezu intimen, bekenntnishaften Charakter ausmacht, nachhaltig irritiert. Plausibler erscheint dagegen, dass Perec gezielt solche Inkongruenzen zwischen *discours* und *histoire* erzeugt, um die Aporien einer ‚Poetik des Vergessens' vorführen: Da sich die erzählende Literatur *per definitionem* durch die Darstellung einer zeitlichen Entwicklung auszeichnet, setzt sie notwendigerweise eine Vermittlung zwischen Vergangenheit und Gegenwart voraus – und steht daher ohne die bewahrende und ordnende Funktion des Gedächtnisses vor erheblichen Schwierigkeiten.

Anhand solcher Diskrepanzen zwischen programmatischer Behauptung und praktischer Umsetzung entlarvt Perec – zunächst noch subtil, im späteren Erzählverlauf jedoch immer nachdrücklicher – das Ideal eines indolenten und amnestischen Müßiggangs als fatale Phantasmagorie. Man mag daher *Un homme qui dort* als eine instruktive Fallstudie verstehen, die in erster Linie zeigen will, dass die bloße Negation kontemplativer Selbst- und Welterfahrung, wie sie die klassischen Vorbilder entworfen hatten, noch lange kein taugliches Lebensmodell hervorbringt. Die Hoffnung des Protagonisten, durch Verweigerung seiner prekären Situation entfliehen zu können, erweist sich als illusorisch und führt ihn auf einen destruktiven Weg. Mit fortschreitender Handlung wird unübersehbar, dass dem Soziologiestudenten der Ausstieg aus dem Leben missglückt und sich seine leidvolle Selbstentfremdung nur verschlimmert.

Perec findet eine surrealistische Metapher, in der er das Scheitern des Projekts und den zunehmenden Selbstverlust des Protagonisten verdichtet: Den Studenten überfällt ein Gefühl körperlicher Desintegration, das er nicht abschütteln kann.[44] Bereits in der einleitenden Reflexion über den Schlaf bemerkt der Erzähler: „Mais le corps, à cet instant, ne présente plus du tout la belle unité de tout à l'heure, en fait, il s'étale dans tous les sens. Tu entreprends de ramener vers le centre un orteil, ou ton pouce, ou ta cuisse […]." (*Hqd*, 17) Mehrfach rekurriert der Erzähler auf dieses Bild, indem er beschreibt, wie sich die Körperteile in der Manier eines kubistischen Gemäldes zu verschieben scheinen: „Les trois quarts de ton corps se sont réfugié dans ta tête; ton cœur s'est installé dans ton sourcil, où il s'est tout à fait acclimaté." (*Hqd*, 114 f.)

Im weiteren Verlauf des Romans verbindet Perec die Metapher des in Auflösung begriffenen Organismus mit einem in der modernen Literatur beinahe schon überstrapazierten Symbol, welches die Problematik eines instabilen Ich-Bezugs anzeigt: Eines der wenigen Objekte im Besitz des Protagonisten ist ein zerbrochener Spiegel[45], in dem er sich betrachtet, „cette glace fêlée qui n'a jamais réfléchi que ton visage morcelé en trois portions de surfaces inégales, légèrement superposables". (*Hqd*, 55 f.) Mit dem Blick in den Spiegel kontrolliert der

---

[44] Vgl. Dangy, „Naissance du personnage dans *Un homme qui dort*", 99 f.; sowie Stump, „*Un homme qui dort* et ses doubles".

[45] Vgl. Sill, *Zerbrochene Spiegel*.

Protagonist, wie weit seine Desintegration schon fortgeschritten ist, und ob er trotz seiner Entfremdung noch in der Lage ist, sich selbst zu erkennen:

> Quels secrets cherches-tu dans ton miroir fêlé? Quelle vérité dans ton visage? […] Ce reflet plutôt bovin que l'expérience t'a appris à identifier comme la plus sûre image de ton visage semble n'avoir pour toi aucune sympathie, aucune reconnaissance, comme si, justement, il ne te reconnaissait pas, ou plutôt comme si, te reconnaissant, il prenait soin de n'exprimer aucune surprise. (*Hqd*, 150 f.)

Die Selbstauflösung kulminiert im völligen Verlust der eigenen Identität, ja des eigenen Daseins: „Tu n'existes plus" (*Hqd*, 87), kommentiert der Erzähler diese Entwicklung zunächst noch mit Befriedigung, scheint das Ziel einer vollkommenen Indolenz damit doch so gut wie erreicht. Was dem Protagonisten nun bleibt, ist ein vegetatives Leben, beschränkt auf die bloßen Körperfunktionen und befreit von allen Kognitionen und Emotionen – „tu survis, sans gaieté et sans tristesse". (*Hqd*, 87) Allerdings ist der Reiz der Selbstaufgabe von kurzer Dauer. Zunehmend erlebt der Protagonist seinen aus den Fugen geratenen Körper als bedrohlich und bemüht sich daher um die Wiederherstellung der Ordnung: „Il faut que tu fasses l'appel de ton corps, que tu vérifies l'intégrité de tes membres, de tes organes, de tes viscères, de tes muqueuses. Tu voudrais bien chasser de ta tête tous ces morceaux qui l'encombrent et l'alourdissent […]." (*Hqd*, 114) Doch ist alle Mühe zwecklos, die Ordnung bleibt gestört. Deutet das Bild des sich auflösenden Körpers anfangs auf die fortschreitende Selbstentfremdung des Protagonisten voraus, wird es nun zum Omen für das Scheitern seines Experiments.

Auch der Protagonist selbst muss schließlich erkennen, dass ihm die Absentierung von der Welt und von sich selbst keineswegs zu einem glücklicheren Leben verholfen hat, und dass ihm keine weiteren Rückzugsmöglichkeiten bleiben: „Maintenant tu n'as plus de refuges." (*Hqd*, 147) Das stoische Lebensmodell erweist sich als ineffektiv und sogar schädlich: Die *inertia*, so ließe sich zuspitzen, führt den Protagonisten nicht in den erhofften Zustand der *ataraxía*, sondern in die *acedia*. Indirekt affirmiert Perec damit letztlich doch traditionelle Vorstellungen eines erfüllten *otiums*, dessen Widerpart ein bestenfalls leerer, schlimmstenfalls sogar destruktiver Müßiggang bildet. Der Fehler des Protagonisten liegt gleichsam darin, diesen Unterschied verkannt zu haben, ja aus naivem Trotz den Nihilismus einer gelassenen und offenen Haltung vorgezogen zu haben: „L'indifférence est inutile. Tu peux vouloir ou ne pas vouloir, qu'importe! […] Mais ton refus est inutile. Ta neutralité ne veut rien dire. Ton inertie est aussi vaine que ta colère." (*Hqd*, 159)

So kommt es in den letzten beiden Abschnitten des Romans zu einer Kehrtwende und damit zur kathartischen Auflösung der Krise. Der Protagonist muss seine verweigernde Haltung aufgeben und einsehen, dass aus seinem fehlgeschlagenen Befreiungsversuch nur eine einzige Lehre gezogen werden könne: „Tu n'as rien appris, sinon que la solitude n'apprend rien, que l'indifférence n'apprend rien: c'était un leurre, une illusion fascinante et piégée." (*Hqd*, 158 f.) Rückblickend wird dem Protagonisten bewusst, dass die Illusion der Indifferenz so verführerisch wirkte, weil sie eine einfache Antwort auf das Gefühl der Einsamkeit und Entfremdung zu bieten schien, das ihn bereits befallen hatte, als er noch völlig in sein früheres Leben involviert war: „Tu étais seul et voilà tout et tu voulais te protéger; qu'entre le monde et toi les ponts soient à jamais coupés." (*Hqd*, 159) Rückzug und Isolation aber, sofern sie allein durch ein Bedürfnis nach Unverletzbarkeit motiviert sind, verhelfen dem Subjekt weder zur Erlösung noch zu einer Erkenntnis – so lässt sich die durchaus plakative Botschaft des Romans resümieren.[46]

Im Dénouement des Romans formuliert Perec also, wie ein Exeget kritisch bemerkte, einen „nahezu pädagogische[n] Aufruf gegen die Indifferenz".[47] So unverblümt der Roman im Schlusskapitel seine moralische Intention zur Schau stellt, so unverhohlen benennt Perec nun auch die literarischen Vorbilder, an denen sich das gescheiterte Rückzugsexperiment orientiert: „Combien d'histoires modèles exaltent ta grandeur, ta souffrance! Combien de Robinson, de Roquentin, de Meursault, de Leverkühn!" (*Hqd*, 156) Wenngleich die übertriebene Emphase diesem Vergleich einen ironischen Beigeschmack gibt, stellt Perec seinen Protagonisten doch in eine Reihe mit kanonischen Figuren der modernen Literatur, an deren Fähigkeit, aus einer unglücklichen Lage etwas Positives entstehen zu lassen, sich der junge Soziologiestudent ein Beispiel nehmen wollte: Defoes Robinson gelingt es, sich in der Einsamkeit seiner Insel eine autarke Existenz aufzubauen – nicht zufällig also hatte der Erzähler anfangs die Dachkammer des Protagonisten als „la plus belle des îles désertes" (*Hqd*, 58) bezeichnet. Meursault dagegen, der Antiheld in Albert Camus' *L'Étranger*, erreicht einen Zustand völliger Indolenz und trägt die daraus resultierenden Konsequenzen: seine Hinrichtung. Antoine Roquentin, der Ich-Erzähler in Jean-Paul Sartres *La Nausée*, zieht sich angewidert von der Zufälligkeit des Daseins aus den Alltagszusammenhängen zurück und findet zumindest ein temporäres Glück in der Beschäftigung mit Kunst und Literatur. Adrian Leverkühn schließlich, der Komponist in Thomas Manns *Doktor Faustus*, geht einen Pakt mit dem Teufel ein, welcher ihm an seinem selbstgewählten Rückzugsort über Jahre hinweg eine intensive Schaffensperiode ermöglicht, bevor Leverkühn den Pakt bricht und im Wahnsinn versinkt.

All diese ikonischen (Anti-)Helden der Literatur zeichnen sich durch ihre außergewöhnlichen Entscheidungen und durch die Konsequenz ihres Handelns

---

[46] „His [des Protagonisten] aspiration to fundamental disengagement from life's normal activity, finally collapses under the weight of its own purposelessness – this negative project has no more to teach the narrator, it is concluded, than any of the positive options of pleasure, friendship and culture which he has systematically rejected." – Gascoigne, *The Games of Fiction*, 132.

[47] Glosch, ‚*Cela m'était égal*', 207.

aus. Perecs Protagonist versagt jedoch beim Versuch, es den Vorbildern gleichzutun, und muss einsehen, dass ihm die Prätexte lediglich obsolete Lebens- und Handlungsmodelle zu bieten haben. In seiner Isolation kann er weder Robinsons Unabhängigkeit, noch Meursaults Indolenz, noch Roquentins Erkenntnis und auch nicht Leverkühns Kreativität erlangen. Das kathartische Eingeständnis des Protagonisten, dass sein Streben nach Isolation und Indolenz vergeblich war, ist daher auch als Absage an die literarische Tradition weltabgewandter Helden zu verstehen. Diese programmatische Botschaft artikuliert der Erzähler explizit mit dem Appell, den falschen Vorbildern abzuschwören: „Ce n'est pas vrai, ne les crois pas, ne crois pas les martyrs, les héros, les aventuriers!" (*Hqd*, 156) Perec gibt so der Literatur gleichsam eine Mitschuld an der Krise seines Helden, dessen missglückter Müßiggang wenigstens zum Teil durch die (Fehl-)Lektüre der kanonischen Romane induziert zu sein scheint. Zu unkritisch habe er sich mit dem fiktionalen Romanpersonal identifiziert und deren trügerische Ideen übernommen – insbesondere „cette illusion dangereuse d'être infranchissable, de n'offrir aucune prise au monde extérieur, de glisser, intouchable [...]. Somnambule éveillé, aveugle qui verrait. Etre sans mémoire, sans frayeur." (*Hqd*, 126) Ein vollständiges ‚désengagement' jedoch, welches das verunsicherte Subjekt vor den Zumutungen der modernen Lebenswelt schützen könnte, ist unmöglich: „Mais il n'y a pas d'issue, pas de miracle, nulle vérité. Des carapaces, des cuirasses." (*Hqd*, 126)

Mit der finalen Wendung rückt Perec daher die intertextuelle Konstruktion des Romans in ein neues Licht. Es wird schließlich deutlich, dass die zahlreichen Verweise und Allusionen des Romans nicht von der Absicht motiviert sind, die literarische Tradition der Moderne zu affirmieren und sich innerhalb ihres Horizontes zu verorten. Die modernen Klassiker bilden stattdessen eine Folie, von der Perec sich mit seinem Roman zu emanzipieren versucht. Die zum Teil radikalen Lebensentwürfe, welche in der fiktionalen Literatur des 20. Jahrhunderts zur Darstellung kommen, unterzieht Perec einem fingierten Praxistest, den sie – kaum überraschend – nicht bestehen.

Gleichwohl ist *Un homme qui dort* zumindest negativ auf seine Prätexte bezogen und erschließt sich sowohl auf der formalen als auch auf inhaltlichen Ebene erst vor diesem Hintergrund. Während etwa Camus den Fall des vollständig indolenten Meursault aus einer distanzierten und unbeteiligten Ich-Perspektive erzählt, die dem Leser den Einblick in das Innenleben der Figur eher verwehrt als ermöglicht[48], kehrt Perec dieses Verhältnis um: Seine Du-Erzählung suggeriert formal eine größere Distanz, liefert de facto aber eine emotionale „Innensicht" der Entwicklung des Protagonisten.[49] Auf ähnliche Weise invertiert Perec auch Prousts Entwurf des autobiographischen Erzählens. Der Ich-Erzähler der

48 Vgl. ebd., 126 f.

49 Ebd., 221.

Recherche besinnt sich zu Beginn auf sein kindliches Einschlafritual, um so für sich – in den Worten Theodor Adornos – einen „Innenraum“ zu stiften, der die „objektive raumzeitliche Ordnung“ suspendiert.[50] Das Schlafzimmer wird ihm zum Rückzugsort, in der sich die ‚mémoire involontaire‘ entfalten kann. Perecs Protagonistem gelingt die Entkopplung von der äußeren Wirklichkeit dagegen nicht mehr, obwohl er sich, in seiner kleinen Dachkammer im Bett liegend, in einer analogen Situation befindet. Die kosmologische Zeit kann er weder stillstellen noch ausblenden: „Il aurait fallu que le temps s'arrête tout à fait, mais nul n'est assez fort pour lutter contre le temps.“ (*Hqd*, 160) Perec erweist Proust eine Reverenz, wenn er den Einschlafprozess seines Helden aus der Innenperspektive darstellt, ja den Bezug auf das Vorbild noch durch das Titel-Zitat „Un homme qui dort [...]“ untermauert. Im Folgenden aber kehrt der Roman das Proustsche Erinnerungsmodell in sein Gegenteil, denn der Soziologiestudent möchte vor allem vergessen und sich der Erinnerungen entledigen, die ihn jedoch nicht loslassen. Während der Ich-Erzähler der *Recherche* mit den Schwierigkeiten der „mémoire volontaire“ (*Rch*, 43) hadert, strebt Perecs „Du“ gewissermaßen ein ‚oubli volontaire‘ an – und scheitert auch daran.

Perec liefert ein besonders drastisches und konsequentes Beispiel einer pessimistischen Mnemopoetik: Die Erinnerung bietet dem Menschen nicht länger ein Instrument für die Selbstkonstitution, vielmehr bindet sie das Subjekt an eine entfremdete Welt und verhindert so eine glückliche und freie Selbsterfahrung. Um ein zurückgezogenes, indolentes Leben zu führen, müsste der Held zugleich auch die eigene Vergangenheit hinter sich lassen. Dieser kritischen Sicht auf die (post-)moderne Lebenswelt fügt Perec freilich eine pädagogische Lektion hinzu: Auch das Verdrängen hilft seinem Protagonisten nicht, dem Zustand der Entfremdung zu entgehen, es verschärft nur noch seine Krise.

3.2. Parodie der Idylle. Robert Gernhardt: *Ich Ich Ich*

Das klassische autobiographische Erzählmodell eignet sich als Vehikel für die stabilen Subjektentwürfe selbstbewusster Autoren, aber wie bei der Untersuchung einiger topischer Autobiographien deutlich wurde, sieht sich manch traditionsbewusster Autobiograph zu einem Übermaß an gravitätischer Ich-Inszenierung und eitler Selbstgefälligkeit verleitet. Für kritischere Autoren stellt es daher eine starke Versuchung dar, sich der Gattung mit parodistischen Mitteln anzunehmen und den prätentiösen Charakter aufzudecken, der den Autobiographien nach klassischem Muster häufig eignet. Es überrascht nicht, dass eine der gelungensten Gattungsparodien aus der Feder Robert Gernhardts stammt, galt

[50] Adorno, „Form und Gehalt des zeitgenössischen Romans“, 413.

der 1937 geborene Autor, Zeichner und Maler doch bis zu seinem Tod im Jahr 2006 als einer der profiliertesten Satiriker der Bundesrepublik. In der Literaturwissenschaft hat vor allem Gernhardts Lyrik viel Aufmerksamkeit erhalten[51], seinen Humor bewies er jedoch ebenso als Redakteur bei der Satirezeitschrift *pardon*, aus deren Autorenstamm die sogenannte Neue Frankfurter Schule hervorging.[52] Im Jahr 1979 gründete Gernhardt zusammen mit Kollegen das Magazin *Titanic*, das zum wichtigsten Publikationsorgan der Neuen Frankfurter Schule werden sollte.

Als Gernhardt 1982 einen autobiographischen Roman mit dem Titel *Ich Ich Ich* veröffentlichte, mussten dies all jene, die mit seinem Werk vertraut waren, als einen ungewöhnlichen Schritt empfinden.[53] Bislang hatte sich Gernhardt von den meisten Formen des Genie- und Autor-Kultes distanziert und autobiographischer Suggestionen in seinen Texten enthalten: „Das Ich-Sagen gehört nicht zu Gernhardts künstlerischem Habitus."[54] Seine Abneigung gegen die stolze Selbstinszenierung ging so weit, dass er bis 1971 nur unter dem Pseudonym „Lützel Jeman" oder verborgen in der kollektiven Anonymität der *pardon*-Redaktion publizierte.[55] Vor diesem Hintergrund muss das radikale Bekenntnis zur eigenen Autorschaft, das Gernhardt mit *Ich Ich Ich* dem Anschein nach vorlegt, von vornherein unter dem Verdacht der Uneigentlichkeit stehen. Der Titel proklamiert die erste Person Singular gleich in dreifacher Wiederholung und verzichtet auf alle Konjunktionen und sogar Kommata, die sich zwischen die Instanzen des Subjekts zwängen könnten. Die übertriebene Emphase deutet bereits auf die ironische Attitüde hin, mit der Gernhardt sich der Gattung der Autobiographie annimmt. Dass eine autobiographische Lektüre aber wenigstens zu Beginn des Textes intendiert ist, folgt aus den Paktangeboten, die Gernhardt seinen Lesern macht: Der autodiegetische Erzähler und Protagonist trägt (unter anderem) den Namen „Robert Gernhardt" und seine Lebensumstände verweisen auf das reale Vorbild, denn er lebt als Maler und Schriftsteller in Frankfurt.

Doch im Verlauf der Erzählung wird deutlich, dass es Gernhardt weniger um eine Annäherung an das autobiographische ‚Ich' geht, als vielmehr um eine pro-

---

[51] Vgl. stellvertretend für eine Vielzahl von Publikationen Heinrich Detering, „Gelächter und Lamentationen. Parodistisch, seriell, barock: Robert Gernhardts Gedichte", in: Thomas Steinfeld (Hg.), *Der große Dichter sieht die Dinge größer. Der Klassiker Robert Gernhardt*, Frankfurt a. M. 2009, 32–55.

[52] Zur Bedeutung der Komik in Gernhardts Œuvre und ihren biographischen Einflüssen vgl. das Kapitel „Wirklichkeit und Schnirklichkeit: *Robert Gernhardt*" in Uwe Wittstock, *Nach der Moderne. Essay zur deutschen Gegenwartsliteratur in zwölf Kapiteln über elf Autoren*, Göttingen 2009, 85–104.

[53] Robert Gernhardt, *Ich Ich Ich. Roman*, Zürich 1982. (Im Folgenden zitiert mit der Sigle *Ich.*)

[54] Christoph Bartmann, „‚Nicht gleich ich'. Zu Robert Gernhardts Prosa", in: Thomas Steinfeld (Hg.), *Der große Dichter sieht die Dinge größer. Der Klassiker Robert Gernhardt*, Frankfurt a. M. 2009, 64–80, 72.

[55] Vgl. ebd.

gressive Distanzierung von ihm. Dies markieren schon die Titel der fünf Kapitel. Auf das erste Kapitel „Ich" folgen die Abschnitte „Du", „Er" und „Sie" bis der Roman schließlich – in ironischer Verkehrung des psychologischen Entwicklungsmodells nach Sigmund Freud – mit dem Kapitel „Es" endet. Diesem Durchdeklinieren der Personalpronomen in den Kapitelüberschriften entspricht bis zu einem gewissen Grad auch eine Verschiebung der Erzählperspektive: Berichtet in den ersten beiden Kapiteln noch ein *je narrant* Episoden aus seinem Leben, so ergreift in den späteren Kapiteln häufig ein heterodiegetischer Erzähler das Wort. Auch die in den Roman integrierten Binnengeschichten sind zunehmend als fiktional zu erkennen, etwa wenn Gernhardt im Kapitel „Sie" beschreibt, wie er von der Frankfurter Polizei festgehalten wird, weil diese glaubt, er habe Peter Handke ermordet (*Ich*, 217–237). Die Entfernung vom Autobiographischen vollzieht sich also auf sämtlichen Textebenen – inhaltlich durch die schrittweise Aufgabe der Referentialität, erzähltechnisch im Wechsel von der autodiegetischen zur heterodiegetischen Narration sowie paratextuell durch die Kapitelüberschriften. Doch sind die Verschiebungen nicht immer kongruent, d. h. die Grenze zwischen faktualem und fiktionalem Erzählen fällt in vielen Fällen nicht mit den Brüchen im literarischen Darstellungsverfahren zusammen. So berichtet Gernhardt im Kapitel „Du" vom Halt an einer Tankstelle auf dem Weg nach Italien, der durchaus ein reales Erlebnis zum Vorbild nehmen kann, schildert die Begebenheit allerdings in elfsilbigen Terzinen-Versen, wie Dante sie in der *Divina commedia* benutzt. (*Ich*, 63 f.) Solche Interferenzen erschweren es dem Leser, den ‚autobiographischen' Gehalt des Romans präzise zu identifizieren. Unter dem Strich ergibt sich daher ein autofiktionaler Text, der es dem Leser überlässt, die Grenze zwischen den wahrhaftigen und den imaginierten Erlebnissen Gernhardts zu ziehen.

Der spielerische Charakter der autofiktionalen Konstruktion manifestiert sich ganz besonders in den verschiedenen Namen und Pseudonymen des Protagonisten und/oder Erzählers: Neben „Robert Gernhardt" tauchen etwa die Bezeichnungen „G", „Roberto", „König Robert von Neapel" und schließlich das phonetisch ähnliche Pseudonym „Norbert Gamsbart" auf, das Gernhardt später auch in anderen Texten verwendete.[56] Die Forschung hat darin eine „distanzwahrende" Funktion zwischen Autor, Erzähler und Figur erkannt.[57] Genaugenommen kann jedoch von mehreren Hauptfiguren des Romans gesprochen werden, denn die Vielzahl der Pseudonyme Gernhardts korreliert mit einem „Zerfallen in einzelne Teile seines Charakters", woraus „die unterschiedlichsten Robertfiguren" entstehen, welche miteinander in ein Streitgespräch treten.[58] Mithilfe dieses er-

[56] Vgl. Nadja Wick, *Apotheosen narzisstischer Individualität. Dilettantismus bei Karl Philipp Moritz, Gottfried Keller, und Robert Gernhardt*, Bielefeld 2008, 200 f.

[57] Ebd., 201.

[58] Saskia Schulte, „Widerhall der eigenen Stimme. Selbstthematisierung und Sprechsitua-

zähltechnischen Kniffs gelingt es Gernhardt, seine inneren Konflikte zu externalisieren und auf mehrere mögliche Instanzen seiner selbst zu projizieren. Nicht zuletzt trägt die Namensverfremdung auch zur komischen Wirkung des Textes bei, beispielsweise wenn Gernhardt ein gealtertes *alter ego* mit dem Namen „Graubart" entwirft. (*Ich*, 91–93) Um der Differenz zwischen dem Autor Robert Gernhardt und seinen verschiedenen literarischen Selbstentwürfen Rechnung zu tragen, verwende ich im Folgenden den Namen Gernhardt ausschließlich zur Benennung des realen Autors, während der Protagonist mit dem im Roman am häufigsten gebrauchten Pseudonym „G" bezeichnet wird.

Die einzelnen Episoden des Romans sind nicht nur in Bezug auf die eingesetzten Erzählverfahren, sondern auch in ihrer Handlung äußerst disparat. Doch werden sie von einem zentralen Thema zusammengehalten: Gernhardt zeichnet in ihnen das (Selbst-)Porträt des Künstlers in einer Schaffenskrise. Insbesondere zu Beginn des Romans wird der Protagonist von einem Gefühl permanenter Überforderung beherrscht, das aus einem Konflikt zwischen seiner Selbstdefinition als Künstler und den modernen Lebensbedingungen entsteht. Die zunehmende Globalisierung der Gesellschaft erfordere, so bemerkt der Erzähler, vom Künstler einerseits ein Bekenntnis zu politischem und sozialem Engagement. Doch andererseits mache es die Beschleunigung und zunehmende Komplexität der Lebensverhältnisse nahezu unmöglich, zu wohlüberlegten Urteilen und angemessenen ästhetischen Entscheidungen zu gelangen: „Weil alles mit allem heillos verknüpft ist. Weil unsere hochtechnisierte, kleinergewordene Welt nicht mehr den ichverliebten Wolkenkuckucksheimmaler, sondern den mündigen, rundum informierten Zeitkünstler erfordert. Weil – " (*Ich*, 12)

Unter diesen Umständen meint der Erzähler, seiner künstlerischen Verantwortung, die Gegenwart kritisch zu kommentieren, nicht länger gerecht werden zu können. Schuld daran trage insbesondere das mediale Dauerbombardement, das „tagtäglich über jedem von uns ausgeleert und in jeden von uns hineingepumpt wird – angefangen von ganz realen Alltagsbeleidigungen bis hin zu so irrealen Scheußlichkeiten wie Diskontsatzerhöhungen, Neuverschuldungen des Bundes und Bewegungen auf dem Petrodollarmarkt". (*Ich*, 12) In einem polemischen Ton reproduziert der Erzähler das kulturkritische Klischee einer unbeherrschbaren Informationsflut, die dem desorientierten Menschen eine Konzentration auf das Wesentliche unmöglich mache. Anders etwa als die euphorischen Medienkonsumenten und -produzenten in den Werken von Rainald Goetz, die hier in Kürze als Repräsentanten eines ganz neuen Muße-Modells eine Rolle spielen werden[59], erblickt Gernhardts Erzähler in der medialen Konstitution der postindustriellen Gesellschaft eine Bedrohung für die künstlerische Kreativi-

tion in Robert Gernhardts Roman *Ich Ich Ich*", in: Lutz Hagestedt (Hg.), *Alles über den Künstler. Zum Werk von Robert Gernhardt*, Frankfurt a. M. 2002, 97–107, 103.

[59] Vgl. Kapitel 3.3.

tät. Das permanente Informationsangebot eröffnet dem Erzähler keinen intensiveren Zugang zur Welt, sondern konfrontiert ihn mit einem Dilemma:

> Doch je mehr ich mich zu informieren trachte, desto weniger begreife ich. Das einzige, was ich begreife, ist, daß ich mich mehr informieren müßte. Und wann soll ich bittesehr malen? Und wie soll man bitteschön Ruhe bewahren – denn nichts anderes tut Malerei, die diesen Namen verdient: *sie bewahrt die Ruhe* – in einer derart bewegten Zeit? Wie Ruhe finden, wenn man nicht zur Ruhe kommt? (*Ich*, 12)

Die medienkritischen Einlassungen dienen dem Erzähler als Folie, vor der er sein eigentliches Anliegen umso wirkungsvoller entfalten kann: Die Malerei benötige Ruhe, und dies gleich in doppelter Hinsicht, nämlich einerseits als Voraussetzung ihres Entstehens und andererseits als angestrebtes Ergebnis. Gernhardts Protagonist bekundet, er wolle mit seinen Werken „der Welt der flüchtigen Erscheinungen eine intensivere, dauerhaftere Realität" (*Ich*, 11) gegenüberstellen. Damit lasse sich ein Kreislauf der Kontemplation anstoßen: Der Maler arbeitet in einem Zustand der „meditativen Gelassenheit" darauf hin, in seinen Werken einen Ausschnitt der Wirklichkeit permanent zu konservieren. Indem er seine Kunst ausübt, erlangt auch der Künstler selbst noch mehr von „jener einzigartigen Ruhe, die den Maler überkommt, je länger er malt". (*Ich*, 11)

Gernhardt beschreibt eine moderne ‚Aporie der Beschleunigung', die sein autobiographisches *alter ego* in einen Zustand lähmender Zerrissenheit versetzt. Das Dilemma besteht letztlich darin, dass sich der Maler verschiedenen produktionsästhetischen Modellen zugleich verpflichtet sieht, die miteinander inkompatibel sind, namentlich das Modell des engagierten Zeitkritikers auf der einen und das Ideal des genialisch aus sich selbst schöpfenden Künstlers auf der anderen Seite. Während das erste Modell die bewusste Konfrontation mit der sich ständig wandelnden Gegenwart verlangt, erfordert das zweite eine Distanz zum Geschehen in der Welt. Erst das ‚Abschalten' der Empfangsgeräte gewährleistet in diesem Fall die nötige Ruhe und Muße. Gernhardts Protagonist ergreift deutlich für das zweite Modell Partei. Doch die forcierte Gegenüberstellung der beiden Produktivitätskonzepte und die melodramatische Verzweiflungsrhetorik des Malers sind wiederum Indizien dafür, dass der Autor Robert Gernhardt die Äußerungen seines Erzählers nicht mit seinen eigenen Ansichten verwechselt wissen will, sondern sich ironisch die Rhetorik der Beschleunigungskritik aneignet.

Nachdem im ersten Kapitel die Krise des Protagonisten exponiert ist, geht es in den folgenden Kapiteln ganz um den Versuch einer Lösung. Der Erzähler entscheidet sich, seinem Verlangen nach ruhiger Muße nachzugeben, und die Suche nach ihr bildet fortan das zentrale Handlungsmotiv in *Ich Ich Ich*. In der Hoffnung auf Inspiration und eine kreative Auszeit lässt ‚G' in Frankfurt alles stehen und liegen, bricht aus seinem Alltag aus und flüchtet sich an einen idyllischen Rückzugsort. Das ist die naheliegende Lösung nicht nur vor dem Hintergrund der autobiographischen Topik, sondern auch gemäß der Binnenlogik der Erzählung. Denn der Zufall will es, dass der Erzähler Anteile an einem Landhaus in der Toskana besitzt. Schon der Gedanke an eine Flucht in die arkadische Landschaft beseelt den Erzähler mit romantischem Pathos. Vor seiner Ankunft imaginiert er Italien als einen Ort der Einfachheit und Ursprünglichkeit, der Harmonie zwischen Natur und Kultur: „Da, wo ich hinwollte, reifte die anspruchslose Feige im harten Licht. Da gab es Wein und Öl, Tomaten und Basilikum, Natur und Kunst. Doch weit und breit kein Nachrichtenmagazin." (*Ich*, 56)

Gernhardt verbindet auf diese Weise adornoeske Gegenwartskritik mit der Sehnsucht nach einer regressiven Idylle. Italien bildet eine Projektionsfläche für das Verlangen des Erzählers nach authentischer, unmittelbarer Erfahrung; diese findet wiederum in einer „Kunst" ihren Ausdruck, die nicht dem Tagesgeschäft verhaftet ist, sondern jene „dauerhaftere" (mit anderen Worten: klassische) Qualität aufweist, die in der Hektik Frankfurts nicht zu erreichen ist. Gernhardt aktualisiert einen alten deutschen Topos der Muße, die Sehnsucht nach dem romantischen Italien, der nicht erst seit Johann Joachim Winckelmanns einflussreichen Schilderungen in deutschen Künstler- und Intellektuellenkreisen eine erhebliche Konjunktur erfuhr.[60] Nicht zufällig erinnert Gernhardts Flucht nach Italien auch an die Reise eines anderen, noch berühmteren Frankfurters, dessen Namensinitiale ebenfalls auf „G" lautet: Johann Wolfgang Goethes *Italienische Reise*.[61] Die von Goethe während seiner Reise angefertigten, allerdings erst viel später publizierten Aufzeichnungen haben wesentlich zur Etablierung des ‚Mythos Italien' beigetragen.[62] Darüber hinaus aber haben sie den Topos des arkadischen Mittelmeerraumes, in welchem der Künstler unter den Bedingungen der Muße studieren und schließlich selbst produktiv werden kann, tief ins kulturelle Archiv eingeschrieben. Weil die *Italienische Reise* einen wichtigen Prätext für Gernhardt darstellt, den er mal implizit und mal direkt referenziert, lohnt sich ein kurzer Blick darauf, wie Goethe den Topos prägte.

Am 28. August 1786 bricht Goethe frühmorgens aus Karlsbad Richtung Italien auf – es ist exakt sein 37. Geburtstag, so dass schon das Abreisedatum sym-

---

[60] Italien besitzt für Gernhardts Werk in vieler Hinsicht eine herausgehobene Bedeutung. Es ist, wie Lothar Müller bemerkt, neben Deutschland einer der „beiden Pole der Gernhardt-Welt", denn „[i]hnen und ihrem Aufeinanderbezogensein verdankt sein [Gernhardts, GF] bildnerisches wie sein literarisches Werk die Stoffe und Formen, die Vorbilder und Maßstäbe". – Lothar Müller, „Das Reservoir der Formen. Robert Gernhardt und Italien", in: Thomas Steinfeld (Hg.), *Der große Dichter sieht die Dinge größer. Der Klassiker Robert Gernhardt*, Frankfurt a.M. 2009, 241–257, 241 f. Vgl. auch Christina Ujma, „Ambivalentes Idyll. Robert Gernhardt als ironischer Chronist der Toskana-Deutschen", in: Lutz Hagestedt (Hg.), *Alles über den Künstler. Zum Werk von Robert Gernhardt*, Frankfurt a.M. 2002, 108–126.

[61] Vgl. Kapitel 1.1.6.

[62] Erst 1816 veröffentlichte Goethe die während seines Italienaufenthalts entstandenen Briefe und Aufzeichnungen (darunter vor allem das *Reise-Tagebuch 1786. Tagebuch der Italienischen Reise für Frau von Stein*) in einer stark überarbeiteten Fassung unter dem Titel *Italienische Reise*.

bolisch von der Bedeutung der Reise für seinen gesamten Lebenszusammenhang kündet. Die Literaturgeschichtsschreibung hat die Italienreise häufig als Ausdruck einer Sinnkrise oder auch als eine Flucht vor jenen Pflichten und Liebschaften charakterisiert, die Goethe am Weimarer Hof zusetzten.[63] Tatsächlich stilisiert Goethe seinen Italienaufenthalt als Erfüllung eines lang gehegten Traumes, als Befriedigung einer Sehnsucht, denn erst jetzt „konnte ich mich entschließen einen langen einsamen Weg zu machen, und den Mittelpunkt zu suchen, nach dem mich ein unwiderstehliches Bedürfnis hinzog" (*IR*, 134). Auch das Motto auf dem Titelblatt verdeutlicht die Topik der Goetheschen Reise: „Et in arcadia ego" – Auch ich in Arcadien. (*IR*, 9) Er bereist Italien zumeist allein und hält fest: „Ich scheue mich vor den Herren und Damen wie vor einer bösen Krankheit […]." (*IR*, 413) Um ganz sicherzugehen, reist er inkognito, unter falschem Namen. So will Goethe der „unendlichen Unbequemlichkeit" entgehen, „von mir und meinen Arbeiten Rechenschaft geben zu müssen". (*IR*, 143) Nachdrücklich inszeniert Goethe seine Reise als zeitliche und räumliche Zäsur, als Ausbruch aus der Logik des Weimarer Alltags und mehr oder weniger einsamen Rückzug an einen idyllischen, arkadischen Ort.

Im November 1786 erreicht Goethe Rom, wo er vier Monate bleibt. Sein Begriff der Autobiographie, die Welt und Subjekt, Kontemplation und Bildung miteinander verbindet, lässt sich in seinen dort entstandenen Briefen besonders gut nachvollziehen:

> Alle Träume meiner Jugend seh' ich nun lebendig, die ersten Kupferbilder deren ich mich erinnere, (mein Vater hatte die Prospekte von Rom auf einem Vorsale aufgehängt) seh' ich nun in Wahrheit, und alles was ich in Gemälden und Zeichnungen, Kupfern und Holzschnitten, in Gyps und Kork schon lange gekannt, steht nun beisammen vor mir, wohin ich gehe finde ich eine Bekanntschaft in einer neuen Welt, es ist alles wie ich mir's dachte und alles neu. (*IR*, 135)

Goethe legt Wert auf die Feststellung, dass er nicht als völlig naiver Betrachter nach Rom kommt, dass vielmehr seine Wahrnehmung von Rom vorgeprägt ist. Er kennt die Kunst- und Bauwerke, die er in Rom sieht, seit seiner Kindheit in Form von Kopien und Abgüssen im väterlichen Haus. Auch hat er Winckelmanns Schriften gelesen, der fünfundzwanzig Jahre zuvor Italien bereist hatte und insbesondere Rom zu einem Ort der Muße und der künstlerischen Bildung erklärte: „Die mir gegönnte Muße ist eine der größten Glückseligkeiten […]; und diese selige Muße hat mich in Stand gesetzt, mich der Betrachtung der Kunst nach meinem Wunsche zu überlassen."[64]

---

[63] Vgl. Beyer-Fröhlich, *Die Entwicklung der deutschen Selbstzeugnisse*, 214.

[64] Johann Joachim Winckelmann, „Abhandlung von der Fähigkeit der Empfindung des Schönen in der Kunst, und dem Unterrichte in derselben", in: *Sämtliche Werke. Einzige vollständige Ausgabe; dabei Porträt, Facsimile und ausführliche Biographie des Autors; unter dem Texte die frühern und viele neuen Citate und Noten; die allerwärts gesammelten Briefe nach der*

Doch wird in Goethes Ausführungen ebenso deutlich, dass er gegen den Eindruck des Bekannten und Überlieferten auch seine eigene Anschauung Roms hervorhebt, die ihm das bekannt Geglaubte nun *neu* erscheinen lässt. Doch damit nicht genug, denn Goethe schreibt weiter: „Eben so kann ich von meinen Beobachtungen, von meinen Ideen sagen. Ich habe keinen ganz neuen Gedanken gehabt, nichts ganz fremd gefunden, aber die alten sind so bestimmt, so lebendig, so zusammenhängend geworden, daß sie für neu gelten können." (*IR*, 135)

Das ihm zugleich bekannt und unbekannt erscheinende Rom stilisiert Goethe zum Spiegelbild seines inneren Reifungsprozesses. Durch die kontemplative Betrachtung der Stadt ordnen sich seine Gedanken zu einem zusammenhängenden Neuen, aus der Auseinandersetzung mit der Welt *bildet* sich Goethes individueller Geist. In seinen Aufzeichnungen schildert Goethe die Freude, sich in Rom „bilden" zu können; er beschreibt sein Oszillieren zwischen der ruhigen Betrachtung Roms und seiner Besinnung auf sich selbst. Und er betont die Bedeutung von Ruhe und Muße, die dafür Voraussetzung sind:

> Ich lebe nun hier mit einer Klarheit und Ruhe, von der ich lange kein Gefühl hatte. Meine Übung, alle Dinge wie sie sind zu sehen und abzulesen, meine Treue, das Auge licht sein zu lassen, meine völlige Entäußrung von aller Prätention, kommen mir einmal wieder recht zu statten und machen mich im Stillen höchst glücklich. [...] Kehr' ich nun in mich selbst zurück, wie man doch so gern tut bei jeder Gelegenheit, so entdecke ich ein Gefühl, das mich unendlich freut, ja das ich sogar auszusprechen wage. [...] Der Geist wird zur Tüchtigkeit gestempelt [...]. Mir wenigstens ist es, als wenn ich die Dinge dieser Welt nie so richtig geschätzt hätte als hier. Ich freue mich der gesegneten Folgen auf mein ganzes Leben. Und so laßt mich aufraffen wie es kommen will, die Ordnung wird sich geben. Ich bin nicht hier um nach meiner Art zu genießen, befleißigen will ich mich der großen Gegenstände, lernen und mich ausbilden, ehe ich vierzig Jahr alt werde. (*IR*, 144 f.)

Goethe stellt seinen Aufenthalt in Rom als beinahe ideales Bildungsprogramm dar: Hier gelangt er zu einer beobachtenden „Klarheit und Ruhe", die ihn „aller Prätention" entäußert, die ihn – mit moderneren soziologischen Begriffen – vom Zustand der Entfremdung hin zur Identität mit sich selbst führt. Die „Rückkehr" zu sich selbst löst ein Glücksgefühl aus, bringt den Künstler zu einer intensiveren und positiveren Wahrnehmung der Welt. Diese Empfindung mündet schließlich in einer produktiven Grundstimmung, der Bereitschaft, „zu lernen und mich auszubilden", den Fleiß vor den Genuss zu stellen.

Tatsächlich geht für Goethe auf seiner Italienreise die Kontemplation immer auch mit Produktivität einher. So stellt er schon nach wenigen Wochen in Italien die Versfassung der *Iphigenie auf Tauris* fertig. In seinen Aufzeichnungen kann Goethe auch hier nicht umhin, das Wechselspiel von einsamer Kontemplation am idyllischen Ort und seiner Produktivität als Autor hervorzuheben:

Zeitordnung, Fragmente, Abbildungen und vierfacher Index, Bd. 1, hg. v. Joseph Eiselein, Donauöschingen 1825 [1763], 235–273, 251.

> Am Garda-See, als der gewaltige Mittagswind die Wellen ans Ufer trieb, *wo ich wenigstens so allein war, als meine Heldin am Gestade von Tauris*, zog ich die ersten Linien der neuen Bearbeitung, die ich in Verona, Vicenz, Padua, am fleißigsten aber in Venedig fortsetzte. (*IR*, 166)

Goethe präsentiert an seinem eigenen Beispiel ein geradezu idealtypisches autobiographisches Modell, das Elemente aus dem Phänomenbereich der Muße – den Rückzug, die Idylle, die Einsamkeit, die Kontemplation, die Selbsterkenntnis – mit aufklärerischen und idealistischen Kategorien des sich selbst bildenden, tätigen Autorsubjekts verschränkt. Goethes *Aus meinem Leben* steht so für ein autobiographisches Modell, das ganz auf die narrative Konstruktion einer kohärenten, konstanten und entelechischen Identität ausgerichtet ist und somit eng an ältere Vorstellungen der künstlerischen Selbstverwirklichung in Muße anschließt, wie sie bei Rousseau oder schon Montaigne aufscheinen. Auf diese Weise hat die *Italienische Reise* nicht nur dazu beigetragen, die Vorstellung von Italien als dem muße-affinen Raum schlechthin und zudem als idealem Ort der ästhetischen Bildung zu etablieren. Goethes Werk hat auch selbst normativen Charakter gewonnen und galt den Theoretikern der traditionellen Autobiographik seither als „die vollendete Darstellung einer Bildungsreise im höchsten Sinn", denn „die gesamte Darstellung ist erfüllt vom bewußten Genießen südlichen Lebensgefühls".[65]

Auf die Tradition des Sehnsuchts- und Fluchtortes Italien nimmt Gernhardt in *Ich Ich Ich* direkt Bezug.[66] Die krisenhafte Ausgangssituation seines Protagonisten erinnert an Goethes Frustration mit dessen Leben in Weimar. Doch die Naivität, mit welcher Gernhardt das Klischee ‚Italienreise' reproduziert, deutet erneut darauf hin, dass der Autor es nicht allzu ernst meint, sondern hier vielmehr auf eine Persiflage des überstrapazierten Topos abzielt.[67] Bot sein Protagonist eingangs lediglich ein etwas überzeichnetes Bild des Künstlers in der Krise, erscheint er bald darauf als die Karikatur eines deutschen Italienreisenden. In der Vorstellung des Erzählers verkommt die Toskana – eh und je ein klassisches Motiv der Landschaftsmalerei – zu einem Postkartenabzug: „Also erstmal werde ich die Landschaft malen, die ich von meiner Ateliertür aus sehe, abends, wenn die untergehende Junisonne schräg draufhält und das Goldgelb der gerade noch nicht abgeernteten Kornfelder kontrastiert zum frischen Grün des kräftig sprießenden Maises –". (*Ich*, 70)

Bei der Ankunft am Haus im toskanischen Montaio findet der Erzähler seine Erwartungen zunächst bestätigt. Mit übertriebener Genugtuung und in vielfacher Wiederholung beschwört er die „herrliche Ruhe" der ländlichen Idylle,

---

65 Beyer-Fröhlich, *Die Entwicklung der deutschen Selbstzeugnisse*, 214.

66 Zum Motiv ‚Italien' in *Ich Ich Ich* und dessen Interferenzen mit dem ästhetischen Modell des Erzählers vgl. Müller, „Das Reservoir der Formen", 245–249.

67 Zur Einordnung von *Ich Ich Ich* als Parodie und/oder Persiflage vgl. Wick, *Apotheosen narzisstischer Individualität*, 203 f.

die sich wohltuend vom „Lärm in Frankfurt“ unterscheidet. (*Ich*, 67) Die Welt drängt sich dem Erzähler nun nicht mehr aus einem „Nachrichtenmagazin“ entgegen, vielmehr meint er so unmittelbar mit dem Ort in Kontakt treten zu können, als würde er ein Gespräch mit der Umgebung führen:

Hier ist alles so herrlich ruhig, einfach alles. Hallo Rosenbusch, ganz schön ruhig heute, was alter Stachelkopp? Hallo Terrasse, wir haben heute auch wieder die Ruhe weg, wie? Hallo Mäuerchen, ja was strahlen wir denn aus? Ruhe – oder irre ich mich etwa? Hallo Hügelkette, wie stehst du denn mal wieder gegen den Nachthimmel? Ruhig, ganz ruhig – stimmt‘s? [...] Ach, dieser Friede! Seht nur: Der Mond! Hört nur: Die Grillen! (*Ich*, 67)

Emphatisch ruft Gernhardts Erzähler stereotype Attribute eines romantisch-ländlichen Raumes auf: Rosenbusch, Terrasse, Hügel, niedrige Mauern, Friede, Mond und Grillen.[68] Der Erzähler ist zuversichtlich, die idealen Voraussetzungen gefunden zu haben, um endlich wieder Kunst hervorbringen zu können – und sich damit selbst zu verwirklichen:

Rasch wird sich das Atelier mit den sinnlichsten Werken füllen. „Du, du, du“, werden sie dem Maler von Tischen, Wänden und Staffeleien zurufen, wenn er des Morgens in ihre Mitte tritt. „Ich, ich, ich“, wird es ihn durchströmen, „das alles bin ich. [...]“ (*Ich*, 76)

Nun wird deutlich, dass sich hinter der Schaffenskrise eine handfeste Identitätskrise verbirgt.[69] Das Selbstverständnis des Erzählers ist untrennbar mit seiner künstlerischen Tätigkeit verbunden, weil er beim Malen sich selbst konstituiert: „‚Ich mache, also bin ich. [...]‘“ (*Ich*, 76)

Doch als er sich im toskanischen Rückzug endlich seinem Ziel nahe wähnt, wird der Maler bitter enttäuscht. Seine Vorstellung von Italien erweist sich als Phantasmagorie, und die überfrachteten Erwartungen, mit denen er nach Italien kommt, fordern eine gründliche Dekonstruktion geradezu heraus. Die Epigonalität seines Vorhabens kann der Erzähler schon kurz nach der Ankunft im Landhaus nicht mehr leugnen. „Weshalb saß ich überhaupt hier?“ (*Ich*, 115), fragt er rhetorisch und erläutert daraufhin – nun über sich in der dritten Person referierend – er habe seine Leidenschaft für Italien schon in jungen Jahren entdeckt:

Da G schon früh die Berufung zum Künstler in sich verspürte, stand für ihn bereits in jungen Jahren fest, daß er nach Italien fahren müsse. Kaum fünfzehn geworden, machte er denn auch seine erste Tramp- und Kunstreise in den Süden, von der er, auch das war Ehrensache, nicht anders als mit einem Packen Zeichnungen zurückkehren durfte, die, alle vor der Natur gezeichnet, mit der feinen Zeichenfeder ausgeführt sein mußten [...]. (*Ich*, 115)

[68] Dass gleichermaßen stereotype Motive wie „Blumentöpfe[] auf Terracottafliesen oder Olivenhaine[] im Rahmen des geöffneten Fensters“ auch in Gernhardts Malerei eine – allerdings weit weniger ironische – Rolle spielen, findet Müller, „Das Reservoir der Formen“, 248.

[69] Als eine Verhandlung der Identitätsproblematik mit den narrativen Mitteln der Postmoderne deutet den Roman Wick, *Apotheosen narzisstischer Individualität*, 196–258.

Als Jugendlicher habe er jenseits der Alpen seine Zeichenkünste geschult und „möglichst viele Natureindrücke" (*Ich*, 115) gesammelt. Ganz im Sinne Goethes charakterisiert der Erzähler Italien als prädestinierten Ort der künstlerischen Bildung. Doch die Inspiration für seinen jugendlichen Aufbruch nach Italien bezog ‚G' nicht von Goethe, sondern schlicht von einem „älteren Mitschüler, der, ebenfalls angehender Künstler, die unerläßliche Kunstreise bereits ein Jahr zuvor" gemacht hatte. Die Zeichnungen jenes Mitschülers dienten dem jungen ‚G' als Vorbild für seine eigene Kunst, sodass er, bevor er „auch nur einen Schritt auf italienischen Boden gesetzt hatte", bereits wusste „worauf er dort sein Künstlerauge zu richten habe" – nämlich all das „was Übereinkunft und Zeitgeist ihn als malerisch, pittoresk oder irgendwie kunstwürdig einzustufen gelehrt hatten: enge Gassen, in denen Wäscheleinen von Haus zu Haus gespannt waren, [...] Fischerboote, netzeflickende Fischer mit hochgekrempelten Hosen und ärmellosen blauen Unterhemden und vor allem Agaven." (*Ich*, 116)

Während ein ‚souveräner' Autobiograph und Zeichner wie Günter Grass seine Italienreisen mit nostalgischer Affirmation schildert („Ich lebte, das heißt, ich nahm unentwegt auf, sah mich nicht satt [...]", *BH*, 367), distanziert sich Gernhardts erzählendes Ich mit mildem Spott von seinem früheren Selbst. Konnte der jugendliche ‚G' noch ungeniert die italienische Muße genießen und ungehemmt seine künstlerische Leidenschaft ausbilden, erkennt der gealterte Maler, wie wenig originell seine Suche nach südländischer Authentizität verlief. Tatsächlich, so stellt er fest, sei er „einem Heer von Schatten hinterhergezogen, dessen Ausmaß erst der ältere G erahnen konnte". (*Ich*, 117) Als letztes Glied in einer ganzen „Ahnenreihe" von Malern sieht der Künstler sich nun, und wie um sich selbst das Ausmaß seiner damaligen Unkenntnis vorzuführen, zählt er – beinahe über eine ganze Druckseite – seine ‚Vorfahren' nach Jahrhunderten geordnet auf: Von „Hofer [...] und Rössing, Kanoldt und Beckmann, Purrmann und Peiffer-Watenpuhl" über „Schinkel, Hackert, Richter, Fries, Erhard" und „Koch, Tischbein und Goethe" bis zurück zu „Rubens, Elsheimer und Velazquez [...], Michael Pacher, Dürer und Rogier van der Weyden" (*Ich*, 118) – um hier nur einige Namen aus der langen Liste zu nennen.

Gernhardt legt ein umständliches Bekenntnis ab, auf seiner jugendlichen Bildungsreise nach Italien nur die vorhergehenden Reisen anderer Künstler emuliert und ihre Kunst imitiert zu haben. Auch habe er deshalb „später mit höchster Geringschätzung und viel später mit tiefster Rührung" (*Ich*, 117) auf diese Zeit zurückgeblickt. Vor diesem Hintergrund mutet der Entschluss des Erzählers, erneut nach Italien zu fliehen und die Landschaft um Montaio zu malen, paradox an. Mitten in der Schaffenskrise entfaltet die überwunden geglaubte Sehnsucht nach künstlerischer Freiheit und Ursprünglichkeit eine neue Wirkung, und so zieht es den Maler doch wieder nach Italien zurück. Denn was den Erzähler zur Flucht in die Toskana veranlasst, ist nichts anderes als die Hoffnung, wieder an jene Phase ungehemmten Schaffens anknüpfen zu können, als er „so besinnungslos von einem malerischen Motiv zum anderen gezogen war". Bei aller fehlenden Originalität seines Schaffens muss der Erzähler eingestehen: „Nie war er mehr Künstler gewesen als auf jener Italienreise." (*Ich*, 117)

Der Autor Gernhardt lässt keinen Zweifel daran, dass die neuerliche Italienreise seines Erzählers wider besseres Wissen erfolgt, und der ironische Umschlag der Handlung ist daher unausweichlich. Die Hoffnungen des Erzählers blieben unerfüllt, schlimmer noch: In Italien geht es ihm schlechter als zuvor. In den pittoresken toskanischen Dörfern trifft Gernhardts Held auf Dutzende anderer Künstler aus Frankreich, England, Deutschland und anderen Ländern, die ebenso wie er gekommen sind, in ländlicher Umgebung wieder Lebensfreude und Inspiration zu finden. Doch wegen des Künstlertourismus bleibt von arkadischer Ursprünglichkeit nicht viel übrig. Der vermeintlich „klassische" Rückzugsort entpuppt sich als überlaufen, als ein Ort ohne Rückzugsmöglichkeit. Ungebeten besuchen Künstlerfreunde aus Deutschland den Maler in seinem Haus in Montaio und stören ihn bei der Arbeit. Langsam aber sicher reift in ihm die Erkenntnis, dass er nicht nur ein Epigone früherer Italienreisender ist, sondern auch in seiner eigenen Zeit nur einer unter vielen bleibt. Das Leben in der Toskana erscheint daher bei Gernhardt nicht „als Nachfolge oder Schwundform der alten Italienreise, sondern als deren Negation. Statt Ausfahrt oder Aufbruch zu neuen Ufern, betreiben die Toskana-Deutschen den Rückzug hinter ihre Gartenmäuerchen."[70] Die anfängliche Euphorie des Erzählers weicht dementsprechend in der zweiten Hälfte des Romans zynischen Kommentaren über den vermeintlichen Muße-Raum Italien:

> Aber wissen Sie, die Toscana ist ja nicht der Gardasee, wer hierher kommt, gehört in gewisser Weise bereits zu einer Auswahl, meist siedeln sich hier Fotografen, Schriftsteller und bildende Künstler an. […] – die hocken hier alle rundherum in ihren Rattenlöchern, pfeifen sich abends den Chianti ein und schwingen tagsüber die Pinsel. (*Ich*, 190)

Gernhardt präsentiert den Gardasee und die Toskana als Rückzugsorte jenseits ihres Zenits, die ihre Originalität und ursprünglichen Qualitäten eingebüßt haben. Dass sie weiterhin als Projektionsflächen für die Sehnsüchte der Künstler fungieren, liegt längst nicht mehr an den Orten selbst, sondern ausschließlich an einem sich verselbständigenden Herdentrieb der Künstler und Intellektuellen. Die Topik des kreativen Rückzugs basiert nicht selten auf solchen substanzlosen Schleifen der Selbstaffirmation, und indem Gernhardt diesen Mechanismus am Beispiel Italien offenlegt, entlarvt er zugleich das Trugbild einer ‚herstellbaren Muße'. Die verbreitete Hoffnung, durch das Aufsuchen eines bestimmten Raumes oder das Ausüben einer bestimmten Praktik ließe sich ein Muße-Erlebnis nicht nur begünstigen, sondern mit großer Zuverlässigkeit hervorrufen, verführt im Endeffekt viele Menschen dazu, am selben Ort und auf die gleiche Weise

[70] Ujma, „Ambivalentes Idyll", 115.

nach ‚ihrer' Muße suchen. Der Mußeraum wird so zur touristischen Attraktion und das *otium* zur scheinbar verfügbaren Kommodität. Damit aber verliert das raumzeitliche Arrangement eben jene Eigenschaften – seinen nicht-alltäglichen Charakter, die Abgeschiedenheit und Ruhe –, die es überhaupt erst für die Muße prädestinierten. Die Popularisierung von Mußeräumen kann deshalb als ein wesentlicher Grund für die oft beschworene ‚Prekarität der Muße' gelten, d. h. die inhärente Unsicherheit bezüglich ihres Gelingens. Je erfolgreicher Menschen an einem Ort Muße finden, desto unwahrscheinlicher ist es, dass dies auch in Zukunft noch der Fall sein wird.

Auch der Erzähler in Gernhardts Roman erkennt die Dynamik, die ihm eine produktive Muße unmöglich macht. So führt der Aufenthalt in Montaio vor allem zur Erkenntnis, dass er anders als noch Goethe und so viele Künstler vor ihm – ja anders sogar als sein früheres, jugendliches Ich – in Italien den Pinsel nicht wird „schwingen" können. Zunehmend empfindet der Erzähler daher Panik, wenn er „auf die nutzlos verstrichenen Tage" (*Ich*, 179) zurückblickt. Statt eines Berichts über die geleisteten Taten, wie Goethe ihn in seiner *Italienischen Reise* aufzeichnete, bleibt dem Erzähler nichts anderes übrig, als zu kontemplieren, warum eine ruhige Muße am historisch prädestinierten Ort nicht herstellbar ist. Die euphorische Selbstaffirmation des erzählenden Ich bei der Ankunft in Italien schlägt rasch in einen ebenso melodramatischen Fatalismus, ja einen Selbsthass um, denn der Erzähler erkennt in sich bald nicht mehr den Künstler, sondern nur noch einen „Nichtnutz" (*Ich*, 77). Schwankend zwischen masochistischer Selbstgeißelung und ostentativem Selbstmitleid montiert er schlaglichtartige Eindrücke seines Tagesablaufs zu einem deprimierenden Gesamtbild:

> Nichts niederdrückender, glanzloser und verstörender als ein Maler, der auch am dritten Tag nach der Ankunft am neuen Arbeitsplatz immer noch inmitten unausgepackter Mappen und ungeleerter Pappkartons steht. Der ungezielt durch das Haus stiefelt, um dann ächzend auf einem Stuhl Platz zu nehmen. Der minutenlang eine Spraydose betrachtet, um schließlich in ein schmerzliches Gelächter auszubrechen. (*Ich*, 77)

Der formale Wechsel von der Ich- zur Er-Erzählung korrespondiert mit der fortschreitenden Selbstentfremdung, die Gernhardts autofiktionales Pendant in Italien erfährt. Statt sich als Künstler zu konstituieren, gerät der Erzähler noch tiefer in die Krise, der er eigentlich zu entkommen hoffte. Die Komik der Erzählung basiert maßgeblich auf dieser ironischen Entwicklung, sie resultiert aus der Diskrepanz zwischen der Idealvorstellung eines ‚Mußeraums Italien', die der Erzähler entwirft, und der enttäuschenden Wirklichkeit, die er nach und nach akzeptieren muss.

Doch die Selbstentfremdung des Erzählers ist nicht allein seiner Unproduktivität am falschen Muße-Ort geschuldet. Schon zu Beginn führt Gernhardt ein phantastisches Element in die Erzählung ein, das vor allem komische Effekte hervorrufen soll, daneben aber auch als eine Art Metakommentar zum Versagen der traditionellen narrativen Schemata der Autobiographie verstanden werden kann: Eine sprechende Spinne sucht den Erzähler schon in Frankfurt heim, folgt ihm nach Italien und wird dort bald zu seinem unangenehmen Dauergast. Diese „Spinne ‚Erinnerung'", wie der Erzähler seine Begleiterin nennt, folgt dem rastlosen Künstler ungebeten auf Schritt und Tritt, beobachtet ihn bei seinen Arbeitsversuchen, hinterfragt und erniedrigt ihn mit maliziöser Genugtuung:

> Vereinsamt durch seinen selbstgewählten Auftrag, gelähmt durch seine selbstverschuldete Unkenntnis, verstrickt in sein selbstgesponnenes Lügensystem ist der Maler um so schutzloser dem Biß der Spinne ‚Erinnerung' ausgesetzt, die ihn stets anfällt, kaum daß er damit beginnt, seine Tuben auszudrücken [...]. (*Ich*, 14)

Die Spinne ist mehr als eine Personifikation des Gewissens und Gedächtnisses des Malers, sie ist sein allgegenwärtiger Kritiker. Sie zwingt den Protagonisten, nun doch „von sich und seinen Arbeiten Rechenschaft geben zu müssen", wie Goethe geschrieben hatte, und damit jene Hoffnung auf eine unbeschwerte Erfahrung aufzugeben, mit der er nach Italien aufgebrochen war. Als fiktionales Element in der Erzählung beruht die komische Wirkung der Spinne darauf, dass Gernhardt mit ihr einen geradezu märchenhaften Antagonisten erschafft, der auf durchschaubare Weise den Selbstzweifeln und Ängsten des Malers eine konkrete Gestalt gibt.

In den Dialogen mit der Spinne, die eigentlich Selbstgespräche sind, sieht sich das erzählende Ich gezwungen, seine verdrängten Erinnerungen hervorzuholen und explizit zu formulieren. Zum autobiographischen Formenrepertoire gehört das literarische Selbstgespräch seit Augustinus' *Soliloquien.*[71] Darin entwirft der Kirchenvater einen Dialog zwischen seinen „sinnlich-menschlichen Eigenschaften" mit seiner personifizierten „Ratio", in der Absicht, auf diese Weise zu einer vernunftbasierten Erkenntnis seiner Seele zu gelangen.[72] Gernhardts ‚Spinne Erinnerung' verfolgt keineswegs solche hehren Ziele. Konfrontiert sie den Erzähler mit seiner Vergangenheit, dient dies nicht einmal der psychologischen Aufarbeitung. Sie tritt lediglich in Erscheinung, um den Erzähler mit kaustischem Spott zu überschütten:

> – Quälst du mich schon wieder, Spinne Erinnerung?
> – Wer spricht von Quälen ... Ich schau dir doch nur zu, du Dummerchen. Was drückst du denn da für eine Tube aus?

[71] Augustinus wiederum konnte auf den platonischen Dialog als Vorbild zurückgreifen, vgl. Hanspeter Müller, „Einführung", in: *Selbstgespräche. Von der Unsterblichkeit der Seele*, Gestaltung d. lat. Textes v. Harald Fuchs. Einf., Übertr., Erl. u. Anm. v. Hanspeter Müller, München 1986, 207–249, 239f.

[72] Vgl. Müller, „Einführung", 240; vgl. auch Friedemann Drews, *Menschliche Willensfreiheit und göttliche Vorsehung bei Augustinus, Proklos, Apuleius und John Milton*, Frankfurt a. M./Paris/Lancaster u. a. 2009, 376–378.

– Grüne Erde.
– So, so – Grüne Erde. Ähnelt ein wenig der Farbe jener Strumpfhose, findest du nicht? (*Ich*, 14)

Mit dieser Bemerkung spielt die ‚Spinne' auf die Strumpfhose einer der Frauen an, mit der der Erzähler eine – gescheiterte – Affäre hatte. Indem sie Gernhardt immer wieder an die peinlichen Episoden seiner Vergangenheit erinnert, durchkreuzt die Spinne seine Versuche, Abstand zum deutschen Alltag zu gewinnen und ganz im Betrachten der idyllischen Landschaft aufzugehen. An Malen ist nicht mehr zu denken, wenn die Toskana ebenso von profanen Erinnerungen kontaminiert ist wie die Frankfurter Heimat. So bildet die Spinne nicht nur einen ironischen Kontrapunkt zum Erhabenheitspathos, mit dem Gernhardts Erzähler die italienische Landschaft beschreibt, sie legt auch die innere Zerrissenheit und Selbstentfremdung des autobiographischen Subjektes offen, das eben nicht mehr wie Augustinus im Dialog mit sich zur Selbsterkenntnis gelangen kann.

Hinter der spielerischen Uneigentlichkeit der Spinnen-Allegorie verbirgt sich noch ein weiterer Bruch mit den klassischen Regeln des autobiographischen Diskurses. Indem nämlich Gernhardt seiner Erinnerung eine Gestalt gibt, indem er sie zu einer Figur innerhalb der Diegese erhebt, die mit einer Stimme spricht und eigene Absichten verfolgt, verschiebt er die Gewichte im Verhältnis von erinnerndem Ich und erinnertem Leben: Nicht Gernhardts Erzähler verfügt souverän über seine Erinnerungen, vielmehr wird er selbst von der Erinnerung beherrscht. Auf die Vergangenheit kann er nicht stolz oder versöhnlich zurückblicken, da sich die unangenehmen Episoden seines Lebens ganz ungebeten ins Bewusstsein drängen. Die Erinnerung wird dadurch zu einer autonomen und antagonistischen Instanz, die sich auf kontrollierende und störende Weise immer wieder von allein einmischt – und dies gerade unter den Bedingungen des Rückzugs und der Einsamkeit. Der Frankfurter Alltag mit seinem Nachrichtenbombardement besaß insofern den Vorteil, die Aufmerksamkeit des verunsicherten Künstlers auf andere Dinge zu lenken. In der Toskana dagegen können sich die inneren Stimmen mühelos Gehör verschaffen.

Die Auseinandersetzung zwischen dem ruhesuchenden Protagonisten und der penetrant intervenierenden ‚Spinne Erinnerung' erreicht schließlich einen „überraschenden Höhepunkt" (*Ich*, 208), wie der Erzähler ironisch bemerkt. In einer fiktionalen Binnenerzählung, die Gernhardt ans Ende des Kapitels „Er" setzt, wird die Logik des Konfliktes bis zum katastrophalen Ende weitergeführt: Die Spinne ermordet Norbert Gamsbart, einen der autofiktionalen Stellvertreter Gernhardts. Die ‚Spinne Erinnerung', so wird nun deutlich, hat den Künstler nicht einfach bei der Selbstverwirklichung behindert, sondern aktiv auf seine Zerstörung hingewirkt. Als Gamsbart in seinem Landhaus tot aufgefunden wird, nimmt ein Detektiv mit dem Namen „Lord Roger" (welcher wiederum als Anspielung auf Gernhardts Vornamen Robert verstanden werden kann) die Ermittlungen auf. Er entdeckt schon bald Bissspuren am Hals des Opfers, die nur von einer Spinne stammen könnten. In direkter Rede erklärt Lord Roger, der bereits über einige Erfahrung mit dieser ungewöhnlichen Todesursache zu verfügen scheint:

> „Ich begegnete dieser Art von Biß das erste Mal in den Buddhistenklöstern von Raipur, dort, wo am Rande des Himalaya seit altersher Weltflüchtige aus aller Herren Länder sich auf die schwerste aller Begegnungen vorbereiten, auf die mit sich selber. Es scheint so, als ob der Mensch in diesem Zustande den Biß geradezu anzöge, wobei letzterer um so lähmender und endgültiger wirkt, je ernsthafter und unbedingter der Betroffene sich dieser Begegnung gestellt hat. [...]" (*Ich*, 214)

In Gernhardts satirischer Überspitzung repräsentieren die buddhistischen Klöster „am Rande des Himalaya" die Steigerung des Landhauses in der Toskana. Sie stehen für einen prototypischen Rückzugsort, der insbesondere für westliche Geister die Faszination am kontemplativen Leben intensiver bewahrt hat, als dies der monastischen Tradition Europas gelang. Doch die „Weltfüchtige[n] aus aller Herren Länder", die an diesem Ort zunächst die Ruhe und dann zu sich selbst finden wollen, laufen in eben dieselbe Falle, in die auch Gernhardts Erzähler gerät. Sie unterschätzen, dass die Konfrontation mit sich selbst „die schwerste aller Begegnungen" ist, weil sie für das Subjekt die stete Gefahr birgt, sich im Nachdenken über die eigene Vergangenheit zu verlieren oder durch übersteigerte Selbstreflexion in einen Zustand der Paralyse zu fallen. Mit dem Biss der ‚Spinne Erinnerung', der „um so lähmender und endgültiger wirkt, je ernsthafter und unbedingter der Betroffene sich dieser Begegnung gestellt hat", schafft Gernhardt eine eindrückliche Allegorie für die Gefahren der Selbstkonstitution.

Der Autor parodiert und invertiert das Modell der traditionellen Autobiographie damit auf zweifache Weise: Zunächst entlarvt er die im kulturellen Gedächtnis verankerten Vorstellungen eines gelungenen Rückzugs in Muße als zumeist zeitgebundene, naive, mit Erwartungen überfrachtete Projektionen. Der Protagonist in *Ich Ich Ich* partizipiert an den populären Sehnsüchten nach Ruhe, nach selbstbestimmter Arbeit und nach einem einfacheren Leben, als es in den komplexen Zusammenhängen einer globalisierten Gesellschaft die Regel ist. Er imaginiert Italien als einen Gegenraum zum Alltag, als eine Heterotopie der Muße, welche die idealen Voraussetzungen für seine künstlerische Selbstverwirklichung bietet. Doch weil die Orte und Praktiken der Muße seit jeher kulturell codiert und institutionalisiert sind, suchen auch andere Menschen auf ganz ähnliche Weise und an denselben Orten nach Muße. Die klassischen Rückzugsorte entbehren daher zwangsläufig jener individuellen Qualitäten und versagen jene Abgeschiedenheit, die der Einzelne ursprünglich suchte. Stattdessen erweisen sie sich als anachronistische, touristisch verkappte, überstrapazierte Illusionen.

Doch über die satirische Entlarvung der konkreten Realisationsformen der Muße hinaus stellt Gernhardt in *Ich Ich Ich* grundsätzlich in Frage, inwiefern

Konzepte wie Rückzug, Einsamkeit und Muße eine Antwort auf die Herausforderungen der Postmoderne bieten können. Auch wenn die räumlichen, zeitlichen und sozialen Voraussetzungen eines kontemplativen Erlebnisses erfüllt sind, ist damit keineswegs garantiert, dass sich die Hoffnungen auf kreative Inspiration tatsächlich erfüllen. Gernhardts diverse Stellvertreterfiguren im Roman müssen diese schmerzhafte Erfahrung am eigenen Leib machen. Selbst wenn es ihnen gelingt, einen ruhigen Moment des Innehaltens zu finden, bleibt doch die künstlerische Produktivität aus, weil die Befreiung von der Alltagshektik noch nicht die Befreiung von sich Selbst bedeutet. Im stillen Rückzug wird das Subjekt von der eigenen Vergangenheit eingeholt und läuft Gefahr, noch tiefer in die Krise zu stürzen. Oder um es mit Gernhardts poetischer Allegorie zu sagen: In Muße ist der Mensch dem ‚Biss der Spinne Erinnerung' noch schutzloser ausgeliefert. So erscheint bei Gernhardt die autobiographische Reflexion nicht länger als das Privileg des mußevollen Künstlers, sie ist vielmehr der Preis, den er zu zahlen hat.

Dieses düstere Bild von den Möglichkeiten moderner Muße relativiert Gernhardt jedoch – in einer letzten ironischen Wendung – im kurzen Nachwort zu seinem Roman. „Ich schrieb den Roman 1980/81 in Montaio–Frankfurt–Montaio–Frankfurt–Montaio–Frankfurt–Montaio–Frankfurt" (*Ich*, 255), bemerkt darin der Autor Robert Gernhardt, und gibt nachträglich zu erkennen, dass die im Buch geschilderte Flucht auf das Landhaus im toskanischen Montaio auf wirklichen Begebenheiten beruht. Anders als es die autofiktionale Erzählung suggeriert, konnte der wiederholte Besuch in Montaio durchaus die kreativen Kräfte des realen Autors aktivieren, der im ländlichen Rückzug am Roman *Ich Ich Ich* arbeitete. Daraus folgt, dass der Roman zwar nicht im engeren Sinne seine eigene Genese dokumentiert, sich also nicht als ‚Erzählgeschichte' seiner selbst inszeniert, dass er aber doch unmittelbar die Umstände seiner Entstehung reflektiert. Den scheiternden Maler Gernhardt im Roman modelliert der ungleich erfolgreichere Schriftsteller Gernhardt als ein ins Negative gewendetes Abbild seiner selbst. Figuren wie ‚G' und Norbert Gamsbart erscheinen damit als Projektionsfläche für die Versagensängste des Autors. Im Nachwort macht Gernhardt die Leser mit schelmischer Selbstironie auf die Diskrepanz zwischen der lautstarken Klage über die unerfüllte Muße innerhalb der Romanfiktion und seiner in Wirklichkeit produktiven Autorschaft am topischen Muße-Ort aufmerksam.[73] Und so ist *Ich Ich Ich* nicht allein als Persiflage auf den scheinbar

[73] Die doppelbödige Botschaft des Romans hat Bartmann auf den Punkt gebracht: „Gernhardts *Ich Ich Ich* stellt den Versuch dar, seiner Unlust an der heroischen Moderne – deren Anspruch auf Überlegenheit er mit einem Spott quittiert, in dem die dazugehörige Verletzung noch spürbar ist – ein Werk entgegenzusetzen, das ihren Standards genügt und sie zugleich unterläuft." – Bartmann, „‚Nicht gleich ich'", 72. In diesem Sinne erkennt auch Wick hinter der „komischen Geschichte eines scheiternden Malers" letztlich „eine Hommage an die ‚hohe Literatur'" und eine „kulturkritische Stellungnahme". – Wick, *Apotheosen narzisstischer Individualität*, 200.

antiquierten Muße-Topos ‚Italien' zu lesen. Der Roman ist gleichermaßen ein satirischer Kommentar auf eine Gesellschaft, die im permanenten Streben nach Selbstverwirklichung die Muße wie ein Grundrecht einfordert und zur Kommodität erklärt.[74]

3.3. Ekstase und Melancholie. Rainald Goetz: *Rave*

Aus dem Feld der bislang behandelten Autobiographen sticht Rainald Goetz schon aufgrund des Umstandes hervor, dass seine Autorinszenierung von dem demonstrativen Bemühen geprägt ist, Distanz zu bürgerlichen Lebensentwürfen und sozialen Elitismen zu wahren. Dabei verfügt der 1954 geborene Goetz über außerordentliche Insignien eines erfolgreichen Lebensweges: Schon im Alter von 28 Jahren hatte er sowohl im Fach Geschichte als auch in der Medizin promoviert, dazu wurde sein literarisches Werk mit bedeutenden Auszeichnungen bedacht, zuletzt 2015 mit dem Georg-Büchner-Preis. Gleichwohl kultiviert Goetz den Ruf des unkonventionellen Quereinsteigers, welcher der Anerkennung seiner literarischen Leistungen durch die kulturellen Institutionen mit Indifferenz oder Skepsis begegnet. In seiner Büchner-Preis-Rede, die ironischerweise kurz darauf vom Seminar für Allgemeine Rhetorik der Universität Tübingen zur Rede des Jahres 2015 gekürt wurde[75], erklärt Goetz ganz in diesem Sinne: „[Die Literatur] steht am Rand, kommt aus der Fremde, aus anderen Ethnien und Berufen, absurden Passionen, Bürgertum, Theorie, Nachtleben, politische Radikalitäten, Religion, und nur wenn sie das Abseitige, was sie von dorther weiß, nicht aufgibt, sondern immer wieder erneuert, kann sie Relevantes zum Gespräch beitragen."[76] Gegen eine anachronistische Fixierung auf literarische Traditionalismen fordert Goetz eine Literatur, in deren Zentrum die „Jugend der Gegenwart" steht.[77] In seinen Texten und Lesungen beschwört Goetz immer wieder die Gegenwärtigkeit des Daseins, setzt auf Präsenzeffekte, Performativität und Pathos. Seine Vorliebe für diese Inszenierungstechniken trat schon zu Beginn seiner Karriere in einer Szene zutage, die seither zu den ikonischen Momenten des jüngeren Literaturbetriebs zählt und die dem Autor schlagartige Bekanntheit einbrachte: Während seiner Lesung beim Ingeborg-Bachmann-Wettbewerb 1983

---

[74] Die neuzeitliche Entwicklung der Muße vom Privileg zum Menschenrecht beschreibt Soeffner, „Muße – Absichtsvolle Absichtslosigkeit", 37.

[75] Siehe http://www.rhetorik.uni-tuebingen.de/portfolio/rede-des-jahres/ (abgerufen am 03.03.2016)

[76] Rainald Goetz, „Dankrede zum Georg-Büchner-Preis", in: *Deutsche Akademie für Sprache und Dichtung*, http://www.deutscheakademie.de/de/auszeichnungen/georg-buechner-preis/rainald-goetz/dankrede (abgerufen am 26.02.2016)

[77] Ebd.

schnitt sich Goetz mit einer Rasierklinge die Stirn auf, woraufhin sein Blut über das Papier strömte, von dem er las. Auf nicht minder ausdrucksstarke Sprachbilder greift Goetz in seinen poetologisch-programmatischen Texten zurück, um seine fundamentale Überzeugung zu verdeutlichen, dass die Literatur einer permanenten Erneuerung und Ausrichtung an der Gegenwart bedarf, sofern sie ihre gesellschaftliche Relevanz bewahren will. Emphatisch affirmiert Goetz gleichermaßen den künstlerischen und den sozialen Wandel, bejaht in seinen Werken eine Kultur, die ganz im Zeichen technischer und medialer Innovationen steht. Allzu leicht ließe sich dieses Bekenntnis zur Gegenwart mit einem naiven Fortschrittsglauben verwechseln. Im Bewusstsein für diese Gefahr hat Goetz sich selbst spöttisch einen „programmatische[n] Affirmationismus" attestiert und damit deutlich gemacht, dass seine literarische Pose immer auch eine kräftige Portion Selbstironie enthält.[78]

Die Vorstellung, die Kunst müsse in der Gegenwart aufgehen und der Künstler aus dem gegenwärtigen Moment heraus schöpferisch tätig werden, ist ein wesentlicher Schlüssel zum Verständnis von Goetz' literarischen Werken.[79] Zugleich rechtfertigt sie den Versuch, das Konzept der Muße für die Analyse seiner Texte fruchtbar zu machen. Muße-affine Phänomene spielen in Goetz' Produktionsästhetik eine entscheidende Rolle, denn Goetz räumt dem erlebenden Autorsubjekt, das im intensiven Kontakt mit der Welt steht, das Zeit und Raum phänomenal erfährt, eine privilegierte Rolle ein. Besonders deutlich wird dies in der 1998 erschienenen Erzählung *Rave*[80], die den ersten Beitrag zu Goetz' fünfteiligem Buchprojekt *Heute Morgen* darstellt. Bei *Rave* handelt es sich nicht um eine autobiographische Erzählung im gattungstypischen Sinne, denn der Erzähler macht keinen Versuch, seine Geschichte in retrospektiver Ganzheitlichkeit und Einheit darzustellen. Er konzentriert sich stattdessen auf einen bestimmten Lebensabschnitt in den 1990er-Jahren, in denen er die Clubs und das Nachtleben in etlichen Städten erkundete und intensiven Kontakt zur DJ- und Techno-Szene suchte.[81] Seine Erlebnisse und Eindrücke verkettet Goetz auf fragmentarische und assoziative Weise zu einer Erzählung, bedient sich dabei eines unvermittelt zwischen Imperfekt und Präsens changierenden Stils, der den Text auf eine „unabgeschlossene Gegenwart ausrichtet".[82]

---

[78] Ebd.

[79] Vgl. das Kapitel „‚Jetzt, ja, nochmal. Jetzt.' Rainald Goetz' Geschichte der Gegenwart" in Eckhard Schumacher, *Gerade eben jetzt. Schreibweisen der Gegenwart*, Frankfurt a. M. 2003, 111–154.

[80] Rainald Goetz, *Rave. Erzählung*, Frankfurt a. M. 1998. (Im Folgenden zitiert mit der Sigle *Rv.*) Die weiteren Teile des *Heute Morgen*-Zyklus sind *Jeff Koons* (1998), *Dekonspiratione* (2000), *Celebration* (1999) und *Abfall für alle* (1999), die sämtlich bei Suhrkamp erschienen.

[81] Zu den künstlerischen Resultaten dieser Episode zählt unter anderem der Interview-Band *Mix, Cuts & Scratches*, eine Kollaboration mit DJ Westbam.

[82] Schumacher, *Gerade eben jetzt*, 149.

Die narrativen Fragmente, aus denen sich *Rave* zusammensetzt, sind in drei Kapitel geordnet, deren Titel thematische Schwerpunkte oder sogar einen Handlungsbogen andeuten. Auf „Der Verfall“ (welcher dem exzessiven Drogenkonsum in den Clubs geschuldet ist) folgt die Wiederauferstehung zum sommerlichen Dreigestirn „Sonne Busen Hammer“, um schließlich mit „Die Zerstörten“ in einer – eher selbstaffirmierenden als kritischen – Bestandsaufnahme zu münden. Der autodiegetische Erzähler bezeichnet sich wiederholt als „Rainald“. Auch zwei der drei Fotos, die den Kapiteln vorangestellt sind, bieten dem Leser einen autobiographischen Lektürepakt an: Eines zeigt Rainald Goetz gemeinsam mit DJ Westbam, ein zweites präsentiert – so ist zumindest zu vermuten – das Schreibpult in Goetz’ Wohnung und die auf dem Boden ausgebreiteten Manuskriptblätter. *Rave* ist wie die anderen Werke des *Heute Morgen*-Zyklus keine Autobiographie, sondern ein autobiographisches „Ichverschriftungsprojekt“.[83] Goetz gestaltet sein Leben nicht rückblickend, vielmehr bezieht der Text seinen ästhetischen Reiz aus der Suggestion, der Autor verschriftliche seine Erlebnisse mehr oder weniger unmittelbar, teilweise noch im direkten Vollzug. Goetz’ macht, mit anderen Worten, aus seiner Faszination für das Gegenwärtige ein ästhetisches Prinzip. Statt die Ruhe des Erzählers kontrapunktisch zum zurückliegenden, bewegten Leben zu gestalten, zeigt sich der Protagonist Rainald mitten in der Dynamik des Geschehens. Und anstelle eines geordneten historischen Überblicks ermöglicht die Erzählung dem Leser die Immersion in das sich vollziehende (wenngleich in seiner Darstellung hochgradig stilisierte), aufregende Leben des Autors.

Im Erzählverfahren werden die Differenzen zur Gattungstradition also schnell offenbar. Doch bestehen auch subtilere Unterschiede zwischen Goetz’ Selbstentwurf und dem klassischen Modus der autobiographischen Kontemplation. Sie betreffen nicht zuletzt die Umstände, unter denen sich der Erzähler als Teil der gegenwärtigen Welt erfahren und reflektieren kann. Die klassischen Topoi der autobiographischen Reflexion zielen auf Abgeschiedenheit und Unmittelbarkeit: Dem Subjekt ist eine ‚ursprüngliche‘ Erfahrung vergönnt, wenn es allein der Natur gegenübertritt oder sich unter Ausschluss äußerer Störfaktoren ganz mit sich selbst befasst. Nicht so für Rainald Goetz. Die Idee eines ursprünglichen Zustandes ist ihm fremd, stattdessen ist für ihn das Erleben der Welt immer auf soziale, technische oder künstlerische Weise vermittelt. Daher kommt verschiedenen Arten von Medien eine besondere Bedeutung für Goetz’ Schreiben zu. Sie ermöglichen dem Autor erst jenen umfassenden, aktuellen Bezug auf die Wirklichkeit, die er zur Grundlage seiner Literatur erklärt. Daher gilt Rainald Goetz unter den gegenwärtigen deutschsprachigen Autoren als einer der profiliertesten Fürsprecher, Rezipienten und Reflektoren massenmedialer An-

[83] Martin Jörg Schäfer, *Die Gewalt der Muße. Wechselverhältnisse von Arbeit, Nichtarbeit, Ästhetik*, Zürich/Berlin 2013, 600.

gebote. Schon in *Subito*, dem Text, mit dem Goetz 1983 beim Ingeborg-Bachmann-Wettbewerb seinen Durchbruch schaffte, formuliert er „in der Sprache des Manifests" eine flammende Verteidigung des Fernsehens:

Schaut euch lieber das Fernsehen an. Wir brauchen noch mehr Reize, noch viel mehr Werbung Tempo Autos Modehedonismen Pop und nochmal Pop. Mehr vom Blauen Bock, mehr vom Hardcoreschwachsinn der Titel Thesen Temperamente Und Akzente Sendungen [...]. Denn alles alles alles geht uns an.[84]

Die 1998 erschienene Erzählung *Rave* proklamiert es noch deutlicher: „Wozu Medienkritik? Bringt das was? Was? Wem?" (*Rv*, 176) Goetz positioniert sich gegen einen kulturkritischen Diskurs, der die Medien als bedrohlich und invasiv darstellt, weil die niemals ausgeschalteten Empfangsgeräte alle Lebensbereiche durchdrängen, weil sie angeblich noch die letzten Freiräume der Muße besetzten und so die Gelegenheiten einer schöpferischen Selbstverwirklichung zerstörten. Für Goetz führt das breite mediale Angebot nicht zu einer Überforderung und Sedierung der Individuen. Ganz im Gegenteil erkennt er in den Massenmedien eine Möglichkeit, noch intensiver mit der Welt in Kontakt zu treten und auf diesem Wege Inspiration für sein literarisches Schaffen zu finden.[85] Besonders deutlich wird diese Tendenz im *Heute Morgen*-Zyklus, der vom Bemühen geprägt ist, die Interferenzen zwischen medialer Wirklichkeit und literarischer Konstruktion produktiv zu machen. Das wohl bekannteste Beispiel bildet der fünfte und letzte Teil des Zyklus, nämlich das von Goetz geführte Blog *Abfall für alle*[86] (1999), das später als Buch erschien – ein Konzept, das Goetz mit seinem zweiten Blog *Klage* (2007/08) wiederholte. In den Blogs dokumentierte und archivierte der Autor seinen immensen Konsum von Zeitungen, Zeitschriften, Fernsehen und Radio und stilisierte ihn als „täglich zu stillendes Grundbedürfnis".[87] Diese Haltung bekräftigte Goetz immer wieder in seinen Texten; in ihnen „wendet [er] sich den Verhältnissen der mediatisierten Öffentlichkeit mit einer solchen Distanzlosigkeit zu, daß die literarischen Assimilationen nachgerade ko-

---

[84] Rainald Goetz, „Subito", in: *Hirn*, Frankfurt a. M. 1986, 9–21, 20f.

[85] Gabriele Feulner, „Vom Medienpessimismus zur Medienaffirmation. Zum Paradigmenwechsel im Medialitätsdiskurs der deutschsprachigen Gegenwartsliteratur am Beispiel von Peter Handke und Rainald Goetz", in: Marion Baumann (Hg.), *Vom Wettstreit der Künste zum Kampf der Medien? Medialitätsdiskurse im Wandel der Zeiten*, Marburg 2008, 225–244, 233: „In Subito hält Goetz ein programmatisches Plädoyer für eine Ausweitung des Verständnisses von Künstlerexistenz und Kunstwerk: Er fordert die Hinwendung des Künstlers zum Leben in seiner Gänze und Komplexität. Dies impliziert unter anderem eine Aufwertung der Dynamik urbanen, technisierten Lebens, des Fernsehens und anderer moderner, populärer Medien."

[86] Rainald Goetz, *Abfall für alle. Roman eines Jahres*, Frankfurt a. M. 1999.

[87] Vgl. Feulner, „Vom Medienpessimismus zur Medienaffirmation", 235. Zur Medienaffirmation in *Abfall für alle* vgl. außerdem Christoph Jürgensen, „Ins Netz gegangen. Inszenierungen von Autorschaft im Internet am Beispiel von Rainald Goetz und Alban Nikolai Herbst", in: Christoph Jürgensen (Hg.), *Schriftstellerische Inszenierungspraktiken. Typologie und Geschichte*, Heidelberg 2011, 405–422, 410–412.

misch wirken und das gewohnte Lesen selbst zum Problem machen".[88] Goetz' Verherrlichung der Medien ist also ebenfalls nicht für vollkommen bare Münze zu nehmen. Seine Texte leben vielmehr von der nie ganz aufgelösten Spannung zwischen aufrichtiger Affirmation einerseits sowie Verfremdungseffekten und ironischer Komik andererseits.

Auf Grundlage dieser poetischen Prämissen gelingt es Goetz, die Brücke von der Medienaffirmation zu den klassischen Topoi künstlerischer Inspiration, Kreativität und Produktivität zu schlagen. Das Figurenensemble in den Erzähltexten des *Heute Morgen*-Zyklus setzt sich vor allem aus jungen, alerten, ironiebegabten Machern des Medienbusiness und Kulturprekariats zusammen. Als „Prosumenten" erfüllen sie ihre Funktion, unablässig mediale Angebote zu konsumieren, gleichzeitig neue Angebote zu produzieren und so den Kreislauf des Mediensystems am Laufen zu halten.[89] Entsprechend bemerkt Martin Jörg Schäfer im Kontext seiner Analyse von *Heute Morgen*: „Der digitale Bohemien wird zum ‚Prosument[en]', zum Freizeitarbeiter, in dem Sinne, dass sich Produktion und Konsumtion des Produzierten nicht mehr auseinanderhalten lassen: Das Phantasma der Arbeitsanthropologie, im Arbeiten auch noch das arbeitende Subjekt als ganzheitliches zu produzieren und also Schöpfung statt Mühe zu sein, hätte sich demnach verwirklicht".[90] Zum Wesen der Figuren in Goetz' Texten gehöre es somit, einer „postfordistischen Arbeitsanthropologie" zu huldigen[91], die – ganz im Sinne eines ‚neuen Kapitalismus'[92] – die ursprünglich distinkten Sphären von Freizeit und Arbeit zunehmend konvergieren lässt. Diese Entwicklung mündet schließlich darin, dass „die Prozesse der Arbeit nicht mehr von denen der Nichtarbeit zu unterscheiden" sind.[93] Damit aber – so die hier vertretene These – liefert *Rave* ein instruktives Bespiel dafür, dass die Muße in der jüngeren Literatur auf ganz neue Weise funktionalisiert werden kann, um Prozesse selbstbestimmter, schöpferischer Arbeit in der Mediengesellschaft zu beschreiben. Die Muße bietet – aufgrund der ihr inhärenten Überschreitung der Grenzen von Produktivität und Unproduktivität – auch postmodernen, popliterarisch inspirierten Schriftstellern noch ein anschlussfähiges Modell von Autorschaft. Doch manifestiert sich die produktive Muße nun auf ganz andere Weise, als dies in den klassischen Texten der Fall war. Erfüllende, kreative Momente er-

[88] Hubert Winkels, *Leselust und Bildermacht. Über Literatur, Fernsehen und Neue Medien*, Frankfurt a. M. 1999, 86.

[89] Zum Begriff ‚Prosument' vgl. seine Prägung bei Alvin Toffler, *Die dritte Welle – Zukunftschance. Perspektiven für die Gesellschaft des 21. Jahrhunderts*, aus d. Amerikan. übers. v. Christel Rost u. Till Lohmeyer, München 1983.

[90] Schäfer, *Die Gewalt der Muße*, 520.

[91] Ebd., 600. Vgl. insgesamt das Kapitel „Schreibarbeitspoetik und Selbstunternehmertum in *Heute Morgen* (Goetz)" in ebd., 509–602.

[92] Vgl. Luc Boltanski/Ève Chiapello, *Der neue Geist des Kapitalismus*, aus d. Franz. v. Michael Tillmann, Konstanz 2003.

[93] Schäfer, *Die Gewalt der Muße*, 517.

geben sich bei Goetz nicht etwa im einsamen Rückzug, sondern im kollektiven, ekstatischen Rausch oder aber in der darauffolgenden Melancholie. „‚Die glücklichsten Momente meines Lebens habe ich in diesen Situationen, an diesen Orten erlebt'" fasst der Ich-Erzähler in *Rave* sentenzhaft seine Streifzüge durch das Nachtleben und die schier endlosen Partys zusammen. (*Rv*, 25)

Das bedeutendste Medium für die ‚Prosumenten'-Kultur in *Rave* ist die Musik. Schon in seinem ein Jahr zuvor erschienenen Interviewbuch *Mix, Cuts & Scratches* (1997)[94], eine Kollaboration mit DJ Westbam, hatte Goetz die Verbindung von Musik und Literatur zelebriert. In *Rave* steigert sich dieser Gestus noch einmal: Die Musik erlangt eine phänomenale Qualität, die Goetz pathetisch zur *conditio humana* erklärt. Durch den Konsum von Techno-Musik will nämlich der Ich-Erzähler Rainald eine geradezu lebensnotwendige Verbindung zur Welt herstellen, „als wäre die Musik tatsächlich ein absolutes Menschendaseinsexistential" und „das Tape [...] eine echte Seelenerlösung" (*Rv*, 155). Goetz stilisiert den Techno zum Medium einer fundamentalen Selbst- und Welterfahrung, und damit zum ultimativen Medium der Muße. In diese Richtung deuten auch die verschiedenen Praktiken und Tätigkeiten, denen der Erzähler nachgeht. Für ihn ist der Techno nicht allein ein Musikstil, sondern ebenso ein performatives Ereignis und ein sozialer Raum. Diesen ‚Dimensionen des Techno' entsprechen konkrete physische Räume, in denen der Erzähler sich in repetitiver Dramaturgie aufhält. Zunächst: „Im Plattenladen abhängen", wo man sich mit der Musik vertraut machen und „[m]ehr oder weniger alle Neuerscheinungen durchhören" kann (*Rv*, 215). Dann der Besuch des Clubs mit seinen „vielfältigen Sozialevents auf der Tanzfläche" (*Rv*, 180). Und schließlich zur Erholung das vereinzelte oder kollektive ‚Chillen' in den dafür vorgesehenen Chill-Out-Areas, Outdoor-Bereichen und an die Clubs angrenzenden Gärten (vgl. *Rv*, 70). Die Diskothek ist ein exklusiver Ort, an dem die Trennung von Außen und Innen deutlich markiert und durch einen beinahe allmächtigen Türsteher sichergestellt wird: „Wo Rolli Türe machte, wurde drinnen gefeiert, und zwar auf dem Tresen und bis zum Anschlag, mit allem, gnadenlos." (*Rv*, 71)

Die Techno-Partys erfüllen für den Erzähler drei wesentliche Funktionen: Der Rave ermöglicht ihm erstens die Erfahrung von Ekstase und Melancholie; der Rave schafft zweitens Räume für die individuelle Beobachtung und Kontemplation der Welt; und diese beiden Prozesse resultieren drittens in einer spezifischen literarischen Produktionsästhetik – der Rave wird zum Katalysator und Gegenstand eines kollektiven schriftstellerischen Projekts.

[94] Rainald Goetz/Westbam, *Mix, Cuts & Scratches*, Berlin 1997. Dazu und zur Kritik an der literaturwissenschaftlichen Rezeption des Büchleins vgl. Alexandra Pontzen, „Cool, elitär und politisch unkorrekt. Popdiskurs und Dandyismus bei Rainald Goetz", in: Alexandra Tacke (Hg.), *Depressive Dandys. Spielformen der Dekadenz in der Pop-Moderne*, Köln/Weimar/Wien 2009, 121–141.

In kurzen, episodenhaften Kapiteln gibt der Erzähler Rainald ein kaleidoskopisches Stimmungsbild der Rave-Kultur der 1990er-Jahre. Immer wieder hebt er mit großer Emphase die ekstatische Atmosphäre in den Techno-Diskotheken hervor, die er durchstreift: „Man betritt so einen Laden, und der Effekt schlägt ein, auf der Stelle: Euphorie. / Als hätte man es noch NIE erlebt. / Als gäbe es keine Geschichte für Glück." (*Rv*, 69) Solche Bemerkungen sind nahtlos anschlussfähig an etablierte Diskurse über die gegenseitige Bedingtheit von Ekstase und Musik: Schon in der griechischen Antike standen beide in einem engen Zusammenhang, Platon und Homer benutzen an mehreren Stellen den Begriff *ékstasis*, um die Wirkung von Musik zu bezeichnen.[95] Seit dem 19. Jahrhundert wird diese Verbindung in der theoretischen Auseinandersetzung mit der Musik wieder aktualisiert, darunter besonders wirkmächtig bei Friedrich Nietzsche, der „die erschütternde Gewalt des Tones" in der „dionysischen Musik" beschreibt.[96] Aber auch in der europäischen Musikpraxis spielt das ekstatische Element seit dieser Zeit wieder eine wichtigere Rolle, etwa in exzessiven Tänzen wie Jacques Offenbachs *Cancan* und in tongewaltigen, entrückenden Opern im Stile Richard Wagners.[97] Insbesondere die dionysische, das Individuum überwältigende Erfahrungsdimension des Rave hebt Goetz wiederholt hervor, wenn er das Geschehen im Club aus der phänomenologischen Perspektive des unmittelbar Erlebenden beschreibt: „Und vor ihm pumpt und schubt es, kreischt und zwitschert, gockelt und stampft es eng gedrängt auf der Tanzfläche herum, und manchmal flackern hellgrell und bunt die Lichter auf und erleuchten die Köpfe und lassen die Gesichter strahlen. Ich kann dieser Sache einfach nicht müde werden." (*Rv*, 69) In der parataktischen, enumerativen Satzkonstruktion und in den syntaktischen Parallelismen findet Goetz ein Stilmittel, um die Sukzession der auf das erlebende Ich einströmenden Eindrücke sprachlich abzubilden. Subtil markiert er, dass dem profanen Treiben auf der Tanzfläche ein transzendentaler Aspekt eignet, denn im Stroboskoplicht „erleuchten" die Köpfe der Clubbesucher und ihre „Gesichter strahlen", als erlebten sie eine Epiphanie.[98] Das religiöse Fest und der Kult können daher als eine besondere Form der Muße betrachtet werden, die für Goetz' Darstellung ekstatischer Selbstüberschreitung eine we-

---

[95] Vgl. Friedrich Pfister, „Ekstase", in: Theodor Klauser (Hg.), *Reallexikon für Antike und Christentum. Sachwörterbuch zur Auseinandersetzung des Christentums mit der antiken Welt*, Bd. 4, Stuttgart 1959, 944–987, 968.

[96] Friedrich Nietzsche, *Die Geburt der Tragödie*, Sämtliche Werke. Kritische Studienausgabe in 15 Bänden, Bd. 1, hg. v. Giorgio Colli u. Mazzino Montinari, München 1999, 9–156, 33.

[97] Vgl. Thomas Koebner, „Einleitung", in: Thomas Koebner (Hg.), *Ekstase*, München 2012, 7–9, 7 f.

[98] Auch der Zusammenhang von Musik und Inspiration hat eine lange Tradition. So wird etwa in der mittelalterlichen Skulptur die Inspiration der Propheten durch Musikinstrumente dargestellt. Vgl. Klaus Thraede, „Inspiration", in: Ernst Dassmann (Hg.), *Reallexikon für Antike und Christentum. Sachwörterbuch zur Auseinandersetzung des Christentums mit der antiken Welt*, Bd. 18, Stuttgart 1998, 329–365, 362.

sentliche Vorlage darstellt.[99] „Man kann sagen, der Kern von Muße sei: Feiern", formulierte der christliche Philosoph Josef Pieper einst etwas zu apodiktisch.[100] Doch fügt sich die affirmative Grundhaltung gut in das Bild der Goetzschen Erzählung: „Muße lebt aus der Bejahung", bemerkt Pieper und fährt fort: „Die höchste Form der Bejahung aber ist das Fest."[101]

Musik ist ein wesentlicher Bestandteil vieler Feste, doch ist es nicht sie allein, die in *Rave* das erzählende Ich in einen entrückten Zustand versetzt. Ebenso wirksam sind die auf den Partys konsumierten Drogen, und die Kombination aus Rhythmen und Rauschmitteln induziert im Erzähler eine Trance, die sich vor allem in einer spezifischen Raum- und Zeitwahrnehmung und einem intensiven Glücksgefühl manifestiert:

> Und wie in diesem Moment, mit jedem Schlag und Herzschlag mehr, mit jedem Lungenzug, mit jedem Atem-ja und -nein, mit jedem Puls und Lidschlag und mit jedem Schritt noch immer mehr, mit einem Mal und wie in Zeitlupe rapide explodierend, diese Pille mit sagenhafter Macht zu wirken begonnen hatte. Wie allein schon der Weg, diesen Parkplatz entlang, da hinter, Richtung Strandbar, mir wie eine große, würdige, wunderbare Wanderschaft vorkam, die ruhig auch noch paar Stunden oder Tage dauern könnte, von mir aus gesehen, so angenehm war jetzt die nächtliche Luft hier, der hell funkelnde Himmel und das Lockende der Vorfreude. Und wie das anhielt, in genau dem Augenblick, und dauerte, und ich nicht verweilen wollte, sondern dachte: weitergehen, so schön, und weiterging. Mit jedem Schritt, mit jedem Bum, das Bum bum bum, das Federn spürte, das uns federte beim Gehen. Den Wohlgeruch um uns, den Pinienboden, der da war, die Party, die uns näher kam. Und vor uns da, jetzt schon passiert: die neue frische Zeit. (*Rv*, 152)

Goetz beschreibt ein exquisites Muße-Ereignis, wenn er sein Erlebnis auch einer „Pille mit sagenhafter Macht" verdankt: Den Weg zum Strand empfindet das erlebende Ich als eine „große, würdige, wunderbare Wanderschaft", bei der es den Ort und die sinnlichen Qualitäten der Natur („die nächtliche Luft", „der hell funkelnde Himmel", der „Wohlgeruch", der „Pinienboden") eindrücklich erlebt. Bestimmt wird die Situation zudem von einer heterochronischen Zeitwahrnehmung. Der Erzähler wünscht sich, die Sukzession der Zeit unterbrechen zu können, denn der Moment könne „ruhig auch noch paar Stunden oder Tage dauern". Und tatsächlich, „dauerte" dieser „Augenblick" zumindest in der Erinnerung des Erzählers an. Es entsteht eine „neue frische Zeit", in der Zukunft, Gegenwart und Vergangenheit zusammenfallen, eine Zeit, die „vor uns da, jetzt schon passiert" ist – und in der daher das temporale Paradoxon möglich wird, dass sich der Rausch „wie in Zeitlupe rapide explodierend" einstellt. Mithilfe solcher Oxymora und mit an Kitsch grenzender Emphase will Goetz die Phänome-

[99] Christoph Henning, „Formen der Muße zwischen Faulheit und Fest", in: *Muße. Ein Magazin* 2,1 (2016). Online unter http://mussemagazin.de/?p=1386 (abgerufen am 12.11.2017)

[100] Pieper, *Muße und Kult*, 113; vgl. auch Mattenklott, „Faulheit", 70.

[101] Pieper, *Muße und Kult*, 89f.

nologie des Rausches diskursiv erfassen. Und indem er sein Erleben in ein Vokabluar der Kontemplation übersetzt, wird die enge Verwandtschaft von Ekstase und Muße greifbar.

Doch wo Ekstase ist, ist ihr Gegenpart nicht weit. Der Erzähler erfährt nicht permanente Euphorie, sondern übt sich ebenso in Praktiken der Askese, der stillen Kontemplation und Melancholie. Diese wirken gleichermaßen inspirierend auf den Autor und lösen in ihm zuweilen eine „halluzinatorische Erweiterung der Weltsicht" aus.[102] Der Erzähler schildert seine ambivalenten Gemütszustände zwischen diesen spannungsvollen Polen. Nach einer durchtanzten Nacht notiert er: „Der Morgen graute, ich war glücklich." (*Rv*, 180) In einer ähnlichen Situation heißt es dagegen, „das exzessiv Unaufhörliche dieses ganzen Dings" sei „seltsam verschattet von Melancholie" (*Rv*, 256). Das komplementäre Verhältnis von Ekstase und Melancholie strukturiert die Kultur des Techno[103], ihr Wechselspiel versetzt den Erzähler in einen kontemplativen Modus der Weltwahrnehmung, den er als eine „Stimmung der Milde, Betrachtung der Welt" (*Rv*, 122) beschreibt.[104] Besonders ausgeprägt, so erklärt der Erzähler ausführlich, sei diese ruhige, offene Stimmung im Morgengrauen nach einer durchfeierten Nacht. Sie geht zunächst einher mit einem Verlust des Zeitgefühls: „Man weiß kaum mehr, daß es einen Anfang auch dieser Nacht gab, irgendwann." Das Heraustreten aus zeitlichen Strukturen erlebt der Raver nicht als Desorientierung, sondern als Befreiung von allen Handlungszwängen: „Keiner muß jetzt mehr irgendwas müssen, auch das ist vorbei. Das liegt schon zu-

---

102 Koebner, „Einleitung", 8. Auch Pieper stellt unter Berufung auf den Religionshistoriker Karl Kerényi fest, zu den „Wesensmerkmalen" des Festes gehöre „‚die Ruhe, die Lebensintensität und Kontemplation in sich vereinigt'". – Pieper, *Muße und Kult*, 89 f.

103 Ekstase und Melancholie haben – zumindest nach der Meinung einiger Insider der Clubkultur der 1990er-Jahre – eine große Bedeutung für die soziale Binnendifferenzierung des Nachtlebens. Die Grenze zwischen diesen beiden ‚Kernkonzepten' falle nämlich mit der Grenze zwischen „Disco-Kommerzwelt" und alternativer Subkultur zusammen: „House Music wird hier wie da gespielt. Allerdings schreibt Nieswandt [Hans Nieswandt, SPEX-Redakteur und DJ in Köln] ihr jeweils unterschiedliche Funktionen zu; und diese lassen sich wiederum auch auf unterschiedliche musikalische Begriffe bringen: Während es der Disco-Kommerzwelt um die Ekstase geht, die in ihr mithilfe von Vocal-Tracks hervorgerufen wird, sucht er einen Zustand der Kontemplation oder Melancholie, welcher für ihn mit instrumentalen Sample-Tracks verbunden ist." – Jochen Bonz, *Subjekte des Tracks. Ethnografie einer postmodernen anderen Subkultur*, Berlin 2008, 42 f.

104 Zum Zusammenhang von Ekstase und Kontemplation vgl. Thomä, „Ästhetische Freiheit zwischen Kreativität und Ekstase", 164 f.: „Die Ekstase erscheint [...] als eine Folgefigur der Kontemplation alten Stils [...]. Freilich hat in dieser Ekstase die Vorlage einer natürlichen Ordnung, an der ich mich zu orientieren hätte, ihre Geltung verloren; an deren Stelle tritt die Qualität der Situation, in die ich ekstatisch hineingerate und in der ich – wie Rousseau sagt – mit dem, was mich umgibt, ‚eins werde'. Man könnte dies als Wechsel von einer epistemischen zu einer praktischen Ekstase beschreiben – also als Wechsel von einer Position, in der es um die Rückversicherung bei einer einzusehenden Ordnung der Welt geht, zu einer Position, in der es um die Einbettung des zu lebenden Lebens in die Welt geht."

rück." (*Rv*, 122) Der so entstandene Freiraum ermögliche es den körperlich entkräfteten, mental jedoch völlig entspannten Ravern, die Gedanken ohne absichtsvolles Ziel schweifen zu lassen:

> Und so wenig jetzt dringend und unbedingt alles noch einmal groß und ausführlich ausgesprochen werden muß, besprochen und beredet, bezweifelt und hin und her gewendet, aufgeworfen und verworfen – die Gedanken und Einsichten wandern in jedem reich und vielgestaltig umher. Es ist eine Art Wachdenken, das von der Gesellschaft handelt, wie sie ist, vom Leben, das man lebt. (*Rv*, 122)

In seinem Diskurs über den ‚Morgen danach' charakterisiert der Erzähler den Rave wie ein Instrument zum Erreichen eines selbstreflexiven Zustandes, der – auch wenn Goetz selbst dieses Wort nicht verwendet – wesentliche Attribute der Muße aufweist. Es scheint nicht zu weit gegriffen, als ein implizites Vorbild für Goetz' Ideal des morgendlichen „Wachdenkens" das positiv konnotierte Modell einer philosophischen, ganz der Erkenntnis und Weltschau gewidmeten *theoría* zu identifizieren. Freilich erscheint sie hier in einer postmodernen Anmutung, die profane Leiblichkeit und transzendentale Epistemologie miteinander verbindet.[105] Goetz scheut nicht davor zurück, die Reflexionen seines Erzählers auf die großen, existenziellen Fragen hinauslaufen zu lassen: „Thema: das Leben. / Die Menschen. / Ein jeder." (*Rv*, 70) Der sich darin artikulierende idealistisch-verklärte Anspruch auf ein Erkenntnisprogramm ist eine Ursache dafür, dass der Erzähler in seinen hyperbolischen Kommentaren die Faszination des Rave unermüdlich beschwört: „Das macht den phantastischen Würdeappeal des nächtlichen Treibens und ewigen Feierns. Seine absolut hiesige und zugleich, doch, ja: utopische Dimension." (*Rv*, 70 f.)

An anderer Stelle definiert der Ich-Erzähler sich als Ausübenden „eine[r] bestimmte[n] Art von Philosophie", nämlich einer Philosophie, „die vom Vergessen handelt, in die wir uns im Laufe der vormittäglichen Stunden so langsam hineingekifft haben, in aller Ruhe, unabsichtlich eigentlich, versehentlich" (*Rv*, 126). Absichts- und Ziellosigkeit bestimmen die berauschte Kontemplation, die der Erzähler nun an einem naturnahen, aber doch nicht allzu weit von den Clubs entfernten Ort erlebt: Am Strand von Ibiza in der Sonne liegend, fühlt sich der Protagonist wie ein „sehr alter Weiser", denkt über die Prinzipien der menschlichen Kognition nach und fragt sich, „[w]ie wir denken, wie der Vorgang des Denkens in uns vorgeht. Wie man staunt, wie das geht, alles in einem. Wie immer: man wüßte gern mehr." (*Rv*, 126) Die Sehnsucht nach (Selbst-)Erkenntnis stilisiert Goetz mithilfe poetischer Bilder, greift dazu auch auf romantische To-

105 Vgl. Schäfer, *Die Gewalt der Muße*, 553: „Die von Virno im Postfordismus ausgemachte Verdichtung von Arbeit und Freizeit kehrt in der ‚Denkarbeit' bei Goetz wieder als die Verdichtung von Arbeit und Muße: Muße basiert auf einem nach außen geöffneten passiven Zustand, vollzieht sich letztendlich jedoch als die Schriftarbeit, die der theoria gerecht werden und eine Korrespondenz zwischen Ich und Welt herstellen soll."

poi des mußevollen Nachdenkens zurück, etwa den Blick auf das Meer: „Also mehr wissen wollen, und aufschauen mit den Augen, und die da weit hinaus gehen lassen, über die blau und flirrend silbrig besonnte Fläche des Meeres hin." (*Rv*, 126) Und schließlich betont der Erzähler erneut, dass er das ungestörte, freie Nachdenken über die Welt für einen glücklichen, erstrebenswerten Idealzustand hält, der nötigenfalls durch Drogenkonsum oder Musik induziert werden kann: „[E]s ist wieder der Zustand erreicht, wie so oft in diesem Sommer, und von uns selbst schon dauernd viel besungen, wo alles ein- und aufgeht im Gefühl des: so total super angenehm sich Fühlens." (*Rv*, 126) Goetz hält den feierlichen Gestus („besungen") nicht bis zum Ende des Satzes durch, sondern vollzieht am Schluss einen Registerwechsel ins Ungelenk-Triviale („des so total super angenehm sich Fühlens"). Solche gezielten Stilbrüche sind ein weiteres Beispiel dafür, dass Goetz seinen pathetischen ‚Affirmationismus' zuweilen ironisch abzufedern sucht.

Von den klassischen Mustern mußevoller Kontemplation unterscheidet sich *Rave* vor allem darin, dass der Erzähler sich zumeist nicht in die ruhige Abgeschiedenheit zurückzieht, sondern seine Muße im Kollektiv findet. Ausdrücklich bindet der Erzähler seine intensiven emotionalen Zustände an das Erleben der Menschenmenge, die gemeinsam mit ihm feiert, tanzt und ausruht. Erst dank der „sich gegenseitig exponentiell potenzierenden geistigen Energie" des Getümmels auf der Tanzfläche komme es zu „zillionenfach funkende[n] Hirnzellenaktivitäten, Emotionen, Gedanken, tief hinab ins Vergangene reihende[n] Geschichten usw usw". (*Rv*, 171) Um den kollektiven Charakter des Techno-Rausches zu verdeutlichen, listet der Erzähler in popliterarischem Gestus alle Bekannten und Freunde im Club auf („An der Bar: alle. Mehr oder weniger alle. Olaf, Anki, Martina, Helli, Sassy, Tommy, Susi, Daniela, Nilly, Virginia, [...]") und verweist anschließend auf die für Diskotheken spezifische Struktur von gleichzeitiger Öffentlichkeit und Intimität: „Geil. Der ultraöffentliche Ort der Nacht und sein Privatgeschichtenkatarakt." (*Rv*, 70 f.)

Die Voraussetzungen, die Goetz zur literarischen Selbstverwirklichung benötigt, sind im Club somit gleich auf doppelte Weise verwirklicht: Im mußevollen Ablauf der Techno-Party erfährt er Ekstase und Kontemplation, und die gegenseitige Durchdringung von Öffentlichkeit und Privatheit des Clubs bringt ein reiches Angebot an Erzählstoff hervor. Auf der Tanzfläche passieren „Geschichten ohne Ende", ja eine „Geschichten-Abfallhalde" häuft sich auf, an der sich – sofern „man Spaß an dem irgendwie Lumpensammlerischen" hat – der Autor-Protagonist nur zu bedienen braucht. (*Rv*, 232) Goetz inkorporiert die tanzende und feiernde Menge, die sich ihm beispielsweise auf der *Love Parade* in enormer Größe präsentiert, in seine Poetik. Der Rave erscheint ihm als Text, die Feier als allegorische „Bibliothek", in welcher der Autor lesen könne. Je größer die Menge, desto umfangreicher sei auch das in ihr gespeicherte Wissen über den Menschen und desto mehr Erzählungen bringe sie hervor:

Und daß allein schon ein Bruchteil der leider ja kaum wirklich je total realisierbaren Wahrnehmung aller da in nur einer Sekunde gleichzeitig stumm stattfindenden Geschichten zwischen Menschen, auch ohne ihre explizite Nacherzählung, eine ganz reale, gewaltige, jede phantastische Bibliothek irgendeines Phantasten weit in den Schatten stellende REALBIBLIOTHEK ergäbe, praktisch aller menschlichen Motive, Strebungen, Begegnungsweisen und Gefühle, ein ultradetailliertes Corpus Humanum, ein Alphabet des Menschlichen und alles auch unmenschlich Menschenmöglichen. (*Rv*, 173)

Die Allegorie einer ‚Welt als Text', die in eine literarische Erzählung überführt und archiviert werden soll, bildet einen wichtigen Aspekt von Goetz' Produktionsästhetik. Um Exzerpte aus der „REALBIBLIOTHEK" des Menschlichen anfertigen zu können, hat der Ich-Erzähler permanent ein „Notizbüchlein" (*Rv*, 126) dabei und versucht, das Geschehen auf der Tanzfläche noch im Vollzug zu dokumentieren: „Später stand ich im Getümmel, und mein Füller huschte blau über das gewackelte Papier vor mir." (*Rv*, 43) Natürlich handelt es sich bei diesen Notizen um das Material für *Rave* selbst, wie Goetz' diegetisches *alter ego* gegenüber den Figuren erklärt:

Ich mache es diesmal anders und erzähle allen, was ich gerade schreibe. Dieses kleine, schnelle, böse Ding.
Über uns.
Über das Nachtleben und alles.
Ali: „Echt? Komme ich da auch vor?"
„Klar."
(*Rv*, 189)

So dokumentiert und inszeniert die Erzählung selbstreflexiv ihr eigenes Entstehen. Zu einem Grenzfall der autobiographischen Narration wird *Rave* jedoch durch den Umstand, dass diese Erzählgeschichte keine bloße Rahmung oder nur ein Komplement zur eigentlichen Lebensgeschichte bildet. Vielmehr stellt die präsentische Darstellung des Schreibaktes einen zentralen Bestandteil der Diegese dar. *Rave* besteht – von einigen retrospektiven Schilderungen zurückliegender Partys abgesehen – beinahe in Gänze aus einer Erzählgeschichte. Das Bekenntnis zum unmittelbaren Präsens hat den Effekt, dass die Narration immer nah am zeitlichen Konvergenzpunkt von Lebensgeschichte und Gegenwart bleibt, d. h. beim Erzähl- und Schreibakt selbst: „[M]ir ist untertags plötzlich klar geworden, wie dieses Büchlein hier laufen könnte, vielleicht. [...] Die Geschichte mit dem Finsterniskern und dem bösen Held, mit der total geschlossenen Handlung, der Zeitgestalt des absoluten Präsens, und wie toll das alles wird." (*Rv*, 261)

Noch auf eine zweite Weise transgrediert *Rave* das traditionelle autobiographische Erzählmodell. Goetz ist zwar der Autor, der autodiegetische Erzähler und der Protagonist seines Textes, doch präsentiert er das Schreibprojekt teilweise als ein kollektives Unterfangen. Schäfer hat in seiner Studie darauf aufmerksam gemacht, dass Goetz' „Ichverschriftungsprojekt" in *Heute Morgen* auf eine „Öffnung des Lebens ins Soziale“[106] abstelle und das „Wir“ der Raver sich an der literarischen Materialsammlung beteilige, etwa indem alle in das Notizbuch des Erzählers schreiben dürfen[107]: „Mein Notizbüchlein liegt zwischen uns, als Spielzeug, und jeder notiert was, wenn es ihm paßt, was ihm gerade passend erscheint.“ (*Rv*, 126) Goetz formuliert in *Rave* Rudimente eines poetologischen Programms, bei dem das durch Techno-Ekstase vereinte Kollektiv am literarischen Text mitschreibt, aktiv oder doch zumindest passiv, indem es unablöslicher Teil jener Muße-Situation ist, in der sich der Erzähler befindet.

Gelegentlich werden in *Rave* weitere kreative oder literarische Projekte erwähnt, mit denen die Feiernden beschäftigt sind. Die Musik Westbams inspiriert den Erzähler zu einer „Theorie der Kritik“ (*Rv*, 81), schon zuvor ist ein „Techno-Comic“ (*Rv*, 23) nicht zum Abschluss gekommen. Doch auch andere Figuren im Disco-Kosmos laborieren an ihren künstlerischen oder wissenschaftlichen Vorhaben, darunter eine „Habilitationsschrift“ (*Rv*, 22). Ein Bekannter des Erzählers verfolgt ein ganz ähnliches Ziel wie Goetz und behauptet, „er würde das alles zusammenfassend erzählen im von ihm demnächst zu schreibenden Buch“ über das Nachtleben. (*Rv*, 26) Etliche der Figuren tragen zudem die Namen realer Autoren, die der popkulturellen „Schreiber-Generation“ der 1980er-Jahre angehören, z. B. der Spex-Redakteur „Mark Terkessidis“, der in *Rave* gerade „an einem Buch über die Geschichte von Tempo“ arbeitet (*Rv*, 74). Es geht Goetz folglich nicht allein darum, ein idiosynkratisches Bild vom Techno als seinem persönlichen Katalysator künstlerischer Produktivität zu zeichnen, vielmehr will er seine inspirierende Bedeutung für die Gemeinschaft herausarbeiten. Dies ist insofern beachtlich, als Praktiken der Muße und des Müßiggangs zwar einst als gemeinschaftlich ausgeübte Standesprivilegien bestimmter Bevölkerungsgruppen wie der Aristokratie oder der Dandys galten, durch die sich auflösende Standes- und Klassengesellschaft in der Moderne aber zu einer „Angelegenheit des vereinzelten einzelnen“ (sic) wurden.[108] Goetz’ *Rave* könnte vor diesem Hintergrund als Dokument einer einsetzenden Re-Kollektivierung von Muße gegen Ende des 20. Jahrhunderts gedeutet werden, die allerdings erneut einer privilegierten Gruppe gebildeter, erfolgreicher ‚Insider‘ vorbehalten ist – den ‚Prosumenten‘ des Medien- und Kulturbetriebs.

Handelt es sich bei *Rave* also doch um die rückhaltlose Affirmation der Muße und ihrer traditionellen Funktionen – Kontemplation, Kreativität, produktive Selbstverwirklichung –, die hier lediglich in einem aktualisierten, postmodernen Gewand präsentiert werden? Die Effekte des dionysischen Festes stellen sich bei Goetz letztlich ambivalenter dar. Das Versprechen ungehemmter Kreativität und Produktivität, die der mußevolle Rausch freisetzen soll, wird nur bedingt ein-

---

106 Goetz, *Abfall für alle*, 450.

107 Vgl. Schäfer, *Die Gewalt der Muße*, 580.

108 Stumpp, *Müßige Helden*, 5.

gelöst. Der literarische Text, an dem Goetz' Ich-Erzähler arbeitet und in dem er die Gegenwart der Rave-Kultur festzuhalten versucht, gerät ins Stocken. Selbstkritisch bemerkt der Erzähler, dass er mit seinem Schreiben kaum vorankommt: „Das erzähle ich jetzt seit drei Jahren, ach was, länger als drei Jahre. Seit über drei Jahren erzähle ich jedem, der mich fragt, was ich gerade schreibe: ja, ich – Kaputte Szene. Lächerlich." (*Rv*, 189) Ein literarisches Projekt, das die Archivierung der unmittelbaren Gegenwart anstrebt, dafür aber schon mehr als drei Jahre benötigt, scheitert offensichtlich am eigenen Ehrgeiz. Mehr noch: Goetz entlarvt die Behauptung einer von der Ekstase inspirierten, nahezu grenzenlosen Produktivität als Phantasmagorie. Viele Freunde des Erzählers arbeiten an künstlerischen Projekten, die jedoch mehrheitlich unabgeschlossen bleiben. Auch das Buchprojekt des Erzählers stellt nur einen aus einer Reihe von gescheiterten Versuchen dar, das Nachtleben künstlerisch zu behandeln. So arbeitet Rainald zusammen mit einem Freund an einem Trickfilm über den Techno, doch „an zwei Stellen blieben wir immer wieder hängen und kamen nicht weiter. Und daran scheiterte schließlich auch der ganze Film: an der Handlung und an den Drogen. Es gab ja keine Handlung." (*Rv*, 23)

Damit benennt Goetz zwei der Hauptschwierigkeiten, die sich der produktiven Verarbeitung seiner Erlebnisse entgegenstellen. Statt auf eine kontinuierliche Handlung setzt Goetz auf die Versprachlichung seiner rauschhaften körperlichen und emotionalen Zustände. Auf den durchaus aporetischen Charakter dieses in *Rave* und anderen Teilen von *Heute Morgen* praktizierten Schreibens hat die Forschung häufig hingewiesen. So meint Michael Gamper, Goetz spüre

> seit den späten 80er Jahren zunehmend im Techno-Milieu durchdringenden Augenblickserlebnissen nach, die dem Individuum Momente sprachlosen Glücks bescheren. Drogen, Techno-Beats und Tanz sind ihm Elemente intensiver, ekstatischer Körpererfahrungen, die eine Authentizität erzeugen, die zwar gemeinsam erlebbar, aber in Worten nicht kommunizierbar ist.[109]

In dieselbe Kerbe schlägt Moritz Baßler, der *Rave* einen „sentimentalischen Zwang der immer zu spät kommenden Aufzeichnung" attestiert.[110] Doch diese Kritik sieht über die Tatsache hinweg, dass Goetz durchaus sprachskeptische Reflexionen in seine Erzählung integriert und so den vermeintlichen Authentizitätsgestus bricht: „Die Sprache hatte sich verändert. Im Inneren der Körper hatte das Feiern, die Musik, das Tanzen […] in jedem einzelnen auch den Resonanzraum verändert, den zugleich kollektiven Ort, wo Sprache vor- und nachschwingt, um zu prüfen, ob das Gedachte und Gemeinte im Gesagten halbwegs angekommen ist." (*Rv*, 256) Der Austausch mit den anderen Gestalten des Nacht-

[109] Michael Gamper, „Phänomen ‚Masse' und Medium ‚Literatur'. Eine Konstellation bei Goetz, Jelinek und Schleef", in: Corina Caduff (Hg.), *Chiffre 2000 – Neue Paradigmen der Gegenwartsliteratur*, München 2005, 123–139, 128.

[110] Moritz Baßler, *Der deutsche Pop-Roman. Die neuen Archivisten*, München 2005, 148.

lebens fällt dem Erzähler zuweilen so schwer, dass er gar nicht erst versucht, seine Empfindungen präzise zu artikulieren. Stattdessen bleibt oft nur die Flucht in die Banalität der phatischen Kommunikation: „wir redeten eben mehr oder weniger einfach so daher, wie man eben so redet". (*Rv*, 254)

Scheitert die Mitteilungsabsicht also schon auf der Ebene der *histoire*, hebt Goetz die Problematik zuweilen auf die Ebene des *discours*, trägt sie sogar bis hinein in die Textgestaltung, um seinen Lesern das Versagen der Sprache erfahrbar zu machen:

> Pause – Stille – Ruhe –
> Textstillstand.
>
> Konfrontationen mit der Egostruktur, die
> ach was
> (*Rv*, 250 f.)

Performativ vollzieht sich in der Passage der „Textstillstand" durch die abschließende Aposiopese. Zuvor jedoch umreißt der Erzähler mit knappen, asyndetisch gereihten Substantiven die Voraussetzungen, die zum Abbruch der Narration führen. „Pause – Stille – Ruhe" sind die Attribute der Situation. Sie deuten auf die kontemplative Verfassung des Subjekts hin, das nun, in sich gekehrt, „Konfrontationen mit der Egostruktur" erlebt. Diese recht hermetischen Bemerkungen des Erzählers werden erst vor dem Hintergrund der autobiographischen Topik verständlich. Goetz scheint das Ideal einer abgeschiedenen, zeitbefreiten Selbstreflexion aufzurufen, die hier allerdings nicht gelingt, sondern schlicht mit einem trotzigen „ach was" abbricht. Schuld daran mag auch sein – und darin liegt für Goetz das zweite Problem der autobiographischen Kontemplation –, dass der Erzähler unmittelbar vor dieser Episode mit seinen Freunden eine große Menge Koks konsumiert. So reißt die Droge den Erzähler zwar aus der Alltagsrealität und zwingt ihn zum Innehalten, der Rausch verhindert aber eine produktive Entfaltung des Subjekts, unterdrückt die Introspektion und die Selbsterzählung. Diese nun gar nicht mehr affirmative, sondern äußerst pessimistische Haltung tritt in *Rave* an mehreren Stellen zutage. In einem dieser Fragmente verdeutlicht der Erzähler, dass er die Begegnung mit sich selbst als krisenhaftes Ereignis empfindet (und verwendet dafür zum Teil identische Formulierungen wie im obigen Zitat):

> Textstillstand.
> Handlungsstillstand. – Zeitstillstand. – Agonie.
> Konfrontationen mit der Egostruktur, die man seinem schlimmsten Feind nicht wünschen würde.
> (*Rv*, 189)

Goetz alludiert auch an dieser Stelle das klassische Modell autobiographischer Kontemplation inklusive der ‚stillgestellten Zeit' des erzählenden Ich. Im Kontext der Drogenkultur der Neunzigerjahre, in welcher der Trip als ikonische

Form der Selbsterfahrung gilt und der Rausch eine Voraussetzung für die Muße ist, entfaltet dieses Modell jedoch eine destruktive Kraft. Sie führt das Subjekt in die „Agonie". Die entfremdete „Egostruktur" tritt an die Stelle des Ich, die analytische Selbstkonfrontation ersetzt die ‚natürlich' empfundene Identität. Die Identitätskrise des erzählenden Ich in *Rave* ist aber auch eine Krise des Erzählens, der „Stillstand" schlägt zumindest an jenen Stellen auf den Text und auf die Handlung durch, an denen Goetz den Unsagbarkeitstopos bedient und seinen Erzähler sprachskeptische Diskurse spinnen lässt.

So prägen die zentralen poetologischen Prämissen in Rainald Goetz' *Heute Morgen*-Zyklus – Gegenwartsorientierung, Medienaffirmation und autobiographischer Erfahrungshorizont – auch die Erzählung *Rave*, fügen sich am Ende jedoch zu einem ambivalenten Gesamtbild. Goetz entwirft eine Kultur der Muße, die alte Vorstellungen des dionysischen Festes mit postmodernen Konzepten künstlerischer Selbstverwirklichung verbindet. Der Techno als Musik und kollektives Ereignis bildet für ihn das Medium der Weltschau, die Ekstase erzeugt „Momente[] höchster Rezeptivität", die in den Kreativarbeitern und Medienbetrieblern produktive Kräfte freisetzen.[111] An vielen Stellen bezeugt Goetz damit ein recht traditionelles Verständnis der Muße als einem Freiraum für selbstbestimmte Produktivität, der ein intensives Glücksempfinden ermöglicht. Historisch allerdings standen Praktiken der Muße und ganz besonders der Ekstase im Konflikt mit der protestantischen Leistungsethik und ihrer Arbeitsanthropologie, galten als bedrohlich für den sozialen *status quo*. Vor diesem Hintergrund kann Goetz' Werk als ein herausragendes Beispiel dafür gelten, dass bestimmte Varianten der Muße für postfordistische Arbeitsformen erneut an Bedeutung gewinnen können. Zwar behauptet der Erzähler immer wieder, der Reiz der Ekstase liege in der Konstruktion einer utopischen sozialen Gegenkultur, doch kommt dem kollektiven Rausch in *Rave* letztlich eine sehr pragmatische Funktion zu: Er ist die notwendige Bedingung und Motor der ‚Prosumenten' in der real existierenden Medien- und Konsumgesellschaft.

Ein bloß affirmatives Manifest des ‚neuen Kapitalismus' und seiner medialen Konstitution bietet Goetz mit *Rave* jedoch nicht. In das emphatische Bekenntnis zum Techno-Fest mischt sich immer wieder die skeptische Frage, ob ein kollektiver Rausch tatsächlich kreative Prozesse anstoßen könne. Dies führt die Erzählung am eigenen Beispiel vor: Sie dokumentiert selbstreflexiv ihr Entstehen, zeigt sich aber gerade nicht als spontanes und müheloses Werk eines dauereuphorisierten Autors im Schreibrausch. Goetz verschweigt nicht die melancholischen Momente, die Probleme der Identität und der sprachlichen Repräsentation, die sein ‚Ichverschriftungsprojekt' nach sich zieht.

In den beinahe zwei Jahrzehnten, die zwischen *Rave* und Goetz' Büchner-Preis-Rede liegen, scheinen sich diese Ambivalenzen nur verstärkt zu haben. In

[111] Thomä, „Ästhetische Freiheit zwischen Kreativität und Ekstase", 165.

seiner Rede betont Goetz erneut, dass „die Produktion von Kunst [...] ein Element des Ekstatischen" benötige.[112] Andererseits gibt er nun an, dass literarisches Schreiben eine „Distanz zum Sozialen" voraussetze, „[d]enn um am Korpus der Schrift den Auskultationsbefund in Ruhe richtig erheben zu können, muß man allein sein". Goetz, der nach eigener Auskunft sein Alter zunehmend schmerzhaft empfindet, wendet sich schließlich wieder der Topik mußevoller Abgeschiedenheit zu und meint, zum Schreiben brauche der Autor einen „Moment der Stille, in dem der erkenntnisermöglichende Punkt der Ferne zum Sozialen erreicht" werde.[113]

In Goetz' Poetik manifestiert sich damit ein ähnlich spannungsvolles Verhältnis zu traditionellen Vorstellungen von kontemplativ-selbstreflexiver Autorschaft, wie es sich auch in den oben besprochenen Erzählungen Georges Perecs und Robert Gernhardts artikuliert. Man mag darin ein Kennzeichen der literarischen Aneignung autobiographischer Schreibweisen in der Postmoderne erkennen: Die drei Autoren stehen exemplarisch für die sich im Anschluss an die Moderne häufenden Versuche, an den Pfeilern der modernen Selbstkonstitution zu rütteln und die Grundprinzipien des autobiographischen Erzählens zu hinterfragen, ohne sich jedoch ganz davon lösen zu können. So zeugt *Un homme qui dort* von einer tiefen Skepsis gegenüber der Möglichkeit, durch die Retrospektive auf das Leben die eigene Identität positiv bestimmen zu können. Diese Haltung teilt der Roman mit Robert Gernhardts *Ich Ich Ich*, dessen Erzähler sich ebenfalls nichts sehnlicher wünscht, als seine Erinnerungen verdrängen zu können. Wenn sich Rainald Goetz in *Rave* völlig dem Rausch der Gegenwart überlässt und der kollektiven Ekstase den Vorzug vor der stillen Kontemplation gibt, dann scheint darin die Sehnsucht nach einem neuen Modus der Selbstbegegnung und der kontemplativen Autorschaft auf. Ein in allen drei Texten evidentes Leitmotiv ist der strukturelle Mangel an Ruhe, den die Protagonisten erfahren, weil in der globalisierten Medien- und Kommunikationsgesellschaft die klassischen Räume der Muße dem Subjekt nicht länger eine Zufluchtsstätte bieten. Die Autoren spielen jedoch verschiedene Modelle durch, wie dieser Herausforderung zu begegnen ist: von der selbstgewählten Isolation (Perec) über das regressive Festhalten an etablierten Mußepraktiken (Gernhardt) bis hin zur affirmativen Aneignung der Gegenwartskultur (Goetz). Doch alle präsentieren prekäre Subjekte, deren Momente der Muße und der Kontemplation instabil bleiben, weil die traditionellen Topoi der Selbstreflexion versagen.

Mit der Problematisierung und Neubestimmung des symbiotischen Verhältnisses von Kontemplation und Selbstkonstitution, das in den vorhergehenden Jahrzehnten und Jahrhunderten noch so problemlos zu funktionieren schien, korrespondiert auch eine Auflösung traditioneller autobiographischer Erzähl-

[112] Rainald Goetz, *Dankrede zum Georg-Büchner-Preis.*
[113] Ebd.

formen, an deren Stelle unkonventionelle Techniken der Narration treten: Fragmentarisierung statt Kohäsion, Assoziativität statt Linearität, unmittelbares Präsens statt distanzierter Retrospektion, Autofiktion statt Referenzialität, die zweite und dritte statt der ersten Person – mit Hilfe solcher narrativer Mittel führen die Autoren das autobiographische Erzählen so weit von seinen formalen Ursprüngen fort, dass Gattungszuordnungen fragwürdig und der Begriff des autobiographischen Erzählens an sich problematisch wird.

Doch würde man der Komplexität der hier untersuchten Werke und ihrem bei aller Radikalität doch profunden Traditionsbewusstsein nicht gerecht, ignorierte man die innere Zerrissenheit, die sich in ihnen artikuliert. Zwar hadern die Autoren mit der kontemplativen Topik der Autobiographie, die Ihnen nicht mehr angemessen erscheint und deren Dysfunktonalität sie vorführen. Doch auch die diversen Gegenentwürfe, die in den Texten durchexerziert werden, erweisen sich als unzuverlässig, weil sie den autobiographischen Subjekten weder zu einem souveränen Selbstentwurf noch zu einer stabilen Selbstpositionierung in der Welt verhelfen. So können die Autoren die Vorstellung des sich in der Abgeschiedenheit sammelnden Menschen und einer Literatur, die aus der Ruhe und Introspektion heraus entsteht, noch nicht ganz verabschieden. Die Topik der Muße behält vielmehr als sehnsuchtsvolles und zugleich unerreichbares Ideal weiterhin eine hintergründige Relevanz für die autobiographischen Erzählungen der Postmoderne.

4. Reanimation der Vergangenheit. Autobiographie als Erinnerungs- und Erzählarbeit

Im breiten Spektrum autobiographischer Erzählformen der Gegenwart lässt sich eine Gruppe von Texten identifizieren, die nicht ohne weiteres in die Kategorien der ‚souveränen' oder der ‚prekären' autobiographischen Erzählung einzuordnen sind. Auf den ersten Blick mag dieser dritte Typus den eher subjektkritischen Texten ähneln, die im vorherigen Kapitel diskutiert wurden. Denn auch in den im folgenden analysierten Werken inszenieren sich keine selbstbewussten, stabilen, in der Muße des Alters kontemplierenden Autobiographen. Es ergreifen vielmehr verunsicherte Erzähler das Wort, die an ihrer mehr oder weniger belasteten Vergangenheit laborieren. Auch formal bestehen große Parallelitäten, denn zum Teil bedienen sich die Texte eines narrativen Instrumentariums, das ganz offensichtlich an der postmodernen Literatur geschult ist. So können die autobiographischen Paktangebote durch den Einsatz von Pseudonymen verfremdet sein. Zum Teil sind die Texte in der zweiten oder dritten Person erzählt, brechen also mit der klassischen Grammatik der Autobiographie auf ähnliche Weise, wie es etwa Perec und Gernhardt in ihren Werken versuchen. Auch folgen die Erzählungen häufig nicht der strikten Chronologie der berichteten Ereignisse, sondern verbinden die narrativen Fragmente zu einer assoziativ verwobenen Textfläche. Ebenso wie die ‚prekären' Autobiographen wenden sich die Autoren somit vom traditionellen autobiographischen Erzählmodell ab, entwickeln stattdessen innovative Erzählformen, die ein verändertes Verständnis von Geschichte, Subjektivität und Autorschaft bezeugen.

Und doch unterscheiden sich die im Folgenden thematisierten Werke in entscheidender Hinsicht von den poststrukturalistischen Bestrebungen, das traditionelle autobiographische Erzählmodell zu negieren oder zu ironisieren. Sie zielen nämlich nicht in gleicher Weise auf eine subjektkritische Dekonstruktion von Identität, ganz im Gegenteil: Autoren wie Christa Wolf und Peter Härtling insistieren auf der Vorstellung, sich im Verlauf ihres Erinnerns und Erzählens als einheitliche Subjekte konstituieren zu können. Expliziter noch als die traditionellen Autobiographen stellen sie ihr Bedürfnis nach Selbstvergewisserung in den Mittelpunkt. Im Bemühen um eine verlässliche Identitätskonstruktion gehen sie über die klassischen Selbsterzählungen noch deutlich hinaus, geben vor allem nicht länger vor, sich auf ihr eigenes Gedächtnis verlassen zu können. Anders als die souveränen Autobiographen, denen sich das eigene Leben im Rückblick mühelos zu erschließen scheint und die nur beiläufig ihre Erinnerungslücken eingestehen, verfügen sie nicht mehr frei über ihre Erinnerungen. Stattdessen streben sie auf anderen Wegen nach einer akkuraten, oft schon historiographischen Rekonstruktion ihrer Geschichte. In den Fokus rückt somit der Prozess des Erinnerns und Erzählens, welcher dem erhofften Selbstverständnis vorausgeht.

Eine wesentliche Ursache für diese Verlagerung der Gewichte ist ein verändertes Verständnis davon, unter welchen Bedingungen die Identitätskonstruktion gelingen kann. Während die souveränen Autobiographien die Einheit von erlebendem, erinnerndem und erzählendem Ich praktisch voraussetzen können, weil der Erzähler – so zumindest die Prämisse – seine Identität bereits im Verlauf seines Lebens entwickelte, begreifen die nun zu diskutierenden Texte Identität vielmehr als das *telos*, auf welches sich der Autobiograph erst im Zuge seines Erinnerns und Erzählens hinbewegt. Das innovative Potential der Texte liegt darin, die sukzessive Annäherung an das frühere Ich transparent zu machen. Anders als die traditionellen Autobiographien verbergen sie nicht die der autobiographischen Narration vorgelagerten Schritte, sondern thematisieren sie ausdrücklich und selbstreflexiv im Text. Das Erinnern und Erzählen vollzieht sich folglich nicht als ein problemloser, nahezu instantaner Akt, vielmehr inszenieren die Autobiographen ihre Selbstkonstitution als einen zeitaufwendigen Prozess. Diese Rekonstruktion der Identität durch das erinnernde und erzählende Ich erscheint nun selbst als Teil der Diegese und kommt in den Texten umfangreich zur Darstellung.

Die *Prozessualisierung* und *Narrativierung* des Erinnerungs- und Erzählvorgangs ist allerdings noch kein Alleinstellungsmerkmal der Texte. Wie weiter oben deutlich wurde, kommt es auch in den klassisch-souveränen Autobiographien zuweilen zur expliziten Darstellung des Erinnerungsaktes. Wenn Proust ein *sujet intermédiaire* zeigt, das im Bett liegend seinen Erinnerungen nachspürt, oder wenn Günter Grass ausführlich über das Hantieren mit Hilfsmitteln berichtet, welche ihm die Erinnerung erst verfügbar machen, und ebenso wenn Botho Strauß seine nostalgischen Spaziergänge durch die alte Heimatstadt beschreibt, dann präsentieren die Autoren bereits rudimentäre Formen einer Erinnerungsgeschichte.[1] Doch gegenüber solchen sporadischen Einblicken in die Erinnerungssituation erweitern und vertiefen die elaborierten Erinnerungsgeschichten, die sich beispielsweise in Wolfs und Härtlings autobiographischen Texten finden, das selbstreflexive Potential des autobiographischen Erzählens ganz erheblich, und sowohl auf der quantitativen als auch auf der qualitativen Ebene sind die Unterschiede enorm. Die hier ausgewählten Beispiele *Kindheitsmuster* und *Zwettl* zeichnen sich erstens dadurch aus, dass sie den Erzähl- und

---

[1] Zu Proust vgl. Kapitel 3.1, zu Grass Kapitel 2.6 und zu Strauß Kapitel 2.5 der vorliegenden Arbeit.

Erinnerungsprozess besonders extensiv reflektieren. In beiden Texten sind ausführliche Erinnerungs- und Erzählgeschichten gestaltet, die in ihrem Umfang und ihrer Bedeutung mit der erzählten Lebensgeschichte konkurrieren können. Entscheidender ist jedoch zweitens, dass diese Werke einen völlig anderen Modus des Erinnerns und Erzählens voraussetzen, als dies bislang der Fall war: Der Lebensrückblick hat nichts mehr mit erfüllender Muße zu tun, er gleicht weder einer kontemplativen Betrachtung noch dem Wachdämmern eines Schlaflosen. Nicht länger können die Autobiographen darauf vertrauen, dass das Gedächtnis seine Archive öffnet und alle wesentlichen Erinnerungen wie von selbst freigibt. Um ihrem Erinnerungsprojekt auf die Sprünge zu helfen, müssen die Erzähler die vergessenen Details kompensieren, müssen historische Daten und Fakten recherchieren, Dokumente und Photographien sichten, ihre persönlichen Erinnerungsorte besuchen. Auf der ‚Suche nach sich selbst' stoßen die Erzähler jedoch nicht nur auf ihre stolzen Momente des Erfolgs, sondern auch auf jene unangenehmen und erschütternden Episoden, die sie bislang in der Verdrängung hielten. Und selbst wenn auf diesem Wege eine zuverlässige Rekonstruktion der eigenen Geschichte gelingt, bedarf sie anschließend noch einer angemessenen narrativen Repräsentation – es müssen Worte ausgewählt und die Erinnerungen in eine literarische Erzählung überführt werden.

Im permanenten Ringen mit dem Gedächtnis und der Sprache tritt an die Stelle des kontemplativen Lebensrückblicks nun ein anderes narratives Modell: Das Erzählen der eigenen Geschichte wird zu einer mühseligen Arbeit.[2] Martina Wagner-Egelhaaf hat in Bezug auf das Verhältnis von Arbeit und Autobiographie vorgeschlagen, zwei verschiedene Bedeutungsdimensionen von Arbeit zu unterscheiden, die sich aus der historischen Semantik des Begriffs ableiten lassen.[3] So könne Arbeit einmal im Sinne des lateinischen *labor* eine mehr oder weniger mühsame Tätigkeit bezeichnen (d. h. den Arbeitsprozess), aber auch im Sinne von *opus* das abgeschlossene Resultat dieser Tätigkeit. Beschränkt man die Bedeutung von Arbeit auf den Aspekt des *opus*, besteht kein bedeutender Gegensatz mehr zwischen Arbeit und Muße, ganz im Gegenteil: Dass die Muße des Schriftstellers eine wesentliche Voraussetzung für das Enstehen seiner Werke bildet, ist spätestens seit der Aneignung der Muße durch den Genie- und Autonomie-Diskurs ein produktionsästhetischer Gemeinplatz. Im Fall der traditio-

[2] Die Gegenüberstellung von Muße und Arbeit impliziert hier, dass beide Phänomene in einem sich gegenseitig ausschließenden Verhältnis stehen. Dass Muße und Arbeit sich jedoch durchaus überlagern können, insbesondere wenn es um Formen nicht-entfremdeter Arbeit geht, diskutieren Gregor Dobler/Peter Philipp Riedl, „Einleitung", in: Gregor Dobler/Peter Philipp Riedl (Hg.), *Muße und Gesellschaft*, Tübingen 2017, 1–17; sowie die Beiträge in der Sektion „Muße und Arbeit" des gleichen Bandes.

[3] Vgl. Martina Wagner-Egelhaaf, „Autobiographie und Arbeit. Zur Relevanz und den Perspektiven einer Verhältnisbestimmung", in: Iuditha Balint/Katharina Lammers/Kerstin Wilhelms u. a. (Hg.), *Opus und labor. Arbeit in biographischen und autobiographischen Erzählungen*, Essen 2018, 13–31.

nellen Autobiographie ist die Affinität von Muße und *opus* sogar eine doppelte. Denn nicht nur der literarische Text präsentiert sich formal als abgeschlossenes *opus*, auch inhaltlich schickt sich der zumeist gealterte, in Muße auf sein Leben zurückblickende Autor an, die biographischen Episoden entlang eines roten Fadens zu einem ganzheitlichen Lebens*werk* zu gestalten.

Während sich die klassische Autobiographik also ganz im Sinne eins *opus* inszeniert, bleibt der Aspekt des *labor* weitgehend ausgeklammert. Dies betrifft wiederum sowohl den Inhalt der Autobiographie als auch ihre Inszenierung. Erstens beschränke sich, so Wagner-Egelhaaf, die Darstellung der „Arbeit in der Autobiographie“ meist auf singuläre, außergewöhnliche Ereignisse, weil diese den Autobiographen erzählwürdiger erschienen als ihre alltäglichen und repetitiven Verrichtungen.[4] Goethe beispielsweise veröffentlichte mehrere Bände über seine Italienreise und die *Campagne in Frankreich*, während seine regulären Weimarer Geschäfte keine vergleichbare literarische Adelung erfuhren. Zweitens, so ist hinausgehend über Wagner-Egelhaaf festzustellen, wird auch die „Arbeit der Autobiographie“[5] – d. h. das mühsame Schreiben des autobiographischen Werks – nicht als solche im Text thematisiert oder gar gezeigt. Es gehört vielmehr zur Illusion der klassischen Autobiographie, der Autor setze mit ihr souverän und mühelos den Schlussstein auf sein Lebenswerk. Die klassische Autobiographie erscheint als *opus* ohne *labor*. Wie oben bei der Untersuchung topisch-kontemplativer Erzählungen deutlich wurde, dominiert diese Poetik, welche die verschiedenen Formen mühsamer und entfremdeter Arbeit aus der Autobiographie ausgrenzt und dafür die – im Idealfall – mußevolle Selbstverwirklichung des Künstlers ins Zentrum rückt, noch in der Gegenwart.

Doch die im Folgenden zu besprechenden Beispiele zeigen, dass im 20. Jahrhundert auch autobiographische Entwürfe entstehen, die das Verhältnis von Autobiographie und Arbeit anders begreifen. Literarisch ambitionierte Autoren wie Christa Wolf und Peter Härtling inszenieren ihre autobiographisch strukturierten Erzählungen nicht länger als ein abgeschlossenes Werk, in dem das Leben bruchlos und ganzheitlich dargestellt werden könnte. Während sie den *opus*-Aspekt in den Hintergrund rücken, erlangt dafür der *labor*-Aspekt größere Bedeutung. Die ‚Arbeit der Autobiographie‘, so ist hier unter Anknüpfung an Wagner-Egelhaaf zu ergänzen, umfasst sowohl den mnemonischen als auch den narrativen Aspekt des autobiographischen Erzählens, sie kann sich also ebenso als *Erinnerungsarbeit* wie als *Erzählarbeit* manifestieren. Eine solche Differenzierung ist nicht nur in Anbetracht der Erkenntnis sinnvoll, dass das erinnernde Ich und das erzählende Ich zwei distinkte – wenn in der literarischen Praxis auch häufig überblendete – Funktionen des autobiographischen Subjekts darstellen. Es wird darüber hinaus zu zeigen sein, dass die mnemonischen und narrativen

[4] Ebd., 15–20, 25.

[5] Ebd., 29.

Prozesse die Autobiographen vor je spezifische Herausforderungen stellen, deren Bewältigung durchaus verschiedene Formen autobiographischer Arbeit verlangen kann.

Der Begriff der Erinnerungsarbeit geht zurück auf die Psychoanalyse Sigmund Freuds. In seinem Aufsatz *Erinnern, Wiederholen und Durcharbeiten* (1914) erklärt Freud, das Ziel der psychoanalytischen „Techniken" sei „die Ausfüllung der Lücken der Erinnerung" und „die Überwindung der Verdrängungswiderstände".[6] Zu diesem Zweck müsse man den Patienten dazu bringen, „sich in den ihm unbekannten Widerstand zu vertiefen, ihn *durchzuarbeiten*, ihn zu überwinden".[7] Damit ist ein zentrales Problem benannt, das auch in den folgenden Texten zu Tragen kommt: Weil das Gedächtnis des Menschen unvollkommen arbeitet, bleibt die Erinnerung in vielen Fällen unvollständig und kontingent. Freuds Interesse gilt besonders den aus seiner Sicht pathologischen Fällen, in denen der Erinnerungsverlust aus aktiven Verdrängungsmechanismen des Subjekts resultiert. Zwar spielen solche unangenehmen Konfrontationen mit der Vergangenheit auch in den hier untersuchten Texten eine Rolle, doch sind sie nicht die einzige Form der Erinnerungsarbeit, weshalb es nicht angebracht erscheint, den Begriff an dieser Stelle auf seine psychoanalytischen Ursprünge zu verengen.

Einen Anknüpfungspunkt bietet die kulturwissenschaftliche Rezeption des Konzeptes. In den 1970er-Jahren wurde der Begriff der Erinnerungsarbeit in der feministischen Soziologie aufgegriffen und fand auf diesem Wege schließlich Eingang in den kulturwissenschaftlichen Diskurs.[8] Annette Kuhn bezeichnet als „memory work" die „activity of recounting or telling memory-stories, in both private and public contexts – in other words, of *performances of memory*".[9] Kuhn hebt den performativen Aspekt (autobiographischer) Narrationen hervor, die damit nicht mehr von statischen Subjekten an stabilen Erzählorten hervorgebracht werden, sondern von ihr als dynamische, interaktive „re-enactments of the past" beschrieben werden.[10] Im Unterschied zur Praxis Freuds, bei dem das ‚Durchgehen' der Erinnerung in einer psychoanalytischen Sitzung stattfindet, richtet sich Kuhns Interesse auf Texte, audiovisuelle Medien und andere narrative Formen, welche die Erinnerungsarbeit als einen performativen Prozess gestalten und der populären sowie wissenschaftlichen Rezeption zugänglich machen. Anhand solcher autobiographischen Artefakte lässt sich untersuchen, wel-

---

[6] Sigmund Freud, „Erinnern, Wiederholen und Durcharbeiten", in: *Gesammelte Werke. Chronologisch geordnet*, Bd. 10, Frankfurt a. M. 1963 [1914], 126–136, 127.

[7] Ebd., 135. (Herv. i. O.)

[8] Vgl. Frigga Haug, *Erinnerungsarbeit*, Hamburg 1990, 42–83; Frigga Haug, *Vorlesungen zur Einführung in die Erinnerungsarbeit*, Hamburg 1999.

[9] Annette Kuhn, „Memory texts and memory work. Performances of memory in and with visual media", in: *Memory Studies* 3,4 (2010), 298–313, 298.

[10] Ebd., 299.

che kulturellen Muster, Topiken und Praktiken den Verlauf bzw. die Darstellung des Erinnerungsprozesses prägen: „Remembering is institutionalized through cultural means – in objects, material culture (monuments, books, and suchlike) as well as through practices and rituals of commemoration that may involve, but are not confined to, what participants actually remember from their own experiences."[11] Damit liegt zumindest in Grundzügen ein analytischer und terminologischer Ansatz vor, mit dem sich die Problematisierung von Erinnerungsprozessen in autobiographischen Erzählungen deskriptiv erfassen lässt.

Unabhängig von Kuhns Begriff des „memory work" hat die Literaturwissenschaft bereits einige Versuche unternommen, das Konzept der Erinnerungsarbeit für die Textanalyse produktiv zu machen, ohne es jedoch auf überzeugende Weise in bestehende Methoden integrieren zu können. Lothar Bluhm fokussiert vor allem das Potential der „Erinnerungsliteratur", kollektive Narrative zu erschaffen, in denen sich eine Kultur auf eine gemeinsame Deutung der Wirklichkeit verständigt. Er erklärt: „Mit dem Begriff der Erinnerungsarbeit implizit verbunden ist die Prämisse, dass Erinnerung einen Konstruktcharakter besitzt. Sie hat mithin die gleiche Struktur wie die Literatur selbst, nämlich eine kommunikative und narrative."[12] Bluhms Argumentation mündet jedoch in dem logischen Fehlschluss, aus dem konstruktiven Charakter der Erinnerungsliteratur ihre zwangsläufige Fiktionalität abzuleiten: „Literatur wie Erinnerung bilden keine Wirklichkeit ab, sondern produzieren Realismus-Effekte, also einen Wirklichkeitsanschein."[13] Auf ähnliche Weise äußert sich Ulrich Breuer über jene Varianten des autobiographischen Schreibens, welche selbstreflexiv ihre Erinnerungsarbeit präsentierten, indem „die Schreibgegenwart in den Text integriert" und die „Positionalität des Schreibenden" im Text inszeniert werde. In diesen Texten sei, so Breuer, die „Fiktionalität Bestandteil des Authentizitätsanspruchs. Damit rückt das autobiographische Schreiben in die Nähe des Romans."[14] Bluhm und Breuers Behauptungen liegt ein Kategorienfehler zugrunde, weil sie die Genese und Ausgestaltung eines autobiographischen Narrativs (d. h. seine Konstruktivität) mit dessen ontologischem Status (der angeblichen Fiktionalität) verwechseln. Doch lenken sie die Aufmerksamkeit auf die Tat-

---

11 Ebd., 298.

12 Lothar Bluhm, „Herkunft, Identität, Realität. Erinnerungsarbeit in der zeitgenössischen deutschen Literatur", in: Ulrich Breuer/Beatrice Sandberg (Hg.), *Autobiographisches Schreiben in der deutschsprachigen Gegenwartsliteratur*, Bd. 1: *Grenzen der Identität und der Fiktionalität*, München 2006, 69–80, 71.

13 Ebd. Bluhm radikalisiert diese Perspektive noch und stellt das Konzept der Faktualität selbst infrage: „Bezieht man den Wirklichkeitsbegriff nach dem linguistic turn in der Wissenschaft mit ein, ist sogar die faktuale Wirklichkeit selbst keine unhinterfragbare Entität mehr, sondern ebenfalls durch einen Konstruktcharakter gekennzeichnet." (Ebd.)

14 Ulrich Breuer, „‚Mich kennen die Leute'. Erinnerungsarbeit bei Rainald Goetz und Dieter Bohlen", in: Judith Klinger (Hg.), *Gedächtnis und kultureller Wandel. Erinnerndes Schreiben – Perspektiven und Kontroversen*, Tübingen 2009, 83–96, 85.

sache, dass der konstruktive Prozess der Erinnerungsarbeit nicht nur die Basis realer Autobiographien bildet, sondern auch in (auto-)fiktionalen Romanen – wie z. B. Wolfs *Kindheitsmuster* – literarisch repräsentiert werden kann. Daher ist noch einmal nachdrücklich festzuhalten, dass die narrative Gestaltung eines autobiographisch strukturierten Textes unabhängig von der Frage nach seiner Faktualität oder Fiktionalität diskutiert werden kann.[15]

Zum komplementären Begriff der ‚Erzählarbeit' liegen dagegen keine vergleichbaren Forschungsbeiträge vor, die einen ersten Referenzrahmen für die hier unternommenen Textanalysen bieten könnten. Es erscheint jedoch einleuchtend, die Erzählarbeit schlicht in Analogie zur Erinnerungsarbeit als Überwindung spezifischer Widerstände zu definieren, die dem autobiographischen Bericht im Weg stehen. Die Art dieser Widerstände ist jedoch eine andere: Geht es im Fall der Erinnerungsarbeit um die problematische Rekonstruktion vergangener Ereignisse, resultiert die Erzählarbeit aus der Schwierigkeit, eine angemessene sprachliche Repräsentation für die erinnerte Geschichte zu finden. Diese Herausforderung stellt sich prinzipiell bei jeder Form der literarischen Produktion, bleibt jedoch in den ‚souveränen' Autobiographien weitgehend verborgen – denn die Suggestion, der Autor könne die eigene Geschichte mühelos in Worte fassen, trägt wesentlich zu seiner stabilen Selbstinszenierung bei. In der Nachkriegsliteratur allerdings belassen Autobiographen wie Christa Wolf und Peter Härtling die Erzählarbeit nicht im Jenseits des Textes, sondern machen sie – aus Gründen, die zu erörtern sein werden – zum integralen Teil ihrer Werke. Dafür stehen ihnen verschiedene literarische Instrumente zur Verfügung, die vom poetologischen Erzählerkommentar bis zur performativen Darstellung ihrer Wortfindungsschwierigkeiten im Erzähltext reichen. In mancher Hinsicht aktualisieren die Autoren auf diese Weise die sprachskeptischen Diskurse, die seit der klassischen Moderne als Ausweis einer avancierten, selbstreflexiven Literatur gelten.

Wenn autobiographische Erzählungen ihre eigene Genese thematisieren, ist dies im Hinblick auf eine Narratologie der Muße schon deshalb interessant, weil die Autobiographen damit Einblick in die raumzeitlichen Voraussetzungen ihres Erzählens geben. Insbesondere kommt es zu einer Verzeitlichung der Erinnerungs- und Erzählprozesse, die nicht mehr von einem ‚stillgestellten' Punkt aus erfolgen, sondern in eigenständigen Binnen- oder Rahmenerzählungen ausgestaltet werden. Die folgenden Ausführungen sind daher von der Frage geleitet, unter welchen Bedingungen sich die Erinnerungs- und Erzählarbeit in autobiographischen Erzählungen der Nachkriegsliteratur vollzieht und auf welche Weise sie in den Texten dargestellt wird.

15 Vgl. die Vorbemerkungen zum ‚autobiographisch strukturierten Erzählen' in Kapitel 1.3.1.

4.1. Mühen der Rekonstruktion. Peter Härtling: *Zwettl*

Mit dem Titel seiner 1973 veröffentlichten autobiographischen Erzählung *Zwettl*[16] referiert Peter Härtling auf den niederösterreichischen Ort gleichen Namens, in den es seine Eltern und ihn selbst am Ende des Zweites Weltkrieges auf der Flucht vor den sowjetischen Truppen verschlug. Für ein knappes Jahr fand die Familie Härtling in Zwettl Unterschlupf, hier beobachtete der elfjährige Protagonist erst die Desertion der deutschen Soldaten und bald darauf den Einmarsch der Roten Armee. So kurz die in *Zwettl* erinnerte Episode dauerte, so gravierend waren doch die Schicksalsschläge, welche die Familie erdulden musste: Härtlings Mutter wurde von einem sowjetischen Soldaten vergewaltigt und nahm sich im Jahr darauf das Leben. Der Vater dagegen geriet in Gefangenschaft und verstarb wenige Wochen nach Kriegsende in einem bei Zwettl gelegenen Lager.

Die emotionalen Abgründe, die Härtling mit seinem Erinnerungsprojekt konfrontiert, unterbinden von vornherein jeden Anschein ruhiger Selbstgewissheit. Die Erzählung *Zwettl* ist vom Bedürfnis des Autors motiviert, die Ereignisse dieser Monate zu rekonstruieren und seine unzusammenhängenden Erinnerungen durch eine verlässlichere Geschichte zu ergänzen. Doch dieses Unterfangen erweist sich als schwierig, denn schon die objektiven Fakten sind zuweilen unklar und durch Dokumente nur mühsam zu erhellen.[17] So kann der Erzähler nicht einmal den genauen Zeitraum ermitteln, den die Familie in Zwettl verbrachte: „Der Tag unserer Ankunft ist nicht festzustellen". (*Zw*, 10) Noch weniger verfügbar als die historischen Tatsachen ist dem Erzähler jedoch sein subjektives Erleben der Zeit in Zwettl. Jahre des steten Vergessens und Verdrängens trennen den Erzähler von seinem kindlichen Selbst, zudem hat der Junge – „er, dessen Gedächtnis ich nur noch in Bruchstücken habe" (*Zw*, 9) – die einschneidenden Ereignisse damals anders wahrgenommen und eingeordnet, als es den Maßstäben des erwachsenen Autors entspräche. Will Härtling die Geschehnisse des Kriegsendes erzählen, muss er dazu die Diskrepanz zwischen kindlicher Wahrnehmung und erwachsener Reflexion überwinden.

---

16 Peter Härtling, *Zwettl. Nachprüfung einer Erinnerung*, Darmstadt 1973. (Im Folgenden zitiert mit der Sigle *Zw.*)

17 Vgl. Martin Todtenhaupt, „Schreiben ‚gegen den Widerstand der Phantasie'. Aspekte autobiographischen Schreibens im Werk Peter Härtlings", in: Ulrich Breuer/Beatrice Sandberg (Hg.), *Autobiographisches Schreiben in der deutschsprachigen Gegenwartsliteratur*, Bd. 1: *Grenzen der Identität und der Fiktionalität*, München 2006, 247–262, 249–251; Martin Todtenhaupt, „Schreiben ‚gegen die durcheinander geratene Zeit'. Zur Funktion von Erinnerungs-Bildern und -Räumen im autobiographischen Schreiben Peter Härtlings", in: Christoph Parry/Edgar Platen (Hg.), *Autobiographisches Schreiben in der deutschsprachigen Gegenwartsliteratur*, Bd. 2: *Grenzen der Fiktionalität und der Erinnerung*, München 2007, 191–201.

Die Notwendigkeit eines Brückenschlages zwischen den „unterschiedlichen Erlebnisformen von Erwachsenem und Kind“ ist, wie Klaus-Detlef Müller bemerkte, grundsätzlich allen Kindheitserzählungen gemein. Eine Vermittlung sei oft „nur auf dem Umweg über die Phantasie“ möglich, „wobei die Wirklichkeit den Charakter eines objektiven Zwangs dadurch verliert, daß sie nicht adäquat wahrgenommen wird und deshalb mit den subjektiven Ansprüchen vermittelt werden kann“.[18] Man muss Müllers Einschätzung, im Falle von Kindheitserzählungen sei grundsätzlich von einem geringeren Grad an Faktualität auszugehen als in anderen autobiographischen Berichten, nicht unbedingt teilen, um gleichwohl anzuerkennen, dass die phantasievolle Ergänzung und Interpretation der kindlichen Eindrücke in vielen Autobiographien eine bedeutende – wenn auch häufig nicht explizierte – Tatsache darstellt. Die Erzählung *Zwettl* jedoch erscheint demgegenüber als ein Sonderfall, wenn nicht gar als eine die Regel bestätigende Ausnahme, denn Härtling reagiert auf die Herausforderung, zwischen kindlicher und erwachsener Wahrnehmung vermitteln zu müssen, mit einem grundsätzlich anderen Programm. Sein Erzähler präsentiert gerade nicht im Gestus der selbstverständlichen Retrospektive eine abgeschlossene und nachträglich harmonisierte Geschichte, sondern zeigt aus „dem Blickwinkel eines immerfort seine Zweifel und sein Nichtwissen einbekennenden Betrachters“ das Entstehen seines autobiographischen Berichts auf der Grundlage von Recherchen und mühsamen Erinnerungsprozessen.[19] *Zwettl* ist, so formuliert es schon der Untertitel programmatisch, die kritische *Nachprüfung einer Erinnerung*.

Dieses Programm schlägt sich auch narrativ nieder: Härtling schildert die Arbeit des erinnernden Ich explizit auf einer eigenen Erzählebene, doch anstelle einer traditionellen Rahmenerzählung, die wohl zu einem falschen Eindruck von abschließender Ganzheitlichkeit und auktorialer Stabilität beitragen würde, gestaltet er eine fragmentarische Erinnerungsgeschichte, welche seine Kindheitserzählung immer wieder durchbricht und assoziativ mit ihr verwoben ist. In ihr berichtet Härtling hauptsächlich von seinen Nachforschungen und von Gesprächen mit Zeitzeugen, von denen er sich Aufklärung erhofft. Die Erinnerungsgeschichte verfügt über einen eigenen Handlungs- und Spannungsbogen, denn sie lässt die Leser die längste Zeit im Ungewissen, ob Härtling im Laufe des Rekonstruktionsprozesses zu einer verlässlichen Einschätzung der Vergangenheit gelangt. *Zwettl* bildet somit den langsamen Erkenntnisfortschritt des Erzählers ab, der anhand der bruchstückhaft errungenen Einsichten seine Geschichte sukzessive fortzuschreiben versucht. Durch die enge Verzahnung der Kindheitserzählung und der Erinnerungsgeschichte versetzt Härtling seine Leser in die Lage, die Annäherung des erinnernden Ich an die Vergangenheit unmittelbar nachzuvollziehen.

---

[18] Müller, *Autobiographie und Roman*, 356.
[19] Sill, *Zerbrochene Spiegel*, 505.

Zudem manifestiert sich die nie ganz aufzulösende Diskrepanz zwischen kindlichem Erleben und autobiographischer Rekonstruktion auch in Härtlings Subjektentwurf, weil das erlebende und das erinnernde Ich bei Härtling – anders als in den souveränen Autobiographien – nicht mehr von Beginn an eine unproblematische Einheit bilden.[20] Der Erzähler steht in einem ambivalenten Verhältnis zu seinem früheren Selbst, mit dem er sich einerseits als identisch begreift, zu dem er andererseits aber eine große Distanz empfindet. Härtling markiert diese innere Spannung durch wechselnde Personalpronomen, die das kindliche Subjekt mal in der ersten und mal in der dritten Person adressieren[21]: „Ich frage mich ab, frage ihn ab, was er zuerst von Zwettl gesehen hat." (*Zw*, 10) Das unentschlossene Lavieren zwischen den Pronomen ist für Härtling, der schon im Bereich des fiktionalen Erzählens seine Abneigung gegen die Ich-Erzählung bekannte, nicht ungewöhnlich. In einem Interview erklärte er: „Ich hab Zeit meines Lebens im Erzählen Furcht gehabt vorm unverstellten Ich. Ich kann nicht sagen, warum. Die Form des Ich-Romans halte ich komischerweise als Leser für etwas sicher auch unfreiwillig Obszönes."[22] Die autobiographische Narration jedoch, in der die Ich-Form nicht allein eine Erzählperspektive kennzeichnet, sondern die reale Identität von Protagonisten und Autor behauptet, steigert noch das Unbehagen gegenüber der ersten Person Singular.

Wenn Härtling mit der Konvention der Ich-Erzählung bricht, reflektiert er damit, dass die Referenz auf das frühere Selbst für ihn keinen intuitiven Vorgang darstellt, sondern an spezifische Voraussetzungen gebunden ist. Um nämlich die Distanz zum kindlichen Ich zu überbrücken und die Ereignisse in Zwettl erzählen zu können, muss das erinnernde Ich zunächst in ein Gespräch mit seinem früheren Selbst treten und sich auf diese Weise die nötigen Erkenntnisse entlocken. Bevor Härtling auch nur einen Zeitzeugen interviewt, wird er selbst zum „sich befragende[n] Zeuge[n]".[23] Erst durch das reflexive ‚Abfragen' – eine Wortwahl des Erzählers, die weniger auf einen Dialog auf Augenhöhe als auf ein kritisches Verhör deutet – kann das erinnernde Ich zumindest temporär in die kindliche Perspektive wechseln. So gelingt es ihm beispielsweise, sich die Ankunft der Familie in Zwettl wieder ins Gedächtnis zu rufen:

> [...] ich weiß nun, daß sie am Tage gekommen sind, es war hell, sie türmten die Koffer, die eingerollten Steppdecken, ich sehe zwei Panzer gegenüber dem Bahnhof, auf dem es

---

[20] Vgl. ebd.

[21] Zur Verwendung der Personalpronomen und dem Verhältnis von erinnerndem und erinnertem Ich in *Zwettl* vgl. Waldmann, *Autobiografisches als literarisches Schreiben*, 136f.

[22] Peter Härtling, *Das andere Ich. Ein Gespräch mit Jürgen Krätzer*, mit einem Nachw. v. Hans-Joachim Gelberg, Köln 1998, 36.

[23] Peter Härtling, *Erinnerte Wirklichkeit – erzählte Wahrheit. Die Städte meiner Kindheit*, mit einer Einführungsrede v. José F. A. Oliver sowie einem Nachw. u. einer Bibliographie v. Walter Schmitz (Dresdner Poetikdozentur zur Literatur Mitteleuropas 2001), Dresden 2007, 71.

von Soldaten wimmelt, sie sind abgestellt, verlassen, sie gleichen Ruinen, ich weiß nicht, warum ich denke, daß sie zerstört, ausgebrannt sind, bis heute denke ich, dieses Bild vor mir, es sind Wracks. (*Zw*, 10)

Die Passage ist symptomatisch für Härtlings Erinnerungspoetik, die dem erinnernden Ich keine privilegierte Position gegenüber der Vergangenheit zugesteht, von der aus ein distanzierter Überblick über die eigene Geschichte möglich wäre. Die Darstellung der Kindheitserinnerungen erfolgt nicht im Modus der Retrospektive, sondern als ‚Vergegenwärtigung von Vergangenheit', sie ruft also den unwillkürlichen Eindruck hervor, das erinnerte Geschehen spiele sich direkt vor den Augen des erinnernden Ich ab. In einem Vortrag hat Härtling dieses Prinzip konkret benannt: „Wer erzählt, erinnert sich. Das Präsens einer Erzählung täuscht wunderbar Gegenwart vor, doch ist unsere Sprache genau und empfindlich genug, um diese List zu entlarven. Genauer genommen *vergegenwärtigen* wir nämlich."[24] Das eben zitierte Beispiel, in dem Härtling seine ersten Eindrücke während der Ankunft in Zwettl schildert, führt dieses Verfahren eindrücklich vor. Während sich die kindlichen Wahrnehmungen und Eindrücke recht ungeordnet ins Bewusstsein schieben, wechselt die Erzählung subtil vom Präteritum („es war hell") ins Präsens („sie sind abgestellt"). Ebenso markiert der Erzähler den Perspektiv- und Tempuswechsel durch temporale Deiktika („ich weiß nun"). Doch ist die Reichweite des präsentischen Nacherlebens begrenzt: Schon nach kurzer Zeit melden sich Zweifel am Erinnerten („Ich weiß nicht, warum ich denke, dass sie zerstört, ausgebrannt sind"). Die Verunsicherung stört den Präsenzeffekt und veranlasst das erinnernde Ich dazu, aus der vergegenwärtigten Vergangenheit wieder in seine eigene Gegenwart zurückzukehren („bis heute denke ich [...]"). Nach diesem Muster präsentiert Härtling häufig Fragmente einer vergegenwärtigten Kindheit, die als kurze Binnenerzählungen in die Erinnerungsgeschichte eingelassen sind und von dieser zusammengehalten werden.

Härtlings Auseinandersetzung mit der Kindheit nimmt großen Raum innerhalb seines literarischen Schaffens ein und erstreckt sich über mehrere Jahrzehnte. Den in *Zwettl* thematisierten Aufarbeitungsprozess führte er später in *Nachgetragene Liebe* (1980) und in *Herzwand. Mein Roman* (1990) fort, zudem reflektierte Härtling im Rahmen seiner Dresdner Poetikdozentur (2001) ausführlich die Geschehnisse in Zwettl sowie die Prinzipien seiner literarischen Beschäftigung mit dieser biographischen Episode. Die Bemerkungen, die Härtling in diesem Kontext machte, lesen sich nicht nur als ein erhellender Kommentar seiner autobiographischen Werke, sondern skizzieren eine spezifische Poetologie der Erinnerungsarbeit, auf die im Folgenden zurückzukommen sein wird.[25]

[24] Ebd., 17. (Herv. i. O.)

[25] Vgl. ebd. Relevant für die vorliegende Untersuchung ist vor allem Härtlings dritte Vorlesung „Zwettl. Die aufgehobene Wahrheit", 61–82.

Den Beginn von Härtlings autobiographischem Projekt markierte allerdings ein kurzer journalistischer Text, dessen initiierende Wirkung der Erzähler in *Zwettl* hervorhebt. Noch vor Beginn seiner Arbeit am gleichnamigen Buch habe er nämlich „einen Aufsatz über Zwettl [...] in einer deutschen und in einer österreichischen Zeitung veröffentlicht".[26] (*Zw*, 50) Dieser Prätext provozierte Leserreaktionen, die Härtling zu einer Flut von neuem Material verhalfen, mit der er nicht gerechnet hatte: „[E]s kamen Briefe aus Zwettl, Anrufe, die von meinen Eltern redeten, von L., Tante K. und mir [...]." (*Zw*, 50) Neben handfesten Dokumenten wie z. B. einigen Briefen der Eltern erreichten Härtling vor allem Erzählungen fremder Menschen oder entfernter Bekannter, die aus der Außenperspektive das Schicksal der Familie Härtling schilderten. In diesen Briefen, „die mich aus dem Präsens rissen, klein machten, zu einem Kind, zum Halbwüchsigen, die von ihm erzählten" (*Zw*, 50), findet Härtling sich objektiviert. Da sich die Berichte in vielen Fällen nicht mit seinen eigenen Erinnerungen decken oder über den kindlichen Wahrnehmungshorizont hinausgehen, sieht der Erzähler seine bisherige autobiographische Konstruktion infrage gestellt. Wollte Härtling mit seinem Zeitungsartikel eine erste, vorsichtige Annäherung an die Zeit in Zwettl beginnen, so entwickelt der dadurch angestoßene Prozess schnell eine Eigendynamik, die den Erzähler überfordert: „Ich wehrte mich. Aber es setzt sich fort." (*Zw*, 50)

Mit der Erzählung *Zwettl* knüpft Härtling direkt an diese Vorgeschichte an: Je penetranter die fremden Wortmeldungen seine eigene Interpretation der Geschichte attackieren, desto stärker wächst im Erzähler das Bedürfnis, für Klarheit zu sorgen und die Deutungshoheit über die eigene Vergangenheit wiederzuerlangen. Die zahlreichen Reaktionen auf den Artikel führen den Erzähler schließlich zum Entschluss, selbst nach Zwettl zu fahren, um dort im Gespräch mit Zeitzeugen und durch das Studium von Unterlagen endlich Gewissheit über seine Biographie zu gewinnen, denn „die nachgeholte Lektüre korrigiert das kindlich gebliebene Gedächtnis". (*Zw*, 50)

So begibt sich Härtling ein Vierteljahrhundert nach Kriegsende auf eine „Erkundungsreise" zurück nach Zwettl.[27] In der Erinnerungsgeschichte beschreibt er diesen Besuch ausführlich: „Ich bin am 26. Juli 1971, nach sechsundzwanzig Jahren, in Zwettl gewesen, bin durch die Stadt gegangen, bin im Hof gestanden, auf dem wir gespielt, auf dem die Sowjetsoldaten gesungen und getanzt hatten [...]". (*Zw*, 8) Das Städtchen Zwettl bleibt nicht allein der Schauplatz der erinnerten Ereignisse, es wird ebenso zum Erinnerungsraum, durch den sich der Erzähler während seiner Recherchen bewegt. Dass die Rückkehr an einen persönlichen Erinnerungsort ein beinahe schon konventionelles Motiv der modernen

[26] Härtlings Aufsatz, der in Auszügen im August 1970 in der Wiener Zeitung *Die Presse* und in der *Frankfurter Allgemeinen Zeitung* erschien, ist noch einmal vollständig abgedruckt in ebd., 63–68.

[27] Ebd., 76.

Autobiographik bildet, haben einige oben diskutierte Beispiele bereits gezeigt. Deutlich wurde im Kontext dieser Untersuchungen, dass die Rückkehr ganz verschiedene Funktionen innerhalb einer autobiographischen Erzählung erfüllen kann: Während sie bei Botho Strauß eine nostalgische Hommage an die Vergangenheit veranlasst, steht sie bei Thomas Bernhard und Peter Weiss ganz im Zeichen der Konfrontation mit den traumatischen Erlebnissen ihrer Kindheit.[28] Auch Peter Härtlings Rückkehr nach Zwettl hat einen solch konfrontativen Charakter, denn wie Härtling in seiner Poetikdozentur bemerkte, war er am Ende des Krieges in Zwettl auf „eine Wirklichkeit" getroffen, „die alle Vorstellungen des Jungen überbot, ihn in einen Dauerzustand von Angst, Schrecken und extremer Spannung versetzte".[29] Statt also vom ruhigen und stabilen Rückzugsort aus auf sein Leben zurückzublicken, sucht Härtling am Ort der Erinnerung die unmittelbare Begegnung mit einer Vergangenheit, die ihn erschütterte.

Jenseits des allgemeinen Chaos jener Tage wurde Zwettl vor allem deshalb zum Trauma, weil Härtling dort den Vater, mit dem er zu dessen Lebzeiten kein vertrautes Verhältnis aufbauen konnte, endgültig verlor. Die Rückkehr an den Erinnerungsort dient daher nicht zuletzt der „posthumen Annäherung an den Vater"[30]: „Ich habe dir nachgehen, dich finden wollen", umschreibt Härtling in *Nachgetragene Liebe* dieses Programm. Der Vater erscheint als ein flüchtiges Ziel, sodass auch der Erinnerungsprozess sich dynamisch gestaltet und das erinnernde Ich immer wieder neuen Situationen aussetzt, an die es sich anpassen muss. Die Suche nach dem Vater ist für Härtling jedoch nicht allein eine Metapher der autobiographischen Reflexion, sondern hat eine noch viel konkretere Bedeutung: Der Erzähler forscht nach dem unbekannten Grab seines Vaters, der auf dem Gelände des ehemaligen Kriegsgefangenenlagers bestattet liegen soll. In jenem Zeitungsartikel, der die Beschäftigung mit Zwettl erst ins Rollen brachte, „hatte [ich] geschrieben, ich wisse nicht, wo Vater begraben liegt, und dieser Satz hatte einige Leser in Unruhe versetzt". (*Zw*, 61) Die wohlmeinenden Hinweise, die ihn daraufhin von den Lesern erreichen, zitiert Härtling zum Teil in umfangreichen Abschnitten der Erinnerungsgeschichte. Doch ist seine erste Reaktion auf die Hilfsangebote zunächst ablehnend: „[I]ch bat, die Sache nicht weiter zu verfolgen, keine Briefe mehr mit Amtsstellen zu wechseln." Zu diesem Zeitpunkt ist das erinnernde Ich noch nicht zur unmittelbaren Konfrontation bereit, sondern vertraut auf die Möglichkeit, aus seinem Rückzug heraus den Vater allein in

28 Vgl. zu Strauß und Weiss Kapitel 2.5, zu Bernhard Kapitel 1.3.4.

29 Ebd., 61.

30 Anna Maria Borowska-Stankiewicz, „Peter Härtlings posthume Versöhnung mit dem eigenen Vater", in: *Colloquia Germanica Stetinensia* 16 (2009), 59–72, 60; mit der Vater-Problematik bei Härtling hat sich außerdem befasst Martin Hellström, „Väterbilder im Wandel. Annäherungen an den Vater in (auto-)biographischen Texten von Zoran Drvenkar, Peter Härtling und Lars Brandt", in: Michael Grote/Beatrice Sandberg (Hg.), *Autobiograpisches Schreiben in der deutschsprachigen Gegenwartsliteratur*, Bd. 3: *Entwicklungen, Kontexte, Grenzgänge*, München 2009, 224–241.

der eigenen Erinnerung wiederzufinden: „[I]ch zog mich zurück: ich habe versucht, mir Vater zu vergegenwärtigen, einen großen, schweren Schatten." (*Zw*, 62)

Einen Wendepunkt markiert schließlich ein Dokument, das Härtling aus Österreich zugesandt wird. Es handelt sich um „eine von dem Stabsarzt und Feldarzt Dr. F. unterschriebene ‚Todesanzeige'", der zufolge der „Panzergrenadier Rudolf H." – Härtlings Vater – an der „Todesursache: Lungenembolie" verstarb und „am 23. Juli 1945, 9 Uhr auf dem Soldatenfriedhof hinter dem Lazarettgelände" beigesetzt wurde. Darüber hinaus enthält der Totenschein eine präzise Angabe zur Begräbnisstelle inklusive einer Skizze: „Grablage: III. Reihe. Grab No. 1" (*Zw*, 65) Dieses Papier beeinflusst den weiteren Verlauf der Erinnerungsgeschichte auf entscheidende Weise. Härtling leitet den Totenschein an die Behörden in Zwettl weiter, die daraufhin Grabungen auf dem Gelände aufnehmen, in der Vermutung, „daß an dieser Stelle noch weitere Grabstätten zu finden sind und hiemit eine Exhumierung der auffindbaren Skelette durchzuführen ist". (*Zw*, 67) Die Hoffnung, die Überreste des Vaters nun tatsächlich finden zu können, trägt wesentlich dazu bei, dass das erinnernde Ich nicht länger in seinem Rückzug verharrt, sondern sich persönlich nach Zwettl aufmacht.

Nicht schicksalhafte Notwendigkeit also führt den Autobiographen Härtling an den Ort zurück, an dem seine Familie zerbrach, vielmehr ist es der Zufall in Form des unerwartet aufgetauchten Totenscheins, der Härtling den entscheidenden Anstoß für seine Reise gibt. In der Erinnerungsgeschichte wirkt dasselbe Prinzip der Kontingenz, in dessen Zeichen schon der Tod des Vaters erscheint: Ob dieser an einer „Lungenembolie" oder an einem „Dickdarm ileus" (*Zw*, 66) verstarb, wie ein anderes von Härtling zitiertes Dokument behauptet, ist letztlich ungewiss – nicht einmal in den offiziellen Unterlagen kann das erinnernde Ich eine verlässliche Auskunft finden. Doch welche Krankheit für das baldige Verscheiden des Vaters verantwortlich war, ist zweitrangig gegenüber der Erkenntnis des Erzählers, dass es sich wohl um einen banalen und sinnlosen Tod handelte, hinter dem weder eine höhere Absicht noch ein unabwendbares Fatum auszumachen ist, sondern schlicht eine Verkettung unglücklicher Umstände. Im Angesicht der historischen Kontingenz muss der Autobiograph Härtling akzeptieren, dass er den Verlauf und den Ertrag seiner Erinnerungsarbeit nur in begrenztem Maße selbst bestimmen kann, weil in Zwettl die großen historischen Ereignisse auf existentielle Weise mit der persönlichen Geschichte Härtlings bzw. seiner Familie interferierte: „Suche ich in Gedanken meine Städte auf, folge ich einer Fluchtspur. Sie hat natürlich individuelle Beweggründe, doch hängt sie mit der europäischen Geschichte des zwanzigsten Jahrhunderts zusammen."[31]

Angesichts der historischen Dimension des Geschehens, in welchem das Kind Härtling nicht viel mehr als eine Statistenrolle spielte, sieht sich der späte-

[31] Härtling, *Erinnerte Wirklichkeit – erzählte Wahrheit*, 17.

re Autobiograph entmachtet. Der Souveränitätsverlust des erinnernden Ich geht weit über die Dimension der Proustschen *mémoire involontaire* hinaus, welche lediglich die Auffindung der Erinnerungen im Gedächtnis zum Problem erklärt. Härtling demonstriert dagegen, dass sein eigenes Erinnerungsvermögen zur Rekonstruktion der Vergangenheit prinzipiell nicht mehr ausreicht und der Rückzug in die stille Introspektion daher aussichtslos erscheint. So bleibt Härtling kaum etwas anderes, als sich zu quasi-historiographischen Nachforschungen aufzuraffen und auf die Ergebnisse seiner Recherchen zu hoffen.

Auch den *discours* seines Textes gestaltet Härtling in einer Weise, die den Einbruch der historischen Realität in sein Erinnerungsprojekt hervorhebt. Über Seiten hinweg gibt der Erzähler die Briefe und Dokumente wieder, die ihn erreichen; ausführlich zitiert er aus den von ihm zurate gezogenen historiographischen Nachschlagewerken (*Zw*, 29 f.), referiert aus seiner Korrespondenz mit der „Stadtgemeinde Zwettl" (*Zw*, 11 u. 44), mit Behörden und Privatpersonen (*Zw*, 50). Doch das wohl eindrücklichste Beispiel für Härtlings Bemühen, alle Quellen offenzulegen, bildet der Totenschein des Vaters, den der Erzähler nicht nur in Gänze wiedergibt, sondern sogar die beigefügte Skizze der anonymen Grabanlage graphisch abbildet. (*Zw*, 65 f.) *Zwettl* gewinnt dadurch einen nahezu dokumentarischen Charakter, vor allem aber markiert die Erzählung eine Zäsur in der autobiographischen Gattungstradition, indem sie die historischen Quellen, auf die der Autor zurückgreift, nicht länger aus dem Text ausschließt, sondern zu dessen integralem Bestandteil erhebt. Für Härtling sollte dieses Prinzip stilbildend werden, denn auch in den später von ihm verfassten Musiker- und Dichterromanen über Hölderlin, Schubert, Schumann und Hoffmann bedient er sich zahlreicher (wenn auch zum Teil fingierter) Zitate aus Briefen, Tagebucheinträgen und Aufzeichnungen von Freunden.[32]

Gegenüber Härtlings biographischen Romanen aber kommt den autobiographischen Recherchen in *Zwettl* ein viel unmittelbarerer Charakter zu, denn statt seine Erzählung als das Ergebnis einer abgeschlossenen Erinnerungsarbeit zu präsentieren, involviert Härtling die Leser in den sich vollziehenden Prozess der Aufarbeitung. Mithilfe der Zitate und Quellendarstellungen reproduziert er die materielle Dimension der von ihm gesichteten Unterlagen und eröffnet so den Lesern die Möglichkeit, unmittelbar an den Erfahrungen des erinnernden Ich zu partizipieren. Sie sehen sich bei der Lektüre mit demselben autobiographischen ‚Rohmaterial' konfrontiert, das der Autor während seiner Nachforschungen zu verarbeiten hatte. Dass Härtling die zitierten Dokumente bei der Redaktion seines Textes absichtsvoll auswählte und mit dramaturgischem Geschick in die Erzählung einflocht, ändert nichts an der in *Zwettl* erzeugten Suggestion, die wich-

[32] Vgl. Eva Beckonert, *Biographisches Erzählen. Peter Härtlings Dichter- und Musikerromane*, Berlin 2007, 128–138.

tigsten Quellen seien im Text gewissermaßen materiell präsent und beglaubigten die Authentizität der Darstellung.

Dem dokumentarischen Anspruch des Textes entspricht auch Härtlings Bemühen, wie in einem Protokoll die Daten und Uhrzeiten, Orte, Personen und Details seiner Recherche genau wiederzugeben:

> „Montag, 26.7.1971"
> Ich kam gegen 10 Uhr in Zwettl an, suchte nach dem Rotkreuz-Beauftragten F. Wir fuhren von Osten her in Zwettl ein, ich erkannte das Stadtbild sofort wieder. [...] Wir fuhren die Landstraße hinunter, um die Kirche herum, parkten auf dem Platz vor der Pestsäule. [...] (*Zw*, 169)

Fast scheint es, als wolle der Erzähler die Ungewissheit über seine Kindheit dadurch kompensieren, dass er die Gegenwart des erinnernden Ich umso akkurater konserviert. Einen umfangreichen Teil der Erinnerungsgeschichte nehmen die Gespräche ein, die Härtling mit Verwandten, Bekannten und Zeitzeugen in Zwettl und an anderen Orten führt. Auch die Daten und Inhalte dieser Gespräche dokumentiert der Erzähler verlässlich: „Mimi N. erzählte am 26.7.1971, mein Vater sei in den ersten Tagen auffallend heiter gewesen [...]." (*Zw*, 12) Für das erinnernde Ich sind die Unterhaltungen von großer Bedeutung, weil die älteren Gesprächspartner seine eigenen Erinnerungen verifizieren können. Noch die kleinsten „Details", die sich im Gedächtnis gehalten haben, lässt sich Härtling bestätigen: „[D]a hat es in der Wohnung eine schreckliche holzgeschnitzte altdeutsche Trinkstube gegeben; ja, das stimme, sie [Mimi N.] wisse auch, in welchem Haus sie sich heute befinde." (*Zw*, 13) Der Erzähler gibt die Aussagen seiner Gegenüber stets in direkter oder indirekter Rede wieder, als wolle er mit journalistischer Sorgfalt seine Quellen belegen.

Doch auf die Gesprächspartner ist nicht in jedem Fall Verlass, häufig verstricken sie sich in Widersprüche oder berichtigen frühere Aussagen. Der Prozess der Wahrheitsfindung ist zäh, und Härtling rafft ihn bei der Kompilation seiner Interviews nicht zu einer konzisen Darstellung zusammen, sondern rekonstruiert gewissenhaft die mäandernden Diskussionen: „Tante K., später befragt, bestätigte erst, bis sie, irritiert durch die Unterhaltung, vielleicht durch die Sicherheit der Unterhaltung, korrigierte, es stimme nicht, wir hätten die erste Nacht nicht bei N's verbracht, sondern in einem Gasthaus nebenan [...]." (*Zw*, 13 f.) In einigen Fällen sorgen die Gespräche daher nicht für Klarheit, sondern nur für zusätzliche Verunsicherung, und zwar ganz besonders dann, wenn die Berichte der Zeitzeugen erheblich von den wenigen Erinnerungen Härtlings divergieren, die er für verlässlich hielt: „[D]eine Fantasie, sagt Tante K., [...] hast es als Bub schon getan, und jetzt glaubst du, es sei so gewesen. / es ist so gewesen, sage ich, / gut, sagt sie, ich will es dir nicht ausreden [...]." (*Zw*, 40)

Obwohl der Erzähler anfangs behauptete, eine ‚Korrektur des kindlichen Gedächtnisses' anzustreben, empfindet er die sich häufenden Einwände gegen seine

Erinnerung zunehmend als eine unwillkommene Einmischung. Härtling äußert seine Ratlosigkeit und Verwirrung, weil die Gesprächspartner „mir fortwährend etwas einreden, meine Erinnerung einschüchtern und ich nicht mehr merke, ob es ihre Erzählung ist, ob meine, ob ich es weiß". (*Zw*, 40) Zuweilen entsteht der Eindruck, das erinnernde Ich konkurriere mit den anderen Zeitzeugen um die ‚richtige' Rekonstruktion der Ereignisse, als ginge es ihm weniger um Aufklärung denn um die Verteidigung der Geschichte, die er sich in den Jahren zuvor zurechtgelegt hatte. Umständlich zitiert der Erzähler einen langen Leserbrief, der seiner Darstellung vom Einmarsch der sowjetischen Truppen in Zwettl widerspricht und herablassend behauptet, Härtling scheine, „ohne die persönlichen Erinnerungen im geringsten anzweifeln zu wollen, mit Rücksicht auf seine Jugend, doch der tatsächliche Ablauf der Ereignisse in Vergessenheit geraten zu sein". (*Zw*, 112) In beinahe trotzigem Ton rechtfertigt das erinnernde Ich daraufhin seine Version der Geschichte, indem es erneut insistiert: „[E]s ist meine Erinnerung: sie verfängt sich in Figuren, in wenigen Szenen, und dieser Abend, an dem er fröstelnd nach Hause kam, der 8. oder 9. Mai, [...] dieser Abend ist ihm gegenwärtig wie ein Fieberbild." (*Zw*, 113) Wenn Härtling die detaillierten militärgeschichtlichen Einwände seines Lesers mit dem Hinweis auf die besondere „Gegenwärtigkeit" der Szene in seinem eigenen Bewusstsein abweist, kommt darin das Bedürfnis zu Ausdruck, sein subjektives Erleben gegen ein historiographisch abgesichertes Wissen zu behaupten. Zugleich stellt er die Zerrissenheit des erinnernden Ich heraus, das einerseits die objektiven Tatsachen in Erfahrung bringen möchte, andererseits aber noch nicht dazu bereit ist, das Vertrauen in die eigenen Erinnerungen zu relativieren.

Doch bleibt die Frage, welches Gedächtnis oder Dokument die Vergangenheit am wirklichkeitsgetreusten bewahrt hat, letztlich ohne Antwort und der Protest des erinnernden Ich gegen die ungebetenen Einmischungen vergeblich. Zwar gelingt es Härtling, mithilfe seiner Interviews eine genauere Vorstellung von den Vorgängen in Zwettl zu erlangen, doch muss sich der Autobiograph eingestehen, die Vergangenheit nicht mit letzter Gewissheit rekonstruieren zu können: „[I]ch merke, daß die Reproduktion ungefähr bleibt" (*Zw*, 104), denn „immer scheitert man an einer Lücke, die das Gedächtnis zu füllen nicht imstande ist" (*Zw*, 71). Härtling reagiert auf diese immanente Aporie des autobiographischen Erzählens, indem er seine problematische Erinnerungsarbeit im Text offensiv thematisiert. Die Kindheitserzählung kann nicht mehr für sich stehen, sondern wird durch die Darstellung des mühsamen Erkenntnisprozesses ergänzt, welcher der Erzählung vorausgeht oder sie nachträglich verifiziert bzw. revidiert. Auf diese Weise entwirft Härtling ein autobiographisches Erzählmodell, das nicht allein der prinzipiellen Skepsis gegenüber seinem Erinnerungsvermögen gerecht wird, sondern die Selbstzweifel auf die narrative Struktur des Textes projiziert. Das prononcierte Misstrauen gegenüber allen Formen des Gedächtnisses – gleich, ob es sich um das eigene oder ein fremdes handelt – unterscheidet Härtling von den souveränen Autobiographen und hat fundamentale Auswirkungen auf das von ihm applizierte Erzählverfahren: Wo die historischen Interpretationen so unüberbrückbar divergieren, wird im Gegenzug die transparente Darstellung des autobiographischen Rekonstruktionsprozesses bedeutend, weil nur so die Glaubwürdigkeit der Behauptungen überprüfbar ist.

Im Kapitel „Das Gymnasium" kommen die verschiedenen narrativen Techniken, derer sich Härtling zur Konstruktion einer selbstreflexiven Erinnerungsgeschichte bedient, auf besonders anschauliche Weise zur Geltung. Der Erzähler versucht in diesem Abschnitt, sich seine kurze Schulzeit in Zwettl wieder vor Augen zu führen, obgleich nur noch schemenhafte Eindrücke in seinem Gedächtnis erhalten sind. Angestoßen wird Härtlings Interesse für die Episode durch ein Dokument, das er offenbar im Rahmen seiner Recherche entdeckte: „Ich hatte, noch unlängst, ein Blatt in den Händen, auf dem bescheinigt wurde, er habe vom … bis … die zweite Klasse des Gymnasiums Zwettl besucht." (*Zw*, 147) Die Differenz zwischen erinnerndem Ich und kindlichem Subjekt markiert der Erzähler wiederum mit den Personalpronomen „ich" und „er". Das Dokument ist ihm erwähnenswert, weil es Tatsachen besser als jeder Augenzeuge bescheinigt. Ironischerweise aber zitiert Härtling das Papier aus dem Gedächtnis und kann den präzisen Zeitraum seines Schulbesuchs nicht mehr reproduzieren. Die Auslassungspunkte („vom … bis …") markieren die fehlenden Daten, Härtling übersetzt seine Gedächtnislücke in eine materielle Lücke im Text. Auf diese Art der Textperformanz greift der Erzähler zuvor schon in anderen Zusammenhängen zurück, um den Leerstellen der Erzählung eine Gestalt zu geben: „Sie hielten sich von   bis   in Zwettl auf." (*Zw*, 9)

Um an die fehlende Information über seine Schulzeit zu gelangen, wendet sich Härtling an „Mimi N.", eine Einwohnerin von Zwettl, auf deren Hof die Familie Härtling Unterkunft fand. Die Hoffnung wird allerdings enttäuscht: „M. sucht nach dem Blatt, sie habe es nie gesehen. Ob es ein Zeugnis gewesen sei? Wahrscheinlich nur eine Bestätigung." (*Zw*, 147) Da kein Dokument aufzufinden ist, das ihm Klarheit verschaffen könnte, sieht sich das erinnernde Ich doch wieder auf das eigene Gedächtnis zurückgeworfen. Tatsächlich gelingt es ihm, sich ein undeutliches Bild in Erinnerung zu rufen: „Ich bin nicht lang in die Schule gegangen, oder doch ein halbes Jahr? Das Gymnasium war in Baracken untergebracht. Ich sehe keinen der Lehrer mehr, kein Gesicht, keine Geste; einer, ein dünner Mann, steht am Fenster." (*Zw*, 147) Das Erinnerungsfragment folgt der von Härtling avancierten Dramaturgie der Vergegenwärtigung, denn wie in einem Flashback fühlt sich das erinnernde Ich in eine Situation im Klassenraum zurückversetzt, in der es die Silhouette des Lehrers am Fenster erkennt. Die Erzählung wechselt indes unvermittelt vom Präteritum ins Präsens, markiert so, dass der Autor einen Moment des vergegenwärtigenden Nacherlebens inszeniert, der nicht mehr Teil der regulären Erinnerungsgeschichte ist. Der Augenblick ist jedoch instabil und von kurzer Dauer, denn schon die Verunsicherung darüber, in welchem Unterrichtsfach sich die Episode abspielt, reißt das erinnernde Ich abrupt zurück in die Erinnerungsgeschichte: „– was hat er unterrichtet?", fragt der Erzähler nun wieder im Perfekt. Die Identität des Lehrers bleibt ungeklärt, die Erinnerung zu ungenau, um auf ihrer Grundlage die Erzählung fortsetzen zu können. Immerhin kann die unmittelbare Konfrontation mit dem Erinnerungsort dem lückenhaften Gedächtnis auf die Sprünge helfen. Beim Spaziergang durch Zwettl kommt dem erinnernden Ich ein letzter Nachhall der Schulzeit wieder ins Bewusstsein: „[...] nur der Weg [zur Schule, GF] fiel mir wieder ein, als ich Mimi im Finanzamt besuchte: die Landstraße hinunter bis zur Pestsäule und einbiegen in die Hamerlingstraße; das stimme, sagt Mimi N." (*Zw*, 147) Die Bestätigung des Schulwegs durch „Mimi N." gewährt dem erinnernden Ich doch noch einen bescheidenen Rekonstruktionserfolg, mit dem das kurze Kapitel endet.

Dass Härtling selbst für nebensächliche Reminiszenzen eine externe Verifikation sucht, mag als Ausdruck der Verunsicherung des erinnernden Ich gelten oder aber der demonstrativen Gewissenhaftigkeit zuzuschreiben sein, mit der Härtling seine Recherchen durchführt. Unverkennbar wird in solchen Passagen der langwierige Charakter der Erinnerungsarbeit, in deren Verlauf das erinnernde Ich noch nebensächliche Details abwägt und überprüft. Im Mittelpunkt von *Zwettl* steht somit eben jener mühsame Rekonstruktionsprozess des erinnernden Ich, der in konventionellen Autobiographien zumeist keinen Platz findet. Der Erzähler setzt diesen Prozess mithilfe narrativer Instrumente in Szene, die den Lesern manchmal auf subtile und zuweilen auf ostentative Weise Einblick in die Arbeit des erinnernden Ich gewähren.

Neben der Erinnerungsgeschichte und der Kindheitsgeschichte lässt sich in *Zwettl* eine dritte narrative Ebene identifizieren, auf der das ‚erzählende Ich' die Herausforderungen seines Schreibaktes thematisiert. An die Erinnerungsarbeit schließt sich folglich – wenngleich Härtling ihr insgesamt viel weniger Aufmerksamkeit schenkt – die Erzählarbeit an. Während der Autor Zeit und Ort seiner Recherchen, die sich im Juli 1971 in Zwettl und anderen österreichischen Orten ereignen, noch vergleichsweise präzise angibt, bleiben die Koordinaten der Erzählsituation dagegen weitgehend unbestimmt. Unzweifelhaft ist allerdings, dass der mnemonische und der narrative Akt – anders als in vielen klassischen Autobiographien – in *Zwettl* nicht als identisch vorgestellt werden, sondern als distinkte Schritte des autobiographischen Erzählens mit einer je eigenen Problematik verhandelt werden. So ist die Erzählgeschichte als ein späterer Prozess der „Revision" (*Zw*, 20) der Aufzeichnungen und Dokumente entworfen, welcher in der Entscheidung mündet, ausgewählte Erinnerungen zu einem literarischen Text zu verschriftlichen.

Die Tätigkeit des erzählenden Ich äußert sich in der Regel lediglich in kurzen Autokommentaren folgender Art: „[I]ch habe geschrieben: Vater saß in einem grauen, zu weiten Anzug auf der Altane, er ist nicht in Uniform in Gefangenschaft gegangen – in einem Brief sagt er, er müsse aufpassen auf seinen Anzug, denn woher solle er Kleider bekommen.“ (*Zw*, 51) Der Erzähler sieht sich ganz offenbar in der Pflicht, die Geschichte nicht nur in einer bestimmten Weise wiederzugeben, sondern auch seine Entscheidung für die jeweilige Darstellungsweise zu begründen. Explizit verweist er auf die Quellen, auf deren Grundlage er die Erzählung formuliert und ausschmückt – so bilden die Recherchen des erinnernden Ich nun die Basis für die nachfolgende Arbeit des erzählenden Ich. Problematisch wird der Erzählprozess jedoch besonders dann, wenn sich die autobiographische Rekonstruktion nicht auf Dokumente stützen kann, sondern allein auf der Erinnerung des Erzählers beruht: „[...] ich schreibe ‚ein junger Offizier‘, weil ich ihn als jung in Erinnerung habe, weil er ihn jung gesehen hat; ich kann mir nicht mehr vorstellen, was er für jung gehalten hat.“ (*Zw*, 22) Erneut stellt der Erzähler die Differenz zwischen der Wahrnehmung des Kindes und des erwachsenen, erzählenden Ich heraus, als wolle er mithilfe solcher Kommentare die Verantwortung von sich schieben und das kindliche Ich für seine Wortwahl haftbar machen. Das Bemühen um die ‚Absicherung‘ der eigenen Erzählung erscheint jedoch stellenweise so manieriert – welche Rolle spielt es schon, wie jung oder alt jener Wehrmachtsoffizier war, der die Familie Härtling vor der baldigen Ankunft der Roten Armee warnte? –, dass hinter den rechtfertigenden Gesten eine weitaus tiefere Verunsicherung durchscheint. Indem er sich von der eigenen Erinnerung distanziert, gibt Härtling seine Beunruhigung darüber zu erkennen, dass ihn mit dem kindlichen Subjekt kein Gefühl von Identität verbindet. Sein früheres Selbst ist ihm so fremd geworden, dass er oft nur in der dritten Person über sich sprechen will („weil *er* ihn jung gesehen hat“), und doch bleibt dem Erzähler keine Alternative, als sich auf das Gedächtnis des Kindes zu verlassen. So reflektiert die Erzählgeschichte auf ganz ähnliche Weise wie die Erinnerungsgeschichte, dass die Selbstentfremdung den autobiographischen Erzähler daran hindert, sich souverän über sein Leben zu äußern.

Während die Erinnerungsgeschichte weitgehend im Imperfekt wiedergegeben wird, wählt Härtling für die Erzählgeschichte ein abstraktes Präsens, das keine genauen Rückschlüsse auf die Erzählsituation zulässt. Diese Entscheidung führt in einigen Fällen zu interessanten temporalen Verwerfungen, wenn nämlich der *discours* unmittelbar zwischen der Gegenwart des erzählenden Ich und den – ebenfalls im Präsens formulierten – Momenten des Nacherlebens vergangener Ereignisse hin und her wechselt: „L. sitzt still neben ihr, der große Stuhl macht sie noch zarter, kleiner, sie ist eingeschüchtert und müde. Ich schreibe: Sie hatte ihre Puppe auf dem Schoß.“ Das Präsens der Lebensgeschichte – die Beschreibung von L. auf dem Stuhl – geht direkt in das Präsens der Erzählgeschichte über. Das grammatische Tempus gewährleistet folglich keine zuverlässige Unterscheidung zwischen den Erzählebenen, vielmehr entscheidet allein der Kontext über die chronologische Zuordnung der Textaussagen. Härtlings freies und unkonventionelles Verfügen über die Temporalformen nötigt die Leser in eine aktive Rezeptionsrolle, da es ihnen überlassen bleibt, die zeitlichen Relationen des Geschehens zu rekonstruieren. Die Erzählarbeit des Autors hat daher ihr Pendant in einer ‚Lektürearbeit', die Härtlings Publikum zu bewältigen hat, wenn es seinen Schilderungen sinnvoll folgen möchte.

Das Identifizieren und Ordnen der Erzählebenen wird insbesondere dann zu einer Herausforderung, wenn der Erzähler in langen Parataxen Erinnertes und Gegenwärtiges nebeneinanderstellt, ohne wenigstens durch Interpunktion die Übergänge zu markieren: „Der Führer ist tot, sagte einer, hier sagt nun jemand, der Führer sei tot, ich habe es geschrieben, ohne nachzudenken, es ist ein Satz, der Ereignisse datiert, der mitgeschrieben wurde, ohne daß ich aufgemerkt hätte, nun, bei der Revision, erläutert er mir einen Zeitpunkt." (*Zw*, 20) Die Passage setzt mit Härtlings Erinnerung an den einschneidenden Satz „Der Führer ist tot" ein, wechselt dann jedoch unvermittelt in die Gegenwart des erzählenden Ich, das den Satz nun auf Papier geschrieben vor sich sieht und reflektiert, welche Konsequenzen sich aus dem Zitat für seinen weiteren Schreibprozess ergeben. Verkompliziert wird die narrative Konstruktion noch durch den Umstand, dass Härtling auf die typografische Markierung der direkten Rede verzichtet und so zusätzlich die Binnenstruktur der Erzählebenen verschleiert. Einen Hinweis darauf, dass es sich bei all dem nicht um eine schlichte Nachlässigkeit des Autors, sondern um eine bewusste ästhetische Entscheidung handelt, liefert nicht zuletzt die ironische Pointe am Ende der Passage. Während nämlich das erzählende Ich in der Nachricht von Hitlers Tod einen wichtigen Hinweis auf den genauen „Zeitpunkt" seiner Erinnerung erkennt, mithin ein wenig Ordnung in die Abfolge der erinnerten und erzählten Ereignisse bringen kann, wird diese Einsicht auf eine narrative Weise präsentiert, die den Lesern eine temporale Orientierung geradezu verweigert. Anders gewendet: Im Verzicht auf eine klare Abgrenzung zwischen den narrativen Ebenen findet Härtling ein Instrument, die chronologischen Ungewissheiten, die ihm den Erzählprozess erschweren, auf den Text und seine Lektüre zu projizieren.[33]

Wiederum nutzt Härtling also die Mittel der Textperformanz, um den Lesern die Widerstände und Schwierigkeiten seines autobiographischen Projekts erfahrbar zu machen. Besonders sichtbar wird die Performativität der Erzählarbeit in einem Kapitel, das den selbstreflexiven Titel „Löschung eines Kapitels" trägt. (*Zw*, 25 f.) Darin thematisiert der Erzähler die Widersprüche zwischen den Aussagen verschiedener Zeitzeugen, die auf seinen Schreibprozess zurückwirken. Einige Kontextinformationen sind notwendig: In einer vorhergehenden Episode hatte Härtling das Gespräch mit einem ehemaligen Wehrmachtsoldaten protokolliert, der auf der Flucht vor den sowjetischen Truppen ebenfalls durch Zwettl kam. Der Soldat berichtete Härtling, dass seine Mutter für die Soldaten

---

[33] Zu den chronologischen Ungenauigkeiten in Härtlings autobiographischen Schriften vgl. Todtenhaupt, „Schreiben ‚gegen die durcheinander geratene Zeit'".

die Unterschrift auf den Entlassungsscheinen fälschte und ihnen so die Desertion ermöglichte. In einem späteren Gespräch des Erzählers mit seiner „Tante K." widerspricht diese allerdings dem Soldaten: „Es sei, berichtigt Tante K. mit Erbitterung, alles falsch. So habe es sich nicht zugetragen." (*Zw*, 25) Im Dialog mit dem Erzähler setzt die Tante ihre eigene Version der Geschichte dagegen (der Rednerwechsel wird von Härtling lediglich mit Einrückungen markiert):

Ich muß es besser wissen. Ich habe da mitgemacht. Wie kannst du dich daran noch erinnern. Ich weiß es ganz genau, ich habe die Unterschriften geleistet, deine Mutter war nicht dabei gewesen, ich habe unterschrieben, ich ganz allein, ich habe „Leutnant Stolz" geschrieben, es ist auch meine Idee gewesen. [...]

In meiner Erinnerung ist sie es gewesen.
Das ist falsch, ich war der Leutnant Stolz, du kannst sicher sein, ich bin es gewesen, ich allein, ich sehe das noch vor mir.
Und wo war Mutter?

Das weiß ich nicht. Sie war nicht da. Sie war nicht dabei. (*Zw*, 25 f.)

Der Erzähler steht vor einem Dilemma: Zwei widersprüchliche aber gleichermaßen plausible Geschichten reklamieren die Wahrheit für sich, doch nur eine davon liefert die ersehnten Anhaltspunkte über den Charakter der Mutter. Ob die Mutter in Zwettl zur mutigen Fluchthelferin wurde oder nicht, kann auf Grundlage der Zeugenaussagen nicht entschieden werden. Härtlings programmatische Lösung des Konflikts besteht darin, nicht einfach eine der möglichen Varianten als die vermeintlich richtige zu präsentieren, sondern beide im Text direkt gegenüberzustellen. Ganz offensichtlich ist ein solch offensiver Umgang mit den konträren Aussagen nicht mehr mit der traditionellen Vorstellung eines Autobiographen zu vereinbaren, der aus seiner „Thronposition" heraus die Geschehnisse auf eine Weise erzählt, die Einheitlichkeit und Konsistenz gewährleistet. Härtlings Entscheidung, seine Quellen im Text direkt gegenüberzustellen, lässt sich jedoch als eine neue Form auktorialer Souveränität begreifen. Denn er demonstriert auf diese Weise unzweifelhaft, dass er die Geschichte seiner Familie als Teil einer kollektiven Geschichte begreift, die zwangsläufig eine Vielzahl individueller und konkurrierender Deutungen hervorbringen muss. Härtling erkennt den Anspruch auf Wahrhaftigkeit an, den die konfligierenden Berichte des Soldaten und seiner Tante erheben, und gibt in seiner Erzählung beiden den nötigen Raum. Der Autor geriert sich folglich nicht als Richter mit besonderen Deutungsprivilegien über die historische Wahrheit, sondern nimmt gewissermaßen die Rolle eines Mediators zwischen gegensätzlichen Positionen ein.[34]

Im Rahmen seiner Dresdner Poetikdozentur erklärte Härtling, diese vermittelnde Haltung sei für ihn „zum poetologischen Programm" geworden, denn er

---

[34] Wiederum bietet sich der Vergleich zu Härtlings biographischen Romanen an, in denen der Erzähler ebenfalls als Vermittler historischer Quellen fungiert; vgl. Beckonert, *Biographisches Erzählen*, 212–230.

habe beschlossen, über die Zeit in Zwettl „[i]n allen Versionen“ zu schreiben: „Nicht meine Wahrheit, vielmehr die Wahrheiten aller, die erzählten. Ich würde sie nicht wie üblich bündeln, tilgen, vertuschen, sondern gegeneinander stellen.“[35] Schon die klassische Autobiographik sah die Subjektivität und Konstruktivität historischer Berichte – wenn auch widerwillig und mit Vorbehalten – als „gattungskonstitutiv“ an und übte sich in der „Akzeptanz des Unvermeidbaren“.[36] Härtling entwickelt jedoch einen innovativen Ansatz, dieses Prinzip literarisch produktiv zu machen: Wenn sich die Vergangenheit der sicheren Erkenntnis entzieht, so wird für den Autobiographen die möglichst transparente Darstellung des Rekonstruktions- und Erzählprozesses ein umso erstrebenswerteres Ziel, denn sie eröffnet insbesondere den literarischen Autobiographien eine neue Ebene der Selbstreflexivität.

Um die Transparenz seines Erzählvorgangs zu gewährleisten, bedient sich Härtling ein weiteres Mal performativer Techniken. Dem Textabschnitt, in welchem die Tante dem Bericht des Soldaten widerspricht, gibt er die mehrdeutige Überschrift „Löschung eines Kapitels“. Der Erzähler gibt damit zu verstehen, dass die Tante, indem sie der Erzählung des Soldaten widersprach, sein idealisiertes Bild von der Mutter zurechtrückte. Zum anderen aber lässt sich die Überschrift als eine Anweisung begreifen, nun auch den autobiographischen Text der neuen Erkenntnislage anzupassen. Härtling markiert gleichsam die Notwendigkeit einer Korrektur, die dann jedoch ausbleibt: Statt das irreführende Gespräch mit dem Soldaten aus der Erzählung zu tilgen, den Text zu überarbeiten und inhaltlich zu glätten, lässt Härtling die Widersprüche stehen. Die „Löschung eines Kapitels“ erfolgt damit lediglich im Modus des ‚als ob‘. Dieser narrative Kunstgriff illustriert, wie weit sich Härtling von der klassischen, stets um Konsistenz bemühten Autobiographik entfernt, und veranschaulicht zugleich seine Überzeugung, den Lesern eine weitgehende Einsicht in den Erinnerungs- und Erzählprozess gewähren zu müssen.

Das ‚Offenlegen der Karten‘ durch den Erzähler ist allerdings nicht allein im Sinne einer zunehmenden Selbstreflexivität und Literarizität der Gattung zu deuten, wie sie etwa Müller und Holdenried beschreiben.[37] Vollständig erschließt sich das Transparenz-Paradigma erst vor dem sozialgeschichtlichen Hintergrund der späten 1960er- und frühen 1970er-Jahre, in denen die Aufarbeitung des Nationalsozialismus in eine neue Phase eintrat.[38] In einer Rede vor dem Evangelischen Kirchentag äußerte Härtling rückblickend, dass er das autobiographische Erzählen in der Nachkriegszeit als eine Möglichkeit betrachtete, Verantwortung zu übernehmen. „[A]ngesichts des millionenfachen Mordes in den Konzentrationslagern“ und der Frage, „ob die Deutschen sich kollektiv

35 Härtling, *Erinnerte Wirklichkeit – erzählte Wahrheit*, 77.

36 Holdenried, *Autobiographie*, 39.

37 Vgl. Müller, *Autobiographie und Roman*, 353–359; Holdenried, *Autobiographie*, 37–51.

38 Vgl. Burckhard Dücker, *Peter Härtling*, München 1983, 9f.

schuldig fühlen oder wenigstens kollektiv schämen sollten", sei es wichtig gewesen, dass einige der Beteiligten „zu erzählen begannen, von sich, von den andern, von einer Vergangenheit, die keiner mehr haben wollte".[39] Das Erzählen sei ein Schritt gewesen, der auf den „Prozeß einer möglichen politischen Erneuerung" hinführte.[40] Die beinahe utopische Hoffnung, mit der Härtling das biographische Erzählen verbindet, korreliert mit seiner programmatischen Überzeugung, in *Zwettl* alle noch erreichbaren Zeitzeugen zu Wort kommen zu lassen. Von sich und anderen zu berichten, diene der gewissermaßen therapeutischen Aufgabe, „den Schwierigkeiten, den Sprachlosigkeiten zwischen den Generationen auf die Spur zu kommen".[41] So will sich der Autobiograph in die kollektive Geschichte einschreiben und mit seinem Werk zur Vergangenheitsbewältigung beitragen.

Doch der Anspruch, in seinem Text alle Zeugen gleichberechtigt zu Wort kommen zu lassen, macht aus dem autobiographischen Schreiben im doppelten Sinne ein erschöpfendes Unterfangen: Die exhaustive Darstellung sämtlicher Perspektiven auf das Geschehen in Zwettl erfordert vom Autor eine intensive, kräftezehrende Erzählarbeit. In seiner Poetikdozentur hat Härtling die Mühen dieser Arbeit näher erläutert: „Vier Wochen lang kollagierte ich die Abschriften, mischte mich erzählend ein, nahm mich wieder zurück. Die erzählte Wahrheit bildete sich als Bewusstseinsspaltung heraus, in der ich mich an die erinnerten Wirklichkeiten klammerte – die andern Stimmen redeten dagegen, redeten mir drein."[42] Wenn Härtling sich in *Zwettl* zur Aufgabe einiger auktorialer Privilegien verpflichtet, bleiben ihm gleichwohl die typischen Reflexe eines Autobiographen erhalten – allen voran das Bedürfnis nach historischer Deutungshoheit. *Zwettl* inszeniert somit einen psychischen Spagat, der vom Erzähler verlangt, sich im Spannungsfeld zwischen Fremd- und Selbstanspruch immer wieder neu zu verorten: „Allerdings stellte ich nicht ohne inneren Widerstand die Stimmen der anderen gegen meine. Immer wieder musste ich mich zur Ordnung rufen, die Widersprüche, die mich mitunter kränkten, nicht auszugleichen."[43]

Auch in *Zwettl* äußert sich das erzählende Ich ambivalent über den Erfolg seiner Bemühungen. Die Narrativierung der Ereignisse erlaubt ihm einerseits, ein gewisses Maß an Ordnung und Klarheit zu gewinnen. „[I]ndem ich es erzähle, begreife ich" (*Zw*, 34), bemerkt der Erzähler anfangs hoffnungsvoll, durch das Schreiben eine nachträgliche Einsicht in jene Geschehnisse zu entwickeln, die das Kind noch nicht verstehen konnte. Das Erzählen fungiert als Katalysator, um sich die Erinnerungen zu vergegenwärtigen und dem kindlichen Ich anzunä-

[39] Peter Härtling, „Gespräch zwischen den Generationen. Eine Rede", in: *Und hören voneinander. Reden aus Zorn und Zuversicht*, Stuttgart 1984, 7–36, 13. (Rede vor dem Deutschen Evangelischen Kirchentag 1981 in Hamburg.)

[40] Ebd.

[41] Ebd., 10.

[42] Härtling, *Erinnerte Wirklichkeit – erzählte Wahrheit*, 77.

[43] Ebd.

hern, sogar vorübergehend mit ihm eins zu werden: „Ich schreibe mich in eine von der Erinnerung ausgewiesene Szene hinein." (*Zw*, 45) Doch die schreibende Vergegenwärtigung wird zu einer Gratwanderung, weil sie sich nicht selektiv auf die wenigen positiven Erinnerungen an Zwettl beschränken lässt. Das erzählende Ich konfrontiert im Schreibprozess vor allem jene beängstigenden Ereignisse, die Härtling bislang verdrängt hatte. Markant äußert sich dieser Zwiespalt in einer von Härtling geschilderten Episode, in der sich die aufgestauten Frustrationen der Kriegsjahre in einem eruptiven Streit der Eltern entladen. Schreibend wiederholt Härtling diesen erschütternden Konflikt, den er, wie er bekennt, lange Zeit „vergessen wollte" (*Zw*, 46). Dabei muss er auch erneut seine Verzweiflung darüber durchleben, dass sich das Auseinanderbrechen der Familie ankündigt: „[E]r ist nahe daran, über Vater und Mutter herzufallen, sie zu prügeln, [...], ich schreibe es nach: der Junge hatte zwischen seinen Eltern gestanden, brüllte: Ihr macht alles kaputt [...]". (*Zw*, 45 f.) Öffentlich inszeniert Härtling damit eine Form der persönlichen Vergangenheitsbewältigung, die Freuds Prinzipien des ‚Erinnerns, Wiederholens und Durcharbeitens' sehr nahekommt.[44]

Das erzählende Ich begibt sich bewusst in eine prekäre und verletzliche Position, denn das ist der Preis, den Härtling zu zahlen bereit ist, um das Geschehen in Zwettl zu durchdringen. Die aufreibende Erzählarbeit hinterlässt Spuren am Erzähler, sie destabilisiert und verändert ihn im Laufe seines fortschreitenden Berichts:

> Notiz am 16.3.1972: Die Verwundung nimmt, seit ich an diesem Buch schreibe, zu: Ich habe Halluzinationen, wache nachts alle halbe Stunde auf, aus Träumen, die, zu meiner Verwunderung, krasse erotische Handlungen haben müssen, die jedoch, im Aufwachen, erlöschen, ich höre Stimmen, jemanden „Peterle" rufen, den Kosenamen, mit dem mein Vater mich rief, den ich verdrängt hatte, den ich auch hier nicht geschrieben habe; [...] notiere ich Gespräche mit Tante K., bin ich unaufmerksam und finde beim Nachlesen Auskünfte, die mich überraschen [...]. (*Zw*, 73)

Präzise datiert Härtling die Erzählzeit und indiziert damit so deutlich wie an keiner anderen Stelle, dass sich Erinnerungs- und Erzählprozess über einen bedeutenden Zeitraum erstrecken. Ein Dreivierteljahr nach seinem Besuch in Zwettl ist er mit dem Verfassen des Buches beschäftigt, und mittlerweile spürt er die Rückwirkungen des Erzählprozesses auf seine Verfassung. Hatte schon die Erkundungsreise nach Zwettl das erinnernde Ich zu einer unangenehmen Selbstkonfrontation gezwungen, so potenziert der Schreibakt nun die Verunsicherung des Erzählers. Die nervösen Symptome der Krise, die ihn bei der Redaktion der Erzählung überfällt, aktualisieren Kategorien der Psychoanalyse: Verdrängte Erinnerungen steigen ihm aus dem Unbewussten wieder ins Bewusstsein, auch wird Härtling von unruhigen Träumen und Sinnestäuschungen geplagt, von se-

[44] Vgl. Freud, „Erinnern, Wiederholen und Durcharbeiten".

xueller Erregung überfallen; schließlich erlebt er erneut ein Gefühl kindlichen Ausgeliefertseins gegenüber dem Vater, der ihn im Diminutiv anredete.

Die Erzählung entsteht nicht aus einem Zustand kontemplativer Ruhe und Stabilität heraus, stattdessen gestaltet sich der Schreibvorgang als ein unbeständiger Prozess, weil die Erzählarbeit unmittelbar auf das erzählende Ich zurückwirkt, es verunsichert und sein Selbstverhältnis irritiert. Somit spiegelt die Erzählgeschichte das dynamische Modell autobiographischer Reflexion, das bereits der Erinnerungsreise nach Zwettl zugrunde liegt. Die Situationen, in denen sich das erinnernde und erzählende Ich befinden, sind gerade nicht im Sinne der traditionellen Gattungspoetik als statisch zu bezeichnen, vielmehr verändern sie sich und erhalten einen diegetischen Charakter. Härtling flankiert die erzählte Lebensgeschichte mit einer distinkten Erinnerungsgeschichte und einer – wenn auch in geringerem Maße ausgestalteten – Erzählgeschichte, die beide nicht in einer abstrakten, gewissermaßen ‚außerhalb' des Textes liegenden Gegenwart angesiedelt sind, sondern von Härtling in einem konkreten raumzeitlichen Kontext dargestellt werden. Die Prozessualisierung und Narrativierung der Rekonstruktionsarbeit geht folglich einher mit einer umfassenden Verortung und Verzeitlichung des autobiographischen Subjekts: Statt das erinnernde Ich im Rückzug an einem topischen, abgeschiedenen Ort der Muße zu zeigen, sucht Härtling die direkte Konfrontation mit dem Erinnerungsort Zwettl. Und statt die Suggestion einer ‚stillgestellten' Erzählzeit aufrechtzuerhalten, fokussiert Härtling die Dynamik seiner Erzählung, die er nur sukzessive auf Basis der von ihm gewonnenen Erkenntnisse fortschreiben kann.

Damit aber steht die Reflexionssituation des Autobiographen nicht mehr in struktureller Opposition zum gelebten Leben, wie es das klassische autobiographische Modell geradezu normativ einfordet. Nicht mehr der Gegensatz zwischen der *vita activa* und der *vita contemplativa* des Lebensendes prägt die autobiographische Rekonstruktion, vielmehr bildet diese nun selbst einen untrennbaren Teil des bewegten und bewegenden Lebens, und sie kann damit auch wieder zum Gegenstand nachfolgender Berichte werden. Das Beispiel *Zwettl* illustriert dieses rekursive Prinzip gleich auf mehrfache Weise: Härtling berichtet darin von vorausgehenden Versuchen der Selbstannäherung – vor allem jenem Zeitungsartikel, der das Erinnerungsprojekt erst ins Rollen brachte –, aber auch die Arbeit an der Erzählung *Zwettl* wird indes selbst zu einer markanten Episode seines Lebens, an die sich Härtling bei späteren Gelegenheiten (etwa in seinen Poetikvorlesungen) häufig erinnerte. Es entsteht eine Kaskade autobiographischer Retrospektiven, in denen der Autobiograph seine früheren Bemühungen stets mitreflektiert. Somit wird der autobiographische Erzähler selbst zu einer geschichtlichen Figur, die sich im Zeitverlauf wandelt, die Konflikte austrägt und die ihren Selbstentwurf immer aufs Neue behaupten muss – gegenüber sich selbst, gegenüber Einmischungen von außen, gegenüber der Geschichte des 20. Jahrhunderts. Härtling entwirft die narrative Selbstkonstitution als einen unabgeschlossenen Prozess, in dem das erinnerte und das erinnernde Ich am Ende nie ganz zusammentreffen. Mit dem Resümee, die Selbstentfremdung im Laufe seiner mühsamen Erinnerungs- und Erzählarbeit letztlich nicht überwunden und keinen verlässlichen Zugang zum kindlichen Ich gefunden zu haben, beschließt Härtling seine Erzählung *Zwettl*: „[I]ch weiß nicht, ob ich es gewesen bin. Ich könnte es gewesen sein. [...] Die Lebenden stehen vor ihren Abbildern, durch die Jahre abgerückt, sie erzählen, wer sie waren, aber sie finden zu ihrem Bild nicht zurück." (*Zw*, 186)

4.2. Widerstände des Erzählens. Christa Wolf: *Kindheitsmuster*

Kaum eine literaturwissenschaftliche Darstellung der jüngeren Autobiographiegeschichte kommt umhin, die wegweisende Stellung von Christa Wolfs autobiographischem Roman *Kindheitsmuster* aus dem Jahr 1976[45] zu würdigen, gilt dieser doch als eines der avanciertesten Beispiele für die Entwicklungstendenzen der literarischen Autobiographik nach dem Zweiten Weltkrieg.[46] Weit entfernt von der konventionellen Form populärer Lebensberichte zeichnet sich Wolfs Werk durch einen hohen Grad an Selbstreflexivität und Literarizität aus[47], zudem fiktionalisiert Wolf ihre Geschichte in erheblichem Maße und treibt somit die seit dem 18. Jahrhundert angelegte Synthese der Gattungen Roman und Autobiographie weiter voran.[48] Hier aber – und dies ist bislang nicht in dieser pointierten Weise geschehen – soll Wolfs Versuch, die eigene Kindheit und Jugend im Nationalsozialismus aufzuarbeiten, als paradigmatischer Entwurf einer aufreibenden und schonungslosen Selbstanalyse beschrieben werden, die im Hin-

[45] Christa Wolf, *Kindheitsmuster*, Werke, Bd. 5, hg. v. Sonja Hilzinger, München 2000 [1976]. (Im Folgenden zitiert mit der Sigle *Km.*) Die im Aufbau-Verlag erschienene DDR-Ausgabe trug keine Gattungszeichnung, während die ein Jahr später bei Luchterhand in der BRD publizierte Ausgabe mit dem Zusatz „Roman" versehen wurde. Vgl. dazu Peter Graves, „Reckoning with the past", in: *Times Literary Supplement* 07. 04. 1978, 396.

[46] Die Bedeutung von *Kindheitsmuster* ist schon daran zu ersehen, dass die Forschung eine enorme Zahl von Interpretationen hervorgebracht hat, wie generell die Literatur über Christa Wolf mittlerweile nur noch schwer zu überblicken ist. Zu den wichtigsten Beiträgen zählen jedoch Nadine J. Schmidt, „‚Grenzen des Sagbaren'. Reflexionen zur literarischen Konstruktion von Erinnerung in Christa Wolfs Roman *Kindheitsmuster*", in: Carsten Gansel (Hg.), *Christa Wolf – Im Strom der Erinnerung*, Göttingen 2014, 121–138; Ursula Ackrill, *Metafiktion und Ästhetik in Christa Wolfs Nachdenken über Christa T., Kindheitsmuster und Sommerstück*, Würzburg 2004; Sandra Frieden, „‚Falls es strafbar ist, die Grenzen zu verwischen'. Autobiographie, Biographie und Christa Wolf", in: Reinhold Grimm (Hg.), *Vom Anderen und vom Selbst. Beiträge zu Fragen der Biographie und Autobiographie*, Königstein 1982, 153–166; Sonja Hilzinger, „Nachwort [zu *Kindheitsmuster*]", in: Christa Wolf, *Werke*, Bd. 5, hg. v. Sonja Hilzinger, München 2000, 599–606.

[47] Vgl. allg. Holdenried, *Autobiographie*, 37–51.

[48] Vgl. Sill, *Zerbrochene Spiegel*, 42; sowie Voßkamp, *Der Roman des Lebens*, 29 f.

blick auf ihren zugrundeliegenden Subjektentwurf und ihre narrative Konstruktion einen starken Gegenpol zur topischen Autobiographik bildet. Denn eine so ostentative Inszenierung der eigenen Erinnerungs- und Erzählarbeit, die noch dazu als poetologische Antwort auf eine besondere historische und politische Konstellation verstanden werden kann, hatte bis dahin wohl noch keine Autorin und kein Autor vorgelegt.

Schon die Motivation für Wolfs Kindheitserzählung unterscheidet sich erheblich von einem Großteil der klassischen Autobiographik. Ihr Erinnerungsprojekt wurzelt nicht in einem bloß historischen Interesse, dem eigenen Leben im Rückblick eine abschließende Deutung zu geben. Vielmehr ist das autobiographische „Verstehen des Lebens" im Sinne Diltheys für Wolf nur ein notwendiger Schritt, um zu einem besseren Verständnis der Gegenwart zu gelangen.[49] Dieses Erkenntnisinteresse fasst die Erzählerin in der im Roman mehrfach wiederholten Frage zusammen: „Wie sind wir so geworden, wie wir heute sind?" (*Km*, 307, 468, 534) Die „wir"-Form der Frage indiziert, dass Wolf ihre individuelle Geschichte stellvertretend für das Fatum einer Generation, wenn nicht gar als Ausdruck eines anthropologischen Phänomens verstanden wissen möchte. So führt die Erzählerin ihr Bedürfnis, die Gegenwart im Spiegel der Vergangenheit zu betrachten, auf die besondere historische Lage zurück, in der sie selbst und ihre Altersgenossen sich befinden.

Die Jugend der 1929 geborenen Christa Wolf fällt mitten in die Zeit des Nationalsozialismus, und ihre Entwicklung erfolgt im Licht der totalitären Ideologie, mit der sie sich bald stark identifiziert. Als Kind und Jugendliche wirkt sie begeistert im Bund Deutscher Mädel mit. Doch etwa zeitgleich mit ihrem Übergang zum Erwachsenenalter brechen das nationalsozialistische Regime und damit auch Wolfs Überzeugungen zusammen. Nach Krieg und Flucht gehört sie einer Generation an, die mit der Deutschen Demokratischen Republik einen neuen Staat aufzubauen versucht, der sich gerade über seine antifaschistische Haltung definiert. Doch entgegen der offiziellen Parteilinie der SED nimmt sich Wolf, die mittlerweile zu den einflussreichen literarischen Größen der DDR und darüber hinaus zählt, in *Kindheitsmuster* das Recht heraus, ihre frühere Identifikation mit dem Nationalsozialismus ausführlich zu thematisieren und seine erfolgreiche Überwindung in Zweifel zu ziehen.[50] Auch in Interviews aus dieser Zeit stellt sie die Legitimität jeder moralischen Selbsterhöhung infrage und eruiert die Gefahr eines Rückfalls in dunkle Zeiten:

---

[49] Wilhelm Dilthey, „Das Erleben und die Selbstbiographie", in: Günter Niggl (Hg.), *Die Autobiographie. Zu Form und Geschichte einer literarischen Gattung*, 2., um ein Nachw. zur Neuausg. u. ein bibl. Nachtrag erg. Aufl., Darmstadt 1998, 21–32, 28.

[50] Vgl. Hilzinger, „Nachwort [zu *Kindheitsmuster*]", 599; Michael Jopling, *Re-placing the self. Fictional and autobiographical interplay in modern German narrative (Elias Canetti, Thomas Bernhard, Peter Weiss, Christa Wolf)*, Stuttgart 2001, 237.

> Aber kein Mensch kann den Wirkungen entgehen oder sich von den Einflüssen trennen, die von seiner Kindheit und Jugend her in sein späteres Leben dringen – auch und gerade, wenn diese Kindheit unter Einflüssen stand und Verhaltensweisen in ihm erzeugt hat, die er am liebsten vergessen und leugnen möchte, zuerst vor sich selbst. [...] Für diejenigen, die in der Zeit des Faschismus aufwuchsen, kann es kein Datum geben, von dem ab sie ihn als „bewältigt" erklären können.[51]

Ganz in diesem Sinne zitiert auch die Erzählerin in *Kindheitsmuster* einen Gewährsmann für ihre kritische Selbstanalyse: „Faschismus, schreibt der Pole Kasimierz Brandys, Faschismus ist ein weiterer Begriff als die Deutschen. Aber sie sind seine Klassiker gewesen." (*Km*, 60) Wolf begnügt sich indes nicht damit, die kulturelle und sozialpsychologische Disposition ihrer Generation für faschistische Ideen zu diagnostizieren, sondern begründet mit biologischen Argumenten, dass die kindliche Prägung durch den Nationalsozialismus sich nicht einfach abschütteln lasse. So zitiert die Erzählerin ein Interview mit einem „Fernsehpsychologe[n]", der behauptet, „daß die Grundstruktur eines Menschen bis zu seinem fünften Lebensjahr festgelegt" sein könne und die „Grundmuster [...] früh eingeritzt" würden: „Das Grundgerüst – man könnte auch Wahrnehmungsmuster sagen – solle man sich notfalls als ein Netz aus fest miteinander verbundenen Nervenfasern vorstellen, das allerdings tatsächlich in den ersten Lebensmonaten geknüpft wird: Später wächst das Gehirn nicht mehr." (*Km*, 230) Wolfs Befürchtung, aufgrund ihrer Kindheit könne sie – zumindest unbewusst – immer anfällig für totalitäres Denken bleiben, reflektiert auch der Titel ihres autobiographischen Romans. Die Erzählerin erklärt, sie habe verschiedene Titel abgewogen, darunter „Nach-Ruf", „Grund-Muster" und „Verhaltens-Muster", bis ihr eine vertraute Person schließlich „Kindheitsmuster" vorgeschlagen habe. (*Km*, 60)

Vor diesem Hintergrund präsentiert sich der Roman als das Ergebnis einer schonungslosen Selbstbefragung, mit deren Hilfe die Protagonistin und Erzählerin Nelly – eine erkennbar fiktionalisierte Version von Christa Wolf – ihre kindliche Empfänglichkeit für den deutschen Faschismus und ihren persönlichen Anteil an der kollektiven Schuld zu ergründen versucht. In zahlreichen poetologischen Metakommentaren, die den Text durchziehen, hebt die Erzählerin hervor, dass ihre kritische Analyse der eigenen Kindheit nicht nur den Gepflogenheiten der Gattung, sondern auch den sozialen Normen widerspricht, und dass das autobiographische Erzählen daher für sie eine besondere Herausforderung darstellt:

> Wer Hand an seine Kindheit legt, sollte nicht hoffen, zügig voranzukommen. [...] Das Schuldgefühl, das Handlungen wider die Natur begleitet, ist ihm sicher: Natürlich ist es, daß Kinder ihren Eltern zeitlebens dankbar sind für die glückliche Kindheit, die sie ihnen bereitet haben, und daß sie nicht daran tippen. (*Km*, 44)

---

[51] Christa Wolf, „Subjektive Authentizität. Gespräch mit Hans Kaufmann", in: *Die Dimension des Autors. Essays und Aufsätze, Reden und Gespräche 1959–1985*, Darmstadt/Neuwied 1987, 773–805, 785.

Das *noli me tangere* einer vermeintlich glücklichen und unschuldigen Kindheit aber will Nelly durchbrechen. Die ethischen, emotionalen und erinnerungspraktischen Komplikationen dieses Unterfangens reflektiert Wolf mit einer komplexen narrativen Konstruktion: Im Roman sind mindestens drei distinkte aber eng miteinander verwobene Erzählebenen zu unterscheiden[52], die jeweils nicht nur chronologisch voneinander abgesetzt sind, sondern zudem über je eigene Handlungen verfügen. So berichtet die erste diegetische Ebene, die etwa den Zeitraum von 1929 bis 1946 umfasst, von Nellys Kindheit im Nationalsozialismus, und zwar aus der Perspektive ihres persönlichen Erlebens. Die zweite Erzählebene gilt den Recherchen, welche die erwachsene Nelly im Jahr 1971 in Vorbereitung auf ihr Buchprojekt durchführt, sowie eine auf den 10./11. Juli 1971 datierte Reise der mittlerweile erwachsenen Protagonistin in ihre Geburtsstadt „W." in Polen. Diese Polenreise dient dem autobiographischen Subjekt vor allem dazu, durch die Konfrontation mit konkreten Orten den eigenen Erinnerungsprozess in Gang zu bringen – es handelt sich also um eine Erinnerungsgeschichte, die in vieler Hinsicht derjenigen in Härtlings *Zwettl* ähnelt. Auf einer dritten narrativen Ebene schließlich berichtet die Erzählerin von ihrer Arbeit am Manuskript von *Kindheitsmuster*, die vom 3. November 1972 bis zum 2. Mai 1975 andauert.[53]

Die narrativen Ebenen in *Kindheitsmuster* werden von Wolf mithin auf doppelte Weise funktionalisiert. Sie zeigen zunächst Nelly in verschiedenen Lebensabschnitten, darüber hinaus aber markieren sie auch je eine der elementaren Phasen der Autobiographie – Erleben, Erinnern und Erzählen. Dementsprechend kommt auch der Protagonistin eine zweifache Funktion zu: Nelly ist Handlungsträgerin und zentrale Figur auf jeder der Erzählebenen, und nimmt damit in Bezug auf die autobiographische Konstruktion auch eine jeweils andere Rolle ein. Sie tritt als ‚erlebendes Ich', ‚erinnerndes Ich' und ‚erzählendes Ich' in Erscheinung und gibt so den drei Instanzen des autobiographischen Subjekts eine konkrete Gestalt innerhalb der Diegese des Textes. Anders als in vielen konventionellen Autobiographien, in denen sich Erinnern und Erzählen lediglich als Textfunktionen analytisch unterscheiden lassen und sich zumeist simultan vollziehen, zeigt Wolf in Gestalt von Nelly das erinnernde Ich und das erzählende Ich als eigenständig handelnde Figuren in ihrem spezifischen raumzeitlichen Zusammenhang.

Diese aufwändige erzähltechnische Konstruktion ermöglicht es Wolf, ihr autobiographisches Projekt als einen komplizierten und mühsamen Prozess der Annäherung an das vergangene Selbst zu zeigen – an eben jenes kindliche Ich, dessen im Nationalsozialismus erworbene Denkmuster noch in der Gegen-

[52] Hilzinger, „Nachwort [zu *Kindheitsmuster*]", 603 u. 649 unterscheidet mit Verweis auf Wolfs Selbstauskunft in ihren Tagebüchern sogar vier Ebenen: „Reiseebene, Vergangenheitsebene, Manuskriptebene, Gegenwartsebene".

[53] Zur Struktur und Funktion der Erzähl- und Zeitebenen vgl. Frieden, „‚Falls es strafbar ist, die Grenzen zu verwischen'", 156–159.

wart des erzählenden Ich nachwirken. Sowohl die ‚Rechercheebene' als auch die ‚Schreibebene' zeigen selbstreflexiv die Genese von *Kindheitsmuster* und machen für die Leser die dahinterstehenden Prozesse der autobiographischen Arbeit sichtbar. Doch indem Wolf ihre Recherchen und die anschließende Redaktion des Manuskripts als chronologisch getrennte Phasen ihrer autobiographischen Tätigkeit vorführt, kann sie die spezifischen Probleme, die mit dem Erinnerungs- und Erzählprozess verbunden sind, auf eine differenzierte Weise thematisieren.

Die Erzählerin gibt sich nicht den Anschein, mit Leichtigkeit aus ihren Erinnerungen zu schöpfen, vielmehr hebt sie die Anstrengungen hervor, die ihr die Besinnung auf die eigenen Ursprünge bereitet. Zu Beginn des Romans annonciert Wolf ihr Erinnerungsprojekt „als Krebsgang, [...] als Fallen in einen Zeitschacht, auf dessen Grund das Kind in aller Unschuld auf einer Steinstufe sitzt und zum erstenmal in seinem Leben in Gedanken zu sich selbst ICH sagt". (*Km*, 16) Die Entstehung des Ich-Bewusstseins steht am Anfang von Nellys Geschichte, es ist der am weitesten zurückliegende Punkt, den das erinnernde Ich in einer „mühsame[n] rückwärts gerichtete[n] Bewegung" (*Km*, 16) erreichen kann. Die erste bewusste Selbstreferenz mithilfe des Pronomens ‚Ich' sei zwar ein ganz regulärer frühkindlicher Entwicklungsschritt, wie die Erzählerin bemerkt: „Ein dreijähriges normal entwickeltes Kind trennt sich von der dritten Person, für die es sich bis jetzt gehalten hat." (*Km*, 19) Doch ist dieser initiale Schritt vom ‚Es' zum ‚Ich' hier von besonderer Symbolik, denn dieser erste Versuch Nellys, sich eine eigene Identität zu geben, präfiguriert die neuerliche Selbstfindung, welche die Erzählerin mit ihrem Erinnerungsprojekt *Kindheitsmuster* anstrebt.

Anders als das kindliche Ich kann sich die erwachsene Erzählerin nicht mehr als einheitliches Subjekt begreifen, sie empfindet stattdessen eine tiefe Verunsicherung und Selbstentfremdung. Daher nennt sich die Erzählerin, wenn sie über ihre frühesten Erinnerungen spricht, nur beim Namen „Nelly" oder abstrakt „das Kind". Auch die Pronomen haben sich verschoben: Die Erzählgeschichte und die Erinnerungsgeschichte gestaltet Wolf grammatisch in der zweiten Person Singular, während sie die Kindheitsgeschichte Nellys in der dritten Person Singular darstellt. Zudem wählt Wolf die Tempusformen in einer Weise, die geeignet ist, die Distanz zwischen erzählendem, erinnerndem und erlebendem Subjekt graduell abzustufen: Sie berichtet die Erzählgeschichte im Präsens, während sie die Erinnerungs- und Kindheitsebene hauptsächlich ins Präteritum setzt. Je weiter also die Geschehnisse zurückliegen, desto distanzierter wird die grammatische Referenz auf die Protagonistin. Kann sich das erzählende Subjekt in seiner Gegenwart noch selbst anreden und eine Art Dialog evozieren („du" / Präsens), ist das erinnernde Subjekt schon in die Vergangenheit entrückt („du" / Imperfekt) und das kindliche Subjekt gar so weit entfernt, dass die Erzählerin nur noch *über* das Kind, und nicht mehr *mit* ihm zu sprechen scheint („sie", „es", „das Kind" / Imperfekt).

In den zahlreichen poetologischen Autokommentaren, in denen die Gründe für die unkonventionelle Gestaltung und Inszenierung des Textes darlegt werden, erläutert die Erzählerin auch, welche Ziele sie mit der grammatischen Verfremdung des autobiographischen Erzählmodells verfolgt. Die Aufspaltung des Subjekts in mehrere Instanzen, die noch dazu mit verschiedenen Pronomen bezeichnet werden, reflektiere ihr eigenes Gefühl der Entfremdung: „Ich, du, sie, in Gedanken ineinanderschwimmend, sollen im ausgesprochenen Satz einander entfremdet werden." (*Km*, 13) Doch bilde die Fähigkeit, sich von der Unmittelbarkeit des Ich zu lösen und Abstand zu sich selbst zu gewinnen, ohnehin eine Grundvoraussetzung jeder autobiographischen Reflexion: „Es ist der Mensch, der sich erinnert [...], der es gelernt hat, sich selber nicht als ein Ich, sondern als ein Du zu nehmen. Ein Stilelement wie dieses kann nicht Willkür oder Zufall sein." (*Km*, 177) Durch die Verfremdung solle die scheinbar ‚natürliche' Ich-Referenz auf den Prüfstand gestellt werden, um so „ein Spiel mit sich um sich" zu beginnen, „[e]in Spiel in und mit der zweiten und dritten Person, zum Zwecke ihrer Vereinigung". (*Km*, 234) Die Spaltung des Subjekts ist also nicht auf Dauer angelegt. Das Ziel der literarischen Versuchsanordnung besteht letztlich in der erneuten Konvergenz der zuvor auseinanderdividierten Subjektinstanzen, d. h. in der Überwindung der Selbstentfremdung: „Der Endpunkt wäre erreicht, wenn zweite und dritte Person wieder in der ersten zusammenträfen, mehr noch: zusammenfielen. Wo nicht mehr ‚du' und ‚sie' – wo unverhohlen ‚ich' gesagt werden müßte." Die Erzählerin schränkt allerdings ein: „Es kam dir sehr fraglich vor, ob du diesen Punkt erreichen könntest, ob der Weg, den du eingeschlagen hast, überhaupt dorthin führt." (*Km*, 507) Ob die Rekonstitution des Subjekts gelingt, ist offen und entscheidet sich erst am Ende des Erzählprozesses.

Die Ähnlichkeiten zwischen Wolfs narrativem Arrangement und Härtlings prozessualem Modell des autobiographischen Erzählens, das dieser wenige Jahre zuvor in *Zwettl* präsentiert hatte, sind unübersehbar. Wie Härtling entwirft auch Wolf ihr Erinnerungsprojekt als eine progressive und teleologische Annäherung an ihr früheres Ich, deren erhofftes – doch letztlich ungewisses – Ziel die wiedergewonnene Identität darstellt. Und ebenso wie Härtling, mit dem sie die Erfahrung des Krieges und der Flucht teilt, berichtet Wolf in *Kindheitsmuster* von den Hürden, die das erinnernde und das erzählende Ich zu überwinden haben, und die das avisierte literarische Spiel bald zu einer existentiellen Erfahrung werden lassen.

Die Problematisierung der autobiographischen Reflexion umfasst zunächst einige allgemeine Bemerkungen über die Funktion des Gedächtnisses, mit denen Nelly die Schilderung ihrer Erinnerungsarbeit flankiert. Einerseits erkennt die Erzählerin die Notwendigkeit an, ihr Selbstverständnis aus dem Rückblick auf das eigene Leben zu gewinnen: „So würden wir uns unaufhaltsam fremd werden ohne unser Gedächtnis an das, was wir getan haben, an das was uns zugestoßen ist." (*Km*, 14) Doch hegt die Erzählerin Vorbehalte gegenüber der

Möglichkeit, die Vergangenheit bloß aus der Erinnerung zu rekonstruieren. Das Gedächtnis sei voll von „verschlossenen Räumen" und das „Abrufen der Gedächtnisinhalte [...] wohl keine Sache der Biochemie und scheint uns nicht immer und überall freizustehen". (*Km*, 107 f.) Wolf weist die Vorstellungen zurück, ein Autobiograph könne – von manchen Lücken abgesehen – weitgehend souverän über sein Gedächtnis verfügen, und scheint damit zunächst auf wenig originelle Weise den modernen erinnerungsskeptischen Diskurs fortzuschreiben, der seit Freud und Proust die literarische Autobiographik prägt. Doch ist Wolfs Eingeständnis, die Vergangenheit nicht allein aus dem Gedächtnis reproduzieren zu können, mehr als ein apologetisches Lippenbekenntnis, wie es manch prominenter Autobiograph zur Absicherung seiner fragwürdigen Selbstdarstellung abgibt.[54] Für Wolf ist es der erste Schritt hin zu einer elaborierten Mnemopoetik, mit der sie produktiv auf die inhärente Unzuverlässigkeit der Erinnerung zu reagieren versucht.

Die ausführliche und explizite Darstellung der Erinnerungsarbeit in *Kindheitsmuster* erlaubt es, die Chronologie von Nellys Recherchen zu rekonstruieren und die verschiedenen Stufen, welche ihr Erinnerungsprozess durchläuft, zu differenzieren. So glaubt das erinnernde Ich anfangs, die Defizite des Gedächtnisses kompensieren zu können, weil ein solches Gedächtnis im Sinne der „Fähigkeit des Bewahrens, des Sich-Erinnerns" noch „[z]u entwickeln wäre" (*Km*, 23). Schon kurz darauf aber gibt Nelly die Hoffnungen auf, nach dem Vorbild souveräner Autobiographen auf die Vergangenheit zurückzublicken: „Du besitzt die Methode nicht, systematisch durch alle Schichten durchzudringen bis zum Grund. Energie wird verpulvert, ohne einen anderen Erfolg als den, daß du müde wirst und dich am hellerlichten Vormittag schlafen legst." (*Km*, 23) Der Versuch, die Kindheit allein aus der Erinnerung zu reproduzieren, ist zum Scheitern verurteilt und führt zu mentaler Erschöpfung. Auch Wolf verfolgt also ein dynamisches Konzept des Erinnerungsprozesses, in dessen Verlauf die Rekonstruktionsarbeit auf das erinnernde Ich zurückwirkt.

Da die Mühen des erinnernden Ich nicht zu positiven Resultaten führen, schlägt die anfängliche Hoffnung, die Nelly in ihr Erinnerungsvermögen setzt, bald in Misstrauen um. Nelly gibt sich überzeugt, dass die Erinnerung keine historischen Wahrheiten freilege, sondern „daß du die Erinnerung, dieses Betrugssystem, zu fürchten, daß du, indem du sie scheinbar vorzeigst, in Wirklichkeit gegen sie anzugehen hast". (*Km*, 226) Im Bestreben, die eigene Mnemopoetik gegenüber dem traditionellen Gattungsdiskurs abzugrenzen, erklärt Wolf nun entgegen jeder konventionellen Intuition das Gedächtnis zum größten Hindernis einer wahrheitsgetreuen Erinnerung. Weil es die Wahrnehmung verzerre und den Erkenntnisprozess behindere, müsse das erinnernde Ich das Gedächtnis überwinden und durch andere Alternativen ersetzen. Zu diesem Zweck verfällt

[54] Vgl. Kapitel 2.6.

Nelly auf zwei Maßnahmen. Die erste bestehe darin, dass der „Herstellungsprozeß" der Erinnerungen, auf denen die Erzählung basiert, „zur Sprache gebracht werden muß" (*Km*, 226), mit anderen Worten: dass die Arbeit des erinnernden Ich selbstreflexiv im Text darzustellen sei. Wolf leitet so die poetologische Notwendigkeit einer distinkten Erinnerungsgeschichte direkt aus ihrer Gedächtnisskepsis ab.

Zweitens aber muss sich Nelly auf die Suche nach verlässlicheren Quellen machen – und so setzen sich die Parallelen zu Härtlings Erinnerungspoetik fort. Die eigentliche Erinnerungsarbeit Nellys beginnt damit, dass das erinnernde Ich nach Informationen und Dokumenten forscht, mit deren Hilfe sie die Ereignisse in der Stadt „W." – ein Pseudonym für Wolfs Heimatstadt Landsberg an der Warthe, heute Gorzów Wielkopolski – zwischen der Machtergreifung der Nationalsozialisten und dem Kriegsende aufklären will. Von dieser Recherchearbeit berichtet die Erzählerin ganz gemäß der von ihr dargelegten Programmatik in einer Erinnerungsgeschichte, die Schlaglichter auf einige eindrückliche Szenen und entscheidende Erkenntnisse wirft. Im Bemühen um Transparenz datiert Nelly die Orte und Zeiten ihrer Nachforschungen, protokolliert ebenso die von ihr geprüften Zeitungen und zeitgenössischen Quellen. Unter anderem in der „Staatsbibliothek von Berlin" (*Km*, 217), in der „Potsdamer Landesbibliothek" (*Km*, 400) und im „Haus des Lehrers" (*Km*, 20) durchstöbert sie die Archive, fördert dort die „Schulbücher deiner Kindheit" und die „tief verstaubten Bände deiner Heimatzeitung" zutage, „die sich, zu deinem und der hilfsbereiten Bibliothekarin ungläubigen Staunen, tatsächlich im Magazin befunden hatten". (*Km*, 19 f.) Die Lektüre der Meldungen und Nachrichten aus den 1930er-Jahren ist irritierend und wirkt unmittelbar auf das erinnernde Ich zurück: Es „scheint ein Versuch nötig, zu schildern, wie du im Mai des Jahres 71, vierunddreißig Jahre nach den Ereignissen, auf deinem ruhigen, sicheren Stammplatz im Lesesaal der Staatsbibliothek von Berlin, Hauptstadt der DDR, auf sie reagiert hast". (*Km*, 216 f.) Die Erinnerungsarbeit hat einen tentativen Charakter, und stets reflektiert Nelly die Möglichkeit, dass ihr autobiographisches Vorhaben fehlschlagen könnte: „Mag sein, der Versuch muß scheitern, und daß du dich gerade nach ihm drängen würdest, wäre gelogen." (*Km*, 216 f.)

Die Bibliothek – sonst ein topischer Ort des Rückzugs und der stillen Kontemplation – wird für Nelly zur Begegnungsstätte mit einer furchterregenden und im öffentlichen Bewusstsein der DDR weitgehend verdrängten Vergangenheit[55], die ihr keine Ruhe mehr lässt. Je erschreckender die Quellen von den

[55] Kritische Untertöne in *Kindheitsmuster* weisen darauf hin, dass Wolf Defizite bei der öffentlichen Aufarbeitung des Nationalsozialismus in der DDR erkennt. So berichtet die Erzählerin beispielsweise: „Dieser Eichmann, fragte Lenka neulich, wer ist denn das eigentlich. Ihr verstummtet. Dann verlangtest du, ihr Geschichtsbuch zu sehen. […] Der faschistischen Diktatur in Deutschland sind fast hundert Seiten gewidmet. Der Name Adolf Eichmann, davon überzeugtest du dich, wird nicht genannt" (*Km*, 342)

faschistischen Umtrieben Zeugnis ablegen, desto mehr fordern sie eine intensive Auseinandersetzung heraus. Insbesondere der „Jahrgang 1937 des ‚General-Anzeigers', den Nelly täglich in den Händen ihrer Großmutter und allabendlich in denen ihrer Eltern sah", entpuppt sich bei der Durchsicht in der Staatsbibliothek als ein „wüstes Blatt [...], das dich in die Nähe wüster, mutloser Gedanken brachte" (*Km*, 216). Doch gerade diese Zeitung durchsucht das erinnernde Ich genauestens, „den ganzen Jahrgang von Anfang an" (*Km*, 216), um die Geschehnisse in W. zu rekonstruieren. Ein umfassendes Bild davon, wie sich die kindliche Protagonistin im nationalsozialistischen Deutschland verhielt, welche Einstellung sie selbst zu den Geschehnissen um sie herum hatte, kann Nelly anhand solcher Zeitzeugnisse allerdings nicht gewinnen: „Alles Material, aufgehäuft und studiert, beantwortet solche Fragen nicht. Doch sage nicht, es war überflüssig, wochenlang in der Staatsbibliothek die tief verstaubten Bände deiner Heimatzeitung durchzusehen [...]." (*Km*, 19 f.)

Immerhin gelingt es Nelly mithilfe ihrer Recherchen, einige der lückenhaften Erinnerungen zu überprüfen und einzelne der verworrenen, idiosynkratischen Eindrücke zu enträtseln, die sich in ihrem Gedächtnis festgesetzt haben. So schildert sie eine Szene, „als du im ‚General-Anzeiger' vom 31. Mai 1937 die Lösung [für eine rätselhafte Erinnerung, GF] fandest und darüber so aufgeregt wurdest, daß du am liebsten die freundliche Frau am Aufsichtstisch des Lesesaals davon benachrichtigt hättest". (*Km*, 212) Als es Nelly gelingt, eines der traumhaften Bilder aus frühester Kindheit zu entschlüsseln, fühlt sie sich bestätigt und denkt „mit Triumph an die Aufklärung dieses für unlösbar gehaltenen Rätsels. An die Minute, da sich erwies, daß dein Gedächtnis nicht irgendwelchen Unsinn aufbewahrt, sondern eine wenn auch vielfach verschlüsselte Realität." (*Km*, 212)

Solche Erfolge sind jedoch teuer erkauft. Wiederholt berichtet die Erzählerin davon, wie die Lektüre der erschreckenden „Texte [...], die sich niemand ausdenken kann" (*Km*, 71) das erinnernde Ich aus der Fassung bringt: „Einmal springst du auf, gibst den Zeitungsband zur Aufbewahrung, läufst lange durch die Straßen, Unter den Linden, Friedrichstraße, Oranienburger Tor, und starrst den Leuten in die Gesichter, ohne Ergebnis. Zurückverwiesen auf die Wandlungen des eigenen Gesichts." Ihre Beklommenheit macht es Nelly unmöglich, ruhig auf ihrem Platz zu verweilen, und nötigt sie zum Ausbruch aus den „dickmaurigen Räumen" der Staatsbibliothek. (*Km*, 72 f.) Ihr anschließender Spaziergang durch Berlin erinnert an jenen „anamnestischen Rausch", mit dem Walter Benjamin die Flanerie verglichen hatte[56], denn wie ein Arzt bei der Anamnese eines Patienten sucht Nelly in den Gesichtern der entgegenkommenden Passanten fieberhaft nach Anzeichen dafür, dass die Vergangenheit in ihnen nachhallt, dass möglicherweise auch in ihnen die damals verinnerlichten Muster fortwir-

[56] Walter Benjamin, *Das Passagen-Werk*, Gesammelte Schriften, Bd. 5, hg. v. Rolf Tiedemann, Frankfurt a. M. 1982, 525.

ken. Doch bleiben die Gesichter verschlossen und behalten „das schauerliche Geheimnis der Menschen dieses Jahrhunderts“ (*Km*, 65) für sich. Die erschütternden Recherchen haben Nellys Blick auf die Gegenwart verändert und sie von den Zeitgenossen entfremdet.

In *Kindheitsmuster* sind die Nachforschungen des erinnernden Ich somit an Orte und Praktiken gebunden, die ursprünglich dem topischen Repertoire mußevoller Kontemplation entstammen, doch nun von Wolf auf eine völlig neue Weise funktionalisiert werden, die ihrer an Aufarbeitung und Vergangenheitsbewältigung orientierten Erinnerungspoetik entspricht. Nelly wirkt während ihrer Aufenthalte in den Bibliotheken und Archiven wie eine Getriebene, deren Blick in die Vergangenheit nicht von Stolz, sondern von Schrecken erfüllt ist. Ihr Spaziergang durch Berlin, das eben nicht nur Hauptstadt der DDR, sondern auch des Dritten Reiches war, ist kein „zweckentbundene[r] Genuß“, sondern entspringt einem Bedürfnis nach Konfrontation.[57] Wolf, so ließe sich zuspitzen, ruft die klassische Folie der kontemplativen Praktiken auf, um die aufreibende Erinnerungsarbeit ihrer Protagonistin dagegen zu kontrastieren.

In ihrem weiteren Verlauf folgt die Erinnerungsgeschichte dem gleichen Strukturmuster, auf das auch Härtling in *Zwettl* zurückgreift: Unternimmt das erinnernde Ich zunächst einen Versuch, sich über das dokumentarische Material der eigenen Vergangenheit anzunähern, kommt Nelly also mit der Geschichte vorläufig nur medial vermittelt in Kontakt, folgt anschließend die persönliche Rückkehr an den Erinnerungsort. Die zweite Phase der Erinnerungsgeschichte in *Kindheitsmuster* setzt mit der Reise nach „W.“ im heutigen Polen ein, auf die sich Nelly gemeinsam mit ihrer Tochter Lenka (ein Pseudonym für Wolfs Tochter Tinka) und ihrem Begleiter H. (hinter dem man Gerhard Wolf erkennen mag) begibt. Auch Nellys Rückkehr erfolgt nicht primär im Modus nostalgischer Reminiszenz, sondern als kritische Auseinandersetzung mit ihrer Kindheit, wenn auch unter anderen Vorzeichen als bei Peter Härtling. Statt in W. die ihr zugefügten Traumata zu konfrontieren, stellt sich Nelly der eigenen Verantwortung und Schuld, die sie bislang verdrängt hatte: „Dir kam es immer unglaublicher vor, daß dir heute und hier Ortschaften erreichbar sein sollten, die ‚jener Zeit‘ angehörten: Jene frühen Plätze waren dir nicht nur in einer anderen Zeit, sondern auch in einem anderen Land zurückgeblieben.“ (*Km*, 439) In W. sieht das erinnernde Ich die aus der Kindheit bekannten Straßen und Plätzen wieder, vor allem aber trifft es dort auf ein früheres Selbst, dessen Verhalten es nun mit Scham erfüllt:

> Es war dir eigentlich immer lieb gewesen […] nach dem Kriege nur durch Städte zu gehen, deren Lenin- und Stalinalleen du nicht als Adolf-Hitler- und Hermann-Göring-Straßen gekannt hast. Es hätte dir gar nichts daran gelegen, beim Spaziergang einem

[57] Hessel, „Von der schwierigen Kunst spazieren zu gehen“, 46.

Lehrer zu begegnen, den Nelly jahrelang mit dem Deutschen Gruß gegrüßt hatte und zu dem du nun ‚Guten Tag' hättest sagen sollen. (*Km*, 439)

Die Rückkehr nach W. eröffnet Nelly eine Gelegenheit, Reue über ihre Anfälligkeit für die nationalsozialistischen Rituale zu zeigen. Häufig führt die Erzählerin spezifische Beispiele an, wie sie als Jugendliche handelte oder empfand, um sich anschließend nachdrücklich davon zu distanzieren. So kommt das erinnernde Ich auf seinem Gang durch W. beispielsweise am „Hindenburgplatz" vorbei, der mit seinen „Sonnabendnachmittags-Kartenspieler[n] auf den Bänken im Schatten der inzwischen erwachsenen Bäume" (*Km*, 336) ein friedliches Bild bietet. Die Erinnerungen, die der Ort weckt, sind dagegen viel düsterer:

An der Südostseite des Platzes, die an die ehemalige Böhmstraße grenzt, versammelte sich damals mittwochs und sonnabends Nellys Jungmädelgruppe, „trat an". Auch Nelly ließ ihre „Schaft" antreten, der Größe nach in Reihe zu einem Glied, ließ durchzählen, erwartete immer unruhig das Ergebnis, weil an der Vollzähligkeit ihrer Einheit die Befähigung einer Führerin gemessen wurde, kommandierte „Rechts um!" und ließ die Dreierformation bilden [...]. (*Km*, 336)

In der direkten Gegenüberstellung des Hindenburgplatzes als ‚Erinnerungsort' und als ‚erinnerter Ort' tritt die Diskrepanz der Welten, in denen sich Nelly einst und jüngst bewegte, deutlich hervor. Doch geht es der Erzählerin nur vordergründig um einen solch allgemeinen Vergleich, vielmehr illustriert die geschilderte Szene vor allem Nellys persönliche Identifikation mit dem Nationalsozialismus, die in einem erheblichen Gegensatz zu ihrer späteren Rolle als Schriftstellerin des sozialistischen Realismus steht: Als Führerin einer Jungmädelschaft trug Nelly aktiv zur Umsetzung und Verbreitung der totalitären Ideologie bei.[58]

Episoden dieser Art, in denen der Konfessionscharakter der Polenreise deutlich hervortritt, durchziehen die Erinnerungsgeschichte. Nellys Reisebegleiter bilden innerhalb der Diegese eine Art stellvertretende Öffentlichkeit, sie wohnen der Erinnerungsarbeit der Protagonistin bei und werden zu den unmittelbaren Adressaten ihrer Bekenntnisse. Vor allem die Tochter Lenka fungiert als moralisches Korrektiv, indem sie die Aussagen Nellys immer wieder hinterfragt: „Lenka sagt: Das versteht sie nicht, solche Sätze. Von Leuten, die die ganze Zeit dabeigewesen sind. Sie will nicht – noch nicht – erklärt haben, wie man zugleich anwesend und nicht dabeigewesen sein kann [...]." (*Km*, 65) Jenseits dieses kleinen Kreises richtet Wolf ihre Bekenntnisse jedoch nicht in rousseauscher Manier direkt an die Leser, wenngleich auch in *Kindheitsmuster* die gattungsinhärente Spannung zwischen privater Selbstbefragung und öffentlicher Entblößung spürbar ist. Wolf inszeniert den Besuch in W. vielmehr als geradezu intime Konfron-

[58] Im Jungmädelbund, einem Teil des Bunds Deutscher Mädel, waren zu NS-Zeiten die 10- bis 14-jährigen Mädchen (ab 1936 gesetzlich verpflichtend) organisiert. Eine Jungmädelschaft stellte die kleinste Organisationseinheit von ca. zehn bis 15 Mädchen dar.

tation einer lange verdrängten Schuld, die sie nun aus eigenem Interesse ehrlich anerkennen und aufarbeiten will.

Auch am Erinnerungsort gelingt Nelly indes keine vollständige Rekonstruktion ihrer Kindheit. So muss das erinnernde Ich beispielsweise erkennen, dass sich Nellys Reaktion auf das Hitler-Attentat des 20. Juli 1944 nicht mehr feststellen lässt:

> Wo Nelly am tiefsten beteiligt war, Hingabe einsetzte, Selbstaufgabe, sind die Einzelheiten, auf die es ankäme, gelöscht. [...] [D]er Schwund muß einem tief verunsicherten Bewußtsein gelegen gekommen sein, das, wie man weiß, hinter seinem eigenen Rücken dem Gedächtnis wirksame Weisungen erteilen kann, zum Beispiel die: Nicht mehr daran denken. (*Km*, 337)

Um dennoch die Transparenz ihrer Erinnerungsarbeit zu gewährleisten, greift die Erzählerin auf die pragmatische Lösung zurück, zumindest das eigene Nicht-Erinnern einzugestehen und so gewissermaßen aus einer Metaposition heraus die Mechanismen der Verdrängung zu thematisieren.

Kritischer noch als auf die eigene Teilnahme am öffentlichen Leben des NS-Staates blickt Nelly auf die inneren, von der totalitären Propaganda geprägten Einstellungen zurück – auf die eponymen ‚Kindheitsmuster' also, die sich ihrem Denken und Fühlen eingeschrieben haben könnten. Prägnant ist etwa eine von Nelly erinnerte Szene der Reichspogromnacht, in der sie beobachtete, wie eine Gruppe älterer Juden unter Lebensgefahr versuchte, ihre Heiligtümer aus der niedergebrannten Synagoge der Stadt W. zu retten. In Reaktion auf dieses Bild zitiert Nelly die antisemitischen Parolen, die sie in dieser Zeit verinnerlicht hatte, als wolle sie sich das Ausmaß der eigenen Verblendung vor Augen führen: „Die Juden sind anders als wir. Sie sind unheimlich. Vor den Juden muß man Angst haben, wenn man sie schon nicht hassen kann. Wenn die Juden jetzt stark wären, müßten sie uns alle umbringen." (*Km*, 237) Nelly attestiert sich eine deformierte Moral, die es ihr unmöglich machte, Empathie mit den jüdischen Opfern zu empfinden, und bemerkt sarkastisch: „Um ein Haar wäre Nelly eine unpassende Empfindung unterlaufen: Mitgefühl. Aber der gesunde deutsche Menschenverstand baute seine Barriere dagegen, als Angst." (*Km*, 237) Mit psychologischen Erklärungsversuchen dieser Art will das erinnernde Ich sein Denken und Fühlen nachträglich plausibilisieren. Dahinter steht jedoch keine apologetische Intention, sondern der Impuls, verallgemeinerbare Zusammenhänge zu erkennen und aus der Geschichte Lehren für die Gegenwart abzuleiten. Nelly will die eigenen Verfehlungen nicht als Teil einer entfernten Vergangenheit beiseite wischen, sondern die Gefahren der *conditio humana* veranschaulichen, die auch im Hier und Jetzt akut zu werden drohen. Die Gegenwart des erinnernden Ich erscheint fragil und damit – im Positiven wie im Negativen – veränderlich.

Um ihre individuelle Verantwortung nicht hinter der kollektiven historischen Schuld zu verbergen, bemüht sich die Protagonistin, ihr Handeln möglichst präzise zu rekonstruieren und ihre ‚Verfehlungen' explizit zu benennen. Weil Selbstkritik umso wertvoller ist, je spezifischer sie Fehler adressiert, ist Konkretion dem erinnernden Ich ein wichtiges Anliegen. Dass Nellys Geschichte sich teilweise wie eine lange und unverbundene Aneinanderreihung symptomatischer Episoden liest, kann als Ausdruck dieses Bedürfnisses gewertet werden, keine kompromittierende Szene auszulassen und die spezifischen Gründe für ihr Verhalten zu isolieren. Hinter einem solchen Bekenntnisprogramm muss das Interesse an einer wohlgeformten und ganzheitlichen Darstellung der eigenen Geschichte zurückstehen.

Die gleiche Aufmerksamkeit für historische Details zeigt Nelly auch in Bezug auf ihre Recherchereise. Die Erzählerin ist bestrebt, die Ereignisse der Erinnerungsgeschichte genau zu dokumentieren und den Rekonstruktionsprozess transparent darzustellen. Nicht nur, dass die Erzählerin den Zeitraum „eurer zweitägigen Polenreise am 10. und 11. Juli 1971" (*Km*, 256) präzise angibt, selbst die einzelnen Stationen der Reise verortet und datiert sie genau: „Unterwegs zwischen Witnica und Kostrzyn – am Sonntag, dem 11. Juli 1971 [...], mittags, [...]." (*Km*, 538) Zum Teil schmückt sie die Chronologie der Ereignisse mit idiosynkratischen Details aus, die zur Vergegenwärtigung der Szene beitragen: „Auf dem Schulhof (den du am 10. Juli 71 betreten hast, indem du rechts an der Schule, dem roten Backsteinbau, vorbei durch die schmiedeeiserne Pforte gingst, die immer noch nur angelehnt ist) [...]." (*Km*, 328) Die ubiquitären Orts- und Zeitangaben sind ein einfaches aber effektives narratives Mittel, die Wolf zur Umsetzung ihrer Mnemopoetik dienen. Die Datierungen gewährleisten, dass sich Nellys Begegnung mit der Heimatstadt nicht in einer abstrakten Gegenwart vollzieht – etwa nach dem Muster Thomas Bernhards, der in seinen Erinnerungen an Salzburg lediglich bemerkt: „und komme ich heute in die Stadt [...]" (*Ur*, 36) –, sondern dass der Erinnerungsprozess als die Summe vieler konkreter, raumzeitlich lokalisierbarer Ereignisse erkennbar wird.

In Wolfs poetologischen Publikationen jener Jahre wird deutlich, dass ihrer Entscheidung, die Erinnerungsebene in *Kindheitsmuster* nicht entlang der Topik des kontemplativen Rückzugs und der stillgestellten Zeit zu gestalten, sondern die Selbstannäherung als einen dynamischen und konfrontativen Prozess zu inszenieren, ein längerer Entwicklungsprozess vorausging. Insbesondere im 1968 verfassten Essay *Lesen und Schreiben* gibt die Autorin einen Einblick in ihre Suche nach einer neuen autographischen Ästhetik.[59] Bemerkenswert an diesem programmatischen Text, den Wolf nur wenige Jahre vor Beginn ihrer Arbeit an *Kindheitsmuster* verfasste, ist jedoch, dass die Autorin darin eine autobiographische Reflexionssituation evoziert, die noch stark an der Topik der Muße ori-

[59] Christa Wolf, „Lesen und Schreiben", in: *Die Dimension des Autors. Essays und Aufsätze, Reden und Gespräche 1959–1985*, Darmstadt/Neuwied 1987 [1968], 463–503 (Im Folgenden zitiert mit der Sigle *LS*.)

entiert ist. Sie befinde sich, so führt Wolf im Essay aus, auf einer Reise in einer Gegend, die sie bis dahin nie besucht habe, nämlich in der „Stadt Gorki an der Wolga", wo sie im „Hotel ‚Rossija'" abgestiegen ist. (*LS*, 464) Schon die relative Abgeschiedenheit des ca. dreihundert Kilometer östlich von Moskau gelegenen Ortes indiziert, dass die Umgebung für Wolf keinesfalls alltäglich ist, dass sie sich vielmehr weit aus ihrem gewöhnlichen Lebenszusammenhang entfernt hat. Verstärkt wird dieser Eindruck noch durch die Referenz auf das Hotel als einem transitorischen und ephemeren Ort, den man mit Marc Augé als *non-lieu*[60], mit Foucault als eine Heterotopie[61] und mit Figal als einen Muße-Ort[62] fassen kann, weil er insbesondere durch seine Gegensätzlichkeit zum privaten Heim markiert ist. Wolfs Hotelzimmer verfügt über zwei prominente Insignien mußevoller Autorschaft, die sie in einem Zuge erwähnt: „[M]it seinem staubigen Schreibtisch und den beiden Fenstern, die, genau wie der Balkon, auf dem ich stehe, den Blick auf die Wolgaebene haben" (*LS*, 464), bietet das Zimmer nicht nur einen ungestörten Arbeitsplatz, sondern gewährt der Autorin auch den topischen Blick in die Weite bzw. auf das Wasser.

Tatsächlich stellt sich unter diesen besonderen Bedingungen – der Reise, der Abgeschiedenheit und der erhöhten Position – bald ein geradezu prototypischer Moment der Zeitenthobenheit ein. Explizit erklärt Wolf, sie habe im Hotelzimmer „eine Relativierung und vorübergehende Aufhebung der objektiven Zeit" erfahren und den Eindruck gehabt, „daß der Augenblick fast unendlich dehnbar ist, daß er eine enorme Menge und Vielschichtigkeit an Erlebnismöglichkeiten in sich trägt, während fünf Minuten doch schlichte fünf Minuten geblieben sind". (*LS*, 467) Diese „Schwerelosigkeit, die freie Bewegung in Raum und Zeit" habe es ihr erlaubt,

> mich abstoßend, weiter[zu]sinken in das, was wir behelfsmäßig „Vergangenheit" nennen. So gelange ich denn zu ähnlichen Augenblicken, entdecke ein Erlebnismuster, finde vielleicht seinen Ursprung, vergleiche es mit anderen mir bekannten Mustern und kann womöglich etwas über mich erfahren, was ich noch nicht weiß. (*LS*, 465 f.)

Wolf nimmt in dieser Passage bereits die programmatischen Ausführungen in *Kindheitsmuster* vorweg, nur dass die psychologischen Strukturen, denen ihre Introspektion gilt, hier noch als „Erlebnismuster" bezeichnet werden. Die Bedingungen und der Verlauf der Selbstreflexion allerdings könnten gegensätzlicher nicht sein. Statt sich in mühsamer Erinnerungsarbeit an die Vergangenheit heranzutasten, gelingt es der Autorin, sich nach klassischem Gattungsmuster in schreibender und erinnernder Synchronizität die eigene Geschichte vor Augen zu rufen:

---

[60] Vgl. Marc Augé, *Non-lieux. Introduction à une anthropologie de la surmodernité*, Paris 1992, 100.

[61] Vgl. Foucault, „Des espaces autres".

[62] Vgl. Figal, „Die Räumlichkeit der Muße", 26.

> Dies schreibe ich am staubigen Schreibtisch des Hotels „Rossija": im Bewußtsein der *Gegenwart* – beispielsweise dieses Flusses da unten [...] – schreibe ich über einen *früheren* Vorgang, während dessen Ablauf ich mich – eine Kette von Assoziationen entlangtastend – nicht nur an noch frühere Ereignisse, sondern auch an vergangene Gedanken und *Erinnerungen* erinnerte. (*LS*, 466, Herv. i. O.)

Im Essay kündigt sich allerdings schon in rudimentärer Form jener Paradigmenwechsel an, die autobiographische Reflexion von der Topik der Muße zu lösen und an ihre Stelle eine mühsame Erinnerungs- und Erzählarbeit zu setzen. „Sich-Erinnern ist gegen den Strom schwimmen, wie schreiben – gegen den scheinbar natürlichen Strom des Vergessens, anstrengende Bewegung" (*LS*, 480), erklärt Wolf an einer Stelle. Zu den Vorausboten der Poetik, die Wolf in *Kindheitsmuster* entwickeln wird, gehört auch die Erkenntnis, dass das autobiographische Schreiben einen Beitrag zur Gegenwarts- und Vergangenheitsbewältigung leisten kann: „Und es scheint, da die Mühe des Schreibens auch in schwersten Zeiten nie ganz aufgegeben wurde, daß das nackte, bloße Leben nicht ohne weiteres mit sich selber fertig wird: unbeschrieben, unüberliefert, ungedeutet und unreflektiert." (*LS*, 468)

Die ‚Mühe des Schreibens', von der Wolf in ihrem Essay spricht, inszeniert sie in *Kindheitsmuster* in großer Ausführlichkeit. Auf einer dritten, zur Kindheitsgeschichte und Erinnerungsgeschichte komplementären Erzählebene berichtet das erzählende Ich von seiner jahrelangen Arbeit am Manuskript. In dieser Erzählgeschichte bringt Wolf somit selbstreflexiv die eigentliche Genese ihres Romans zu Darstellung und thematisiert die diversen Widrigkeiten, die sich ihrem Schreibprozess in den Weg stellen. Das Prinzip, den eigenen Erzählprozess in zahlreichen Autokommentaren zu reflektieren, ähnelt wiederum der Poetik Peter Härtlings, geht aber über das von ihm gewählte Modell, das vor allem die Bedingungen der Erinnerungsarbeit in den Blick nimmt und die Erzählarbeit nur am Rande thematisiert, qualitativ und quantitativ weit hinaus. Die Reflexion des Schreibaktes steht in *Kindheitsmuster* konzeptuell gleichberechtigt neben der erzählten Lebensgeschichte und der Erinnerungsgeschichte. Rein quantitativ umfasst die Erzählgeschichte circa ein Fünftel bis ein Viertel des gesamten Textes – die Gegenwart des erzählenden Ich bricht auf breiter Front in den autobiographischen Text ein.[63]

Schon die Eingangsszene des Romans zeigt das erzählende Ich bei seiner Arbeit und rückt die materiellen und praktischen Handlungen des Schreibens in den Vordergrund:

---

[63] Ackrill meint sogar: „Die metafiktionalen Unterbrechungen der Erzählerin aus der Erzählzeit überwiegen im Verhältnis zur erzählten Zeit; sie lösen den Zusammenhang der Kindheitserinnerungen auf und bemächtigen sich der Vergangenheit durch unermüdliches Kommentieren, Interpretieren und Verarbeiten aus dem Nachhinein der Erzählzeit." – Ackrill, *Metafiktion und Ästhetik*, 10.

Was du heute, an diesem trüben 3. November des Jahres 1972, beginnst, indem du, Packen provisorisch beschriebenen Papiers beiseite legend, einen neuen Bogen einspannst, noch einmal mit der Kapitelzahl I anfängst. (*Km*, 13)

Die Eingangsbemerkung der Erzählerin, dass bereits beschriebenes Papier zunächst weggeräumt werden müsse, bevor ein neues Blatt Papier in die Schreibmaschine gespannt werden kann, deutet an, dass die eigentliche Arbeit an Kindheitsmuster noch vor dem hier genannten 3. November 1972 begann.[64] Der Schreibakt ist von Wiederholungen und Neuanfängen geprägt, verläuft stockend und war, wie Wolf in einem Interview bekannte, „ein ziemlich anstrengendes Unterfangen".[65] Auch innerhalb der zweieinhalb Jahre, die die Erzählgeschichte umfasst, geht der Schreibakt alles andere als kontinuierlich und reibungslos von statten.[66] Wiederholt berichtet das erzählende Ich von den ‚Widerständen des Erzählens', den Schwierigkeiten, das Erlebte und das Erinnerte in einen Text zu fassen. Schon bald nachdem sie die Arbeit an ihrer Erzählung aufgenommen hat, wird Nelly „klar, daß nicht ein schnell zu machendes Ergebnis zu erwarten war, sondern eine lange Zeit von Arbeit und Zweifel. Daß es nicht beim nächsten Buch Ernst würde, sondern bei diesem". (*Km*, 40) Dass der ernste und langwierige Charakter der Erzählarbeit nicht einfach Teil der Romanfiktion ist, sondern direkt auf den realen Schreibprozess Christa Wolfs verweist, belegt der Materialien-Apparat der Werkausgabe, in dem immerhin fünfunddreißig verworfene Fassungen des Romananfangs abgedruckt sind.[67]

Die Widerstände, die sich Nellys Schreibprozess in den Weg stellen, haben verschiedene Ursachen. Wenngleich sie sich in der Praxis vermischen und eine komplexe Gemengelage bilden, kann eine analytische Differenzierung doch helfen, die Problemfelder (post-)moderner Autorschaft, die von Wolf diskutiert werden, im Folgenden näher zu bestimmen. Zwei verschiedene Gründe dafür, dass aus dem autobiographischen Bericht eine mühsame Erzählarbeit wird, lassen sich unterscheiden: Erstens ist die schriftstellerische Tätigkeit für Wolf nicht mehr Ausdruck künstlerischer und individueller Autonomie, sondern an äußere Zwänge gebunden. Dementsprechend liegt auch ihrem Versuch, sich im Medium der Narration selbst zu konstituieren, nicht mehr die Vorstellung einer freien Selbstverwirklichung zugrunde, sondern das Gefühl, einer gesellschaftlichen oder gar historischen Pflicht der Vergangenheitsbewältigung nachzukommen. Zweitens hat Wolf mit dem modernetypischen Problem zu kämpfen, eine an-

---

[64] Die Werkausgabe datiert einen ersten Entwurf des Eingangskapitels auf den 11. September 1969, also mehr als drei Jahre vor dem im Roman angegeben Datum. Vgl. den Materialen-Apparat in Christa Wolf, *Kindheitsmuster*, Werke, Bd. 5, hg. v. Sonja Hilzinger, München 2000 [1976], 607.

[65] Wolf, „Subjektive Authentizität", 785 f.

[66] Vgl. Ackrill, *Metafiktion und Ästhetik*, 99.

[67] Vgl. Christa Wolf, *Kindheitsmuster*, Werke, Bd. 5, hg. v. Sonja Hilzinger, München 2000 [1976], 607–643.

gemessene sprachliche und literarische Repräsentation für ihre Geschichte zu finden. Verschärft wird diese Problematik noch durch eine besondere politische Konstellation, denn bereits das bloße Vorhaben, eine autobiographische Erzählung zu schreiben, steht im Konflikt mit dem kulturpolitischen Programm der DDR. Wolf ist daher gezwungen, ihre Schreibweise so anzupassen, dass sie die offiziellen Vorgaben unterlaufen kann.

Dass sich die Arbeit an *Kindheitsmuster* über weite Strecken nicht selbstbestimmt und erfüllend gestaltet, ist einer der stärksten Indikatoren dafür, dass Wolf einen neuen Modus autobiographischer Reflexion jenseits der klassischen, muße-affinen Autobiographik entwirft. Von Anfang an, so suggeriert das erzählende Ich, sei die innere Auflehnung gegen eine Beschäftigung mit der Kindheit so groß gewesen, dass es der Ermutigung anderer Personen bedurfte: „Damit beginnen, riet H. Du weigertest dich. Mag sich ausliefern, wer will. Es war der Januar 1971." (*Km*, 24) In einigen Analepsen innerhalb der Erzählgeschichte blickt Nelly auf die Zeit zurück, als sie die Arbeit an *Kindheitsmuster* noch nicht aufgenommen hatte, weil die Furcht davor, sich autobiographisch zu entblößen, noch zu groß war. „Es sei noch gar nicht gesagt, daß du das Buch machen würdest" (*Km*, 165), rechtfertigt sich die Erzählerin und gibt sich überzeugt: „Das Buch würdest du nicht schreiben können." (*Km*, 402) Dem wachsenden äußeren Druck versucht Nelly sich zunächst mit Ausreden zu entziehen, denn „natürlich kam es zu Vorwürfen, die du nur zurückweisen konntest: mit dem Hinweis auf unabweisbare Verpflichtungen". (*Km*, 24) Die Protagonistin verfällt in einen paralysierten Zustand, der ihr jede literarische Produktivität unmöglich macht, sodass sich schließlich nicht nur ihr unmittelbares Umfeld, sondern auch das Lesepublikum einmischt: „Nach Mitternacht ein dummer Anruf eines Menschen, der sich als Student vorstellt und in aufdringlichem, frechem Ton nach einem ‚neuen Werk' fragt. Du legtest den Hörer auf, zogst das Telefonkabel heraus, konntest aber vor Erbitterung nicht einschlafen." (*Km*, 40)

Dass Nelly schließlich doch die Arbeit an ihren Kindheitserinnerungen aufnimmt, liegt nicht allein an ihrem persönlichen Bedürfnis, verstehend und deutend auf die eigene Geschichte zurückzuschauen. Wesentlich trägt dazu auch das Bewusstsein der Schriftstellerin bei, ihrer Verantwortung gerecht werden zu müssen, das vergangene und das gegenwärtige Leid der Welt in Worte zu fassen. Anlässlich des Jom-Kippur-Krieges im Oktober 1973 reflektiert die Erzählerin ihren moralischen Selbstanspruch, nicht in Schweigen verfallen zu dürfen:

Zu denken, daß an jenem Montag vor vierunddreißig Jahren einer hinter seiner Schreibmaschine gesessen haben mag [...], irgendwo in der Welt, und, mit seiner eigenen Arbeit beschäftigt, kopfschüttelnd die Nachricht von einer Mobilmachung in Deutschland gehört hat. [...] Und daß jetzt du dieser Jemand bist, im Verhältnis zu den Kindern in Israel und Ägypten, die gestern ihre Väter zu den Sammelplätzen geleiteten (wir haben Sonntag, den 7. Oktober 1973) und denen ein alter Mann – vielleicht hat er das Nazi-KZ überlebt; vielleicht ist er Fellache [...] – in hebräisch oder arabisch sagt, daß sie darauf gefaßt sein müssen, ihren Vater nicht wiederzusehen. Und daß du an deiner Schreibmaschine sitzen bleibst, mit eigenen Angelegenheiten beschäftigt, während am Suezkanal „die Kämpfe mit unverminderter Heftigkeit andauern". (*Km*, 248 f.)

Nelly überblendet die Situation zu Beginn des Zweiten Weltkriegs mit den gegenwärtigen Kriegshandlungen und macht sich die eigene Untätigkeit „an deiner Schreibmaschine" zum Vorwurf. So löst sie im Kleinen bereits das autobiographische Programm ein, das sie kurz zuvor noch fragend formuliert hatte: „Schreibend zwischen der Gegenwart und der Vergangenheit vermitteln, sich ins Mittel legen: Heißt das: versöhnen? Mildern? Glätten? Oder: Eins dem anderen näherbringen? Der heutigen Person die Begegnung mit jener vergangenen möglich machen, vermittels geschriebener Zeilen?" (*Km*, 240 f.) Auf dem Umweg über die Gräuel der Gegenwart, die Nelly in der Erzählgeschichte anspricht – insbesondere der Vietnamkrieg und Pinochets Putsch in Chile werden von ihr wiederholt thematisiert –, realisiert die Erzählerin ihre Verantwortung, die Verbrechen der Vergangenheit, an denen sie selbst aktiv oder als Zeuge beteiligt war, ebenfalls literarisch ‚vermitteln' zu müssen. Ihr Erinnerungsprojekt basiert daher auf der moralischen Einsicht, „daß plötzlich das Recht, auch an einem Tag wie diesem ein leeres weißes Blatt mit Schriftzeilen zu füllen, zu einer Pflicht wird, die jeden anderen Imperativ übertrifft". (*Km*, 251) Wolf rückt Gegenwarts- und Vergangenheitsbewältigung gleichermaßen ins Zentrum ihres Schreibens.

Nachdem die anfänglichen Widerstände überwunden sind, bemüht sich die Erzählerin, ihrer selbstauferlegten Pflicht gerecht zu werden. Es beginnt eine intensive und produktive Phase, in der Nelly das während ihrer Recherchen hervorgebrachte Material zu eben jener Kindheitserzählung formt, die der Roman präsentiert. Das erzählende Ich kommentiert seine Immersion in den Schreibprozess: „Es verstärkt sich der Sog, der von dieser Arbeit ausgeht. Nun kannst du nichts mehr sagen, hören, denken, tun oder lassen, das nicht an dieses Geflecht rühren müßte." (*Km*, 142) Die leidige Schreibarbeit, der sich das erzählende Ich anfangs verweigerte, schlägt nun ins Gegenteil um, nimmt einen totalitären Charakter an und wird für Nelly zur Obsession: „Der Zwang, täglich einige Seiten hervorzubringen, kann die Tage überschatten und ihr Leben abwürgen. Einen vernünftigen Grund gibt es nicht für das Gefühl andauernder Überanstrengung." (*Km*, 443) Die zunehmende Überforderung manifestiert sich auch in einer hypertrophen Materialsammlung, der sich das erzählende Ich bald nicht mehr gewachsen glaubt, weil

allmählich die einander überschneidenden und überlagernden Notizbücher, Tagebücher, Zettel auf deinem Schreibtisch sich häufen, die begrenzte Zeit, die dir gegeben ist, von einer Arbeit verbraucht wird, deren Ergebnis derart zweifelhaft bleibt, ein wachsender Papierstapel zunehmend Druck auf dich ausübt: Währenddes [sic] offenbart sich immer deutlicher die Unfähigkeit, das stetig und unbeirrbar weiterwuchernde Material [...] zu bewältigen im Sinn von „deuten". (*Km*, 285)

Für Nelly wird es immer schwieriger, sich „[ü]berlegend, sich erinnernd, beschreibend Schneisen durch den Dschungel [zu] schlagen“ (*Km*, 142), zu dem das Erinnerungsmaterial auswuchert. Daher ereilen das erzählende Ich „unvermeidlich die Anfälle von Entmutigung vor dem unauflösbaren Dickicht, das nun auch die Sekunde verschlingt, in der hinter diesen Satz der Punkt gesetzt wird“. (*Km*, 142) Eine doppelte „Angst“ (*Km*, 506) ergreift Nelly, die sich einerseits Sorgen macht, ihrer Pflicht zur Aufarbeitung nicht gerecht werden zu können, andererseits aber auch den Blick in ihre inneren Abgründe fürchtet: „Es war wohl zu erwarten, daß die Schreibarbeit das Unterste nach oben bringen würde.“ (*Km*, 250)

Den Kreislauf aus obsessiver Schreibarbeit und paralysierender Krise versucht die Erzählerin durch eine strikte Regulierung und Rhythmisierung ihrer Arbeit zu durchbrechen: „Jetzt kann dir nur noch Selbstdisziplin helfen. Geregelte Tagesabläufe, strenge Arbeitszeiten.“ (*Km*, 555) Es ist ein beinahe tayloristisches Produktionsmodell, das sich Nelly nun zum Vorbild für ihre Schreibarbeit nimmt, während sie die Vorstellung, eine ehrliche Selbstreflexion werde erst durch die Befreiung von sozialen und zeitlichen Zwängen ermöglicht, endgültig verabschiedet. Mit der Strukturierung ihres Arbeitsalltags zielt Nelly darauf ab, die kreative literarische Arbeit einem Regime der Planbarkeit und Regelmäßigkeit zu unterwerfen, das klassische Vorstellungen von künstlerischer Autonomie und Selbstverwirklichung konterkariert. Die Erzählerin erklärt unverhohlen, in der repetitiven, mit der Stechuhr gemessenen Tätigkeit der Industriearbeiter ein reizvolles Gegenmodell zu ihrer bisherigen Arbeitsweise zu erblicken. Wenn sie am Schreibtisch keine Produktivität finde, konfrontiere sie sich gezielt mit dem Berufsalltag der werktätigen Bevölkerung: „Du gehst umher. Zwischen vier und halb fünf stellst du dich an die Kreuzung der Hauptstraße, wenn die großen Werke Arbeitsschluß haben, und starrst den Leuten, die zu den Bussen rennen, in die erschöpften Gesichter. Beneidest sie, glaubst dich beneidet.“ (*Km*, 443 f.) Die Erzählerin sehnt sich nach dem geregelten Alltag der Fabrikarbeiter, ist sich aber zugleich bewusst, selbst eine Projektionsfläche für deren Imaginationen von individueller Freiheit und Selbstbestimmtheit zu bieten. Als Schriftstellerin und Intellektuelle genießt Nelly – zumal im sozialistischen Arbeiter- und Bauernstaat – einerseits den Status einer privilegierten Elite, die sich eine produktive Muße leisten kann, empfindet sich aber genau aus diesem Grunde als argwöhnisch betrachteter Paria. Nellys Bedürfnis, die literarische Arbeit wie eine regulären Werks- oder Bürotätigkeit anzugehen, mag daher nicht allein als eine psychohygienische Strategie zu deuten sein, sondern in gewisser Weise auch als der Versuch, ihre soziale Außenseiterrolle zu kompensieren. Doch lässt die Erzählerin kurz darauf in skeptischerem Ton anklingen, dass auch die sozialistische Utopie einer ‚berufstätigen‘ Schriftstellerin nicht die inhärente „Unmoral dieses Berufes“ überkommen könne: „Daß man nicht leben kann, während man Leben beschreibt. Daß man Leben nicht beschreiben kann, ohne zu leben.“ (*Km*, 443 f.)

Das Dilemma moderner Autorschaft, dass die Muße eine wesentliche Voraussetzung für die schriftstellerische Tätigkeit bleibt, während die Erzählarbeit jedoch jedes Gefühl von Muße verhindert – dieser Konflikt ist nicht aufzulösen.

Nellys Lebensrückblick steht damit ganz im Zeichen eines sowohl fremd- als auch selbstinduzierten Schaffensdrucks. „Das Diktat: Du sollst produzieren!" (*Km*, 518) beherrscht ihre Selbstreflexion und rückt *Kindheitsmuster* in den wohl größtmöglichen Gegensatz zur topischen, muße-affinen Autobiographik. Der Produktionszwang verwehrt jeden Moment ruhiger Selbstvergewisserung und versetzt das erzählende Ich in einen „Zustand schweren inneren Gejagtseins" (*Km*, 506). Die Zeit, die der Protagonistin für ihre Schreibarbeit zur Verfügung steht, ist ein knappes Gut, und die Sorge über ihr unaufhaltsames Verstreichen prägt die Erzählarbeit Nellys. In einer bemerkenswerten Zäsur gegenüber der klassischen narrativen Struktur der Autobiographik wird die Erzählzeit in *Kindheitsmuster* permanent thematisiert und reflektiert.

Das wohl offenkundigste Stilmittel, mit dessen Hilfe Wolf das Paradigma der ‚stillgestellten Zeit' des Erzählers unterläuft, ist die explizite Darstellung des fortschreitenden Schreibprozesses: „In diesen Tagen setzt du, an die täglichen Arbeitsstunden ebenso gebunden wie an die Willkür einer Kapiteleinteilung, eine 4 oben auf die neue Seite [...]." (*Km*, 109) Unterstützt wird diese selbstreflexive Erzählstrategie durch die zahlreichen Datierungen, mit denen Nelly bereits die Zeitlichkeit der Erinnerungsebene hervorgehoben hatte, und die sich nun auch in der Erzählgeschichte fortsetzen. Zum Teil bestimmt Nelly die Monate und Jahre, in denen sich ihr Schreibprozess vollzieht, durch kalendarische Angaben – „das war gestern, wir schreiben Dezember 72" (*Km*, 47); „genau heute, Anfang März 1974, vor vierzehn Tagen" (*Km*, 352) –, zuweilen stellt sie ihre Arbeit auch in den Kontext der Zeitgeschichte – „[i]n diesem milden Januar des Jahres 1973, da die Meldungen über einen nahe bevorstehenden Waffenstillstand in Vietnam sich erneut verdichten" (*Km*, 109) – oder nimmt die Jahrestage historischer Ereignisse zum Anlass, um die Erzählzeit zu exponieren: „In diesen Tagen – Ende Januar 75 – jährt sich zum dreißigstenmal der Befreiungstag des Vernichtungslagers Auschwitz durch sowjetische Truppen." (*Km*, 464) Greifbar wird die Dauer der autobiographischen Arbeit besonders dann, wenn die Erzählerin die zeitlichen Relationen zwischen den narrativen Ebenen markiert. So blickt das erzählende Ich zuweilen auf die Recherchen des erinnernden Ich zurück: „Im vorigen Jahr, im kühlen Sonderleseraum der Staatsbibliothek Berlin, sind Annoncen wie die folgenden dir zum erstenmal unter die Augen gekommen." (*Km*, 71) Der Abstand zwischen Erinnerungs- und Erzählgeschichte vergrößert sich im Laufe des Erzählprozesses: „[M]ehr als zwei Jahre sind seit der unverhofften Entdeckung in der Staatsbibliothek vergangen" (*Km*, 212), heißt es später. Und jener „Sonntag, de[r] 11. Juli 1971", an dem Nelly ihre Heimatstadt besuchte, erscheint ihr schließlich als „ein Datum, das jetzt, im März 1975, schon so weit zurückliegt, daß es dich entmutigt". (*Km*, 538)

Im fortgeschrittenen Erzählverlauf gibt sich das erzählende Ich erstaunt und verdrossen über die bereits verflossene Arbeitszeit, die dennoch nicht zum Abschluss des Werks geführt hat, und ergänzt die Zeitmarkierungen durch emotionale Interjektionen: „Damals, im Sommer 1971 (mein Gott! Beinahe drei Jahre ist es her!) […]." (*Km*, 385) Statt sich von der kosmologischen Zeit zu befreien und ihr Verrinnen sowohl aus der eigenen Wahrnehmung als auch aus dem Erzähltext auszublenden, ist das erzählende Ich ständig um die Quantifizierung der Monate und Jahre bemüht, die es schon in seine Arbeit gesteckt hat: „Die Zeit läuft. Vier, fünf Jahre, die in diese Papiere hineingelaufen sind, blindlings, wie dir manchmal scheint. Vier, fünf Jahre, in denen sich, ungeachtet der Versuche, ihr Wachstum zu bremsen, die tote Zone in dir ausgebreitet zu haben scheint." (*Km*, 563) Für die sich steigernde Frustration findet Wolf eine Metapher im Vergehen der Jahreszeiten, wenn das erzählende Ich mit Wehmut und Enttäuschung feststellt: „Dieser Sommer ist auch vorbei. Das Rascheln welker Pappelblätter auf dem Balkon, ein schmerzliches Geräusch, sosehr man den Herbst lieben mag. Dieser Herbst ist es also […] in dem der Fluß dieser Erzählung zu seinem Ende kommen soll: Ein Irrtum, wie sich zeigen wird." (*Km*, 437)

Das lange schon antizipierte Ende des Romans lässt auf sich warten, weshalb sich der psychologische Druck auf die Erzählerin noch erhöht. Die Symptome der Krise, in die Nelly während des jahrelangen Schreibprozesses gerät, ähneln denjenigen, über die Härtling in *Zwettl* Auskunft gibt. Die tagsüber herrschende, physische und psychische Unruhe hat ihren nächtlichen Widerpart in beängstigenden Träumen: „An einem Morgen nach einer schlechten Nacht träumtest du von der Gefährlichkeit deines Berufs" (*Km*, 443), notiert Nelly einmal. Der Schrecken erreicht einen Höhepunkt in einem Traum von brutaler und kaum subtiler Symbolik, in dem Nelly „genau und ausführlich alle Stadien einer Operation" durchlebt, „in deren Verlauf dir die rechte Hand – die Schreibhand – kunstvoll wegoperiert wird, wovon du, örtlich betäubt, Zeuge bist." (*Km*, 50 f.) Es ist gleichsam eine Form Lacanscher Kastrationsangst, die sich nun auf das ikonische Organ des Schriftstellers richtet und so das Ausmaß an Fremdbestimmtheit und Machtlosigkeit markiert, welches die Erzählerin empfindet.[68] Ihre Anspannung wächst so sehr, dass Nelly sich schließlich eingestehen muss, „daß du vorerst nicht weiterarbeiten konntest". Um ihre psychische Unversehrtheit zu wahren, unterbricht die Erzählerin ihre Arbeit für eine – wiederum im Text präzise bestimmte – Weile: „Das Blatt blieb eingespannt, neun Tage lang hat keiner auf der Maschine geschrieben, ein seltener Vorfall. Die Erleichterung an jenem ersten Tag des selbstverliehenen Urlaubs war ein Gradmesser für den Druck, der vorher geherrscht hatte." (*Km*, 443)

[68] Vgl. Jacques Lacan, „Du complexe de castration", in: *Le séminaire*, Bd. 4: *La relation d'objet*, texte établi par Jacques-Alain Miller, Paris 1978, 215–230.

Die Widerstände des Erzählens, die sich Wolfs autobiographischer Erzählung in den Weg stellen, erschöpfen sich nicht im Autonomieverlust des autobiographischen Subjekts, sondern betreffen auch die Möglichkeiten literarischer Repräsentation. Die Erzählerin lässt keinen Zweifel daran, dass sie die erzählende Literatur insgesamt in einer Krise sieht. In einer für die Selbstreflexion (post-)moderner Autoren und Autorinnen recht typischen Weise äußert auch Wolf das Bedürfnis, neue Erzählverfahren zu entwickeln: „Längst Bekanntes in erprobter Manier sagen – dies sollte plötzlich nicht mehr verdienstvoll sein? Die guten alten Mittel – können sie wirklich von gestern auf heute unbrauchbar, die Ergebnisse, die sie zutage fördern, über Nacht falsch oder unnütz geworden sein?" (*LS*, 463) *Kindheitsmuster* mit seiner avancierten narrativen Struktur lässt sich als eine klares ‚Ja' auf diese Fragen verstehen, doch zeigt der Roman auch – und darin ist sein außerordentlicher Grad an Selbstreflexivität mitbegründet – den vorgängigen Konzeptionsprozess, dem er seine besondere Form verdankt. Bereits in einer Passage des Essays *Lesen und Schreiben*, die in ihrer Rhetorik an Günter Grass' romanpoetologischen Exkurs zu Beginn der *Blechtrommel* erinnert[69], hatte Wolf konjunktivisch die verschiedenen Möglichkeiten durchgespielt, wie auf die Krise der erzählenden Literatur zu reagieren sei. Ihr erster Vorschlag ist defätistisch: „[E]igenes Versagen verschleiernd, kann man mit tränenerstickter oder kunstvoll unbeteiligter Stimme das Ende einer Kunstgattung konstatieren: der Gattung Prosa." Zweitens könne man, „‚ehrlich' die Konsequenzen aus dem eigenen Unvermögen ziehend, in Schweigen verfallen; zugeben, daß es einem die Sprache verschlagen hat." Doch auch mit dem modernen Reflex, sich in den Unsagbarkeitstopos zu flüchten, mag Wolf sich nicht zufrieden geben. Sie spricht sich für eine andere Lösung aus: „Bleibt, drittens, der Versuch, sich durch Produktivität zu stellen." (*LS*, 463 f.) Diese poetologische Selbstauskunft impliziert, dass der enorme Produktionsdruck, der in *Kindheitsmuster* auf das erzählende Ich wirkt, nicht allein aus dem schwerverdaulichen Inhalt der Lebenserzählung resultiert. Zusätzlich zu den thematischen Komplikationen, die für sich genommen das Erzählprojekt schon vor hinreichend große Probleme stellen, stellt sich die Erzählerin auch pflichtbewusst der Herausforderung, eine neue, angemessene Form für das Erzählte zu finden.

Kindheitsmuster kann daher als der Versuch interpretiert werden, die von Wolf im *Lesen und Schreiben*-Essay aufgestellten programmatischen Leitlinien zu konkretisieren und zu realisieren. An zahlreichen Stellen der Erzählgeschichte diskutiert Nelly ihre Entscheidungen zur narrativen Gestaltung des Manuskripts. Einen ersten Ansatz für die Etablierung eines neuen Erzählstils erkennt sie in der Abgrenzung ihres Werkes gegenüber anderen Textarten. Unbedingt will Nelly verhindern, dass ihre Erzählung zu einem Sammelsurium von „Zeitungsanekdoten" (*Km*, 521) gerät, gefällige Kurzprosa also, bei der nur

[69] Vgl. Grass, *Die Blechtrommel*, 12.

„[e]rzählbar bleibt, was der Chefredakteur einer jeden Zeitung annehmen kann". Weil eine solche Erzählweise aber gerade bei der „Verarbeitung schwieriger Geschichtsabschnitte" eine große Verlockung darstelle, verbannt die Erzählerin grundlegende anekdotische Erzählstrategien – „Anwendung der Mischtechnik: Löschen, auswählen, pointieren" – gleich komplett aus ihrem Instrumentarium. (*Km*, 521) Am anderen Ende des Spektrums lauere dagegen „die verfluchte Verfälschung von Geschichte zum Traktat", also ein Entgleiten des autobiographischen Werkes in eine populärhistorische Abhandlung, welches die Erzählerin ebenso vermeiden will. (*Km*, 523)

Das von Nelly verfolgte Ideal liegt in der ‚goldenen Mitte' zwischen den Extremen, und die Erzählerin verfällt auf einen markanten Begriff, mit dem sie ihre Vorstellungen zusammenfasst: „Im Idealfall sollten die Strukturen des Erlebens sich mit den Strukturen des Erzählens decken. Dies wäre, was angestrebt wird: phantastische Genauigkeit." (*Km*, 396) Schon in *Lesen und Schreiben* hatte Wolf mit diesem Terminus eine Poetik charakterisiert, in welcher der Autor seine persönlichen Erlebnisse auf eine mindestens zum Teil fiktionale Geschichte projiziert. (*LS*, 488) Der Schriftsteller habe die Aufgabe, „wahrheitsgetreu zu erfinden aufgrund eigener Erfahrung" (*LS*, 481), um auf diese Weise „eine Wahrheit jenseits der wichtigen Welt der Fakten" darzustellen.[70] Das Ziel einer solchen Schreibweise ist ein literarischer Realismus, der sich mehr für die innere Qualität einer Erfahrung als für ihren konkreten äußeren Kontext interessiert und daher mit den Mitteln der Fiktionalisierung das individuelle und subjektive Erleben des Schriftstellers zu einer universellen – und in diesem Sinne objektiven – Erzählung sublimieren will.

Wenngleich Wolf diese Poetik als eine Lösung für die von ihr diagnostizierte Krise der modernen Prosaliteratur vorstellt, reagiert sie damit zugleich – wenn auch aus naheliegenden Gründen uneingestanden – auf die besonderen ästhetischen Einschränkungen und Vorgaben, welche die Norm des sozialistischen Realismus den Autorinnen und Autoren der DDR machte. Von der Gründung der Republik im Jahr 1949 bis in die späten 1960er-Jahre waren subjektzentrierte Schreibweisen, die dem Einzelschicksal mehr Aufmerksamkeit schenkten als dem kollektiven Alltag, von der Zensur nicht gebilligt.[71] Ganz besonders betroffen vom Verbot des als ‚bürgerlich-reaktionär' geschmähten Individualismus und Subjektivismus war die Gattung der Autobiographie: „As a form of writing

---

70 Zahlreiche Publikationen haben sich mit Wolfs Poetik im Allgemeinen und dem Begriff der „phantastischen Genauigkeit" im Besonderen beschäftigt. Vgl. z. B. Kristin Felsner, *Perspektiven literarischer Geschichtsschreibung. Christa Wolf und Uwe Johnson*, Göttingen 2010, 44–47; Heinz-Dieter Weber, „‚Phantastische Genauigkeit'. Der historische Sinn der Schreibart Christa Wolfs", in: Wolfram Mauser (Hg.), *Erinnerte Zukunft. 11 Studien zum Werk Christa Wolfs*, Würzburg 1985, 81–105.

71 Vgl. Anne Hartmann/Wolfram Eggeling, *Sowjetische Präsenz im kulturellen Leben der SBZ und frühen DDR 1945–1953*, Berlin 1998, 157 f.

inherently less controllable than the fictional epics conforming to the rules of socialist realism and viewed with suspicion as the preferred mode of ideological renegades, *explicit* autobiography was unacceptable during that period for publication in the GDR."[72]

Eine Antwort auf diese beiden Herausforderungen – erstens das Bedürfnis nach einer objektiven Repräsentation des eigenen Erlebens sowie zweitens das politische Verbot des ästhetischen Subjektivismus – hatte Wolf bereits mit dem Roman *Nachdenken über Christa T.* (1967/68) gegeben. Gemäß ihrer Idee der „phantastischen Genauigkeit" verlieh Wolf diesem Werk eine hybride Form zwischen autobiographischer und fiktionaler Erzählung, welche die Kategorien der staatlichen Zensur unterlaufen und einer Generation von Schriftstellern einen Weg aufzeigen konnte, wie eine subjektive Perspektive in die sozialistische Prosa zu integrieren war.[73] Dass das autobiographische Erzählen schließlich doch Einzug in die Literatur der DDR hielt, ist daher nicht zuletzt Christa Wolfs Initiative zu verdanken. Als zu Beginn der 1970er-Jahre eine Liberalisierung der DDR-Kulturpolitik einsetzte, führte Wolf den eingeschlagenen Weg mit *Kindheitsmuster* fort. Anhand ihres autobiographischen Romans erprobte Wolf, ob das von ihr entwickelte Erzählverfahren einer mnemotechnisch, historisch und politisch so problematischen Aufgabe gerecht wird, wie sie die Erzählung einer nationalsozialistischen Kindheit darstellt. Die zahllosen Erzählerkommentare Nellys dürfen daher durchaus als autopoetologische Bemerkungen verstanden und Christa Wolf persönlich zugeschrieben werden, die in *Kindheitsmuster* die Grenzen ihrer Poetik erkundet.[74]

Wo diese Grenzen liegen, erfährt auch Nelly im Zuge ihrer Erzählarbeit: Der Anspruch auf „phantastische Genauigkeit" wird dort problematisch, wo die autobiographische Erzählung von der Aufarbeitung einer Schuld motiviert ist, die den Erzähler zur Faktentreue verpflichtet und seine fiktionalen Lizenzen einschränkt. In *Kindheitsmuster* muss Nelly daher ein Verfahren der Selbstdarstellung entwickeln, das sich einerseits nicht allzu weit von der autobiographischen Wirklichkeit entfernt, andererseits aber ihrem Ehrgeiz genüge tut, eine möglichst präzise Wiedergabe ihres persönlichen Erlebens zu leisten. Die Erzählerin weiß um die Schwierigkeit, die objektive und die subjektive Perspektive auf ihre Erlebnisse in Deckung zu bringen, und ist sich bewusst, dass dieses Vorhaben allein schon an den Möglichkeiten sprachlicher Repräsentation zu scheitern droht: „Aber es gibt die Technik nicht, die es gestatten würde, ein unglaublich verfilztes Geflecht, dessen Fäden nach den strengsten Gesetzen ineinandergeschlungen sind, in die lineare Sprache zu übertragen, ohne es ernstlich zu verletzen." (*Km*,

[72] Dennis Tate, „Subjective Anticipations of Historical Breakdown. East German Literary Autobiography Before the End of the GDR", in: Heinz-Peter Preußer/Helmut Schmitz (Hg.), *Autobiografie und historische Krisenerfahrung*, Heidelberg 2010, 107–115, 111.

[73] Vgl. ebd., 112.

[74] Vgl. Schmidt, „‚Grenzen des Sagbaren'", 122.

396) Während der Schreibarbeit an ihrer Erzählung beklagt sich Nelly dementsprechend, dass sie ihrem Ziel, eine höhere Wahrheit aus der eigenen Geschichte zu destillieren, nicht näher kommt: „Dabei spürst du, wie durch deine Erzählung nichts verständlicher, eher alles noch verworrener wird. Daß die Akzente sich unaufhaltsam verschieben, auf Schwerpunkten lasten, die erst jetzt, im Laufe des Erzählens, sich bilden …" (*Km*, 265)

Fügt sich die Klage der Erzählerin über ihre „Sprach-Unmächtigkeit" (*Km*, 225) noch ganz in die moderne Tradition der Sprachskepsis ein, so führt der von Christa Wolf anvisierte Ausweg aus der Repräsentationskrise dann doch über ausgefallenere Pfade.[75] In der von ihr in *Kindheitsmuster* entwickelten und umgesetzten Erzählprogrammatik lassen sich drei wesentliche Elemente unterscheiden. Erstens setzt Wolf gemäß ihrer Idee der „phantastischen Genauigkeit" auch in *Kindheitsmuster* auf eine graduelle Fiktionalisierung der eigenen Geschichte, vor allem indem sie die Namen von Personen durch Pseudonyme austauscht und Ortsbezeichnungen verschlüsselt. Die Forschung hat dies als Versuch gedeutet, allzu offensichtliche faktuale Referenzen zu vermeiden, den exemplarischen Charakter der Geschichte zu betonen und damit das Subjektivismus-Verbot des sozialistischen Realismus zu unterlaufen.[76] Nelly reflektiert in der Erzählgeschichte explizit die Verfremdungsmittel und erläutert, dass sie die Orte ihrer Kindheit, „weil zu verräterisch, weil Spuren weisend, die doch verwischt werden müssen, nur teilweise, nur verändert, vertauscht" (*Km*, 89) erwähnen könne. Die ‚Verwischung' der autobiographischen Realien rechtfertigt die Erzählerin also mit dem gleichen Argument, auf das sich Wolf auch in *Lesen und Schreiben* berufen hatte: „[D]enn du bist gehalten, die Fakten zu verwirren, um den Tatsachen näherzukommen." (*Km*, 89) So lässt sich *Kindheitsmuster* als eine *autofiction avant la lettre* charakterisieren und damit als ein Werk, das die Konvergenz autobiographischer und romanesk-fiktionaler Schreibweisen im späten 20. Jahrhundert vorantreibt.

Zweitens sucht Wolf einen Ausweg aus der Repräsentationskrise, indem sie ihrem Roman eine komplexe, mehrere zeitliche und narrative Ebenen umfassende Struktur zugrunde legt, die es ihr erlaubt, den Erinnerungs- und Erzählprozess selbstreflexiv in den Text zu integrieren. In einem Interview aus dem Jahr 1973 – also zu Beginn ihrer Arbeit an *Kindheitsmuster* – beschreibt Wolf die Intention, die sie mit diesem narrativen Arrangement verbindet. Es gehe da-

[75] Zur modernen Sprachskepsis vgl. allgemein Dirk Göttsche, *Die Produktivität der Sprachkrise in der modernen Prosa*, Frankfurt a. M. 1987; Monika Schmitz-Emans, „Sprachreflexion und Ethik. Etappen einer Allianz in der zweiten Hälfte des 20. Jahrhunderts", in: Reinhard Kacianka/Peter V. Zima (Hg.), *Krise und Kritik der Sprache. Literatur zwischen Spätmoderne und Postmoderne*, Tübingen/Basel 2004, 43–65. Speziell zum Werk Christa Wolfs vgl. Barbara Sørensen, *Sprachkrise und Utopie in Christa Wolfs Texten nach der Wende. Die Krise der Intellektuellen im wiedervereinigten Deutschland*, Kopenhagen/München 1996.

[76] Vgl. Frieden, „‚Falls es strafbar ist, die Grenzen zu verwischen'", 156; Tate, „Subjective Anticipations of Historical Breakdown", 111.

rum, „das strenge Nacheinander von Leben, ‚Überwinden' und Schreiben aufzugeben und um der inneren Authentizität willen, die [der Autor und Erzähler] anstrebt, den Denk- und Lebensprozeß, in dem er steht, fast ungemildert [...] im Arbeitsprozeß mit zur Sprache zu bringen".[77] Wolf will also den Erzähler dezidiert nicht als eine statische, extradiegetische Instanz begreifen, sondern die Rückwirkungen der Erinnerungs- und Erzählarbeit auf das erinnernde und erzählende Ich als einen integralen Teil der Handlung sichtbar machen. Für die Leser solle transparent werden, wie der Autobiograph seine Erinnerungen neu durchlebt und verarbeitet, und „was es bedeutet, erzählen zu müssen, um zu überwinden".[78] Zugleich kommt Wolf damit ihrem Ziel näher, die Darstellung der ‚objektiven' (wenngleich von ihr zum Teil verschlüsselten) historischen Fakten mit einer subjektiven Dimension des (Nach-)Erlebens zu komplementieren. Eine solche Schreibweise, so erläutert die Autorin, setze „ein hohes Maß an Subjektivität voraus, ein Subjekt, das bereit ist, sich seinem Stoff rückhaltlos [...] zu stellen, das Spannungsverhältnis auf sich zu nehmen, das dann unvermeidlich wird, auf die Verwandlungen neugierig zu sein, die Stoff und Autor dann erfahren".[79] Das Prinzip, die dynamischen „Verwandlungen" des Erzählsubjekts im Erzählprozess zu thematisieren, ergänzt nun Wolfs programmatische Idee der ‚phantastischen Genauigkeit', und wird von der Autorin mithilfe eines weiteren charakteristischen Schlagworts zusammengefasst:

> Die Suche nach einer Methode, dieser Realität schreibend gerecht zu werden, möchte ich vorläufig ‚subjektive Authentizität' nennen – und ich kann nur hoffen, deutlich gemacht zu haben, daß sie die Existenz der objektiven Realität nicht nur nicht bestreitet, sondern gerade eine Bemühung darstellt, sich mit ihr produktiv auseinanderzusetzen.[80]

Durch das Konzept der ‚subjektiven Authentizität'[81], das Wolf in *Kindheitsmuster* erstmals mustergültig umsetzt, erreicht der autobiographische Roman eine ausgeprägte, im Grunde schon zirkuläre Selbstreflexivität. Die ‚subjektive Authentizität' beschreibt die mühsame Suche nach einem Erzählverfahren, das geeignet ist, die Suche nach eben jenem Erzählverfahren im Text darzustellen – eine poetologische *mise en abyme*, in der das schreibende Ich je nach Perspektive als das Subjekt oder als das Objekt der autobiographischen Narration erscheint.

---

[77] Wolf, „Subjektive Authentizität", 778.

[78] Ebd.

[79] Ebd., 780.

[80] Ebd., 780f.

[81] Zum Konzept der subjektiven Authentizität elaboriert Schmidt, „‚Grenzen des Sagbaren'", 125: „Poetologisch hat Wolf den Anspruch, hinter dem literarischen Text immer auch eine ‚authentische Erfahrung' des schreibenden Selbst sichtbar zu machen, unter dem erzählprogrammatischen Begriff der ‚subjektiven Authentizität' gefasst. ‚Subjektive Authentizität' meint hier zunächst die Freisetzung unmittelbarer Erfahrung im Akt des Schreibens. Im Schreibakt wird der Verfasser mit Wahrgenommenem, Empfundenem, aber auch mit bislang Verdrängtem und Vergessenem konfrontiert." Zur Bedeutung des Konzeptes im Kontext der DDR vgl. Frieden, „‚Falls es strafbar ist, die Grenzen zu verwischen'", 156.

Ein drittes narratives Instrument, dessen sich Wolf in markanter Weise bedient, ist die funktionale Dissektion des autobiographischen Subjekts in die Instanzen des kindlichen, des erinnernden und des erzählenden Subjekts, welche mit der grammatischen Trennung der Personalpronomen einhergeht. Der Verzicht auf die Ich-Referenz ist Ausdruck der Selbstentfremdung, die Nelly im Erzählprozess erst überwinden will. Zugleich bietet er sich Wolf als ein Mittel an, die autobiographische Problematik hervorzuheben, auf sich selbst zugleich als Subjekt und als Objekt Bezug nehmen zu müssen. Dass sie die narrativen Gattungskonventionen der Autobiographie in dieser Weise unterlaufen würde, hatte Wolf bereits in *Lesen und Schreiben* antizipiert. Gegen die eher konservativen Formvorstellungen des sozialistischen Realismus bemerkt Wolf in ihrem Essay, dass „[k]omplizierte Erzählstrukturen [...] nichts mit Willkür zu tun" hätten, sondern schlicht eine Konsequenz der „Grundmethode moderner Prosa" seien, die Wirklichkeit und „Zeitgenossenschaft" des Erzählers nicht länger aus dem Werk auszublenden. (*LS*, 487) Wolf beruft sich auf Georg Büchner als ‚Entdecker' dieses Prinzips, das er in seiner *Lenz*-Novelle vorbildlich umgesetzt habe. Dass die Transgression der Erzählebenen – und damit der Personalpronomen – zu einer elementaren und dennoch unkonventionellen Technik moderner Literatur werde, kündige sich darin an, „wie Georg Büchner nicht zufällig unvermittelt, von einem Satz zum anderen vom ‚Er' zum ‚Ich' übergehen kann: eine Methode, die heute noch Befremden erregt". (*LS*, 487)

Erst durch die Kombination dieser drei Erzählverfahren – die Fiktionalisierung der eigenen Geschichte, die selbstreflexive Darstellung der Erinnerungs- und Erzählarbeit sowie der Verzicht auf die kompromittierte Ich-Form – erreicht Wolf die zentralen Ziele ihrer Poetik. Es gelingt der Autobiographin, eine ‚objektiv' anmutende Perspektive auf die persönliche Erfahrung einer Kindheit im Nationalsozialismus zu entwickeln, oder wie es das erzählende Ich in *Kindheitsmuster* formuliert: „Betroffen, aber nicht ernsthaft gefährdet sein", indem man zumindest vorübergehend „[i]n der dritten Person leb[t]". (*Km*, 588 f.) Die Selbstdistanzierung wird zur Voraussetzung für den von Wolf erhobenen Anspruch, keine bloß autobiographische, sondern eine exemplarische Erzählung geschaffen zu haben, und sich so gegen den politischen Vorwurf des Subjektivismus abzusichern.

Gemessen an ihren eigenen Ansprüchen ist Wolfs heikle Erzählarbeit somit am Ende von Erfolg gekrönt. Freude über das sich nach langwierigen Versuchen endlich zusammenfügende Werk äußert auch das erzählende Ich in *Kindheitsmuster*: „Der Tonfall hatte sich eingestellt [...]. Dir war, du hättest nun die Freiheit, über den Stoff zu verfügen." (*Km*, 40) Anders als den souveränen Autobiographen ist Nelly die Vergangenheit nicht von Beginn an verfügbar, erst im Laufe der Erzählarbeit glückt ihr der anfangs noch sehr ungewisse Prozess, „sich allmählich freizusprechen und so ein gewisses Recht auf den Gebrauch jenes Materials zu erwerben, das unlösbar mit lebenden Personen verbunden ist". (*Km*,

20 f.) Um das historische ‚Material' der eigenen Kindheit in einer literarischen Erzählung gestalten zu können, benötigt Nelly mehr als ein Jahr der Recherchen, mindestens drei Jahre der Redaktion und annähernd sechshundert Seiten Text.

Ihre Erzählarbeit kommt mit dem Ende des Romans zum Abschluss. Beinahe überrascht – und nicht ohne mit einer letzten Datierung die Gegenwart des erzählenden Ich zu beschwören – konstatiert Nelly: „Dies scheint das Ende zu sein. Alle Zettel sind von deinem Tisch verschwunden. Seltsam, daß es heute ist, der 2. Mai 1975." (*Km*, 593) Das Datum ist für die Erzählerin von besonderer Bedeutung, denn es ist „[d]er Tag, an dem von der Pappel alle braunen Blatthüllen auf einmal abgesprungen sind. (Der dritte Tag, nachdem in einem fernen Land, an einem anderen Punkt des Erdballs die endlos scheinende Kriegszeit von dreißig Jahren vorüber ist.) Die Julireise nach Polen ist fast vier Jahre her." (*Km*, 593) Indem das erzählende Ich seine Gegenwart noch einmal ins Verhältnis zu den Jahreszeiten, zum Weltgeschehen und zur eigenen Erinnerungsarbeit setzt, kommen die verschiedenen Ebenen der ‚Verzeitlichung', mit der Wolf die Illusion der stillgestellten Erzählzeit durchbricht, abschließend wieder zur Geltung. Der anbrechende Frühling, das Ende des Vietnamkriegs und der Jahrestag ihrer Rechercheriese künden symbolisch vom Beginn eines neuen Lebensabschnitts. Eine Auflösung, ob der mühsame Versuch der Selbstannäherung letztlich erfolgreich war, hebt sich die Erzählerin effektvoll bis zum Schluss auf: Auf der letzten Seite des Romans wechselt Wolfs Erzählung aus der zweiten und dritten in die erste Person. Noch vorsichtig und mit Vorbehalten zwar, aber doch hoffnungsvoll kann Nelly zum „Ich" zurückkehren und sich mit dem „Kind, das in mir verkrochen war", versöhnen (*Km*, 594).[82]

Was also unterscheidet Christa Wolfs *Kindheitsmuster* und Peter Härtlings *Zwettl* von den konventionellen Autobiographien auf der einen und ihren postmodernen Transformationen auf der anderen Seite, sodass es gerechtfertigt erscheint, sie hier als einen eigenständigen Typus innerhalb der Gattung zu behandeln? Im Kern zeichnen sich beide Werke dadurch aus, dass in ihnen die Auflösung klassischer autobiographischer Erzählstrukturen und Verabschiedung traditioneller Gattungstopoi nicht mit einer pessimistischen Dekonstruktion von Identität einhergeht. Wolf und Härtling teilen zwar ihre biographische Verunsicherung mit postmodernen Erzählern wie Perec oder Gernhardt, doch ziehen sie daraus eine ganz andere Konsequenz. Statt die klassischen Vorbilder zu ironisieren, intensivieren sie noch ihr Bemühen um biographische Rekonstruktion, verpflichten sich selbst zur Aufarbeitung und Bewältigung der Vergangenheit, in der Hoffnung, auf diesem Wege zu sich selbst zurück zu finden oder zumindest ein klareres Bild von der eigenen Involviertheit in die ‚große' Geschichte zu erlangen.

[82] Vgl. Schmidt, „‚Grenzen des Sagbaren'", 122 f.

In dieser Hinsicht sind beide Kindheitserzählungen auch von den souveränen, klassisch-modernen Autobiographen abzugrenzen, für die ein stabiles Selbstverständnis die unerlässliche Voraussetzung bildet, um überhaupt mit dem Schreiben einer Autobiographie beginnen zu können. Den autobiographischen Erzählern in *Kindheitsmuster* und *Zwettl* stellt sich die Vergangenheit als unverfügbar und ihre literarische Repräsentation als problematisch dar. Wolf und Härtling gehen gerade nicht von einem sich organisch aus dem Leben ergebenden Ich-Bezug aus, sondern verlegen die Konstruktion von Identität in den Erinnerungs- und Erzählvorgang selbst und machen eben diesen Prozess literarisch transparent. Die zeitaufwändigen Recherchen und Arbeiten, die zu ihrer Selbstannäherung gehören, zeigen die Autoren auf eigenständigen Erzählebenen und integrieren sie so in die Diegese ihrer Werke. Ihre Erzählungen entstehen weder aus einem Zustand ungefährdeter Selbstgewissheit, noch greift in ihnen die klassische Suggestion, das Erinnern und Erzählen geschähe praktisch synchron und wie aus einem Guss. Die terminologische Differenzierung zwischen der Erinnerungs- und einer Erzählgeschichte entfaltet im Fall von *Zwettl* und *Kindheitsmuster* ein besonderes analytisches Potenzial, denn sie ermöglicht es, die narrative Struktur der Texte mit den in ihnen präsentierten Subjektentwürfen zu korrelieren: Je stärker erlebendes, erinnerndes und erzählendes Ich auseinandertreten, je nachdrücklicher sie in ihrem distinkten raumzeitlichen Kontext gezeigt werden und je spezifischer ihre jeweiligen Herausforderungen thematisiert werden, desto entfremdeter erscheint das Subjekt, desto deutlicher sind die Widerstände des autobiographischen Schreibens erkennbar und desto weniger kommt das Modell einer mühelosen „Selbsterzählung in Muße" zum Tragen. An dessen Stelle tritt ein anderes Modell, das Modell der Erinnerungs- und Erzählarbeit.

Zwettl und *Kindheitsmuster* inszenieren das autobiographische Schreiben als einen anstrengenden Prozess der Konfrontation und Aufarbeitung. Die narrativen Mittel, derer sie sich zu diesem Zweck bedienen, sind facettenreich und zum Teil divergent, doch fallen starke Ähnlichkeiten und Tendenzen in beiden Erzählungen ins Auge. So heben sowohl Wolf als auch Härtling die Prozessualität ihrer Selbstannäherung durch zahlreiche temporale Markierungen hervor. Der konfrontative Charakter ihrer Erinnerungsarbeit kommt in der Rückkehr des erinnernden Ich an einen bedeutenden Erinnerungsort und in der Verarbeitung materieller Zeugnisse zum Ausdruck. Die Mühsal der Rekonstruktion schließlich wird deutlich, wenn die Erzähler von ihrer permanenten Selbstüberwindung und den unweigerlichen Rückschlägen berichten oder wenn sie mithilfe der Textperformanz den Lesern das Stocken, Abbrechen und Neuansetzen des Erzählvorgangs erfahrbar machen. Die Neumodellierung des autobiographischen Erzählens als Arbeitsprozess erstreckt sich folglich nicht nur auf die Produktionsebenen des Erinnerns und Erzählens, sondern greift auch auf den Rezeptionsakt über: Wie Sandra Frieden bemerkt hat, macht sich Wolf mit *Kindheits-*

muster daran, die „Bequemlichkeit [...] zu zerstören", sich als Leser ganz dem Erzählfluss des Autobiographen zu überlassen.[83] Die Lektüre von *Kindheitsmuster* ist auch Arbeit, nicht nur angenehme Muße.

Die formalen Gestaltungsstrategien der Texte sind in hohem Maße durch die inhaltlichen Konflikte motiviert, die in ihnen verhandelt werden: In *Zwettl* bemüht sich der Erzähler um die Aufklärung und Verarbeitung eines persönlichen Traumas vor bedrückender historischer Kulisse. Stärker noch als Härtling artikuliert Wolf in *Kindheitsmuster* das Gefühl einer persönlichen Verantwortung, welche die Erzählerin zur Vergangenheitsbewältigung verpflichtet und einen enormen Produktionsdruck auf sie ausübt. So handelt es sich bei *Kindheitsmuster* um einen der inhaltlich und formal elaboriertesten Versuche der jüngeren deutschsprachigen Literatur, eigene Schuld aufzuarbeiten.[84] Was beiden Erzählern, Wolf und Härtling, angesichts der Tragweite ihrer Aufgabe und der Unsicherheit ihres Gelingens bleibt, ist das ostentative Bemühen um Transparenz. Ebenso wichtig wie das Ergebnis der Rekonstruktion wird die Darstellung des Rekonstruktionsprozesses. Die ausgeprägte Selbstreflexivität der Texte erscheint den Autoren als ein probates Mittel, sich im riskanten Feld der Selbstkonfrontation einen ethischen und ästhetischen Fixpunkt zu schaffen, von dem aus sich die Kindheit erzählen lässt.

Wie innovativ und unkonventionell diese Ästhetik der Selbstreflexion ist, wird erst im Kontrast mit der Gattungsnorm deutlich. Ein umfassendes Verständnis für die topischen Erzählmodelle der klassischen Autobiographik ist unerlässlich, um die sich in der Nachkriegsliteratur auftuenden Differenzen konkreter bestimmen zu können, als es die Forschung bislang getan hat. Härtling und insbesondere Wolf präsentieren einen radikal neuen Modus des autobiographischen Erzählens, der traditionelle Vorstellungen von ruhiger Kontemplation verabschiedet. Ihr erinnerndes und erzählendes Ich befindet sich nicht in einer abstrakten, alltagsfernen Zeitenklave, im unbeschwerten Rückzug des Alters oder an anderen Orten der Muße, von denen aus sich mühelos auf das Leben zurückblicken ließe. Sofern die räumlichen Topoi nicht ganz ihre Bedeutung einbüßen, werden sie umfunktioniert – so wie etwa die Rückkehr in die Heimatstadt nicht mehr nostalgischer Selbstvergewisserung dient, sondern einen konfrontativen Charakter gewinnt. Die Illusion der stillgestellten Zeit, die über Jahrhunderte hinweg die Erzählsituation charakterisierte, wird von den Erzählern aktiv aufgebrochen, die nun ihre eigene Gegenwart in den Vordergrund rücken und ihren Erzählfortschritt an der objektiven Zeit messen. Die exponierte Zeitstruktur ist ein wesentlicher Aspekt jenes Paradigmenwechsels von der souveränen Selbsterzählung, die unmittelbar und scheinbar mühelos erfolgt, hin zur literarischen Inszenierung einer Erzählarbeit, die immer nur als aufwändiger

[83] Frieden, „‚Falls es strafbar ist, die Grenzen zu verwischen'", 158.
[84] Vgl. Jopling, *Re-placing the self*, 237.

und ermüdender Produktionsprozess denkbar ist. Indirekt demonstrieren die Autoren damit, dass die tradierten narrativen Verfahren nicht länger kompatibel sind mit den instabilen Selbstentwürfen und dem konstruktiven Geschichtsverständnis, welche die avancierte literarische Autobiographik der Gegenwart auszeichnen. Das neue Prinzip, denen die Erzählungen folgen, ist das der Dynamik: In einem Prozess wechselseitiger Rückkoppelungen nimmt nicht allein der autobiographische Text nach und nach Gestalt an, auch der Autor selbst verändert sich im Laufe seiner Erinnerungs- und Erzählarbeit.

Fazit

Die Vorstellung, Muße stelle einen privilegierten Zustand dar, der die Konstitution von Subjekten in besonderer Weise begünstigt, ist tief im kulturellen Denken der Neuzeit verankert. Wie wesentlich jedoch die autobiographische Literatur dazu beigetragen hat, dass die Muße überhaupt zum dominanten Paradigma der Selbstreflexion und des Erzählens avancieren konnte, wurde von der Forschung bislang ebenso wenig registriert wie die Tatsache, dass das autobiographische Erzählen in der Gegenwart seinerseits von Bildern der Muße, der Kontemplation und des Rückzugs geprägt ist. Tatsächlich erschließen sich Gestalt und Struktur vieler gegenwärtiger autobiographischer Texte erst, wenn man diese wechselseitigen Einflüsse in Rechnung stellt.

Motiviert von der Erkenntnis, dass der Brückenschlag zwischen Muße und autobiographischem Erzählen ein bislang kaum entfaltetes analytisches Potential birgt, hat die vorliegende Arbeit ein doppeltes Ziel verfolgt. Erstens war auf einer historischen Achse zu zeigen, wie der geistesgeschichtliche Diskurs über die Muße im Laufe der Jahrhunderte einen maßgeblichen Einfluss auf die Entwicklung der Gattung Autobiographie ausübte. In diesem Zusammenhang galt es – vice versa – ebenso darzustellen, wie autobiographische Texte als ein Vehikel für Imaginationen von abgeschiedener, ruhiger und mußevoller Kontemplation fungieren. In den literarischen Reflexionen und Lebensberichten einiger einflussreicher Autoren konnte diese Idee von der Spätantike bis in die Gegenwart proliferieren. Im historischen Rückblick ist zu erkennen, dass die antike Überzeugung, eine ungestörte *scholé* bzw. ein selbstbestimmtes *otium* bilde eine zentrale Voraussetzung für das philosophische Nachdenken, bereits von Augustinus auf die nach innen gerichtete Reflexion des Menschen übertragen wurde. Über ein Millennium später erweiterte Montaigne, der sich für einige Jahre in die Bibliothek seines Schlosses zurückzog, den Muße-Diskurs um den Aspekt ästhetischer Kreativität. Bei ihm tritt erstmals die Idee zutage, dass der *oisiveté* ein schöpferisches Potential innewohnt. Auf dieser Grundlage konnte Rousseau später emphatisch behaupten, die Muße sei ein idealer Zustand, in dem ‚man sich selbst wie Gott' genüge. Damit führte Rousseau der Nexus von Muße und Selbstkonstitution in der neuzeitlichen Literatur zu seinem vorläufigen Höhepunkt.

Zweitens konnte auf einer systematischen Achse demonstriert werden, dass sich die Konvergenz von Muße und autobiographischem Reflektieren in den Texten nicht nur diskursiv vollzieht, sondern sich in ihrem narrativen Aufbau, in der Wahl bestimmter Erzählverfahren und Inszenierungstechniken niederschlägt. So modellieren zahlreiche Texte die Situation des erinnernden und erzählenden Ich, von der aus sich die Retrospektive auf das Leben vollzieht, als Momente des Innehaltens und Verweilens, in denen sich das individuelle Zeiterleben von der objektiven Zeit entkoppelt und es zu intensiven Präsenzerfahrungen kommen kann. Mit solchen Heterochronien korrespondieren häufig bestimmte Orte und räumliche Konstellationen, die dem Erzähler ein Heraustreten aus seinem Alltagskontext ermöglichen und seine räumliche oder soziale Abgeschiedenheit herausstellen. Die Illusion einer stillstehenden Erzählzeit ebenso wie die Rückzugsorte des Erzählens stehen in struktureller Analogie zur raumzeitlichen Phänomenologie der Muße. Diese Strukturähnlichkeit indiziert nicht allein, dass sich die autobiographische Gattung die Topik der Kontemplation zueigen gemacht hat, indem die Gegenwart des erzählenden oder erinnernden Ich häufig explizit oder implizit als Situation der Muße inszeniert wird. Sie ist darüber hinaus Beleg dafür, dass die kontemplative Topik bis in die autobiographischen Erzähltechniken selbst eingedrungen ist und die autobiographische Narration auf einer fundamentalen Ebene prägt.

Das Konzept der Muße lässt sich daher fruchtbar machen, um eine neue narratologische Perspektive auf die Gattung der Autobiographie einzunehmen und eine Heuristik zu entwickeln, um Erkenntnisse über die Struktur autobiographischer Texte zu gewinnen. Einen ersten wichtigen Ansatzpunkt für eine ‚Narratologie der Muße' bildet die Gattungstheorie der Autobiographie in der Nachfolge Wilhelm Diltheys und Georg Mischs, die noch bis in die 1960er-Jahre normativ einforderte, der Autobiograph müsse sich im Alter an einem stabilen und ruhigen Punkt befinden, von dem aus er auf sein bewegtes Leben zurückblickt. Die Dichotomie von *vita contemplativa* und *vita acitva* wird damit auf die Binnenstruktur der Autobiographie projiziert: Während der Autobiograph sein aktives Leben schildert, von seinem Kampf um Anerkennung und seinen außergewöhnlichen Leistungen berichtet, gleicht hingegen die ideale Erzählsituation einem kontemplativen Zustand, welcher der verdienten Ruhe des Alters entspringt – ein *otium cum dignitate*.

Ein zentrales Bindeglied zwischen den historischen und den systematisch-narrativen Aspekten des autobiographischen Erzählens bildet die Topik der Muße, die in den hier untersuchten Texten an vielen Stellen präsent ist. Der Begriff des *topos* hat sich in der Untersuchung in doppelter Weise als produktiv erwiesen. Erstens lässt sich mit seiner Hilfe beschreiben, wie die Vorstellungen einer kontemplativen und reflexiven Muße, die im abendländischen Denken präsent sind, sich in der autobiographischen Literatur niederschlagen und zur Herausbildung repetitiver Muster führen, die oft über Jahrhunderte fortleben. Die *topoi* der Muße bieten damit einen erstaunlich persistenten Vorrat an Motiven und Erzählstrategien, aus dem Autobiographen schöpfen und zu dem sie selbst beitragen können. Stellten etliche dieser topischen Handlungen einst radikale Gesten der Ich-Konfrontation und der Selbstbehauptung dar – man denke nur an Petrarcas Besteigung des Mont Ventoux oder Rousseaus Flucht auf die Île Saint-Pierre – gehören diese Topoi inzwischen zum konventionellen Repertoire des autobiographischen Schreibens und sind teilweise zu Klischees geronnen. Der Ausblick in die weite Landschaft, der das Subjekt paradoxerweise dazu veranlasst, den Blick nach innen zu wenden, findet sich bei Petrarca ebenso wie bei Reinhold Messner, bei Rousseau ebenso wie bei Max Frisch. Der Rückzug in die Privatheit und ein abgeschiedenes Leben, welches dem Autor endlich Gelegenheit zur Reflexion verschafft, ist bei Montaigne ebenso als metonymische Verschiebung einer kontemplativen Muße zu identifizieren wie bei Grass, Gernhardt und Reich-Ranicki. Damit ist zweitens ersichtlich, dass der Begriff des *topos*, der schon in der Antike auf einen realen oder metaphorischen „Ort" verwies, nun die spezifische Räumlichkeit der Muße-Situation erfassen kann. Denn die kontemplativen Erlebnisse der Autobiographen sind in aller Regel an bestimmte Orte gebunden, die eine räumliche Erfahrung (etwa der Natur, der Stadt oder eines Erinnerungsortes) hervorrufen oder räumliche Bewegungen (Rückzug, Ausbruch, Spaziergang, Flanerie usw.) ermöglichen.

Aufschlussreich ist indes, in welcher Weise sich gegenwärtige Autobiographen der Topik der Muße bedienen und sie ins 20. und 21. Jahrhundert transponieren. Auf die vorgeprägten Schablonen können die Autoren affirmativ zurückgreifen oder sich ironisch von ihnen distanzieren, sie können als Ausweis ihrer kulturellen Expertise subtil auf ihre Vorbilder alludieren oder sie mit postmodernem Pathos zurückweisen. So wird schnell offenbar, dass die Topik der Muße in der gegenwärtigen Autobiographik ganz verschiedene Aufgaben übernehmen kann und von Autoren im Sinne ihrer jeweiligen Poetik funktionalisiert wird. Drei wesentliche Strategien lassen sich identifizieren, auf deren Basis sich eine Binnendifferenzierung autobiographischer Schreibarten der Gegenwart vornehmen lässt.

Eine erste Gruppe von Autobiographien – darunter sowohl populäre Texte als auch solche mit dezidiert literarischem Anspruch – aktualisiert ganz affirmativ die klassischen Gattungsmuster, indem sie die mußevolle Situation des gealterten Erzählers gegen sein zurückliegendes, ereignisreiches Leben profiliert. Das erzählende und erinnernde Ich befindet sich gemäß der klassischen Gattungskonventionen an einem stabilen, häufig räumlich erhöhten Ort, einem „standpoint" (R. Pascal) also, von dem aus sich problemlos und selbstgewiss auf das Leben in seiner Gesamtheit zurückblicken lässt. Die Erinnerung ist den Autobiographen mühelos verfügbar und es gelingt ihnen in der Regel ohne größere Schwierigkeiten, ihr Leben in einer kohärenten und konsistenten Weise zu erzählen. In den Werken dieses Typus, für den sich der Begriff der ‚souveränen Autobiographie' anbietet, inszenieren sich in der Regel selbstbewusste Erzähler, welche keinen Zweifel daran aufkommen lassen, dass ihnen die endgültige Deutungshoheit über ihr Leben zukommt. Die Autoren präsentieren eine ganzheitliche Interpretation ihres Lebens im Sinne Wilhelm Diltheys, in der die wesentlichen von den unwesentlichen Ereignissen geschieden sind und die übergeordneten Lebenszusammenhänge sichtbar werden. Gegenüber der erzählten Lebensgeschichte geben die Texte der Darstellung des Erinnerungs- und Erzählaktes nur wenig oder gar keinen Raum, sie beleuchten häufig nur schlaglichtartig die Situation des erinnernden oder erzählenden Ich. So evozieren sie den Eindruck, die autobiographische Erzählung gehe aus einem einzigen narrativen Akt unmittelbar hervor, in dem das Erzählen und Erinnern sich synchron und ‚wie aus einem Guss' vollzieht. Weil weder der narrative noch der mnemonische Prozess eine erhebliche Zeit zu verbrauchen scheint, bleibt die klassische Illusion der ‚stillgestellten Zeit' (G. Genette) intakt.

Sofern die souveränen Autobiographien das reflektierende und erzählende Ich in einer konkreten Situation der Kontemplation zeigen, lassen sich dafür nicht selten direkte Vorbilder aus dem Gattungskanon identifizieren. All diese Bezugnahmen bleiben allerdings implizit, und es ist nicht in jedem Fall davon auszugehen, dass sich die Autoren der einflussreichen Prätexte bewusst sind. Gerade unter diesen Umständen entfaltet das Konzept einer ‚topischen Muße' seine Produktivität, weil es von vornherein in Rechnung stellt, dass die historischen Vorbilder unmarkiert in die Motivik und die narrativen Konventionen der Gattung diffundieren.

Die zweite Gruppe von Werken zeichnet sich hingegen durch einen kritischen Bezug auf die autobiographische Topik aus. Die Texte stellen das klassische, muße-affine Erzählmodell als inkompatibel mit den Lebensbedingungen der Postmoderne dar, führen daher das Scheitern der Selbstreflexion vor (Robert Gernhardt, Georges Perec) oder zeigen das erzählende Ich beim Erkunden neuer Wege der Selbsterfahrung (Rainald Goetz). Wenn Muße überhaupt noch einen privilegierten Zustand für die individuelle Selbstkonstitution bildet, dann muss sie an anderen Orten und mithilfe anderer Praktiken gesucht werden. Deutlich wird dies insbesondere in Rainald Goetz' Erzählung *Rave*, in der sich Momente der Kontemplation und Reflexion gerade nicht in der Abgeschiedenheit einstellen. Bei Goetz induziert vielmehr das kollektive Feiern, der dionysische Rausch der Drogen und der Musik eine heterotopische und heterochronische Erfahrung, welche die kreativen Kräfte des Erzählers freisetzt und die sein Bedürfnis weckt, das eigene Leben zu verschriftlichen.

Die hier beispielhaft besprochenen Texte dieses Typus sind poststrukturalistisch oder popliterarisch inspiriert. Dies äußert sich neben einer formalen Fragmentierung der Narrative vor allem darin, dass sie nicht länger einen unproblematischen Begriff von Identität zugrunde legen. Im Gegensatz zu den ‚souveränen' Autobiographen, die ihre Lebensberichte auf der Vorstellung einer bruchlosen Identität basieren, zeigen Gernhardt, Perec und auch Goetz prekäre Subjekte, die in ihrem Erinnerungsvermögen weniger ein Mittel zur Selbstvergewisserung erkennen denn eine Gefahr, in die Abgründe des eigenen Lebens blicken zu müssen. Dementsprechend gestalten sich auch die Muße-Situationen, in die sich die Erzähler begeben, als ebenso prekär und instabil. Zwar rufen die Erzählungen an vielen Stellen die Topik der Muße auf – Perecs namenloser Protagonist schließt sich zuhause ein, spaziert im Wald und flaniert durch Paris, Gernhardts *alter ego* sonnt sich in der arkadischen Landschaft Italiens –, doch gelingt es ihnen nicht mehr, aus diesen Situationen heraus die eigene Geschichte auf eine kohärente und konsistente Weise zu erzählen. Stattdessen dekonstruieren die Autoren sowohl klassische Vorstellungen von Identität und individueller Autonomie als auch die autobiographische Erzählform *per se*.

In eine dritte Gruppe schließlich fallen autobiographische Erzählungen, die das Paradigma mußevoller Selbstreflexion verabschieden, indem sie weder affirmativ noch negierend darauf Bezug nehmen. Ganz im Gegenteil versetzen Peter Härtling in *Zwettl* und Christa Wolf in *Kindheitsmuster* die Fundamente der Gattung, indem sie den Erinnerungs- und Erzählprozess als eine mühsame und zeitraubende Arbeit inszenieren. Ihre Erzählungen speisen sich nicht mehr aus der Suggestion, die Erinnerung sei dem Autor frei verfügbar, vielmehr führen sie vor, dass die Vergangenheit nur auf dem Wege einer umständlichen Rekonstruktion zugänglich gemacht werden kann. Aus diesen Grund erscheint auch die Vorstellung obsolet, der Erzähler müsse sich an einen Muße-Ort begeben, um sich auf sich selbst zu besinnen und seine Geschichte aus dem Gedächtnis rekonstruieren zu können. Die Aufgabe des erinnernden Ich liegt bei Wolf und Härtling darin, Recherchen durchzuführen, Dokumente zu sichten und Gespräche mit Zeitzeugen zu führen. Das topische Ideal des Rückzugs in die Abgeschiedenheit weicht der Vorstellung, der Autobiograph müsse an einen persönlichen Erinnerungsort zurückkehren, um dort statt ruhiger Kontemplation die direkte Konfrontation mit der Vergangenheit zu wagen. Und selbst wenn – was im Erzählverlauf durchaus ungewiss erscheint – die Rekonstruktion der Vergangenheit gelingt, stellt die Suche nach einer literarischen Repräsentationsform, welche der erzählten Geschichte angemessenen ist, eine beinahe ebenso große Herausforderung dar. So schließt sich an die Erinnerungsarbeit eine nicht weniger anstrengende Erzählarbeit an.

Aus einer narratologischen Perspektive zeichnen sich die Texte dieser Gruppe dadurch aus, dass in ihnen die Erinnerungs- und Erzählvorgänge als langandauernde Prozesse inszeniert werden, die jeweils eigenständige Handlungen innerhalb der Diegese bilden und als solche auf distinkten narrativen Ebenen zur Darstellung kommen. Erst durch das Prisma der ausführlichen Erinnerungs- und Erzählgeschichten, in denen das Erzählte kommentiert und gedeutet wird, werden die eigentlichen Kindheitserzählungen sichtbar. Die selbstreflexive Thematisierung und Narrativierung des autobiographischen Rekonstruktionsprozesses bewirkt außerdem, dass die Zeit des erinnernden und des erzählenden Ich nie stillzustehen scheint, das Schreiben vielmehr zum Kampf gegen die Zeit und gegen das Vergessen wird. Statt eines statischen Selbstentwurfs präsentieren die Erzähler sich in einer dynamischen Situation, in der biographische Gewissheiten nur schwer zu erlangen sind und historische Wahrheiten einem permanenten Interpretationsprozess unterliegen. Gleichwohl geht es den Autoren nicht um die Dekonstruktion von Identität, sondern um eine geradezu verbissene Annäherung an das frühere Selbst. Ihre Beharrlichkeit ist motiviert durch das Gefühl, durch das Erzählen einer Verantwortung gerecht werden zu können. Indem sie ihr Leben rekonstruieren, versuchen die Autoren Traumata zu verarbeiten und Abbitte für ihre eigene Schuld zu leisten. Die ostentative Inszenierung der Erinnerungs- und Erzählarbeit in ihren Werken mag daher ein spezifisches Phänomen der deutschen Nachkriegsliteratur und ihres Bemühens um Vergangenheitsbewältigung sein.

Die Topik der Muße eröffnet eine grundsätzlich neue Perspektive auf das autobiographische Erzählen im 20. und 21. Jahrhundert. Fasst man Muße als eine Beschreibungskategorie, mit der die Erzählsituationen autobiographischer Narrative typisiert werden können, ergeben sich neue Möglichkeiten zu einer Binnendifferenzierung der Gattung. Bislang klassifiziert die Autobiographieforschung ihr Korpus vor allem nach dem Kriterium der Literarizität und grenzt daher – nicht zuletzt im Bemühen um eine ästhetische Aufwertung der Gattung – die ‚literarischen' (das heißt implizit: wertvollen) Autobiographien der Schriftsteller von den ‚populären' oder ‚trivialen' Lebensdarstellungen ab, wie sie in der Regel von Prominenten oder ihren Ghostwritern verfasst werden. Richtet man die Aufmerksamkeit dagegen auf die topischen Muster, die in den Texten aktualisiert werden, findet man darin ein vom Grad der Literarizität unabhängiges Unterscheidungskriterium. Das Untersuchungskorpus illustriert eindrücklich, dass sich sowohl populäre als auch zahlreiche literarische Autobiographien an den klassischen Gattungsnormen orientieren, also das erinnernde und erzählende Ich in Situationen der Muße zeigen und die ruhige und stabile Situation des Erzählers gegen sein bewegtes Leben kontrastieren. Zugleich formiert sich – verstärkt durch ein allgemeines Interesse an neuen Erzählformen in der Nachkriegsliteratur – eine Gegenbewegung, die darauf abzielt, die narrativen Konventionen der Gattung aufzulösen. Die Autoren richten den Fokus der Darstellung vom erzählten Leben auf den autobiographischen Rekonstruktions- und Erzählprozess, gestalten extensive Erinnerungs- und Erzählgeschichten, in denen das autobiographische Subjekt statt Muße nur Frustration erfährt oder mühsam um seine Selbstannäherung ringen muss.

Zwar ließe sich die selbstreflexive Problematisierung des autobiographischen Erzählens durchaus als ein Schritt hin zu einer gesteigerten Literarizität der Texte deuten, doch ist die Motivation hinter dieser Entwicklung eine andere. Die Art und Weise, wie zeitgenössische Erzähler die traditionelle Topik der Muße funktionalisieren, korreliert stark den Subjektkonzeptionen, die ihren Lebensberichten zugrunde liegen. Die Tendenz ist eindeutig: Je affirmativer die Texte sich der traditionellen Topoi bedienen und ihre Lebensberichte entlang klassischer Vorbilder gestalten, desto souveräner, stabiler und bruchloser wirken die Selbstentwürfe der Autobiographen. Damit bestätigen sie die Ausgangsthese dieser Untersuchung, dass die Muße von der Moderne bis in die Gegenwart ein Paradigma der autobiographischen Selbstreflexion und Selbstkonstitution bildet. Doch auch die postmodernen Gegenentwürfe zum klassischen autobiographischen Erzählmodell bekräftigen – eben indem sie das Scheitern der konsistenten Selbstrepräsentation an das Versagen der kontemplativen Reflexion knüpfen – diesen Befund *ex negativo*.

Unter dem Strich präsentiert sich das autobiographische Erzählen seit 1945 in einer so großen literarischen Formenvielfalt, dass die klassische Gattungspoetik in der Nachfolge des Diltheyschen Dreigestirns Augustinus – Rousseau – Goethe endgültig als aufgebrochen gelten muss. Eine progressive Entwicklung hin zu einer immer stärkeren Problematisierung und Selbstreflexivität der Gattung ist darin nur bedingt zu erkennen. Vielmehr sind die zurückliegenden Jahrzehnte von einer Auffächerung der Erzählschemata und daher von der Koexistenz enorm heterogener autobiographischer Modelle gekennzeichnet. Wenngleich der Untersuchungszeitraum zu kurz erscheint, um eindeutige Aussagen über die diachronen Konjunkturen dieser verschiedenen Modelle treffen zu können, so lassen sich doch wesentliche Kontinuitäten und Brüche identifizieren und damit auch eine neue Perspektive auf die jüngste Gattungsgeschichte gewinnenen. Das kontemplativ-topische Erzählmuster behauptet seine Gültigkeit praktisch durchgängig und in allen literarischen Registern – von der populären Lebenserzählung bis hin zum aufwendig konstruierten autobiographischen Roman. Jene Texte hingegen, die mit parodistischer oder ironischer Intention die Vorstellung eines aus verdienter Muße heraus erzählenden Autors dekonstruieren, scheinen stark von den literarischen Techniken und Subjektkonzeptionen der modernen Avantgarden, des Nouveau Roman oder der Popliteratur inspiriert – es überrascht daher nicht, dass diese Versuche, das autobiographische Erzählen zu innovativen Formen zu führen, in der französischen Literatur spätestens seit den 1960er-Jahren nachzuweisen sind und bald darauf auch in der deutschsprachigen Literatur virulent werden. Als historischer Sonderfall und Reaktion auf die Traumata des Zweiten Weltkrieges und des Nationalsozialismus müssen dagegen jene autobiographischen Schriften gelten, welche die mußevolle Narration vollends verabschieden und den Fokus auf die mühsame Arbeit des Erzähl- und Erinnerungsprozesses lenken. In gattungsgeschichtlicher Hinsicht wird es interessant sein, zu beobachten, ob dieses Alternativmodell in Zukunft aus dem Modus der schuldbewussten „Vergangenheitsbewältigung" in andere Kontexte transferiert werden kann, oder ob es an die Autoren und Autorinnen der Kriegsgeneration gebunden ist und mit ihnen wieder verschwindet.

Nicht in allen Varianten des autobiographischen Schreibens wird folglich das Erleben von Muße noch implizit oder explizit als Idealbedingung für das gelingende Reflektieren und Erzählen der eigenen Geschichte behauptet. Gleichwohl stellt die Topik der Muße weiterhin eine wirkmächtige Folie dar, auf die auch heutige Autobiographien in aller Regel – positiv oder negativ – Bezug nehmen. Damit erweist sich die Frage, ob und inwiefern Autobiographen ihr Erinnern und Erzählen an die Topoi der Muße knüpfen, als eine produktive Heuristik, die den Blick für die narrativen Entwicklungstendenzen und die Ausdifferenzierung von Identitätsmodellen in der Autobiographik der Gegenwart schärft.

Siglen

AE Weiss, Peter, *Abschied von den Eltern. Erzählung*, Frankfurt a. M. 2009 [1961].

BH Grass, Günter, *Beim Häuten der Zwiebel*, Göttingen 2006.

Bt Grass, Günter, *Die Blechtrommel. Roman*, München 1997 [1959].

Es Montaigne, Michel Eyquem de, *Essais*, ed. conforme au texte de l'exempl. de Bordeaux avec les additions de l'éd. posthume, les principales variantes, une introduction, des notes et un index, hg. v. Maurice Rat, Paris 1962 [1580/88].

GBM Kaltenbrunner, Gerlinde/Steinbach, Karin, *Ganz bei mir. Leidenschaft Achttausender*, München 2009.

Hb Gottschalk, Thomas, *Herbstblond. Die Autobiographie*, München 2015.

Hk Strauß, Botho, *Herkunft*, München 2014.

Hqd Perec, Georges, *Un homme qui dort. Roman*, Paris 1989 [1967].

Ich Gernhardt, Robert, *Ich Ich Ich. Roman*, Zürich 1982.

IR Goethe, Johann Wolfgang von, *Italienische Reise*, Teil 1, Sämtliche Werke, Briefe, Tagebücher und Gespräche, Bd. 15,1, hg. v. Klaus-Detlef Müller, Frankfurt a. M. 1986 [1816/17].

Km Wolf, Christa, *Kindheitsmuster*, Werke, Bd. 5, hg. v. Sonja Hilzinger, München 2000 [1976].

LC Rousseau, Jean-Jacques, „Les confessions", in: *Œuvres complètes*, Bd. 1, hg. v. Bernard Gagnebin, Paris 1959 [1782–1789], 5–656.

LR Rousseau, Jean-Jacques, „Les rêveries du promeneur solitaire", in: *Œuvres complètes*, Bd. 1, hg. v. Bernard Gagnebin, Paris 1959 [1782], 993–1097.

LS Wolf, Christa, „Lesen und Schreiben", in: *Die Dimension des Autors. Essays und Aufsätze, Reden und Gespräche 1959–1985*, Darmstadt/Neuwied 1987 [1968], 463–503.

ML Reich-Ranicki, Marcel, *Mein Leben*, Stuttgart 1999.

Mo Frisch, Max, *Montauk. Eine Erzählung*, Frankfurt a. M. 1975.

MV Petrarca, Francesco, *Die Besteigung des Mont Ventoux*, Lateinisch/Deutsch, übers. u. hg. v. Kurt Steinmann, Stuttgart 1996 [1336].

Rch Proust, Marcel, *À la recherche du temps perdu*, Bd. 1: *Du côté de chez Swann*, hg. v. Jean-Yves Tadié, Paris 1987 [1913], 3–420.

Rv Goetz, Rainald, *Rave. Erzählung*, Frankfurt a. M. 1998.

SL Scholl-Latour, Peter, *Mein Leben*, München 2015.

Ur Bernhard, Thomas, *Die Ursache. Eine Andeutung*, Werke, Bd. 10, hg. v. Martin Huber, Frankfurt a. M. 2004 [1975], 7–109.

WE Messner, Reinhold, *Die weiße Einsamkeit. Mein langer Weg zum Nanga Parbat*, München 2003.

Zw Härtling, Peter, *Zwettl. Nachprüfung einer Erinnerung*, Darmstadt 1973.

Literaturverzeichnis

Quellen

Aristoteles, *Politik*, eingel., übers. u. komm. v. Olof Gigon, 2. Aufl., Zürich 1971.

Aristoteles, *Nikomachische Ethik*, auf d. Grundl. d. Übers. v. Eugen Rolfes hg. v. Günther Bien, Hamburg 1972.

Aristoteles, *Topik*, übers. u. komm. v. Tim Wagner u. Christof Rapp, Stuttgart 2004.

Augustinus, Aurelius, *Der Gottesstaat / De civitate Dei*, Bd. 2, übers. v. Carl Johann Perl, Paderborn 1979.

Augustinus, Aurelius, *Selbstgespräche. Von der Unsterblichkeit der Seele*, Gestaltung d. lat. Textes v. Harald Fuchs. Einf., Übertr., Erl. u. Anm. v. Hanspeter Müller, München 1986.

Augustinus, Aurelius, *Confessiones / Bekenntnisse*, übers. v. Wilhelm Thimme, mit einer Einf. v. Norbert Fischer, Düsseldorf/Zürich 2004.

Benjamin, Walter, *Das Passagen-Werk*, Gesammelte Schriften, Bd. 5, hg. v. Rolf Tiedemann, Frankfurt a. M. 1982.

Bernhard, Thomas, *Die Ursache. Eine Andeutung*, Werke, Bd. 10, hg. v. Martin Huber, Frankfurt a. M. 2004.

Blanckenburg, Friedrich von, *Versuch über den Roman*, Faksimiledruck der Originalausgabe, mit einem Nachw. v. Eberhard Lämmert, Stuttgart 1965.

Burckhardt, Jacob, *Die Kultur der Renaissance in Italien*, hg. v. Horst Günther, Frankfurt a. M./Leipzig 1989 [1860].

Cassianus, Johannes, *De institutis coenobiorum / De incarnatione contra Nestorium*, hg. v. Michael Petschenig, Wien 2004.

Cicero, Marcus Tullius, *Atticus-Briefe*, hg. u. übers. v. Helmut Kasten, München 1990.

Cicero, Marcus Tullius, „Rede für P. Sestius [Pro P. Sestio]“, in: *Die politischen Reden*, hg., übers. u. erl. v. Manfred Fuhrmann, Bd. 2, Darmstadt 1993, 110–285.

Cicero, Marcus Tullius, *De officiis / Vom pflichtgemäßen Handeln*, hg. u. übers. v. Rainer Nickel, Düsseldorf 2008.

Doubrovsky, Serge, *Fils. Roman*, Paris 1977.

Frisch, Max, „Öffentlichkeit als Partner“, in: *Öffentlichkeit als Partner*, Frankfurt a. M. 1967, 56–67.

Frisch, Max, *Montauk. Eine Erzählung*, Frankfurt a. M. 1975.

Frisch, Max, *Schwarzes Quadrat. Zwei Poetikvorlesungen*, hg. v. Daniel de Vin, Frankfurt a. M. 2008.

Gernhardt, Robert, *Ich Ich Ich. Roman*, Zürich 1982.

Goethe, Johann Wolfgang von, *Aus meinem Leben. Dichtung und Wahrheit*, Sämtliche Werke, Briefe, Tagebücher und Gespräche, Bd. 14, hg. v. Klaus-Detlef Müller, Frankfurt a. M. 1986.

Goethe, Johann Wolfgang von, *Italienische Reise*, Teil 1, Sämtliche Werke, Briefe, Tagebücher und Gespräche, Bd. 15,1, hg. v. Klaus-Detlef Müller, Frankfurt a. M. 1986.
Goethe, Johann Wolfgang von, *Wilhem Meisters Lehrjahre*, Sämtliche Werke, Briefe, Tagebücher und Gespräche, Bd. 9, 1, hg. v. Wilhelm Voßkamp, Frankfurt a. M. 1992.
Goethe, Johann Wolfgang von, „Brief an G. H. L. Nicolovius, November 1825", in: *Sämtliche Werke, Briefe, Tagebücher und Gespräche*, Bd. 10 (37): Die letzten Jahre. 1823–1828, hg. v. Horst Fleig, Frankfurt a. M. 1993, 332–334.
Goetz, Rainald, „Subito", in: *Hirn*, Frankfurt a. M. 1986, 9–21.
Goetz, Rainald, *Rave. Erzählung*, Frankfurt a. M. 1998.
Goetz, Rainald, *Abfall für alle. Roman eines Jahres*, Frankfurt a. M. 1999.
Goetz, Rainald, „Dankrede zum Georg-Büchner-Preis", in: *Deutsche Akademie für Sprache und Dichtung*, http://www.deutscheakademie.de/de/auszeichnungen/georg-buechner-preis/rain ald-goetz/dankrede (abgerufen am 26.02.2016).
Goetz, Rainald/Westbam, *Mix, Cuts & Scratches*, Berlin 1997.
Gontscharow, Iwan, *Oblomow. Roman in vier Teilen*, hg. u. übers. v. Vera Bischitzky, München 2012.
Gottschalk, Thomas, *Herbstblond. Die Autobiographie*, München 2015.
Grass, Günter, *Die Blechtrommel. Roman*, München 1997.
Grass, Günter, *Beim Häuten der Zwiebel*, Göttingen 2006.
Grass, Günter/Schirrmacher, Frank/Spiegel, Hubert, „‚Warum ich nach sechzig Jahren mein Schweigen breche'. Literaturnobelpreisträger Günter Grass spricht zum ersten Mal über sein Erinnerungsbuch ‚Beim Häuten der Zwiebel', seine Mitgliedschaft in der Waffen-SS und seinen ‚Knobelkumpan' im Krieg, Joseph Ratzinger.", in: *Frankfurter Allgemeine Zeitung* 186 (2006), 33, http://www.faz.net/aktuell/feuilleton/buecher/guenter-grass-im-interview-warum-ich-nach-sechzig-jahren-mein-schweigen-breche-1357691.html (abgerufen am 19.09. 2014).
Grün, Anselm, *Vom Zauber der Muße*, Stuttgart 2008.
Härtling, Peter, *Zwettl. Nachprüfung einer Erinnerung*, Darmstadt 1973.
Härtling, Peter, „Gespräch zwischen den Generationen. Eine Rede", in: *Und hören voneinander. Reden aus Zorn und Zuversicht*, Stuttgart 1984, 7–36.
Härtling, Peter, *Das andere Ich. Ein Gespräch mit Jürgen Krätzer*, mit einem Nachw. v. Hans-Joachim Gelberg, Köln 1998.
Härtling, Peter, *Erinnerte Wirklichkeit – erzählte Wahrheit. Die Städte meiner Kindheit*, mit einer Einführungsrede v. José F. A. Oliver sowie einem Nachw. u. einer Bibliographie v. Walter Schmitz (Dresdner Poetikdozentur zur Literatur Mitteleuropas 2001), Dresden 2007.
Heine, Heinrich, „Geständnisse", in: *Sämtliche Schriften*, Bd. 6,1, hg. v. Klaus Briegleb, München 1975, 443–501.
Heine, Heinrich, „Lutetia. Berichte über Politik, Kunst und Volksleben", in: *Sämtliche Schriften*, Bd. 5, hg. v. Klaus Briegleb, München 1975, 217–570.
Heißenbüttel, Helmut, „Anmerkungen zu einer Literatur der Selbstentblößer", in: *Zur Tradition der Moderne. Aufsätze und Anmerkungen 1964–1971*, Neuwied, Berlin 1972, 80–94.
Hessel, Franz, „Von der schwierigen Kunst spazieren zu gehen", in: *Die Horen* 45,4 (2000), 46–49.
Hofmannsthal, Hugo von, „Der Rosenkavalier. Komödie für Musik", in: *Sämtliche Werke*, Bd. 23, hg. v. Dirk O. Hoffmann u. Willi Schuh, Frankfurt a. M. 1986, 1–101.

Hofmannsthal, Hugo von, „Ein Brief", in: *Sämtliche Werke*, Bd. 31: Erfundene Gespräche und Briefe, hg. v. Ellen Ritter, Frankfurt a. M. 1991 [1902], 45–55.
Horaz, *Ars poetica / Die Dichtkunst*, übers. u. mit einem Nachw. hg. v. Eckart Schäfer, Stuttgart 1997.
Humboldt, Alexander von, *Kosmos. Entwurf einer physischen Weltbeschreibung*, ed. u. mit einem Nachw. versehen v. Ottmar Ette u. Oliver Lubrich, Frankfurt a. M. 2004.
Humboldt, Wilhelm von, „Ideen zu einem Versuch, die Gränzen der Wirksamkeit des Staats zu bestimmen", in: *Werke*, Bd. 1, hg. v. Andreas Flitner u. Klaus Giel, Darmstadt 1960, 56–233.
Jung-Stilling, Johann Heinrich, „Heinrich Stillings Alter", in: *Lebensgeschichte*, hg. v. Gustav Adolf Benrath, Darmstadt 1976, 629–646.
Kaltenbrunner, Gerlinde/Steinbach, Karin, *Ganz bei mir. Leidenschaft Achttausender*, München 2009.
Klüger, Ruth, *weiter leben. Eine Jugend*, Göttingen 1992.
Messner, Reinhold, *Die weiße Einsamkeit. Mein langer Weg zum Nanga Parbat*, München 2003.
Montaigne, Michel Eyquem de, „Au Lecteur", in: *Essais*, ed. conforme au texte de l'exempl. de Bordeaux avec les additions de l'éd. posthume, les principales variantes, une introduction, des notes et un index, hg. v. Maurice Rat, Paris 1962, 1.
Montaigne, Michel Eyquem de, „De l'oisiveté", in: *Essais*, hg. v. Maurice Rat, Paris 1962, 28–30.
Montaigne, Michel Eyquem de, „De la solitude", in: *Essais*, hg. v. Maurice Rat, Paris 1962, 267–279.
Montaigne, Michel Eyquem de, *Essais. Erste moderne Gesamtübersetzung von Hans Stilett*, Frankfurt a. M. 1998.
Musil, Robert, *Der Mann ohne Eigenschaften. Roman*, hg. v. Adolf Frisé, Reinbek bei Hamburg 1970.
Nietzsche, Friedrich, *Die Geburt der Tragödie*, Sämtliche Werke. Kritische Studienausgabe in 15 Bänden, Bd. 1, hg. v. Giorgio Colli u. Mazzino Montinari, München 1999.
Perec, Georges, *Un homme qui dort. Roman*, Paris 1989.
Petrarca, Francesco, *De vita solitaria*, a cura di Guido Martellotti, traduzione italiana di Antoniette Bufano, Turin 1977.
Petrarca, Francesco, *Die Besteigung des Mont Ventoux*, Lateinisch/Deutsch, übers. u. hg. v. Kurt Steinmann, Stuttgart 1996.
Petrarca, Francesco, *Das einsame Leben*, aus d. Lateinischen übers. v. Friederike Hausmann, hg. v. Franz Josef Wetz, Stuttgart 2004.
Platon, „Theaitetos", in: *Werke*, übers. v. Friedrich D. E. Schleiermacher, Bd. II.1, Berlin 1985, 142–219.
Proust, Marcel, *À la recherche du temps perdu*, Bd. 1: *Du côté de chez Swann*, hg. v. Jean-Yves Tadié, Paris 1987.
Proust, Marcel, *À la recherche du temps perdu*, Bd. 4: *Le Temps retrouvé*, hg. v. Jean-Yves Tadié, Paris 1987.
Reich-Ranicki, Marcel, *Über Hilde Spiel*, München 1998.
Reich-Ranicki, Marcel, *Mein Leben*, Stuttgart 1999.
Rousseau, Jean-Jacques, „Ébauches des Rêveries", in: *Œuvres complètes*, Bd. 1, hg. v. Bernard Gagnebin, Paris 1959, 1165–1172.
Rousseau, Jean-Jacques, „Les confessions", in: *Œuvres complètes*, Bd. 1, hg. v. Bernard Gagnebin, Paris 1959, 5–656.

Rousseau, Jean-Jacques, „Les confessions – Préambule du manuscrit de Neuchâtel“, in: *Œuvres complètes*, Bd. 1, hg. v. Bernard Gagnebin, Paris 1959, 1149–1155.
Rousseau, Jean-Jacques, „Les rêveries du promeneur solitaire“, in: *Œuvres complètes*, Bd. 1, hg. v. Bernard Gagnebin, Paris 1959, 993–1097.
Rousseau, Jean-Jacques, *Die Bekenntnisse*, übers. v. Alfred Semerau, durchges. v. Dietrich Leube, Einf. v. Jean Starobinski u. Anm. v. Christoph Kunze, München 1978.
Rousseau, Jean-Jacques, *Träumereien eines einsam Schweifenden*, nach d. Manuskript und d. Spielkarten neu übers., komm. u. mit einem Nachw. versehen v. Stefan Zweifel, Berlin 2012.
Schiller, Friedrich, „Über die ästhetische Erziehung des Menschen in einer Reihe von Briefen“, in: *Schillers Werke. Nationalausgabe*, Bd. 20, hg. v. Benno von Wiese, Weimar 1962, 309–412.
Schlegel, Friedrich von, „Gespräch über die Poesie“, in: *Athenaeum. Eine Zeitschrift von August Wilhelm Schlegel und Friedrich Schlegel*, Bd. 3, Berlin 1800, 58–128 u. 169–187.
Schlegel, Friedrich von, „Lucinde“, hg. u. eingel. v. Hans Eichner, in: *Kritische Friedrich-Schlegel-Ausgabe*, Bd. 5, Paderborn 1962, 1–92.
Scholl-Latour, Peter, *Mein Leben*, München 2015.
Schopenhauer, Arthur, *Aphorismen zur Lebensweisheit*, vollst. Ausg. mit Erl. u. Übers. d. fremdsprachigen Zitate, Frankfurt a. M. 1976.
Seneca, Lucius Annaeus, „De otio“, in: *Philosophische Schriften*, Bd. 2, hg. v. Manfred Rosenbach, Darmstadt 1999, 79–99.
Seneca, Lucius Annaeus, *Epistulae morales ad Lucilium. Briefe an Lucilius*, Bd. 1, hg. u. übers. v. Gerhard Fink, Düsseldorf 2007.
Strauß, Botho, *Beginnlosigkeit. Reflexionen über Fleck und Linie*, München 1992.
Strauß, Botho, „Anschwellender Bocksgesang“, in: *Der Spiegel* 47,6 (1993), 202–207.
Strauß, Botho, *Der Aufstand gegen die sekundäre Welt. Bemerkungen zu einer Ästhetik der Anwesenheit*, München 1999.
Strauß, Botho, *Herkunft*, München 2014.
Strauß, Botho, „Der letzte Deutsche“, in: *Der Spiegel* 69,41 (2015), 122–124.
Weiss, Peter, *Abschied von den Eltern. Erzählung*, Frankfurt a. M. 2009.
Wieland, Christoph Martin, „Sendschreiben an einen jungen Dichter“, in: *Sämtliche Werke*, Bd. 24 (Reprint Hamburg 1984, Bd. 8), hg. v. Hamburger Stiftung zur Förderung von Wissenschaft und Kultur, Leipzig 1796, 1–38.
Wieland, Christoph Martin, „Über eine Anekdote von J. J. Rousseau (an einen Freund.)“, in: *Werke. Historisch-kritische Ausgabe*, Bd. 15.1 (März 1780 – Januar 1781), hg. v. Klaus Manger u. Jan Philipp Reemtsma, Berlin 2012, 247–278.
Winckelmann, Johann Joachim, „Abhandlung von der Fähigkeit der Empfindung des Schönen in der Kunst, und dem Unterrichte in derselben“, in: *Sämtliche Werke. Einzige vollständige Ausgabe; dabei Porträt, Facsimile und ausführliche Biographie des Autors; unter dem Texte die frühern und viele neuen Citate und Noten; die allerwärts gesammelten Briefe nach der Zeitordnung, Fragmente, Abbildungen und vierfacher Index*, Bd. 1, hg. v. Joseph Eiselein, Donauöschingen 1825, 235–273.
Wolf, Christa, „Lesen und Schreiben“, in: *Die Dimension des Autors. Essays und Aufsätze, Reden und Gespräche 1959–1985*, Darmstadt/Neuwied 1987 [1968], 463–503.
Wolf, Christa, „Subjektive Authentizität. Gespräch mit Hans Kaufmann“, in: *Die Dimension des Autors. Essays und Aufsätze, Reden und Gespräche 1959–1985*, Darmstadt/Neuwied 1987, 773–805.

Wolf, Christa, *Kindheitsmuster*, Werke, Bd. 5, hg. v. Sonja Hilzinger, München 2000 [1976].

Wolf, Christa, „Autobiographisch schreiben. Zu Günter Grass: *Beim Häuten der Zwiebel*", in: *Von der Arbeit an der Erinnerung. Zu Günter Grass' „Beim Häuten der Zwiebel"*, hg. v. Günter Grass-Haus, Lübeck 2007, 31–35.

Darstellungen

Ackrill, Ursula, *Metafiktion und Ästhetik in Christa Wolfs Nachdenken über Christa T., Kindheitsmuster und Sommerstück*, Würzburg 2004.

Adorno, Theodor W., „Form und Gehalt des zeitgenössischen Romans", in: *AKzente* 1 (1954), 410–416.

Aichinger, Ingrid, *Künstlerische Selbstdarstellung. Goethes Dichtung und Wahrheit und die Autobiographie der Folgezeit*, Bern 1977.

Albes, Claudia, *Der Spaziergang als Erzählmodell. Studien zu Jean-Jacques Rousseau, Adalbert Stifter, Robert Walser und Thomas Bernhard*, Tübingen/Basel 1999.

Alheit, Peter/Brandt, Morten, *Autobiographie und ästhetische Erfahrung. Entdeckung und Wandel des Selbst in der Moderne*, Frankfurt/New York 2006.

André, Jean-Marie, *L'otium dans la vie morale et intellectuelle romaine des origines à l'époque augustéenne*, Paris 1966.

Antor, Heinz, „Diegese", in: Ansgar Nünning (Hg.), *Metzler-Lexikon Literatur- und Kulturtheorie. Ansätze – Personen – Grundbegriffe*, 3., akt. u. erw. Aufl., Stuttgart/Weimar 2004, 115 f.

Arendt, Hannah, *Vita activa oder Vom tätigen Leben*, München/Zürich 2008.

Assmann, Aleida, *Erinnerungsräume. Formen und Wandlungen des kulturellen Gedächtnisses*, München 2009.

Assmann, Jan, „Kollektives Gedächtnis und kulturelle Identität", in: Jan Assmann (Hg.), *Kultur und Gedächtnis*, Frankfurt a. M. 1988, 9–19.

Augé, Marc, *Non-lieux. Introduction à une anthropologie de la surmodernité*, Paris 1992.

Aurnhammer, Achim, „Goethes ‚Italienische Reise' im Kontext der deutschen Italienreisen", in: *Goethe-Jahrbuch* 120 (2003), 72–86.

Bachtin, Michail, *Chronotopos*, aus d. Russ. v. Michael Dewey, Frankfurt a. M. 2008.

Bähr, Andreas/Burschel, Peter/Jancke, Gabriele, „Räume des Selbst. Eine Einleitung", in: Andreas Bähr/Peter Burschel/Gabriele Jancke (Hg.), *Räume des Selbst. Selbstzeugnisforschung transkulturell*, Köln/Weimar/Wien 2007, 1–12.

Bartmann, Christoph, „‚Nicht gleich ich'. Zu Robert Gernhardts Prosa", in: Thomas Steinfeld (Hg.), *Der große Dichter sieht die Dinge größer. Der Klassiker Robert Gernhardt*, Frankfurt a. M. 2009, 64–80.

Baßler, Moritz, *Der deutsche Pop-Roman. Die neuen Archivisten*, München 2005.

Beck-Mannagetta, Christian, *Der Ochs von Lerchenau. Eine historische Betrachtung zum Rosenkavalier*, Wien 2003.

Beckonert, Eva, *Biographisches Erzählen. Peter Härtlings Dichter- und Musikerromane*, Berlin 2007.

Beller, Manfred, „Von der Stoffgeschichte zur Thematologie. Ein Beitrag zur komparatistischen Methodenlehre", in: *Arcadia. Zeitschrift für Allgemeine und Vergleichende Literaturwissenschaft* 5,1 (1970), 1–38.

Bergson, Henri, *Zeit und Freiheit*, Hamburg 1994.

Beyer-Fröhlich, Marianne, *Die Entwicklung der deutschen Selbstzeugnisse*, Leipzig 1930.

Bienek, Horst, *Werkstattgespräche mit Schriftstellern*, München 1976.

Blamberger, Günter, *Das Geheimnis des Schöpferischen oder: Ingenium est ineffabile? Studien zur Literaturgeschichte der Kreativität zwischen Goethezeit und Moderne*, Stuttgart 1991.

Bluhm, Lothar, „Herkunft, Identität, Realität. Erinnerungsarbeit in der zeitgenössischen deutschen Literatur", in: Ulrich Breuer/Beatrice Sandberg (Hg.), *Autobiographisches Schreiben in der deutschsprachigen Gegenwartsliteratur*, Bd. 1: *Grenzen der Identität und der Fiktionalität*, München 2006, 69–80.

Blumenberg, Hans, *Lebenszeit und Weltzeit*, Frankfurt a. M. 1986.

Blümlein, Gerhard, *Die Trugreden des Odysseus*, Frankfurt a. M. 1970.

Böhm, Thomas, „Facetten eines Theoria-Entwurfes in der Spätantike", in: Burkhard Hasebrink/Peter Philipp Riedl (Hg.), *Muße im kulturellen Wandel. Semantisierungen, Ähnlichkeiten, Umbesetzungen*, Berlin 2014, 15–25.

Boltanski, Luc/Chiapello, Ève, *Der neue Geist des Kapitalismus*, aus d. Franz. v. Michael Tillmann, Konstanz 2003.

Bonz, Jochen, *Subjekte des Tracks. Ethnografie einer postmodernen anderen Subkultur*, Berlin 2008.

Borowska-Stankiewicz, Anna Maria, „Peter Härtlings posthume Versöhnung mit dem eigenen Vater", in: *Colloquia Germanica Stetinensia* 16 (2009), 59–72.

Breuer, Ulrich, „‚Mich kennen die Leute'. Erinnerungsarbeit bei Rainald Goetz und Dieter Bohlen", in: Judith Klinger (Hg.), *Gedächtnis und kultureller Wandel. Erinnerndes Schreiben – Perspektiven und Kontroversen*, Tübingen 2009, 83–96.

Breuer, Ulrich/Sandberg, Beatrice, *Autobiographisches Schreiben in der deutschsprachigen Gegenwartsliteratur*, Bd. 1: *Grenzen der Identität und der Fiktionalität*, München 2006.

Breuer, Ulrich/Sandberg, Beatrice, „Einleitung", in: Ulrich Breuer/Beatrice Sandberg (Hg.), *Autobiographisches Schreiben in der deutschsprachigen Gegenwartsliteratur*, Bd. 1: *Grenzen der Identität und der Fiktionalität*, München 2006, 9–16.

Brühweiler, Hans, *Musse (scholé). Ein Beitrag zur Klärung eines ursprünglich pädagogischen Begriffs*, Zürich 1971.

Burke, Peter, „The invention of leisure in early modern Europe", in: *Past & Present* 146 (1995), 136–150.

Cassirer, Ernst, *Individuum und Kosmos in der Philosophie der Renaissance*, Text u. Anm. bearb. v. Friederike Plaga u. Claus Rosenkranz, Hamburg 2013.

Cheauré, Elisabeth, „Faulheit. Muße. Kreativität. Überlegungen zur *Oblomowerei*", in: Gregor Dobler/Peter Philipp Riedl (Hg.), *Muße und Gesellschaft*, Tübingen 2017, 267–288.

Chiapello, Ève, „Evolution und Kooption. Die ‚Künstlerkritik' und der normative Wandel", in: Christoph Menke/Juliane Rebentisch (Hg.), *Kreation und Depression. Freiheit im gegenwärtigen Kapitalismus*, Berlin 2010, 38–51.

Cohen, Robert, *Peter Weiss in seiner Zeit. Leben und Werk*, Stuttgart 1992.

Cohn, Dorrit, *Transparent minds. Narrative modes for presenting consciousness in fiction*, Princeton 1978.

Corbineau-Hoffmann, Angelika, „Die Frucht der Muße oder Montaigne im Turm. Zur Genese der *Essais* als Auto(r)entwurf", in: Günter Figal/Hans W. Hubert/Thomas Klinkert (Hg.), *Die Raumzeitlichkeit der Muße*, Tübingen 2016, 177–206.

Costabile-Heming, Carol Anne, „Overcoming the Silence. Narrative Strategies in Günter Grass's *Beim Häuten der Zwiebel*", in: *Colloquia Germanica* 41,3 (2008), 247–261.

Curtius, Ernst Robert, *Europäische Literatur und lateinisches Mittelalter*, Tübingen 1993.

Dahlmanns, Claus, *Die Geschichte des modernen Subjekts. Michel Foucault und Norbert Elias im Vergleich*, Münster/New York/München u. a. 2008.

Dangy, Isabelle, „Naissance du personnage dans *Un homme qui dort*", in: *Roman 20–50* 51 (2011), 95–105.

Darrieussecq, Marie, „L'autofiction, un genre pas sérieux", in: *Poétique* 27,107 (1996), 369–380.

Demhardt, Imre Josef, *Aufbruch ins Unbekannte. Legendäre Forschungsreisen von Humboldt bis Hedin*, Darmstadt 2011.

Denka, Andrzej, „Konservative Denkfiguren in der essayistischen Prosa von Peter Handke und Botho Strauss nach 1989", in: Maike Schmidt (Hg.), *Gegenwart des Konservativismus in Literatur, Literaturwissenschaft und Literaturkritik*, Kiel 2013, 243–269.

Derrida, Jacques, *Chōra*, Wien 1990.

Detering, Heinrich, „Gelächter und Lamentationen. Parodistisch, seriell, barock: Robert Gernhardts Gedichte", in: Thomas Steinfeld (Hg.), *Der große Dichter sieht die Dinge größer. Der Klassiker Robert Gernhardt*, Frankfurt a. M. 2009, 32–55.

Diederichs, Rainer, *Strukturen des Schelmischen im modernen deutschen Roman. Eine Untersuchung an den Romanen von Thomas Mann „Bekenntnisse des Hochstaplers Felix Krull" und Günter Grass „Die Blechtrommel"*, Düsseldorf 1971.

Dilthey, Wilhelm, *Der Aufbau der geschichtlichen Welt in den Geisteswissenschaften*, Gesammelte Schriften, Bd. 7, hg. v. Bernhard Groethuysen, Leipzig/Berlin 1942.

Dilthey, Wilhelm, „Das Erleben und die Selbstbiographie", in: Günter Niggl (Hg.), *Die Autobiographie. Zu Form und Geschichte einer literarischen Gattung*, 2., um ein Nachw. zur Neuausg. u. ein bibl. Nachtrag erg. Aufl., Darmstadt 1998, 21–32.

Dischner, Gisela, *Friedrich Schlegels Lucinde und Materialien zu einer Theorie des Müßiggangs*, Hildesheim 1980.

Dischner, Gisela, „Melancholie und Müßiggang. Eine Zustandsbeschreibung", in: Mirko Gemmel/Claudia Löschner (Hg.), *Ökonomie des Glücks. Muße, Müßiggang und Faulheit in der Literatur*, Berlin 2014, 7–15.

Dobler, Gregor/Riedl, Peter Philipp, „Einleitung", in: Gregor Dobler/Peter Philipp Riedl (Hg.), *Muße und Gesellschaft*, Tübingen 2017, 1–17.

Dobler, Gregor/Riedl, Peter Philipp, *Muße und Gesellschaft*, Tübingen 2017.

Drews, Friedemann, *Menschliche Willensfreiheit und göttliche Vorsehung bei Augustinus, Proklos, Apuleius und John Milton*, Frankfurt a. M./Paris/Lancaster u. a. 2009.

Dubost, Jean-Pierre, „Rêverie et localité. Rousseau, Goethe, Heidegger", in: Alain Montandon (Hg.), *Promenades et écriture*, Clermont-Ferrand 1996, 55–74.

Dücker, Burckhard, *Peter Härtling*, München 1983.

Emrich, Berthold, „Topik und Topoi", in: *Der Deutschunterricht* 18,6 (1966), 15–46.

Engelmeier, Max-Paul, „Apathie", in: Joachim Ritter (Hg.), *Historisches Wörterbuch der Philosophie. Völlig neubearbeitete Ausgabe des ‚Wörterbuchs der philosophischen Begriffe' von Rudolf Eisler*, Bd. 1, Basel/Stuttgart 1971, 430–434.

Fallend, Ksenija, „Oiseuse zwischen *courtoisie*, Muße und Sünde: eine umstrittene Figur aus dem *Roman de la Rose*", in: *Zeitschrift für romanische Philologie* 126,2 (2010), 226–236.

Felsner, Kristin, *Perspektiven literarischer Geschichtsschreibung. Christa Wolf und Uwe Johnson*, Göttingen 2010.

Feuchter-Feler, Anne, „Grass' Zeichnungen (*Beim Häuten der Zwiebel, Dummer August, Die Box*) als poetologische Etappen der literarischen Ich-Realisierung", in: Françoise Lartillot/Alfred Pfabigan (Hg.), *Image, Reproduction, Texte*, Bern/Berlin/Frankfurt a. M./Wien 2012, 13–43.

Feulner, Gabriele, „Vom Medienpessimismus zur Medienaffirmation. Zum Paradigmenwechsel im Medialitätsdiskurs der deutschsprachigen Gegenwartsliteratur am Beispiel von Peter Handke und Rainald Goetz", in: Marion Baumann (Hg.), *Vom Wettstreit der Künste zum Kampf der Medien? Medialitätsdiskurse im Wandel der Zeiten*, Marburg 2008, 225–244.

Figal, Günter, „Die Räumlichkeit der Muße", in: Burkhard Hasebrink/Peter Philipp Riedl (Hg.), *Muße im kulturellen Wandel. Semantisierungen, Ähnlichkeiten, Umbesetzungen*, Berlin 2014, 26–33.

Figal, Günter, „Muße als räumliche Freiheit. Phänomenologie von Raum und Muße (Heidegger und Nietzsche)", in: Burkhard Hasebrink/Thomas Klinkert (Hg.), *Muße. Konzepte, Räume, Figuren. Der Freiburger Sonderforschungsbereich 1015 im Überblick*, Freiburg i. Br. 2014, 12 f.

Figal, Günter, „Muße als Forschungsgegenstand", in: *Muße. Ein Magazin* 1,1 (2015), http://mussemagazin.de/?p=530 (abgerufen am 18.05.2015).

Figal, Günter/Hubert, Hans W./Klinkert, Thomas, *Die Raumzeitlichkeit der Muße*, Tübingen 2016.

Fludernik, Monika, „Muße als soziale Distinktion", in: Gregor Dobler/Peter Philipp Riedl (Hg.), *Muße und Gesellschaft*, Tübingen 2017, 163–177.

Foucault, Michel, *Les mots et les choses. Une archéologie des sciences humaines*, Paris 1966.

Foucault, Michel, „Des espaces autres", in: *Dits et écrits*, Bd. 4: 1954–1988, hg. v. Daniel Defert u. François Ewald, Paris 1994, 752–762.

Freeman, Mark Philip, *Rewriting the self. History memory narrative*, London 1993.

Freud, Sigmund, „Erinnern, Wiederholen und Durcharbeiten", in: *Gesammelte Werke. Chronologisch geordnet*, Bd. 10, Frankfurt a. M. 1963 [1914], 126–136.

Frieden, Sandra, „‚Falls es strafbar ist, die Grenzen zu verwischen'. Autobiographie, Biographie und Christa Wolf", in: Reinhold Grimm (Hg.), *Vom Anderen und vom Selbst. Beiträge zu Fragen der Biographie und Autobiographie*, Königstein 1982, 153–166.

Friedrich, Hugo, *Montaigne*, mit einem Nachw. v. Frank-Rutger Hausmann, Tübingen/Basel 1993.

Fuchs, Anne, „‚Ehrlich, du lügst wie gedruckt'. Günter Grass's Autobiographical Confession and the Changing Territory of Germany's Memory Culture", in: *German Life & Letters* 60,2 (2007), 261–275.

Fuchs, Elfriede, *Pseudologia. Formen und Funktionen fiktionaler Trugrede in der griechischen Literatur der Antike*, Heidelberg 1993.

Fuest, Leonhard, *Poetik des Nicht(s)tuns. Verweigerungsstrategien in der Literatur seit 1800*, Paderborn 2008.

Fuhrmann, Manfred, „Cum dignitate otium. Politisches Programm und Staatstheorie bei Cicero", in: *Gymnasium* 67 (1960), 481–500.

Gamper, Michael, „Phänomen ‚Masse' und Medium ‚Literatur'. Eine Konstellation bei Goetz, Jelinek und Schleef", in: Corina Caduff (Hg.), *Chiffre 2000 – Neue Paradigmen der Gegenwartsliteratur*, München 2005, 123–139.

Gascoigne, David, *The Games of Fiction. Georges Perec and Modern French Ludic Narrative*, Oxford/Bern/Berlin u. a. 2006.

Genette, Gérard, *Figures III*, Paris 1972.

Glosch, Kathrin, *‚Cela m'était égal'. Zu Inszenierung und Funktion von Gleichgültigkeit in der französischen Literatur des 20. Jahrhunderts*, Stuttgart/Weimar 2001.
Goldstein, Jürgen, *Georg Forster. Zwischen Freiheit und Naturgewalt*, Berlin 2015.
Göttsche, Dirk, *Die Produktivität der Sprachkrise in der modernen Prosa*, Frankfurt a. M. 1987.
Gottwald, Herwig, „Aufklärung, Aufklärungkritik und Gegenaufklärung bei Botho Strauß", in: Klaus Müller-Salget/Sigurd Paul Scheichl (Hg.), *Nachklänge der Aufklärung im 19. und 20. Jahrhundert. Für Werner M. Bauer zum 65. Geburtstag*, Innsbruck 2008, 315–328.
Gottwald, Herwig, „Botho Strauß und die Politik", in: Harald Jele/Elmar Lenhart (Hg.), *Literatur - Politik - Kritik. Beiträge zur österreichischen Literatur des 20. Jahrhunderts. Festschrift für Klaus Amann*, Göttingen 2014, 37–45.
Götze, Karl Heinz, *Poetik des Abgrunds und Kunst des Widerstandes. Grundmuster der Bildwelt von Peter Weiss*, Opladen 1995.
Graves, Peter, „Reckoning with the past", in: *Times Literary Supplement* 07.04.1978, 396.
Greenfield, Bruce, *Narrating discovery. The romantic explorer in American literature 1790–1855*, New York 1992.
Greiner, Bernhard, „Autobiographie im Horizont der Psychoanalyse. Stephan Hermlins *Abendlicht*", in: *Poetica* 14,1 (1982), 213–249.
Grimm, Jacob/Grimm, Wilhelm, „Musze", in: *Deutsches Wörterbuch*, Bd. 12, Leipzig 1854–1961, 2771–2773.
Grimm, Jacob/Grimm, Wilhelm, „Müszig", in: *Deutsches Wörterbuch*, Bd. 12, Leipzig 1854–1961, 2773–2778.
Grossardt, Peter, *Die Trugreden in der Odyssee und ihre Rezeption in der antiken Literatur*, Bern 1998.
Grupp, Peter, *Faszination Berg. Die Geschichte des Alpinismus*, Köln/Weimar/Wien 2008.
Günter Grass-Haus (Hg.), *Von der Arbeit an der Erinnerung. Zu Günter Grass' „Beim Häuten der Zwiebel"*, Lübeck 2007.
Günzel, Stephan, „Raumkehren", in: Stephan Günzel (Hg.), *Raum. Ein interdisziplinäres Handbuch*, Stuttgart/Weimar 2010, 77–120.
Haas, Alois M., „Die Beurteilung der Vita contemplativa und activa in der Dominikanermystik des 14. Jahrhunderts", in: Brian Vickers (Hg.), *Arbeit, Muße, Meditation. Betrachtungen zur Vita activa und Vita contemplativa*, Zürich 1985, 109–131.
Hahn, Alois, „Berge als lieux de mémoire", in: Susanne Goumegou/Brigitte Heymann/Dagmar Stöferle u. a. (Hg.), *Über Berge. Topographien der Überschreitung*, Berlin 2012, 17–31.
Halbwachs, Maurice, *Das Gedächtnis und seine sozialen Bedingungen*, Frankfurt a. M. 1985.
Halbwachs, Maurice, *La mémoire collective*, nouv. éd., revue et augm. par Gérard Namer, Paris 1997 [1950].
Hamann, Christof, „Subjektinszenierung und Ideologiekritik. Schreibprozesse in Peter Weiss' *Abschied von den Eltern*", in: Hansjörg Bay (Hg.), *Ideologie nach ihrem ‚Ende'. Gesellschaftskritik zwischen Marxismus und Postmoderne*, Opladen 1995, 294–315.
Harpham, Geoffrey Galt, *On the Grotesque. Strategies of Contradiction in Art and Literature*, Princeton 1982.
Hartmann, Anne/Eggeling, Wolfram, *Sowjetische Präsenz im kulturellen Leben der SBZ und frühen DDR 1945–1953*, Berlin 1998.

Hartung, Rudolf, „‚Schreibend unter Kunstzwang'. Zu der autobiographischen Erzählung *Montauk* von Max Frisch", in: Walter Schmitz (Hg.), *Über Max Frisch*, Frankfurt a. M. 1976, 435–442.

Hasebrink, Burkhard, „*Otium contemplationis.* Zu einer Begründungsfigur von Autorschaft im *Legatus divinae pietatis* Gertruds von Helfta", in: Gregor Dobler/Peter Philipp Riedl (Hg.), *Muße und Gesellschaft*, Tübingen 2017, 291–316.

Hasebrink, Burkhard/Riedl, Peter Philipp, *Muße im kulturellen Wandel. Semantisierungen, Ähnlichkeiten, Umbesetzungen*, Berlin 2014.

Haug, Frigga, *Erinnerungsarbeit*, Hamburg 1990.

Haug, Frigga, *Vorlesungen zur Einführung in die Erinnerungsarbeit*, Hamburg 1999.

Hauser, Richard, „Lasterkatalog", in: Joachim Ritter/Karlfried Gründer (Hg.), *Historisches Wörterbuch der Philosophie*, Bd. 5, Basel 1980, 38 f.

Hellström, Martin, „Väterbilder im Wandel. Annäherungen an den Vater in (auto-)biographischen Texten von Zoran Drvenkar, Peter Härtling und Lars Brandt", in: Michael Grote/Beatrice Sandberg (Hg.), *Autobiograpisches Schreiben in der deutschsprachigen Gegenwartsliteratur*, Bd. 3: *Entwicklungen, Kontexte, Grenzgänge*, München 2009, 224–241.

Henning, Christoph, „Formen der Muße zwischen Faulheit und Fest", in: *Muße. Ein Magazin* 2,1 (2016), http://mussemagazin.de/?p=1386 (abgerufen am 15. 03. 2016).

Henschel, Gerhard, „Beim Zwiebeln des Häuters", in: *Beim Zwiebeln des Häuters. Glossen und Verrisse 1992–2012*, Berlin 2012, 130–137.

Hilzinger, Sonja, „Nachwort [zu *Kindheitsmuster*]", in: Christa Wolf, *Werke*, Bd. 5, hg. v. Sonja Hilzinger, München 2000, 599–606.

Hinck, Walter, *Selbstannäherungen. Autobiographien im 20. Jahrhundert von Elias Canetti bis Marcel Reich-Ranicki*, Düsseldorf 2004.

Holdenried, Michaela, *Im Spiegel ein anderer. Erfahrungskrise und Subjektdiskurs im modernen autobiographischen Roman*, Heidelberg 1991.

Holdenried, Michaela, „Mitteilungen eines Fremden. Identität, Sprache und Fiktion in den frühen autobiographischen Schriften *Abschied von den Eltern* und *Fluchtpunkt*", in: Gunilla Palmstierna-Weiss/Jürgen Schutte (Hg.), *Peter Weiss. Leben und Werk / Liv och Werk*, Frankfurt a. M. 1991, 155–173.

Holdenried, Michaela, *Autobiographie*, Stuttgart 2000.

Hossenfelder, Malte, *Antike Glückslehren. Kynismus und Kyrenaismus. Stoa, Epikureismus und Skepsis*, Stuttgart 1996.

Huber, Gerhard, „Bios theoretikos und bios praktikos bei Aristoteles und Platon", in: Brian Vickers (Hg.), *Arbeit, Muße, Meditation. Betrachtungen zur Vita activa und Vita contemplativa*, Zürich 1985, 21–33.

Hubert, Hans W., „Grot(t)eske Thesen? Gedanken über den Zusammenhang von Muße und frühneuzeitlicher Kunstbetrachtung", in: Günter Figal/Hans W. Hubert/Thomas Klinkert (Hg.), *Die Raumzeitlichkeit der Muße*, Tübingen 2016, 137–175.

Jaeger, Michael, *Autobiographie und Geschichte. Wilhelm Dilthey, Georg Misch, Karl Löwith, Gottfried Benn, Alfred Döblin*, Stuttgart 1995.

Jehl, Rainer, *Melancholie und Acedia. Ein Beitrag zu Anthropologie und Ethik Bonaventuras*, Paderborn/München/Wien u. a. 1984.

Jopling, Michael, *Re-placing the self. Fictional and autobiographical interplay in modern German narrative (Elias Canetti, Thomas Bernhard, Peter Weiss, Christa Wolf)*, Stuttgart 2001.

Jürgasch, Thomas/Keiling, Tobias, *Anthropologie der Theorie*, Tübingen 2017.

Jürgensen, Christoph, „Ins Netz gegangen. Inszenierungen von Autorschaft im Internet am Beispiel von Rainald Goetz und Alban Nikolai Herbst“, in: Christoph Jürgensen (Hg.), *Schriftstellerische Inszenierungspraktiken. Typologie und Geschichte*, Heidelberg 2011, 405–422.

Kayser, Wolfgang, *Das Groteske. Seine Gestaltung in Malerei und Dichtung*, Oldenburg/Hamburg 1957.

Klinkert, Thomas, *Muße und Erzählen: ein poetologischer Zusammenhang. Vom Roman de la Rose bis Jorge Semprún*, Tübingen 2016.

Knox-Shaw, Peter, *The Explorer in English Fiction*, Basingstoke 1987.

Koebner, Thomas, „Einleitung“, in: Thomas Koebner (Hg.), *Ekstase*, München 2012, 7–9.

Koelbl, Herlinde, *Jüdische Portraits. Photographien und Interviews*, Frankfurt a. M. 1989.

Kölbel, Martin, *Ein Buch, ein Bekenntnis. Die Debatte um Günter Grass' Beim Häuten der Zwiebel*, Göttingen 2007.

König, Christoph, *Häme als literarisches Verfahren. Günter Grass, Walter Jens und die Mühen des Erinnerns*, Göttingen 2008.

Krättli, Anton, „‚Leben im Zitat'. Max Frisch *Montauk*“, in: Walter Schmitz (Hg.), *Über Max Frisch*, Frankfurt a. M. 1976, 428–434.

Kuhn, Annette, „Memory texts and memory work. Performances of memory in and with visual media“, in: *Memory Studies* 3,4 (2010), 298–313.

Kuhn, Roman, „Zweite Person Singular Präsens. Überlegungen zu *Ein Mann der schläft* von Georges Perec“, in: Armen Avanessian/Anke Hennig (Hg.), *Der Präsensroman*, Berlin 2013, 210–223.

Kulke, Ulli, *Die großen Entdecker. Abenteuerliche Reisen ins Unbekannte*, Darmstadt 2006.

Lacan, Jacques, „Du complexe de castration“, in: *Le séminaire*, Bd. 4: *La relation d'objet*, texte établi par Jacques-Alain Miller, Paris 1978, 215–230.

Lacan, Jacques, *Le séminaire*, Bd. 2: *Le moi dans la théorie de Freud et dans la technique de la psychanalyse*, texte établi par Jacques-Alain Miller, Paris 1978.

Lamberty, Andrea, „Peter Weiss: *Abschied von den Eltern*“, in: Herbert Kaiser/Gerhard Köpf (Hg.), *Erzählen, Erinnern. Deutsche Prosa der Gegenwart. Interpretationen*, Frankfurt a. M. 1992, 69–86.

Leak, Andrew, „Phago-citations. Barthes, Perec, and the Transformation of Literature“, in: *Review of Contemporary Fiction* 29,1 (2009), 124–147.

Lecarme, Jacques/Lecarme-Tabone, Éliane, *L'autobiographie*, Paris 1997.

Lefèvre, Eckard, „Otium Catullianum (c. 51) und Otium Horatianum (c. 2, 16)“, in: Ernst Sigot (Hg.), *Otium – Negotium. Beiträge des interdisziplinären Symposions der Sodalitas zum Thema Zeit, Carnuntum 28.–30. 8. 1998*, Wien 2000, 198–213.

Lejeune, Philippe, *Le pacte autobiographique*, Paris 1975.

Link-Heer, Ursula, *Prousts „A la recherche du temps perdu“ und die Form der Autobiographie. Zum Verhältnis fiktionaler und pragmatischer Erzähltexte*, Amsterdam 1988.

Löschnigg, Martin, *Die englische fiktionale Autobiographie. Erzähltheoretische Grundlagen und historische Prägnanzformen von den Anfängen bis zur Mitte des neunzehnten Jahrhunderts*, Trier 2006.

Löwenstein, Sascha, „Literatur und Topik. Anmerkungen zu einer nicht selbstverständlichen Beziehung“, in: Andreas Dörpinghaus/Karl Helmer (Hg.), *Topik und Argumentation*, Würzburg 2004, 187–209.

Lubich, Frederick, „Surviving to Excel. German Jewish Autobiographies of Holocaust Survivors Ruth Klüger, Marcel Reich-Ranicki and Paul Spiegel“, in: *Modern Judaism* 25,2 (2005), 189–210.

Lukács, Georg, *Die Theorie des Romans. Ein geschichtsphilosophischer Versuch über die Formen der großen Epik*, Darmstadt 1986.
Maatje, Frank C., *Der Doppelroman. Eine literatursystematische Studie über duplikative Erzählstrukturen*, Groningen 1964.
Makropoulos, Michael, „Kunstautonomie und Wettbewerbsgesellschaft. Nachtrag zur ‚Ökonomisierung des Sozialen'", in: Christoph Menke/Juliane Rebentisch (Hg.), *Kreation und Depression. Freiheit im gegenwärtigen Kapitalismus*, Berlin 2010, 208–225.
Malkmus, Bernhard F., *The German pícaro and modernity. Between underdog and shapeshifter*, New York 2011.
Malo, Markus, *Behauptete Subjektivität. Eine Skizze zur deutschsprachigen jüdischen Autobiographie im 20. Jahrhundert*, Tübingen 2009.
Man, Paul de, „Autobiography as De-facement", in: *Modern Language Notes* 94,5 (1979), 919–930.
Man, Paul de, „Autobiographie als Maskenspiel", in: *Die Ideologie des Ästhetischen*, hg. v. Christoph Menke, aus d. Amerikan. v. Jürgen Blasius, Frankfurt a. M. 1997, 131–146.
Martin, Dieter, „Muße, Autonomie und Kreativität in der deutschen Dichtung des 18. Jahrhunderts", in: Burkhard Hasebrink/Peter Philipp Riedl (Hg.), *Muße im kulturellen Wandel. Semantisierungen, Ähnlichkeiten, Umbesetzungen*, Berlin 2014, 167–179.
Martin, Dieter, „‚Le systeme de la Caisse d'éparge du moi'. *Otium* et construction autobiographique du sujet chez Robert Musil", in: *Recherches & Travaux* 88 (2016), 141–155.
Martínez, Matías/Scheffel, Michael, *Einführung in die Erzähltheorie*, München 2012.
Mattenklott, Gert, „Faulheit", in: *Blindgänger. Physiognomische Essais*, Frankfurt a. M. 1986, 43–71.
Mayer, Hans, *Goethe. Ein Versuch über den Erfolg*, Frankfurt a. M. 1973.
Mayer, Mathias, *Stillstand. Entrückte Perspektive. Zur Praxis literarischer Entschleunigung*, Göttingen 2014.
Meltzer, Françoise, „Writing from Disaster. Two Autobiographies", in: *Jewish Quarterly Review* 95,1 (2005), 107–117.
Misch, Georg, *Geschichte der Autobiographie*, Bd. 1: *Das Altertum*, Frankfurt a. M. 1949/1950.
Misch, Georg, *Geschichte der Autobiographie*, Bd. 4: *Von der Renaissance bis zu den Hauptwerken des 18. und 19. Jahrhunderts*, Frankfurt a. M. 1969.
Möllenbrink, Linus, „‚inter negocia literas et cum literis negocia in usu habere'. Die Verbindung von *vita activa* und *vita contemplativa* im Pirckheimer-Brief Ulrichs von Hutten (1518)", in: Gregor Dobler/Peter Philipp Riedl (Hg.), *Muße und Gesellschaft*, Tübingen 2017, 101–139.
Montandon, Alain, *Sociopoétique de la promenade*, Clermont-Ferrand 2000.
Muller, Marcel, *Les voix narratives dans la „Recherche du temps perdu"*, Genève 1965.
Müller, Günther, *Die Bedeutung der Zeit in der Erzählkunst. Bonner Antrittsvorlesung 1946*, Bonn 1947.
Müller, Hanspeter, „Einführung", in: *Selbstgespräche. Von der Unsterblichkeit der Seele*, Gestaltung d. lat. Textes v. Harald Fuchs. Einf., Übertr., Erl. u. Anm. v. Hanspeter Müller, München 1986, 207–249.
Müller, Klaus-Detlef, *Autobiographie und Roman. Studien zur literarischen Autobiographie der Goethezeit*, Tübingen 1976.

Müller, Lothar, „Das Reservoir der Formen. Robert Gernhardt und Italien“, in: Thomas Steinfeld (Hg.), *Der große Dichter sieht die Dinge größer. Der Klassiker Robert Gernhardt*, Frankfurt a. M. 2009, 241–257.

Mysakowska, Monika, „Narrative Identität. Identitätskonstruktion in der Autobiographie *Mein Leben* von Marcel Reich-Ranicki als translatorisches Problem“, in: Beate Sommerfeld (Hg.), *Identitätskonstruktionen in fiktionalen und nicht-fiktionalen Texten. Übersetzung und Rezeption*, Frankfurt a. M./Berlin/Bern/Wien 2010, 229–241.

Neumann, Bernd, *Identität und Rollenzwang. Zur Theorie der Autobiographie*, Frankfurt a. M. 1970.

Nora, Pierre, „Entre mémoire et histoire. La problematique des lieux“, in: Pierre Nora (Hg.), *Les lieux de mémoire*, Bd. 1, Paris 1984–1992, XV–XLII.

Nora, Pierre, *Les lieux de mémoire*, 3 Bde., Paris 1984–1992.

Oster, Patricia, „‚L'air immense ouvre et referme mon livre‘. Valérys ‚Cimetière marin‘ und Petrarcas Mont Ventoux“, in: Susanne Goumegou/Brigitte Heymann/Dagmar Stöferle u. a. (Hg.), *Über Berge. Topographien der Überschreitung*, Berlin 2012, 73–79.

Parry, Christoph/Platen, Edgar, *Autobiographisches Schreiben in der deutschsprachigen Gegenwartsliteratur*, Bd. 2: *Grenzen der Fiktionalität und der Erinnerung*, München 2007.

Pascal, Roy, *Design and Truth in Autobiography*, London 1960.

Pellin, Elio/Weber, Ulrich, „*... all diese fingierten, notierten, in meinem Kopf ungefähr wieder zusammengesetzten Ichs*“. *Autobiographie und Autofiktion*, Göttingen 2012.

Pfister, Friedrich, „Ekstase“, in: Theodor Klauser (Hg.), *Reallexikon für Antike und Christentum. Sachwörterbuch zur Auseinandersetzung des Christentums mit der antiken Welt*, Bd. 4, Stuttgart 1959, 944–987.

Pfotenhauer, Helmut, *Literarische Anthropologie. Selbstbiographien und ihre Geschichte – am Leitfaden des Leibes*, Stuttgart 1987.

Pieper, Josef, *Muße und Kult*, mit einer Einf. v. Kardinal Karl Lehmann, München 2007 [1948].

Pier, John, „Narrative Levels“, in: *The Living Handbook of Narratology* (23.04.2014), http://www.lhn.uni-hamburg.de/article/narrative-levels-revised-version-uploaded-23-april-2014 (abgerufen am 19.11.2015).

Pohl, Peter C., „Die Gattung der Müßiggänger. Freie Zeiten um 1800 und immaterielle Arbeit der Gegenwart“, in: Mirko Gemmel/Claudia Löschner (Hg.), *Ökonomie des Glücks. Muße, Müßiggang und Faulheit in der Literatur*, Berlin 2014, 279–305.

Polheim, Karl Konrad, *Die Arabeske. Ansichten und Ideen aus Friedrich Schlegels Poetik*, München 1966.

Polkinghorne, Donald E., „Narrative Psychologie und Geschichtsbewußtsein. Beziehungen und Perspektiven“, in: Jürgen Straub (Hg.), *Erzählung, Identität und historisches Bewußtsein. Die psychologische Konstruktion von Zeit und Geschichte*, Frankfurt a. M. 1998, 12–45.

Pontzen, Alexandra, „Cool, elitär und politisch unkorrekt. Popdiskurs und Dandyismus bei Rainald Goetz“, in: Alexandra Tacke (Hg.), *Depressive Dandys. Spielformen der Dekadenz in der Pop-Moderne*, Köln/Weimar/Wien 2009, 121–141.

Popp, Fridrich, *Die kreative Kunst der Gelassenheit. Anmerkungen zu linearer und zirkulärer Zeit, geometrischen und organischen Formen, Schnelligkeit und Entschleunigung, Stress und Muße*, Leipzig 2010.

Raymond, Petra, *Von der Landschaft im Kopf zur Landschaft aus Sprache. Die Romantisierung der Alpen in den Reiseschilderungen und die Literarisierung des Gebirges in der Erzählprosa der Goethezeit*, Berlin 1993.

Reidel-Schrewe, Ursula, *Die Raumstruktur des narrativen Textes. Thomas Mann, Der Zauberberg*, Würzburg 1992.

Reiner, H., „Ataraxie", in: Joachim Ritter (Hg.), *Historisches Wörterbuch der Philosophie. Völlig neubearbeitete Ausgabe des ‚Wörterbuchs der philosophischen Begriffe' von Rudolf Eisler*, Bd. 1, Basel/Stuttgart 1971, 594.

Reinhard, Wolfgang, „Die frühneuzeitliche Wende. Von der ‚Vita contemplativa' zur ‚Vita activa'", in: Christoph Wulf/Jörg Zirfas (Hg.), *Muße*, Berlin 2007, 15–25.

Renouard, Maël, „L'*otium* entre politique et rêverie", in: Marc Fumaroli/Dominique Simon/Jean-Charles Darmon u. a. (Hg.), *L'otium dans la République des lettres*, sous la direction de Marc Fumaroli, Paris 2011, 73–89.

Reuter, Yves, „Construction/déconstruction du personnage dans Un homme qui dort", in: Françoise Lioure (Hg.), *Construction/déconstruction du personnage dans la forme narrative au XXe siècle*, Clermont-Ferrand 1993, 101–122.

Ricœur, Paul, „L'identité narrative", in: *Esprit* 12,7–12 (1988), 295–304.

Ricœur, Paul, *Zeit und Erzählung*, München 1991.

Riedl, Peter Philipp, „Die Kunst der Muße. Über ein Ideal in der Literatur um 1800", in: *Publications of the English Goethe Society* 80,1 (2011), 19–37.

Rieping, Franz, *Reflexives Engagement. Studien zum literarischen Selbstbezug bei Peter Weiss*, Frankfurt a. M. 1991.

Römer, Inga, *Das Zeitdenken bei Husserl, Heidegger und Ricœur*, Dordrecht 2010.

Rosa, Hartmut, *Beschleunigung. Die Veränderung der Zeitstrukturen in der Moderne*, Frankfurt a. M. 2005.

Rosa, Hartmut, „Bewegung und Beharrung in modernen Gesellschaften. Eine beschleunigungstheoretische Zeitdiagnose", in: Klaus-Michael Kodalle/Hartmut Rosa (Hg.), *Rasender Stillstand. Beschleunigung des Wirklichkeitswandels: Konsequenzen und Grenzen*, Würzburg 2008, 3–21.

Rosa, Hartmut, *Beschleunigung und Entfremdung. Entwurf einer kritischen Theorie spätmoderner Zeitlichkeit*, Berlin 2013.

Ruoß, Manfred, *Zwischen Flow und Narzissmus. Die Psychologie des Bergsteigens*, Bern 2014.

Safranski, Rüdiger, *Zeit. Was sie mit uns macht und was wir aus ihr machen*, München 2015.

Sarnowsky, Jürgen, *Die Erkundung der Welt. Die großen Entdeckungsreisen von Marco Polo bis Humboldt*, München 2015.

Schacter, Daniel L., *Wir sind Erinnerung. Gedächtnis und Persönlichkeit*, übers. v. Hainer Kober, Reinbek bei Hamburg 1999.

Schäfer, Frank, „Ich bleib dann mal hier. Die Wiederkehr des Flaneurs", in: *Rolling Stone* 46,3 (2012), 56 f.

Schäfer, Martin Jörg, *Die Gewalt der Muße. Wechselverhältnisse von Arbeit, Nichtarbeit, Ästhetik*, Zürich/Berlin 2013.

Schalk, Fritz, „*Otium* im Romanischen", in: Anna Granville Hatcher/Leo Spitzer (Hg.), *Studia philologica et litteraria in honorem L. Spitzer*, Bern 1958, 357–377.

Scharfe, Martin, *Berg-Sucht. Eine Kulturgeschichte des frühen Alpinismus 1750–1850*, Wien/Köln/Weimar 2007.

Schiendorfer, Max, „Dichtung und Wahrheit. Zur Literarisierung biographischer Wendepunkte: Max Frisch – Felix Fabri – Heinrich Seuse – Augustinus", in: Brigitte Boothe/Pierre Bühler/Paul Michel u. a. (Hg.), *Textwelt – Lebenswelt*, Würzburg 2012, 303–320.

Schirrmacher, Beate, „Die Unzuverlässigkeit des schuldigen Erzählers. Erzählerfiguren bei Günter Grass, ihr Verhältnis zur Schuld und das Häuten einer Zwiebel“, in: Marion Gymnich/Ansgar Nünning/Vera Nünning u. a. (Hg.), *Points of Arrival. Travels in Time, Space and Self*, Tübingen 2008, 119–128.

Schlichting, Julia K., „Zweifel und Selbstbehauptung eines ungleichen Paares. Das erinnernde und das erinnerte Ich in *Beim Häuten der Zwiebel* von Günter Grass“, in: Jan Cölln/Annegret Middeke (Hg.), *Dioskuren, Konkurrenten und Zitierende. Paarkonstellationen in Sprache, Kultur und Literatur*, Göttingen 2014, 339–360.

Schmid, Wolf, *Elemente der Narratologie*, Berlin/New York 2008.

Schmidt, Jochen, *Die Geschichte des Genie-Gedankens in der deutschen Literatur, Philosophie und Politik, 1750 – 1945*, Bd. 3: *Von der Aufklärung bis zum Idealismus*, Heidelberg 2004.

Schmidt, Nadine J., „‚Grenzen des Sagbaren‘. Reflexionen zur literarischen Konstruktion von Erinnerung in Christa Wolfs Roman *Kindheitsmuster*“, in: Carsten Gansel (Hg.), *Christa Wolf – Im Strom der Erinnerung*, Göttingen 2014, 121–138.

Schmitz-Emans, Monika, „Sprachreflexion und Ethik. Etappen einer Allianz in der zweiten Hälfte des 20. Jahrhunderts“, in: Reinhard Kacianka/Peter V. Zima (Hg.), *Krise und Kritik der Sprache. Literatur zwischen Spätmoderne und Postmoderne*, Tübingen/Basel 2004, 43–65.

Schroer, Markus, „Raum, Zeit und soziale Ordnung“, in: Petra Ernst/Alexandra Strohmaier (Hg.), *Raum. Konzepte in den Künsten, Kultur- und Naturwissenschaften*, Baden-Baden 2013, 11–23.

Schulte, Saskia, „Widerhall der eigenen Stimme. Selbstthematisierung und Sprechsituation in Robert Gernhardts Roman *Ich Ich Ich*“, in: Lutz Hagestedt (Hg.), *Alles über den Künstler. Zum Werk von Robert Gernhardt*, Frankfurt a. M. 2002, 97–107.

Schumacher, Eckhard, *Gerade eben jetzt. Schreibweisen der Gegenwart*, Frankfurt a. M. 2003.

Schutte, Jürgen, „‚Die Kindheit ist nicht mehr vorhanden‘. Anmerkungen zum autobiographischen Diskurs in Peter Weiss' *Abschied von den Eltern*“, in: Irmela von der Lühe/Anita Runge (Hg.), *Wechsel der Orte. Studien zum Wandel des literarischen Geschichtsbewußtseins. Festschrift für Anke Bennholdt-Thomsen*, Göttingen 1997, 334–345.

Segebrecht, Wulf, *Das Gelegenheitsgedicht. Ein Beitrag zur Geschichte und Poetik der deutschen Lyrik*, Stuttgart 1977.

Selbmann, Rolf, *Dichterberuf. Zum Selbstverständnis des Schriftstellers von der Aufklärung bis zur Gegenwart*, Darmstadt 1994.

Sennefelder, Anna Karina, *Rückzugsorte des Erzählens. Muße als Modus autobiographischer Selbstreflexion*, Tübingen 2018.

Shumaker, Wayne, *English Autobiography. Its Emergence, Materials and Form*, Berkeley 1954.

Sill, Oliver, *Zerbrochene Spiegel. Studien zur Theorie und Praxis modernen autobiographischen Erzählens*, Berlin/New York 1991.

Soeffner, Hans-Georg, „Muße – Absichtsvolle Absichtslosigkeit“, in: Burkhard Hasebrink/Peter Philipp Riedl (Hg.), *Muße im kulturellen Wandel. Semantisierungen, Ähnlichkeiten, Umbesetzungen*, Berlin 2014, 34–53.

Sørensen, Barbara, *Sprachkrise und Utopie in Christa Wolfs Texten nach der Wende. Die Krise der Intellektuellen im wiedervereinigten Deutschland*, Kopenhagen/München 1996.

Spitzer, Leo, „Zum Stil Marcel Proust's", in: *Stilstudien. II. Stilsprachen*, München 1928, 365–497.

Starobinski, Jean, „Le style de l'autobiographie", in: *Poétique* 1,3 (1970), 257–265.

Stierle, Karlheinz, „Zwei Bergsteiger. Philipp V. von Makedonien und Petrarca", in: Susanne Goumegou/Brigitte Heymann/Dagmar Stöferle u. a. (Hg.), *Über Berge. Topographien der Überschreitung*, Berlin 2012, 274–280.

Stump, Jordan, „*Un homme qui dort* et ses doubles", in: *The French Review* 67,4 (1994), 609–618.

Stumpp, Gabriele, *Müßige Helden. Studien zum Müßiggang in Tiecks „William Lovell", Goethes „Wilhelm Meisters Lehrjahre", Kellers „Grünem Heinrich", und Stifters „Nachsommer"*, Stuttgart 1992.

Stüssel, Kerstin, „Autorschaft und Autobiographik im kultur- und mediengeschichtlichen Wandel", in: Ulrich Breuer/Beatrice Sandberg (Hg.), *Autobiographisches Schreiben in der deutschsprachigen Gegenwartsliteratur*, Bd. 1: *Grenzen der Identität und der Fiktionalität*, München 2006, 19–33.

Suhr, Dierk, *Kleine Geschichte der großen Entdecker*, Ostfildern 2006.

Tate, Dennis, „Subjective Anticipations of Historical Breakdown. East German Literary Autobiography Before the End of the GDR", in: Heinz-Peter Preußer/Helmut Schmitz (Hg.), *Autobiografie und historische Krisenerfahrung*, Heidelberg 2010, 107–115.

Telo, Hélder, „The freedom of θεωρία and σχολή in Plato", in: Thomas Jürgasch/Tobias Keiling (Hg.), *Anthropologie der Theorie*, Tübingen 2017, 11–27.

Theunissen, Michael, *Negative Theologie der Zeit*, Frankfurt a. M. 1991.

Thomä, Dieter, „Ästhetische Freiheit zwischen Kreativität und Ekstase. Überlegungen zum Spannungsverhältnis zwischen Ästhetik und Ökonomik", in: Christoph Menke/Juliane Rebentisch (Hg.), *Kreation und Depression. Freiheit im gegenwärtigen Kapitalismus*, Berlin 2010, 149–171.

Thomas, Nadja, *‚Der Aufstand gegen die sekundäre Welt'. Botho Strauss und die ‚Konservative Revolution'*, Würzburg 2004.

Thraede, Klaus, „Inspiration", in: Ernst Dassmann (Hg.), *Reallexikon für Antike und Christentum. Sachwörterbuch zur Auseinandersetzung des Christentums mit der antiken Welt*, Bd. 18, Stuttgart 1998, 329–365.

Tietenberg, Anne Kristin, „Muße und Müßiggang als Inszenierung des Dandys. Charles Baudelaire, Thomas Mann und Sebastian Horsley", in: Mirko Gemmel/Claudia Löschner (Hg.), *Ökonomie des Glücks. Muße, Müßiggang und Faulheit in der Literatur*, Berlin 2014, 185–201.

Todtenhaupt, Martin, „Schreiben ‚gegen den Widerstand der Phantasie'. Aspekte autobiographischen Schreibens im Werk Peter Härtlings", in: Ulrich Breuer/Beatrice Sandberg (Hg.), *Autobiographisches Schreiben in der deutschsprachigen Gegenwartsliteratur*, Bd. 1: *Grenzen der Identität und der Fiktionalität*, München 2006, 247–262.

Todtenhaupt, Martin, „Schreiben ‚gegen die durcheinander geratene Zeit'. Zur Funktion von Erinnerungs-Bildern und -Räumen im autobiographischen Schreiben Peter Härtlings", in: Christoph Parry/Edgar Platen (Hg.), *Autobiographisches Schreiben in der deutschsprachigen Gegenwartsliteratur*, Bd. 2: *Grenzen der Fiktionalität und der Erinnerung*, München 2007, 191–201.

Toffler, Alvin, *Die dritte Welle – Zukunftschance. Perspektiven für die Gesellschaft des 21. Jahrhunderts*, aus d. Amerikan. übers. v. Christel Rost u. Till Lohmeyer, München 1983.

Toro, Alfonso de, „La ‚nouvelle autobiographie' postmoderne ou l'impossibilité d'une histoire à la première personne. Robbe-Grillet *Le miroir qui revient* et Doubrovsky *Le Livre brisé* ", in: Alfonso de Toro (Hg.), *Autobiographie revisited. Theorie und Praxis neuer autobiographischer Diskurse in der französischen, spanischen und lateinamerikanischen Literatur*, Hildesheim/Zürich, New York 2004, 79–113.

Ujma, Christina, „Ambivalentes Idyll. Robert Gernhardt als ironischer Chronist der Toskana-Deutschen", in: Lutz Hagestedt (Hg.), *Alles über den Künstler. Zum Werk von Robert Gernhardt*, Frankfurt a. M. 2002, 108–126.

Varga, Simon, „Antike politische Anthropologie. Lebensform, Muße und Theorie bei Aristoteles", in: Thomas Jürgasch/Tobias Keiling (Hg.), *Anthropologie der Theorie*, Tübingen 2017, 29–47.

Veblen, Thorstein, *The Theory of the leisure class. An economic study of institutions*, New York 1934.

Vinken, Barbara, „Erfüllung auf dem Berg. Der heilige Franziskus und der La Verna", in: Susanne Goumegou/Brigitte Heymann/Dagmar Stöferle u. a. (Hg.), *Über Berge. Topographien der Überschreitung*, Berlin 2012, 63–67.

Vollers-Sauer, Elisabeth, *Prosa des Lebensweges. Literarische Konfigurationen selbstbiographischen Erzählens am Ende des 18. und 19. Jahrhunderts*, Stuttgart 1993.

Voßkamp, Wilhelm, *Der Roman des Lebens. Die Aktualität der Bildung und ihre Geschichte im Bildungsroman*, Berlin 2009.

Wagner-Egelhaaf, Martina, *Autobiographie*, Stuttgart/Weimar 2005.

Wagner-Egelhaaf, Martina, „Autofiktion oder: Autobiographie nach der Autobiographie. Goethe – Barthes – Özdamar", in: Ulrich Breuer/Beatrice Sandberg (Hg.), *Autobiographisches Schreiben in der deutschsprachigen Gegenwartsliteratur*, Bd. 1: *Grenzen der Identität und der Fiktionalität*, München 2006, 353–368.

Wagner-Egelhaaf, Martina, *Auto(r)fiktion. Literarische Verfahren der Selbstkonstruktion*, Bielefeld 2013.

Wagner-Egelhaaf, Martina, „Autobiographie und Arbeit. Zur Relevanz und den Perspektiven einer Verhältnisbestimmung", in: Iuditha Balint/Katharina Lammers/Kerstin Wilhelms u. a. (Hg.), *Opus und labor. Arbeit in biographischen und autobiographischen Erzählungen*, Essen 2018, 13–31.

Waldenfels, Bernhard, *Ortsverschiebungen, Zeitverschiebungen. Modi leibhaftiger Erfahrung*, Frankfurt a. M. 2009.

Waldmann, Günter, *Autobiografisches als literarisches Schreiben. Kritische Theorie, moderne Erzählformen und -modelle, literarische Möglichkeiten eigenen autobiografischen Schreibens*, Baltmannsweiler 2000.

Warning, Rainer, *Heterotopien als Räume ästhetischer Erfahrung*, München 2009.

Weber, Heinz-Dieter, „‚Phantastische Genauigkeit'. Der historische Sinn der Schreibart Christa Wolfs", in: Wolfram Mauser (Hg.), *Erinnerte Zukunft. 11 Studien zum Werk Christa Wolfs*, Würzburg 1985, 81–105.

Westerwelle, Karin, *Montaigne. Die Imagination und die Kunst des Essays*, München 2002.

Wetz, Franz Josef, „Vorwort", in: Petrarca, *Das einsame Leben*, aus d. Lateinischen übers. v. Friederike Hausmann, hg. v. Franz Josef Wetz, Stuttgart 2004.

Wick, Nadja, *Apotheosen narzisstischer Individualität. Dilettantismus bei Karl Philipp Moritz, Gottfried Keller, und Robert Gernhardt*, Bielefeld 2008.

Willer, Stefan, *Botho Strauß zur Einführung*, Hamburg 2000.

Winkels, Hubert, *Leselust und Bildermacht. Über Literatur, Fernsehen und Neue Medien*, Frankfurt a. M. 1999.

Wißkirchen, Hans, „Ein Buch, eine Debatte und ein Haus. Mehr als eine Einleitung", in: *Von der Arbeit an der Erinnerung. Zu Günter Grass' „Beim Häuten der Zwiebel"*, hg. v. Günter Grass-Haus, Lübeck 2007, 3–11.
Wittstock, Uwe, *Marcel Reich-Ranicki. Geschichte eines Lebens*, München 2005.
Wittstock, Uwe, *Nach der Moderne. Essay zur deutschen Gegenwartsliteratur in zwölf Kapiteln über elf Autoren*, Göttingen 2009.
Wittstock, Uwe, *Marcel Reich-Ranicki. Die Biografie*, München 2015.
Wulf, Christoph/Zirfas, Jörg, „Die Muße. Vergessene Zusammenhänge einer idealen Lebensform", in: Christoph Wulf/Jörg Zirfas (Hg.), *Muße*, Berlin 2007, 9–11.
Wuthenow, Ralph-Rainer, *Das erinnerte Ich. Europäische Autobiographie und Selbstdarstellung im 18. Jahrhundert*, München 1974.
Zils, Harald, *Autonomie und Tradition. Innovativer Konservatismus bei Rudolf Borchardt, Harold Bloom und Botho Strauß*, Würzburg 2009.
Zima, Peter V., *Der europäische Künstlerroman. Von der romantischen Utopie zur postmodernen Parodie*, Tübingen/Basel 2008.
Zipfel, Frank, „Autofiktion. Zwischen den Grenzen von Faktualität, Fiktionalität und Literarität?", in: Simone Winko/Fotis Jannidis/Gerhard Lauer (Hg.), *Grenzen der Literatur. Zu Begriff und Phänomen des Literarischen*, Berlin/New York 2009, 285–314

Personen- und Sachregister

Otium

Studien zur Theorie und Kulturgeschichte der Muße

In der Schriftenreihe *Otium* des Freiburger Sonderforschungsbereichs 1015 „Muße" erscheinen Monografien und Sammelbände, die sich mit der Bedeutung, der kulturellen Form und der gesellschaftlichen Rolle von Muße befassen. Muße wird dabei als ein freies und aus der Produktionslogik herausgenommenes Verweilen verstanden, das aber vielfach Voraussetzung von Arbeit und Produktivität bleibt.

Die Schriften der Reihe untersuchen Muße konzeptuell und anhand unterschiedlicher historischer wie gesellschaftlicher Kontexte. Die Beiträge verstehen Muße nicht als idyllischen Rückzugsraum, sondern als ein Feld, in dem wesentliche Fragen dieser Disziplinen der Untersuchung zugänglich werden – von der phänomenologischen Bestimmung unseres Verhältnisses zur Welt über die Analyse von Autorschaft und Kreativität bis zur stets neu verhandelten Spannung zwischen individueller Freiheit einerseits, gesellschaftlich zugeschriebenen Rollen und Erwartungen andererseits. Ziel der Reihe ist es damit auch, durch die Untersuchung des Phänomens „Muße" einen Beitrag zur Analyse der heutigen Arbeitsgesellschaft und ihrer Aporien zu leisten.

Alle Bände dieser Reihe werden durch einen Beirat begutachtet. Die Reihe steht auch Autorinnen und Autoren außerhalb des Sonderforschungsbereichs offen.

ISSN: 2367-2072
Zitiervorschlag: Otium
Alle lieferbaren Bände finden Sie unter *www.mohrsiebeck.com/otium*

Mohr Siebeck
www.mohrsiebeck.com